KB168180

HANGIL
GREAT BOOKS
164

러일전쟁 2

기원과 개전

와다 하루키 지음 | 이웅현 옮김

한길사

日露戦争 起源と開戦 (下)

by Haruki Wada

Translated by Lee Woong-Hyeon

NICHIRO SENSO-KAISEN TO KIGEN-VOLMES 2

by Haruki Wada

Copyright ⓒ 2010 by Haruki Wada

First published 2010 by Iwanami Shoten, Publishers, Tokyo.

This Korean edition published 2019

by Hangilsa Publishing Company, Paju-si

by arrangement with Iwanami Shoten, Publishers, Tokyo.

고토(耕濤), 「인천전투」, 석판화, 1904, 화집 『러일전투화보』(日露戰鬪画譜)에 수록

인천에 상륙한 일본군 부대는 러시아 함선이 1894년 2월 9일 정오까지 출항하지 않으면 공격할
수밖에 없다는 통지문을 보냈다. 일본은 항복을 요구하는 신호를 보냈지만 러시아는 거절했다.
오전 11시 45분 일본 전함 '아사마'가 포격을 개시하면서 전투가 시작되었다. 잇달아 포탄을 맞
고 치명적인 손상을 입은 러시아의 두 함선은 항구 안으로 도주했고, 포격은 멎었다. 12시 45분
이었다. 러시아 전함 '바랴그'에서 20명이 사망하고, 85명이 중상, 100명이 경상을 입었다.

고토(耕濤), 「평양 칠성문 격돌」, 석판화, 1904, 『러일전투화보』에 수록

러일전쟁은 조선을 차지하기 위한 조선전쟁으로 시작되었다. 일본군은 전시 중립을 선언한 대한제국의 영내에 침입해 진해만, 부산, 마산, 인천, 서울, 평양을 점령하고, 대한제국 황제에게 사실상의 보호국화(保護國化)를 강요하는 의정서에 조인하게 했다. 인천과 뤼순에서 러시아 함선에 대한 공격이 동시에 시작되었는데, 이 공격은 무엇보다도 대한제국 황제에게 러시아의 보호는 없을 것이라는 의미의 결정타를 날려 황제를 체념하게 하는 역할을 했다.

작가 불명, 「너무나도 헌신적인」(So Olbliging), 『브룩클린 이글』(*Brooklyn Eagle*), 1904년 2월 17일

그림에서 짓밟히고 있는 인물, 즉 한국은 "나는 이로써 귀하가 조선 영내를 종단하는 것을 허가한다"라고 쓴 종이를 들고 있다. 그 아래로 흐르는 강에는 '압록강'이라고 쓰여 있고 발끝에는 '만주 방면'이라는 이정표가 보인다.

N. 사모키시, 화집 『전쟁 1904-1905년—화가의 일기에서』에 수록, 1908, 상트페테르부르크

러일전쟁은 20세기 세계사의 대사건이었다. 조선 민족의 운명을 결정한 전쟁이었지만, 전쟁을 치른 일본과 러시아 두 나라의 국민과도 깊은 관련이 있는 사건이었다는 점 역시 분명하다. 전쟁은 그것 말고도 20세기에 다양한 결과와 영향을 초래했다. 러일전쟁의 승자인 일본 국내에서는 제국주의 국민이 탄생했고, 전쟁에 반대한 사회주의자들은 탄압을 받았다. 또한 패자인 러시아에서는 1905년에 혁명의 열기가 끓어올랐고, 사회주의자들도 열광적으로 활동했다. 그러나 중요한 것은 이 전쟁이 제국주의적 침략이었으며 조선전쟁이었다는 점이다.

HANGIL GREAT BOOKS 164

러일전쟁 2

기원과 개전

와다 하루키 지음 | 이웅현 옮김

한길사

러일전쟁 2
기원과 개전

제6장 새로운 노선의 등장

제7장 러일교섭

제8장 전야

제9장 개전

제10장 러일전쟁은 이렇게 일어났다

러일전쟁 1

차례

제1장 러일전쟁은 왜 일어났는가?

제2장 근대 초기의 일본과 러시아

제3장 청일전쟁과 전후의 일본·조선·러시아 관계

제4장 러시아의 뤼순 점령과 조차(1896-99)

제5장 의화단(義和團)사건과 러청(露淸)전쟁

일러두기

1. 옮긴이의 설명은 [ ]로 표시하고 저자가 인용문을 번역할 때 단 설명은 〈 〉로 표기했다.

2. 이 책을 번역할 때 대부분 용어는 우리말이나 우리 정서에 맞게 고쳤다. 하지만 인용문은 원문의 의미를 명확하게 나타내기 위해 용어를 그대로 옮겼다. 가령 '동학당의 난'은 '동학농민운동'로 통일했으나, 당시 원문을 직접 인용할 때는 원문의 용어를 그대로 옮겼다. 또한 '동해'와 '일본해'의 경우 일본에서 '동해'라고 할 때는 태평양 쪽을 의미하기 때문에 저자의 문장에서는 '동해' 또는 '동해[일본해]'로 표기했지만 원문을 직접 인용한 경우는 '일본해[동해]'로 표기했다.

3. 날짜 뒤의 괄호 속 숫자는 구 러시아력 날짜를 의미한다.

제6장 새로운 노선의 등장

새해의 첫 나날들

서력으로 1903년 1월 14일은 러시아력으로 1903년 원단(元旦)에 해당한다. 황제 니콜라이 2세는 34세로 치세 10년째를 맞이하는 시기였다. 이날의 일기에 황제는 이렇게 썼다.

"푹 잘 잤기 때문인지 행차에 나서기에 충분한 기력이 있는 느낌이었다. 가족들 가운데 많은 사람이 희한한 날씨 변화 때문에 감기에 걸려 참석하지 못했다. 예배를 본 후 상당히 빠른 속도로 외교관들을 상대한 후, 공작석(孔雀石)의 방[겨울궁전 내 공작석 기둥으로 벽면을 장식한 방]에서 아침을 먹었다. 어머니와 알릭스[황후]는…… 도중에 자리를 떠야 했다."[1]

행차(выход)란 정교(正敎)의 축제일에 행하는 궁정행사로 황제, 황후, 황태자가 황족, 궁정의 시종, 궁녀, 국가평의회 의원, 최고법원 법관, 대신, 시종장군 등을 거느리고 겨울궁전 내의 거실에서 궁전 내의 성당까지 갔다 오는 행진을 말한다.[2] 새해 첫날의 정기적인 행차에 항상 참가했던 사람들 가운데 당시 70세의 국가평의회 의원 폴로프쪼프가 있었다. 이 영원한 관찰자는 당시 사람들의 표정을 일기에 써 두었다. 황제는 "피로하고 야윈 표정"을 하고 있었다. 재무대신 비테 는 장관 재직 10년을 맞이해 은혜로 가득한 황제의 칙서를 받고 기분 이 좋아 보였다. 비테는 폴로프쪼프에게 만주 여행에 관해 이야기했 다. "우리의 머리 위에 닥친 재액을 피하기 위해서는 뭐니 뭐니 해도 가능한 한 빨리 만주에서 철수해야 한다. V〈철도 전문가〉는 시베리아 철도에 관해서 톰스크와 이르쿠츠크 사이의 780베르스타(露里) 구간 이 전적으로 다시 건설되어야 하며, 그 구간에서는 기차에 탑승하는 것만으로도 중대한 위험이 따를 것이라고 말했다."[3]

나흘 뒤 폴로프쪼프는 비테의 적으로 간주되는 플레베 내무상을 방문했다. 상황을 묻자 플레베는 이렇게 대답했다. "러시아에서는, 상당한 봉급을 받는 사람일지라도 폐하께서 직접 던지는 미소를 접 할 기회가 있는 소수의 사람을 제외하면, 국민 누구나가 정부에게 불 만을 지니고 있다는 것이 무시할 수 없는 현실이다. 이 점을 직시해 사태를 변화시키는 것이 바람직하지만, 유감스럽게도 그러한 변화 를 달성할 수단에 관해서 대신들 사이에 어떠한 의견도 일치하지 않 는다." 이에 대해 폴로프쪼프는 "최근 몇 달 동안 러시아에서는 로리 스-멜리코프가 활동하던 처음 몇 달과 거의 같은 일이 일어나고 있 다. 정신이 이상한 시퍄긴이 조성해 놓은 긴장이 어느 정도는 약화된 것 같다"며 플레베를 떠 보았다.[4] 시퍄긴은 플레베의 전임자로 비테 의 친구였는데, 혁명당의 테러로 자신의 집무실에서 사살된 인물이 다. 폴로프쪼프는 플레베를 1880년에 기용된 개혁파 내무상 로리스- 멜리코프에 빗대어 띄워준 것이다. 그 이상 이야기가 진전되지는 않 았지만 갑자기 로리스-멜리코프 이야기를 한 것은 사태가 같은 정도 로 심각하다고 생각했기 때문이었다. 당시 로리스-멜리코프가 기용 된 것은 테러리스트의 황제 암살 기도가 마침내 겨울궁전의 폭파에까지 이른 뒤였다. 당시와 마찬가지로 지금도 국가와 사회가 막다른 국면에 도달해 있다고 폴로프쪼프는 느끼고 있었던 것이다. 플레베에게도 로리스-멜리코프의 이름은 잊기 어려운 기억과 연결되어 있었다.

다음 날 폴로프쪼프는 종무원(宗務院)총감 포베도노스쩨프를 만났다. 이상하게도 그는 로리스-멜리코프 최대의 적이었던 인물이다. 이 전제정치의 이데올로그는 당시 76세였는데, 20년 동안 이 자리를 유지해오고 있었다. 포베도노스쩨프는 수도승 세라핌의 열성(列聖) 문제로 화가 나 있었다. 황제가 황후의 권유로 사로프 수도원에 묻힌 수도승 세라핌을 성자로 인정한 것이다. 그 의식을 위해서 이미 15만 루블이 지출되어 있었다. 폴로프쪼프가 장관위원회 의장직을 제안 받으면 수락하겠는가 하고 묻자 포베도노스쩨프는 그럴 생각은 없다고 답했는데, 그 이유 가운데 하나는 종무원 총감의 관저에서 나가고 싶지 않기 때문이라는 것이었다. 그곳은 대귀족 나리시킨의 웅장하고 화려한 구 저택이다. 폴로프쪼프는 "그 옛날 술잔치의 환성이 울려 퍼진 곳, 지금은 승려들의 무리뿐"이라는 제르자빈의 시를 떠올리고 있었다.[5] 포베도노스쩨프는 이미 힘을 잃고 은퇴할 날을 기다리는 노인에 지나지 않았다.

육군대신 쿠로파트킨은 1월 16일(3일) 당직 시종장군으로 겨울궁전에 틀어박혀 있었다. 거기서 러시아를 방문한 독일 황태자 프리드리히 빌헬름과 오랜 시간 이야기를 나누었다. 황태자는 러시아 병사들을 칭찬했다. "시골에는 사회주의자들이 적기 때문에," 병사들 대다수가 농촌 출신이라는 것은 다행이라고 말했다. 쿠로파트긴은, 독일은 산업이 발전해 인구 절반이 도시 주민일 테지요, 그것은 사회주의의 모체입니다. 러시아도 독일의 뒤를 따라가고 있답니다, 라고 대답했다. 그는 황태자가 러시아의 농촌을 볼 기회가 없는 것이 유감이라고 생각했다. "거기 가면 우리의 비길 데 없는 병사들, 조국과 폐하에게 헌신적이고 용감하며, 인내심 강한 그리고 요구하는 게 적은 병사들을 양산하고 있는 강력한 원천을 올바르게 평가할 수 있을 텐데."[6]

다음 날 육군상은 황제에게 그해 최초의 상주(上奏)를 올렸다. 육군상 재임 5년 동안의 보고였다. "유럽의 정치정세는 최근 5년 동안 더욱 불안해졌습니다. 유럽 전쟁의 가능성이 보다 크게 나타나고 있습니다. 우리는 극동 사업의 그늘에서 잊고 있던 **서방으로의 복귀**를 서두르지 않으면 아니 됩니다." 그는 러시아의 국내 불안에 관해서도 언급했다. 이것이 그치지 않으면 러시아의 국내적 취약성을 증명하게 되어, 적에게 "공격의 호기다"라고 알리는 꼴이 된다는 것이었다. 육군상은 결론적으로 지적했다. "우리의 주된 주의를 극동에서 서방으로 옮길 필요가 있습니다." 이에 대해서 황제는 "**동쪽으로 눈을 번득이면서, 주된 주의를 서방으로 향하라**"는 것이로구나, 하고 대꾸했다.[7]

2월 4일(1월 22일)에는 겨울궁전에서 궁중무도회가 열렸다. 알렉산드르 미하일로비치 대공은 회고록에 썼다. "모든 '페테르부르크'가 겨울궁전에서 춤추었다. 나는 이날을 분명하게 기억한다. 이것은 제국 역사상 마지막 궁중 대무도회였기 때문이다."[8]

제2차 해군대학 도상(圖上) 훈련

육군상과 달리 해군의 군인들은 극동에서의 전쟁, 즉 일본과의 전쟁을 직시하고 있었다. 러시아력으로는 1902년부터 1903년에 걸친 겨울, 서력으로는 1903년 1월부터 3월에 걸쳐 니콜라이해군대학교에서 해군장관 티르토프의 명령으로 제2차 러일전쟁 도상훈련을 실시했다. 알렉산드르 미하일로비치 대공이 총지휘자였고, 평가단으로는 해군에서 추흐닌, 로제스트벤스키, 니데르밀레르 중장, 태평양함대에서 몰라스 대령, 육군에서는 미흐네비치 소장과 뤼순 요새의 설계자인 벨리치코 소장, 야키모비치 대령이 참여했다. 사무국장은 해군대학교의 클라도 해군중령이 맡았다. 러시아 해군 사령관 역은 도브로트보르스키 대령, 군령부장 역은 수완가인 브루실로프였고 일본 해군 사령관 역은 드리젠코 대령, 군령부장 역은 전 일본주재 해군무관 차긴이었다.[9]

훈련은 러시아의 건함계획이 완료되는 1905년에 전쟁이 시작된다고 상정한 뒤 행해졌다. 일단 만주에서 철수한 러시아군은 마적이 창궐하고 그 공격이 극을 달리기 때문에 만주를 재점령하기에 이른다. 이에 대해서 일본이 대러 전쟁을 결의할 것으로 예상되었다. "가능한 한 기습적으로 선전포고하기 위해서" 러시아의 재점령에도 일본은 항의하지 않다가 1905년 5월 1일(러시아력. 서력으로는 14일. 이 훈련에 한해서 러시아력 그대로 표기함.)에 이르러 돌연 육해군의 동원을 선언하는 것으로 되어 있었다. "일본의 러시아 공격은 가능한 한 기습적으로 시작되는 것으로 상정되었다."[10] 이에 대해서 러시아는 일본의 공격을 예견하고 있다가 같은 날인 5월 1일 중에 동원령을 내린다고 되어 있었다. 선전포고는 일본이 먼저하고, 러시아가 이어 선전포고한다.

러시아의 사령관 역인 도브로트보르스키가 제출한 문서에는, 이 전쟁에서는 일본의 병력 수송이 러시아 해군에 의해서 방해를 받느냐 아니냐가 결정적이기 때문에 일본으로서는 뤼순과 블라디보스토크에 나뉘어져 있는 러시아 해군을 각개 격파하지 않으면 안 된다, 따라서 "가장 좋은 방법은 사전에 선전포고를 하지 않는 기습공격이다"라고 되어 있었다. "현재의 해군 상황으로는 닻을 내리고 있는 중에 공격을 받으면 전멸한다. 우리 함대는 통상적으로 뤼순의 외부 부두 또는 무방비 상태인 다롄만에 정박하고 있기 때문에, 일본의 수뢰정에게 기습공격을 받는 것만으로도 우리 함선은 불과 몇 분 안에 사라지게 될 것이다."[11] 실제 러일전쟁의 개전 과정을 보면 이 분석은 그야말로 예언적인 의미를 지니고 있었다.

평가단도 다음과 같이 보고했다. 러시아에서 선전포고를 하는 일은 있을 수 없다. 전쟁의 원인은 단 하나, 일본이 품고 있는 조선을 영유하려는 야망이다. 따라서 만주에서 러시아군의 철수가 늦어지거나 러시아군이 만주를 재점령할 때, 또한 일본의 조선 지배에 대한 러시아의 중대한 방해나 알렉세예프 투묘지(投錨地, 진해 만)를 러시아가 점령하게 되면, 일본은 대러 전쟁을 결의할 것으로 생각된다. 일본이 취할 최초의 행동은 자국군을 조선으로 수송하는 것이다. 조선을 완전히 제압하고 만주로 공략해 들어올 것이다. 러시아는 비록 처음에는 패배하더라도 시간이 흐르면서 대군을 모아 만회할 것이다. 따라서 "일본이 조선을 점령하고, 러시아군의 공격에서 조선을 방어한다면 괜찮다. 우리는 일본군의 조선 점령을 우리의 위신에 특별한 상처를 받지 않고 수용할 수가 있다." 그러나 일본은 국내의 강경론의 영향 때문에도 [조선에 만족하지 않고] "모험에 뛰어들 것이다."[12]

그렇게 된다면 러시아는 대군을 동원해 만주로 들여보낸다. 일본군을 만주에서 축출하고, 조선에서 철수시킨다면 러시아는 만주를 "최종적으로 합병할" 수 있다. 우선 이렇게 하는 것이 일본에게나 우리에게 모두 괜찮은 귀결이다.[13]

그러나 "일본이 조선을 영유하지 못하도록 하겠다면, 일본의 열기를 식힐 수 있는 최선의 방법은 일본군을 조선에 들이지 않는 것, 즉 완벽하게 제해권을 장악하는 일이다." 일본이 조선을 영유한다고 해도 해군의 역할은 변하지 않는다. 만주를 공격할 병력의 수송이 필요해지기 때문이다.[14] "러시아 해군의 의의와 역할은 일본이 조선을 영유하든 그렇지 않든 전혀 달라지지 않을 것이다."[15]

"행동의 스피드와 신속한 적의 격멸, 이는 대일 전쟁에서 특히 중요하다."[16] 그런데, 일본은 개전 28-30일째에 빠른 속도로 평양에 16만 명의 병력을 집결시키게 되지만, 러시아는 평톈에 4만의 병력밖에 갖고 있지 않다. 58-60일째에 일본은 13만 5,000명의 병력으로 평톈을 공격할 수 있는데, 이는 러시아의 약 1.3배에 달하는 병력이다.[17]

거꾸로 러시아가 제해권을 장악한다면 러시아군이 대동강 하구에 상륙해 평양을 점령하고 조선의 북부를 제압할 수 있다.

도상 훈련에 참가한 육군 대표는 "선전포고 후 최초의 1개월 동안은 해군이 최대의 의의를 갖게 될 것이다"라고 논평했다.[18] 설사 첫 번째 전투에서 러시아 해군이 타격을 받더라도, 2개월 후에 증원 함대가 도착하면 러시아가 제해권을 회복할 수 있다. 그렇게 되면 개전 3개월 후에 조선에 대한 공격을 실행할 수 있다.[19]

"이상의 점들을 보면…… 우리는 발트해에서 오는 증원을 기대하지 않고, 일본의 해군력을 단연 능가하는 해군력을 극동에 완비해야 한다는 것을 알 수 있다. 이미 1905년이 되면 우리 함대가 일정 정도 우세해져 있을 것이다."[20]

개전 전의 병력 비율은, 일본 해군의 전함 6척('미카사'(三笠), '하쓰세'(初瀬), '아사히'(朝日), '시키시마'(敷島), '후지'(富士), '야시마'(八島)), 순양함 19척, 포함 2척, 구축함 19척에 대해서, 러시아 태평양함대가 전함 10척('알렉산드르 3세' '보로디노' '오룔' '수보로프 공작' '슬라바' '쩨사레비치' '레트비잔' '파베다' '페레스베트' '오슬랴뱌'), 순양함 17척, 포함 7척, 구축함 33척으로 상정되었다. 훈련 시점인 1903년 초와 비교해, 일본 해군은 순양함이 6척 늘고, 러시아 해군은 전함이 6척, 순양함이 10척 증가한 것이 된다. "최종적인 결과에서는 1905년 우리와 일본의 해군력은 호각지세라 볼 수 있다."[21]

해군 기지에 관해서 평가단 보고는 다음과 같이 지적했다. 뤼순은 항구가 한 곳인데다 협소해, 일본이 폐색(閉塞)작전이라도 전개하게 되면 매우 불리해진다. 다롄 역시 바람직하지 않기 때문에 블라디보스토크가 "보다 나은 함대의 정박지"라고 할 수 있는데, 동절기에 동결하는 것이 난제다. 따라서 조선 남단의 마산포(진해만)의 각 정박지가 최선이며, 개전하면 서둘러서 그곳을 접수해야 한다. 적어도 일본 해군보다 36시간은 빨리 외해로 나가서 마산포로 향해야 하는데, 아마도 도착 전에 일본 해군과 조우하게 될 것이다. "어떤 경우라도 평상시부터 마산포에 구축함대를 두는 것이 유익하며, 선전포고 후에는 즉시 구축함대를 그 쪽으로 보내는 것이 유익할 것이다."[22]

한편 선전포고 후의 군사행동은 다음과 같이 전개된다. 우선 나가사키에 정박해 있던 순양함 '자비야크'에 대해서 일본이 선제적으로 행동한다. 이 함선은 항복한다. 평가단은 항복이 아니라 자침(自沈)할 것이라는 의견을 달았다. 러시아도 이에 관한 통지를 듣고 블라디보스토크와 뤼순에 있는 일본 상선을 나포한다.[23]

개전 이틀째에 러시아 태평양함대의 주력은 다롄항의 방파제 안에 집결한다. 여기서는 수뢰 공격을 막을 수 있다. 샤먼(厦門)에 있는 순양함 외 1척은 뤼순 복귀를 단념하고 프랑스에 관리를 맡긴다. 5월 3일 러시아 정찰함대가 일본 해군의 주력과 조우하지만, 일본은 공격의 찬스를 놓친다. 러시아의 정찰함대는 뤼순으로 귀항해 일본 함대의 접근을 알린다. 이러한 경고가 전달되면서 3일 심야 12시 전후에 일본 함대가 뤼순항 밖에 도착한다. 항구 바깥 쪽 투묘지에는 러시아 함대가 없어 일본 구축함의 야간 수뢰 공격은 실패로 끝난다.[24] 4일 정오 일본 함대는 다롄항에 러시아 함대의 주력이 있다는 사실을 발견한다. 기뢰가 부설되어 있지 않은 수로를 통해서 일본 함대는 러시아 함대를 공격한다. 2시간 반 동안 전투한 결과 일본 전함의 3분의 2가 파손되지만, 러시아 전함은 절반이 손상을 입는 데 지나지 않는다. 밤 동안 다롄의 순양함 2척과 구축함 10척이 일본 함대를 쫓아 출격하고, 또한 뤼순의 순양함 4척과 구축함 12척도 출격했다. 이들 부대는 일본 함대의 후위부대에 공격을 가해 순양함 '지하야'(千早), '아카시'(明石), 전함 '아사히'를 침몰시키는 전과를 올린다. 러시아 정찰함대도 이 전투에 합류해 전함 '이즈모'(出雲)를 격침한다.[25]

5월 7일 제주도 부근에서 본격적인 해전이 벌어진다. 러시아는 전함 9척, 순양함 13척이 참여하고, 일본은 전함 5척, 순양함 13척이 참가한다. 시작부터 열세에 있던 일본 함대는 2시간 반의 전투로 모든 함선이 전투능력을 잃고, 러시아 함대에서는 전함 '쩨사레비치' '페레스베트' '파베다'와 순양함 '디아나' '팔라다' '아스콜드'가 격침된다.[26]

이 해전에서 살아남은 러시아 함선 가운데 전함 '알렉산드르 3세'와 '오룔', 순양함 3척, 구축함 4척은 수리를 위해서 블라디보스토크로 향하고, 전함 4척과 순양함 3척은 뤼순으로 복귀한다. 5월 8일 조선해협을 북상하는 러시아 함대를 향해 출동한 일본 함대는 2시간의 전투 끝에 순양함 1척을 제외하고 전멸한다.[27]

이후 일본 육군의 조선과 만주에 대한 수송 작전은 잔여 러시아 함대의 방해를 배제한 채 진행된다. 러시아는 순양함이 4척밖에 남아 있지 않아서 평양으로 수송하는 것은 방해할 수 있지만, 부산과 원산으로 수송하는 것은 자유롭게 이루어진다. 6월이 되자 수리를 마친 전함 5척, 순양함 2척이 출력한다. 유럽에서의 증원, 즉 전함 7척의 파견을 기대할 수 있지만 도착까지는 3개월 이상 걸릴 것이고, 또 도중에 중립항에서 석탄을 보충하는 문제도 있을 것으로 예상된다.[28]

훈련은 여기까지였다. 개전 직후의 해전에서는 쌍방 무승부로 공히 괴멸적인 타격을 입지만, 일본 해군의 예비 병력이 해상 수송로를 확보하고, 육군 병력을 조선으로 수송하게 된다.

평가단은 보고서에서 다음의 여덟 가지를 지적했다.

1. 러시아 해군의 분명한 우세가, 제해권을 확보하고 일본으로 하여금 단독으로는 조선 점령을 할 수 없다는 생각을 지니게 하는 '최선의 수단'이다. 일본이 제해권을 장악하면 이들은 조선을 정복하는 것 이외에 만주를 공격할 것이고 블라디보스토크나 뤼순까지도 공격할 수 있다.

2. 일본을 조선에 들어가도록 하여 보다 취약하게 만들고 난 후 조선에서 축출한다고 해도 해군력의 우위는 필요하다.

3. 조선을 우리에게 귀속시켰을 경우에도 제해권 없이는 조선을 확보할 수 없다.

4. 일본 해군에 대해서 이론의 여지가 없는 우위를 확보하기 위해서는 1.5배 정도의 힘을 지닌 함대를 보유해야 한다.

5. 해군력을 최선의 형태로 사용하기 위해서는 군항의 설비를 일본과 비교해 손색이 없도록 갖추어야 한다.

6. 뤼순과 블라디보스토크는 멀리 떨어져 있으며, 후자는 동절기에 동결되기 때문에 조선 남단에 기지를 확보해야 한다.

7. 우리 함대의 주요 목적은 일본 해군을 격멸하고 제해권을 얻는 것이다. 항구 안에 틀어박혀 있는 것은 어리석은 정책이다.

8. 유럽의 증원 함대가 중요하기 때문에 발트해함대를 핀란드만(灣)이 아니라 지중해 동부에 두었다가 극동으로 파견해야 한다.

보고서에는 이러한 의견에 군령부 사관들도 전적으로 동의했다고 쓰여 있다.[29]

신임 해군상과 신임 군령부장

이 훈련의 평가단 회의는 1903년 3월에 열렸다. 평가단 가운데 한 사람인 로제스트벤스키는 같은 달 해군 군령부장으로 임명되었다. 3월 17일(4일)에는 해군장관 티르토프가 사망했다. 군령부장 아벨란이 승진해 후임자가 되었다. 후임 군령부장에 임명된 사람이 로제스트벤스키 중장이었다. 그가 이 도상 훈련의 결론을 신임 해군상 아벨란에게 보고해야 했다. 그러나 그는 보고하지 않았다. 로제스트벤스키는 해군 군령부장으로 임명되어 새로운 일이 많아지자 이 도상 훈련에 관해서 잊어버렸던 모양이다.

러시아 해군에게 치명적인 인물이 될 지노비이 페트로비치 로제스트벤스키는 1848년 생으로 해군사관학교를 1870년에 졸업했다. 이어 1873년에 육군의 미하일포병대학교를 졸업한 것을 보면 괴짜라고도 할 수 있었다. 러터전쟁에서는 상선에 대포를 장착하는 업무의 책임을 맡았다. 상선 '베스타'에 승선했을 때는 함장이 부상당하자 지휘관대리로서 분투해 터키 전함을 격퇴하기도 했다. 그런 의미에서는 전투 경험을 지닌 많지 않은 해군제독이었다. 그 후 1880년대 중반 햇수로 3년 동안 불가리아 대공국의 해군사령관으로 활동했고, 1890년대 전반에는 5년 동안 영국주재 무관으로 일했다. 1894년에 순양함 '블라디미르 모노마흐'호 함장이 되었고, 1895년 2월 연합함대의 즈푸 집결에 참가했다. 이때 알렉세예프와 교류했다. 1896년 크론슈타트로 돌아가 제16해병단장 겸 포술훈련단장이 되었고, 1898년 중장으로 승진했다.[30]

1902년 독일 황제가 레베리를 방문했을 때 러시아 해군이 포술 시범훈련을 선보였는데, 이때 로제스트벤스키는 니콜라이와 빌헬름에게 깊은 인상을 남겼다. 이후 그는 니콜라이의 흑해함대 시찰 여행에 동행하면서 황제의 신뢰를 얻게 되었다. 이러한 일련의 일들이 해군 군령부장 발탁으로 이어졌을 것이다. 러시아 해군에는 중장이 23명이나 있었는데, 그래서인지 로제스트벤스키의 임명에 대해 사람들은 의외라고 생각했다고 한다.[31]

로제스트벤스키는 전략가가 아니라 관료적인 일꾼이었다. 그를 보좌한 시첸게르의 회고에 의하면, 군령부장으로서 로제스트벤스키의 하루 일과는 다음과 같은 것이었다. 아침 7시에 기상, 8시부터 집무실에서 서류를 처리한다. 서류 하나하나에 대한 결재도 간단히 끝내지 않고 자세하게 의견을 단다. 그리고 진정인, 방문객의 대응이 10시까지 이어진다. 10시부터 오후 1시까지 군령부 각부에서 올라오는 보고를 받는다. 그 사이 다른 성에서 쉴 새 없이 전화가 걸려온다. 오후 1시에 가벼운 식사를 한다. 2시에는 사람을 방문하거나 회의에 참석한다. 4시에는 집무실로 돌아와 내방객의 방문을 받는다. 내방객은 공장주나 외국인, 군인들이다. 이것이 오후 7시까지 이어지고, 그 뒤에는 본격적인 식사를 한다. 8시에는 보좌관 시첸게르가 마지막 서류나 전보를 가져온다. 보좌관은 11시에는 퇴근하지만, 로제스트벤스키는 오전 2시까지 일을 한다.[32]

이와 같은 일과라면, 일상적인 업무를 처리하는 것 이외에는 전략적인 구상을 수립하기도 힘들고 또 그에 기초해 새로운 것을 시작할 수도 없다.

신임 해군상 아벨란은 핀란드계의 루터파 프로테스탄트였다. 1857년에 해군사관학교를 졸업하고 임관했는데, 러터전쟁 시에는 북미 항해에 참가했고 전쟁에는 참전하지 않았다. 1891년에는 해군소장이 되어 크론슈타트 항 군령부장이 되었다. 그리고 1893-94년에는 지중해함대 사령관을 역임했고, 1895년에 해군 군령부 차장, 이듬해 군령부장이 되었다. 그의 밑에서 군령부 차장이 되는 니데르밀레르에 의하면, 아벨란 역시 종종 일본을 방문했기 때문에 일본과의 전쟁에 임해서 러시아가 보다 나은 항구를 지니고 있지 못한 점을 심각하게 고민하고 있었다고 하는데,[33] 사실 아벨란이 어느 정도의 위기의식을 지니고 있었는지는 알 수 없다.

군령부장은 주재 무관의 보고를 받는다. 그렇지만 로제스트벤스키는 무관의 보고에 얼마만큼이나 주의를 기울였을까?

1903년 1월 일본주재 해군무관 루신은 일본이 취할 가능성이 있는 네 가지의 군사행동 계획에 관해서 뤼순의 알렉세예프에게 보고했다.

1. 조선 북부로 출병하고 압록강과 평양 부근에 상륙.
2. 부산에 상륙해 서울로 진격.
3. 뤼순 부근에 상륙해 만주로 진격.
4. 조선을 점령하고 러시아군의 공격을 기다린다.[34]

1월 15일(2일) 루신은 알렉세예프 앞으로 일본 해군의 수뇌부에 관한 인물 평가를 보냈다. 이 보고에는 그의 개인적인 관찰, 일본과 각국의 사관들과의 대화에서 얻은 정보, 그리고 일본주재 프랑스 해군무관 브와시에르의 정보에 기초해 정리한 것이라는 설명이 첨부되어 있다.[35]

우선 해군 군령부장 이토 스케유키(伊東祐亨)에 대해서는 다음과 같이 평가했다. 즉 이토는 청일전쟁 시 연합함대 사령관이었는데, 사이쿄(西京)호에 군령부장 가바야마 스케노리(樺山資紀)가 타고 있어서 그 책임을 인계 받지 않았더라면 황해 해전도 치를 수 없었을 것이다. 이토는 해전의 작전계획도 없었고, 단지 속력을 유지하라는 것 말고는 다른 명령을 내리지도 않았다. 전투가 끝났을 때에는 이제 졌다고 생각하기도 했다. 그러므로 해군 군령부장에 임명되기는 했지만, "모름지기 전술적·전략적 인식의 부족 때문에 그 임무를 견뎌내지 못할 것이다." 그러나 그는 청일전쟁에서 승리한 영광과 인기로 어떻게든 견디고 있다. 무엇보다 이토는 합리적인 조언을 들을 수 있으며, 유능한 보좌관을 선발할 수 있다. 해군상 야마모토는 이토보다 훨씬 어리지만, 말과 행동을 조심하지 않아서 이토와 긴장관계가 형성되어 있다. 그러나 이토는 "심각하고 중대한 문제에서는 야마모토 중장의 강력한 영향 하에 있으며, 그의 지성을 인정하고 있다." 이토는 "용감한 인간이고, 선량하며 밝은 성품의 인물이다."[36]

마이즈루(舞鶴) 진수부(鎭守府)의 사령관 도고 헤이하치로에 관한 평가는 이러했다. 즉 의화단사건 시 그는 다구(大沽)에서 외국 군인과의 회합을 피하려 했는데, 외국어를 구사하지 못했기 때문이라는 것이었다. 그가 이끄는 함대는 함선의 배치전환이 능란하게 이루어지지 않는다고도 쓰여 있었다. "도고 제독은 개인적으로는 용감하고 에너지가 넘치며, 굳이 말하자면 단호하고 준엄하다." 청일전쟁의 풍도 앞바다 해전 때 '나니와'의 함장이었던 도고는 영국의 객선 '가오성'(高陞)호를 침몰시키고, 바다 속에 빠진 청국 병사들에게 총격을 가했다고 기술했다.[37] 도고에 관해서는 그다지 호감을 갖고 있지 않았던 것이다.

이와는 반대로 해군대신 야마모토 곤베에(山本權兵衛)에 대해서는, "외국인, 특히 러시아인을 좋아하지 않는다. 분명히 영국인에게 많이 공감한다. 일본 해군의 군함이 거의 영국에서 건조되고 있는 이유를 이것으로 설명할 수 있다"고 썼지만, 평가에서는 야마모토를 극찬하고 있다.

"남작 야마모토 중장은 후작 사이고〈쓰구미치, 西鄕從道〉대장이 해군상일 때 제1국장이었고, 당시에 벌써 실질적으로 해군성을 통솔하고 있었다. 그는 현대 일본 해군의 진정한 건설자다. 그의 직접적인 참여와 지도하에 건함 프로그램이 만들어졌고, 함선의 설계 역시 결정되었다. 그는 이런 프로그램을 실시했고, 일본 해군의 확장은 놀라울 정도로 정연하게, 그리고 심사숙고한 형태로 실현되었다. 따라서 야마모토 중장의 커다란 행정적·조직적 재능을 인정하지 않을 수 없다. 그런 연유로 그는 일본 해군과 해군성의 매우 실무적이고 유용한, 독보적이고도 완전한 주인이자 대신으로서의 위치를 지속하고 있는 것이다."[38]

야마모토는 사쓰마(薩摩) 출신이었지만, 자신의 주변에 사쓰마 계파만을 모으려고 하지는 않는다는 점에도 주목했다. 또 가쓰라 내각의 대신으로서 의회와의 관계에서도 수완을 발휘하고 있는 점도 지적했다.

로제스트벤스키는 일본 해군 수뇌부의 인물상을 어떻게 보았을까?

만주철군의 기한이 임박하다

그런데 러시아의 장관들도 극동정세를 놓고 머리를 싸매고 있었다. 1903년에 들어서 청국에게 약속한 제2차 만주철군 기한인 4월 8일이 임박해온 것이다. 조선에 대한 일본의 움직임도 범상치 않아 이에 대한 대응도 절실해졌다. 장관들은 협의를 거듭했다.

우선 1월 24일(11일) 예비회의가 열렸다. 외상 람스도르프와 육군상 쿠로파트킨을 중심으로, 외무차관 오볼렌스키-넬레진스키-멜레쯔키, 제1국장 가르트비그, 그리고 한국과 청국 주재 파블로프와 레사르 두 공사, 이임이 결정된 이즈볼스키 주일 공사 후임으로 이미 결정되어 있던 로젠이 참석했다. 이 회의에서 우선적으로 내린 결론은 다음과 같다.

1. 철병 약속은 지키지만, 청국에게서 보상을 얻어낸다.
2. 일본과의 우호관계를 유지하기 위해서 조선문제를 놓고 대화하는 것은 좋지만, 종래 결정되어 있는 것의 보완이라는 형식에 머문다. 조선의 보전은 러시아 정책의 기초다.
3. 일본과는 우호관계를 유지하고 싶지만, 만주문제를 조선문제와 동렬에 놓고 다룰 수는 없으며, 일본이 러·청 관계에 간섭하는 것을 인정하지 않는다. 만주에 대한 보상으로 조선을 일본에게 양보하는 것은 생각할 수 없다.[39]

즉 만한교환론은 취하지 않는다, 조선에 대해서는 종래대로 독립 존중의 방침으로 나아가야 한다는 것이었다.

본격적인 협의회는 2월 7일(1월 25일)에 개최되었다. 외상이 주재하고 재무상, 육군상, 외무차관, 세 명의 공사 이외에 해군상 티르토프도 참석했다. 외상 람스도르프는, 일본이 "조선에서 새로운 우월권을 행사할 수 있다면 관둥주나 만주에서 우리가 벌이는 활동에 대해 모든 간섭을 중단할 용의가 있다는 점을 암시하고" 있다고 말했다. 일본이 내세운 요구는 너무 지나친 것이어서 러시아 정부가 이에 동의할 수는 없다는 것이었다. "조선은 장차 러시아의 국가적 이해에 불가피하게 그리고 극도로 중대한 의의를 지니기" 때문이다. 다른 한편 러시아로서는 관둥주와 만주에서의 지위가 중요하기 때문에 일본과의 협정이 필요하다.[40] 람스도르프의 이러한 발언은 일종의 문제제기가 되었다.

재무상 비테는 지난해 구리노 공사가 내놓은 제안은 받아들이기 어렵지만, 상호 양보한다면 일본과의 협정은 가능하다면서, 그럴 경우 중요한 항목은 조선해협의 중립화라고 주장했다. 쿠로파트킨 육군상은, 일본과의 충돌이 예상된다면 막대한 "국고의 물질적 희생"을 해야 한다, 조선해협의 중립화는 이미 확보되어 있다, 일본은 조선의 영토를 군사적·전략적 목적으로 이용하지 않는다고 상호 확약할 용의가 있다고 표명했다, 라고 발언했다. 쿠로파트킨이 말한 일본의 태도에 관한 근거가 무엇인지는 알 수 없다. 해군상 티르토프는 조선에서 일본의 우월적 지위를 협정으로 인정해서는 안 된다고 주장했다.[41] 조선을 일본의 것으로 인정하는 데에는 모두가 분명하게 반대했다.

로젠 주일 공사는 "일본과 무력충돌할 수 있는 모든 위험성을 피해야 한다는 점에 관해서는 모두가 여러 해 동안 의견이 일치했다", 그러나 오늘날 "조선문제를 놓고 일본과 무력 충돌할 위험성이 실제로 존재한다"고 지적했다. 그러면서 일본이 조선 전체든 일부든 어쨌든 조선을 점령하는 것은, 러시아가 유럽에서 군사행동에 돌입했을 경우나 러시아가 조선을 전체든 일부든 점령할 때라고 하면서, "이 위험을 피할 것인가, 아니면 이러한 리스크를 범할 것인가는 완전히 우리 하기 나름이다"라는 결론을 내렸다.[42] 이것은 회의장 분위기에 영합한 그야말로 무의미한 발언이었다. 그는 1896년 이래 이어져온 러시아 정책의 실패를 지적하면서, 오늘날 필요한 것은 "조선에서 우리 정책의 강고한 프로그램"을 확립하는 일과 "모든 성, 청과 그 지역 대표, 에이전트들의 행동양식의 완전한 통일"을 도모하는 일이라고 제안했다. 이 역시 알맹이가 없는 발언이었다. 로젠도 돌아가는 상황을 살펴보자는 자세였던 것이다.

만주철군과 관련해 청국에 제시할 보상 요구에 관해서는, 비테 재무상은 철도 지역에 러시아인의 입식(入植)을 추진하는 일은 비현실적이라고 주장하면서, 8천만 명을 수용할 수 있는 시베리아가 비어 있으니까 만주에 입식하기 전에 시베리아에 입식해야 한다고 주장했다.[43] 청국 공사 레사르 역시 중국인의 만주 입식을 막을 수 없다고 주장했다. 이에 대해서 쿠로파트킨은, 만주로 입식하는 중국들을 막아야 한다고 거듭 주장하고서, 이를 실현하는 길은 북만주를 합병하는 것뿐이라는 의견을 개진했다.[44]

철군문제에 관해서는, 쿠로파트킨은 4월 8일(3월 26일)까지는 펑톈성 전 지역에서 철수하고, 이어서 지린성 남부에서 철수를 시작하여 철수 부대가 여름이 될 때 쯤 아무르군관구에 도착할 수 있도록 하겠다고 말했다. 지린성 북부와 치치하얼(齊齊哈爾)성에 관해서는 남부에서의 철수 상황이 완료될 때까지 러시아군을 남겨두는 것이 좋다고 주장했다. 전 만주 지역에서 철수한 뒤에는 철도 연선에 병력을 남겨두고, 아무르와 숭가리 연안에 소규모 초소를 유지할 필요가 있다는 의견이었다. 구체적으로는 4월 8일까지 철군하겠다는 약속을 취소하고, 헤이룽장성(黑龍江省)과 지린성 북부에서의 철군과 관련해 철도 연선과 하천 연안에 일정 수의 군대를 주둔시키는 것을 전제조건으로 삼자고 제안했다.[45]

북만주 병합이라는 육군상의 의견에는 재무상, 외상, 베이징의 공사 모두가 반대했지만, 철군문제와 관련해서는 육군상의 보상안이 승인되었다.[46]

장관협의의 결론에 기초해 베이징에서는 대리공사 플란손이 레사르의 귀임을 기다리지 않고 3월 2일(2월 17일)부터 청국과 협의를 개시했다.[47]

극동의 베조브라조프

수도에서 이러한 협의가 진행되고 있을 때 베조브라조프는 극동에 가 있었다. 시만스키는 그의 출현이 극동 사람들에게 준 인상에 관해서 다음과 같이 서술하고 있는데, 올바른 평가일 것이다. "요즈음 그가 점하고 있는 지위, 중앙정부의 승인을 기다리고 있는 약간의 사업이 그 한 사람의 판단으로 해결되는 상황, 전략, 전술, 해군병기, 철도사업, 은행업, 상공업 등과 같은 다종다양한 문제들에 관해서 그가 권위 있는 자처럼 내리는 지시, 페테르부르크로 그가 올리는 보고들의 부단한 성공과 그 스피드, ─이 모든 것들이 우리 태평양 지역 지방당국에 일정하고도 강력한 인상을 주었다."[48]

베조브라조프의 극동 여행에 대해서 강한 경계심을 가지고 만전의 대책을 마련한 것은 비테라고 한다. 극동은 재무성이 기본적으로 통제하고 있는 왕국과도 같은 곳이었고, 또 수개월 전에 비테가 방문해 장문의 보고서를 막 제출한 상태였기 때문이다. 비테의 심경은 흡사 수도에서 파견된 검찰관을 두려워하는 그런 것이었다. 비테는 재무성의 현지 대표에게 전보를 쳐서, 베조브라조프를 환대하고, 그와 군인들의 접촉을 차단하라는 지령을 내렸다.[49]

루코야노프에 의하면 베조브라조프가 뤼순에 도착한 것은 1903년 1월 12일(1902년 12월 30일)이었다.[50] 알렉세예프에게는 압록강 기슭의 목재 이권의 획득 건과 관련해 베조브라조프를 도와주기 바란다는 황제의 부탁 서한이 도착해 있었다. 알렉세예프는 베조브라조프를 환대하고는, 압록강의 청국 쪽 기슭의 이권을 획득하기 위해서는 펑톈성의 도독, 더 나아가서는 청조 정부와 교섭하라고 권했다.[51] 1월 말부터 2월 초(1월 12일 내지 19일)에 황제는 200만 루블을 베조브라조프 앞으로 송금하라고 비테에게 명했다. 러청은행 뤼순 지점의 베조브라조프 구좌로 그 정도 액수의 국고 자금을 보내라는 것이었다.[52] 비테는 하는 수없이 저항하지 않고 송금했다.

재무성의 현지 대표는 베조브라조프의 인상에 관한 보고서를 보내왔다. 다렌 주재 재무성 파견원 프로타셰프는 이렇게 보고했다. "잠시 전에 페테르부르크에서 4등관 베조브라조프가 만주의 광산 이권 획득을 위해 도착했습니다. 속은 텅 빈 인간이지만 아마도 상당한 커넥션을 갖고 있는 모양입니다. 현지에서 그의 비위를 맞추려고 다들 알랑대고 있는 것을 보면 말이지요. 그는 기회가 있으면 재무성의 정책을 깎아내리는 것을 주저하지 않을 겁니다."[53]

1월 말 베조브라조프는 펑톈에 도착했다. 재무성의 펑톈 주재 대표 드미트리예프-마모노프의 보고에 의하면 베조브라조프는 "200만 루블의 후광을 배경으로 눈에 띄는 수행단을 데리고 도착해", 만찬회를 여러 차례 거듭 열면서 청국인, 러시아인 구별 없이 호기 있게 기부금을 뿌렸다.[54] 베조브라조프는 펑톈에 2주간 체재했다. 거기서 당연히 베이징으로 갈 예정이었지만, 어쩐 일인지 돌연 일정이 취소되었다.

2월 12일(1월 30일) 베이징 주재 러청은행 지점장 포코틸로프는 베조브라조프가 "금일 펑톈에서 뤼순으로 떠났다"고 타전했다. 포코틸로프는 이 전보에서, 베조브라조프가 자기에게 원조를 요청하면서 상담하고 싶다고 말했다고 전하면서, 어떻게 대처하면 좋을지 비테의 지시를 요망했다.[55]

베조브라조프는 펑톈에서 베이징에서 온 포코틸로프 등과 만났고, 2월 12일에는 뤼순으로 되돌아간 셈이 된다. 사실 당시 펑톈의 베조브라조프는 베이징에서 온 또 한 사람의 중요 인물과 결정적인 만남을 갖고 있었다. 그 인물은 바로 극동문제에 관한 가장 예리한 분석가인 청국 주재 무관 보가크였다.

베조브라조프와 보가크

보가크가 베조브라조프파의 사람으로 간주된다는 점은 널리 알려져 있다. 그러나 지금까지, 그가 어째서 베조브라조프파에 가담하게 되었는지에 관해서는 그 누구도 조사한 적이 없었다. 로마노프나 루코야노프 모두 그 문제에 대해서는 무관심했고, 보가크에 주목한 시만스키 조차도 이 점에 대해서는 전혀 언급하지 않았다. 나는 베조브라조프가 처음으로 평텐을 여행했을 때 두 사람이 만났다는 결론에 도달했다. 베조브라조프가 보가크에게서 극동정세에 관해서 듣고 그의 판단에 감복해, 그의 새로운 시각을 흡수했음에 틀림없다. 이로 인해 베조브라조프는 급거 예정을 변경, 서둘러 뤼순으로 돌아갔던 것이라 생각된다. 이러한 점에서 베조브라조프가 그 이후 추진하는 새로운 노선이 보가크의 판단에서 비롯하고 있다는 것이다. 이러한 사실은 지금까지 명확하게 밝혀진 적이 없었다.[56]

비테의 지시를 받은 포코틸로프는 2월 26일(13일)부터 그 다음 날에 걸쳐서, 뤼순으로 돌아온 베조브라조프를 방문했다. 두 사람은 장시간 이야기를 나누었는데, 이 대화에서 베조브라조프는 보가크 소장을 자기 회사의 청국 주재 전권대표로 확보했다는 점을 분명히 했다.[57] 또한 베조브라조프는 포코틸로프에게 압록강과 두만강에서의 자기의 삼림사업 구상의 의의를 설명했다.

"이 하나의 선(線)은 뤼순에 있는 우리의 오른쪽 날개와 블라디보스토크에 있는 왼쪽 날개를 연결하는 중앙에 해당한다. 혹시 있을지 모를 조선과 일본의 공격에서 이 선을 지켜야 하며…… 펑황성(鳳凰城)을 우리 진지의 중심으로 삼지 않으면 안 된다. 그곳에 예비 군수물자의 창고를 집중하고, 압록강 하구에 배치한 전진 거점의 본대(本隊)를 집중해야 한다. 이 부대는 삼림경비대로 위장해야 한다. 그러한 경계조치를 취하지 않으면, 조선에 인접한 삼림지대를 통한 일본군의 침입에 우리가 위협을 받게 된다."[58]

베조브라조프는 포코틸로프에게 이틀 동안 총 12시간에 걸쳐 이야기를 계속했다. 모름지기 그는 보가크와의 대화를 통해 새삼 명확해진 압록강사업의 의미에 열광하고 있었을 것이다. 포코틸로프는, 일본이 어떤 식으로든 침략할 의도를 갖고 있는지는 알 수 없지만, 남만주에서 철군하겠다는 약속을 지키지 않거나 베조브라조프가 계획하고 있는 것 같은 도전적인 방책을 취한다면 오히려 일본의 적대적인 행동을 초래할 수도 있다고 반론을 제기했다. 베조브라조프는 반론에도 귀를 기울이는 자세를 보이기는 했지만, 마드리토프 중령을 대장으로 하는 파견대를 압록강으로 보내는 계획을 이미 세워놓고 있다는 점을 분명히 밝혔다.[59] 베조브라조프는 보가크에 관해 이야기하면서, 포코틸로프에게도 자기 회사에 들어와 달라고 요청했다.

뤼순의 지배자 알렉세예프는 이미 베조브라조프의 구상을 지지하고 있었다. 알렉세예프는 2월 25일(12일)자 전보에서, 펑톈의 철군기한이 다가오는 가운데 뤼순의 병력 증강이 필요하다고 황제에게 보고했다. 특히 지상 병력, 수비대의 강화, 추가적인 방위공사예산의 할당, 태평양함대의 증강, 수리기능 등 항만 능력의 향상 등을 열거했다. 알렉세예프는 이와 함께 베조브라조프를 대변하면서 압록강의 러시아 목재회사에게는 강고한 경호대가 필요하다, 그를 위해서 평황성에 기병부대를 주둔시켜야 한다는 내용의 보고서를 보낸 것이다.[60]

황제는 이 전보를 쿠로파트킨에게 보여 주었다. 쿠로파트킨의 반응은 무척이나 태평했는데, 그는 알렉세예프의 요구를 전적으로 거부했다. "우리는 조선에서 일본의 행동의 자유를 인정했기 때문에 이제 와서 일본과 결렬하는 일은 있을 수 없다. 우리에게는 강력한 해군이 있으며, 이를 더욱 강화하려 하고 있기 때문에 뤼순에 대한 위협도 줄어들고 있다. 마지막으로, 필요하다면 우리는 증원부대를 보낼 것이다. 관둥주에 별도의 부대를 잔류시키게 되면 지출비용도 늘어나고 고민도 커질 것이다." 알렉세예프가 말하는 뤼순 병력 증강 방안은 필요 없다는 것이다. 하물며 압록강 작전에 대해서는 아무런 인상도 받지 못했던 모양이었다. 이에 대해서 황제는, 수비대 병력이 부족한 상태에서 일본이 급속하게 움직여 아무르주와의 연락이 두절되면 어떻게 하느냐고 반박했다. 쿠로파트킨은 금세 황제의 반론에 근거가 있다고 인정하면서, 관둥군에게 동시베리아 보병 1개 연대, 치타·카자크 병력 1개 연대, 기마포병 1개 중대씩을 보충하는 것을 인정하고, 뤼순의 2개 포병중대를 4개 대대로 편성하여 확충하겠다고 표명했다. 이를 들은 황제는, 짐은 극동정세가 위기적 상황이라고 생각하지만, 그것은 일본 때문이 아니라 육군과 재무성 간의 대립 때문이며, 짐 자신은 군의 의견을 지지한다, 라고 말했다.[61] 아마도 재무성이 두려워 군비증강에 열의를 쏟지 않는 쿠로파트킨이 갑작스레 돌변한 모습에 대한 비아냥거림이었을 것이다.

한편 베조브라조프는 비테를 안심시키는 전보를 치는 일도 잊지 않았다. 2월 26일(13일)에 비테 앞으로 보낸 전보에는 이런 내용이 기술되어 있었다.

"나는 현재 남지선〈남만주철도〉밖에 모르지만 거기서 받은 인상, 기사(技師) 기르시만과의 대화, 그의 설명을 통해 남지선에 관해 내가 얻을 수 있었던 논거에 따르면 이미 진행된 모든 것이 양적으로나 질적으로 비난을 받을 일이 아니라 오히려 높은 평가를 받을 가치가 있다고 말할 수밖에 없다. 달리니〈다롄〉에 대해서도 나 자신은 아직 가보지도 않았고 또 들려오는 평가들도 극도로 나뉘어져 있기 때문에 아직 최종적인 의견에는 도달하지 않았지만, 원칙적으로는 처음 시작된 방향에 커다란 변용을 가하는 것은 불가능하다고 본다. 왜냐하면 너무나 많은 것이 이미 완성되어 있기 때문이다."

뿐만 아니라 전보에는 철도수비대에 관한 것, 관둥주의 병력 증강, 다롄 방위의 강화, 의견 대립의 극복 등에 관해서도 건설적인 의견이 기술되어 있다.[62] 베조브라조프는 포코틸로프와 회담한 후에도 비테에게 보내는 전보에, 석탄의 확보를 위해서는 푸순(撫順) 탄전의 이권 획득이 최선이라고 생각한다고 썼고, 포코틸로프를 자기 회사의 경영진에 참여시키고 싶으니 비테가 지시를 내려주기 바란다고 썼다.[63]

이에 대해 비테도 어련무던하게, 석탄이 가장 중요하다는 생각에 찬성이다, 포코틸로프에게 지시를 내리기 위해 회사에 관해서 상세히 알고 싶다, 귀경하면 이야기를 매듭짓자, 라는 호의적인 답신을 타전했다. 그러나 포코틸로프가 전한 베조브라조프의 압록강 구상에 관해서는 침묵했다.[64] 진지한 제안이라고 생각하지 않았을 것이다.

극동정책의 신 구상

베조브라조프는 이미 3월 3일(2월 18일)에 황제에게 상주 전보를 보내서, 압록강 변에 목재회사의 형태로 거점을 만들고 극동의 병력을 총체적으로 증강한다는 자신의 새로운 구상을 설명했다.

"어떤 불측의 사태가 발생하지 않는 한, 6개월 후에는 평화적인 방법으로 그리고 합법적인 기반 위에서 압록강 유역에 굳건한 다리로 설 수 있을 것을 기대합니다. 그 후에 이 체제는 서서히 강고해질 것이고, 두만강 유역을 통해서 우수리 지방 및 아무르군관구와 연결함으로써 만주에서 우리가 놓인 전체적인 상황에 비춰보면, 조선쪽에 강고한 최전선이 창출되는 것입니다.

우리의 태평양 연안 국경에 관해서 말씀드리자면, 다음과 같다고 생각합니다. 왼쪽 날개인 블라디보스토크에는 현저한 위험이 없습니다. 따라서 특히 적극적인 역할이 필요하지 않습니다. 특별한 주의를 받는 이유는 오랜 기억 때문입니다.

오른쪽 날개인 뤼순은 위압하기 위해서 점령한 곳입니다만, 지금은 우리 자신에게 위협이 되고 있습니다. 왜냐하면 뤼순에는 수비대도, 함대도, 요새의 방비나 항만 시설도 충분히 강력하지 않기 때문입니다. 게다가 후방에 달리니항[다롄항]이 있지만, 이곳은 적의 상륙부대에게 설비가 잘 갖추어진 훌륭한 기지가 됩니다. 일본인들은 이 모든 것을 알고 있기 때문에 뻔뻔스럽게 구는 것입니다.

두 날개 사이의 공간은 개방된 토지라서 적이 이 지역을 점령한다면, 이 지방의 지형으로 보아 강고하게 점령할 수 있고, 우리의 만주 작전기지와 연락 라인을 돌파하고, 공격할 수 있을 것입니다.

저 개인적으로 확신하는 바입니다만, 일본이 평시에 압록강 유역에 정착할 수 있다면 전시에는 국경을 넘어 우리의 만주철도를 파괴할 것이 확실합니다. 우리는 그것을 막을 수 없습니다.”[65]

베조브라조프는 이 상주문에, 극동의 러시아 군사태세는 “극도로 약해서” 일본의 공격을 초래하는 유인이 될 수도 있다, 남만주에 육군 병력을 증강할 필요가 있다고 썼다. “요컨대 일본인들과 상호 간 유익한 의견 교환을 순조롭게 시작하기 위해서는 가능한 한 빨리 준비를 완료하고, 충분히 강력해 지는 것 이외에는 다른 방법이 없습니다. 이러한 준비 없이는 대화한다고 해도 의미가 없습니다.”[66]

베조브라조프는 이러한 생각에 기초해 황제에게 파견대의 문제와 평황성의 부대 주둔, 보가크를 페테르부르크로 호출해 황제를 알현하게 할 것, 3월에 특별협의회를 열어 압록강 문제에 관해서 정부 차원의 결정을 내릴 것, 이 세 가지를 요청한 것이라고 생각된다. 이 점을 기술한 문서는 발견할 수 없지만, 전후의 움직임으로 보아 그렇게 추측할 수 있다.

황제는 즉각 압록강 구상을 지지했던 것으로 보인다. 뤼순에 있는 철도기사 기르시만은 베조브라조프와의 대화를 재무성 차관 로마노프에게 하나하나 자세히 보고했다. 그가 보낸 3월 4일(2월 19일)자 전보에 의하면, 베조브라조프는 만주의 병력을 증강하고 위안스카이에게 보호를 요청하게 한다는 방침이 이미 결정되었다고 말했던 모양이다. 황제에게 서한을 보냈더니 황제가, 철도수비대는 알렉세예프에게 복종한다, 남만주에 2개 여단을 보충한다, 관둥주의 병력을 크게 증강한다, 압록강에 원정대를 파견하는 것들을 승인한다, 등등을 포함한 회신을 보내왔다고 말했다는 것이다.[67]

황제가 3월 6일(2월 21일)까지는 압록강 기슭의 러시아 기업을 방위하기 위해 소부대를 남만주에 잔류시킨다는 구상에 관해서 외상과 협의하라고 육군상에게 하명한 것은 확실하다.[68]

경비대 파견 문제

베조브라조프는 압록강으로의 경비대 파견을 실현하기 위해서 움직이기 시작했다. 그러나 그의 구상이 구체화함에 따라 현지에서도 그리고 중앙에서도 반대의견이 나타났다.

우선 평황성에 부대 주둔을 유지하는 건에 관해서는 외무장관이 반대했다. 그는 3월 16일(3일) 육군상에게 편지를 보내, 황제의 새로운 명령은 만주에서 철군한다는 조약 상의 약속과 2월 7일의 협의회 결정에 반하며, 청조 정부의 불신을 사게 되어 베이징에서의 교섭에 악영향을 미칠 것이라는 의견을 표명했다. 압록강 기업의 경비를 위

한 것이라면 소규모 부대를 파견하는 것으로 충분하지 않겠느냐고 외상은 편지에 썼다.[69]

당초 베조브라조프를 지지하던 알렉세예프도 3월 13일(2월 28일)이 되자 자신은 베조브라조프의 행동을 불신하기에 이르렀다고 프로타셰프에게 말했다. 베조브라조프는 자기 회사가 마치 벌써 인가를 받은 것처럼 행동하고 있으며 청조 정부의 승인은 제2차적인 절차에 불과한 것이라 생각하고 있다, 뿐만 아니라 만주의 러시아 기업은 총검의 힘으로만 지킬 수 있다고 보고 있다, 나[알렉세예프] 자신은 그러한 생각이 잘못되었다고 생각하며, 그러한 비합법적인 짓에 관해서 몇 번이나 충고했다. 따라서 "압록강으로 보내는 원정대는 조선 국경에서의 지나치게 자의적(恣意的)인 경영과 연관이 있으며, 위험한 분쟁을 불러일으키지나 않을까 걱정스럽다."[70]

이어 3월 16일(3일) 알렉세예프는 외상에게 전보를 보내, 베조브라조프가 지도하는 목재회사가 퇴역병사들로 구성되는 경비대를 뤼순에서 편성해 압록강 하구의 이권 지역으로 보내려고 한다, 3월 23일(10일)쯤 독일 기선 '아모이'호와 대형 증기보트에 경비대를 태워 보낼 예정이다, 라고 알렸다. 알렉세예프는, "압록강의 정치정세와 현재의 조선과 일본의 관계에 주목한다면, 이러한 파견은 산업이 목적이라 해도 바람직하지 않은 오해의 구실을 줄 수 있다", 나는 전체적인 정치정세는 모르기 때문에 이와 같은 파견이 "현 시점에서 우리의 이익과 어느 정도 합치하는지는 결정할 수 없다", 따라서 이에 관해 알린다고 통보했다.[71]

그런데 바로 이날 수도에서는 아바자가 황제에게 파견되었는데, 그는 상의를 하자며 쿠로파트킨을 찾아 왔다. 병사 300명의 '노동조'(勞動組, артель)에 병사 600명을 추가하는 안이 구체적으로 제시되었다. 이들에게 중국옷을 입혀서 총은 짐수레에 쌓아 놓게 한 뒤 비무장

상태로 삼림을 채벌하게 하다가 필요할 경우에는 전투를 한다는 것이었다. 쿠로파트킨은, 300명이라는 것도 모르고 있었다 그리고 이런 조를 편성하는 데 반대한다, 이렇게 하면 조선 및 일본과 분쟁을 야기할 수 있다, 고 말했다. 그러나 그는 마지막에 타협안을 제시했다. 즉 현역병이 아니라 퇴역병으로 편성해 총을 소지하도록 해도 좋다, 그리고 평황성의 카자크 부대가 압록강으로 순찰대를 보내 순찰하도록 한다면 그리해도 좋다고 제안했다.[72] 즉 베조브라조프는 알렉세예프를 속이고 준비를 진행해나갔던 것이다.

쿠로파트킨은 이 의견을 황제에게 상주했다. 황제 역시 퇴역병들을 채용하라고 지시했다. 3월 18일(5일) 쿠로파트킨은 이것을 '황제의 지침'이라며 알렉세예프에게 전했고, 혹시라도 이미 파견되어 있는 현역병이 있다면 소환하라고 요청했다.[73]

3월 20일(7일) 람스도르프는 알렉세예프에게 베이징의 공사와 서울의 공사 모두가 걱정하고 있다, 이 회사의 행동은 당신이 직접 감시하고 있는 지역에서 일어나고 있으니까 경비대의 설치가 실현 가능한 것인지 베조브라조프가 꾸미는 파견이 분쟁을 일으키지 않을지, "당신의 충분히 권위 있는 의견을 아는 것이 좋겠다"며 개입을 촉구했다.[74] 3월 22일(9일) 베조브라조프는 하얼빈의 철도회사 책임자 유고비치와 4시간 정도 대화를 나누었는데, 이때는 파견할 경비대에 관해서 그 규모를 1,500명까지 이야기하면서, "조선을 통하는 일본인의 만주 침입을 막을 수 있는 믿을 만한 보루"를 만들겠다고 말했다.[75]

3월 29일(16일)자 쿠로파트킨의 일기는 다음과 같이 기록하고 있다. 즉 알렉세예프로부터 전보가 왔는데 그 전보에서 알렉세예프 자신은 300명의 현역병을 '노동조'로 차출할 수는 없다, 40명만 차출하기로 결정했다고 말했다. 그러니까 베조브라조프가 아바자에게, 300명의 현역병을 확보했다, 그리고 300명을 더 요구했다고 써 보낸 것은 허풍이었다, 그저께 아바자가 내[쿠로파트킨]게 와서 베조브라조프가 현역병은 그만 됐다면서 마적을 고용했다고 말했다.[76]

드미트리예프-마모노프가 재무상에게 보낸 4월 5일(3월 23일)자 전보에 의하면 현역 병사 외에 중국인 마적을 고용해 경비대의 총인원을 1,500명 정도까지 하는 것을 고려하고 있었음에 틀림없다. 경비대장 직은 참모본부의 마드리토프 중령에게 맡겨졌다.[77] 이 보고에 다소 과장이 있다 해도 마적은 분명 고용되어 있었다. 4월 8일(3월 26일) 마드리토프는 알렉세예프에게 무기를 소지하지 않은 마적 100명을 조선으로 보내서 경비 업무를 하도록 해달라고 요청했다. 나머지 400명의 마적은 만주에 있으면서 역마차 업무를 담당하도록 하겠다는 생각이었는데, 이는 승인되었다.[78] 그런데 알렉세예프는 5월 5일(4월 22일) 마적 고용을 중지하고, 이미 고용한 자들도 조선으로 보내지 말라고 명령했다.[79] 그렇지만 그때는 이미 600명이 고용되어 있었다.[80]

마드리토프는 마적 두목을 설득해 러시아를 위해서 일하겠다는 약속을 받아 놓았던 모양이다. 이것이 일본에 전해져 공포심을 조장하고 있었다.[81]

페테르부르크의 보가크 호출과 중앙의 반응

한편 베조브라조프는 보가크를 중앙으로 불러 자신들의 고문으로 삼기 위해 움직이고 있었다. 베조브라조프는 황제와 아바자에게 보가크를 중앙으로 불러오도록 요청했을 것이다. 3월 중순 황제는 이를 결정했다. 3월 15일(2일) 아바자는 황제의 뜻을 받들어 쿠로파트킨 육군상에게 보가크를 페테르부르크로 불러 달라고 전했다.[82] 보가크에게는 압록강 임업사업을 담당하도록 하겠다고 통고했는데, 이것은 일종의 카무플라주였을 것이다. 3월 17일(4일)에 쿠로파트킨은 황제에게 만주에서의 베조브라조프 행동에 의문을 표했지만, 황제는 그것에 대해서는 답하지 않은 채 보가크를 부르라고 명령했다.[83] 이 결과 육군상이 청국주재 무관 보가크에게 귀국 명령을 내린 것이다. 이 때까지도 육군상은 이것이 어떠한 사태로 이어질지 전혀 생각하지 못했다.

이렇게 되자 뤼순의 베조브라조프의 움직임에 대해서 중앙의 반응은 격렬해졌다. 비테는 알렉세예프가 이미 베조브라조프를 비판하는 쪽으로 돌아섰다는 프로타셰프의 3월 13일(2월 28일)자 전보에 기뻐했다. 계속해서 기르시만이 보낸 3월 15일(2일)자 전보는, 알렉세예프가 "지금까지는 베조브라조프가 이성을 되찾을 것을 기대했지만, 그렇게 되지 않았다"고 말했다는 사실을 전했다.[84] 알렉세예프가 외상에게 보낸 같은 날짜의 전보도 람스도르프가 알려왔을 것이다. 비테는 베조브라조프의 전보, 포코틸로프와 기르시만의 전보를 일일이 황제에게 보여주었다.

이와 같은 미묘한 분위기를 감지했는지 베조브라조프는 마드리토프 원정대의 파견을 마지막까지 지켜보지 않고, 병이 들어 수도로 돌아가고 싶다고 황제에게 요청했던 것으로 보인다. 3월 22일(9일) 황제가, 베조브라조프의 귀경과 그의 병을 고려해 이르쿠츠크까지 급행 편을 제공해주면 좋겠다고 비테에게 요청했던 것이다.[85] 이와 관련해, 같은 날 황제가 기르시만의 전보에 재무성의 현지 대표가 압록강 목재 이권사업에 협력해주었으면 한다고 써넣은 것으로 보아, 황제가 베조브라조프를 신임하지 않아서 소환한 것은 절대로 아닐 것이다.[86]

사태가 이렇게 전개되자 비테는 3월 25일(12일) 알렉세예프에게 타전해, 모두에게 들었다, 귀하가 "완전히 숨김없이 그리고 지체하지도 말고 폐하께 상주 서한을 보내서 일어난 모든 상황에 관한 귀하의 의견을 자세하게 표명하는 것이 적절하다고 생각한다"라고 요청했다. 그러한 숨김없는 의견 표명은 알렉세예프가 폐하에게 얻고 있는 신임 하에서는 "귀하와 전체 사업에 플러스가 될 것이다."[87] 비테는 알렉세예프에게 베조브라조프를 비판하는 서한을 황제에게 올리라고 종용했던 것이다.

알렉세예프는 비테가 요구한 편지의 초안을 썼다. 손으로 쓴 3월 28일(15일)자 초안이 남아 있다.[88] 알렉세예프는 이권에 대한 베조브라조프의 태도와 마적을 경비대로 이용한다는 생각에 반대한다고 썼다. 그러나 그는 결국 편지를 부치지 않았다.

결국 비테는 베조브라조프에게 치명상을 입히지 못했다. 황제는 계속 베조브라조프를 신임했다. 쿠로파트킨은 3월 29일(16일)자 일기에 이렇게 썼다. "베조브라조프를 중심으로 하는 베조브라조프 정치는 지금 절정에 달했다." 황제는 베조브라조프가 이전에 올린 의견서 '정세평가'를 쿠로파트킨에게 건네며 의견을 구했다. 이것은 1901년 7월에 제출된 것으로 극동에 3만 5,000명의 증강을 요구하는 의견서였다. 일본과의 전쟁에 대비해서 2만 5,000명을 관둥주에, 5,000명의 기병을 조선 국경에 둔다는 것이었다. 이미 과거의 것이 되어버린 제안서였다. 쿠로파트킨은, 극동정책은 황제의 정책과 베조브라조프의 정책 이렇게 두 가지가 있으며, 일본은 불안해지고 중국도 항의를 준비하고 있다고 일기에 썼다.[89] 쿠로파트킨에게는 '20세기의 프레스타코프'라 할 베조브라조프에 비하면, 고골리의『검찰관』의 주인공 프레스타코프는 '풋내기, 애송이'처럼 보였다.[90]

베조브라조프의 귀경은 당초 생각했던 3월 23일(10일)보다 열흘 정도 늦어졌다. 그것도 당연한 일이었을 것이다. 4월 3일(3월 21일) 포코틸로프는 비테에게 보고했다.

"베조브라조프는 그저께 뤼순을 출발했다. 도중에 하얼빈에 들를 예정이다. 보가크 소장이 그와 동행한다. 베조브라조프는 그에게 연봉 2만4천 루블에 기업의 군사부를 주관할 것을 제안했다. 보가크 소장은 휴가를 마치고 막 청국으로 돌아간 상태였는데, 3월 초 내려진 황제 폐하의 특별 명령으로 페테르부르크로 호출된 것이다. 이 명령은 상기의 지위를 제안한 베조브라조프와의 교섭 후에 내려졌다."[91]

놀랄 만한 뉴스였다. 비테는 이 전보를 신속하게 쿠로파트킨에게 전달했다.[92] 하얼빈의 기사 유고비치와 이그나찌우스는 4월 9일(3월 27일) 비테에게 타전해, 보가크가 베조브라조프와 함께 수도로 떠났다고 보고했다.[93]

4월 8일(3월 26일) 협의회

이 사이 수도에서는 4월 8일(3월 26일)에 황제 임석 하에 극동문제에 관한 특별협의회가 열렸다. 이 협의회가 열린 경위에 관해서는 지금까지 설명된 바 없지만, 베조브라조프가 요청한 것이라고 생각할 수 있다. 아바자는 3월 26일(13일)에 의견서를 정리해 황제에게 상주했다.[94] 이것은 보가크와 만난 베조브라조프가 새로운 생각을 하게 됨에 따라 아바자에게 알려준 바를 반영한 것이라 생각된다. 아바자는 그 후인 4월 2일(3월 20일)에도 황제를 알현했다.[95] 이 자리에서 협의회 개최가 결정되었다. 그러니까 이 협의회는 베조브라조프가 주도해 자신의 입장을 굳히기 위해서 개최한 것이라고 생각할 수 있다. 황제는 4월 3일(3월 21일) 아바자의 의견서 위에 "짐은 이 건에 관한

협의회를 수요일 3시에 열 작정이다"라고 써넣어 외상, 재무상, 육군상에게 회람하도록 했다.[96]

아바자 의견서[97]의 내용은 다음과 같았다. 1898년 군사교관과 재정고문이 조선에서 철수하면서 조선을 일본에 넘겨주고 말았기 때문에 민간 상업 활동을 통해서 조선의 사업에 개입하는 것이 바람직하다. 그를 위해서 브리네르의 목재 이권을 취득했고, 조사대를 파견했으며, 영국의 동인도회사를 모방한 민간회사의 설립을 제안했다. 이 회사는 "우리와 조선의 남부에 정착한 일본인들 사이에 방벽(заслон)이 될 수 있었다." 그러나 중앙정부는 이 회사의 설립을 지지하지 않았고, 찬스를 살리지 못한 채 현재에 이르렀다. 그러나 황제 폐하께서는 "뤼순의 영유 및 만주철도 남지선 건설과 함께, 압록강 유역에 방벽(заслон)을 구축하는 일이 점점 더 전략적·정치적 의의를 지닌다"고 지시하셨다. 일본 역시 압록강 유역의 점령을 노리고 있다. 그래서 폐하께서는 1902년 12월 상황 검증과 이권 확보를 위해 베조브라조프를 파견하셨다. 이미 압록강 오른쪽 기슭(右岸)에 목재 채벌권을 획득했는데, 거기에는 300만 세제곱피트의 목재가 있다. 이 자원과 사업을 지키기 위해서 평황성에 카자크 1개 연대가 있다.

따라서 회사 설립이 필요하다. 이미 긴즈부르그와 마튜닌은 미국의 자본가 헌트와 협의했다. 폐하께서는 이를 생각하고 계시다가, 이제 회사 설립에 착수할 때가 되었다고 판단하셨다. 특별협의회는 다음의 방책에 관해서 심의할 것이 요망된다.

1. 외무성은 만주와 조선에서 이권의 승인을 얻어낼 것.
2. 재무성은 회사의 정관을 작성하고, 회사에 경제적·재정적 호조건을 부여할 것.
3. 육군성은 만주와 조선에 있는 러시아 기업의 방위책을 강구할

것. 이 점과 관련해 러시아는 로젠-이토 조약〈니시-로젠 협정서를 말함〉에 따라서 일본과 같은 수의 군대를 유지할 권리가 있음을 조선에게 상기시켜야 한다.

4. 극동의 여러 관청 대표자들 간의 다툼을 끝내고, 국가권력의 모든 기능을 통일하는 방책이 필요하다.

일본인 수천 명이 압록강 좌측 기슭에 나타났다는 정보나, 청국의 신디게이트가 서울의 일본공사관과 결탁해 압록강의 목재 이권을 입수했다는 소문도 있다. 우리가 스스로의 합법적인 권리도 지키지 못한다면 일본의 건방진 행동이 더욱 기승을 부릴 것이다. "그러한 일본의 부정한 행동 때문에 우리가 조선에게 지닌 우리의 권리, 즉 로젠-이토 조약에 따라 같은 수의 군대를 보낼 뿐만 아니라, 우리가 권리를 지닌 땅에서의 일본이나 청국의 부정한 행동 때문에 우리가 만주에서 철군하는 것을 중지할 필요성을 느끼게 된다고 공개적으로 선언할 권리를 행사할 수밖에 없다." 이렇게 선언한다면 청조 정부도 만주에서의 이권을 인정하는 데 협조적이 될 것이며, "일본 역시 하는 수 없이 압록강 부근에서 일본인들을 철수시킬 것이다."

이상이 아바자 의견서의 내용인데, 여기에는 베조브라조프와 보가크의 극동 회합에서 나온 새로운 제안과 베조브라조프파의 이제까지의 난폭한 대 조선 정책이 뒤섞여 있었다.

4월 8일(3월 26일)의 특별협의회는 황제의 주재 하에 열렸는데, 알렉세이 대공, 내무상, 재무상, 육군상, 외상 그리고 아바자가 참석했다.[98] 참석자들에게는 사전에 아바자의 의견서를 배포했을 것이다.

모두 발언에서 황제는 협의의 대상을 제시했다. "조선에서 날로 커지는 일본의 영향력에 대항하는 축을 세우기 위해서 압록강 유역 양안의 목재 개발 회사를 설립하는 것이 요망된다. 일본의 영향력은 부단하게 높아지고 있으며, 이 강의 조선 쪽 기슭을 자신들의 권역 내로 편입하는 것은 물론 만주 쪽 기슭으로까지 확대해 거기서부터 만주 남서부로 서서히 침투할 위험이 있다."

해군 총재 알렉세이 대공은 회사 설립에는 찬성하지만 순수한 민간 회사여야 한다고 했다. 재무상 비테는 다음과 같이 말했다. 관동주를 획득하고 남만주철도를 건설하면서 황해와 황색인종의 생활 중심지로 진출한 결과 많은 문제가 발생하기는 했지만, 동청철도를 완성해 뤼순의 강화를 도모하고 러시아인의 입식을 추진해야 한다. 그를 위해서는 청국 및 일본과는 "평온하고 깔끔한 관계"를 유지해야만 한다. 전략적인 목적을 지닌 회사는 러시아에 파멸적인 결과를 초래할 것이다. "생각지도 않게 황해 연안의 해안가까지 도달하는 급속한 전진을 마친 뒤에는, 러시아는 새로운 전진의 발걸음을 내딛기 전에 점령한 진지를 공고히 해야 한다. 또 극동에서 우리의 행동은 완전히 자유롭지만은 않다는 점도 고려해야 한다. 태평양 연안에서 우리의 정책을 청국과 일본뿐만 아니라 미국과 유럽 열강도 의심의 눈초리로 지켜보고 있다."

비테는 압록강에 목재 회사를 설립한다면 순수하게 상업적인 회사여야 한다고 주장했다. 외상 람스도르프는, 조선이나 청국에서 러시아가 기업 활동을 하는 것은 바람직하지만, 그 수단을 선택할 때에는 극도로 신중해야 한다면서 이전부터 마튜닌이 목재 이권과 관련한 지원을 요청했지만, "엄밀히 말하면 이권도 없었고 이권 보유자도 없었다"고 말하고, "압록강 이권에 대한 기업가의 권리에 관한 정확한 자료가 존재하지 않는다"고 주장했다. 조사해 보니 베조브라조프에게 이권을 인정하는 것에 대해 청국과 일본 모두 강하게 항의하고 있다고도 했다. 그리고 아바자의 의견서에 나와 있는 만주철군 중지와 같은 조치를 취한다면 전적으로 역효과를 초래할 뿐이라고 주장했다. 이에 대해서 아바자는 압록강의 목재 이권은 확정된 것이라고만 반박했다.

육군상은, 이 이권은 "정치적 의의"를 지니기 때문에 "우리가 조선과 일본에서 수행해야 하는 과제와 조응할 수 있게끔 해야 한다. 우리가 일본과의 전쟁을 원하지 않고 일본이 조선에 출병한다고 상정하더라도 폐하께서 일본에 선전포고는 하지 않을 작정이라고 말씀하신 이상, 압록강 이권 때문에 우리와 일본과의 관계를 악화시키지 않도록 행동해야 한다"고 말했다. 쿠로파트킨은 조사대를 파견한 베조브라조프의 행태를 비난하고, 아바자의 의견서가 주장하는 조선으로의 군대 파견, 만주철군의 중지 등을 강하게 비판했다. 베조브라조프가 하는 일은 돈이 너무 많이 들어서 서부 국경의 전략적 방위를 위한 공사에는 돈이 돌아가지 않는다며 불만을 토로했다. 쿠로파트킨은, 일본과 전쟁하면 1년 반 이내에 7, 8억 루블의 전비와 3만 명 내지 5만 명의 사상자를 낼 것이라면서, 그래도 러시아가 승리는 하겠지만 아무튼 희생이 매우 클 것이라고 말을 맺었다. 즉 아바자가 조선에 군대를 파견하라, 만주철군을 중지하라고 주장하고 있지만, 이는 상황을 왜곡하는 것이라는 의미였다.

알렉세이 대공이 재차 압록강 이권회사는 순전히 상업적인 것으로 해야 한다고 주장하자 내무상 플레베가, 세 장관에게 동조하지만 예를 들어 청국과 조선의 이권 이용을 위한 회사 설립이나 극동에서 정부의 행동 통일 같은 몇몇 제안은 실현 가능하지 않은가 하고 주장하면서 약간 협조적인 태도를 보였다. 이에 대해서는 육군상이, 그러한 통일은 알렉세예프가 할 일이라고 지적했다.

이렇게 되자 황제와 아바자는 후퇴할 수밖에 없었다. 황제는 마지막으로 "일본과의 전쟁은 매우 바람직하지 않다. 우리는 만주에 평정을 정착하기 위해 노력해야 한다. 따라서 목재 개발을 위해 압록강에 설립할 회사는 순전히 상업적인 원칙에 입각해야 한다"고 정리했다. 황제의 지시에 따라 회의는 다음의 몇 가지 사항들을 결정했다.

1. 외상에게 이권을 조사하도록 한다.
2. 외상, 재무상에게 만주 쪽 연안의 이권 획득을 위한 방책을 취하도록 한다.
3. 이권 사업을 위한 주식회사를 설립한다.
4. 외국인 자본가의 참여를 인정한다.
5. 국고의 투입을 인정한다, 거액이 되지 않도록 한다.
6. 회사는 압록강의 이권만을 취급한다.
7. 회사를 관둥주 장관의 관리 범위 내에 둔다.

4월 18일(5일) 황제는 이 의사록을 승인했는데, 제6항만은 확정적인 것이 아니라는 단서를 달아 재가했다.[99]

결국 이 협의회에서 재무상, 육군상, 그리고 외상이 강하게 소극론을 주장했는데도 황제와 아바자는 회사 설립을 인가하고 국고를 투입을 결정하는 데 성공한 것이다.

러시아의 만주철군 제2차 기한인 4월 8일 당일에 열린 이 협의회에서 만주철군문제 자체가 논의되지 않았다는 것은 너무나도 만사태평한 자세가 아닐 수 없다.

무린암(無隣庵) 회의

이해 1월부터 3월까지 일본에서 만주문제는 거의 신문의 화제가 되지 않았다. 그러나 4월 8일에는 이날이 어떤 날인지를 상기시키는 기사가 등장했다. 이 날짜『도쿄아사히신문』은 사설 '만주철병문제'를 게재하고, "이번 달 오늘은 작년 4월에 체결된 만주반환조약에 따라 러시아가 성징성(盛京省) 일부 및 지린성(吉林省) 전체에서 철병을 완료해야 하는 마지막 하루다"라고 썼다. 그리고 "러시아는…… 철도 호위를 위해 자국 군대를 노선에 주둔시킬 권리를 지니고 있지 않다"고 강조했다. 즉 랴오둥반도를 제외하고 완전히 철수하라는 것이다. 이날 우에노공원 내 우메카와루(梅川楼)에서 다이가이코[対外硬, 대외강경파]동지대회가 열렸다. 대회라고는 해도 의회 내 소장파 그룹이나 전년도에 해산한 국민동맹회 인원 등 140명 정도의 모임이었는데, 도쿄제국대학의 도미즈 히론도(戶水寬人) 교수도 참석해 연설했다. 러시아가 여전히 만주를 점령하고 있다고 항의하면서 기세를 올렸다. 하지만 채택된 결의는 다음과 같이 비교적 온건했다. "일·영양국 정부는 조속히 청국으로 하여금 만주 당시의 실권(實權)을 회복하도록 하고, 또한 이 지역을 개방한다. 그렇게 함으로써 동아시아의 영원한 평화를 보장하기를 바란다."[100]

그러나 만주철군의 제2차 기한에 구애받지 않던 러시아는 군을 움직일 기미가 없었다. 4월 14일 베이징의 우치다 고사이(内田康哉) 전권공사는, 러시아 외상이 새로운 협정이 체결된 후에 철군이 실현될 것이라고 주러 청국공사에게 전했다는 정보를 본성으로 보냈다. 우치다는 4월 19일에는, 철군과 관련해 러시아에게 "어떠한 특권도 허락하는" 일을 해서는 안 된다고 청조 정부에게 말해왔지만 효과가 없다, "강력한 압박"을 가하지 않으면 러시아에게 굴복하고 말 것이다, 라고 타전해왔다. 4월 20일 고무라는 우치다 공사에게 "제국 정부에게 충분히 알리지 않고 또는 제국 정부의 동의 없이" 러시아에게 새롭게 양보하는 일은 없을 것이라고 믿고 있다고 청조 정부에게 경고하라고 지시를 내렸다.[101]

이 시점에서 일본 대러 정책의 근본방침을 결정하는 중요한 회합이 이루어졌다. 가쓰라 수상, 고무라 외상 그리고 원로 이토, 야마가타 네 사람의 수뇌회담이다. 교토에 있는 야마가타의 별장 무린암에서 회합했기 때문에 무린암 회의라고 부른다. 제5회 내국(內国)박람회 개회식에 참석하기 위해 천황을 수행해 오사카로 온 가쓰라 수상과 고무라 외상이 이토를 재촉해 4월 21일 무린암에 있는 야마가타를 방문, 회담했던 것이다. 이 단계에서 가쓰라 수상과 고무라 외상이 자신들의 방침에 대한 승인을 요청하는 회의를 실현한 것은, 러시아가 만주에서 철군하지 않고 있는 상황을 보고 결단을 내려야 할 때가 왔다고 느꼈기 때문일 것이다.

이 회의에 관한 문서자료는 남아 있지 않다. 쓰노다 준(角田順)은 이토와 야마가타의 전기에 의거해, 4개 항목에서 합의가 이루어졌다면서 우선 만한교환론으로 러시아와 교섭할 것이 결정되었다고 주장한다. 즉 이 합의의 "만한교환론이라는 외양"은 "이토의 양해를 끌어내기 위한 것이었다"고 추측하면서, 가쓰라와 고무라는 이미 "대러 일전의 각오를 마음 속에 감추고" 있었다고 보고 있다.[102] 이에 대해서 쓰노다에게 비판적인 지바 이사오(千葉功)와 이토 유키오(伊藤之雄)는 가쓰라의 전기를 중시한다. 지바가 합의의 내용을 만한교환론으로 대러 교섭을 개시한다는 것이었다고 주장하는 데 대해서, 이토는 가쓰라 전기의 기술에도 과장이 있지만 "한국을 세력권으로 하는 것을 원칙으로 한다는 정도의 합의"가 이루어졌을 것이라고 주장한다.[103]

가쓰라의 전기에 의하면 가쓰라와 고무라는 다음과 같은 방침에 미리 합의하고 있었다. "우리는 한국에서의 충분한 권리를 요구하고, 그에 대한 교환으로 만주에서는 경영이 본 궤도에 오르는 범위 안에서 저들에게 우세한 양보를 해, 여러 해 동안의 어려운 문제들을 일시에 해결하려 한다······ 이 요구를 주장하려고 하면 아무래도 전쟁을 피할 수 없을 것이다."[104]

이를 만한교환론이라고 단순하게 단정할 수는 없다. 교섭해 요구가 통하지 않으면 전쟁을 하겠다고 말하고 있기 때문이다. 실제로 계속해서 가쓰라의 전기는, 가쓰라도 고무라도 러시아가 용이하게 일본의 요구를 받아들일 것이라고는 생각하지 않았다고 쓰고 있다. 왜냐하면 일본이 "한국 전부, 즉 압록강까지 요구"함으로써 러시아의 "랴오둥반도 경영이 위기에 빠질 것이고", 단 한 줄기의 철도에만 의지하게 됨으로써 "뤼순과 다롄의 설계"도 불가능해질 것이기 때문이다. 군사적으로 말하면 일본은 러시아의 "측면에 진지를 차지"하는 형국이 되기 때문이다.[105]

지바는 이 후반부를 인용하면서 의심스럽다고 배척하고 있다. 그러나 이러한 만한일체론은 야마가타에게서도 찾아볼 수 있다. 야마가타의 생각은 『도쿄아사히신문』 주필 이케베 산잔(池辺三山)이 그 다음 달 14일자 일기에 이렇게 써 놓았다.

"오늘 그가 말한 바에 의하면, 군사상 소견으로 자신이 러시아 입장이라고 가정한다면, 저 정도까지 만주에 손을 댄 이상 도저히 지금처럼 조선을 포기한 채 육군은 일본에게 배를 찔리고, 해군은 뤼순과 블라디보스토크의 좌우 양손이 쓰시마 해협에서 타격을 받아 갈라지는 것을 참을 수 있는 자는 좀처럼 없을 것이다. 만주가 결국 우리 것이 된다면 그 다음은 조선에 손을 뻗치는 일, 자신이 러시아인이 되어 생각한다면 이것은 자명하다. 그러므로 일본은 조선을 위해서 만주에서 러시아와 다투지 않을 수 없다는 논리이다. 희한하게도 오늘은 랴오둥반도를 반환하라는 분개의 목소리도 들려왔다. 또 만주 식민이 유망하다는 설도 나왔다. 이 노인은 아무래도 아오키 자작의 대륙경략설을 받아들이고 있는 모양이다."[106]

'아오키 자작의 대륙경략설'이란 아오키 외상의 1891년 5월의 의견서(제1권, 179-180쪽)를 말한다. 야마가타의 생각은 만한교환론이 아니었다. 조선을 지배하는 자는 남만주를 지배해야 하며, 남만주를 지배하는 자는 조선의 지배를 노리게 된다는 것이었다. 가쓰라와 야마가타의 생각은 저변에서 서로 상통하고 있었을 것이다. 다른 점이 있다면 그것은 전술적인 문제였다. 분명 이토만은 여전히 러·일의 합의를 추구하고 있었을지도 모른다.

회담 석상에서 네 사람 사이에 어떤 논의가 있었는지도 기록으로 남아 있지 않다. 가쓰라의 전기에는 이토와 야마가타 두 원로도 "일을 멈출 수 없음을 인정하고," 회의는 "이러한 기초 위에서 러시아와 담판을 개시할 것을 결의했다"고 되어 있다.[107] 『고무라 외교사』에도 "우리가 나라의 지위를 지탱함에 관해서는 백난(百難)을 극복하고 이에 임해야 하며, 조선은 여하한 어려움에 봉착하더라도 결코 손에서 놓지 않는다는 데에 서로 일치했다. 특히 고무라와 가쓰라는 이 시점을 기해서 시국의 앞길에 대해 확고불발(確固不拔)의 결심을 굳혔다"고 기술되어 있다.[108]

역시 가쓰라와 고무라는 러시아와의 교섭하더라도 이야기가 통하지 않으면 전쟁을 하겠다는 생각을 처음부터 하고 있었다고 봐야 할 것이다.

고무라의 심경은 쓰노다가 인용하는 맥도널드 영국공사의 4월 27일자 보고에서도 엿볼 수 있다. 고무라는 러시아가 청국에 들이민 7개 항목의 요구에 관해서, 러시아 정부 내의 '평화당'(the peace party)이 '전쟁당'(the military party)에 의해 배제된 것이라 보았다. 청국이 이를 거부한다면 러시아는 만주에 남을 것이다. "러시아의 항구적인 만주점령은 당연한 수순에 따라(in due course) 동 국가의 항구적인 한국점령을 의미하며, 그것은 일본의 존재 자체를 위협할 것이다. ……만일 일본이 지금 침묵을 지키고 러시아가 영유한 채 머물러 앉아 있는 것을 허용한다면, 발언 기회는 다시 없을지도 모른다." 맥도널드는 고무라가 "여느 때와는 다른 진지한 말투로 말했다. 그리고 헤어지면서 자신은 사태를 극도로 심각하게 보고 있다고 말했다"고 쓰면서, 고무라는 이것이 개인적인 의견일 뿐 정부로서는 아무것도 결정하지 않았다고 되풀이했지만, 이 의견이 정부와 국민의 공통된 의견이며 "내가 가진 모든 정보로 판단컨대 러시아가 철병 약속을 실행하지 않으면 더욱더 중대한 결과가 생길 것은 확실하다"고 평했다.[109]

러청교섭 결렬

바로 이때 베이징의 러청교섭에 커다란 움직임이 있었다. 1월부터 2월에 걸쳐서 장관협의에서 결정된 보상안은 즉각 황제의 승인을 얻었고, 이 안은 공사가 부재중인 베이징의 대리공사 플란손에게 전달되었다. 그는 2월 17일부터 칭친왕(慶親王)과 교섭을 개시했다. 당초에는 비밀 교섭의 원칙이 지켜졌고, 청국의 태도는 협조적이었다.

4월 18일(5일) 마침내 플란손은 러시아가 철군을 대가로 받아내고자 했던 보상 조항을 칭친왕에게 제시했다.[110] 그 내용의 전모는 약 일주일 후에 일본 정부도 파악할 수 있었다. 일본 정부가 번역한 텍스트에 의하면 다음과 같았다.

제1조 러시아가 청국 정부에 반환해야 할 강토의 어느 부분이라도, 특히 잉커우(營口)와 랴오허(遼河) 수역의 부분은 여하한 사정을 불문하고 다른 어떤 국가에게 매도 또는 대여해서는 안 된다…….
제2조 전 몽골 지역에서 현재의 정치조직을 변경해서는 안 된다.
제3조 청국 정부는 러시아 정부에게 미리 알리지 않고 자국의 뜻

에 따라 만주에 항구 또는 도시를 새롭게 개발하거나, 또는 이 도시와 항구에 외국 영사 주재를 허용해서는 안 된다.

제4조 청국이 어떤 행정사무를 위해서 외국인을 빙용(聘用)하더라도, 이 외국인의 권력은 북부지방의 사항에는 미치지 아니한다.

제5조 러시아는 잉커우 및 뤼순에서, 또한…… 성징성(盛京省)을 통과하는 전신선을 보유할 수 있다. 그리고 이를 잉커우-베이징 간의 청국 전신주 위에 가설할 러시아의 전선과 연결하는 것은 매우 중요한 사항에 속한다. ……잉커우-베이징 간 전선은 역시 그대로 유지해야 한다.

제6조 잉커우 세관의 세금 수입은 이 지역의 청국 지방관에게 상납된 후에도 여전히 지금과 같이 러청은행에 예치해야 한다.

제7조 철도 열차에 의한 여객 및 화물의 수송에 수반하는 유행병이 북부지방에 만연히는 것을 막기 위해서, 잉커우 반환 후 동 지역에 검역국을 설치하는 것이 필요하다…… 세관장 및 세관의(稅關醫)로는 러시아인을 채용해 총세무사 감독 하에 두어야 한다.[111]

이 요구가 받아들여지면 러시아군은 펑톈성과 지린성에서 즉각 철수하고, 잉커우의 민정권을 청국에 넘겨준다는 것이었다.

청국 주재 일본공사 우치다는 일찍부터 러시아의 움직임을 경계하고 있었는데, 러시아가 청국에게 7개의 항목을 요구했다는 사실을 다음 날인 19일에 파악하고, 이를 도쿄로 보고했다.[112] 고무라는 즉시 "청국이 제국 정부에게 충분히 알리지 않고 또는 제국 정부의 동의 없이…… 양여를 허락하는 일은 없을 것으로 확신하고 있다"고 칭친왕에게 경고하라는 훈령을 내렸다.[113]

러시아를 향한 비난의 목소리가 높아지다

상황이 이렇게 전개되자 미국, 일본, 영국에서 갑작스레 러시아를 비난하는 목소리가 높아졌다. 영국에서는 특히 『타임스』가 강경하게 러시아를 비난했다. 일본에서도 러시아가 침략을 확대하고 있다는 허위사실을 포함해 반항을 일으킬 만한 뉴스가 빈번하게 보도되었다.

해군무관 루신은 일본 신문을 스크랩한 것을 4월 25일(12일) 해군성으로 보냈다. 『고쿠민신문』(國民新聞)의 서울 특파원은 러시아가 무기와 탄약을 압록강 하류로 운반해 들어왔다는 통신을 보내 왔다. 『니로쿠신보』(二六新報)의 베이징 특파원은 칭친왕이 러시아인들에게, 영·일의 압력이 강하므로 러시아가 권익을 지키려면 손을 써야 할 것이라고 말했다는 소식을 타전해왔다. 『주오신문』(中央新聞)은 페테르부르크 발 기사에서, 러시아군의 철수가 임박했지만 준비가 늦어지고 있다는 점을 구실로 연기를 꾀하고 있다고 보도했다. 일부 잡지는 압록강 부근에서 러시아가 활발하게 움직이고 있다고 썼다. 언제나 온건한 『도쿄아사히신문』도, 러시아 전선의 군은 독자적인 판단으로 행동한다, 문제는 그것이 평화의 범위 안에 포함될 수 있느냐 하는 것이라고 썼다. 『요미우리신문』(読売新聞)은 격렬한 논조로, 이러한 상황의 결과 새로운 일러협정이 체결될 경우 일본이 양보할까 두렵다고 썼다.[114]

신문들은 정부의 움직임을 탐색하면서 정부에 영향을 미치기 위해 논조를 정하고 있었다. 이케베 산잔의 일기에 의하면, 그는 4월 23일 가쓰라 수상을 만났다. "만주문제에 대해 결심하신 말씀을 경청하다. 이 분은 찬성한다는 것을 알았다. 나는 러시아가 철병하지 않는 것과 청에 대해 새로운 요구를 하는 것은 일본에 대한 아그지스치이브

〈aggressive, 침략적〉 거동이라 생각한다. 오히려 이 기회를 이용해 맹진해야 하는 이유를 말했다. 가쓰라는 대체로 이에 동조하는 것 같았지만 다만 타협의 수법에 관해서는 나를 비난했다." 이케베는 4월 26일에 이토 히로부미와도 만났다. "러시아의 아그지스치이브에 대해서 이토 후작은 나와 동일한 평가를 하면서도, 이에 대한 우리나라의 결심에 관해서는 답을 피했다." 이케베는 28일에는 『지지신보』(時事新報)가 베이징 발 소식으로 호외를 발행한 것을 보고, "호외를 보니 전쟁에 종사해야 할 시기가 되었다는 느낌이다. 전투 준비가 필요한지 아닌지 한 번 생각해 봐야"라고 썼다.[115]

이런 생각을 지닌 이케베가 주필로 있던 『도쿄아사히신문』은 우선 4월 24일에 논평 없이 '러청밀약안'을 보도했고, 25일에는 논설 '러시아 철병하지 않다'를 실었다. 러시아는 새로운 요구에 "중점을 두지 않을 것이라고 단언"한다, "러시아가 가장 중점을 두는 것은 만주 점령의 지속이다"라고 주장하면서 강경한 정책을 요구했다.

"청국 정부에 권고해 러시아 정부로 하여금 반환조약 제2조를 실행하도록 하며······ 나아가 동양 평화 국면의 균형을 파괴하는 책임을 묻고, 그 파괴로 인해 발생하는 우리의 손해를 막는 데 필요한 시설과 방법을 청국 정부에게 요구하는 절차를 취하는 것이 대일본제국 정부의 당연한 책무다. 그 시기는 이미 도래했다. 우리는 이렇게 확신한다."

이와 동시에 『도쿄아사히신문』의 지면은 비난의 칼끝을 압록강 문제에 겨누었다. 4월 24일자에서 처음으로 '삼림 채벌에 관한 러시아의 부대(附帶) 요구' '러시아인의 삼림 채벌'이라는 기사를 보도했고, 사설 '조선의 산림 경영'을 게재했는데, 4월 30일자 1면 머리기사는 조선 특전(特電) '러시아군, 의주(義州) 진입'으로 30명의 러시아 병사들이 의주에 도착했다는 보도였다. 이 뉴스에 이어 5월 1일자 '러시아군, 조선으로 들어가다'라는 제목의 사설은 "삼림회사 보호"라는 목적으로 예정된 행동은 1896년의 각서는 물론 1898년의 협정도 위반하는 것이다. "제국 정부는 러시아 정부에 대해 의주의 러시아군이 일러협상의 조항에 위반한다는 점을 적절하게 비난하고, 동시에 그 철회를 요구해야 한다. 이것은 하루도 늦출 수 없다. 러시아가 어떻게 나오느냐에 따라서는 우리도 역시 별도의 조치를 취해야 한다"고 주장했다. 5월 4일이 되자 신문의 제2면을 모두 할애해 '러청교섭의 경과' '철병 마감일 후의 러시아군' '잉커우의 현 상황' '러시아 태평양 함대의 세력' 등의 기사를 게재했다. 5월 8일에는 제1면에 '조선, 압박을 받다'라는 기사를 게재해 "며칠 안으로 2,000명의 러시아 병사가 의주로 진입할 것이라는 보도"가 지방관에게 도달했다고 전했다. 그리고 사설 '러시아의 조선 침략'을 게재해, "어제 우리가 들은 보도는 더욱 중대한 성질을 띠고 있다…… 우리가 판단하는 바로는 러시아는 마침내 일러협상을 결렬시키고, 조선을 향해 감히 침략적 행동을 하려 한다. 우리 일본은 동맹국인 영국 정부와 협의해 이에 대한 조치를 서둘러 취해야 한다"고 주장했다.

5월 10일자에서는 1면 머리에 '러시아 전비(戰備)의 모습'이라는 제목으로 "러시아군 1만 4,000명과 대포 16문이 갑자기 랴오허(遼河)의 양안에 나뉘어 배치되었다"는 베이징 발 기사의 진위를 확인하고 있다고 보도했다. 제2면의 사설 '국민의 자신(自信)'은 "만주철병문제는 아직 낙착을 보지 못한 채, 이미 벌써 러시아군이 압록강을 건너고 있다고 전해진다. 제국이 극동의 평화를 위해 취해야 할 수단은 자명하다. 지금 제국이 엉뚱하게 고식적이고 구차한 정책을 농하다가 다른 날의 회한을 남기는 일이 없도록 각오해야 할 것이다."

이와 같은 캠페인에 관해서는 요코하마에 있던 러시아 재무성 요원 로스포포프도 재무성에 보고했다. 4월 9일 고베에 도착해서 12일에 막 부임한 로젠 공사도 과열된 일본의 보도태도를 4월 29일(16일) 외무성으로 보고했다.[116] 러시아의 정치가들은 허둥댔다. 비테는 "완전히 당혹스런 상태"로 외상의 집무실로 뛰어 들어와, 압록강으로의 진군, 잉커우 재점령은 도대체 뭐냐고 소리를 질렀다. 람스도르프도 뭔지 몰라서 대답할 수가 없었다. 람스도르프는 이 허위 보도가 요코하마 발이라고 보았다.[117]

이 캠페인에 압력을 받은 것은 청국도 마찬가지였다. 칭친왕은 4월 1일 플란손에게 청·러의 다년간에 걸친 우호관계를 강조하면서도, 러시아의 새로운 조건에 경악하고 신속하게 철군해주기 바란다는 각서를 건넸다. 플란손은 반론을 제기했지만 이미 칭친왕의 태도는 바뀌지 않았다. 결국 레사르 공사의 귀임을 기다릴 수밖에 없었다. 페테르부르크에서 외상은 육군상, 재무상과 또 다시 비공식적인 협의를 했다. 그리고 보상요구를 약화시키자는 데 합의했다. 4월 28일(15일) 레사르에게 새로운 훈령을 하달했고, 그는 베이징으로 출발했다.[118]

5월 10일(4월 27일) 로젠 공사는 또 다른 상세한 보고를 타전해왔다. 일본에서는 압록강의 조선 쪽 연안에 러시아의 목재업자가 중국인 경비대와 함께 모습을 나타냈다는 소문이 돌고 있는데, 현재로서는 노르웨이 기선으로 일행이 도착했으며 경비대는 중국인이 아니라 러시아인이다, 그들은 변장한 병사들이거나 퇴역 군인들이 아닐까 생각된다는 일본 신문의 보도가 있었다. 안둥현(安東縣) 지사가 조선의 의주 군수에게 2,000명의 경비대가 올 것이라는 경고를 보냈다는 내용의 보도도 있었다. 로젠은 고무라 외상이 자신과의 대화에서 이 건에 관해서는 언급하지 않으려고 했지만, "나는 일본 정부가 우리의 압록강 계획에 대해 가장 결연한 반격을 가할 각오를 하고 있다고 확신한다"고 타전했다. "우리의 시선이 다시 조선으로 향하고 있다고 일본인들이 의심할 만한 모든 정황이 특히 해로운 이유는, 현재 우리가 의주에 관해서 어떤 계획을 하든지 간에 일본이 조용히 해주는 것이 분명 바람직할 터이기 때문이다."[119]

이즈음 일본 정부는 이미 러시아의 압록강 진출에 관한 현지조사 보고를 받고 있었다. 경성의 노즈 진부(野津鎭武) 소좌가 현지를 둘러본 히노 쓰토무(日野强) 대위의 보고, 즉 "러시아인 60명, 한국인 80명, 청국인 40명, 한국 용암리(龍巖里)에…… 공사를 시작하는 것을 보다"를 참모총장에게 전한 것은 5월 6일의 일이었다. 5월 15일에는 하야시 주한 공사가 히노 대위의 보고를 외상에게 전했다. "러시아인은 변복(變服)한 군인임에 틀림없고, 또 청국인은 마적들임이 분명하다", 러시아 "활동의 주안점은 일본에 대한 방어적 행동인 것 같으며, 또 일본의 이권 확장을 압록강에서 방지하려고 하는 것 같다"[120]고 거의 정확하게 보고하고 있었다. 또 5월 19일 후속 보고에서 하야시 공사는 "러시아인 두령은 휴직한 러시아 장군 마트리로프[원문 그대로]라는 자라고 한다"라고 전했다.[121] 마드리토프에 관해서도 파악하고 있다. 이것도 정확하다.

일본 참모본부의 개전론

참모본부에서는 총무부장 이구치 쇼고(井口省吾) 소장, 제1부장 마쓰카와 도시타네(松川敏胤) 대좌, 제2부장 후쿠시마 야스마사(福島安正) 소장 등이 때때로 회합하며 의견을 교환했고, 참모차장 다무라 이요조(田村怡与造) 소장에게 호소해 정부에 자신들의 의견을 보고하려고 했다. 특히 열심이었던 것은 이구치와 마쓰카와였다. 이구치는 1855년 시즈오카(静岡)현 누마즈(沼津) 근교에서 농민의 아들로 태어났다. 육군사관학교 2기생으로 육군대학에 진학해 독일에서 유학했다. 귀국 후 참모본부로 배속되었고 이후 쭉 여기서 일해왔다. 청일전쟁에서는 제2군의 참모로 복무했다. 이 당시 48세였다.[122] 마쓰카와는 미야기(宮城)현 출신으로 이구치보다 네 살 아래였다. 육사, 육대를 나와 참모본부에 배속되었다. 1899년부터 독일 공사관 무관으로 일했고, 1902년에 이구치와 함께 부장이 되었다. 44세였다.[123]

용암포 문제가 발생하자 참모차장 다무라는 "사태의 중대성을 고려해", 각 부장들을 불러모아 긴급히 준비해야 할 사항을 조사하라고 명했다.[124] 5월 10일 이구치와 마쓰카와 등은 온종일 '러시아의 만주철병사건에 관한 상문서(上聞書)'의 초고를 작성해, 11일에 다무라 차장에게 제출했다. 5월 12일, 오야마 이와오 참모총장은 이를 '제국 군비 충실에 관한 상주서'의 부속서류로 천황과 정부에 제출했다.[125] '러시아의 행동에 관한 판단'이라는 그 문서[126]는 매우 상세한 것이었다. 결론은 다음과 같다.

"러시아는…… 3월 하순부터 4월 5, 6일에 걸쳐서 얼마간 철병했다 하더라도, 4월 6일에 이르러 돌연 철병을 중지했을 뿐만 아니라 모(某) 지방에서는 오히려 병력을 증강한 형적이 있다. 물론 그 원인이 어디에 있는지는 아직 알 수 없지만, 종래 러시아 내에서 서로 알력하는 문치(文治)와 무단(武斷)의 양 파벌 세력의 성쇠에 의한 것이며, 극동에 대한 정략의 어떤 변화 현상에서 비롯하는 것이라 아니할 수 없다. 이것을 하나의 원인이라고 보아야 하는 것은 바로 '보가크' 소장의 급거 귀경 때문이다."[127]

톈진에 있던 러시아 육군소장 보가크가 페테르부르크로 갔다, 이로 보아 "무단파의 세력이 점차 증장(增長)할 모양이다"라는 정보는 청국 주둔군 사령관 아키야마 요시후루(秋山好古)도 이미 참모본부에 보냈었다.[128] 이구치와 마쓰카와의 문서는 계속된다.

"이번에 러시아 정부는 청국 정부에 대해 7개 조의 요구를 제시했다. 러시아 스스로도 청국이 이 요구를 거절하리라고는 예상하지 못했다."또 발칸반도의 변란에 대해 러시아가 견지하던 종래의 정책으로 보아 필시 타국보다 선제적으로 간섭과 이익 점령의 수단을 취해야 할 것인데, 사실은 이에 반해 극력 무사평화를 희망하고 있는 것 역시 이렇게 함으로써 만주 방면에 전력을 경주하려는 징후라 할 것이다."

발칸에 관한 언급은, 베를린 회의에서 오스만 제국 영토로 남아 있던 남슬라브의 마케도니아에서 반 터키 조직이 생겨나 불온한 분위기가 고조되고 있던 점을 가리킨다.

"만주에 대한 러시아의 목적은 아마도 동부 3성의 점령을 영속화하는 데 있을 것이며, 앞으로의 행동은 다음의 2개 항목으로 귀결할 것으로 판단된다. 첫째, 러시아가 늘 해오던 수단에 의존해 위협 공갈을 행할 것이고, 상대국(일본제국)이 하는 바를 엿보다가 그 태도의 경연(硬軟)에 따라서 결국에는 다소의 이익을 점하려 할 것이다. 둘째, 어디까지나 병력에 의지해 승패를 걸어 최종적인 목적을 관철하려할 것이다. 앞으로 러시아의 동작이 이 두 가지 가운데 어느 것이 될지 확실히 알기 위해서는 외교담판과 병력에 호소하는 것 이외에 달리 방도가 없다고 할 것이다."

"일·러 양국의 형세를 살펴보건대…… 현재 군대 수송의 효과적인 도정(道程)은 아직 충분하지 못하다. 앞으로 시간이 경과함에 따라 점점 증진하고 완비할 것이 분명하다. 또 서로 간 해군 병력을 비교해 보면, 저들의 함대가 우리 함대에 비해 현재 4대 3에 지나지 않는다고 하지만, ……앞으로 몇 년 지나지 않아 반대로 우리 해군을 능가하게 될 것이다. ……러시아의 그칠 줄 모르는 탐욕과 욕망을 제압하고, 그리하여 청·한 양국의 독립을 보전하며, 우리 제국의 이권을 유지하고, 나아가 제국의 큰 목적을 달성할 수 있는 기회는 오늘 이후에는 시간이 흐르면 흐를수록 점점 성취하기 어려워질 것이다."[129]

"제국의 큰 목적을 달성할 수 있는 기회"를 간과해도 좋은가, 시간의 경과와 함께 그 기회를 놓치게 될 것이라는 속마음이 앞서 있었다.

5월 25일에는 고요칸(紅葉館)에서 참모본부와 해군 군령부 장교들의 친목회가 개최되었는데, 여기서 이구치 등이 해군과 의견을 교환했을 것으로 생각된다. 28일에는 이구치가 가이코샤(偕行社)의 만찬회에서 "만주의 미(未)철병에 관하여 한바탕 강연"을 했다. 그리고 29일에는 육해군과 외무성 '당국자'가 모이는 중요한 회합이 열렸다. "만주에서 철병하지 않는 현재의 형세에서 제국의 전도(前途)에 걱정해야 할 것이 있어서"라고 이구치는 일기에 썼다. 가라스마(烏丸)의 요정 고게쓰(湖月)에 모인 것은 모두 16명으로, 육군의 이구치, 마쓰카와 등, 해군의 도미오카 사다야스(富岡定恭) 군령부 제1국장, 러시아주재 무관이었던 야시로 로쿠로(八代六郎), 개전 시에 활동하게 되는 야마시타 겐타로(山下源太郎), 그리고 일본해[동해] 해전의 참모 아키야마 사네유키(秋山真之)였다. 외무성에서는 정무국장 야마자 엔지로(山座円次郎), 전신과장 이시이 기쿠지로(石井菊次郎), 대신 비서관 혼다 구마타로(本多熊太郎), 오치아이 겐타로(落合謙太郎) 등이 참석했다. 오치아이는 고무라의 서생(書生)이었는데, 고무라의 주러 공사 시절에 3등서기관으로 그를 모셨던 인물이다.[130] 외무성의 참석자는 모두 고무라 직계 부하들이었다고 할 수 있다. 결과는 육해군과 외무성의 의견 일치였다. 이구치는 이렇게 썼다.

"금일을 기해 일대 결심을 실행하고, 전투를 무릅쓰고 러시아의 횡포를 억제하지 않는다면 제국의 전도를 우려해야 할 것이다. 따라서 금일의 시기(時機)를 놓치면 앞으로 결코 국운 회복의 기운을 맞이할 수 없다는 의견에 만장일치했다."[131]

여기서도 "금일의 시기를 놓치면 [안 된다]"는 마음이었다.

쿠로파트킨의 출발과 보가크 의견서

일본에서는 그다지 보도되지 않았지만, 러시아의 국내 정세는 이해 봄에도 불안한 상태였다. 1903년 4월에는 베사라비아의 키시뇨프에서 유대인습격(포그롬)사건이 발생했다. 4월 6일 파스하(부활대제)의 날부터 유대인들의 집과 상점은 습격을 받았고, 이틀 동안 1,500채가 파괴되었고 49명이 살해되었다. 사건 발생 전에 차르가 유대인 습격을 허가했다는 소문이 퍼져 있었다. 여론은 사건의 배후에 당국자의 그림자를 보았다. 이 일련의 소요사건 마지막에 노동자들의 대규모 운동이 발생했다. 1903년 여름 바쿠에서 시작된 동맹 파업의 파도가 남러시아의 각 도시를 휩쓸었다.

겨우 노동정책의 면에서만, 모스크바 보안부장 주바토프가 생각한 경찰 공인 제정파 노동자단체의 조직이 실행에 옮겨지고, 각지에서 시도되었다. 그러나 그 흐름의 하나인 유대인독립노동당(1901년 7월 결성)은 오데사에서 조직을 결성하고 경제투쟁을 고취했다. 이 조직은 1903년 남러시아 노동쟁의의 파도 확산에 공헌하기에 이르렀다. 이로써 동 조직은 해산되었고, 주바토프도 실각했다. 내무성은 1903년 6월에 노동자 재해보상법과 스타로스타(노동자대표)법을 제정했다. 그러나 경영자 측의 저항으로 공장의 스타로스타 제도의 도입을 개별 기업가의 재량에 맡기기로 했기 때문에 제대로 실행되지 않았다.

그런 가운데 러시아 정부는 극동정세를 재검토하려고 했다. 베조브라조프와 보가크가 4월 20일이 지나 수도에 도착했다. 그러나 황제는 이들을 즉시 만나려고 하지 않았다.

보가크가 쿠로파트킨을 만났을 때, 육군상은 보가크에게 4월 초 특별협의회의 보고서를 보여주면서 압록강회사를 위해서 일할 것이라면 청국주재 무관직을 사임하라고 말했다.[132] 쿠로파트킨은 극동 시찰 그리고 일본 방문을 위한 여행을 떠날 참이었다.

4월 23일(10일) 쿠로파트킨은 황제를 만났다. 황제가 베조브라조프가 왔느냐고 물었지만 쿠로파트킨은 오지 않았다고 대답했다. 황제가 "압록강 목재사업은 사적인 사업으로 하고, 알렉세예프 해군대장의 전체적인 감독 하에서 진행되어야 한다"고 말했다고 쿠로파트킨은 쓰고 있다.[133] 일본 천황에 관한 이야기가 나오자 황제는 "경멸하는 듯이 얼굴을 찡그렸다." 니콜라이는 오쓰사건 직후에 만난 메이지천황에게 품고 있던 악감정을 여전히 지니고 있었던 것이다. 황제는, 알렉세예프와 이야기해서 평황성의 카자크 연대를 철수시켜도 좋으며, 마드리토프를 소환해도 좋다고 말했다.[134] 4월 26일(13일) 쿠로파트킨이 출발 인사를 하러 가자 황제는 쿠로파트킨을 포옹하고 입을 맞추었다.[135] 4월 28일(15일) 쿠로파트킨은 페테르부르크를 출발했다.

쿠로파트킨이 출발하자 황제와 베조브라조프 등은 본격적으로 움직이기 시작했다. 보가크는 아바자의 권고로 '만주문제의 발전에 있어서 1902년 3월 26일 조약의 의의'라는 보고서를 작성했다.[136] 5월 8일(4월 25일) 황제는 보가크에게 알현을 허락하고, 그에게 의견서를 낭독하라고 요구했다.[137]

보가크 의견서의 취지는 다음과 같았다. 우선 보가크는 청일전쟁이 극동의 '새로운 시대'를 열었다고 말했다. 그 결과 첫째, 청국의 군사적인 파산상태가 분명해졌다는 점, 둘째, 일본이 극동의 문제에 대등하게 참여하는 열강의 일원이 되었다는 점, 셋째, 조선이 청국의 주권에서 해방되었다는 점을 지적했다. 이러한 상황에서 러시아는 우선 청국의 이익을 지키기 위해서 삼국간섭을 행했다. 당연한 이야기지만 청국의 감사를 받았고, 일본은 불만스러워 했다. 러시아로서는 청국이 고마워하는 상황을 이용해야 했으며, 강해진 일본에 대해서 스스로의 안전을 확보할 방책을 취해야 했다. 전자는 동청철도 건설이라는 형태로 실현되었지만, 후자에 관해서는 "거의 아무것도 이루어지지 않았다. 일본의 군사적 성공은 충분히 입증되었다고 인정을 받지 못했으며, 미카도의 제국에게는 극동문제에서 얻어야 할 당연한 지위가 주어지지 않았다." 러시아는, 공공연한 적이 될 수는 없지만 친구도 될 수 없다는 식의 애매한 태도로 일본이 영국과 동맹을 맺게끔 내버려두었다. 일본과의 합의를 가능하게 하는 토대가 있었는데도 말이다. 한반도에서 일본과의 이웃관계를 조정했어야 한다. 1896년 야마가타가 러시아를 방문했을 때가 협정의 찬스였지만, 실제적 의의가 없는 간단한 협약밖에 맺지 못했다. 잘 생각해 보지도 않고 재정고문과 군사교관을 조선으로 보낸 끝에 문제가 발생하자 모든 것을 포기했고, 조선에서 일본의 우위를 초래했다. 일본을 경계하고 육해군 병력을 증강했지만, 일본은 이것을 러시아의 만주지배 의도를 보여주는 것이라고 받아들였다. 그러나 바다로의 출구를 얻고 싶다, 만주에서의 지위를 강화하고 싶다고 생각하는 것은 당연하다. 1900년에는 청국의 공격을 받은 러시아가 선전포고할 권리가 있었지만 그렇게 하지 않았다. 그 결과 청국은 러시아를 멸시하는 기분을 내보이기에 이르렀다. 거기서 생겨난 것이 1902년 4월 8일(3월 26일) 조약이다. 러시아의 양보는, 러시아가 약하고 국내정세와 재정상태 때문에 극동에서는 싸울 수 없다는 것으로 해석되었다. 러시아가 만주에서 철수하면 청국이 만주 식민을 단행할 것이고, 열강이 진출해 올 것이다. 러시아의 배타적 영향력은 제로가 된다. 러시아는 전쟁을 하지 않으면 안 될 상황으로 몰릴 가능성이 있지만, 만주에서의 전쟁은 불리하다. 모름지기 상대가 될 일본이 보다 나은 조건일 것이다. 만주에서 철수하면 뤼순은 고립된다. 뤼순을 잃으면 러시아의 위신에 커다란 타격이 된다. 요컨대 지금까지의 정책이 실패함에 따라 극동정세는 위기 상황이 되었다는 것이다.

보가크는 상황을 이렇게 보고, "극동에서의 전쟁 방지는 제1급의 국가적 대사"라고 명언했다. 그것을 어떻게 달성할 것인가에 관해서는 다음과 같이 주장했다.

"이를 달성할 제1의 수단은 양보정책을 중지하는 것이라는 점을 인정해야 한다. 양보정책이 위험한 이유는, 우리에게 가장 바람직하지 않을 때 전쟁에 말려들어가는 수가 있기 때문이다. 우리는 청국과 열강에 대해서, 1902년 3월 26일 조약에 따라 만주에서 철수하겠지만 러시아는 누구에게도 자국의 장소를 양보할 의사가 없으며, 이와 같은 결의는 무기를 가지고 지킬 각오라는 점을 이해시켜야 한다. 이 각오는 실제적인 것이어야 하며, 그것을 즉각 확립하기 위해서 우리의 전력을 다해야 한다. 이로 인해 발생할 수 있는 불가피한 희생은 그 결과로 보상받을 것이다. 바람직하지 않은 전쟁을 회피할 가능성이라는 것이 바로 그 첫 번째 결과가 되어야 한다. 극동에서 하는 러시아의 전투준비가 그 누구의 눈에도 명확하게 보인다면 아무도 전쟁을 결단할 수 없을 것이다."[138]

양보정책을 중단하고 자신들의 주장을 확실하게 제시해 극동에서의 전투준비를 굳건히 해야 한다. 그렇게 한다면 전쟁을 방지할 수 있다. 이것이 보가크의 제안이었다.

보가크에 따르면 황제는 낭독을 듣고 난 후 1시간 반 정도 극동정세에 관해서 보가크에게 질문했다. 보가크가 자기가 예상하지 못했을 정도로 황제가 극동정세의 상세한 부분을 알고 있었다면서 놀라움을 감추지 못했다.[139]

황제의 일기에 의하면, 5월 10일(4월 27일) 황제는 아바자를 만났다. 그리고 그 다음 날 황제는 이번에는 베조브라조프를 불렀다.[140] 즉 황제는 보가크의 분석을 받아들이고, 그에 기초해 이미 보가크 파가 된 베조브라조프를 맞이하게 된 것이다.

베조브라조프의 상주보고와 황제의 지시

실은 베조브라조프도 4월 29일(16일)자로 황제에게 상주보고를 한 상태였다. 시만스키에 의하면 그것은 그가 3월 3일의 상주전보에서 피력한 구상을 재론한 것이었다.[141]

극동의 러시아 군사태세는 극도로 약하다, 일본을 공격할 마음이 들게 하지 않는다. 따라서 남만주 방면, 뤼순의 병력을 증강하고 시베리아철도의 운송능력 향상을 도모해야 한다, 이러한 방책에 따라야 일본으로 하여금 러시아와 전쟁을 시작하는 것이 극도의 위험을 떠안는 것이라고 납득케 할 수 있다. 극동 방면에서 이런 노력을 한다면, 조선 북부에서나 만주에서 경제활동을 안심하고 전개할 수 있다. 그렇게 될 때까지는 조선 북부에서는 조심스런 규모로 이권을 얻는 일에 한정하고, 일본이 '러시아의 방벽'에 발을 들이밀지 않도록 해둘 필요가 있다. "우리가 가능한 한 빨리 준비를 갖추고 분명하게 강력해져야만 서로에게 유익한 의견 교환을 일본인들과 능란하게 시작할 수 있다. 이러한 전제가 없는 대화는 무의미하다."

베조브라조프는 또 다시 블라디보스토크─압록강─뤼순이라는 러시아의 전략 전선을 주장했다. "왼쪽 날개인 블라디보스토크는 어떤 뚜렷한 걱정이 없으며, 특히 즉각 적극적인 역할을 할 것도 없는데, 오로지 오랜 기억 때문에 특별한 주목을 받고 있을 뿐이다." "오른쪽 날개인 뤼순은 위협하기 위해서 점령했지만, 현재로서는 우리에게 위협이 된다. 뤼순의 수비대, 함대, 요새, 항만의 방비는 불충분하며, 후배지에 다롄이 있지만, 이것은 적의 상륙부대에게 절호의 그리고 훌륭한 기지가 된다." "두 날개 사이의 공간은 열린 지점이 되어 있으며, 적이 그곳을 점령하면 이 땅의 지형 때문에 견고한 점령이 될 것이고, 우리의 만주 작전기지와 연락선에 불의의 타격을 가할 수가 있다."

"나는 스스로 확신한다. 만일 일본이 평시에 압록강으로 세력을 확립하는 데 성공한다면, 이것은 전시에 만주의 우리 철도를 절단하고 파괴하는 것이나 마찬가지다. 그리고 우리는 이를 저지할 수 없을 것이다." 이리하여 이제는 압록강 이권의 의미가 일변한 것이다. 즉 조선 북부에 진출하고 나아가 전 조선으로 진출할 거점으로서가 아니라, 일본의 만주 진출을 저지하는 방위선의 일각으로서 의미를 지니게 된 것이다.

베조브라조프는 재무상의 행동을 비난했다. 중국과 중국인을 잘 모르면서 약속을 믿었지만 헛된 일이 되었다. 재무성은 극동에서 손을 떼야 한다. 한 마디로 말해 극동정책은 통일이 안되어 있고 관청별로 각각의 정책이 있다. "각자는 자신의 관청에 봉사하고 있다고 생각하고 있으며 국가에 봉사하고 있다고 생각하지 않는다." 베조브라조프는 러시아 극동의 상태는 매우 바람직하지 않다, 20억 루블을 투입해 만주에서 몇 개의 승리를 거두었지만 권위와 자신감을 잃었고, 스스로 약체라고 생각해 양보를 거듭했으며, 결국 경제적·군사적 패배의 전야(前夜)를 맞고 있다고 주장했다.

그는 자연적인 원인으로서 방대한 지역으로 인한 거리상의 원격성, 시베리아 인구가 적다는 점, 그리고 극도의 중앙집권화를 지적하고, 인위적인 원인으로는 정보에 대한 평가의 오류, 계획의 근거가 없다는 점, 성청(省廳) 간의 다툼, 개인의 이익추구와 자의성, 잘못을 추궁하지 않고 덮어버리려는 성청 간의 담합을 지적했다.

베조브라조프의 이 상주보고는 보가크와의 토론, 보가크의 인식을 수용해 정리한 것이었다. 아바자의 의견서가 담고 있던 난폭한 모험주의적 논조를 완전히 제거한 그런 보고였다. 황제는 베조브라조프가 보가크와 같은 의견이라는 점을 확인한 뒤에 베조브라조프를 불러들였던 것이다.

이날 황제는 "알렉산드르 미하일로비치 베조브라조프에게, 감사하는 니콜라이가"라고 적힌 황제의 초상화 사진을 하사했다.[142] 그 다음날인 5월 12일(4월 29일) 베조브라조프와 아바자가 다시 황제를 배알했다. 황제의 일기에는 "극동의 관리를 통일하고, 모든 일에 방향을 잡아주는 문제로 베조브라조프 및 아바자를 장시간 만났다"고 기록되어 있다.[143] 황제, 베조브라조프 그리고 아바자는 보가크의 인식을 전제로 극동태수(太守)제 도입에 합의했다고 볼 수가 있다. 이것이 새로운 노선의 토대가 된다. 극동태수제는 베조브라조프, 보가크, 아바자 이 세 사람의 의견이라 생각된다. 황제는 이 세 사람의 의견을 받아들여 이미 이를 전결로 결정했고, 그 내용을 사실상 극동태수 후보자인 알렉세예프에게 통고했다.

그것이 5월 15일(2일)에 황제가 알렉세예프에게 보낸 전보다. 황제는 알렉세예프에게 "짐의 직접 지도 아래 극동에 있는 모든 관청의 최고책임과 관리를 그대에게 집중시킬 것을 고려하는 중이다, 그대는 이 활동을 준비하고 그대의 이 새로운 지위가 취할 형태를 큰 줄기에서 그릴" 것을 요청했다. 알렉세예프에게 부과된 과제는, 1902년 4월 8일(3월 26일) 조약의 집행을 전제로 만주에 외국의 영향력이 침투하는 것을 허락하지 않기 위한 방책을 즉각 강구하는 것이었다. 그를 위해서 첫 번째는 "최단기간 내에 필요한 경비를 아끼지 말고 우리나라의 정치적·경제적 과제와 완전히 균형이 맞을 정도로 극동에서 우리나라의 전투준비를 제고할" 것, 두 번째는 만주 내 러시아 기업가의 활동을 대대적으로 발전시킬 것을 지시했다. 첫 번째와 관련해서는 육군상과 함께 "극동에서 우리 국방이 처한 진짜 상황을 분명히 밝히고, 필요한 군사적 방책을 책정할" 것, 두 번째와 관련해서는 베조브라조프와 함께 계획을 입안할 것을 지시했다.[144]

이날 황제는 극동을 여행 중인 쿠로파트킨 육군상에게도 전보를 쳤다. 알렉세예프에게 보낸 전보의 내용을 전하면서, 설명을 위해 보가크 중장을 파견하니 적당한 구실을 붙여 연해주에 머물며 그를 기다릴 것, 4월 8일(3월 26일) 회의의 결정을 보충하기 위한 협의를 하기 위해 베조브라조프를 뤼순으로 파견하니 함께 협의할 것, 그리고 육군성과 관련된 조치도 지시해 두었으니 조속히 입궐할 것, 이런 내용이었다.[145]

쿠로파트킨은 니콜스크-우스리스키까지 가 있다가 거기서 이 전보를 받았다. 며칠 후에 또 다시 황제에게서 온 전보는 니콜라예프스크-나-아무례를 시찰하라는 것이었다. 기다리는 시간을 때우는 방편으로 거기까지 한 번 가보는 것이 어떻겠느냐 하는 것이었다. 쿠로파트킨은 불쾌했지만 황제의 지시대로 북쪽 끝자락의 마을까지 갔다.[146]

알렉세예프는 황제의 전보를 크게 반겼고, 재빨리 뤼순의 병력 증강을 구상하고 이틀 후에 입안했다. 우선 일본의 동원 속도를 고려하면 일본군과 충돌할 가능성이 있는 지역에 5만 명 이상의 군대를 상시적으로 주둔해둘 필요가 있다면서, 그를 위해서 신규로 2개 군단의 창설을 요구했다. 1개 군단은 국경경비군의 제2군단으로 신설하고(24개 대대), 다른 1개 군단은 아무르군관구로부터 12개 대대를 이동시키고, 관둥주의 병력에서 차출, 편제한다. 그 밖에 뤼순의 수비대 병력을 4개 대대에서 12개 대대로 증강한다. 모든 동시베리아 보병연대에 기병부대를 만들고, 뤼순에 약간의 포병대와 공병대를 편제

한다. 이렇게 해서 보병 44개 대대를 증강한다는 것이었다.[147]

이와 동시에 5월 30일(17일)에 알렉세예프는 황제에게 보내는 전보의 초안을 작성했다. 이 초안에는 "현재의 상황으로는 1902년 3월 26일 협정의 정확한 이행은 불가피하게 우리의 군사적 약화를 가져올 것이며, 청국이 보는 우리의 위신이 붕괴되는 결과를 초래할 것이다"라고 써 있었다. 알렉세예프의 입장은 "협정의 이행은 청국과의 정상적인 관계가 회복된다는 조건 하에서만 허락될 수 있다"는 것이었다. 정상적인 관계란, 러시아의 상공업활동에 대한 특권적인 비호가 보장되는 것이었다. 알렉세예프는 만주문제가 매우 중요하며, 일본이 러시아의 만주점령에 지속적으로 반발할 것이어서 조선의 남부를 점령하는 방향으로 나아갈 것이라고 보았다. 러시아로서는 그에 항의하면 된다. 일본의 조선 지배는 "일시적인 것으로 보아야 한다. 여기 동방에서 우리의 군사력이 증대되면 일본은 조선에서 자기들의 지위를 지켜 나갈 수 없게 될 것이다."[148] 알렉세예프는 군비증강에 더해 만주점령의 지속을 바라고 있었던 것이다. 이 전보는 타전되지 않았다.

해군 쪽에서는 나름대로 증강이 이루어졌다. 1902년 1월에는 전함 '시소이 벨리키이'가, 7월에는 '나바린'이 뤼순을 떠났는데, 두 전함 모두 1890년대 전반에 진수식을 거행한 구형 전함이었다. 이 구형 전함을 대신해 우선 4월에 신예 전함 '페레스베트'(1898년 진수)가 뤼순에 도착했고, 5월에는 필라델피아의 크램프사가 건조한 순양함 '바랴그'(1899년 진수)가 도착했다. 그리고 바로 이해인 1903년 5월부터 6월에 걸쳐서는 시타켈베르그 소장이 이끄는 전함 2척, 순양함 6척, 수뢰정 8척으로 구성된 분함대가 도착해 있었다. 이 가운데 전함은 1900년에 진수한 크램프사의 '레트비잔'호와 같은 해 진수한 페테르부르크 발트조선소의 '파베다'였다. 이로써 전함의 체계는 1900년에 도착한 '페트로파블로프스크'(1894년 진수), 1902년 도착한 '세바스토폴'(1895년 진수)과 '폴타바'(1894년 진수)에 새로이 건조된 전함 3척이 더해져 6척 체제가 되었다.[149] 일본 해군에게도 전함 6척에다 1900년 진수한 '미카사' 1척이 있었으므로, 신예함을 갖춘 일본 쪽이 우위에 있었다.

시타켈베르그 분함대에는 8인치 함포를 장착한 장갑순양함이 한 척도 없었고, 1892년 진수한 '류리크', 1896년 진수한 '러시아', 1899년 진수한 '그로모보이' 등 3척으로 구성된 종래의 진용은 변화하지 않았기 때문에, 6척의 신예함만으로 구성된 일본에 비해 크게 뒤진 상태였다. 배수량이 7천 톤 이하이고 대포도 6인치 함포의 수준인 경순양함은 1899년 진수한 '팔라다'와 '디아나', 1900년 진수한 '아스콜드'와 '노비크', 1901년 진수한 '바가티리'와 '바야린'이 도착해 앞서 와 있던 '바랴그'와 함께 7척이 되었다.[150] 그러나 이와 동급의 함선에서도 일본은 구형까지 포함하면 12척을 보유하고 있었기 때문에 이 또한 일본에 비해 상당히 열세였다.

5월 20일(7일) 협의회

5월 19일(6일) 베조브라조프는 국무위원(Статс-секретарь), 보가크는 궁정참모장(Свита Его Императорского Величества)이라는 칭호를 받았다.[151] 국무위원은 문관의 최고위직으로 황제에게 상주하는 것이 허락되었다. 1900년 시점에서 27명이 있었는데, 대부분 황제의 신임을 특별하게 받고 있던 장관들이었다.[152] 베조브라조프가 이 칭호를 받았다는 사실은 비테, 람스도르프, 쿠로파트킨과 동격의 지위를 부여받았다는 것을 의미했다. 이 상황에서 5월 20일(7일) 특별협의회가 열렸다.[153] 황제가 주재하는 가운데 알렉세이 대공, 외상, 재무상, 내무상, 해군상이 참석했다. 오랜 기간 병을 앓던 티르토프가 3월 17일(4일) 사망했기 때문에 군령부장 아벨란이 해군상이 되어 있었다. 극동으로 떠난 육군상을 대신해 사하로프 참모총장이 참석했다. 그 밖에 베조브라조프, 보가크, 아바자가 출석했다.

회의 서두에 황제의 허락을 얻어 베조브라조프가 압록강 기업에 관해서 다음과 같이 경과보고했다. 사안의 출발점은 1898년 조선 북부지역의 조사였다. 이 조사에 따라서 이 지방의 주민이 적고 우리나라가 점거할 수 있는 가능성이 있다는 점이 밝혀졌다. 이에 폐하께서는 그곳에 징착하는 것이 필요하다고 생각하셨다. 이 결정의 결과 브리네르가 삼림 이권을 획득했다. 그러나 적극적인 행동은 하지 않았다. 수개월 전에 폐하께서는 적극적인 행동을 취할 필요가 있다고 하셨고, 나를 파견하시어 삼림 채벌을 개시할 것을 명하셨다. 채벌을 실행되었다. 이제 압록강 오른쪽 기슭, 즉 만주 쪽으로도 이권을 확대할 수 있는 가능성이 열렸다. 군사적으로는 행해진 것이 많지 않다. 그러나 러시아인과 현지인으로 조직된 경비대가 있다. 이와 같은 보고를 끝내고 베조브라조프는, 자신이 부재중이던 4월 8일(3월 26일)의 협의회 결정으로 일정한 형태가 만들어졌지만 거기에는 일종의 '결락'이 있다고 지적했다. 이 보고를 들은 니콜라이 2세가 지난번 회의의 결정에는 '보충'이 필요하다고 하면서 베조브라조프에게 보충안을 낭독하라고 명했다. 베조브라조프는 7개 항목의 보충안을 낭독했다.[154]

그가 낭독한 보충안은, 거의 원안 그대로 이 협의회에서 결정했다고 의사록에 기록되어 있는 것과 다르지 않을 것이다.

1. 조선 이권의 효력과 의의에 관해서 외무성이 검증하도록 한 결

정은 취소한다.

2. 외무성과 재무성은 압록강 오른쪽 기슭의 삼림 이권 획득 교섭을 청조 정부와 할 필요는 없지만 외무성은 이 건과 관련해 응분의 협력을 할 것이며, 우선권을 지닌 자 이외의 자가 이 권리를 얻는 것을 방지한다.

3. 압록강 삼림자원 개발회사의 전면적 설립은 이권이 최종적으로 승인될 때까지 연기하고, 당분간 준비 조치를 취하는 일에 한정한다.

4. 외국 자본의 유치도 연기한다.

5. 주식회사에 대한 국고의 금전적 참여 액수는 진정한 국가이익과 극동의 요구에 따라 결정한다.

6. 회사의 활동은 압록강 이권개발에만 한정하지 않고, 회사의 실력, 신뢰, 나아가 재무성과의 협정에 따라서 분명하게 밝혀진 국가적 이익의 조건에 상응하는 폭넓은 활동을 인정한다.

7. 회사 활동은 관둥주 장관 알렉세예프의 감독에 따르도록 한다.[155]

시만스키가 말한 것처럼, 이것은 4월 협의회의 결정에 대한 "보족이 아니라 근본적 수정"이었다.[156] 이 안을 둘러싸고 참석자들이 의견을 개진했다. 제1항에는 이론이 없었다. 외상은 이권이 확인되었다고 말했다. 제2항에 관해서는, 다른 사람이 이권을 획득하는 것을 막는 것은 어렵다고 말했다. 베조브라조프는 우리가 신청을 한 이상 우선권이 있을 것이라고 주장했다. 황제는 그 의견에 동조하는 코멘트를 했다. 외상 역시 협력하는 것은 당연하다고 인정했다.

이어서 재무상 비테가 청조 정부가 압록강 삼림 개발을 위한 청국인 회사를 설립하려 한다는 정보가 있다고 말하자, 니콜라이는 그 사실도 알고 있다고 말했다. 비테는 기선을 제압당했기 때문인지, "베조브라조프의 설명을 듣고 실질적으로 그와 의견이 불일치하는 곳은 없다"고 타협적인 의견을 개진했다. 그리고 비테는 다음과 같이 지적했다. 이 이권은 "한 민간회사의 문제가 아니다." 이것은 정치적인 목적을 지닌 것이고, 그런 사실은 얼버무려도 의미가 없다. "청국과 일본은 이 기업의 진정한 성격을 이미 간파하고 있다." 이것은 위험이 따른다. 문제는 이 위험이 무사히 지나갈 수 있는지 하는 점이다. 비테는 위험을 수반하는 결정이 내려졌지만 무사히 끝난 사례로서 청일전쟁 시의 삼국간섭 그리고 뤼순과 다롄의 점령과 조차를 들었다. 압록강 계획을 "결정할 수 있는 것은 단지 황제 폐하의 의지뿐이다"라고 말했다. "만일 폐하께서 위험이 있는데도 이 사업이 중요하다고 생각하신다면 3월 26일의 의사록은 모두 파기해도 좋으며, 이 점에 대해 이론은 남지 않을 것이다. 만일 폐하께서 위험이 크다고 인정하신다면 의사록은 효력을 지니게 될 것이다." 비테는 제3항에 관해서, 이권이 없으면 회사도 없는 것이 당연하다고 말했다. 제5항에 관해서는 국고의 참여는 가능한 한 적게 하는 것이 좋다고 말했다. 마지막 두 항목에 관해서는 의견이 없다고 말했다. 끝으로 또 다시 보충안과 자신의 의견 사이에 불일치는 없다, 다만 존재하는 협정에 관해서 생각할 필요가 있다면서, 위험이 따르는 결정은 황제만이 내릴 수 있다고 다시 반복했다.

베조브라조프는 비테와 의견 불일치가 없다는 점은 기쁜 일이라고 말하면서, 위험이 따르는 것은 확실하지만 그것에 "결정적인 의의"를 부여할 수는 없다고 주장했다. 동청철도 건설의 의미는 명백하지만 그래도 안전보장 상의 문제는 압록강 지역이 제압되지 않는 한 계속될 것이라고 말했다. 목재 채벌을 하고 있는 압록강 연안에서의 행동은 "무조건적이고 합법적인" 것이다. 새로운 일에는 항상 혼란이 따르는 법이지만, 아무것도 하지 않는다면 더 큰 혼란이 생길 것이다.

과연 비테는 참지 못하고 반론을 제기했다. "이 일에 따르는 위험은 일본이 어떤 태도를 취할 것인가 하는 것에 숨어 있다. 일본이 지금은 돈이 없어서 조용히 하고 있지만, 그 태도가 바뀔 가능성이 있다. 게다가 청국의 태도도 위험 요소다. 이 정부가 철군 중지에 어떤 태도를 취할 것인가 알 수 없기 때문이다."

니콜라이가 철군 중지라는 것은 뉴창에 있는 미국 영사의 잘못된 보고에서 나온 오해에 지나지 않는다고 말참견을 하자, 비테는 철군하면 청국군이 더욱 대담해져서 충돌이 일어날 수도 있다, 그렇게 될 경우 민간 기업이 관여하고 있을 뿐이라면 대단한 일이 되지 않겠지만, 그래도 일본이 최후통첩을 들이댈 수도 있을 것이라고 말했다. 비테가 "마드리토프든 누구든 충돌이 발생하여 살해된다면"이라고 말하기 시작하자, 니콜라이는 1828년에 테헤란에서 그리보예도프가 살해되었지만 아무런 일도 일어나지 않았다고 말했다. 베조브라조프는, 재무상이 극동의 일에 대해 걱정하는 것은 알겠지만 "압록강에서 물러나면 곧 이어 위험이 따라올 것이다"라고 말했다. 비테는 협정에 기초해야만 비로소 강력해 질 것이라고 되받았다.

그러자 황제는 "양보는 양보를 부른다"면서 보가크에게 의견서를 낭독하라고 명했다.[157] 보가크의 낭독이 끝나자 비테는 이 의견서에 제안하는 부분은 실현될 수 없다, "이 의견서에 쓰여 있는 만큼 극동 정세는 위험하지 않다"고 말했다. 람스도르프는 보가크가 중요한 문서를 보지 않았다면서, 반론 의견서를 제출하고자 한다고 말했고, 황제는 간단한 것이라면 제출해도 좋다고 답했다. 베조브라조프는 "의견서가 비관적인 성격을 띠고 있지만 극동을 사진찍어 놓은 것과 같으며, 유쾌하지 않을 수도 있지만 있는 그대로다. 나는 현지에서 사실을 보고 그리고 사정에 밝은 자들이나 권위자들의 의견을 듣고 확신할 수 있었다"라고 발언했다. 쿠로파트킨의 대리 자격으로 참석한 사하로프 참모총장은, 전쟁이 바람직하지 않다는 의견서의 결론에 유의하면서, 극동에서 우리가 처한 상황은 현재의 힘으로는 심각하다고 인정하지 않을 수 없다, 우리는 뤼순조차 잃을지도 모른다, 결국 최후에는 우리가 이긴다고 해도 일본과 충돌할 수 있는 모든 구실을 회피하는 것이 필요하다, 고 지적했다. "따라서 압록강 이권이 일본과의 충돌을 위한 추가적인 구실이 되어서는 안 된다." 사하로프는, 압록강의 전략적 의의는 의심할 것도 없이 중요하고, 또 일본이 조선에 기지를 만든다면 만주에 대한 공격을 꾀할 것이다, 그러므로 회사의 경영진이 주민을 자기편으로 만들 수 있다면 일본군의 공격을 지연시킬 수 있고 우리는 시간을 벌 수도 있다, 고 말했다. 그렇지만 일본을 자극하는 일이 되지 않도록 회사의 국제화가 필요하다고 말했다.

이에 대해서 베조브라조프는, 외국인의 원조를 구할 필요는 없다고 말하면서, 세부적인 것은 알렉세예프에게 맡기면 된다고 강조했다. 그리고 또 다시 그는 우리의 양보적인 태도가 부정적으로 작용할 것이라고 말하고, "우리는 극동에 충분한 병력을 가지고 있는가?" 하는 문제를 명확히 해야 한다고 지적했다.

그 후에 또 보충결정에 대한 토론으로 되돌아갔다. 마지막으로 내무장관 플레베가, 보가크의 의견서에 의하면 극동에서 러시아의 세력이 약하기 때문에 회사를 만든다고 하는데, 그렇다고 해도 "소란을 일으키지 않고, 조심스럽게 활동해야" 할 것이라고 말했다. 내무상은 정치적 기업에는 불가피하게 위험이 따른다고 거듭 지적하고, 극동에서 러시아의 육군력이 충분히 강하지 않은 동안에는 일을 진행하는 데에 신중을 기해야 한다고 말했다.

황제가 이번 보충결정은 유망한 사업의 발전을 가로막는 지난번 결정을 무효로 하는 것이라고 물 내리듯이 말하자, 내무상은 베조브라조프의 보고와 보가크의 의견서로 비로소 분명해진 것이라고 지원 사격했다. 비테는 겨우, 쿠로파트킨이 귀환하면 사태가 최종적으로 분명해질 것이라고 발언했을 뿐이었다. 끝으로 황제는 베조브라조프에게 5월 15일(2일)에 알렉세예프와 쿠로파트킨 앞으로 보낸 전보를 낭독하라고 명했다.[158]

이 회의의 의사록으로 압록강 회사에 관한 7개 항목이 결정되었다는 사실이 확인되었는데, 무엇보다도 중요한 것은 보가크 의견서의 인식이 승인되었고, 두 통의 전보에 나타난 극동의 정부통치 통일방침이 토론의 대상이 되지 않은 채 이른바 고시(告示)되었다는 점이다.

5월 협의회 이후

이때 베조브라조프는 권력의 정점을 달리고 있었다.[159] 그는 황제의 극동정책 고문이자 보좌관이었다. 그의 처에게 보낸 편지가 있는데, 여기서 그는 이 당시의 심경을 전하고 있다. 이 편지는 내무성의 민간인 사신(私信) 비밀검열부의 파일 속에서 발견되었다.

"내가 국무위원으로 임명되자 이루 말할 수 없는 일대 소동이 일었다오. 일종의 패닉상태랄까 망연자실하는 자까지 있었소. 아마도 내가 바보짓이라도 하지 않으면 이런 감정은 더 높아질 듯하오. 내가 누구에게도 나쁜 일이 일어날 것을 바라지 않고, 누구의 지위도 위협하지 않으며 자신의 책무를 수행하고 있을 뿐이라는 것을 알게 될 때까지는. 나는 지금 바린〈барин, 주인님〉의 개인비서로 일하고 있소. 내게는 친구도 없소. 지금까지도 그래 왔다오. 왜냐하면 내가 지나치게 독특해 누구와도 사이좋게 지내기가 어렵고, 또 너무 리버럴해서 복종하는 것도 복종 당하는 것도 싫기 때문이오. 나 스스로도 이를 잘 알고 있어서 나와 사이좋게 지내는 것은 물론 있는 그대로의 나를 이해해달라고 하는 것조차 요구해서는 안 된다는 것을 전적으로 인정하고 있소. 이 세상에서 내가 누군가의 의견을 존중해야 하는 단 한 사람이 있다면 그것은 나의 폐하라오. 뿐만 아니라 폐하께서는 내게 더할 나위 없이 호의적이시며, 나는 폐하를 사랑하고 있어서, 어떻게 되든지 폐하를 위해서라면 죽을 각오도 되어 있다고 말할 수 있소. 이것이 나의 책무라오. 이상이 현재 나의 독자적인 그리고 끓어오르는 활동을 하고 있는 이 순간의 메마른 내면세계라오. 나는 혼자 서 있고, 낡은 질서와 연결된 자들은 모두 나에게 반대하고 쑥덕거리면서 나를 갈기갈기 찢어 놓을 날을 기다리고 있소. 내게는 계획과 프로그램이 있다오. 우리나라와 사회의 일을 진구렁 파(派)로부터 탈환할 결의가 있소. 그러나 이 계획이 위의 승인을 받을 수 있을지 어떨지 아직 모르겠소. 지금 나는 복잡한 싸움을 하고 있소. 당장은 헤쳐나가고 있지만, 적은 정말로 많아서 문득문득 회의감이 들기도 한다오."[160]

회의 이후에 베조브라조프는 람스도르프 외상과 간간이 만나 대화를 나누었다. 아바자와 함께 두 번 방문해 총 7시간을 논의했다고 5월 24일(11일)에 황제에게 보고했다. 람스도르프의 반발은 '양보정책'이라는 보가크의 주장을 향해 있었다. 요컨대 외교의 실패를 운운했다는 데 화가 나 있었던 것이다. 베조브라조프는 외상의 "무작위와 몰이해"를 비난하기 직전에 자제했다. "우리나라에서는 이 성(省) 전체에, 생활 현실과 거기서 높아지고 있는 곤란함에 맞설 준비가 전혀 되어 있지 않음을 나 개인은 이 대화를 통해 확실하게 인식했고, 매우 심각한 기분이 되었다."[161]

과연 람스도르프도 베조브라조프 등의 개입에 극도의 위기의식을 느꼈던 것이다. 그는 사태를 뒤집기 위해서, 외무성이 대일 접촉을 시도하겠다는 안을 수립해 5월 29일(16일) 황제에게 상주했다. 외상은 "압록강 강변에 확실하게 뿌리를 내려, 그때그때 일본의 압력에 대항할 강력한 기반을 조선 국경에 창출하겠다는 생각"은 좋다고 인정하고, "바르게 그리고 합법적으로 만들어진 상업적인 기업"을 통해서 이 생각의 실현을 도모하면 좋았을 텐데 최근 들어서 사태는 다른 양상을 노정하고 있다고 지적했다. "압록강 목재 회사의 정치적·전략적 성격이 완전히 노골적으로 드러나" 우리가 생각지도 않았던 "자신의 행위를 위장하려는 속셈"을 러시아 정부가 지니고 있다는 비난을 받고 있다는 것이다. 람스도르프는 의견서에 외국 신문기사의 스크랩을 첨부했다. 외상은, 이렇게 된 이상 "러시아의 존엄과 양립할 수 없는 극도로 위험한 모든 동요를 피하려면" 어떻게 행동해야 할 것인가를 최종적으로 확정하기 위해서는, 도쿄와 베이징의 "정치 정세를 분명히 파악할 필요가 있다고 생각합니다." 일본과의 "협정을 위한 기반이 어느 정도 갖추어져 있는지를 탐색하는" 일을 로젠 공사가 하도록 허락해달라고 청원한 것이다.

황제는 이에 대해서 즉각 이 생각을 수용하고, "조선 건으로 일본과 완전한 협정을 체결할 가능성의 문제를 최종적으로 밝혀보겠다"는 외상의 생각을 "전적으로 시인한다"고 청원서에 써넣어 돌려보냈다.[162]

람스도르프는 다음 날 재빠르게 로젠에게 전보를 보내, 일본 정부에게 "실무적인 협정"을 체결할 가능성이 있는지 타진하라는 훈령을 발했다. 그런데 이 전보는 외상이 얼마나 현실감각을 결여하고 있었는지 잘 보여준다. 즉 그는 전보에서 일본에 대해 "전적으로 명확하고도 정당한 우리의 요구"를 제시해야 한다면서, 그 예로 러시아의 서울-인천 간 철도 및 전신선 이권 획득을 일본이 방해하지 않겠다

고 약속할 것을 거론했던 것이다.[163]

　로젠이 어떤 반응을 보였는지 명확하지 않지만, 현실과 동떨어진 람스도르프의 이와 같은 의견에는 그리 찬성하지 않았고, 일본과 접촉도 시도하지 않았을 것으로 생각된다. 람스도르프는 궁지에 몰렸다.[164]

　외상은 또 다시 5월 협의회에서 논의된 보가크 의견서에 대한 장문의 반박 의견서를 준비했다. 이것을 5월 30일(17일) 비테에게 보냈다. 이 반박 의견서의 내용은 이런 것이었다. 청국, 일본, 조선에 대한 정책은 청일전쟁 이전부터 정해져 있었다, 청일전쟁을 추진한 일본의 정책 의도는 "대륙에 발을 들이밀어 조선을 영유하겠다"는 것으로 "러시아의 제1급 국익에 반하는" 목적을 지니고 있었기 때문에 [우리가] 삼국간섭을 했던 것이다, 그 결과 청국과 비밀군사협정을 체결할 수 있었다는 것이었다. 반박 의견서는 당연히 단지 과거의 정책을 정당화하고 있을 뿐이었다. 야마가타 방러 시의 조선분할안에 관해서는, 만일 "러시아와 일본 사이에 그러한 조건으로 협정을 체결했다면, 극동문제에 관심을 보이는 다른 열강들에게서 결정적인 항의를 받았을 것"이라면서 보가크의 비판을 반박했다. 러시아로서는 시모노세키 조약 당시 일본에게 조선의 독립을 존중할 것을 요구했기 때문에 그에 반하는 것이 된다, 나아가 남북으로 분할하면 러시아로서는 가치 있는 조선 남부에 손을 댈 수 없게 되어 버린다, 야마가타-로바노프 협정은 의미 있는 것이었다. 그러나 이것은 아무래도 허약한 변명이었다. 아무튼 람스도르프는 계속해서, 1898년 러시아가 뤼순을 점령한 후에도 일본은 조선에 대한 행동으로 우리에게 대항하려 하지 않으면서 러시아와의 교섭을 요청했기 때문에 러시아는 일본의 요구를 거부해왔다, 여하한 양보도 하지 않았다. 따라서 보가크가 양보정책이라고 말하는 것은 잘못이며, 군사교관과 재정고문의 파견은 조선의 요청에 따른 것으로 조선의 국내정세 변화 때문에 소환한 것에 지나지 않는다는 것이었다. 이것은 너무나도 철면피한 변명이었다. 외상의 의견서는 종래의 정책을 자화자찬하고 있을 뿐, 보가크가러·일 사이에 조선문제에 관한 진정한 협정이 없기 때문에 위험한 관계가 되었다고 지적한 것을 무시하고 있었다.

결론적으로, 일본에 대해 도적적인 태도를 취해서는 안 된다면서 "시간은 러시아의 유일한 동맹자이자 충실한 조수다", "신중하지 않고 시의 적절하지 않은 모든 시도"는 러시아 정부를 그 존엄에 걸맞지 않은 후퇴자로 몰아세울 것이라고 지적했다.[165] 이 의견서는 람스도르프의 무사안일주의, 관료적인 기회주의를 잘 보여주고 있다.

군사문제에서는 참모총장 사하로프가 보가크 의견서에 재빠르게 대응했다. 5월 29일(16일) 그는 황제에게 의견서를 제출했다. 사하로프는 극동의 군비가 부족하다고 생각했고, 쿠로파트킨과 사실상 대립하고 있었다. 무엇보다도 육군상이 부재중이었기 때문에 조심스런 의견 개진이었음은 당연하다. 그러나 의견서의 첫머리에서 사하로프는 보가크 의견서에 찬성한다는 점부터 쓰기 시작했다. 과거 정책의 잘못을 지적하고, 양보 일변도 정책의 수정을 제안하는 데 동의하는 것이었다. 본론 부분에서는 만주철군의 약속은 지켜야 한다면서도, 일본과의 개전에 대비해 병력을 어디에 배치하면 좋을까를 검토하고, 병력을 만주 북부에 집결시켜 지원군의 도착을 기다리는 전략이 좋겠다고 주장했다.[166] 그러나 사하로프는 압록강 방면에 병력을 배치하는 것에 관해서 평황성 점령은 언급하지 않고, 훈춘(琿春)의 점령을 제안했다. 베조브라조프는 이 내용에 호의적인 태도로 다음과 같이 평했다. "어쨌든 사하로프 시종장군의 의견서는 우리로서는 초미의 문제를 해명하는 데 있어서 중대한 공헌이며, 군사적인 면에서 보다 나은 장비를 갖추는 일이 우리에게 매우 필요하다는 주장이라고 요약할 수 있다."[167]

베조브라조프와 아바자는 6월 5일(5월 23일)에도 그리고 10일(5월 28일)에도 황제와 만났다. 비테를 만나 이야기한 결과에 대해서도 황제에게 서면으로 보고했다. 베조브라조프는 5년 동안 2억 1천만 루블의 추가적인 군사예산을 절충했다. 서부 국경의 나레프 철도선 계획을 중단하고, 그 예산 가운데 2,200만 루블을 극동으로 돌려 달라고 황제에게 제안했다.[168] 그는 완전히 극동문제 특별보좌관으로 행동하고 있었다.

베조브라조프는 나레프 건과 관련해 직접 사하로프 참모총장과도 담판했다. 극동의 병력을 증상하기 위해서는 서부 방면으로 예정되어 있는 예산을 극동으로 돌릴 필요가 있다, 필요성이 절실하지 않은 동프로이센과 폴란드 국경지대의 나레프 철도선 부설, 나레프 요새 건설은 보류해도 될 것이다. 베조브라조프가 이렇게 주장하자 사하로프는 이 건은 육군상이 제안하고 폐하가 승인한 안건으로 반드시 실시해야 한다고 반론했다. 아니 엄밀하게 말하자면, 그렇게 답했다고 사하로프는 쿠로파트킨에게 보고했다.[169]

나레프 철도선이란 나레프강 연안의 철도선으로, 이를 부설한다는 안은 육군상의 제안이었고, 1902년 10월부터 12월에 걸쳐 수차례 열린 협의회의 승인을 받은 것이었다.

베조브라조프, 극동으로 출발하다

이러한 베조브라조프 등의 활동에 화가 난 외상은 6월 10일(5월 28일) 마침내 황제에게 사임을 청하기에 이르렀다. 사임의 이유는, 극동의 정치문제가 외무성 소관에서 벗어난다는 것은 자기의 과거 3년 동안의 노력에 대한 황제의 "불승인을 증명하는 것이다", 이제 극동문제의 "주요한 지휘는 관둥주 장관에게 위임되어 있다"라는 두 가지였다.[170]

황제는 이 편지를 베조브라조프에게 보여주었다. 베조브라조프는 람스도르프를 다루기 쉽다고 보았는지 아니면 황제가 그를 그만두게 하고 싶어 하지 않는다는 것을 눈치 챘는지, "수리할 수 없다"고 황제에게 진언했다.[171] 황제는 다음 날 외상에게 다음과 같은 서신을 보냈다. "어제의 그대의 편지는 짐을 몹시 놀라게, 그리고 화나게 했다." 황제 자신은 외상에 대한 불신임의 "그림자도 갖고 있지 않다." 짐이 알렉세예프를 "먼 변경에서 러시아의 총체적 이해관계"의 "완전한 주인으로서의 위치"에 둔 것은 "그대나 짐이나 수만 리 떨어진 곳에서 간간이 서로 모순되는 단편적인 정보를 받아보는 것만으로는 그곳에서 매일 일어나는 일을 이해할 수 없기" 때문이다. "이전과 같은 열성으로 짐을 계속 보필해 줄 역량"을 기대한다는 것이었다.[172]

베조브라조프는 황제에게 아바자의 등용 문제를 권유하고 있었다.[173] 황제와 베조브라조프의 이러한 관계는 후자의 극동 출발 시까지 지속되었다. 출발 전날에도 각 장관들과 대화한 결과를 황제에게 보고했다.[174]

6월 16일(3일) 베조브라조프는 극동으로 출발했다. 아바자는 자신의 아내에게 보내는 편지에 당시의 모습을 이렇게 묘사했다.

"베조브라조프는 멋진 특별열차로 출발했소. 완전히 황족열차라 해도 과언이 아닐 정도였다오. 이것만 봐도 폐하께서 이 사업에 얼마나 거대한 의미를 두고 계신지 만천하에 알릴 필요가 있겠소. 이 열차의 출발은 러시아의 정치, 대(對)동방 외교정책뿐만 아니라 국내정치에서도 커다란 전환점을 이룬다오. 긴 동요의 시기, 결단을 내리지 못하고 미적거리던 시간이 지나고 도래한 강고하고도 명확한 길로의 전환기란 말이오. 지금까지는 관료 및 장관들의 전제가 차르의 전제를 이길 것으로 기대되고 있었소. 신이시여, 차르가 이 새로운 방향으로 의연한 태도를 보일 수 있게 인도하소서. 그리된다면 러시아는 다시금 걸맞은 지위를 점하고 그 위에 우뚝 설 것입니다."[175]

일본의 의주(義州) 개방 요구

베이징에 귀임한 레사르 공사는 6월 11일(5월 29일) 칭친왕과 교섭을 시작했다. 레사르는 고압적인 태도로 나섰다. "제시된 요구가 엄격하다느니 실행이 불가능하다느니 할 것이라면, 주의 깊게 검토하고 왜 실행이 불가능한지를 밝히고, 무언가 다른 대안(對案)을 내야할 것이다. 요구를 검토하지도 않고 각하한다고 쓰면 안 된다. 나는 그러한 통지를 받아들이지 않겠다." 이에 대해서 칭친왕은 똑같은 거부 회답을 되풀이했다. 레사르는 거듭 말했다.

"우리는 만주를 정복했다. 그것을 유지할 수 있을 정도로 강력하다. 청국이나 외국인이나 이를 방해할 수 없다. 황제 폐하는 정복한 주들을 청국에 되돌려 주기를 희망했으며 지금도 그렇게 바라고 계시다. 그러나 이것은 폐하의 호의를 표현하는 것 외에 다른 것이 아니다."

"청국이 러시아를 불신하고 호의를 지니고 있지 않다는 사실은 그 무엇보다 청국이 러시아와 청국 사이의 관계에만 해당하는 모든 실질적인 문제를 외국인들에게 끊임없이 호소하고 있다는 것만 봐도 알 수 있다. 플란손의 각서 가운데 우리를 곤란하게 할 수도 있는 점들은 모두 즉각 영·일·미 공사에게 알려졌…… 그러한 표명은 국제법의 모든 관례에 반하는 것이다. 왜냐하면 교섭은 아직 계속되고 있으며, 최종적인 결론은 나와 있지 않기 때문이다. 나를 경악하게 한 것은 청국의 근시안적 태도다. 청국은 러시아의 우호적인 행동과 다른 열강의 이기적인 정책을 구별하지 못하고 있다."[176]

길게 응수하고 난 뒤 칭친왕은 플란손 각서의 각 조항을 검토하고 청국이 대안을 제시하는 데 합의했다. 레사르는 이 회답이 나올 때까지 교섭을 중단하기로 결정했다.

한편 국제여론은 압록강 문제와 용암포사건으로 들끓고 있었다. 한국 주재 영·일 공사들은 러시아가 압록강의 조선 측 연안에서 임업 개발을 추진하는 것에 대항하기 위해 의주를 외국 무역에 개방하는 것을 생각하고, 5월 말부터 움직이기 시작하고 있었다. 영국의 조던 공사는 고종에게 의주의 개방을 진언했다고 5월 25일 런던에 보고했다. 란스다운 외상은 즉각 이를 지지한다는 회신을 타전했다.[177] 하야시 곤스케 공사는 5월 22일에 "의주 방면을 개방"시키는 것이 "상책"이라고 도쿄에 건의했다.[178] 고무라 외상은 5월 28일의 전보에서 그 방침으로 하라고 지시했다.[179]

6월 8일 하야시 공사는 고무라에게 중요한 건의를 했다. 러시아가 추진하는 압록강 목재사업은 한국 황제가 내린 특별허가에 기초한다. 그것은 "러시아 세력 전성"시대의 "유일한 유물"이기 때문에 어떻게 하기 어렵다. 그 사업이 "진정한 영리적 사업"이 된다면 경계할 필요는 없다. 그러나 문제는 만주철병이 실행되지 않는다는 점이다. 바야흐로 경부철도 공사가 개시되고 있다. 이것이 개통되면 한제[韓帝, 고종]는 남부 일대를 일본에 위임하려는 생각을 하게 될 것이다. 그렇게 되면 서북 지방이 문제가 된다.

"즉 일본이 남부를 경영하고 있는 동안에 러시아가 서북부를 경영하게 될 것이고, 남방에서 압박을 받을 때에는 북방에서, 만일 북방에서 압박을 받을 때에는 남방에서 활로를 찾으려는 한제의 정략은 황제의 성격으로 미루어 생각해 보면 매우 쉽게 감지할 수 있다. 특히 만주철병이 불가능해진다면 한제의 의사는 전적으로 이런 쪽으로 주입(注入)될 것이다." "한제의 이 정책은 궁중에 출입하는 총신과의 사이에서 매우 경솔하고도 용이하게 실행에 옮겨질 것인 바, 이것이 실로 본 공사가 우려하는 것이다."

"한제의 의사에 변화를 주어, 한편으로는 러시아로 하여금 삼림문제에 관해 그 정략적 의도를 포기하도록 해야 할 것인 바", 만주문제의 해결이 대단히 중요하다.

또한 용암포에서 러시아를 철수시키지 못한다면, "우리 스스로 이것을 균점해야 할 이유가 있을 것이고, 〈그에 대한〉 어떤 대가를 한국 조정에 요구할 권리가 있다고 생각한다." 하야시는 그러한 요구로서 '내지 개방'과 '경의철도'를 들었다. '내지 개방'은 "한쪽이 통지해 스스로 실행하는 방침"으로 하고자 하며, '경의철도'는 "물론 그 성사 여부는 예견할 수 없지만, 종래 취해온 간접적인 수단 이외에 요구를 공공연하게 해보고 싶다"[180]라고 말했다.

6월 15일에 하야시는 8일의 건의에 기초해, 아베 준스케(阿部準輔)라는 자가 만든 청일 합작기업에게 압록강 목재사업을 한국 정부의 허가를 받지 않은 채 시작하든지, 러시아가 얻은 것과 같은 권리를 요구하든지, 그 어느 쪽이든 지시를 해달라고 도쿄에 타전했다.[181] 나아가 17일에는, 한국 정부가 의주를 개방하려 할 것 같지 않으므로 "경부, 경인철도 연변의 요지를 차제에 개방된 것으로 간주하고 우리 상인들의 거주를 자유롭게 할 것"과 "용암포, 의주 및 두만강의 경흥을 개항장으로 간주할 것", 이 두 가지를 한국 정부에 성명할 것을 제안했다.[182]

고무라는 하야시 제안의 동기를 잘 이해하고 있었지만, 이러한 직접적인 행동은 지나치다고 판단했다. 6월 18일 그는 하야시에게 "의견의 취지는 이해하지만, 다른 이유도 있을 것이므로 본 건은 당분간 그대로 두기 바란다"고 답신했다.[183] 고무라는 러시아 정부와 결정적인 교섭을 시작할 작정이었던 것이다.

쿠로파트킨 육군상의 일본 방문

5월 20일(7일) 회의 후 보가크는 극동으로 향했다. 6월 3일(5월 21일) 자바이칼리에까지 도착했을 때, 그는 페테르부르크의 상황에 관해서 알렉세예프에게 전하려던 내용을 전보로 보냈다. 보가크는 황제의 5월 15일(2일)자 전보의 의미에 관해서, "중앙에서 사안 관리를 하는 것이 불가능하다는 점이 분명해졌고, 무엇보다 광범위하고 책임 있는 권한을 현지의 장관에게 부여할 필요성이 인식되었기 때문에, 극동(관둥주, 프리아무르주, 그리고 물론 만주도)에서 극동태수제를 창설하는"것이라고 썼다. 극동태수는 황제 직속이며, 당시 황제가 주재하는 특별위원회를 중앙에 설치한다는 구상이 거의 완성되어 있었음을 엿볼 수 있다. 5월 20일(7일)에 특별협의회를 개최해, 4월 8일(3월 26일) 협의회의 결정을 철회시켰다는 점, 플레베가 신노선의 지지자이고 람스도르프 외상은 가장 강력한 비판자라는 점, 쿠로파트킨을 설득하는 것이 자기의 사명이라는 점, 그와 만나기 전에 자기와 만날 필요가 있다는 점 등에 대해서 전보는 자세한 설명을 하고 있었다.[184]

그리고 보가크는 닷새 후인 6월 8일(5월 26일) 뤼순에 도착해, 기다리고 있던 쿠로파트킨에게 5월 20일 협의회의 자료를 건넸다. 쿠로파트킨은 자신의 일본일기에, 자신은 보가크에 대해 "지속적으로 신뢰하고 공감하고 있어서"평화적으로 대화를 한 것처럼 썼지만, 이것은 공개용 일기에 쓴 외교사령일 뿐이다. 그래도 보가크 의견서에 관해서, "사태 진단을 한 부분은 대부분 옳지"만 마지막 페이지의 "병의 치료법을 제언한 부분은 옳지 않다"고 썼다. 기본적으로 의견서에 반대한다는 것이다.[185]

결국 쿠로파트킨의 반대는, 실제 위기는 유럽에 있기 때문에 극동의 군비강화에 군사비를 소비할 수 없다는 시각에서 나온 것이었다.

이때 일본에서 쿠로파트킨이 취할 행동을 위한 훈령도 하달되었다. 이것은 보가크가 초안을 작성한 것에 베조브라조프와 아바자가 손질을 가한 것이라고 생각된다. 문장의 내용들은 양보정책을 중지할 때가 왔다면서 극동에서 우리의 관심과 우리가 지닌 힘의 균형을 회복하는 것이 중요하다는 주장이었다. 그를 위해서 극동의 군사력 강화를 도모할 것, 모든 관청의 행동을 통일하기 위해서 폐하의 지도하에 단 한 사람의 인물에게 최고통치를 위임해야 한다는 것이었다. 그리고 일본을 방문하는 육군상은 "일본의 진짜 분위기를 명확히 밝히고, 가능한 한 이 제국의 정치가들에게 다음과 같은 프로그램에 따르는 것이 바람직하다고 설명하는" 것이 유익할 것이라고 지시하고 있었다.[186]

1. 일본은 군사를 포함한 모든 분야에서 커다란 성공을 거두었다고 인정할 것.

2. 극동에 있는 국가들 사이에 일본에 대한 일정한 장래성이 약속되어 있다는 점을 인정할 것. 무엇보다도 러시아에 대해서 올바른 관계(협정이라고는 말하지 않지만)를 맺는 것이 조건이다.

3. 일본의 외교정책, 일본과 영국의 동맹, 끊임없이 무기를 짤가닥 짤가닥 흔들어대는 일, 러시아의 가장 합법적인 행동에 대해서도 끊임없이 항의하는 일, 신문이 억제되지 않고 편향적인 점들은 전

적으로 역효과를 초래할 것이라고 지적할 것.

4. 러시아가 극동에서 다대한 희생을 치렀다는 점을 상기시킬 것. 이 희생은 다른 국민을 위해 치러진 것이기도 했다. 러시아는 투하 자본을 회수하지 않더라도, 그에 상응하는 이자 분을 확보할 정당한 권리를 보유하고 있다.

5. 1902년 3월 26일 조인한 조약에 표현된 상태에 대한 합법적인 길을 제시할 것. 1900년에 러시아는 청국에 선전포고했고 그 모든 결과를 실현할 무조건적 권리를 보유하고 있다(블라고베셴스크 공격)는 점을 상기시킬 것.

6. 다른 열강이 방해하지 않으면 우리는 이 조약을 이행하겠다는 점을 재확인한다.

7. 러시아의 현재 행동에 대해서 일본을 포함한 일부 열강이 전혀 정당화될 수 없는 감정적 태도를 취하면 조약의 이행이 지연될 수도 있다는 점을 상기시킬 것. 왜냐하면 우리는 러시아 스스로의 바람으로 시작된 만주 철수가 제3자의 압력에 의한 강요된 행위로 보이는 것을 용인할 수 없기 때문이다.

8. 일본이 러시아의 행동에 대해서 그 어떤 중대한 근거도 없는 감정적 태도를 취하고 있기 때문에, 일본의 사활적 이해(利害)에 대해 러시아가 취하고 있는 당연한 자세가 방해받고 있다고 지적할 것. 이와 관련해 러시아는 일본의 사활적 이해를 부정할 생각도 무시할 생각도 없다는 점을 명확히 말할 것(그러나 조선문제에 관해서는 토의를 피할 것).

9. 일본이 러시아와 올바르고 선량한 이웃관계를 유지하는 일에 전력을 다할 것이라고 확신한다는 점을 표명할 것.[187]

이것은 일본에 대해 대등한 입장, 상호 이해의 존중을 요구하는 방침이었다. 조선문제에 관해서 쿠로파트킨에게 교섭시키지 않기로 한 것은 당연했다.

6월 10일(5월 28일) 쿠로파트킨과 보가크는 함께 일본으로 향했다.[188]

조선의 반응

그 사이에 조선에서는 러시아의 용암포 진출에 대해서 강하게 반발하는 의견이 대두하고 있었다. 『황성신문』은 5월 25일자에 '서북 삼림 및 용암포사건'이라는 제목의 사설을 게재하고 27일, 28일, 29일, 30일까지 네 차례 연재했다. "지금 러시아인이 만주에 그 세력을 수립한 것이 우리에게 광대한 영향을 미치고 있다는 점은 세상사람이 모두 알고 있는 바다."[189]

6월 3일자는 쿠로파트킨의 일본 방문을 보도했는데, "일 · 러 교제상의 편익이 적지 않다"고 보고 있었다. 즉 조선을 둘러싸고 러시아가 일본과 흥정을 시도하는 것은 아닐까 경계하고 있었던 것이다. 6월 5일자 외신 난에는 '러시아의 강경론'이라는 제목으로, 러시아인들 사이의 유력한 설에 의하면 "러시아가 아무리 한국의 일부를 잘라 일본에게 준다고 해도, 만주에 관해서는 영원히 포기할 수 없을 것"이라고 한다는 것이었다.

그리고 6월 8일자 사설은 '전국의 백성들에게 널리 알린다'라는 제목 아래, 한국은 바야흐로 "누란의 위험"에 처해 있어 "무엇보다도 우려해야 할 상황이다"라고 썼다. 즉 "일본인들은 삼남지방을 경략하고, 경부철도선은 삼남의 요충지를 가로지르며, 토지와 가옥을 자꾸 구매하여 점유하는 일을 그치지 않는다. 러시아인들은 서북 관방(關

防)을 경략하고, 두만강과 압록강 두 하천 연안의 요지 모두의 삼림을 조차했다고 주장하며, 지금 의주, 용산 등의 지방에 100명 가까운 러시아 병사들이 와서 주둔해 있다. 또한 청국인 비적을 끌고 와서는 나라가 법으로 벌목을 금한 임야를 멋대로 벌채하고, 토지와 전답을 구매해 가옥을 건축함으로써 수백 명의 묘지를 훼손하였고, 1,000명이나 되는 한인을 쫓아냈다."

일본과 러시아 양자를 모두 거론하고 있지만 결국 "지난 역사를 살펴보면 삼국시대와 고려시대 이래 우리나라의 우환은 항상 서북쪽에서 일기 시작하여 마침내 전국의 화를 남겼다"고 쓰면서, 러시아의 침략 위험성을 보다 중시하고 있었다. "러시아는 일본에게 한국의 일부를 잘라 내주더라도 만주의 개방은 아니 된다면서, 한국을 제 주머니 속의 물건이라 생각하고 제 멋대로 분할하려 하고 있다"는 것이었다.[190]

이 사설은 "우리 동포들은 부모의 나라가 장래에 이적(異賊)의 역(域)으로 전락할 것이라는 점을 잘 생각해야 한다"면서, "오호(嗚呼)! 전국의 동포들이여, 오호! 전국의 동포들이여"라고 호소했다.

6월 30일자 사설은 "러일밀약 성립설을 말함"이었다. 쿠로파트킨의 방일 시에 만한교환의 밀약이 성립했다는 설이 떠돌고 있다면서 경계를 촉구했다. 여기서도 "현금의 동양 삼국"의 "보거순치(輔車脣齒)의 형세"에 관해서 언급하면서, "한·청을 보호하는 것은, 즉 자국의 평화를 보호하는 일이다"라고 일본을 설득하고 있다. 그러나 러시아의 강한 힘은 "막아낼 도리가 없다." 비록 일시적으로 "만한을 교환한다 해도 러시아 세력이 만주에서 확고해지면, 반드시 팔을 쭉 펴서 남쪽을 범할 것이다. 어째서 일본의 단독 이익을 용인하겠는가? 일본 또한 독립할 수 없게 될 것이다."

이런 상황에서 고종도 걱정하고 있었다. 그의 시종은 뤼순의 알렉세예프 거소를 방문해, 사적인 대화라는 형태로 의중을 탐색했다. 알렉세예프는 7월 6일(6월 23일)자 전보에서, "육군상의 일본 방문 시 조선문제에 대한 그 어떠한 협정 체결의 건도 의제로 삼지 않겠다"고 [조선의 시종에게] 단언해 두었다고 외상에게 전했다.[191] 또 7월 29일(16일)에는, 이 시종의 이름이 김인수라는 점도 밝히면서, 러시아가 일본에게 "조선을 스스로의 재량으로 지휘할 권리"를 부여하는 협정을 체결했다는 소문이 있는데 실제 그러한가, "러시아가 어떤 상황에서 조선을 버리고 일본의 손에 넘겨주는 일이 있을 수 있는가" 하며 [조선의] 황제가 물어 왔지만, 그러한 협정은 체결하지 않았다고 매우 명확하게 부성해 두었다고 보고했다.[192] 같은 것을 재차 강조하여 설명한 것일 게다.

참모본부와 일곱 박사

바로 이때 일본의 참모본부는 대러 방침을 결정하려 하고 있었다. 6월 8일 오야마 이와오 참모총장은 대러 문제를 토론하는 참모본부 각 부장 회의를 소집했다. 총무부장 이구치 쇼고 소장은 이날의 회의를 위해 장문의 메모를 준비하고 그에 기초해 발언했다. 그 메모, 즉 '만주에서의 러시아의 행동에 대하여 제국이 취해야 할 처치에 관한 의견'이 현재 남아 있다.[193]

이구치는, 만주철병을 실행하지 않는 러시아는 "조선 국경에 병력을 증강하고, 또 일러협정을 무시하며, 벌목을 구실로 평복을 입은 군인들로 하여금 만한 국경을 넘어 조선 국내로 침투시키고 있다"고 지적했다. 이러한 움직임은 "제국의 장래에 위해를 가하려고 하는 것으로서 제국이 국력을 다해 그 존망을 걸고서라도 묵과할 수 없는 중대

사건이다"라고 평가했다.

그렇게 보는 근거는 "러시아의 국시는 표트르 대제의 치세 이래 전 세계의 통일에 있다"는 점이었다. '동방경략' 역시 일관해 추진하면서 중앙아시아, 동서 시베리아, 만주 북부, 사할린을 취했고, "이미 뤼순과 다롄 그리고 랴오둥반도의 기타 지역을 조차라는 명분하에 점탈하기에 이르렀다", 이것으로 "만족하지" 않고 "뤼순과 다롄의 조차를 끝내 이룩하려는 것은 만한 지방을 침략하기 위한 준비"라고 주장했다. "탐욕이 지칠 줄을 모르며 거의 멈출 곳을 모르는 자와 같다"는 것이다.

그러므로 "러시아로 하여금 만주에서 현상을 유지하게 하는 것은" "조선을 들어다 그 독수(毒手)에 맡기는 것으로서…… 일본 제국은 부상(扶桑)의 한 고도에 칩복(蟄伏)할 수밖에 없는 상태에서 구족(龜足)을 뻗을 곳도 없으며…… 쓰시마 및 홋카이도와 같은 제국의 주요 속도(屬島) 역시…… 저들의 점령에 맡길 수밖에 없는 비운을 당하지 않을 것이라고 보장할 수 없다." 만주를 장악한 러시아가 홋카이도까지 점령할 우려가 있다면서 상당한 웅변과 과장으로 러시아 위협론을 설파했다.

그러한 러시아에 대항하고 '만주문제'를 해결하기 위해서는 어떻게 해야 할 것인가?

"이를 위해서는 러시아인들을 만주 바깥으로 쫓아내고, 만주를 개방해 각국의 호시(互市)로 만들어…… 어느 나라도 독수를 뻗치지 못하도록 중립지대화 하고, 그리고 한국의 점령을 확실히 해 러시아인의 남하를 방해하고, 저들이 조차한 뤼순과 다롄을 반환하도록 하며, 또 해야 할 일은 블라디보스토크 항을 우리가 점유해 러시아인들이 태평양으로 진출할 수 있는 문을 막는 것이 가장 확실하다."

만주를 중립화하고, 한국을 점령하며, 블라디보스토크를 일본 영토로 한다는 이 구상을 달성하기 위해서는 "최후의 전쟁을 불사하는 강경한 외교 담판을 시도해 저들이 우리의 명령에 따르면 좋겠지만, 만일 그렇지 않다면 일대 결전을 시도하는 일만이 있을 뿐"이다.

러·일 양국의 병력관계에 관해서는, 러시아가 전시에 동아시아에 사용할 육군 병력은 23만여 명, 이 가운데 시베리아와 아무르 두 군관구와 관둥주에는 16만여 명이 있고, 나머지 7만여 명은 모스크바 군관구에서 동원하는데, 현재 시베리아철도의 상황으로는 랴오양(遼陽) 부근에 도착하는 데 120일이 필요하다. 이에 비해서 일본의 육군 병력은 13개 사단, 그 가운데 4개 사단은 개전과 동시에 전장에 투입할 수 있다. 그러니까 "오늘날의 상황은 우리 제국에 가장 유리하며, 러시아에게는 가장 불리하다." 이 상황은 러시아의 철도 능력이 증가하고, 병력 집중의 속도가 빨라짐에 따라 "러시아가 유리한 상황"으로 바뀔 것이다. 해군 역시 마찬가지로, "제국 함대의 세력은 러시아의 3에 대해서 4의 비율이라서, 러시아에 대해서 족히 우세를 점하고 있어 충분히 승산이 있다고는 하나, 러시아 해군의 확장계획이 완성됨에 따라서 결과적으로 내년 6, 7월 경에는 양국 해군의 세력은 거의 서로 필적하게 되며, 그 이후에는 매년 러시아가 세력을 증대해, …… 도저히 러시아의 세력에 미치지 못하게 될 수도 있다." 따라서 "제국이 러시아의 횡포를 응징해, ……일·청·한 3국의 독립을 위태롭게 하려는 야심에 종지부를 찍기 위해서는 지금 이때를 놓치면 다시는 회복할 수 없을 것이다."

결론적으로 이구치는 다음과 같이 자신의 주장을 정리했다. "1. 러시아가 만주에서 철병하지 않는 것은 제국 장래를 위해 우려할 만한 결과를 낳을 수 있으므로 불문에 부쳐서는 안 된다. 2. ……제국은 영·미 두 나라와 공동으로 러시아에 대해 공개적으로 철병을 요구하고, 또 극동의 영원한 평화에 대해서 확실한 보장을 받아내야 한다…… 제국은 단독으로라도 공개적인 담판을 열어야 한다. 3. 만일 담판이 결렬되어, ……러시아가 우리의 요구에 응하지 않을 때에는, 제국은 병력에 호소해서라도 목적을 관철시켜야 하며, 이를 위해서 저들과 우리 병력의 관계, 시베리아철도의 미완성, 영일동맹의 존립, 청국 국민들의 적개심 등으로 보면 오늘이 가장 호기일 것이며, 이 호기는 오늘 놓치면 결코 다시 오지 않는다."

만주문제를 가장 중요시한다, 교섭은 영·미와 공동으로 할 것을 바라지만 안 된다면 단독으로 행한다, 담판이 결렬된다면 전쟁이고, 전쟁을 위해서는 지금 오늘이 가장 좋다, 라는 4원칙을 제시하고 있다.

오시마 겐이치(大島健一) 제4부장의 회고에 의하면, 이구치 이외에 마쓰카와, 오시마가 의견을 개진했다. "세 부장의 의견이 일치하는 점은, 헛되이 현황을 천연(遷延)시키면 러시아는 동아시아에서 점차 유리한 지보(地步)를 점하게 되는 데 반해 우리는 불리한 정세를 맞이하게 될 것인 바, 일·러 개전의 호시기인 지금 오늘을 놓쳐서는 안 된다는 데 있었다." 후쿠시마 야스마사는 사고로 인해 결석했고, 오사와 가이유(大沢界雄), 오치아이 도요사부로(落合豊三郎) 등 제3, 제5부장은 아무런 의견도 개진하지 않았다. 다무라 차장은 한 마디도 하지 않았지만, 오야마 총장은 "러시아는 큰 나라라서 말이지"라고 한 마디 하고는 퇴장했다.[194] 이구치가 일기에, "총장은…… 반대의 뜻을 흘리셨다"고 쓸 정도였고, "총장의 미온적인 태도에 분개했지"만 마쓰카와, 오시마가 달랬다고 한다.[195] 분명 참모총장, 차장 그리고 그 이하의 부장들 사이에 의견 차이가 있기는 했지만, 이것은 본질적인 대립은 아니었다.

이때 민간에서도 중요한 움직임이 있었다. 6월 1일에 도쿄제국대학 교수인 도미즈 히론도, 테라오 도루(寺尾亨), 가나이 노부루(金井延), 나카무라 신고(中村進午), 도미이 마사아키라(富井政章), 오노즈카 기헤이지(小野塚喜平次), 다카하시 사쿠에(高橋作衛) 등 일곱 명의 박사는 가쓰라 수상을 방문해 [그들의 의견인 주전론을] 건의했다. 돌아오는 길에 고무라 외상에게도 면회를 요청했지만 거절당했다. 다음 날 야마가타에게 면회를 요청했지만, 이 역시 거부되었다. 결국 건의서를 제출하게 되었다. 건의서는 다카하시 사쿠에가 원안의 초고를 작성해 6월 10일에 정리되었다. 이 단계에서도 일곱 박사는 그 내용을 공표할 생각은 없었다. 그러나 6월 21일 『도쿄니치니치신문』(東京日日新聞)이 이 건의서에 대한 비판적인 논평을 실었다. 그래서 도미즈 등은 전문 공개를 결단하게 되었다. 6월 24일에 건의서 전문이 『도쿄니치니치신문』을 비롯한 몇몇 신문에 게재되었다.[196]

"바야흐로 두 번째 철병의 마감 기한이 이미 지났지만 러시아는 여전히 철병하지 않는다. 이러한 때에 헛되게 세월을 보내며 조약 불이행을 불문에 붙임으로써 천재일우의 호기를 잃게 될까 정말 두렵다. 그 책임은 결국 여러 공들에게 돌아갈 것이라. 아아! 우리나라는 이미 한 번 랴오둥 회복의 호기를 상실했고, 또 다시 자오저우만(膠州灣)사건에서 이를 잃었는데, 또 세 번째 기회를 북청사건[의화단사건]에서 잃었다. 어찌 또 다시 이런 전철을 밟아 실책을 거듭하리오. 이미 지나간 일을 좇아서는 안 된다. 다만 이를 해 뜰 때 잃더라도 해질 무렵에는 거둘 수 있는 방책을 강구하지 않으면 아니 될 것이다. 특히 주의를 요하는 것은 극동의 형세가 점점 위급하고 절박해져서…… 기회를 잃을 여유가 없다. 오늘의 기회를 잃게 되면 마침내 일·청·한으로 하여금 다시 머리를 들 기회를 없애고 말 것이라는 사실이다."

"바야흐로 러시아는 점차 세력을 만주에 부식하고, 철도의 관통과

성벽 포대의 건설로 점점 기초를 견고히 하며, 특히 해상에서는 맹렬하게 함대의 세력 증강에 힘을 쏟아 바다로 뭍으로 그 강세를 더함으로써 우리나라를 위압하려 한다. 이 사실은 최근의 보고가 증명한다. 고로 하루를 늦추면 하루의 위급함이 더해진다. 그러나 한 가지 기쁜 것은 목하 아직까지는 우리 군사력이 저들과 비교해 작으나마 승산이 있다는 점이라…… 이러한 때에 기회를 등한시해 잃는다면, 실로 이것은 앞날의 근심거리를 남기는 것이라 아니할 수 없다.

대저 러시아는 오늘날 우리와 길항할 수 있을 만한 상황이 아니다. 그런데 저들이 하는 바를 보면 조약을 무시하거나 마적을 선동하고, 또는 병사들을 조선에 들여보내거나, 반도의 요지에 조차지를 요구하거나 하는 등 그야말로 방약무인이라…… 저들이 만주에 지보를 점하면 그 다음은 조선으로 향할 것은 불보는 듯 뻔하다. 조선이 마침내 그 세력에 굴복하면 그 다음에 향하려고 하는 곳은 묻지 않아도 분명하다. 고로 말하건대, 금일에 만주문제를 해결하지 못하면 조선을 잃게 되고, 조선을 잃으면 자칫 일본의 방어는 난망하게 될 것이다.”

“주의를 바라고자 하는 것은, 외교 쟁의의 중심을 만주에 두는 것과 조선에 두는 것은 커다란 차이가 있다는 점이다…… 쟁의의 중심을 조선에 둘 때에는 만주는 당연히 러시아 세력권 안에 있다는 것으로 편리하게 해석할 수 있다. 따라서 극동의 현 시점에서 문제는 반드시 만주의 보전에 관한 것이 되어야 한다. 만일 조선을 쟁점으로 삼아서 그 쟁의에 일보라도 양보한다면, 일거에 조선과 만주를 모두 잃게 될 것이다.”

“가령 러시아 정치가라는 자들이 감언으로 우리를 꾀더라도 만한 교환 또는 이와 유사한 고식책(姑息策)으로 나가서는 안된다. 만주반환의 문제를 근본적으로 해결해야 하며, 마지막이라는 결심으로 극동 평화를 영구히 유지할 장대한 계획을 도모해야 할 것임에랴.”[197]

이 건의서는 당시 민간 주전론의 대표적인 틀을 보여준다. 따라서 일본 국내에서 커다란 파문을 불러일으켰다. 그리고 주목할 만한 것은, 이러한 주장이 한국에서도 비상한 관심을 불러 일으켰다는 점이다. 4면 발행의 일간지 『황성신문』은 이례적으로 사흘에 걸쳐서 이 건의서의 전문을 번역 게재했다.[198] '만한교환'론에 대한 반감을 서문에 기술하고 있는 것으로 보아, 러시아의 침략성을 비판하고 만한교환이 고식책임을 비판하는 이 의견서에 호의적인 듯 보인다. 그러나 나흘째 실은 논평은, 러·일이 싸우는 추세임을 기술하고 "우리 한(韓)은 이 양자 사이에 앉아 위급 절박한 상황에 대해서 어찌해야 할 것인가"라 묻고 있다. "비유를 들어 보자면 도마 위의 고기처럼 좌우에서 씹어 삼켜질지도 모른다는 걱정을 피할 수 없으니 남몰래 두렵구나." "결국 이제 와서 뭐라 말하리오. 오호! 그것이 슬프도다"라고 맺고 있다.[199]

그러나 『황성신문』은 7월 22일과 23일에도 도미즈의 새로운 논문을 외신 난에 소개했다. 이것은 도미즈가 일곱 박사 의견서 발표 직후인 7월 8일 구술한 것으로, 나중에 일곱 박사의 『일러개전론찬』(日露開戰論纂)에 수록된 것이다. 일본의 인구팽창으로 "제국주의를 실행할" 필요가 있다, 그 대상은 아시아 대륙이고 그 가운데서도 "조선과 만주는 이주하기에 가장 적합한 장소라고 한다면…… 그 두 곳에서 일본의 국력을 발전시키는 길을 생각하지 않으면 안 된다"는 노골적인 내용을 쓴 것이다. 『황성신문』은 '제국주의' 바로 뒤에 "자기의 국력을 나라 밖으로 발전시키는 주의"라고 설명을 달아 논지를 약화시켰다. 도미즈는 "조선인은 사대주의의 국민이기 때문에 일본이 조선을 손에 넣더라도, 일단 러시아를 굴복시키지 않는 이상 조선인은 틀림없이 러시아의 보호를 받으려 할 것이다"든지 "일본이 조선만을 식민지로 둔다 해도 실은 족하지 않다"든지 하는 노골적인 말들을 썼지만,[200] 그러한 부분들은 『황성신문』의 소개에는 생략되어 있었다. 이렇게 함으로써 한층 더 도미즈의 논문에 호의를 보내다니 대체 무슨 정신인가?

일본의 쿠로파트킨

그럴 즈음 러시아 육군장관 일행의 일본 방문이 실현되었다. 일행은 시모노세키에 상륙해, 6월 12일에는 도쿄에 도착했다. 수행단의 필두는 솔로구프 중장이었고, 보가크 소장은 그 다음이었다. 일본 신문은 공사관 무관이었던 보가크를 알아보았다. 『도쿄아사히신문』은 "대령으로 일본에 있던 중 때마침 청일전쟁이 발발하자 예민한 관찰력을 발휘해 홀연히 지나(支那)로, 홀쩍 도쿄로, 기민하고 대담하게 움직이면서 관찰력뿐 아니라 비범한 기량을 과시한 사람이다. 일본의 랴오둥 반환 전후에는 [보가크]씨의 명성이 홀연 세상에 널리 퍼졌다"고 썼다.[201]

도착 다음 날 쿠로파트킨은 메이지천황을 배알했다. 그는 일기에 썼다. "첫 인상은 좋지 않았다…… 그러나 일본 역사상 가장 걸출한 위치를 점하고 있는 이 주목할 만한 사람의 눈을 더 가까이서 가만히 들여다보니, 이 통치자에게는 큰 기량, 고매한 이성, 대담함이 엿보였고, 스스로 커다란 권력에 익숙함을 알 수 있었다."[202]

쿠로파트킨은 이때 가쓰라 타로 수상과는 잠시 이야기를 주고 받았고, 그 후에도 한 번 더 만났지만, 구체적인 이야기로 진전되지는 않았다. 쿠로파트킨은 지시받은 대로 이야기했다. 가쓰라는 "러시아와 일정한 관계를 맺을 필요가 있다는 데 대해 호의적이었다. 많은 열강에게는 러시아가 일본과 싸우는 것이 유리할 것이라는 점을 그는 자각하고 있었다. 천황도 통치자들도 모두 신문이나 열 받은 무리들과는 다른 생각을 하고 있다고 말했다. 군대는 러시아와의 전쟁을 바라지 않는다고 가쓰라는 말했다. 국민도 전쟁을 바라고 있지 않다. 나라가 피폐해질 것이기 때문이다. 나는 우리가 만주에서 다대한 희생을 치렀기 때문에 거기서 우세한 역할을 요구할 권리가 있다고 그럭저럭 말할 수 있었다."[203] 쿠로파트킨은 가쓰라가 "분명히 러시아에게 호의적"이라고 보았다. "러시아가 무엇을 바라는지 무엇을 하는지 불명확하다는 것 때문에 모두가 고민하고 있다. 이런 식으로 해서는 안 된다. 그는 러시아와의 협정체결의 지지자이다."[204]

반년 가쓰라는 자서전에서 다음과 같이 쓰고 있다. 쿠로파트킨은 "일·러 간 문제에서 어떻게든 양국 사이에 최선의 해결을 보고 싶은 마음이야 굴뚝같지만…… 그는 이미 설치된 시베리아철도 및 동청철도 문제만은 제외하고 고려해달라고 진술했다. 그래서 우리로서는 모든 것을 그의 의사를 탐지하고 이를 주요 방침으로 삼겠지만, …… 양국이 극동에서 시종 상호 반목하고, 때로 양국 사이에 화(禍)의 단초를 만들려고 하는 형세임은 실로 유감스런 바이며, 또…… 어쩔 수 없다고 하면서도 동청철도의 부설을 인정해달라고 요구하는 것은 이기주의가 지나치게 심한 것 아니냐고 따졌다."[205]

쿠로파트킨은 일본의 선의를 보려고 하면서 가쓰라의 본심을 오인한 것이 분명했다. 원로인 야마가타 아리토모, 오야마 이와오 참모총장과는 활기 띤 이야기를 하지 못했는데, 쿠로파트킨이 무엇보다 흡족하게 이야기를 나눈 상대는 데라우치 마사타케(寺内正毅) 육군상이었다. 쿠로파트킨은 "우리는 데라우치가 평화의 지지자라고 확신한다"라고 썼다. "그는 일본이 승리하더라도 완전하게 무력(無力)해질 것이라는 나의 의견에 동의했다. 일본에게는 대전쟁을 치를 자금이 없다고 그는 솔직하게 인정했다." 쿠로파트킨은 완전히 속고 있었다. 쿠로파트킨은 신이 나서 말했다. 일본군의 결함은 기병이 약하다는 데에 있으며 전쟁이 일어나면 러시아군은 일본군 기병을 궤멸시킬 것이다. 기병의 엄호를 상실한 일본의 보병은 곤경에 처할 것이라고 말했다.[206] 이것은 반노프스키의 의견이다.

쿠로파트킨은 도쿄 수비대의 훈련을 참관한 뒤에 다음과 같이 썼다. "일본의 군사력은 그 진가에 있어서 유럽의 군사력과 대등하다고 해도 과언이 아니다. 방어의 면에서는 우리나라의 1개 대대가 일본의 2개 대대와 대항할 수 있겠지만, 공격의 면에서는 우리도 2배의 병력이 있어야 할 것이다. 일본군은 터키군에 뒤지지 않고, 개별적인 경우에는 두브냐크나 플레브나〈모두 러터전쟁의 격전지〉가 재현될지도 모른다. 이 두 곳의 전투에서 서투른 지휘관이 이끄는 5, 6명의 러시아 병사들은 시답잖은 참호에 있는 터키 병사 1명도 쓰러뜨리지 못했다."

쿠로파트킨은 일본군과 싸우는 최선의 길은 기병의 우위를 이용하는 데 있으며, 야간 공격을 통해 정신적으로 소모시키는 데 있다고 생각했다. "일본군은 모두 남방인이다. 그들은 공격에는 열을 올리며, 야간의 방어전에서는 잘 버틴다. 그러나 피로해지고 패배가 거듭되면 야간 행동에서 쉽게 패닉상태에 빠진다."[207] 이러한 분석에는 어떤 근거도 없었다.

일본 체류가 끝날 즈음 쿠로파트킨은 일본인의 종교심 결여에 특별히 관심을 기울여 "이것이 일본군의 커다란 약점이다"라고 일기에 썼다. "종교 없이는, 신의 위업에 대한 믿음 없이는, 전쟁의 혹독한 시련을 견뎌내는 일은…… 개인적으로는 가능하겠지만 대중에게는 불가능하다. 학교에서는 종교 대신 최고 도덕, 조국, 천황에 대한 사랑, 가족에 대한 경의를 가르치고 있다."[208]

일본군에 대한 쿠로파트킨의 평가는 기본적으로 일본군의 힘을 얕

잡아 보는 것이었다. 여전히 반노프스키적인 시각을 지니고 있었고, 보가크가 직시한 것을 보지 못하고 있었다.

6월 14일(1일) 쿠로파트킨은 고무라 외상과 회담했다. 그는 회담 중에 일본이 조선에 대해 강하게 집착하고 있다는 점을 감지했다. "조선에서 발생하는 모든 일은 무엇보다도 절실하게 그리고 병적이라고 해도 좋을 정도로 일본에 반영된다. 고무라의 눈과 얼굴 전체가 생기를 띠었다. 조선에서 누리는 일본의 이익은 크기 때문에 그것을 지키기 위해서라면 일본은 어떤 희생이라도 치를 것이며, 전쟁까지도 하게 될 것이라고 그는 말했다." 이에 대해서 쿠로파트킨은, 러시아는 지금까지 체결한 협정에 따라 일본과 같은 수의 군대를 조선에 보낼 수 있지만 그렇게 하지 않는다, 그런데도 일본이 1902년 3월 26일 조약의 이행을 요구하는 것은 기묘한 일이며 대국 러시아로서는 굴욕적인 일이라고 반론했다. 고무라는 "이에 어떻게 답해야 할지 난처했지만", 그래도 완고하게 조선에서의 이익을 지키기 위해서라면 어떤 희생이라도 감수하겠다는 말을 되풀이했다. 그러나 고무라도 헤어지면서는 "이 사태를 해결할 방법은 있다. 그걸 찾아내기만 하면 된다"고 말했다, 라고 쿠로파트킨은 썼다.[209]

쿠로파트킨은 여기서도 타협이 가능하다고 생각해버리고 말았다. 그는 러시아 공사관에서 이토 히로부미와 만났다. 이토가 러시아와의 협정론자라는 점은 분명했다. 로젠 공사는 만주를 보스니아-헤르체고비나와 같은 지위에 둔다고 선언한다는 안을 갖고 있었다. 다만 그 조건은 "우리가 조선에서는 여하한 적극적인 행동을 삼가겠다"는 것으로, "그렇게 하지 않으면 일본과의 결렬이 불가피하다"는 것이었다. 로젠은 수년 전에는 조선을 평양-원산 라인을 경계로해 남북 세력권으로 분할한다는 안을 가지고 있었고, 지금도 이 협정을 목표로 교섭하는 것이 좋다고 생각하지만, 그것이 불가능하다면 조선 전체를 포기하는 것이 좋겠다고 말했다. 쿠로파트킨은 자신의 지론을 개진했다. 즉 러시아가 만주 전체를 그리고 일본이 조선 전체를 취하게 되면 러시아는 극동에 대병력을 주둔시켜야 한다, 북만주만을 취하는 것으로 하면 일본과의 협정이 가능하고, 일본이 조선에 군대를 투입하지 않고 일이 처리될 수도 있을 것이라고 말했다. "로젠 남작은 이 논거의 중요성에 분명히 동의했다."[210]

6월 17일(4일) 쿠로파트킨은 교토에서 황제 니콜라이 2세에게 전보를 치면서, 일본 요로의 사람들과 회담에서 자신이 얻은 결론을 다음과 같이 썼다.

"현재 정부 최고위에 있는 사람들은 만인을 괴롭히고 있는 러시아가 극동에서 취하고 있는 불확정적인 모습에서 벗어나는 것이 정말로 필요하다고 생각한다. 이토 후작을 포함해 이들은 러시아와 단절하는 것이 일본에게는 위험하다고 평가하며, 만주에서 지니고 있는 러시아의 이해관계에 주의와 경의를 갖고 대하고 있다. 유감스럽게도 강하고 영향력 있는 당에 의해 조종당하고 있는 여론은 러시아에 대해 불신과 적의를 갖고 대하고 있다. 이 당의 대표는, 우리가 조선을 포기했다고 하더라도 러시아로 하여금 만주에서 주인 행세를 하게 할 수는 없다고 소리 높여 선전해 대고 있다."

"만주문제에 관해서 우리는 일본과의 충돌을 걱정하지 않아도 좋다. 다만 우리가 조선에 권리를 갖고 있다는 점에는 이론의 여지가 없지만, 이 권리들의 적극적 행사를 삼가는 것이 전제되어야 할 것이다."[211]

쿠로파트킨의 상황판단은 완전히 일본의 태도에 현혹된 것이었다.

일본, 대러 방침을 결정하다

쿠로파트킨이 도쿄에서 일정을 마치고 교토 방면으로 떠난 뒤, 일본 정부는 마치 기다리고 있었다는 듯이 참모본부와 함께 대러 정책의 결정을 단행했다. 6월 23일 어전회의가 소집되었다. 그 경위는 분명하지 않지만,[212] 이 어전회의 소집 전날인 6월 22일 참모총장 오야마 이와오의 의견서 '조선문제 해결에 관한 의견서'가 천황과 정부에 제출되었다. 참모본부 내에서 높아지고 있는 일·러 개전론을 바탕으로 정부에 의견을 아뢰는 것으로서 다무라 이요조(田村怡與造)가 작성한 의견서였다. 오야마 참모총장은 이것을 약간 수정한 뒤 이토 스케유키 군령부장에게 보여주고는 연대 서명해 제출하려고 했다. 한편 이토 스케유키는 이 내용에 동의하기는 했지만, 공동으로 제출하지는 못했다. 또한 해군 군령부 내에서도 차장 이하 모두의 의견이 일치하고 있었지만, 야마모토 곤베에(山本權兵衛) 해군대신만이 "한국과 같은 곳은 잃어도 된다. 제국은 고유의 영토를 방위하는 것으로 족하다"는 생각을 갖고 있어서 의견서 제출에 반대했던 것이다.

오야마 의견서는 "우리 일본제국이 조선반도를 우리의 독립 보장지로 삼는 것, 이것이 개국 이래 정해진 국시(國是)"로 시작하고 있었는데, "러시아 세력이 돌연 동쪽으로 확장하면서…… 만주의 실권을 장악하고, 그 팽창의 신속함이 실로 예상치 못했을 정도다. 제국이 만약 이를 방관하고 저들이 하는 대로 방임한다면, 3, 4년이 지나지 않아 조선반도가 저들의 영유로 귀속되는 일이 반드시 벌어질 것"이라고 단정했다. "저들이 마침내 이를 취하게 되면 우리는 유일한 보장을 잃게 된다. 서해의 문이 파괴되는 것이다. 겨우 일의대수(一衣帶水)를 사이에 두고 짐승처럼 탐욕스런 강대국과 직접 접하게 된다…… 우리 제국 신민이 한심우려(寒心憂慮)해야 할 일, 어찌 이보다 더한 것이 있으랴." 여기서부터 다음과 같은 현상 인식과 제안이 전개되고 있다.

"우리 제국은 이제 러시아와 적절히 교섭해 조선문제를 신속하게 해결해야 한다. 만일 오늘의 상황에서 교섭을 한다면 반드시 병력에 호소하지 않고도 용이하게 해결을 볼 수 있을 것이다. 만일 불행하게 개전에 이른다 해도 저들의 군비는 현재 여전히 결점을 지니고 있다…… 피아의 병력은 아직 균형을 잃지 않고 있어 부딪쳐 대항하기에 충분하다. 따라서 국가 백년의 장계(長計)를 위해서 조선문제를 해결하는 것은 오직 지금의 시점이 적절하다. 그렇지 않고 머뭇거리다가 이 호기를 잃는다면 저들이 3, 4년 내에 오늘의 결점을 완전히 제거할 뿐만 아니라 나아가 강고한 근거지를 점령하고 위력으로 압박할 것이어서, 아무리 우리의 군비를 충실히 하고 확장한다고 해도 도저히 저들과 서로 균형을 맞출 수 있을 리 없다…… 결국 한(恨)을 삼키고 굴욕을 감수해야 하는 지경이 될 뿐이다."[213]

러일전쟁 호기론(好機論)은 참모본부의 일치된 의견이었다. 다만 이 의견서는 조선문제의 해결을 논하면서 그를 위한 교섭 개시를 주장했고, 그것이 해결되지 않으면 전쟁으로 해결한다는 논리를 담고 있었다. 참모본부에서 이구치 등이 주장했던 것은 만주문제의 해결을 위한 담판 그리고 전쟁이었다. 그것이 이렇게 크게 수정된 점에 관해서 『비밀 일러전사』(秘密日露戰史)는 "다무라 차장의 의견서(만주 경영을 러시아에 일임하고 한국을 우리에게 넘기는 것으로 한다)를 참고한" 것이라고 쓰고 있다.[214]

쓰노다 준이 오야마 의견서를 가리켜 "수미일관한 만한교환론"이라고 부르는 것도,[215] 이와 관계가 있는지 모른다. 그러나 오야마 의견서는 만주에 대한 정책은 언급하지 않았고, 교섭 과정에서는 만한교환론도 허용하겠다고 했지만, 전쟁도 불사하겠다며 전쟁의 호기는 바로 지금이라고 주장한 이상, 그리고 전쟁이 만주에서 치러지는 이상, 만주문제까지도 파고들겠다는 것을 이미 상정하고 있는 셈이었다. 오히려 참모본부의 만주문제 해결안을 실제로 국가의 방침으로 삼기 위해서 현실적으로 가능한 국가정책으로 조선문제 해결책을 내놓은 것이라고 할 수 있는 것이었다. 구미 열강과의 관계를 고려하면 만주문제 때문에 전쟁을 하는 것은 생각할 수 없다는 것이 일본의 입장이었다. 이러한 의견서를 육해군에서 제시하는 것을 오야마와 다무라가 생각했다고 한다면, 가쓰라 수상 그리고 고무라 외상과 조율을 했다고 봐야 할 것이다. 오야마 의견서는 어전회의를 위해 준비할 고무라의 의견서와 그 내용이 거의 일치했던 것이다.

6월 23일의 어전회의에는 이토, 야마가타, 오야마, 마쓰카타, 이노우에 등의 원로들 그리고 가쓰라 수상, 테라우치 육군상, 야마모토 해군상, 고무라 외상이 출석했고, 고무라 외상이 의견서를 제출했다. 이 의견서는 "동아의 시국을 고려하고 그 장래를 걱정함에 있어서 제국이 취해야 할 정책은"으로 시작했는데, "제국의 방위와 경제활동"이라는 2대 정강 그리고 대륙에 착안할 지점으로서 한국과 중국의 푸젠 (福建)을 들고 있었다.

우선 "한국은 어디까지나 대륙에서 제국의 주요 부분을 향해 예리한 칼처럼 돌출한 반도이며, 그 첨단부와 쓰시마 사이에는 아주 좁은 물줄기(一衣水)가 있을 뿐이다. 만일 다른 강대국이 이 반도를 엄유(奄有)하게 된다면, 제국의 안전은 항상적인 위협에 처하게 되어 도저히 무사함을 보장할 수 없다." "따라서 이를 예방하는 것이 제국에 전해 내려오는 정책이라고도 할 수 있을 것"이라고 주장했다. 그 다음에 푸젠에 관해서 논하고 있는데, 이 문제는 "목하 초미의 급을 다툰다고 할 것"이라며 분명하게 규정했다. 그리고 다음과 같이 주장했다.

"한국의 사정은 이와 크게 달라서, 러시아는 이미…… 뤼순과 다롄을 조차했을 뿐만 아니라 사실상 만주 점령을 계속하면서, 나아가 한국 국경 위에 제반 시설의 설치를 시도하고 있다. 만일 이를 간과하면, 만주에서 러시아의 지보는 절대적으로 옴짝달싹하기 어려워 질 것이다. 또한, 그 여파는 곧바로 한반도에 미쳐 한성의 궁정과 정부가 그 위압 하에 오로지 그 명령에 따라야 하는 상황이 될 것이고······ 결국 제국의 존립을 위태롭게 하는 데 이를 것이라는 데 의문의 여지가 없다."

러시아의 만주 지배로 일본에게 사활적으로 중대한 한국 지배가 위협을 받고 있다는 설명이었다. 오야마의 의견서와 똑같다.

그래서 "제국을 위하여 생각건대 지금 러시아와 직접 교섭을 시도하고, 이렇게 함으로써 사안의 해결을 도모하는 것이 매우 긴요하다. 지금 현재 그 기회가 이미 무르익었다고 할 수 있지만, 만일 오늘을 헛되이 보내면 장래에 또 다시 같은 기회를 만날 수 없을 것이다. 대기회의 판국은 이미 떠나가 버리고, 후회를 만세에 남기게 될 것"이라는 말이었다. 교섭의 배후에서 전쟁을 생각하면서 현재가 해결의 호기라고 하는 것은, 전쟁을 해야 한다면 지금이 호기라는 의미다. 이 점에서 고무라 의견서와 오야마 의견서는 완전히 일치하고 있었다.

고무라가 러시아와의 협상에서 반드시 얻어내야 한다고 한 구체적인 내용은 다음 네 가지였다.

1. 청·한 양국의 독립, 영토보전 및 상공업상의 기회균등주의를 유지할 것.

2. 일·러 양국은 한국 또는 만주에서 현재 보유하고 있는 정당한 이익을 상호 인정하고, 이를 보호하기 위해 필요한 조치를 취할 수 있을 것.

3. 일·러 양국은 상기의 이익을 보호하기 위해서…… 출병할 권리가 있음을 인정할 것.

4. 일본은 한국의 내정개혁을 위해서 조언 및 조력을 할 수 있는 전권(專權)을 보유할 것.[216]

이 교섭 내용은 일본의 한국에서의 권익, 러시아의 만주에서의 권익을 상호 간에 인정하고, 일본의 한국에서의 권익에는 '전권'(專權)을 주장한다는 것이었는데, 조선문제를 위주로 하면서 그 정도만이라도 만주문제에 간여할 필요가 있다는 것이었다. 러시아는 조선문제를 둘러싼 교섭을 거부하지 않을 것이다. 그리고 영일동맹의 상대방인 영국 그리고 미국에게도 일본이 조선문제로 러시아와 교섭하는 것에 대한 지지를 받을 수 있다. 그러나 만주문제의 경우, 러시아와 청국 간의 문제 또는 청국과 여러 열강 간의 문제라서 러시아가 일본과 대화할 문제는 아니라는 태도를 취할 것이다. 또 영국과 미국 모두 만주문제는 자신들의 관심사이기 때문에 일본이 멋대로 교섭하는 것은 좋아하지 않을 것이다. 그러나 한국 문제에 관한 교섭에 부차적으로 만주문제가 포함된다면 수용해도 좋다고 할 것이다. 일본의 입장에서 보면 일러교섭에 영·미의 관심과 지지를 끌어들일 수도 있는 것이다.

또 하나의 사실은, 일본 국내에서는 원로들을 중심으로 한 대러 유화론이 있었고, 그것을 누르지 않으면 전쟁으로 나아갈 수가 없었다. 고무라가 제안하는 일러교섭은 대러 유화파도 포함해 합의를 끌어내자는 모습을 갖추고 있었고, 결렬될 경우에는 전쟁으로 나아가는 것 이외에 달리 도리가 없다는 형식이었다.

『도쿄아사히신문』의 주필 이케베 산잔은 어전회의 취재를 위해서 24일에 여러 사람을 만났다. 그가 내린 결론은 다음과 같다. 어전회의의 "각서는 해석자의 마음에 따라 어떤 모양으로도 보일 수 있었다. 따라서 대러 요구 역시 결국은 협의적인 것처럼 보였는지, 야마자(山座)는 이를 아루치메타무라고 이해했어도, 기요우라(淸浦)의 무리는 아구레에멘토의 단초라고 이해했〈을〉 법하다." 야마자는 고무라의 오른팔 격인 정무국장이다. '아루치메타무'(ultimatum)란 '최후통첩'을 의미한다. 기요우라란 각료인 사법상 기요우라 게이고(淸浦奎吾)를 말한다. 한쪽에게는 '최후통첩'으로 보이고, 다른 한쪽에는 '협정'(agreement)을 요청한 것으로 보인다— 정말로 기발한 발상이다. 이케베는, 베이징의 우치다 공사가 주전론자로서의 조급함을 견디지 못하고 도쿄로 파견해온 공사관 직원 시마카와 기사부로(島川毅三郞)와도 만났다. 이케베는 그에게 들은 말을, "고무라는 시마카와에게 외교보다도 내교가 어렵다면서, 우치다 혼자 조급해 해도 일은 진척되지 않고 있고 이 사정은 우치다도 알고 있을 텐데 무정하게 자꾸만 재촉하는 이유가 뭔가? 그러니 오히려 화가 난다"고 [말했다고] 쓰고 있다.[217]

조선에 관해서는 러·일 사이에 1896년의 야마가타-로바노프 협정, 1898년의 니시-로젠 의정서가 존재했다. 이미 러시아와 한국의 관계가 변화해 사문화되었다고 해도 협정 자체는 살아 있었기 때문에, 일본의 요구는 이와 같은 과거의 협정들을 모두 파기하고, 일본이 한국에 대한 정치 지도, 군사 원조를 독점적으로 행하며, 경제활동을 진행하는 것을 러시아가 인정하라는 것이었다. 요컨대 한국을 일본의 보호국으로 한다는 점을 러시아가 인정하라는 것이었다. 인정하지 않겠다는 것은 장차 러시아가 조선에 손을 뻗쳐 오겠다는 뜻이기 때문에, 외교교섭으로 인정하지 않는다면 전쟁에 호소해서라도 기필코 이를 인정하도록 해야 한다, 그리고 전쟁을 한다면 지금이 아니고서는 기회가 없다는 것이다.

어전회의에서는 어떠한 이론(異論)도 제기되지 않은 채 외상의 제안이 결정되었다. 그 후 각의에서도 추인을 받았고, 정부의 방침으로 확정되었다.[218] 바로 눈앞에 러시아 육군상이 와 있었고 또 그와 대화를 진행하고 있었지만, 일본 정부는 그것에 어떤 의미도 부여하지 않았던 것이다.

니콜라이와 아바자의 새로운 방침

그리고 바로 이 순간, 니콜라이 2세는 하루 전인 6월 22일(9일) 페테르부르크에 남아 있던 아바자를 불러[219] 극동정세에 관해서 이야기를 나눈 후, 일본의 조선 영유를 인정하자는 말을 꺼냈다. 단순한 양보 일변도 정책은 수정하자고 협의회에서 스스로 말한 지 한 달밖에 지나지 않은 상황이었다. 또 보좌관 두 사람은 극동에 가 있어 주변이 텅 비어 있었다. 이렇게 자신의 기분에 따라 변덕을 부리는 것이 니콜라이의 치명적인 약점이었다. 6월 24일(11일) 아바자는 베조브라조프에게 전보를 쳤다.

"황제 폐하께서는 몸소 최종적으로 조선을—아마도 북쪽으로는 두만강의 우리 이권지역 경계까지, 서쪽으로는 압록강의 우리 이권지역 경계까지—완전히 영유할 것(завладевание[원문 그대로])을 일본에 허락한다는 결정을 내렸다는 점을 귀하께서 염두에 두라고 명하셨습니다. 일본령 조선의 경계를 보다 정확하게 결정하는 일은 장래의 문제이며, 러시아의 생각에 따르지 않으면 안 된다고 하십니다. 그리고 그러한 허가는 러시아에서 파견된 군대가 자바이칼리에 도착한 후에 발효되며, 양보하는 것처럼 보이지 않도록 해 일본에 통고할 수 있다는 것입니다. 폐하께서는 조선문제에 관해서 일본에게 양보함으로써 우리가 일본과의 충돌 위험성을 제거하게 될 것이라고 생각하고 계십니다. 이 모든 것과 관련해 이 새로운 제안이 시종장군 알렉세예프에게 내리는 명령이라는 내용을 장군에게 전하는 일을 귀하에게 위탁하고 계십니다. 알렉세예프는 이를 레사르, 로젠, 파블로프에게 전해도 좋지만, 엄중 비밀로 해야 합니다. 알렉세예프는 전체적인 상황과 공사들의 의견을 고려하고 적당한 때를 선택해, 언제 일본에게 이를 선언할 수 있는지를 보고해야 합니다."[220]

두만강과 압록강을 러시아가 확보해 방벽으로 삼겠다는 것은 베조브라조프와 아바자의 생각이다. 이때의 결정이 새로운 느낌을 준 것은, 방벽의 바로 옆까지 일본이 영유하는 것을 러시아가 인정한다는 데에 있었다. 이 안이 황제의 지지를 얻은 것은 아바자의 지나친 의욕이 빚은 실수였을 것이다. 그는 이 안에 관해서 해군 총재 알렉세이 대공에게 이야기했다. 그러자 대공은, 그렇게 하면 관둥주와 뤼순은 봉쇄될 것이고 블라디보스토크와의 연락선도 단절될 가능성이 있다고 지적했다. 이에 대해 아바자는, 일본이 조선을 취하면 북쪽, 서쪽 그리고 남쪽 모두 우리에게 둘러싸이기 때문에 러시아와 우호관계를 유지하려고 노력하게 될 것이라고 답했다. 대공은, 그렇다면 조선 연안을 요새화하지 않을 것, 즉 러시아 함선에 항행의 자유를 보장한다는 조건이 전제되어야 한다고 말했다.

아바자는 이를 황제에게 보고하면서 '일본과 우리의 장래 관계의 기본'이라는 문서의 초안을 작성해 동봉했다. 이것은 앞서 쿠로파트킨에게 부여된 일본에 대한 대처방침의 첫 6개 항목에 황제의 새로운 결의가 부가된 것이다. 즉 여기서는 "조선에 대한 일본의 무조건적인 확립"을 인정한다, 경계는 두만강과 압록강 유역의 분수령이다, 라고 표현되었다. 조선 연안의 요새는 일본과 러시아의 공통의 적을 향하는 지점에만 설치할 수 있다는 항목도 포함되었다. 또한 러시아가 만주에서 경제적으로 정착하는 것이 일본이 조선에서 정착하는 것과 더불어 "상공업적 관심의 공통성"을 창출해, 양국의 선린우호 관계의 확립을 돕게 될 것이라고 전망하는 것이었다.[221]

일본의 각의 결정과 러시아 황제의 결단을 대조해 보면, 과연 여기서 타협이 가능하다고 볼 수 있겠는가? 일본의 조선 지배 요구는 압록강을 러시아가 제압하는 것과 양립할 수 없으며, 또 뤼순과 다롄을 러시아가 계속 영유하는 것과도 모순된다. 다른 한편 러시아 황제는, 일본에 조선의 지배를 인정하더라도 압록강만큼은 제압해 일본의 북상을 막고 싶었고, 그렇게 함으로써 뤼순과 다롄을 포함한 지역의 안전을 보장받고 싶었다. 조선을 취하셨다면 그 이상의 야망은 품지 않겠다는 서약을 하라는 것이었다. 양자의 주장은 화해할 수 없는 것이었다. 얄궂게도 바로 이 순간에 전쟁으로 가는 길이 열린 것이라고 볼 수 있다.

쿠로파트킨, 일본을 떠나다

아무것도 모른 채 태평한 쿠로파트킨은 사관학교를 시찰하고 오사카 박람회까지 견학하고 나서, 또 다시 장기간 체류한 뒤 6월 29일(16일) 일본을 출발해 뤼순으로 향했다.[222] 그는 일본 방문을 통해 얻은 결론을 자신의 일기에 다음과 같이 기록했다.

1. 극동에서 러시아의 이해관심은 첫째로 프리아무르 지방, 이어서 만주, 그리고 조선 순서다.
2. 전 조선의 점령은 러시아의 힘으로는 불가하고 얻을 이익도 없다.

3. 조선의 남북 분할은 러시아의 지위를 강화하겠지만 다대한 희생을 요할 것이다.

4. 그러나 일본이 전 조선을 점령하는 것은 러시아로서는 불리하며 인정할 수 없다.

5. 일본과 러시아 모두 조선을 점령할 수 있겠지만 상당히 소모적인 일이다.

6. 따라서 "우리나 일본인들 모두에게 조선이 어느 한 나라에 의해서 점령되지 않는 것이 유리하다."

7. 그러나 일본은 조선을 얻기 위해서라면 우리에게 선전포고를 할 것이다. 이렇게 되면 영·독이 이익을 얻는다.

8. "일본과의 최초의 전쟁은 어떤 결과가 나오더라도 그것으로 끝나지 않을 것이다. 오히려 이 전쟁은 여러 차례에 걸친 러일전쟁으로의 길을 열게 될 것이다."

9. 우리는 적의 손에 놀아나서는 안 된다. 유럽 전선과 국내 문제를 고려하면 극동에서는 신중해야 한다.

10. 따라서 "일본과 평화를 유지하는 것이 앞으로 몇 해 동안 극동에서 우리가 하는 행동의 기초가 되어야 한다. 이것은 조선에 대한 모든 이해(利害)보다 중요하다." 만주에 관해서는 북만주를 확보하고 남만주에서는 열강들에게 일정한 행동의 자유를 부여하며, 열강에 의한 조선의 중립보장안을 다시 제안하는 것이 좋다.[223]

결국 쿠로파트킨의 방일은 그 자신에게 일본과의 협정 가능성에 관한 환상을 심어주었을 뿐이었다. 일본의 여론은 쿠로파트킨이 보여준 우호적인 제스처에 별로 각별한 반응을 나타내지 않았다. 쿠로파트킨이 도착했을 때에 "우리는 언제나 러시아의 극동정책에 반대하지만, 충심으로 장군을 환영하는 마음을 금할 수 없다"[224]고 썼던

『도쿄아사히신문』은 기자를 보내서 귀국 직전의 쿠로파트킨에게 일본에 관한 감상을 물었다.[225] 그렇지만 그 이상의 것은 없었다. 오히려 도대체 무엇 때문에 육군장관이 방일했는지 모르겠다는 의문이 막연한 반감을 강화하는 결과를 초래한 것처럼 보인다. 재무성의 도쿄 주재 에이전트 로스포포프는 6월 20일(7일) 비테에게 개조식 문장으로 보고했다.

1. 러시아 육군상의 도착은 만주문제와 조선문제에…… 특별한 긴장감을 불어 넣었다. 방문은 여론을 진정시키지 못했고 오히려 불에 기름을 부은 격이었다.
2. 쿠로파트킨 장군의 인품은, 그가 위 문제에 관여하고 있다는 사실 때문에, 또 그의 '두루 알려진 일본 혐오' 때문에, 일본에서는 공감을 얻는 것과는 거리가 멀었다.
3. 일본의 분위기는 엄격하게 확정된 것으로서 민족의 이익 내지 존엄에 대한 어떠한 침해도 결코 용서하지 않겠다는 것이며, 그것을 옹호하기 위해서는 어떠한 극단적인 수단을 취하는 것도 불사하겠다는 것이다.
4. 러시아 육군상은 이 분위기를 특히 염두에 두고 일부 대신이나 원로가 싹싹한 태도나 차분한 모습을 보였다고 해서 오해하지 말아야 한다. 그는 이 점을 페테르부르크에서 확실하게 설명해야 하며, 전쟁을 회피하기 위해서는 "만주와 조선에서 일본의 합법적인 주장"을 만족시킬 수 있도록 영향을 주어야 한다고 말하지 않으면 안 된다.[226]

뤼순(旅順) 회의

뤼순에 도착한 베조브라조프는 알렉세예프와 회동했다. 그해 초 찾아 왔을 당시의 정체 모를 인물이 아니었다. 국무위원이라는 직함도 있었고, 황제 주재의 협의회 결정도 휴대하고 있었다. 두 사람은 극동병력 증강안에 대해 의견이 일치했다. 6월 30일(17일) 쿠로파트킨 일행이 뤼순으로 돌아왔다. 베조브라조프는 우선 보가크와 만났을 것이다. 화제의 중심은 황제의 결단을 전한 아바자의 전보였다. 두 사람이 한 회합의 결론은 황제의 이 방침에 반대한다는 것이었다. 후일, 즉 7월 4일(6월 21일) 베조브라조프는 황제에게 일본과 조선에 관한 고찰을 보냈다. 그는 일본을 냉엄하게 보았다.

지금 조선에 일본인이 3만 명 정도 있지만, 대다수는 '사회의 쓰레기들'이며, 조선인의 '증오심'을 자초하고 있다. 일본인은 조선인을 '멸시'하고 있으며, 정복한 지역에 대해서는 "전통적으로 잔혹함"을 발휘해왔기 때문에 조선인의 대 반란이 일어 날 수도 있다. 일본의 '최종 목적'은 "나라를 영락(零落)시키고, 인민의 반란을 이용해 무인지경으로 만들고 난 후에 자국민을 입식(入植)시키는" 것, 즉 "우선 약탈하고, 그러고 나서 말살하는" 것이다. "그와 같은 티무르 시대의 정치윤리를 적용해 얼마나 잘 할 수 있을지 현재로서는 판단하기 어렵지만, 정부가 약체이고 국민이 아무리 무력하다고 해도 하나의 국민을 이 지상에서 간단히 말살할 수 있을지는 의심스럽다."

"조선에서 일본인들의 군사적 준비는 그 나라를 점령하는 것뿐만 아니라 대륙에서 반러시아적인 행동을 일으킬 확실한 도약대로 삼는 것을 목적으로 하고 있다. 일본인은 자신들의 민족적 자기의식에 있어서, 시간이 흐르면 만주에서 우리를 축출하고 황색인종의 맹주가 되겠다는 생각을 억누르지 못하고 있다. 따라서 그들이 조선의 일부 내지 전부를 점령한다 해도 그에 만족하고 조용해질 것이라고 기대할 수 없다."

여기서부터 조선의 북부, 즉 압록강 유역의 전략적 의의가 기술된다. 여기를 일본이 장악하면 또 다시 러시아 쪽을 공격해 올 것이다, 러시아가 장악하면 러시아가 유리해 질 것이라고 주장한다. 이를 일본이 어느 정도 이해하고 있는지 알 수 없지만, 일본 군부는 "우리보다 더 잘 이해하고 있을 것"이라고 보았다.

조선에서 행사하는 일본의 영향력 증대에 대항하기 위해서 러시아는 "단독으로 북부에서 지배적인 지위를 유지하는 것을 넘어서 전진해서는 안 되며, 타국 민간의 상업적 관심과 협조를 끌어내는 일을 고심해야 한다." 조선의 광물자원 이권을 얻어 사업하는 데는 미국 자본을 꾀어 들일 필요가 있다면서, 보가크가 미국의 실업가 헌트와 접촉하고 있는데 이것이 성공한다면 "스스로의 제국주의적 계획의 전망에 취해 있는" "일본인들을 제 정신으로 되돌릴 상황이 조성된다"고 썼다.[227]

베조브라조프 등은 조선의 압록강 바로 옆까지 일본이 취하도록 인정하는 것으로는 문제가 해결되지 않을 것이라고 생각했다. 베조브라조프는 황제의 결단을 무시했다. 베조브라조프가 조선을 포기하겠다는 결단을 알렉세예프에게 전하도록 한 황제의 명령에 따르지 않은 것이 분명하다.[228]

7월 1일(6월 18일)부터 쿠로파트킨, 알렉세예프, 베조브라조프 이 세 사람은 조속히 회의를 열었다. 무슨 이유 때문인지 보가크는 첫날에는 참가하지 않았고, 둘째 날인 제2차 회의부터 참석했다.

첫날 세 사람은 주로 청조 정부의 태도, 부분적으로는 열강들의 행동양식을 근거로 1902년 3월 26일 조약을 문자 그대로 이행하는 것은 불가능하다는 데 의견이 일치했다. 이어서 러시아의 존엄을 지키고, 러시아가 만주에서 지출한 것에 걸맞은 우월적인 지위를 확보하기 위해서 관둥주와 동청철도 연선의 군비 강화가 필요하다는 점에 합의했다. 이를 위해서 3천만 루블의 특별예산을 편성하고, 이후에는 매년 6백만 루블의 지출이 필요하다는 데에도 합의했다. 관둥주에 주둔하는 군대를 증강하는 수단으로는 만주의 부대에서 2개 보병 연대, 2개 포병 중대, 1개 공병 대대를 전환 배치한다. 제2시베리아군단 사령부도 이동한다. 즉각 요새의 방비를 강화하고, 전환 배치되는 부대를 위한 예비물자와 식량을 준비한다. 이상의 부대와 함께 또 다시 6개 보병연대의 임시 숙사를 만들기 위해 250만 루블을 국고에서 알렉세예프에게 긴급 송금한다.

이와 같이 세 사람은 우선 군비강화책에 관해 의견이 일치했는데, 이것은 결국 알렉세예프와 베조브라조프가 사전에 협의해 합의한 것에 쿠로파트킨이 찬성하지 않을 수 없었기 때문일 것이다. 쿠로파트킨은 감히 반대하지 못하고 이 안을 받아들였을 거라고 생각된다. 베조브라조프는 이때 쿠로파트킨 군정(軍政)에 대한 비판의견서 '극동의 전략적 정세 해명을 위한 군사력 계산'을 갖고 있었다. 그러나 그날은 의견이 일치했기 때문에 쿠로파트킨에게 의견서를 건네지는 않았다.

일반 정책의 면에서는, 만주문제의 완전한 해결을 위해서 만주에서의 이해와 조선에서의 이해를 구분해야 하는 것은 아닌가, 즉 만한분리론을 심의해야 한다는 점을 확인했다.[229]

이 세 사람에 더해서 보가크와 주한 공사 파블로프가 가담한 것은 7월 2일(6월 19일)의 제2차 회의였는데, 여기서는 만한분리론이 논의되었다. 만주에서 필요한 결과를 획득하는 것을 우선하고 "조선에서 우리의 활동을 조금 늦춘다"는 쿠로파트킨과 알렉세예프의 의견이 제시되었다. 러시아가 조선 전체든 북부든 점령하는 것이 득책은 아니며 따라서 바람직하지 않다. 마찬가지로 일본이 조선 전체든 일부 남부든 점령하는 것은 러시아로서는 득책이 아니다. 그러나 일본이 만주에서의 러시아의 행동을 고려해 조선 남부를 점령할 수도 있어서 그에 대비하지 않으면 안 된다. 다만 그럴 경우 러시아는 항의만 하고 조선 북부 점령 등의 대응책을 구사해서는 안 된다. 베조브라조프도 여기까지는 찬성했다.

이어서 "러시아는 시간을 벌기 위해서, 만주에서 러시아의 행동은 조선과는 아무런 관계도 없다, 러시아는 조선에 대해서 현존 조약 협정을 지킬 것을 충심으로 바라고 있다, 러시아는 여하한 침략적 의도도 갖고 있지 않으며 종래대로 조선의 독립을 지지하려고 노력할 것이다, 라는 성명을 이 제국[일본] 정부에 대해서 발하는 것이 적절하다는 점이 인정되었다." 또 일본이 압록강 임업회사를 군사적 · 정치적 성격의 기업으로 간주하지 않도록 압록강에서의 활동에 "순전히 상업적인 성격"을 부여하고, 현역 군인은 관여시키지 않으며, 삼림이권 사업을 예비역 장교 내지 공무원이 아닌 자에게 맡기는 조치를 즉각 취하는 것이 필요하다고 인정되었다. 이것은 알렉세예프의 의견이었다. 베조브라조프는 이 두 가지 의견에 관해서는 반대했다.[230]

이날에는 또 다시 제3차, 제4차 회의가 열렸는데, 그 주제는 만주 철군문제였다. 여기에는 위의 5명에 더해 주청 공사 레사르가 참석했다. 우선 제3차 회의에서 레사르 공사가 보고했다. 공사는 6월 11일 (5월 29일) 청국과 교섭을 재개했던 터였다. 청국의 칭친왕이 레사르 자신에게 러시아의 요구를 수용할 것 같은 기대감을 품게 했지만, 열강들과 협의하고 나서는 철군하지 않는 한 교섭에 응하지 않겠다는 태도로 나왔다. 청국이 1902년 조약으로 짊어진 의무를 이행하고 있지 않기 때문에 러시아는 조약을 이행할 수 없다고 말할 수 있을 정도의 근거는 마련되어 있다, 이렇게 되면 청국과는 영원히는 아닐지라도 일정 기간 동안은 우호적 관계를 맺을 수 없게 된다. 이것이 레사르의 보고였다.

이에 관해서 베조브라조프가, 정부와의 우호관계는 틀어지겠지만 국민은 러시아의 비호보다 현재의 '행정적 카오스[혼돈]'에서 벗어날 수 있다고 생각해서 호의적인 것이라고 주장하면서, 정부도 러시아를 만주에서 축출할 수 없다는 것을 알게 되면 이에 순응하기 위해 러시아에 지지를 요청하게 될 가능성이 있다고 낙관적인 발언을 했다.

쿠로파트킨은 자신의 지론인 북만주 중시론을 설파했다. 북부는 중국인 이외의 열강의 이해에도 저촉되지 않는다, 그러나 남만주는 청조의 성지 펑톈도 있고 일본도 불안해진다. 여기를 병합해도 득책은 아니다. 그러니까 만주를 남북으로 나눠, 북쪽은 병합 내지 러시아의 완전한 지배하에 두고 남쪽은 외국인에게도 참여를 허용해 개발하는 데 그쳐야 한다는 것이었다.

이에 대해서 알렉세예프는, 만주 전체를 빼앗든 그 일부를 빼앗든 청국과의 관계는 마찬가지라고 말했다. 레사르와 파블로프는, 북만주의 점령은 청국을 자극할 것이고 러시아는 남부에서 매우 곤란해질 것이라며 이의를 제기했다. 회의는 만주를 러시아에 병합하면 막대한 비용이 필요하기 때문에 전체든 북부만이든 병합은 원칙적으로 바람직하지 않다고 결론지었다. 쿠로파트킨도 이를 받아들이지 않을 수 없었던 것이다.

그리고 알렉세예프의 제안으로, 청국이 당연히 해야 할 보상을 하지 않는 한 1902년 조약은 이행할 수 없다고 하는 것이 좋은지 토의하게 되었고, 그 보상에 관해서 확인하기로 결정했다.[231]

잠시 휴회한 후 같은 날인 7월 2일(6월 19일) 제4차 회의가 열렸다. 참석자도 같았다. 쿠로파트킨이 요구해야 할 보상 항목을 제안했다. 다음의 17가지였다.

1. 이미 제시한 조항을 수용할 것.

2. 청국은 만주에 군대를 두지 말 것.

3. 청국은 만주에 외국인 교관을 보내지 말 것.

4. 철도의 안전을 위해서 러시아는 조차지역에 필요한 만큼의 군대를 주둔할 수 있다.

5. 청국은 군대를 위한 토지를 확보하기 위해 조차지역을 확대하는 것을 원조한다.

6. 북만주에서는 조차지역에 병영이 건설될 때까지 조차지 바깥에 일시적으로 군대가 머무는 것을 인정할 것.

7. 슝가리강〈쑹화강〉 항행과 전신 연락을 보장하기 위해, 러시아가 몇몇 군데에 초소를 갖는 것을 허가한다.

8. 철도와 블라고베셴스크 사이의 교통을 용이하게 하기 위해, 러시아가 치치하얼-블라고베셴스크 간 철로에 몇 개의 초소를 갖는 것을 허가한다.

9. 아무르강 항행을 보장하기 위해, 러시아가 아무르강 우안〈청국 쪽〉에 10개의 초소를 갖고 수비대를 두는 것을 허가한다.

10. 창춘(長春)에는 철병 후에도 코미사르가 주재한다.

11. 청 당국이 무력하면 러시아군이 만주 및 그 밖의 지역 치안유지를 위해 필요한 만큼 협력한다.

12. 마적에게서 보호하기 위해, 러시아군은 청조 정부와의 합의에 따라 철도 외의 여러 지점에도 주둔할 수 있다.

13. 훈춘에는 필요하다고 인정되는 한 러시아군이 주둔한다.

14. 철도 간선과 러시아 국경 사이의 지역에 대한 중국인 이민은 러시아 당국의 허가를 얻어 행한다.

15. 러시아와의 합의를 통해 만주 각지에 외국 영사관을 둘 수 있다.

16. 잉커우 이외에는 만주의 어떤 항구도 협정항으로 하지 않는다.

17. 분쟁을 피하기 위해서, 조차지 및 러시아군이 점령한 지점에는 러시아와의 합의를 통해서만 개별적으로 외국인의 정주를 허가할 수 있다.

토론 중에 레사르는 제안된 항목의 대다수는 청조 정부가 받아들이지 않을 것이라고 말했다. 각 항목 별로 검토가 이루어졌는데, 특히 제15항에 관해서 쿠로파트킨, 알렉세예프, 레사르, 파블로프가 찬성했지만 베조브라조프가 특별의견서를 내겠다고 말하면서 전원 일치의 채택이 이루어지지 못했다.

쿠로파트킨은 청조 정부가 이 요구들을 거부할 때에는 1902년 조약을 이행할 수 없다는 성명을 발표하자고 제안했고, 이에 합의가 이루어졌다. 만주의 장래에 관해서는 참석자들 모두가 만주는 전부든 일부든 러시아에 합병하는 것은 바람직하지 않다는 "일치된 결론에 도달했다." 그리하여 1902년의 조약을 파기하지 않고, 만주를 병합하겠다고 위협하면서 앞으로 3년 동안은 더 점령할 필요가 있다는 점을 인정하고 서로 합의했다. 알렉세예프의 제안에 따라 만주의 외국인 지위 문제를 올바르게 해결해야 한다는 점을 인정했다. 또 베조브라조프의 제안으로 블라디보스토크의 자유항 부활 문제를 제기할 수 있다는 점도 인정했다.[232]

이날 베조브라조프는 쿠로파트킨에게 의견서 '극동의 전략적 정세 해명을 위한 군사력 계산'을 건넸다.[233]

3일 동안 휴식한 뒤, 7월 6일(6월 23일)에 토의가 재개되었다. 이날의 제5차 회의에서는 러청교섭에서 외국 열강의 개입을 배제하기 위해서 어떻게 하면 좋을까에 관해서 토론했다. 토의 결과, 외무장관에게 청국과 보상 문제 교섭을 진행할 때 교섭의 내용을 청국과의 관계만으로 한정하고, 외국인의 상업적 이해에 대해 언급하지 않도록 주의할 필요가 있다는 전보를 보내자는 데 합의했다. "러시아는 청국이 만주의 일부 도시를 외국의 상업을 위해서 개방하는 것을 방해하지 않지만, 다만 거류지는 인정하지 않는다는 방침을 취해야 한다."

보상 요구 전부를 청국이 수용한다면 어떻게 할 것인가 하는 레사르의 질문에 대해서, 회의는 3월 26일 조약을 이행하는 것이 필요하다고 인정했다. 다만 쿠로파트킨이 남만주에서는 조차지에서만 철군하고, 북만주에서는 러시아 세력을 특별히 남겨 둘 필요가 있다고 주장했다. 이에 대해서는 베조브라조프가 반론을 제기하면서, 평황성에서 철군하면 압록강을 지킬 수 없고 목재회사는 끝장이다, 그러니까 이 회의에서 제시된 의견에는 찬성할 수 없다고 말했다. 그래서 이에 관해서는 다시 논의하기로 했다.[234]

7월 7일(6월 24일)의 제6차 회의에서 압록강 목재회사 문제를 다시 검토했다. 회사 측에서 발라쇼프와 마드리토프가 참석했다. 사실 이 목재회사, 즉 러시아 극동목재회사는 이해 5월 31일에 아바자, 본랴를랴르스키, 마튜닌 등 세 사람에 전 이르쿠츠크 총독 알렉세이 이그나체프, 궁정 경비사령관 게세, 시종장 겐드리코프 백작, 근위기병대 대령 세레브랴코프 등 네 사람을 더한 총 7명의 구성으로 신규 설립되었다. 아바자와 본랴를랴르스키가 중역이 되고, 발라쇼프가 일정 기간 동안 사장이 되었다. 회사는 만주, 조선, 연해주의 목재업, 광물자원, 어업, 모피업, 수운업, 상업을 대상으로 사업한다는 것이었다.[235]

이날 회의에서 발라쇼프는 회사가 법률적으로는 완전한 형태를 띠었다고 생각한다고 보고했다. 당초 한국의 방해가 있었지만 지금은 해결되었다. 현재 9명의 에이전트(그 가운데 마드리토프 이외에 장교 1명이 있음), 퇴역군인 97-98명, 중국인 200명, 조선인 일용직 900명이 일하고 있다. 현재는 잘라낸 원목을 뗏목으로 만들어 하구에 있는 제재공장까지 운반하고 있다. 이미 200개의 뗏목을 떠내려 보냈고, 8월 말까지는 3,100개의 뗏목을 떠내려 보낼 것이다. 뗏목 하나는 통나무 45개로서, 5만 개의 장목과 1만 2,000개 내지 1만 3,000개의 단목을 출하한다. 한편 서울에서 온 파블로프 공사는 한국 정부가 목재회사를 군사적·정치적 기업으로 보고 있다는 악재를 전했다. 회의에서는 목재회사가 "현실적으로 상업적 사업이지만, 현역 장교가 참가하고 있고 또 이들에 의해서 군사적 성격의 작업이 행해지고 있기 때문에, 기업에는 군사적·정치적 성격이 부여되어 있다는 사실을 인정했다." 그런데 베조브라조프는 발라쇼프가 진술하고 회의가 인정한 이 사실의 후반부 의견, 즉 군사적·정치적 성격 부여에는 찬성하지 않았다. 베조브라조프는 발라쇼프에게, 정부가 지지를 거부해도 활동을 계속할 것인지, 아니면 업무를 정지할 수밖에 도리가 없는 것인지를 질문했다. 발라쇼프는 지지가 있어야만 사업이 가능하다, 이 정도로 큰 정치적·경제적 이익이 있고 또 막대한 투자를 받은 기업을 정부가 지키는 것은 당연하다. 적어도 평황성과 샤허진(沙河鎭)에는 군대를 남겨두었으면 한다고 대답했다. 육군상은 7월 2일(6월 19일)의 결론을 재확인할 필요가 있다고 주장했고, 회의는 이를 인정했다. 베조브라조프가 동의하지 않았기 때문에, 쿠로파트킨은 타협을 시도해 이 문제에 관한 황제의 재가를 기다리자고 제안했다. 나아가 퇴역 군인을 참여시켜서 그들에게 무기를 쥐어주고, 회사에 들어간 장교가 퇴직 후 현역으로 복귀할 수 있도록 하는 등의 원조를 해주자고 진정할 수도 있다고 말했다. 마지막으로 발라쇼프가 또 다시 평황성, 샤허진에 있는 부대를 철수시키지 말 것을 요청했지만, 당분간 그런 제안은 하지 않기로 방침이 정해졌다는 설명을 들었다.[236]

7월 8일(6월 25일)의 제7차 회의에서는 철군 시의 보상 문제가 완전히 새롭게 논의되어 결정되었다. 최종적으로는 다음의 10개 항목으로 정리되었다.

제1항 만주의 어떤 부분도 양보든, 조차 또는 거주지 이권이든 어떤 형태로든 다른 열강에게 인도되어서는 안 된다.

제2항 쑹화강의 항행과 전신 연락을 위해, 러시아가 필요한 수의 부두를 확보하는 것을 인정한다.

제3항 현재의 철도와 블라고베셴스크를 연결하는 교통을 확보하기 위해, 러시아가 몇 개의 역을 건설하는 것을 인정한다.

제4항 뤼순과 펑톈, 잉커우, 랴오양, 샤허진을 연결하는 전신선은 러시아군이 주둔하는 동인에는 러시아가 경영한다.

제5항 청조 정부는 러시아가 만주의 전신선 복구와 설치에 들인 비용을 변상한다.

제6항 청국이 행정 부문의 관리를 위해 외국인을 채용할 경우, 청국 북부에는 배치하지 않는다.

제7항 잉커우에서 러시아 당국이 시작한 위생 감독은 청국에 인도한 뒤에도 그대로 유지하고, 러시아인 의사를 초빙한다.

제8항 만주에 있는 모든 러시아 기업은 청조 정부의 보호를 받지만, 러시아인 경비원을 두는 것을 금지할 수 없다.

제9항 동청철도의 보호를 위해, 청조 정부는 수송물자에 특별세를 부과하지 않으며 육상, 수상 운송에 비해서 높은 세를 부과하지 않는다.

제10항 러시아가 3년간 점령하는 동안 특별비용을 지출한 점을 고려해, 러시아인에 대해서 영업활동을 우대한다.[237]

이러한 요구들은 엄청나게 억압적인 것이었다.

이상의 본 회의와는 별도로 쿠로파트킨이 주재하는 극동군 수뇌회의가 7월 7, 8일(6월 24, 25일)에 열렸다. 베조브라조프와 보가크는 여기에 참석하지 않았다. 국경경비군 자아무르 관구 사령관 치차고 프 중장 그리고 뤼순과 관둥주에서 알렉세예프, 부관 볼코프 중장, 제 3동시베리아 보병여단장 스테셀 중장, 관둥주 공병부장 바질레프스 키 소장, 관둥주 회계관 루카쇼프 소장, 관둥주 참모장 프루크 대령이 참석했다. 이 회의에서 알렉세예프의 의견서를 검토했다. 우선 관둥 주에서는 제3, 제4동시베리아 보병사단(각 12개 대대 규모)과 1개 기병 여단을 1개 군단으로 재편한다. 또한 8개 대대로 구성되는 새로운 제 7보병여단을 편제한다. 뤼순과 블라디보스토크에서는 보통의 연대를 보병연대로 승격하고, 각각 제8보병여단, 제9보병여단으로 재편한다. 아무르군관구에서는 지역 주민들로 국민병 부대를 조직하고, 제1동 시베리아군단을 남만주로 이동 집결할 수 있도록 한다. 뤼순을 위해 서 요새 포병 1개 대대를 편제한다. 남만주로의 집결을 촉진하기 위해 서 동청철도의 수송 능력을 높인다. 하얼빈-뤼순 구간은 하루 10편, 하얼빈-자바이칼리에 구간과 니콜스크-우수리스크 구간은 하루 7편 으로 한다. 동청철도의 연선에 제2시베리아군단을 배치하고 사령부 는 하얼빈에 둔다. 1개 여단은 하얼빈에 사령부를 두고, 또 다른 1개 여단은 펑텐에 사령부를 둔다. 이렇게 하면 동청철도 연선의 병력은 5만 명이 된다. 이 군단의 기병여단 1개는 랴오양에 배치한다.[238] 이 밖에 국경경비군 자아무르 관구의 병력을 재편해 2개 보병여단(16개 대대)과 3개 기병여단으로 구성되는 1개 군단으로 한다. 여기에 새로 운 편제의 철도병 여단을 추가한다는 안도 검토되었지만, 치차고프 사령관이 이의를 제기해 조직 교체만 수용되고 증원 안(案)은 통과되 지 않았다.[239] 결과적으로, 알렉세예프는 의견서에서 44개 대대의 순 증가를 요청했었지만, 회의에서는 블라디보스토크와 뤼순의 두 요새 에서 14개 대대, 신 보병여단으로 8개 대대 등 도합 22개 대대의 증가

만 인정했다. 결국 쿠로파트킨이 알렉세예프의 안을 반감시킨 것이다.[240]

또한 동청철도의 건설은 급속도로 진행되어, 1901년에는 의화단 사건 시에 파괴된 곳들의 수복도 완료되었다. 그리고 1903년 7월 남부선과 함께 전 노선이 개통되기에 이르렀다.[241] 이것은 커다란 변화였다.

7월 9일(6월 26일)의 제8차 회의는 외상에게 보낼 전보의 문안을 검토하고 확정했다. 레사르 공사가 제안한 만주문제에 관해서 전보 문안에는 3년간의 점령 연장을 말할 필요는 없는 것으로 되었다. 조선 북부에는 도로가 없고 황야가 이어져 있기 때문에 일본과 전쟁하게 되었을 경우 병력은 남만주에 집중해야 한다고 쿠로파트킨이 인정했다는 내용도 추가되었다. 또 파블로프 공사는, 일본이 압록강 하구의 항구인 의주의 개방을 요구하며 한국 정부에 압력을 넣고 있지만, 러시아는 이를 인정할 수 없으므로 대항 조치가 필요하다고 제안했다. 이러한 토의 결과, 일본과의 전쟁 위험성을 수반하는 조치는 바람직하지 않다는 점, 일본의 행동에는 항의할 것, 마지막으로 러시아가 행동할 자유를 확보할 것에 대한 합의가 이루어졌다.[242]

이 압록강 하구를 개방하는 문제는 7월 10일(6월 27일)의 제9차 회의에서도 논의되었다. 베조브라조프는, 러시아는 개항장을 인정하는 것이 현재로서는 시의적절하지 않다고 생각하며, 만주가 안정되면 장래에 압록강을 외국인에게 개방하는 것을 러시아가 제안할 수 있다는 내용을 전보 문안에 포함시키자고 제안해, 이에 대한 참석자들의 동의를 받았다. 주청 공사 레사르는, 개항을 방해하는 것은 불가능하다는 전문가의 의견은 인정하지만, 개항하면 적이 이것을 양보라고 생각해서 이후의 대청 교섭 등이 매우 곤란해질 것이라는 전보 문안을 제안했다. 쿠로파트킨은, "육군상은 일본과 비교해 우리 쪽의 전쟁준비가 되어 있지 않다. 따라서 러시아는 이 건과 관련해 일본이나 조선에 대해서 공격적인 행동양식을 취해서는 안 된다고 표명했다"는 문안을 보충하자고 제안해, 다른 참석자들의 지지를 받았다. 베조브라조프는 양보정책을 계속하면 중대한 결과를 초래할 것이고, 아무르를 잃을지도 모른다면서 "실력으로 뒷받침된 결의 그리고 어떠한 양보도 하지 않는다는 의연한 결의만이" 적의 지속적인 공격적 행동양식과 의도를 멈추게 할 수 있다고 주장했다. 그리고 "만주의 평화와 안정을 수호하는 우리 권리의 불가침성"이라는 요구를 일본 등이 존중하지 않는 이상, 만주에 새로운 병력을 투입해 대항하는 것 이외에 달리 길이 없다고 말하고, 전보에 "일본이 공격적 행동양식을 계속하는데도 평화를 유지해야 한다는 의무감 때문에 끊임없이 양보해야만 하는 처지에 놓일 수 있음을 우려한다"는 한 구절을 보충해야 한다고 제안했다. 알렉세예프는 의주 개항에 관한 결정이 양보라고 보는 시각에 찬성하지 않는다고 말했다. 마지막으로 알렉세예프는 일본과의 전쟁에 관해서 다음과 같이 말했다. "일본에서 접수하고 있는 모든 정보와 그 땅에서 오는 사람들의 인상은, 우리와 일본의 전쟁이 가까이 다가오고 있다는 확신을 하게 한다. 때문에 우리는 폭발을 촉진할지도 모를 모든 행동에 극도로 신중해야 하며, 세심한 주의를 기울여 그러한 구실을 회피해야 한다." 이 의견은 다른 참석자의 지지를 받았다. 베조브라조프는 "우리가 두려움에 떨고 있어서 일본의 침략적인 요구에 양보하는 것처럼 보이지 않도록 하는 데 필요한 심리상태를 유지하는 것이 중요하다. 그 심리상태를 상실하면, 그 다음은 실행자의 기술 문제만 남게 되어 장차 전쟁은 불가피해진다"고 발언했다.[243]

최종일인 7월 11일(6월 28일) 제10차 회의에서는, 황제에게 보내는 전보에서 정치문제와 군사문제 부분을 승인했다. 베조브라조프가 경제문제에 관한 결론안을 제안했다. 매우 비관적인 관찰이었다. "만주에서 경제적 지위의 뼈대를 이루는 재무성의 계획"은 안전보장 상의 문제 때문에 일부 실패했다고 보았다. 재무성은 이익을 올리려고 돈을 쓰고, 오로지 상공업적 측면만을 고려하는 데 열중했다. 국가적인 목적을 생각하지 않았다. 그것은 육해군이 지닌 힘과 상호작용하면서만 달성할 수 있는 것이다. 군대가 철수하면 모든 것이 끝나버릴 것이다. 논의는 오고 갔지만 결국 결론을 내지 못한 채 끝났을 것으로 생각된다.[244]

이 뤼순 회의에 대해서 시만스키는, 모든 결정은 반베조브라조프파의 정신으로 내려졌고, 베조브라조프는 불만스러워 했다고 결론짓고 있다.[245] 그러나 그렇다고 해서 쿠로파트킨의 승리였다고도, 또는 5월 협의회가 부정되고 3월 협의회의 노선이 부활했다고도 할 수 없었다. 실제로 알렉세예프와 베조브라조프에게는 무엇보다도 극동 병력의 증강에 관해서 쿠로파트킨의 동의를 얻었다는 사실이 중요했다. 만주에 관해서는 쿠로파트킨의 주장을 누르고 병합이 부정되었으며, 철군에 대한 보상을 취한다는 점이 확정되어 10개 항목의 보상을 결정했다. 러시아의 특권을 요구하지만, 외국인의 상업 활동은 인정하기로 했다. 조선에 관해서는 일본이 남부를 점령한다면 대항 조치를 취하지는 않는다, 그러나 일본이 조선 전체를 차지하는 것은 인정할 수 없다, 어디까지나 일본과의 전쟁은 회피한다, 압록강 목재회사는 순전히 상업적인 것으로 유지하고, 평황성 점령은 당분간 계속한다. 이러한 것들이 합의되었던 것이다.

일본의 반응

일본은 뤼순회의를 주시하고 있었다. 육군장관이 방일한 후에 베조브라조프가 황제의 이름을 대신하며 나타났고, 극동의 공사들도 모여서 회의가 열린 것이 틀림없어서, 무언가 있을 것이라 보는 것도 무리는 아니었다. 그러나 뉴챵이나 즈푸의 영사들이 입수한 것은 참석자들의 면면 정도였고,[246] 결국 회의의 내용은 명확하게 알 수 없었다. 베조브라조프 등 문관들은 궁정의 의사를 대변하며 주전론을 제창했지만, 쿠로파트킨이나 알렉세예프 등 군인들은 전쟁회피론을 주창했다는 등의 엉뚱한 보고를 할 수밖에 없었다.[247]

사실 이보다 앞선 7월 1일 가쓰라 수상은 세금(新稅) 문제 때문에 이토 정우회(政友會) 총재와 의견이 대립했고, 그 상태로는 다음 연도 예산편성이 불가능하다고 생각해 내각 총사직의 결의를 굳히고, 그 내의(內意)를 상주함과 동시에 후임 수반으로 이토를 추천했다. 이것은 이토의 힘에 대한 가쓰라의 목숨을 건 도전이었다. 즉각 야마가타, 마쓰카타가 호출되어 조정에 나섰다. 결국 이토는 패배했다. 원로들은 모두 공직에 관해서 도움을 줄 테니까 가쓰라에게 계속해서 직무를 수행해달라는 쪽으로 기울어졌다. 구체적으로는 대러 융화론의 필두인 이토 히로부미가 7월 13일 정우회 총재직을 사임하고 사이온지(西園寺)를 대신해 추밀원 의장에 취임했고, 야마가타와 마쓰카타역시 추밀원 고문관이 되었다. 이에 따라 이토의 움직임은 커다란 제약을 받게 되었다. 새로운 내각에서 이채로웠던 것은 고다마 겐타로(児玉源太郎) 대장이 내무대신과 문부대신을 겸직하게 되었다는 점이었다.[248]

이 사이 일본 정부는 러시아와의 교섭 방침을 영국 정부에 설명했다. 7월 1일 고무라는 런던의 하야시 다다스(林董) 공사에게 설명서를 보내 영국 정부에 설명하도록 했다. 이 문장의 특징은 일본의 대러 교섭의 동기가 철두철미하게 만주문제라고 했다는 점이었다.[249] 일반적인 원칙만으로는 영국 정부가 납득할 수 없었기 때문에, 7월 13일 하야시 공사는 구상하고 있는 협정의 내용에 관해서 설명했다. 이는 일변해 조선문제에 관한 교섭안이었다. "제국 정부는 일본이 조선에 특수한 권익을 지니고 있다는 점을 러시아로 하여금 인정하게 할 작정이다"라고 설명했다. '전권'(專權)을 요구하겠다는 점은 감췄다.[250]

7월 16일 영국 외상 란스다운은 러일교섭을 인정한다는 문서를 하야시 공사에게 건넸다. "폐하의 정부는 러시아가 조선에서 일본이 누리는 특수 권익을 인성하는 것을 환영한다"고 쓰여 있었다.[251] 고무라는 미국에도 러시아와의 교섭 개시를 알리고, 거의 같은 내용의 협정안도 전달했다.[252]

가쓰라 수상의 사임 건에 관해서는 해군 무관 루신이 7월 16일(3일) 장문의 보고서를 보냈다. 가쓰라의 사임에 관해서는 여러 가지 설이 있지만, 원로들의 간섭을 싫어한 가쓰라 내각의 의도가 승리했다고 생각한다. 이토의 영향력이 감퇴할 것이라고 정확하게 보고 있었다. 나아가 7월 15일에 내무대신에 고다마 겐타로가 취임한 것에 대해, 고다마가 "지극히 실무적이고 지적이며, 호감을 갖게 하는 인물"이기 때문에 가쓰라 내각을 강화하게 될 것이라고 보았다. 이 보고의 마지막 부분에는, 일본이 평상시의 군사력을 전시 상태로 신속하게 이행시킬 수 있도록 하는 조치를 이모저모 강구하고 있다면서 그 내용을 소개했다.[253] 그리고 다음과 같이 결론지었다. "일본의 해군과 육군은 평시에 가능한 한만큼의 준비상태에 있다. 기술적인 면으로 말하자면 대륙에 2개 사단(약 3만 명)을 1주일 내지 2주일 이내에 파병하는데 아무런 어려움도 느끼지 않을 것이다. 전 육군은 2주일 만에 동원되고 준비가 갖춰질 것이다. 3개월의 시간이라면 압록강 하구에

15만 명의 군대를 집결시킬 수 있다."[254]

이 보고에 대해서 7월 20일(7일) 알렉세예프는 루신에게 전보를 보내서 "일본과의 결렬이 어느 정도 불의의 타격이 될지, 사전에 외교적인 절충 없이 충돌할 가능성은 없는지 하는 등의 문제"를 걱정했다, 일본의 상황을 분명하게 설명해달라고 요청했다.[255] 극동의 최전선에서는 이미 끊임없는 긴장감이 흐르기 시작했다.

그보다 앞선 7월 19일(6일) 알렉세예프는 해군상에게, 일본에서 전개되고 있는 긴박한 분위기를 고려하면, 관둥주의 육군 병력 증강이 결정된 이상 "지금이야말로 발트 해에서 준비할 수 있는 함선을 모두 태평양으로 이송해 우리 해군력을 증강하는 방책을 강구해야 한다고 생각합니다"라고 타전했다.[256] 해군대신 아벨란은 육군참모총장 사하로프에게 그 전보를 보내서 의견을 물었다.[257] 루신의 보고는 페테르부르크에도 도착해 있었다. 발트 해에서 시티켈베르그의 분함대가 극동으로 막 파견된 상황이었기 때문에, 아벨란으로서는 당황하지 않을 수 없었을 것이다.

참모본부에는 주재 무관 사모일로프의 보고를 전달한 관둥주 군참모장 프루크가 보낸 7월 23일(10일)자 보고가 들어와 있었다. 사모일로프 역시, 가쓰라는 이토, 야마가타에게서 해방되어 강경해질 것이다, "우리의 이해라는 관점에서 현재의 상태는 이전보다 나빠질 것이라고 생각해야 한다"고 보고했다. 일본은 준비를 갖추고 있다. 육군성도 참모본부도 회의를 거듭하고 있다. 육군과 해군의 준비는 전에 없이 높은 수준에 도달해 있다.[258] 24일(11일)에는 즈푸의 주재 무관 데시노의 보고도 들어왔다. "일본에서는 영향력 있는 중산계급이 우리에 대해서 극도로 흥분해 있으며, 전쟁을 바라고 있다는 신뢰할 만한 정보를 입수했다. 정부와 상층계급은 억제하고 있지만, 굴복할지도 모른다." 상황은 청일전쟁 전야와 같다. 압록강 목재회사가 홍

분의 원인이다.[259] 사하로프 참모총장은 이날 "태평양의 우리 해군의
상태를 한층 강화하기를 바라는 것은 당연하다고 생각됩니다"라고
해군대신에게 회답했다.[260]

해군대신이 보낼 수 있는 것은 프랑스의 툴롱에서 건조되어 1901년
에 진수한 전함 '쩨사레비치'와 순양함 '바얀'의 두 척이었다. 2개월
후인 9월 이 두 척은 극동으로 향하게 된다.

일본에서 고조되는 개전론

일본에서는 신문들이 개전론으로 전환하는 사태가 일어나고 있었
다. 7월 최대의 사건은 구로이와 루이코(黑岩淚香)의 『요로즈초호』(万
朝報)가 7월 29일자에서 '러시아에 경고해야 한다'라는 논설을 게재
한 일이었다. 이것이 이 신문에 실린 최초의 개전론이었다.

"저들 러시아의 망상(亡狀), 이미 이와 같다. 우리 일본은 먼저 즉시
러시아를 압박해 만주철병의 약속을 이행하게 해야 함은 물론, 동시
에 러시아에게 만일 한 명의 병사라도 새로이 만주에 증파해 전쟁준
비에 착수하는 것 같은 일이 발생하면, 우리는 이를 적대행위로 여
기고 우리에게 개전을 선포하는 것으로 간주하겠다고 경고해야 한
다."[261]

이 신문사에는 우치무라 간조(內村鑑三), 고토쿠 슈스이(幸德秋水),
사카이 도시히코(堺利彦) 등이 사원으로 있었고, 7월 7일에는 '어떤
병졸'(一兵卒)이라는 이름으로 '전쟁론자에게 고함'이라는 비전론(非
戰論)적 논설을 게재하기도 했다. 따라서 그 변화의 모습은 실로 충격
적이었다.

『도쿄아사히신문』은 이미 주전론 쪽에 서 있었는데, 7월 31일자에

한층 더 준엄한 논설 '일러(日露) 개전의 풍평(風評)'을 실었다. "우리
는 다시 말한다. 유럽에서 인구에 회자되는 일·러 개전설은 풍성학
려(風聲鶴唳)에 지나지 않아야 한다고. 그렇지만 러시아의 행동이 오
늘날과 같다면 그 세력은 극에 달하는 바, 근거 없는 풍평이 끝내 사
실로 드러날지 역시 아직 알 수가 없다. 러시아가 만주에서 철병하지
않는 한 일본의 결심이 언제까지고 변하지 않을 수는 없는 일. 러시아
의 기관 신문들은 일찍부터 주장했다. 일본이 싸움을 걸어온다면 러
시아는 이에 응할 준비가 되어 있다고. 우리는 이에 대항해 말하려 한
다. 러시아의 행동은 점점 더 불손해지는 경향을 보여왔으며, 그 결과
에 대해서는 러시아 스스로에게 책임이 있다고."

대외강경파는 마침내 행동을 개시했다. 7월 23일에 연합위원회가
개최되었다. 주축을 이룬 것은 진보당 계의 고무치 도모쓰네(神鞭知
常), 시바 시로(柴四郎) 그리고 구국민동맹회(旧国民同盟会)의 도야마
미쓰루(頭山満), 쓰네야 세이후쿠(恒屋盛服(盛殷)), 애국당의 오노 가메
사부로(大野亀三郎), 그 밖에 주세이구락부의원집회소(中正倶楽部議員
集会所) 등의 참가자들이었다. 이 위원회는 대외강경파동지대회(対外
硬同志大会)를 열기로 결정했다.[262]

대외강경파동지대회는 8월 9일 오후 1시부터 간다 긴키칸(神田錦
輝館)에서 개최되었다. 다음 날 『도쿄아사히신문』은 이를 1면 상단에
크게 보도했다. 집회에 참가한 군중의 수는 "500명에 달했고, 입추의
여지없는 성황을 이루었다"고 한다. 구국민동맹회의 나카니시 마사
키(中西正樹)는 개회사에서 러시아가 철병 기한 4개월이 지나도록 약
속을 이행하지 않고 있기 때문에 국민의 결심을 표명하기 위해서 모
였다고 말했다. 대회는 우선 선언서를 채택했다.

선언서는 "우리나라가 러시아에 대해 인내한" 것이 다섯 번에 이
른다면서 이를 쭉 열거했다. 첫 번째는 삼국간섭에 의한 랴오둥의 반

환, 두 번째는 러시아의 랴오둥반도 '강제조차'(强借), 세 번째는 동청철도 부설과 뤼순, 다롄과의 연결, 네 번째는 한국에 관한 일러협약의 체결, 다섯 번째는 만주에서의 철병 약속의 수용이다. 그러나 최후의 약속도 파기되었고 오히려 "육군과 군함을 증파해…… 하는 짓 모두가 전쟁 준비에 급급하며", 다른 한편으로는 청국과 우리나라를 협박, 공갈하고 있다. "오호! 이것을 과연 참아야 하는가, 이를 참으려 해도 그 누구도 참을 수 없을 것이다." 선언서는 러시아의 남침 방침은 확고부동한 것이라 주장했다. "러시아가 남쪽을 도모하겠다는 뜻은 하루 이틀 사이에 생긴 것이 아니다…… 특히 권비(拳匪)의 변란[의화단사건] 이래 동아의 평화를 교란하며 만주를 엄유(奄有)하려는 행동에 이르러서는, 곧 우리나라의 천직[天職, 신성한 직무]을 능멸하고, 우리나라의 국시(國是)에 거스르는 것이라 말하지 않을 수 없다." 일본이 국가로서 '천직' '국시'를 행하지 않으면 "유신 재개의 웅대한 계획" "메이지 중흥의 위업"을 달성하지 못할 것이라고 주장했다. "따라서 우리 정부는 하루빨리 최후의 결단을 내려, 만주문제를 근본적으로 해결해야 한다." "와신상담한지 이미 오래며, 군비확장 역시 이미 이룩했다. 우리는 이에 소신을 밝혀 말하고, 우리 정부의 결심을 촉구하고자 한다."

그 다음에는 결의가 채택되었다. "러시아로 하여금 철병 약속을 이행하게 하고, 청국으로 하여금 만주 개방을 결행하도록 하며, 이로써 동아 영원의 평화를 확보하는 것이 제국의 천직이다. 우리는 우리 정부가 감히 태만하지 말고 신속하게 이를 수행할 것을 절실히 희망한다."

그리고 이후 여러 명이 연설을 했는데, 구국민동맹회의 나카이 기타로(中井喜太郎)는 "러시아가 용암포에서 경영하는 것은 일러협상을 유린하는 것이라 생각한다"는 결의의 채택을 촉구했다. 마지막으로 등단한 오타케 간이치(大竹貫一)가 랴오둥 반환의 조칙(詔勅)을 낭독하자 군중은 전원 기립해 이를 들었다. 대회는 실행위원 10명을 지명하고 폐회했다.[263] 대회가 끝난 후 대회 관계자들이 모여, '대러동지회'를 결성할 것에 합의했다.[264]

8월 11일 대러동지회의 실행위원들이 가쓰라 수상을 방문해 자신들의 요구사항을 표명했다. 가쓰라는 용암포사건에 관한 신문보도는 사실 무근이라고 하면서 연막작전을 폈다. 가쓰라에게 민간의 이러한 강경론은 고마운 일이기는 했지만, 정부가 그에 동조하는 것처럼 보이는 것은 득책이 아니라고 판단했을 것이다. 대러동지회는 첫 고등을 꺾인 셈이어서 당혹스러웠다. 그러나 대러동지회는 8월 13일 고무치 도모쓰네 위원장의 주재 하에 회의를 열어 방침을 결정했다. 연설회를 개최할 것, 동지회 사무소를 개설할 것, 당국에 "강압 수단을 취하도록 하기 위해" 또 다시 면회를 요구할 것 등이 그 내용이었다.[265]

8월에는 『요로즈초호』에서 비전론자들의 주장이 부활했다. 9일부터 11일까지는 '공러병'(恐露病)이라는 논설을 3회에 걸쳐서 연재했고, 25일에는 우치무라 간조가 '만주문제 해결의 정신'을 썼다. 그러나 28일에는 조선이 독립하도록 도울 필요는 없다는 노골적인 제국주의적 주장 '포기냐 병탄이냐'를 게재했다. 그야말로 혼란스러웠다.

『도쿄아사히신문』은 8월 14일자에 사설 '러시아인들은 잘 생각하라'를 실었다. 러시아 신문 『노보에 브레미야』의 논조에 대한 반론이었다. "러시아가 만주에서 철수하지 않는 한, 러시아가 침략적 정책을 폐지하지 않는 한, 일본은 규범적으로나 실제적으로 언제라도 이를 제압하는 간섭 행위를 감행할 권리를 보유한다. 현재의 상황을 가지고 논하자면 그 권리의 발동은 어제라도 할 수도 있었고, 오늘도 할 수도 있으며, 내일 역시 할 수 있다. 다만 박애의 정신으로 러시아의 곤란한 처지를 고려해, 반성하기를 잠시 기다릴 뿐."

차르의 사로프 수도원 방문

그러나 러시아의 황제는 만사태평했다. 7월 27일(14일) 수도로 귀환한 베조브라조프와 보가크는 아바자와 함께 황제를 만나 뤼순회의의 결과를 보고했다.[266] 그래도 조만간 문서로 다시 상세히 보고하기로 했다.

다음 날에는 쿠로파트킨이 수도에 도착해, 그대로 크라스노예에 있는 황제에게로 직행했다. 크라스노예에서 블라디미르 대공의 '성명축일'(聖名祝日) 행사가 열리고 있었던 것이다. 다음 날 쿠로파트킨은 황제 열차에 동승해 수도로 돌아오는 도중에 보고를 했다. 저와 알렉세예프는 폐하께서 저희들을 선택하시든지 아니면 베조브라조프를 선택하시든지 확실히 해주시기를 바라고 있습니다, 라고 그는 말했다. 베조브라조프를 가리켜 고골리의 소설『검찰관』의 주인공 프레스타코프라고 부르기도 했다. 이것은 그가 관방장 레지게르에게 이야기한 것인데, 레지게르가 좀더 에둘러 표현한 것일 게다. 그러나 쿠로파트킨이 일본 방문 중의 일기를 황제에게 건넸다는 것은 정확한 사실이었다.[267]

그러나 황제는 여기에 아무런 관심도 없다는 듯한 태도였다. 황제는 다른 일에 마음을 빼앗기고 있었던 것이다. 사로프의 성인 세라핌의 열성식 행사가 다가와 있었다.

세라핌은 1759년에 쿠르스크에서 태어났다. 18세 때 탄보프 현과 니즈니노브고로드 현의 경계에 있는 사로프의 숲에 들어가, 그곳의 수도원에서 수행했다. 8년 뒤에 보조사제가 되었지만, 다시 8년 후에는 수도원을 나와 숲 속에서 은둔생활을 시작했다. 50세가 지났을 즈음 수도원으로 돌아갔는데, 64세가 되자 다시 숲 속 생활로 복귀했다. 이 동안 그는 기적을 행하는 성인으로 추앙받게 되었고, 1833년에 74세의 나이로 세상을 떠났다.[268]

황태자를 낳고 싶다는 생각뿐이었던 황후 알렉산드라 표도로브나가 이 성인에게 관심을 갖게 되어, 황제 니콜라이에게 그를 성인으로 추대해달라고 부탁했다. 종무원 총감 포베도노스쩨프가 반대했는데도 종무원은 그해 초부터 절차를 밟기 시작해 황제의 결정이 내려졌다. 그로부터 반 년 동안의 준비를 거쳐, 사로프에서 열성식과 세라핌의 유해 개막이 행해질 때가 되었던 것이다.

7월 29일(16일) 차르는 황후 및 딸들과 함께 사로프 수도원으로 행차했다. 다음 날 11시에 알자마스 역에 도착하자 니제고로드 현민 대표들이 환영하러 나와 있었다. 여기서부터 미차로 이동했다. 연도에는 곳곳에 농민들이 도로 옆에 서서 환영했다. 탄보프 현의 경계까지 도달하자 그 현의 현민 대표가 맞이하러 나와 있었다. 오후 6시 사로프 수도원에 도착했다. "우스펜스키 성당, 그리고 성 조시마-사바치이 교회에 들어설 때 무언가 특별한 느낌이 들었다. 교회에서는 성 교부 세라핌의 유해에 입을 맞추는 것이 허락되었다." 그러고 나서 황태후도 도착했다.[269]

다음 날인 31일(18일) 황제 일행은 아침 5시 반의 조조 기도회에 참석했다. 기도는 7시까지 계속되었다. 11시 반부터는 성 세라핌에 관한 마지막 추도기도가 있었다. 오후 6시 반부터는 철야 기도가 시작되었다. "십자가 행진을 할 때 성 조시마-사바치이 교회에서 유해를 옮기는데, 우리는 들것으로 관을 옮겼다. 백성들 특히 병자들과 불구자들 그리고 불행한 자들이 십자가 행진을 어떻게 대하는지 보는 것은 감동적이었다. 특히 엄숙한 순간은 유해의 찬미와 입맞춤이 시작되었을 때였다."[270]

8월 1일에도 십자가 행진이 있었다. "어제도 오늘도 많은 병의 회복이 이루어졌다고 들었다. 성 세라핌의 유해를 들고 성당 안 제단의 주위를 돌 때에도 병들이 회복되었다." 황제는 신에게 드리는 기도를 일기에 써 두었다.[271]

8월 2일 황제 일가는 사로프 수도원을 떠나 지베예프스키 여자수도원을 방문했다. 여기서 황제와 황후는 정신병 행자인 프라스코비야 이바노브나라는 여성을 만났다. 저녁 7시에 알자마스에 도착했다.[272] 다시 수도로 돌아온 것은 8월 3일(7월 21일)이었다.

베조브라조프와 쿠로파트킨의 논쟁

황제가 순례하며 사로프 수도원에 참예(參詣)하고 있는 동안, 수도에서는 베조브라조프가 뤼순회의에 관한 보고서를 작성하고 있었다. 그는 귀경한 황제에게 8월 2일(7월 20일)자 문서를 제출했다. 극동에서 취해야 할 행동양식에 관해서 뤼순회의 석상에서 자신의 의견을 문서에 의한 선언 형식으로 제출했다면서 그 내용을 보고했다. 1. 군사문제. "우리는 극동에서는 약하고, 위기 상태에 있다." 군대의 배치가 북만주에 중점을 두고 있기 때문에 전쟁이 발생하면 제1기에는 남만주를 상실하고, 뤼순도 함락될 것이다. 전시에 후방에서 군대를 이동시키기보다는 만주의 병력을 증강해 두어야 한다. 2. 외교정책. 전투태세가 갖춰져 있지 않기 때문에 외교적으로 무력하다. 일본이 러시아의 힘을 보고 불의의 기습을 할 수 없다고 생각한다면 일본의 정책은 바뀔 것이다. 청국, 조선, 일본, 러시아 등 극동의 주민들 사이의 협정이 바람직하며, 러시아가 그 주도권을 쥐어야 하지만, 그것은 현지에서 현실적인 힘을 과시하지 않으면 불가능하다. 조선에 관해서는, "무력한 국가"라서 러시아와 일본의 관계에 일시적인 조정 수단이 되는 수밖에 달리 도리가 없다면서, "현재는 행동의 자유를 보유하면서 장래에 우리가 지배적인 지위를 회복해 보호국화해야 한다. 일시적인 행동양식은, 일본이 조선 남부에서의 계획을 지속하는 것을 방해하지 않고, 우리에게 방벽이 될 북부에는 일본인을 들이지 않도록 할 일이다"라고 주장했다. 3. 경제면에서의 활동. 경제면에서의 성공은 우리나라의 권위와 상황 확보 수단에 달려 있다. 재무성이 수립한 안은 나쁘지는 않지만, 정치와 군사 면에서의 취약함이 문제다. 이 면의 공백을 메울 수 있다면, 민간의 활력을 도입해 제2의 실무적 실업기(實業期)를 열 수 있다.[273] 자기는 이렇게 주장했다고 하는 정도의 보고였다.

이것은 베조브라조프의 주장에 끌려간 뷔순회의 결과를 정리한 것이었다. 이 보고를 받은 황제는 자신의 의사를 알렉세예프에게 전하라고 베조브라조프에게 명했다.

나아가 8월 5일(7월 23일)에 베조브라조프는 극동태수제에 관해서 황제에게 의견서를 제출했다. 제국 변경 관리의 역사를 보면 고위 대관이 '배타적 전권위임'을 받아 행함으로써 성과를 올려 왔다. "군주의 개인적 신뢰와 군주의 직접적 지도에 기초함"으로써 "커다란 유연성"이 발휘될 수 있었던 것이다. 극동의 어려움은 태수를 임명함으로써 해소될 것이다. "군사정치면에서 극동은 여전히 그곳에 우리의 국가성을 확립하기 위한 농밀한 투쟁이 필요한 시기다." 황색인종과도 유럽의 경쟁자들과도 솜씨 좋게 잘해나아가기 위해서는 "극동에 우리의 패권을 창출하는" 것이 필요하다. 따라서 "한 사람의 책임 있는 인물의 손에 우리나라의 군사정치력을 통합해야 한다." 베조브라조프는 이렇게 말하고, "우리의 주요 적이 해양제국〈일본〉이라"는 점, 두 개의 거점이 "바다의 요새"라는 점, 극동에서의 작전은 해군과 육군의 공동행동이 될 것이라는 점에서 태수는 경력 상 해군에 가까운 사람이 되는 것이 적절하다고 피력했다. 그리고 마지막으로, 투입한 자금을 회수할 뿐만 아니라 안정적인 수입원이 될 수 있도록 극동을 발전시키는 것이 중요하며, 그를 위해서는 외국 자본의 유치가 불가결하다고 서술했다. 황제와 태수를 연결하는 특별위원회의 설치도 제안했다.[274]

렘뇨프는 이 의견서를 염두에 두고 자신의 저서에서 극동태수제가 이날 "최종 결정되었다"고 지적하고 있다.[275] 태수제 도입은 5월의 단계에서 이미 결정되었지만, 태수 후보자로서 알렉세예프 해군 중장을 암시하는 것을 포함한 구체적인 이미지가 이날 제시되었던 것이다. 황제는 이를 승인한다.

이틀 뒤인 8월 7일(7월 25일) 베조브라조프는 구체적인 대일정책에 관한 의견서 '모든 상황으로부터의 활로'를 제출했다. 영일동맹이 존재하고 있고 영국은 러일협정을 방해할 생각이라는 점, 일본은 현재 조선 남부를 사실상 지배하고 있으며 마침내는 조선 북부까지 장악하려고 생각하고 있다는 점, 이 두 가지 사항으로 판단컨대 일본과 협정을 체결하는 것은 어려울 것이다. 일본은 러시아가 조선에서 양보하더라도 고맙게 생각하지 않고 러·일 협조로 나아갈 생각이 없을 것이다. 따라서 당면의 활로는 첫째, "태평양 연안의 우리 군사정치력의 강화" 둘째, 일본을 영국 이외의 나라들로부터 고립시키는 일이다. 영국만으로는 사실상 일본에게 도움이 되지 않는다. 이러한 정책이 효과를 거두면 일본 안에서도 생각이 바뀌어 러시아와의 협조노선으로 나아갈지도 모른다.[276]

한편 쿠로파트킨도 지고만 있지는 않았다. 8월 6일(7월 24일) 대일전(對日戰)에 대한 군사적 조치에 관해서 장대한 의견서를 황제에게 상주했다.[277] 그는 우선 1901년에 참모본부가 작성한 '대일 행동을 위한 일반적 원칙'을 언급했다. 이 문서는 일본이 조선 점령만을 시도할 경우(무엇보다도 이렇게 할 개연성이 높다)와 그것을 넘어 만주나 러시아령에 대해 공세를 취할 경우 두 가지로 나눠 검토한 것이었다. 후자의 경우는 초기에는 일본군의 우위 때문에 '방위적 성격'의 행동을 취하면서 결전을 피해야 한다고 되어 있었다. 이 문서가 1901년 8월 14일에 황제의 승인을 받은 이래 2년 동안 철도의 수송능력이 대폭 개선되었고, 블라디보스토크와 뤼순의 방비도 강화되었으며, 동청철도 방위 병력도 증강되고 해군도 강화되었다. 그러나 일본군도 강화되었다. 만주 점령에 불만을 품은 열강들도 일본을 원조할 가능성이 있으며, 전쟁이 발생하면 아프가니스탄이나 서방, 남방에서도 공격을 받을지 모른다. "도처에 너무 많은 가연물질이 모여 있어" 육군으로서는 "모든 방면에서" 전투태세를 제고하지 않으면 안 된다. 이 결과 "현재도 2년 전과 마찬가지로 우리는 일본에 대해서는 방위적 행동양식을 견지해야 한다." 개전 시에 남만주를 지켜낼 것은 생각하지 말고, 뤼순도 장기 고립될 것을 각오해 병력이 증원되기를 기다려 공격으로 전환하는 방식으로 해야 한다. 그러나 "우리 해군은 일본 해군보다 강력하며, 증원은 비교할 수 없을 정도로 보다 빨리 도착할 것이기 때문에 우리는 전쟁의 귀결에 관해서는 훨씬 더 안심할 수 있다."[278]

이와 같은 낙관적인 분석에 입각한 쿠로파트킨은 베조브라조프가 제출한 의견서를 조목조목 검토하고 반박했다. 우선 1901년 7월 19일(6일)의 의견서 '정세 평가'를 거론하면서, 조선 북부에 5,000명의 기병과 산악 포병대를 파견해 파르티잔 전술을 전개한다는 구상을 비판했다. 이와 함께 압록강 이권의 의의를 주장하는 코르프 남작의 보고서 '1898년 가을 조선 북부 파견대의 일원의 주요 결론'도 비판했다. 또한 1903년 초 베조브라조프가 제시한 압록강에 대한 무장부대 파견 구상을 비판했다. 알렉세예프의 "현명한 신중함"이 없었더라면 지금쯤 일본과 전쟁을 하고 있을 것이라고 썼다.[279]

그 다음으로 4월 8일(3월 26일) 협의회에 제출된 아바자 의견서에 전개된 '방벽(заслон)론'을 비판했다. 우선 지금은 바다조차도 방벽이 될 수 없다. 둘째로 조선 전체와 쓰시마를 장악하면 "효과적인 방벽"이 되겠지만, 그것은 "현재 러시아에게는 힘에 부치는 것이라고 인정해야 한다." 제3의 '방벽'이 될 수 있는 것이 조선 북부의 점령이지만, 이 역시 "막대한 지출"을 요하며 "목하 러시아의 이해관계에 적합하지 않다." 압록강은 제4의 '방벽'이지만, 지형적으로 '방벽'으로 사용하기에 적합하지 않으며, 이 또한 "군사력의 상주와 상당한 지출을 필요로 한다." 동청철도와 연결되는 노선을 부설해야 하고, 불가피하게 남만주도 점령해야 한다. "극도로 다대한 지출을 요하며, 그리할 만큼의 이익이 없다." 그러므로 추진해야 할 정책은, 조선에서 손을 떼고 조선의 북반부는 일본 군사력이 미치지 않게끔 보장할 수 있는 협정을 일본과 체결하는 것이다. 점령되지 않은 조선은 일본과 러시아 모두에게 아프가니스탄과 같은 역할을 할 수 있다.[280] 여기서부터 후일의 조선 북부 중립지대화안이 전개된다.

쿠로파트킨은 뤼순에서 베조브라조프에게 건넸던 제3의 의견서 '극동의 전략적 정세 해명을 위한 군사력 계산'을 거론했다. 여기서는 남만주에 병력을 집중해 공격할 수 있도록 할 것, 그리고 극동의 병력을 적어도 5만 명 증강할 것을 주장했다. 베조브라조프는 "극동에 이미 존재하는 전투력과 수단, 우리 해군과 우리 제1, 제2시베리아 군단을 고려하지 않고," 초전에서의 공격작전을 주장했다. 그리고 일본의 병력은 2배로 평가하고 러시아의 병력은 2분의 1로 평가했다. 그 결과 병력 차이로 인한 위험성이 강조되어 3개 사단의 증강이 필요하다고 주장했다. 베조브라조프는 극동에 있는 전투력, 해군과 제 1, 제2시베리아군단을 생각하지 않고 병력 증강을 꾀해, 개전 후 1개월 만에 상륙한 일본군을 바다로 때려 넣는다는 구상을 제안한 것이다. 쿠로파트킨은 "군 최고위급 인사들에게 위임된 모든 광범위한 사업들 가운데 가장 중요한 사업인 국방 사업에서, 준비되지도 않고 어울리지도 않는 자와 협력하는 일은 절대로 바람직하지 않다"[281]면서 베조브라조프의 의견을 하찮은 것으로 단정했다.

쿠로파트킨은 극동의 병력을 찬미했다. 바야흐로 프리아무르군관구에는 51개 대대, 23개 기병 중대, 16개 포병 중대가 있고, 관둥주에는 11개 대대, 12개 기병 중대, 4개 포병 중대가 있단 말이다. 여기에 국경경비군 55개 중대(14개 대대)를 더하면 극동의 보병은 76개 대대가 되며, 전시의 예비 16개 대대, 카자크 4개 대대를 더하면 보병은 96개 대대나 된다. "지난 10년 동안 극동 군대의 총수는 거의 네 배로 증강되었다. 또한 이 기간 동안 우리의 태평양함대도 강대(грозный)해졌다는 사실을 더한다면, 다른 변경 지대에서는 아직껏 찾아볼 수 없는 이와 같은 결과를 성취하는 데 러시아가 얼마만큼이나 희생을 치렀는지 알 수가 있다." 뤼순은 개전 당초에는 포위되어 상당히 긴 기간 동안 단절될 것을 각오해야 하겠지만, 주력이 원군을 얻어 공세에 나서서 일본군을 궤멸시킬 때까지는 견딜 수 있다. "바야흐로 극동에서 러시아 변경의 방위문제는 한층 강고해져 있다. 우리는 프리아무르 지방의 운명에 대해서 절대 안심하고 있을 수 있으며, 이제는 뤼순의 운명에 대해서도 안심할 수 있는 것이다."[282]

뤼순회의에서는 5년 동안 2,330만 루블이 필요한 병력 증강안이 제출되었고, 그 밖에 제출된 계획들도 5년 동안 3,880만 루블이 필요하다. 즉 이들 모두를 합하면 6,210만 루블이다. "이러한 지출을 제한된 예산에 포함시키는 것은, 서방의 우리 전투준비를 동요케 할 것이며, 폐하께서 더 늦출 수 없다고 거듭 인정하시면서 시작된 제반 조치를 중지하지 않고서는 불가능한 일이다."서방에서는 이웃나라의 전투준비에 비해서 매우 뒤쳐져 있으며,"때문에 해가 갈수록 불안감이 커져가고 있다."폐하께서 전제군주로서 우리의 의문에 종지부를 찍으시어, 극동에서나 그 밖의 변경에서 지금부터 수년 동안 육군성에 주어진 국방 임무의 이행에 최선을 다하기 위해 택해야 할 길을 분명하게 제시해주실 것을 청하는 바입니다."[283]

이번에는 베조브라조프가 쿠로파트킨의 8월 6일(7월 24일)자 상주에 대해서 반론을 폈다. 이것은 8월 12일(7월 30일)에 황제에게 제출되었다.[284] 베조브라조프는 육군상의 주장이 같은 내용의 반복이며, 여기에 오류가 추가된 것이라고 혹평했다. 저는 뤼순회의에서 육군상의 주장을 논파했다. 따라서 폐하를 번거롭게 해드리지 말아야 하겠으나 하는 수 없다. 즉 본질적인 것을 재론하겠다는 것이었다. 1. 1901년에 작성된 대일전쟁계획은 "우리를 절망적인 상태에 빠뜨리는"것이다. 일본은 이미 이에 대해 연구하고 있으며, 러시아군은 두려워할 필요가 없다고 생각하고 있다. 알렉세예프 등은 뤼순이 "영광 없는 세바스토폴"이 될 운명에 처해 있다고 느끼고 있다. 1901년 계획이 아직도 효력을 유지하고 있다는 것은 "적극적인 허위(неправда)"다. 뤼순은 육군상과는 관계없이 폐하의 명령으로 현격하게 강화되어 있다. 이 요새가 조기 함락되면 치명적이다. 2. [쿠로파트킨이] 열거한 극동의 군사력의 성공이란 것은 "그 어떤 실무적인 의미도 없다. 적도 전진하고 있다. 쿠로파트킨이 제안하는 방식은 '적이 우리에게 덤벼드는 데 최적의 방식'이다. 우리가 극동 사태를 전쟁으로까지 이르게 하고 싶다고 바란다면 쿠로파트킨이 추천하는 '행동양식'을 지속하면 된다."3. 저의 의견서를 검토하는 부분에 관해서 말씀드리면, 쿠로파트킨은 극동을 거의 무시하고 있다. 압록강의 전략적 의의를 이해하지 못하고 있다. 이 지역을 중립화하자고 말하는 것은 또 다른 '자기기만'(自己欺瞞)이다.

이렇게 기술한 후 베조브라조프는 결론적으로, 쿠로파트킨이 남만주 전체를 포기하고 북부의 삼림(타이가) 지역에 진지를 구축하자고 주장하고 있다면서, "이미 지출한 것이 쓸모없어지게 될 것이고……전쟁에 이르게 되면 우리는 사실상 이러한 진지에서 버텨낼 수 없을 것이다"라고 지적했다.

이에 대해서 쿠로파트킨 측에서는 베조브라조프의 의견서 '극동의 전략적 정세 해명을 위한 군사력 계산'을 중시하고, 다시 반론을 가하려고 대조표 형식의 반론서를 작성해 8월 14일(1일) 황제에게 제출했다.

우선 일반적인 병력 비율에 관해서, 베조브라조프는 일본이 33만 명의 병사, 1,134문의 대포를 배치하는 데 반해서 러시아는 전력을 다해도 14만 명의 병사, 대포 240문 밖에는 낼 수 없다고 주장했다. 이에 대해서 쿠로파트킨의 주장은, 러시아군의 총력은 300만 명인데 열거한 것은 조선, 만주, 아무르 주의 병력에 지나지 않는다, 또 일본의 상비군은 병사 19만 3,000명과 장교 7,500명이다, 20개의 요새 대대를 제외해야 할 뿐 아니라 1개 중대를 200명으로 계산하면 1만 4,000명은 줄여야 한다, 수도 경비에 1개 사단은 남겨두어야 한다, 따라서 아무리 해도 33만 명은 되지 않는다는 것이었다. 베조브라조프는 러시아의 병력으로는 블라디보스토크나 뤼순에 일본군이 상륙하는 것을 막을 수 없다고 했지만, 쿠로파트킨은 블라디보스토크에서는 러시아군의 힘이 우세하다, 뤼순에서는 약간의 일본군이 우세한 데 지나지 않는다고 논박했다. 베조브라조프는 이르쿠츠크에서 뤼순과 블라디보스토크로 병력을 철도로 수송하는 데 각각 44일과 43일이 걸릴 것이라고 한 데 반해서, 쿠로파트킨은 그 어느 쪽도 13일이면 가능하다고 주장했다. 베조브라조프는 병력 비율이 불리하기 때문에 취해야 할 전투계획은 "모든 힘이 집결할 때까지 전투에 돌입하지 말고, 적으로 하여금 후방을 확보하기 위해서 가능한 한 많은 수의 병력을 할애하게 하는" 것이라고 했다. 병력 결집은 숭가리강 중류 지역에 해야 하며, 남만주는 어쩔 수 없이 포기한다는 판단이었다. 이에 대해서 쿠로파트킨은, 러시아가 우세한 기병대의 힘과 우수한 부대가 있기 때문에, 병력이 열세일지라도 일본군의 진격을 묶어 두어 심각한 패배를 맛보게 할 수 있다고 했다. 숭가리강까지 일본군이 진격하는 일은 없다는 것이 그의 결론이었다.

양자의 결정적인 차이는 해군력 평가에서 나타났다. 베조브라조프는 태평양함대가 뤼순과 블라디보스토크에 나뉘어져 있기 때문에 일본 해군에게서 제해권을 빼앗을 수 없다, 따라서 일본 해군에게 주도권을 빼앗겨 버릴 것이라고 했다. 이에 대해서 쿠로파트킨은, "태평양에서 우리는 우월한 해군을 보유하고 있다. 우리 해군은 일본 해군과 거의 힘의 균형을 이루고 있으며, 곧 그것을 능가할 것이다", 우리 해군을 위해서 거액의 예산을 편성해 최량의 인재를 모아 함선과 함포를 개선하고 있다, 황해와 일본해[동해]로 힘이 분산되어 있다는 것은 멋대로 상상하는 것이다, "우리 해군 수뇌부가 그런 과오를 범하겠는가?"라고 주장했다. "우리 해군력과 일본 해군력 간에 힘의 관계는, 우리 해군 병사들의 용맹함으로 보아 일본 해군에 대해서 혁혁한 승리를 거둘 것이다. 전쟁이 양측 함대의 전투로 시작될 것이라는 점은 분명하다. 일본 해군이 격파되더라도 일본군은 상륙작전을 결행할지 모르지만, 우리 함대의 부단한 위협에 노출되어 조선 남부에서만 상륙할 수 있을 뿐이다. 거꾸로 우리 함대가 격파되어 뤼순에 몸을 숨긴다 해도, 알렉세예프 대장의 의견에 따르면, 일본군에게 압록강이나 잉커우 상륙을 허락하지 않을 정도로 [저들에게] 위험한 요소로 남게 될 것이다."

베조브라조프는 전쟁의 전개에 관해서 비관적인 시각을 나타냈다. "우리는 약한 부분, 즉 뤼순의 부두와 수비대에게 적시에 증원군을 보낼 수 없다. 그러므로 뤼순을 포기하든지, 미리 함락을 각오하든지, 아니면 우선 개전과 동시에 블라디보스토크의 야전군을 줄이고, 이어서 회전 장소를 결정할 때 〈고려해서〉 뤼순수비대를 강화하도록 노력하든지 하지 않으면 안 된다." 이에 대해서 쿠로파트킨은, "뤼순의 해양 방위는 강력하며, 많은 연안 포대에서 육군의 전선으로의 접근로를 포격할 수 있다. 육상 방위가 완성되어 있지 않다고 해도 이미 포위전이 필요한 상황이라 정면공격으로는 뤼순을 함락할 수 없다"고 주장했다.[285]

베조브라조프는 러시아군이 일본군보다 열세에 있어서 근본적인 증강이 필요하며, 그렇게 해야만 개전을 막을 수 있다고 주장하고 있는 것이다. 틀림없이 이러한 판단은 베조브라조프 혼자의 판단이 아니라 보가크의 생각에 바탕을 두고 있을 것이다. 오히려 보가크의 판단이 베조브라조프의 이름으로 제출된 것이라고 생각할 수 있다. 쿠로파트킨은 러시아군이 대등하게 또 그 이상으로 싸울 수 있으며, 전쟁이 시작되어도 걱정 할 게 없다고 했다, 물론 일본을 도발해서는 안 되며, 도발하지 않으면 전쟁은 일어나지 않을 것이다, 하는 식으로 생각하고 있었던 것이다.

이와 같은 두 가지의 현상 인식과 두 가지의 대책 사이에는 타협의 여지가 없었다. 러시아 참모본부의 공식 전사 역시 뤼순회의에서 돌아온 육군상은 "우리나라의 극동 군사태세를 전적으로 양호하다고 간주하고 있었"지만, 베조브라조프는 전혀 그렇게 보지 않았고 "두 개의 의견서를 비교해 보면, 육군상과 국무위원 베조브라조프의 견해 차이는 상당히 크다는 것을 알 수 있다"고 지적하고 있다. 그리고

"육군상의 의견에도 불구하고, 우리가 주의를 서부 국경에서 태평양 연안으로 돌려야 했다는 것은 분명했다"고 판정했다.[286]

모름지기 베조브라조프의 의견서는 보가크를 통해서 사하로프의 참모본부, 알렉세예프의 극동군의 의견을 대변하고 있었던 것이다. 쿠로파트킨 육군상이 그 의견을 인정하지 않는다면, 쿠로파트킨의 경질을 요구하지 않으면 안 되었다. 베조브라조프는 그의 경질을 고려하고, 추구하고 있었음이 분명하다. 그러나 이제까지 베조브라조프의 의견에 동조해온 황제는 이에 반발했다. 그것은 논리의 문제가 아니라 인간 취향의 문제였다.

극동태수제 도입

8월 상순(7월 말) 극동태수제의 공표 전야에 심각한 문제가 발생했다. 황제와 베조브라조프가 정해둔 유일한 태수 후보자 알렉세예프 해군대장이 자기는 이 자리를 받아들일 준비가 되어 있지 않을 뿐만 아니라, 4년 동안 관둥주 장관으로 일하면서 정력을 소진했다는 이유로 태수 취임을 사퇴한다는 전보를 8월 4일(7월 22일) 베조브라조프에게 보냈던 것이다.[287] 베조브라조프는 알렉세예프를 여러 차례 설득했다. 8월 8일(7월 26일)에는 보가크도 알렉세예프에게 편지를 보냈다. 보가크는 알렉세예프가 황제의 유일한 후보자이며, 그만이 차르의 의지를 전적으로 실현할 수 있다고 설득했다.[288] 그러나 알렉세예프는 끝까지 태수 자리를 고사했다. 8월 10일(7월 28일) 베조브라조프와 아바자는 황제와 장시간 만났다.[289] 거기서 최후의 결단이 내려졌을 것이다.

8월 12일(7월 30일) 극동태수제 설치령이 반포되었다. 아무르 총독부와 관동주로 특별태수부를 만든다고 선언했다. 해당 지방 민정의 최고 권력을 성의 관할에서 떼어내서 극동태수에게 부여한다. 또 동청철도가 지나가는 지역의 질서와 안전에 대해 배려하는 최고의 권리를 부여한다. 태수에 종속하는 자는 태수를 통해서만 성, 청과 교섭할 수 있다. 태수는 해당 주의 문제에 관해 인접 국가와의 외교교섭에 집중한다. 태수에게 태평양함대와 해당 지방 군대의 지휘권을 위임한다. 태수의 명령과 성, 청의 활동을 조정하기 위해서 황제 주재 하에 특별위원회를 설치한다. 태수로 임명되는 알렉세예프에게 극동제주(諸州)관리법안의 작성을 명한다.[290] 이에 따라 재무성의 만주철도 왕국은 종말을 맞이했다.

이 칙령의 공포는 육군상, 재무상, 외상 등에게는 일체의 통지도 상의도 하지 않은 상태에서 황제의 전결로 실행에 옮겨졌고, 태수로 임명된 알렉세예프 본인의 동의도 받지 않은 채 강행되었다. 성작 알렉세예프는 이 칙령에 관해서 8월 18일(5일) 블라디보스토크에서 처음 알게 되었고, 이 시점에야 비로소 황제의 뜻에 따르겠다는 의사를 표명했던 것이다.[291]

한편 황제의 장관들도 『관보』를 통해서 이 칙령을 알게 되었다. 충격을 받은 비테는 『관보』를 들고 육군장관 쿠로파트킨에게 달려갔다. 쿠로파트킨도 비테 이상으로 충격을 받았고, 이러한 결정은 자기에 대한 신뢰의 결여를 나타내고 있는 것이라고 본다면서 사직을 청원해야 되겠다고 말했다. 쿠로파트킨은 이날 내무장관 플레베와 만났는데, 내무상은 육군상을 위로하며 설득했다.

"장관들에게 불신을 품고 있는 징후를 보이고, 이들의 중개 없이 중요한 칙령을 발포하는 것은 알렉산드르 1세 이래 모든 황제 폐하들의 공통점이다. 이 조짐은 전제의 기본원칙과 관련이 있다. 전제군주는 외면적으로는 장관의 의견에 귀를 기울인다…… 그러나 거의 언제나 제3자가 그들의 마음속으로 간단히 숨어들어가, 폐하에게……
그의 장관에 대한 불신을 심는 것이다."[292]

플레베는 알렉산드르 3세 같은 강력한 성격의 소유자조차도 블라디미르 대공을 의장으로 하는 협의회가 "실질적으로 헌법에 관해서" 논의하는 것을 허락했으면서도, 다른 한편으로는 '전제 강화의 조서(詔書)'를 반포했다고 말했다. 나보코프 사법상이 조서를 낭독하자 격분한 아바자 재무상(베조브라조프의 맹우인 아바자의 백부)과 로리스-멜리코프가 즉각 사직했는데, 밀류친은 사직하지 않았다. 당신도 밀류친 육군상의 예를 본받아야 한다. 플레베는 그 조서를 쓴 것이 포베도노스쩨프였다고 말했나. 그 조서, 즉 1881년 5월 11일(4월 29일)의 조서가 낭독되었던 그 자리에 플레베는 신임 내무성 경보(警保)국장 자격으로 참석했었다. 그러니까 그는 자기의 기억대로 이야기했던 것이다.

극동태수제 설치령으로 가장 놀란 것은 람스도르프 외상이었을 것이다. 극동에 관한 외교교섭을 태수에게 집중한다는 것은, 목하 러일교섭을 개시하려 하고 있는데 외상이 불필요하다는 이야기가 아닌가?

8월 20일(7일)에는 일본에서 루신이 보고해왔다. 알렉세예프의 극동태수제 설치가 일본 국내에서 "강하고 깊은 인상"을 빚었다. 일본은 이를 러시아 정부가 결의를 나타낸 것으로 이해하고 있기 때문에, 바람직한 효과가 있다고 보고 있었다. 루신은 러일교섭을 기대하는 태도를 표명했다.[293]

주註

제6장 새로운 노선의 등장

1 Nikolai II's Diary, GARF, F. 601, Op. 1, D. 245, p. 83.

2 N.E. Volkov, *Dvor russkikh imperatorov v ego proshlom i nastoiashchem*, Moscow, 2001, p. 130.

3 Dnevnik Polovtsova, KA, 1923, kn. 3, p. 168.

4 Ibid., pp. 168‒169.

5 Ibid., p. 170.

6 *Dnevnik A.N. Kuropatkina*, Nizhpoligraf, 1923, pp. 21‒22.

7 Ibid., pp. 22‒23.

8 *Velikii kniaz' Aleksandr Mikhailovich. Kniga vospominanii*, 1933, Paris, Lev, 1980, p. 211.

9 *Voina Rossii s Iaponiei v 1905 godu. Otchet o prakticheskikh zaniatiakh po strategii v Nikolaevskoi Morskoi Akademii v prodolzhenii zimy 1902-1903 goda*, Sankt-Peterburg, 1904, pp. 1‒2.

10 Ibid., pp. 3‒4.

11 Ibid., p. 133.

12 Ibid., pp. 6‒9.

13 Ibid., p. 13.

14 Ibid., p. 11.

15 Ibid., p. 12.

16 Ibid., p. 13.

17 Ibid., pp. 14‒15.

18 Ibid., p. 16.

19 Ibid., p. 17.

20 Ibid., p. 18.

21 Ibid., p. 19.

22 Ibid., pp. 20-22.

23 Ibid., p. 34.

24 Ibid., pp. 35-38.

25 Ibid., pp. 39-45.

26 Ibid., pp. 47-49.

27 Ibid., pp. 50-52.

28 Ibid., pp. 59-60.

29 Ibid., pp. 23-26.

30 전기를 참조할 것. V.Iu. Gribovskii, V.P. Poznakhirev, *Vitse-admiral Z.P. Rozhestvenskii*, Sankt-Peterburg, 1999.

31 Ibid., pp. 112-115.

32 V.A. Shtenger, Podgotovka II eskadry k plavaniiu, *S eskadroi admirala Rozhestvenskogo. Sbornik statei*, Sankt-Peterburg, 1994(Praha, 1930), pp. 30-31.

33 A.G. fon Nidermiller, *Ot Sevastopolia do Tsusimy. Vospominaniia*, Riga, 1910, p. 88.

34 IKMGSh, *Russko-Iaponskaia voina*, Vol. 1, Sankt-Peterburg, 1912, p. 123.

35 Rusin's report, 2/15 January 1903, RGAVMF, F. 32, Op. 1, D. 168, L. 1-1ob.

36 Ibid., L. 3-4ob.

37 Ibid., L. 8-8ob.

38 Ibid., L. 9ob.-10.

39 P.N. Simanskii, *Sobytiia na Dal'nem Vostoke, predshestvovavshie Russko-Iaponskoi voine(1891-1903 g.g.)*, Vol. III, Sankt-Peterburg, 1910, p. 42. 쿠로파트킨은 파블로프, 레사르의 의견만을 일기에 써 두었다. *Dnevnik A.N. Kuropatkina*, pp. 33-34.

40 KA, 1932, kn. 3, p. 111.

41 Ibid., pp. 112-113. Ian Nish, *The Origins of the Russo-Japanese War*, London, 1985, pp. 145-146에는 육군상과 해군상 모두 일본과의 협정이 바람직하다는 비테의 제안을 분명하게 받아들였다고 되어 있지만, 해군상의 의견은 달랐다.

42 KA, 1932, kn. 3, p. 113.

43 Ibid., p. 115.

44 Ibid., pp. 118-119.

45 Ibid., pp. 119-120.

46 Ibid., pp. 120-123.

47 Simanskii, op. cit., Vol. III, p. 48.

48 Ibid., p. 54.

49 Ibid., pp. 66-67.

50 I.V. Lukoianov, The Bezobrazovtsy, RJWGP, Vol. I, Brill, Leiden, 2005, p. 78. 알렉세예프의 일기에 따른 주장이다.

51 Alekseev to Nikolai II, 15 March 1903, RGAVMF, F. 32, Op. 1, D. 173, L. 1.

52 B.A. Romanov, *Rossiia v Man'chzhurii(1892-1906)*, Leningrad, 1928, p. 404. David Schimmelpenninck van der Oye, *Toward the Rising Sun: Russian Ideologies of Empire and the Path to War with Japan*, Northern Illinois University Press, 2001, p. 188. 로마노프는 1월 19일, 스힘멜펜닝크는 1월 12일이라 주장한다. 어느 한쪽은 잘못 파악하고 있다.

53 B.A. Romanov, Vitte nakanune russo-iaponskoi voiny, *Rossiia i zapad. Istorichskii sbornik*, pod red. A. I. Zaionchkovskogo, I, Sankt-Peterburg, 1923, p. 146. Protas'ev to Vitte, 30 January 1900.

54 Schimmelpenninck, op. cit., p. 188. Dmitriev-Mamonov to Pokotilov, 24 January 1900, RGIA.

55 Romanov, Vitte nakanune, pp. 146-147.

56 두 사람이 어디서 어떻게 서로 알게 되었는지를 직접 나타내는 문서는 발견하지 못했다. 그러나 이하에서 볼 수 있는 관련 자료의 기술로부터 이렇게 확실히 추측할 수 있다.

57 Pokotilov to Vitte, 15 February 1903 g., RGVIA, F. 165, Op. 1, D. 5312, L. 9.

58 Ibid., L. 7.

59 Ibid., L. 7ob.

60 Alekseev to Nikolai II, 12 February 1903, RGAVMF, F. 32, Op. 1, D. 170, L. 1-2. 스힘멜펜닝크는 알렉세예프가 처음부터 베조브라조프에게 부정적이었다고 쓰고 있는데(Schimmelpenninck, op. cit., p. 189), 옳지 않다.

61 *Dnevnik A.N. Kuropatkina*, p. 35.

62 Bezobrazov to Vitte, 13 February 1903, RGIA, F. 560, Op. 28, D. 275, L, 29-30.

63 Bezobrazov to Vitte, n.d., Ibid., L. 45-45ob.

64 Vitte to Bezobrazov, 18 February 1903, Ibid., L. 52.

65 A.M. Abaza, Russkie predpriiattiia v Koree. GARF, F. 601, Op. 1, D. 529, L. 27-27ob.

66 VIK, *Russko-Iaponskaia voina*, Vol. I, Sankt-Peterburg, 1910, p. 323.

67 Girshman to Romanov, 19 February 1903, RGIA, F. 560, Op. 28, D. 275, L.

64-64ob.

68 Lamsdorf to Kuropatkin, 3 March 1903, RGVIA, F. 165, Op. 1, D. 5312, L. 23.

69 Ibid., L. 23-23ob.

70 Protas'ev to Romanov, 23 February 1903, RGIA, F. 560, Op. 28, D. 275, L. 105-105ob.

71 Alekseev to Lamsdorf, 3 March 1903, RGAVMF, F. 32, Op. 1, D. 172, L. 8-8ob. RGIA, F. 560, Op. 28, D. 275, L. 115-115ob.

72 *Dnevnik A.N. Kuropatkina*, pp. 38-39.

73 Kuropatkin to Lamsdorf, 5 March 1903, RGVIA, F. 165, Op. 1, D. 5312, L. 28.

74 Lamsdorf to Alekseev, 7 March 1903, RGAVMF, F. 32, Op. 1, D. 172, L. 7.

75 Iugovich to Vitte, 9 March 1903, RGVIA, F. 105, Op. 1, D. 5312, L. 39-39ob., 40ob.

76 *Dnevnik A.N. Kuropatkina*, pp. 43-44.

77 Simanskii, op. cit., Vol. III, p. 70.

78 Madritov to Alekseev, 26 March 1903, RGVMF, F. 32, Op. 1, D. 178, L. 2.

79 Flug to Madritov, 22 April 1903, Ibid., L. 5. Lukoianov, The Bezobrazovtsy, p. 79.

80 Flug to Alekseev, 29 April 1903, Ibid., L. 1. Lukoianov, op. cit., p. 79.

81 『日本外交文書』第36巻 第1冊, p. 456.

82 *Dnevnik A.N. Kuropatkina*, p. 38.

83 Ibid., pp. 39-40.

84 Girshman to Romanov, 28 February 1903, RGIA, F. 560, Op. 28, D. 275, L. 108-108ob.

85 Romanov, Vitte nakanune, p. 157. 루코야노프는 3월의 시점에 육군상, 재무상, 외상, 이 3인조의 노력이 확실한 결과를 낳아서 베조프라조프가 소환되었다고 쓰고 있는데(Lukoianov, Poslednie russko-iaponskie peregovory pered voinoi 1904-1905 gg.(vzgliad iz Rossii), *Acta Slavica Iaponica*, Tomus XXIII, 2006, p. 8), 이는 옳지 않다.

86 이 점에 관해서 로마노프는 혼동을 일으키고 있다. Romanov, Vitte nakanune, p. 158. 이것은 쿠로파트킨이 일기에 "решил отозвать его[그를 소환하기로 결정했다]"와 "приказал вызвать Богака[보가크를 소환하라고 지시했다]"라고 쓴 것을 보고 현혹된 것인지도 모른다. *Dnevnik A.N. Kuropatkina*, pp. 39-40.

87 Romanov, Vitte nakanune, p. 159.

88 Alekseev to Nikolai II(manuscript), 15 March 1903, RGAVMF, F. 32, Op. 1, D.

173, L. 1-5.

89 *Dnevnik A.N. Kuropatkina*, pp. 43-44.

90 Ibid., p. 39.

91 Pokotilov to Vitte, 21 March 1903, RGIA, F. 560, Op. 28, D. 275, L. 193.

92 Ibid., L. 199.

93 Iugovich and Ignatsius to Vitte, 27 March 1903, Ibid., L. 205.

94 Nikolai II's Diary, GARF, F. 601, Op. 1, D. 245, p. 135.

95 Ibid., p. 140.

96 GARF, F. 568, Op. 1, D. 179, L. 20.

97 Zapiska Abazy, 15 March 1903, RGIA, F. 560, Op. 28, D. 213, L. 31-33ob.

98 Zhurnal Osobogo soveshchaniia v VYSOCHAISHEM PRISUTSTVII 26-go marta 1903 goda, RGIA, F. 560, Op. 28, D. 213, L. 98-103.

99 Ibid., L. 98. Simanskii, op. cit., Vol. III, p. 85.

100 『東京朝日新聞』1903年4月9日号.

101 『日本外交文書』第36巻 第1冊, pp. 60-62.

102 角田順『満州問題と国防方針』原書房, 1967年, pp. 154-156.『伊藤博文伝』下巻, 原書房, 1970年, p. 584.『公爵山県有朋伝』下, 1933年, p. 541.

103 千葉功『旧日本の形成 —日本外交 1900-1919』勁草書房, 2008年, p. 113. 伊藤之雄『立憲国家と日露戦争』木鐸社, 2000年, pp. 172-173.

104 『公爵桂太郎伝』坤巻, 1917年, p. 121.

105 위의 책, pp. 121-122.

106 『文学者の日記3 池辺三山(3)』博文館新社, 2003年, p. 145.

107 『公爵桂太郎伝』坤巻, p. 122.

108 外務省編『小村外交史』原書房, 1966年, p. 306.

109 MacDonald to Lansdowne, 27 April 1903, *British Documents on the Origins of the War 1898-1914*, Vol. II, London, 1927, pp. 199-200. 角田, 앞의 책, pp. 156-157.

110 Simanskii, op. cit., Vol. III, pp. 48-51.

111 이것은 우치다 공사가 4월 25일에 본성으로 보고한 것이다.『日本外交文書』第36巻 第1冊, pp. 79-80. 하야시 다다스(林董) 공사는 4월 27일 이 텍스트를 영국 외상에게 전달했다. *British Documents*, Vol. II, pp. 201-202.

112 Uchida to Komura, 19 April 1903, 『日本外交文書』第36巻 第1冊, p. 61.

113 小村から内田へ, 1903年4月20日, 위의 책, p. 62.

114 Rusin to Rozhestvenskii, 12 April 1903, RGAVMF, F. 417, Op. 1, D. 2486, L. 114a.

115 『文学者の日記3 池辺三山(3)』pp. 142-143.

116 Simanskii, op. cit., Vol. III, p. 73. 로젠의 도착은『東京朝日新聞』1903年 4月 10日号, p.1.

117 Scott to Lansdowne, 14 May 1903, *British Documents*, Vol. II, pp. 203-204.

118 Simanskii, op. cit., Vol. III, pp. 51-52.

119 Rozen to Lamsdorf, 27 April 1903, RGIA, F. 560, Op. 28, D. 213, L. 131-131ob.

120『日本外交文書』第36巻 第1冊, pp. 454-455.

121 위의 책, p. 456.

122 斎藤聖二「解題井口省吾小伝」,『日露戦争と井口省吾』原書房, 1994年, p. 2-3.

123 波多野勝編『井口省吾伝』現代史料出版, 2002年, p. 102.

124 参謀本部編『明治三十七・八年秘密日露戦史』〈이하『秘密日露戦史』로 약칭〉, 第1巻, 巌南堂書店, 1977年, p. 25.

125 井口省吾日記,『日露戦争と井口省吾』p. 228.

126 전문은『日本外交文書』第36巻 第1冊, pp. 879-883. 또『秘密日露戦史』第1巻, pp. 25-26.

127『日本外交文書』第36巻 第1冊, pp. 882-883.

128 위의 책, pp. 880, 881.

129 위의 책, p. 883.

130 吉村昭『ポーツマスの旗——外相・小村寿太郎』新潮社, 1979年, p. 52.

131 井口省吾日記,『日露戦争と井口省吾』p. 230. 이 고게쓰의 모임에 관해서는 角田, 앞의 책, pp. 158-159. 横手慎二『日露戦争史』中公新書, 2006年, p. 83.

132 RGAVMF, F. 32, Op. 1, D. 179, L. 2.

133 *Dnevnik A.N. Kuropatkina*, p. 48.

134 Ibid., p. 49.

135 Ibid., p. 50.

136 K. Vogak, Znachenie dogovora 26 marta 1902 goda v razvitii man'chzhurnogo voprosa, RGIA, F. 560, Op. 28, D. 213, L. 135-141. Simanskii, op. cit., Vol. III, pp. 92-93은 이 의견서가 5월 협의회에서 낭독되었다면서 그 내용을 소개하고 있다. Glinskii, op. cit., p. 285는 보가크의 의견서가 5월 협의회에서 낭독되었다는 사실을 언급하고 있지만, 그 내용은 소개하지 않은 것이나 마찬가지이다. 로마노프나 2005년까지의 루코야노프도 보가크의 의견서에 관해서는 일체 언급한 적이 없다.

137 Nikolai II's Diary, 25 April 1903, GARF, F. 601, Op. 1, D. 245, p. 174.

138 Vogak, op. cit., L. 140ob.-141.

139 Vogak to Alekseev, 21 May 1903, RGAVMF, F. 32, Op. 1, D. 179, L. 2. Lukoianov, op. cit., p. 80.

140 Nikolai II's Diary, 27, 28 April 1903, GARF, F. 601, Op. 1, D. 245, pp. 176-177.

141 Simanskii, op. cit., Vol. III, pp. 86-89. 나는 이 원문을 보지 못했다. 루코야노프는 이 의견서를 보았지만, 한두 줄 정도 밖에는 그 내용을 언급하지 않고 있다. Lukoianov, The Bezobrazovtsy, p. 78.

142 Vogak to Alekseev, 21 May 1903, RGAVMF, F. 32, Op. 1, D. 179, L. 2.

143 Nikolai II's Diary, 29 April 1903, GARF, F. 601, Op. 1, D. 245, p. 178.

144 Nikolai II to Alekseev, 2 May 1903, RGIA, F. 560, Op. 28, D. 213, L. 132-132ob.

145 Nikolai II to Kuropatkin, 2 May 1903, Ibid., L. 133.

146 Iaponskie dnevniki A.N. Kuropatkina, *Rossiiskii arkhiv*, VI, Moscow, 1995, pp. 394, 396.

147 VIK, *Russko-Iaponskaia voina*, Vol. I, pp. 323-324.

148 Alekseev to Nikolai II (manuscript), 17/30 May 1903, RGAVMF, F. 32, Op. 1, D. 123, L. 53-57.

149 S. Gurov and V. Tiul'kin, *Bronenostsy Baltiiskogo flota*, Kaliningrad, 2003, pp. 26-43, 53-63. IKMGSh, *Russko-Iaponskaia voina*, Vol. 1, p. 63. *Variag. Stoletie podviga 1904-2004*, Moscow, 2004, p. 43.

150 *Voennye floty i morskaia spravochnaia knizhka na 1904 g*. Sankt-Peterburg, 1904, pp. 236-239, 244-247. 鈴木在浦潮貿易事務所事務代理から小村へ, 1903年 5月 20日, 『日本外交文書』第36巻 第1册, p. 809.

151 Simanskii, op. cit., Vol. III, p. 90.

152 L.E. Shepelev, *Chinovnyi mir Rossii XVIII-nachala XIX v.*, Sankt-Peterburg, 1999, p. 189.

153 기록은 베조브라조프가 작성한 보고서 Otchet ob Osobom Soveshchanii 7-go maia 1903 goda v Vysochaishem Ego Imperatorskogo Velichestva prisutstvii, RGIA, F. 560, Op. 28, D. 213, L. 150-158, 그리고 5명의 장관 등이 서명한 정식 의사록 Zhurnal Osobogo Soveshchaniia v Vysochaishem prisutstvii 7-go maia 1903 goda. RGAVMF, F. 32, Op. 1, D. 180, L. 1-5ob.

154 Otchet..., L. 150-151.

155 Zhurnal..., L. 5-5ob.

156 Simanskii, op. cit., Vol. III, p. 91.

157 Otchet..., L. 151ob.-154.

158 Otchet..., L. 154-157ob.

159 루코야노프는 5월 협의회에서의 베조브라조프파의 승리는 "완전한" 것이 아니었다고 주장하지만, 목재이권 회사에만 주의를 쏟는 시각은 적절하지 않

다. I.V. Lukoianov, Poslednie russko-iaponskie peregovory, p. 9.

160 Obzor rezul'tatov perliustratsii pisem po vazhneishim sobytiiam i iavleniiam gosudarstvennoi i obshchestvennoi zhizni Rossii v 1903 godu, Byloe, 1918, No. 2, p. 213. 지금까지 이 자료는 완전히 간과되어 왔다.

161 *Russko-Iaponskaia voina. Iz dnevnikov A.N. Kuropatkina i N.P. Linevicha*〈이하 RIaV로 약칭〉, Leningrad, 1925, pp. 137-138.

162 Lamsdorf to Nikolai II, 16 May 1903, GARF, F. 568, Op. 1, D. 179, L. 35-36ob.

163 Lamsdorf to Rozen, 17 May 1903, Ibid., L. 40-40ob.

164 Lukoianov, op. cit., p. 17은 이 과정을 8월부터 시작된 러일교섭과 연결 지음으로써 혼란을 일으키고 있다.

165 Lamsdorf to Vitte, 17 May 1903, RGIA, F. 560, Op. 28, D. 213, L. 163, 164-175ob.

166 이 의견서는 V.V. Gluzhkov and K.E. Cherevko, *Russko-iaponskaia voina 1904-1905 gg. v dokumentakh vneshnepoliticheskogo vedomstva Rossii. Fakty i kommentarii*, Moscow, 2006, pp. 53-56에 있다. 그런데 날짜가 잘못되어 있다. 각주 167)를 참조할 것.

167 Bezobrazov to Nikolai II, 23 May 1903, RIaV, pp. 139-141. 베조브라조프는 사하로프의 의견서를 5월 16일(러시아력)자라 쓰고 있다.

168 Ibid., p. 139.

169 Sakharov to Kuropatkin, 12 June 1903, *Dnevnik A.N. Kuropatkina*, pp. 73-74.

170 Lamsdorf to Nikolai II, 28 May 1903, Istochnik, 1999, No. 2, pp. 38-39.

171 Bezobrazov to Nikolai II, 29 May 1903, RIaV, p. 141.

172 Nikolai II to Lamsdorf, 29 May 1903, Istochnik, 1999, No. 2, p. 39.

173 Bezobrazov to Nikolai II, 29 May 1903, RIaV, p. 141.

174 Bezobrazov to Nikolai II, 2 June 1903, Ibid., pp. 143-144.

175 내무성의 민간인 사신 비밀검열부 파일에서. *Byloe*, 1918, No. 2, p. 214.

176 Simanskii, op. cit., Vol. III, pp. 52-53.

177 Jordan to Lansdowne, 25 May 1903; Lansdowne to Jordan, 26 May 1903, *Further Correspondence respecting the Affairs of Corea. January to June 1903*, London, April 1904, Microfilm 405/137, p. 15.

178 『日本外交文書』第36卷 第1冊, p. 457.

179 위의 책, p. 458.

180 위의 책, pp. 465-467.

181 위의 책, p. 481.

182 위의 책, p. 482.

183 위의 책, p.483.

184 Vogak to Alekseev, 21 May 1903, RGAVMF, F.32, Op.1, D.179, L.1-5.

185 Iaponskie dnevniki A.N. Kuropatkina, pp.398-400.

186 Bezobrazov and others'memorandum, 26 May 1903, RGVIA, F.165, Op.1, D.872, L.1-2.

187 Iaponskie dnevniki A.N. Kuropatkina, pp.401-402.

188 Ibid., p.410.

189 『皇城新聞』1903年 5月 3日. 『황성신문』은 모두 한국에서 1976년에 나온 복각판을 이용했다.

190 가지무라 히데키(梶村秀樹)는 『황성신문』의 논조를 최초로 분석한 연구자인데, 오히려 대일 비판에 기조가 있는 것처럼 해석하고 있고 러시아 비판이 보다 강하다는 데에 주의하지 않았다. 梶村秀樹 「朝鮮から見た日露戦争」, 『梶村秀樹著作集』第2巻, 明石書店, 1993年, pp.257-258.

191 Alekseev to Lamsdorf, 23 June 1903, RGAVMF, F.32, Op.1, D.134, L.12.

192 Ibid., 16 July 1903, Ibid., L.14.

193 『秘密日露戦史』第1巻, pp.27-45.

194 위의 책, p.46.

195 井口省吾日記, 『日露戦争と井口省吾』p.232.

196 戸水寛人『回顧録』非売品, 1904年, pp.276-280.

197 위의 책, pp.282-288.

198 『皇城新聞』1903年 7月 7, 8, 9日.

199 「書日博士建議書後」, 위의 신문, 7월 10일.

200 『日露開戦論纂』旭商会, 1903年, pp.1-18.

201 『東京朝日新聞』1903年 6月 13日号, p.1.

202 Iaponskie dnevniki A.N. Kuropatkina, p.411.

203 Ibid., p 412.

204 Ibid., p.420.

205 『公爵桂太郎伝』坤巻, pp.124-125.

206 Iaponskie dnevniki A.N. Kuropatkina, p.414.

207 Ibid., p.418.

208 Ibid., pp.436-437.

209 Ibid., p.420.

210 Ibid., p.423.

211 Ibid., pp.421-422.

212 伊藤, 앞의 책, p.205는 메이지천황의 발의에 의한 것이라고 보고 있는데, 그러한 형식을 취했을 뿐이 아닐까?

213 『秘密日露戦史』第1巻, pp. 47-50. 沼田多稼蔵『日露陸戦新史』岩波新書, 1940年, pp. 4-6.

214 『秘密日露戦史』第1巻, p. 47.

215 角田, 앞의 책, p. 161.

216 小村「対露交渉ニ関スル件」, 1903年 6月 23日, 『日本外交文書』第36巻 第1册, pp. 1-3.

217 『文学者の日記3 池辺三山(3)』p. 150.

218 『公爵桂太郎伝』坤卷, pp. 128-129. 이토 유키오(伊藤之雄)와 니쉬(Nish)는 이 토와 이노우에가 보다 온건한 안을 주장했기 때문에 타협적인 결의가 통과되 었다고 썼지만(伊藤, 앞의 책, p. 206. Nish, op. cit., p. 159), 이는 오류이다. 결 의는 타협적인 것이 아니었다.

219 Nikolai II's Diary, GARF, F. 601, Op. 1, D. 246, p. 16.

220 *Dokumenty kasaiushchiesia peregovorov s Iaponiei v 1903-1904 godakh, khraniashchiesia v kantseliarii Osobogo Komiteta Dal'nego Vostoka* [hereafter DKPIa] [Sankt-Peterburg], 1905, No. 1, pp. 13-14.

221 Abaza to Nikolai II, 14 June 1903, RIaV, pp. 144-146.

222 Iaponskie dnevniki A.N. Kuropatkina, p. 440.

223 Ibid., pp. 438-439.

224 『東京朝日新聞』1903年6月12日号.

225 「露国陸相と語る」, 위의 신문, 1903년6월28일.

226 Rospopov to Vitte, 7 June 1903, OPIGIM, F. 444, D. 103, L. 71-71ob.

227 Bezobrazov to Nikolai II, 21 June 1903, RIaV, pp. 148-150. 말미에 페테르 부르크라고 씌어 있는데, 잘못일 것이다.

228 A.N. Kuropatkin, Prolog manchzhurskoi tragedii, RIaV, Leningrad, 1925, p. 29. Andrew Malozemoff, *Russian Far Eastern Policy, 1881-1904: With Special Emphasis on the Causes of the Russo-Japanese War*, New York, 1977, p. 220. 石和 静「ロシアの韓国中立化政策―ウィッテの満州政策との関連で」, 『スラヴ研 究』第46号, 1999年, p. 50.

229 Zakliuchenie Soveshchaniia po voprosu o Man'chzhurii, No. 1, 18 June 1903, RGIA, F. 560, Op. 28, D. 213, L. 196-196ob.

230 Ibid., No. 2, 19 June 1903, Ibid., L. 196ob.-197.

231 Ibid., No. 3, 19 June 1903, Ibid., L. 197-198ob.

232 Ibid., No. 4, 19 June 1903, Ibid., L. 198ob.-201.

233 Zapiska Kuropatkina, 24 July 1903, GARF, F. 543, Op. 1, D. 183, L. 109.

234 Zakliuchenie Soveshchaniia po voprosu o Man'chzhurii, No. 5, 23 June 1903, Ibid., L. 201-202ob.

235 会社設立総会議事録, RGAVMF, F. 417, Op. 1, D. 2865, L. 2.

236 Zakliuchenie Soveshchaniia po voprosu o Man'chzhurii, No. 6, 24 June 1903, Ibid., L. 203-205.

237 Ibid., No. 7, 25 June 1903, Ibid., L. 205-206ob.

238 VIK, *Russko-Iaponskaia voina*, Vol. I, pp. 324-325.

239 Zhurnal Soveshchaniia po voprosu ob usilenii voennogo polozheniia na Dal' nem Vostoke 25 iiunia 1903 goda, RGIA, F. 560, Op. 28, D. 213, L. 211-213.

240 VIK, *Russko-Iaponskaia voina*, Vol. I, p. 326.

241 N.E. Ablova, *KVZhD i rossiiskaia emigratsiia v Kitae: Mezhdunarodnye i politicheskie aspekty istorii(pervaia polovina XX veka)*, Moscow, 2005, pp. 54-56.

242 Zakliuchenie Soveshchaniia po voprosu o Man'chzhurii, No. 8, 26 June 1903, Ibid., L. 206ob.-207ob.

243 Ibid., No. 9, 27 June 1903, Ibid., L. 207ob.-209.

244 Ibid., No. 10, 28 June 1903, Ibid., L. 209-201.

245 Simanskii, op. cit., Vol. III, p. 170.

246 Segawa to Komura, 3 July 1903, 『日本外交文書』第36巻 第1冊, pp. 813-814.

247 Mizuno to Komura, 18 July 1903, Segawa to Komura, 20 July 1903, 위의 책, pp. 818, 821. Nish, op. cit., pp. 173-174는 이 보고가 러시아 측에서 보면 반드시 틀린 것만은 아니라고 주장한다.

248 伊藤, 앞의 책, pp. 178-184.

249 『日本外交文書』第37巻 第1冊, p. 6. Lansdowne to MacDonald, 3 July 1903, *British Documents*, Vol. II, pp. 206-207.

250 Lansdowne to MacDonald, 13 July 1903, Ibid., pp. 208-209.

251 Memorandum of Lansdowne to Hayashi, 16 July 1903, Ibid., pp. 209-210.

252 Payson J. Treat, *Diplomatic Relations between the United States and Japan 1895-1905*, Stanford University Press, 1938, p. 176. 그리스컴 공사는 7월 20일 본국에 일본의 계획을 보고했다.

253 Rusin to Virenius, 3/16 July 1903, RGAVMF, F. 417, Op. 1, D. 2486, L. 142-144.

254 Ibid., L. 146ob.

255 Alekseev to Rusin, 7 July 1903, Iz predystorii Russko-Iaponskoi voiny. Doneseniia morskogo agenta v Iaponii A. I. Rusina (1902-1904 gg.) 〈이하 IMAIaR〉, *Russkoe proshloe*, 6, 1996, pp. 70-71.

256 Alekseev to Avelan, 6 July 1903, RGVIA, F. 400, Op. 4, D. 481, L. 431.

257 Avelan to Sakharov, 8 July 1903, Ibid., L. 430.

258 Flug to Sakharov, 11 July 1903, Ibid., L. 438-438ob.

259 Desino to Sakharov, 11 July 1903, Ibid., L. 439.

260 Sakharov to Avelan, 11 July 1903, Ibid., L. 432.

261 『万朝報』1903年7月29日号.

262 『東京朝日新聞』1903年7月24日号.

263 위의 신문, 1903년 8월 10일.

264 위의 신문, 1903년 8월 11일.

265 위의 신문, 1903년 8월 15일.

266 Nikolai II's Diary, GARF, F. 601, Op. 1, D. 246, p. 40.

267 Aleksandr Rediger, *Istoriia moei zhizni. Vospominaniia voennogo ministra*, Vol. 1, p. 367.

268 세라핌에 관해서는, イリナ・ゴライノフ(エドワード・ブジョストフスキ訳 『サーロフの聖セラフィーム』あかし書房, 1985年을 참조

269 Nikolai II's Diary, GARF, F. 601, Op. 1, D. 246, pp. 42-43.

270 Ibid., p. 44.

271 Ibid., p. 47.

272 Ibid., pp. 47-49.

273 Bezobrazov to Nikolai II, 20 July 1903, RGIA, F. 560, Op. 28, D. 213, L. 216-220.

274 Bezobrazov to Nikolai II, 23 July 1903, RIaV, pp. 152-153.

275 A.V. Remnev, *Rossiia Dal'nego Vostoka*, Omsk, 2004, p. 372.

276 Bezobrazov to Nikolai II, 25 July 1903, RGIA, F. 1282 Op. 1, D. 759, L. 188-188ob. DKPIa, pp. 15-16에는 7월 28일 날짜로 되어 있다.

277 Zapiska Kuropatkina to Nikolai II, 24 July 1903, GARF, F. 543, Op. 1, D. 183, L. 95-117ob.; RGVIA, F. 165, Op. 1, D. 879, L. 1-17ob.

278 GARF, F. 543, Op. 1, D. 183, L. 97ob.-98.

279 Ibid., L. 103.

280 Ibid., L. 104ob.-107.

281 Ibid., L. 111ob.-112.

282 Ibid., L. 112ob.-113.

283 Ibid., L. 115-117ob.

284 Bezobrazov to Nikolai II, 30 July 1903, RIaV, pp. 154-156.

285 Kuropatkin to Nikolai II, 1 August 1903, RGVIA, F. 165, Op. 1, D. 900, pp. 2-15.

286 VIK, *Russko-Iaponskaia voina*, Vol. I, pp. 329-332.

287 Alekseev to Bezobrazov, 22 July 1903, RGAVMF, F. 32, Op. 1, D. 6, L. 1.

288 Bezobrazov to Alekseev, 22 July 1903, Ibid., L. 2-2ob. Ibid., 23 July 1903, Ibid., L. 3-3ob. Ibid., 29 July 1903, Ibid., L. 5. Alekseev to Bezobrazov, 30 July 1903, Ibid., L. 6. Vogak to Alekseev, 26 July 1903, Ibid., L. 7-8. Alekseev to Vogak, 31 July 1903, Ibid., L. 9.

289 Nikolai II's Diary, GARF, F. 601, Op. 1, D. 246, L. 55.

290 PSZ, Sob. 3-e, Vol. XXIII, otd. 2, Sankt-Peterburg, 1905, No. 23319.

291 Alekseev to Nikolai II, 5 August 1903, RGAVMF, F. 32, Op. 1, D. 6, L. 10.

292 *Dnevnik A.N. Kuropatkina*, pp. 52-54.

293 Rusin to Virenius, 7 August 1903, DMAIaR, p. 71.

제7장 러일교섭

교섭 개시

러일교섭을 시작하려는 생각을 하고 있던 사람은 베조브라조프에게 지위를 위협받은 외상 람스도르프였다. 그는 러일교섭은 자신이 하는 것이 외상으로서의 위치를 지키는 것이라고 생각했다.

쿠로파트킨 육군상의 방일이 끝날 즈음 로젠 공사는 러시아가 만주를 취하는 대가로 일본에게 조선을 준다는 안(案), 적어도 조선 남부는 넘겨주는 조건으로 협정을 맺는다는 안을 내놓았다. 6월 26일 (13일)과 28일(15일)에 그러한 취지를 담은 로젠의 전보가 알렉세예프 그리고 아마도 람스도르프에게 보내졌다.[1] 5월 말에 대일교섭의 타진을 지시한 바 있는 외상은 로젠안에 달려들어 대일교섭을 타진하는 것에 대한 황제의 지지를 얻어냈다. 6월 29일(16일) 조선문제와 만주문제에 관해 일본 정부와 의견 교환을 할 용의가 있다고 고무라 외상에게 전하라는 전보가 로젠에게 보내졌다. 람스도르프는 일본이 머지않아 조선에 병력을 보내 조선 남부를 점령할 가능성이 있다면서, 지금이 일본 정부와 의견 교환을 할 호기라고 썼다. 이전이나 지금이나 러시아는 양보하지 않았고, 양보할 생각도 없지만, 로젠이 제안한 취지로 일본의 태도를 타진해도 좋다고 지시했다. 만주문제는 로젠의 관할 밖이었고, 따라서 전보에는 이에 관해서는 알렉세예프가 전하는 폐하의 지시에 따르라고 쓰여 있었다.[2] 람스도르프는 극동 태수제 설치라는 황제의 새로운 결단을 아직 몰랐던 모양이다.

그런데 알렉세예프는 반대였다. 6월 30일(17일) 그는 로젠에게 "조선의 분할에 관해서 일본과 협정을 맺고, 만주에 대한 대가로 반도의 남반부를 일본에게 주는 것은 이익이 되지 않는다", 일본이 멋대로 점령하도록 해서 러시아가 항의하는 편이 바람직하다고 써서 보냈다. 그렇게 되면 "우리는 항의할 권리를 보유하고, 시간이 지나면서 우리 재량으로 자유롭게 할 가능성을 남길 수 있을 것이다." 그러니까 만주는 계속 점령하고, "일본과는 협정을 체결하지 않으며, 다만 조선에 대해서는 어떠한 침략적 의도도 없다고 단정적으로 표명하는"것으로 하면 어떨까 하는 것이 알렉세예프의 역제안이었다.[3]

로젠은 이 제안이 중앙정부에서 위임받은 것이었기 때문에, 알렉세예프에게 "러시아가 조선에서 일본에게 행동의 자유를 부여하는 것에 관해" 교섭을 행하겠다고 연락했다. 교섭에 반대하던 알렉세예프는 7월 18일(5일) 외상에게[4] 그리고 다음 날에는 황제에게 보낸 전보에서,[5] 뤼순회의에서 조선에서의 정책은 삼갈 것, 일본이 침략행위로 나와도 힘으로 대항하지 말고 항의하는 데 머물 것, 즉 일본의 행동에 대해 "우리는 어떠한 합의도 미리 하지 않는다"고 합의했는데 이렇게 교섭하는 것은 합의에 반하는 움직임으로 '위험'하다고 보고했다. 이미 앞에서(781-782쪽) 언급했던 것처럼 알렉세예프는 이즈음 람스도르프에게 조선의 황제가 조선에 관한 새로운 러일협정을 맺었는지를 조회한 데 대해 그런 일은 없다고 부정했다는 사실을 두 번에 걸쳐서 보고했다. 조선과의 관계를 생각해서라도, 일본이 조선을 자유롭게 해도 좋다고 인정하는 협정을 체결해서는 안 된다는 것이 알렉세예프의 생각이었을 것이다.

아마도 알렉세예프의 이 의견이 람스도르프의 제안을 억눌렀던 것으로 보인다. 황제는 또 다시 동요했던 것이다. 로젠이 일본에 교섭을 제안하는 것은 실행되지 않았다.[6] 일본의 자료에도 이 당시 러시아에게서 교섭 제안이 있었다는 것은 확인되지 않는다.

알려진 것처럼 러일교섭은 일본의 제안으로 시작되었다. 7월 28일(15일) 고무라 외상이 구리노 공사에게 전보를 보내 러시아와의 협상 교섭 개시를 지시한 것이 시작이었다. 구리노 공사는 7월 31일 람스도르프 외상을 방문해 구상서(口上書)를 전달했다. 람스도르프에게서 전향적인 답을 듣고, 고무라는 8월 3일 협상의 초안을 구리노 공사에게 보냈다. 8월 5일 람스도르프는 황제에게 교섭 개시를 허락받았다고 구리노 공사에게 회답했다. 고무라는 협상안을 러시아에 건네라고 타전했다.[7]

고무라가 구리노에게 교섭을 제안하라고 훈령을 내렸다는 사실을, 러시아 해군무관 루신은 7월 29일(16일)에 군령부에 타전했다.[8] 개전이 우려되는 상황이었기 때문에, 계속해서 타전된 전보의 설명에는 일종의 안도감과 기대감이 배어 있었다. "이리하여 일본은 그 대기적(待機的), 관찰자적 입장에서 벗어났다. ……모든 것은…… 조건 내지 제안에 달려 있다. 의심할 여지 없이 이 교섭은 우리가 극동에서 보다 강해질 준비를 갖추면 갖출수록 만족할만한, 그리고 유리한 교섭이 될 것이다. 일본의 이러한 외교적 스텝을 불러일으킨 것은 아마도 극동에서의 우리 육해군의 준비와 강화일 것이다. ……일본의 조건이 이성적일 것으로 기대하고 열망한다. 극단적인 것이 아닌, 제국 정부의 존엄과 국가적 이익의 관점에서 받아들일 수 있으며, 현재 극동의 불확실한 정치 정세에서 벗어날 수 있게 하는 것이기를 바란다. 우리

는 만주에 이미 너무나 많은 돈과 노동력을 쏟아 부었기 때문에."⁹

일본의 제1차 제안

1903(메이지36)년 8월 12일(7월 30일) 구리노 공사가 람스도르프 외상에게 전달한 일본의 제안은 다음과 같다.¹⁰

제1조 청·한 양 제국의 독립 및 영토보전을 존중할 것, 또한 양국에서 각국의 상공업을 위해 기회균등주의를 보지(保持)해야 한다는 점을 상호 약속할 것.

제2조 러시아는 한국에서 일본의 우세한 이익을 승인하고, 일본은 만주에서 철도 경영에 관한 러시아의 특수한 이익을 승인하며, 이와 더불어, ……일본은 한국에서 러시아는 만주에서 양국 각각의 이익을 보호하기 위해서 필요한 조치를 취할 권리를 상호 승인할 것.

제3조 한국에서의 일본 그리고 만주에서의 러시아가 행하는 상업적·공업적 활동의 발달을 저해하지 않겠다는 것을 상호 약속할 것, 또 금후 한국철도를 만주 남부로 연장하고, 이렇게 해 동청철도…… 에 연결하게 되어도 이를 저해하지 않겠다는 것을 러시아에 약속할 것.

제4조 본 협약 제2조에 따른 이익을 보호하는 목적이나 국제분쟁을 야기할 만한 반란 또는 소요를 진정할 목적으로, 일본에서 한국으로, 러시아에서 만주로 군대를 파견해야 할 때, 파견하는 군대는 여하한 경우에도 실제로 필요한 인원수를 넘지 않을 것, 또 그 군대는 그 임무를 다하는 대로 즉각 소환하겠다는 것을 상호 약속할

것.

제5조 한국에서의 개혁 및 선정(善政)을 위해 조언 및 원조(단 필요한 군사상의 원조를 포함할 것)를 제공하는 것은 일본의 전권에 속한다는 점을 러시아가 승인할 것.

제6조 본 협약은 한국에 관하여 일·러 양국 간에 종전에 체결된 모든 협정을 대체할 것.

우선 청·한 양국의 독립과 영토의 보전을 함께 존중한다고 하면서 조선과 만주를 대상으로 했다. 그러나 일본이 한국에 특별한 이익을 지닌다는 점을 인정하도록 하는 대신, 러시아에게는 만주에서의 철도에 관한 이익만을 인정하는 것에 불과했다. 이렇게 해서는 만한교환론이라 할 수 없었다. 만주의 철도는 청국과의 협정으로 러시아가 만든 것이며, 일본이 그것을 승인해준다고 해도 리시아로서는 아무것도 얻는 바가 없다. 그 철도에 한국의 철도를 연결하는 것을 요구하고 있다. 러시아의 만주 파병은 필요 최소한으로 하고, 신속하게 철수할 것을 요구하고 있다. 이에 대한 교환으로 일본은 한국에 조언과 원조를 제공할 '전권'(專權), 즉 독점권을 요구했고, 또 군대를 파견할 독점적 권리도 인정하라고 요구하고 있다. 그리고 1901년의 이토의 제안, 1902년의 구리노의 사안(私案)과 비교하면, 군사전략적 이용 금지 및 연안의 자유항행을 방해하는 군사적 조치 금지 등의 제한을 거부하고, 무제한적인 한국 지배를 인정하도록 요구하고 있는 것이다. 정말로 만주에서 러시아가 지닌 지위에는 제한을 가하면서, 한국을 일본의 보호국으로 하는 것을 러시아보고 승인하라고 요구하는 것이었다.[11] 일본의 이익을 극대화하고 러시아의 이익은 최소한으로 하겠다는 제안이다.

더욱이 고무라는 이 러일교섭을 행하면서 의주 개방 문제는 방치하기로 작정했다. 7월 24일 그는 하야시 곤스케 공사에게 "삼림 1건은 시국 해결이라는 큰 문제에 대한 부수적인 것으로 다뤄 러시아와 협의할 생각이며", "큰 문제를 제쳐놓고 단순히 삼림문제로 충돌을 일으키는 일이 생기면 매우 바람직하지 않기 때문에", "당분간 보류해야 한다"고 지시했다.[12] 고무라는 한국도 하나의 당사자로 인정해 일·러·한 3국이 삼림문제, 의주 개방 문제를 교섭하는 것은 합목적적이라고 생각하지 않았던 것이다. 한국 정부는 고무라의 안중에 없었다.

일본과 러시아가 시작한 교섭은 애초부터 전혀 공개되지 않은 채 진행되었다. 일본 국내의 신문 보도도 없었다. 나중에 9월 4일자 『도쿄아사히신문』에 "당국자가 명언하는 바에 따르면 목하 만주문제에 관해서 제국 정부와 러시아 정부가 직접 교섭 중에 있다는 것은 사실이다"라고만 실렸을 뿐이었다.

러시아의 사정

그런데 일본의 제안이 러시아에 전달되었을 때, 러시아 정부 내에서는 혼란이 일고 있었다. 8월 12일(7월 30일) 베조브라조프파가 추진한 극동태수제 설치가 단행되었고, 구파(舊派)가 이에 강하게 저항하고 있었다.

뤼순 회의에 참가하지 않았던 비테가 장관협의를 요청했다. 니콜라이의 지지를 끌어내 8월 14일(1일) 재무상, 육군상, 외상의 협의가 이루어지게 되었는데, 극동태수제의 발령이 예고 없이 행해졌기 때문에 황제에게 완전히 무시당한 세 장관으로서는 자신들의 분노를 이 장관협의에서 발산하는 수밖에 없었다. 애초에는 베조브라조프도 참석하기로 되어 있었지만, 황제를 뵈러 가느라고 참석하지 못한다는 구실로 이 협의회를 보이콧했다.[13] 전쟁은 이미 양 진영 사이에서 시작되고 있었던 것이다.

이 협의의 의사록[14]에 의하면, 세 장관들은 우선 만주에 관해서 만주 전체 내지 그 일부를 러시아가 병합하는 것이 바람직한지 의문을 제기했고, 바람직하지 않다는 데에 합의했다. 이어 철군에 관해서, 뤼순회의의 결론과 마찬가지로 1902년의 조약을 그대로 엄수해 철군하는 것은 곤란하며, 철군에 있어서 러시아의 이익을 확보하는 방책이 필요하다고 결론지었다. 그러나 청국에서 획득해야 할 보상에 관해서는, 뤼순회의의 10개 항목을 수정해 다음의 5개 항목을 확보해야 한다는 데에 합의했다. 1. 청국은 반환받은 만주를 외국인에게 양여하지 않을 것, 2. 쑹화강과 아무르강 우안에 군사거점을 남겨 둘 것, 3. 치치하얼과 블라고베셴스크를 연결하는 가도에 거점을 남겨 둘 것, 4. 청국 북부에서는 외국인의 경영을 배제할 것, 5. 동청철도의 상업적 이익을 수호할 것.

뤼순회의의 제1, 2, 3, 6, 9항이 남겨진 형태다. 나머지 항목들은 러시아가 사실상 만주를 장악하고 있으면 필요 없다든지, 다른 열강의 강한 반발을 초래할 것이라든지, 또는 그다지 중요하지 않다는 이유로 삭제되었다. 세 장관은 이 조건이 인정되면, 잉커우, 펑황성, 샤허진, 랴오양에서 즉각 철군하고, 4개월 이내에 지린성의 대부분을 그리고 1년 이내에 지린성의 나머지 부분과 헤이룽장성에서 철군할 것이라고 했다.

조선문제에 관해서는 뤼순회의와 마찬가지로, "러시아로서는 이렇게 바람직하고 평화적이며 확고한 만주문제의 해결을 위해서, 조선에서 일본과의 위험한 충돌을 초래할 수도 있는 일체의 적극정책을 삼가는 것이 무조건 필요하다고 본다"는 데에 합의했다. 쿠로파트킨은 압록강 목재회사가 추구하는 만한국경에 '방벽'을 만든다는 목표는 "일본과의 충돌을 막는 데에 각별한 중요성을 띠지 못하며 오히려 충돌의 원인이 될 것이고, 우리를 조선에서 피폐적인 무장평화 상태에 이르게 할 것이다", 이는 서방에서의 전투 준비태세를 손상시킬 것이라고 단언했다. 비테 재무상도 이 회사는 "극동의 평화에 항상적인 위협"이 될 것이며, 국가는 증가하는 비용을 견뎌낼 수 없을 것이라고 말했다. 외상은, 이 회사의 정치적인 목적이 일본의 여론을 자극해 일본과의 협정을 방해할 것이라고 주장했다. 세 장관은 "국가적인 이익을 위해서는 이 회사의 적극적인 활동을 중지시키는 것이 무조건 필요하다"는 데에 의견이 일치했다. 목제 이권의 중요성은 인정할 수 있으므로 "전혀 별개의, 순전히 상업적인 원리에 입각해야" 하며, 국가는 외국에서 활동하는 다른 러시아 기업과 같은 정도의 지원을 해주어도 괜찮다는 결론을 내렸다. 이는 압록강 목재회사의 활동을 중지하자는 의견이었고, 베조브라조프파에 대한 세 장관의 도전이었다.

러시아의 연구자 루코야노프는 마치 페테르부르크에서 '쿠데타'라도 일어나 장관들이 실권을 장악한 듯했다고 기술하고 있지만,[15] 베조브라조프와 손을 잡은 황제가 세 장관의 이와 같은 협의의 결론 전부를 존중할 리가 없었다. 베조브라조프는 9월 8일(8월 26일)에 알렉세예프에게 보낸 전보에서, 세 장관 협의의 "의사록은 폐하께서 보시기에 아무런 의미가 없다. 상황은 사실상 여전히 귀하의 손 안에 있다"고 썼다. 외무장관은 극동의 정치문제의 지도권을 되찾으려고 획책했지만, 나는 "생각을 속에 담아두지 않고 상주(上奏)했고, 이미 조치를 강구했다." 폐하의 회답을 기다리고 있다. 폐하께서는 우선 대신들과 이야기해 보라고 말씀하실 것으로 생각된다. 그렇게 되면 "폐하께서 나중에 일을 되돌릴 수 없도록 결정하신 극동의 신 코스에 대한 수도 각 부서의 반항을 일격에 끝낼 수 있게 된다.”[16]

이제 장관들은 기세를 올리기보다는 자신들의 자리를 걱정해야 하는 상황이었던 것이다.

다만 만주문제에 관해서는 이 세 장관 협의의 결론이 채택되었다. 그것은 러시아가 약속했던 최종 철군 기한이 10월 8일(9월 25일)로 다가왔고, 청국 주재 공사 레사르가 결정을 요청하고 있었기 때문이다. 8월 14일 협의의 의사록은 19일(6일)에 황제에게 제출되었다.[17] 황제는 태수의 의견을 물어보라 지시했고, 8월 24일(11일) 외상은 알렉세예프에게 그 뜻을 전보로 보냈다. 람스도르프는 신속하게 회답해 줄 것을 요청했지만, 알렉세예프로부터 좀처럼 회답이 오지 않았고, 마침내 9월 5일(8월 23일)이 되어서야 알렉세예프로부터 황제 앞으로 회신이 타전되었다. 알렉세예프는 뤼순회의의 제4, 5항은 삭제해도 좋지만, 제7, 8, 10항은 남겨두어야 한다고 주장했다. 또한 압록강 삼림이권과 같은 기업에게는 “모든 보호를 제공할 가치가 있다.” 따라서 이 회의에서는 청조 정부가 삼림이권을 인정할 때까지는 평황성과 샤허진 수비대를 철수시키지 않도록 해야 한다고 확인했다, 회사가 약해지면 이권이 일본의 손에 넘어갈 것이라는 의견이었다.[18] 그러나 람스도르프 외상은 이 회답을 기다리지 않고 9월 2일(8월 20일), 세 장관 협의의 5개 항목으로 청조 정부와의 교섭을 요청하라는 지시를 베이징으로 보냈다. 9월 6일(8월 24일)에는 또 다시 알렉세예프가 만주문제의 결정을 연기하는 것이 바람직하지 않다는 것은 알겠지만, “뤼순회의에서 결정된 요구를 완화하는 것은 3월 26일 협정을 일체의 보상 없이 이행하는 것과 같다”면서 자신은 어디까지나 반대한다고 외상에게 전했다.

세 장관의 경질 위기

당연히 베조브라조프는 세 장관의 축출에 나섰다. 첫 번째 표적은 이미 언급한 대로 쿠로파트킨이었다. 쿠로파트킨은 수기 '만주 비극의 서곡'에서, 극동태수제 설치의 칙령 사실을 알고서 최초의 상주를 올릴 때 사임을 청원했고 이번에도 그것을 되풀이했다고 썼다.[19] 그러나 그의 일기에 의하면 그렇지가 않았다. 8월 중순(상순) 황제는 프스코프 근처에서 행해진 하계 군사훈련을 참관했다. 여기서 황제를 수행한 쿠로파트킨은 8월 15일(2일) 극동태수제의 칙령에 관해서 황제와 이야기를 나누었다.

쿠로파트킨은, 사전에 알렉세예프에게는 칙령의 내용이 전달되어 있었는지, 프리아무르 총독부와 군관구까지 태수에게 종속된다는 데 대해서 그가 어떤 반응을 보였는지 물었다. 이것은 아픈 질문이었다. 황제는 당연히 처음의 질문에는 답하지 않으면서 프리아무르 총독부까지 지휘할 수는 없다는 알렉세예프의 의견을 다른 사람에게서 들었지만, '겸손'해서 그런 것이라 생각했다고 대답했다. "폐하의 신임"이 있어야만 육군장관은 복무할 수 있다. 육군장관으로서는 소관 사항의 변화에 관해서 의견을 물어주시기를 기대할 권리가 있다. 의견을 묻지 않는다는 것은 "신뢰가 없다는 증거"다. 쿠로파트킨이 이렇게 말하자 니콜라이는, 쿠로파트킨의 의견은 이미 물었다, 이 건은 1년 반 전에 이미 결정되었던 것이라고 답했다. 이것은 사실이 아니었다. 1년 반 전에 결정되어 있었을 리가 없었다.

그래서 쿠로파트킨은, 육군장관의 직에 머물러 있기 어려운 사정으로 베조브라조프 문제를 꺼냈다. 베조브라조프는 군의 비밀을 입 밖에 내어 말하고, 서부 국경에서의 전략 도로 건설에 반대하는 의견을 내놓고 있다. 바르샤바에서의 훈련을 중지시키고, 유럽 쪽 러시아에서 2개 여단을 빼내서 극동으로 보내는 일도 자기가 추진했다고 호언하고 있다. 쿠로파트킨의 일본행에도 반대라고 말했는데 이것을 저지할 수 없게 되자 "보가크라는 경호요원을 내게 붙여주겠다고 제안했다." 쿠로파트킨은 여러 가지 원통한 일들을 토로하고 황제에게 울면서 매달렸던 것이다. 쿠로파트킨은 "만일 더 이상 저를 신뢰하지 않으신다면, 저를 이 직에서 파면해주실 것을 부탁드리려고 합니다"라고 미래형으로 말했다. 니콜라이는 "짐에게는 그대를 대신할 인물은 없다"고 세 번 되풀이해 말했다. 마지막으로 쿠로파트킨은, 자기는 항의하고 있는 것이 아니다, 2개월의 휴가를 허락해달라, 그리하고 나면 저를 어떻게 하실지 알게 되실 것이라고 말했다. 황제는 휴가를 허락했다.[20]

황제는 쿠로파트킨이 마음에 들었다. 베조브라조프의 극동병력 증강안이 아무리 현실적이라 해도 마음에 드는 육군장관의 목을 친다는 생각은 할 수 없었다.

8월 18일(5일)과 22일(9일) 쿠로파트킨은 황제에게 상주를 올렸다.[21] 8월 31일(18일)에는 극동 출장에 관한 보고를 마쳤는데, 보고를 마치고 나서 쿠로파트킨은 황제와 나눈 대화를 일기에 다음과 같이 기록했다.

"나는 베조브라조프에 관해서 이야기했다. 내가 나의 일기 속에서 그를 어떻게 보고 있는지 폐하께 지적했다. 그가 일정한 이익을 가져오지 않았다고는 생각하지 않는다고 말씀드렸다. 그렇다—고 폐하께서는 덧붙이셨다—그는 많은 것에 관해 우리의 주의를 환기했다. 폐하께서는 이때 다음과 같이 말씀하셨다. '2년 전 베조브라조프가 우리는 극동에서 잘못된 길을 선택했다고 말했을 때, 그것을 듣는 것이 유쾌했겠는가? 그러나 짐은 그가 옳다고 생각했다. 물론 그가 모든 장관을, 모든 일을, 모든 사람을 항상 비판하는 것을 듣는 일이 기분 좋지는 않다. 비판하는 것은 쉽다. 특히 무책임한 사람에게는.' 그래서 나는 말했다. 그는 광신적(fanatic)인 열중가(熱中家)다. 그의 유익한 일은 이미 끝났다. 폐하의 손 안에서는, 차르의 정치를 지도하는 일을 몽상하는 베조브라조프는 단지 도구에 지나지 않는다. 이 도구를 손에 쥐고서 폐하께서는 그것으로 우리, 즉 폐하의 신하들을 찌르셨다, 그것도 심하게. 베조브라조프는 폐하께서 쥐고 계신 겨자 고약 같은 것이라서 사람들과 사업에 붙여주신 것이다. 물론 일정한 치료가 필요했다. 그리고 그 목적을 달성했다. 다 쓴 겨자 고약을 떼어서 버리듯이 이제는 베조브라조프를 처분하셔야 한다. 폐하께서는 밝은 미소를 띠시면서 나의 말을 끊으셨다. '알고 있소. 그를 쫓아내야겠소.' — '정말 그러하옵니다, 폐하. 베조브라조프를 창밖으로 던져버리실 때입니다. 그도 그럴 것이, 폐하, 겨자 고약을 그대로 붙여두시면 좋아지는 대신 악화될 것입니다. 부어 오를 것입니다. 그러니까 베조브라조프도 그대로 붙여 두시면 안 됩니다.'"[22]

쿠로파트킨 일기의 이 부분은, 니콜라이가 이 뒤에 베조브라조프를 멀리했다고 하는 신화의 기초가 되었다.[23] 그러나 황제는 쿠로파트킨을 해임할 생각이 없었기 때문에, 그의 기분에 맞춰주면서 발언을 한 것에 불과하다. 기본적으로 황제는 베조브라조프의 진언에 따라 극동정책을 개편하려 하고 있었다. 즉 황제는 쿠로파트킨과 베조브라조프라는 쌍두마차를 타고 달릴 작정이었던 것이다. 쿠로파트킨은 황제가 적당히 하는 말을 이와 같이 표현하면서 자신에 대한 황제의 신임의 의미를, 말하자면 위조한 것이라고 생각된다.

결국 황제는 세 사람 가운데서 심리적으로 가장 반발하고 있던 비테 재무상을 해임했다. 8월 24일(11일)에 황제는 알렉세이 대공 그리고 플레베 내무상과 조찬을 함께 했다. 플레베에게서도 비테에 관한 의견을 들었을 것이다. 28일(15일) 황제는 비테를 불러서 장관위원회의장직을 맡아 달라고 제안했다. 재무상에서 해임한 것이다. 곧이어 국립은행 총재 플레스케를 불러서 재무상 대행으로 임명했다. "이 두 가지 설명을 마치자 마음이 편안해졌다"고 황제는 일기에 썼다.[24]

비테에게 이것은 청천벽력이었다. 그는 황제, 플레베 그리고 베조브라조프를 저주했다. 비테를 재무상에서 해임한 일은 베조브라조프파의 힘을 보여준 것이었다.

플레스케는 발트 독일인 연대장의 아들로서, 리쩨이를 졸업하고 1872년에 재무성에 입성, 1889년에 특별신용국 차장, 1892년에는 국장이 되었고, 1894년부터 국립은행 총재에 취임한 인물이었다. 이 일이 있은 후에 그가 기차에 동승하게 된 쿠로파트킨에게 말한 바에 따르면, 궁중의 지인들은 누구 하나 할 것 없이 수도에 살면서 "폐쇄적인, 마르모트〈다람쥐의 일종〉와 같은 생활을 하고 있다", 대공들이나 궁중과의 교제가 걱정이다, 가능한 한 떨어져 있고 싶다, 재무상관으로서 이제까지 정책의 '타파', 또는 쇄신과 같은 일을 할 생각이 없다는 것이었다. "깔끔한 관료, 태도나 몸짓에 자못 독일인 풍의 엘레강스가 있다"는 것은 쿠로파트킨 자신의 관찰이다.[25]

그렇지만 베조브라조프는 플레스케 역시 바라는 대로만 움직이지 않는다는 것을 일찍부터 깨달았다. 8월 17일(4일) 베조브라조프는, 플레스케가 "진심으로 저와 같은 편에 서는 일은 결코 하지 않을 것"이라고 황제에게 써 보냈다.[26] 정치성이라고는 전혀 없고, 황제의 예스맨이 되는 것 이상의 일은 할 수 없는 그런 인간으로 보였던 모양이다. 쿠로파트킨의 경질, 람스도르프의 경질 그 어느 것도 쟁취하지 못한 베조브라조프파에게는 극동태수제의 조직적 정비와 함께, 재무성을 무너뜨리고 극동 경제개발을 새로운 노선으로 추진하는 일이 과제가 된 것이다.

쿠로파트킨, 황제를 수행하다

9월 2일(8월 20일) 황제는 수도를 출발해 리바우로 떠났다. 현재의 라트비아의 항구도시 리에파야다. 쿠로파트킨이 수행했고, 황제는 리바우 요새를 시찰했다. 이 요새는 1889년에 쿠로파트킨이 중심이 되어 건설한 것이었다. 쿠로파트킨은 그 당시 위원회에 보가크도 참여했다는 사실을 떠올렸다. 쿠로파트킨의 요새 건설 목적은 이 항구에 집적된 물자가 적의 수중에 떨어지지 않도록 하자는 것이었는데, 해군은 리바우를 군항으로 하는 데 집착했고 결국 황제의 승인을 얻어냈다. 그러나 지금은 모두가 군항으로서의 리바우에 불만이었다. "함대를 독안에 든 쥐로 만드는 꼴"이라고들 말하곤 했다. 쿠로파트킨은 일기에 이렇게 썼다. "이제 발트해에 함대는 없다. 전부 극동으로 떠난 것이다. 우리는 우리의 주요한 해전 무대인 발트 해에서 10-15년 전에 비해 (독일보다) 훨씬 약해진 것이다."[27]

시찰은 황제의 요트 '시탄다르트[깃발]'호를 타고 진행했다. 황태후의 요트에서 오찬을 하면서 옆자리에 앉은 황후 알렉산드라와 쿠로파트킨은 흥미로운 대화를 나눴다. 쿠로파트킨은 예전처럼 푸념을 늘어놓았다. "리바우는 군사적으로 매우 약체입니다. 돈이 없어서 함대가 없답니다. 지금은 모든 함대를 극동이 빼앗아 가버린답니다. 이 점에서 커다란 위험이 있습니다." 그런데 황후는 냉정했다. 조용한 말투였지만 단호하게 반박했다. "지금은 모든 힘과 자금을 극동으로 돌리지 않으면 안 됩니다. 그쪽에 주요한 위험이 있습니다. 거기서는 당장이라도 전쟁이 발발할지도 몰라요. 우리나라는 그곳에서 특히 해군을 강하게 해야 합니다. 앞으로 4년 정도 지나 그쪽의 모든 준비가 갖춰진 뒤에, 다시 서쪽에 주의를 기울이면 됩니다." 상황이 이래서야 누가 육군장관인지 도무지 알 수가 없다.

쿠로파트킨은 "우리가 서쪽에서 처한 상황을 비춰보면 주요한 위험이 무르익고 있고, 점점 증대하고 있습니다. 우리의 이웃나라보다 뒤처지게 되면 우리는 패배하게 될 것이고, 모든 제2급 전장에서 승리한다고 해도 아무것도 되는 일이 없는 것입니다"라고 주장했지만, 황후는 "유럽 전쟁은 일어나지 않아요. 지금은 황색인종의 내습(來襲)이 두렵기 때문에 반격이 필요합니다"라며 간단히 정리해 버렸다. 듣고 있던 황제는 "자네가 졌네!"라며 육군상에게 귀엣말을 했다.[28]

그러고 나서 황제와 쿠로파트킨은 리바우에서 기차를 타고 바르샤바군관구의 군사훈련 참관을 위해 출발했다. 도중에 황제는 벨로베지의 수렵장에 잠시 들렀다. 블로다바에서 3일 동안의 훈련이 끝나자, 황제는 다시 벨로베지로 돌아가 사냥을 하며 열흘 정도를 보내고 9월 하순에 황후와 황녀들이 기다리는 다름슈타트로 향했다.[29] 긴 여름휴가의 시작이었다. 쿠로파트킨도 프스코프 현에 있는 자신의 영지로 여름휴가를 떠났다.[30]

러청교섭의 중단

이 사이에 러청교섭이 진행되었는데, 벌써부터 중단되는 상황에 이르렀다.

외상의 지시를 받은 베이징주재 공사 레사르는 9월 4일 청국 외무부에 5개 항목의 보상요구를 제시했다. 9월 8일에는 청국이 이 내용을 일본 공사와 영국 공사에게 통보했다.[31] 청국의 외교책임자 칭친왕은 우치다 공사에게 "이번에 러시아 공사가 만주 반환에 관한 새로운 5개조 요구안을 제출했는데, 지난번과 달리 매우 온당해 우리의 주권을 침해하지 않는다"고 말했다. 일본은 우려했다. 즉각 9월 9일에 고무라 외상은 우치다 공사에게 훈령을 내렸다. 신중하게 검토했는데 도저히 만족스럽지 않다, 오히려 "이 요구는 청국의 주권을 확실하게 침해하고, 다른 열강의 조약상 권리를 틀림없이 무시하고 있다", 일본 정부는 "정식으로 엄중 항의한다", 이 항의를 무시하면 "청국에게 미치는 결과는 무엇보다 중대한 것이 될 것이다"라고 통고하라. 이러한 내용이었다.[32]

이와 같은 강경한 경고를 받고서 참을 수는 없었다. 그러나 청국은 회답을 질질 끌다가, 9월 29일(16일)이 되어서야 거부 회답을 레사르에게 문서로 보냈다. 쑹화강, 블라고베셴스크로 이르는 가도의 거점 보유, 청국 북부에 대한 외국인의 관리 참여 금지, 상공업기업 문제 등을 거부한다는 내용이었다. 알렉세예프는 이미 25일(12일)에 황제에게 전보를 보낸 상태였다. "현재 베이징에서 행해지고 있는 교섭은, 청조 정부가 우리의 모든 중대한 요구를 거절하고, 자신들이 일본이나 다른 열강의 지원을 받아 우리로 하여금 일체의 보상을 받지 못한 채 만주에서 떠나가게 하는 것을 의도하고 있다는 점을 아주 분명하게 보여 주었다." "일본의 협정안은 일본의 활동을 남만주로 옮기려 한다는 명백한 의도를 나타내고 있다." "이러한 상황에서, 3년 동안 점령한 만주를 포기하는 것은 극동에서 우리나라의 정치적 지위를 저하시키지 않고서는 불가능하기 때문에 감히 보고 드린다……베이징에서 행해진 교섭이 성공을 거둘 수 없기 때문에 지금으로서는 중단하는 것이 좋겠다는 제안을 하고자 한다."[33]

10월 1일(9월 18일) 황제는 이 제안을 승인했다. 이렇게 해서 일본의 압력으로 러·청의 합의가 저지되었기 때문에, "러시아의 만주점령이 사실상 계속되었던"(시만스키) 것이다. 람스도르프 외상은 이 결정에 반대였다.[34]

러시아의 회답 준비

그리고 이 시기가 일본 정부에 대한 러시아의 회답이 준비된 시기였다.

극동태수제가 세 장관을 빼놓고 추진되었다는 점을 생각하면, 러일교섭 역시 베조브라조프가 황제를 보좌하며 추진될 가능성이 있었다. 베조브라조프에게 눌려서 사직을 청한 지 얼마 되지 않은 외상 람스도르프로서는, 어디까지나 자신이 황제를 보좌하게끔 하려면 어떻게 해야 할지 생각했을 것이다. 그래서 그는 극동태수제가 출발한 이상, 시작된 러일교섭은 태수 알렉세예프가 책임지고 진행해야 한다는 주장을 내세우고, 알렉세예프와 황제 사이에 자신이 들어서는 모양을 만들려고 했을 것으로 생각된다. 거기에 로젠 공사를 알렉세예프에게 붙여준다면 그쪽을 통해서도 컨트롤할 수 있는 것이다.

8월 23일(10일) 외상은 구리노 공사를 불러서, 태수인 알렉세예프의 의견도 물을 필요가 있기 때문에, 교섭은 도쿄에서 하고 싶다고 제의했다.[35] 일본은 페테르부르크에서 교섭하는 것을 바랐기 때문에, 고무라는 8월 26일, 29일, 9월 2일 이렇게 세 차례에 걸쳐 구리노에게 그런 제안을 하라고 타전했다.[36] 구리노는 그때마다 람스도르프와 교섭했지만 러시아의 태도는 바뀌지 않았고, 결국 고무라는 9월 7일자 전보에서 도쿄에서 교섭하는 것을 수락해야만 했다.[37] 얼핏 보기에 람스도르프가 자신의 교섭권을 포기하고 알렉세예프에게 넘겨준 것처럼 보이는 이 조치는 베조브라조프가 교섭에 개입하는 것을 막기 위한 것이었고, 람스도르프의 반격이 성공한 것이라고 할 수 있다.

8월 13일(7월 31일) 외상은 일본의 제안을 알렉세예프에게 보냈다.[38] 8월 26일(13일)이 되어 외상은 알렉세예프에게, 황제의 명령으로 일본 공사에게 이미 통고했다, 일본의 안을 검토하는 일은 알렉세예프에게 맡겨졌다, 알렉세예프가 로젠 공사와 함께 러시아의 대안을 정리하라, 황제가 그 내용을 승인하면 교섭은 도쿄에서 하게 될 것이다, 라며 일의 방식을 통보했다.[39]

람스도르프 자신은 일본이 도저히 수락하지 않을 것이라고 생각하고 있었다. 그는 8월 28일(15일) 로젠과 알렉세예프에게 보낸 전보에 다음과 같이 썼다.

"현재 일본의 제안은 실제로 허용하기 어렵다. 따라서 1901년 이토 후작이 제출한 안을 교섭의 출발점으로 삼는 것이 보다 바람직하다. 만약 기대하는 것처럼 만주에서 우리의 지위가 머지않아 확실하게 정해진다면, 의심의 여지 없이 일본과의 이 교섭은 아주 간단하고 쉽게 될 것이다."[40]

로젠은 일본과의 교섭을 도쿄에서 하게 된다면 당연히 전문가로서 자기의 의견이 존중되어야 한다고 생각했다. 그래서 로젠은 외상의 전보에 대해서 적극적으로 1901년에 이토 히로부미와 람스도르프가 행한 교섭을 '출발점'으로 삼으면 어떻겠는가, 러시아는 당시의 대안을 일본에게 제시하는 것이 좋겠다고 회신했다.[41] 당시의 대안이란, 1. 조선의 독립 존중, 2. 일본은 조선을 군사전략적 목적으로 이용하지 않는다, 3. 조선 해협에서 항행의 자유를 저해하는 연안의 군사시설을 건설하지 않는다, 4. 러시아는 일본이 조선에서 상공업 면에서 행동의 자유를 지니는 것, 러시아와의 협정에 따라 조선에 조언과 지원을 할 우선권을 지니는 것을 인정한다, 군사원조도 포함된다, 5. 일본은 필요한 범위 내에서 파병할 수 있다, 이 군대는 러·조 국경 부근의 정해진 지대에 들어가지 않는다, 6. 일본은 러시아가 자국과 인접한 청국령에 대해 우월한 권리를 갖는 것을 인정하고, 그 행동의 자유를 방해하지 않는다, 7. 본 협정이 선행 협정을 대신한다, 이러한 내용이었다.

당황한 람스도르프는 9월 6일(8월 24일)에, 1901년의 안은 "교섭의 현재적 조건을 만들기 위한 자료"로 이용하면 어떻겠는가 하는 것이 었지 대안으로서 일본에 제시하겠다는 의미는 아니라고 하면서, 만일 내용이 적절하다고 한다면 일본의 제안을 생각해서 "전혀 다른 형식"을 부여하지 않으면 안 된다고 지적했다.[42] 1901년의 안을 그대로 내밀게 되면, 일본의 새로운 제안을 문전박대할 작정이었던 것으로 받아들여질지 모르니 그렇게 하지 말라는 뜻이었다.

당연히 베조브라조프도 안을 만들고 있었다. 베조브라조프는 비테 재무상이 해임된 다음 날인 8월 29일(16일) 황제에게 회답안을 제출했다.

서문에는, 일본은 영일동맹에 매여 있기 때문에 러시아도 현행 조약협정을 준수해야 한다, 일본과의 협정은 러시아로서는 바람직하지만, 그를 위해서는 일본이 행동의 자유를 회복하지 않으면 안 된다고 되어 있었다. 내용은 다음의 5개 항목이었다.

1. 청국과 조선의 독립과 영토보전을 존중한다.
2. 양국은 조선에서 일본의, 만주에서 러시아의 현존하는 유사한 이해관계를 승인한다.
3. 러시아와 일본의 상공업기업의 활동을 방해하지 않는다.
4. 러시아는 일본이 조선에서 개혁의 관철과 선정의 확립에 대해 지지와 조언을 할 권리를 인정한다.
5. 종래 양국 간에 존재하는 모든 협정을 재확인한다.[43]

러시아는 일본이 조선에 조언을 할 권리를 인정했지만, 종래의 조약이 정하고 있는 막연한 러·일 공동관리 체제는 유지하는 것이 필요하다는 것이었다. 베조브라조프의 의견은 무엇보다도 명확하게 일본의 제안을 거부하는 것이었다.[44] 이 안을 본 황제가 어떻게 했는지는 분명하지 않다. 나중에 이 안이 아바자가 작성한 극동위원회자료집에 실렸을 때, 람스도르프의 외무성은 이러한 문서의 존재는 알지 못한다고 주장했다.[45] 요컨대 황제가 외상에게는 이 안을 보여주지 않았다는 뜻이다. 베조브라조프는 러일교섭의 루트에서 배제되었던 것이다. 람스도르프 작전의 승리였다.

그러나 극동에도 문제가 있었다. 알렉세예프와 로젠의 호흡이 맞지 않았다. 로젠은 러일교섭은 자신의 일이라고 생각해서 알렉세예프를 경멸하는 경향을 보였다. 9월 3일(8월 21일)과 4일(8월 22일) 그는 외상에게도 제출한 1901년의 안을 기초로 한 대안을 작성하자고 알렉세예프에게 제안한 모양이었다. 알렉세예프는 9월 12, 13일(8월 30, 31일)에 로젠에게 회신 전보를 보내서 자신의 생각을 표명했다. 러시아가 뤼순을 점령하고 나서는 조선에서 일본과의 경합을 멈추었고, 러·일의 행동이 동시적이고 균형을 이뤄야 한다는 협정도 여태까지 한 번도 실시되지 않았다. 그러한 태도가 일본을 증강, 신장시켰고, "현재의 이 나라를 예속"으로 이끌었던 것이다. 압록강 목재회사를 문제 삼고 있지만, 합법적인 활동의 근거가 있기 때문에 어떻게 할 수 있는 것도 아니며, 러시아 정부도 현역 장교를 제거하고 상업적인 회사로 만들고 있다. 그러므로 러시아는 일본에게서 최후통첩을 받아야 할 그런 처지가 아니다. "현재 일본의 뻔뻔한 요구는, 우리가 앞장서서…… 우리에게 속하는 모든 권리를 체계적으로 포기한 결과임을 자각하는 편이 옳은 것 같다." 만주문제에 대한 외국의 간섭은 인정할 수 없다는 언명을 바꾸지 않을 것이라면, 일본의 제안은 "무엇보다도 가장 명확한 형태로 거절해야 한다. 만일 과거의 양보 때문에 우리가 그 결과를 이어받고 동시에 전쟁의 위험을 회피해야 한다면, 전쟁을 하지 않기 위해서는 일본에게 만주에서의 일정한 상업적 권익을 인정하고, 이 문제가 지금부터 진행될 교섭에서 검토하는 것을 인정하는 것이 필요하다고 생각한다."[46]

로젠은 9월 10일(8월 28일) 알렉세예프에게, 러시아 회답의 문안을 낼 것인지 아니면 알렉세예프가 안을 보내 주는 것을 기다리고 있으면 되는 것인지를 문의했다.[47] 9월 15일(2일) 알렉세예프는 상담을 위해 뤼순으로 와 달라고 타전했다. 이번에는 로젠이 자신의 안을 보내오면서, 일본을 뜰 수 없기 때문에, 뵙고 싶은 마음이야 굴뚝같지만 뤼순으로 갈 수 없다고 회답했다.[48]

로젠의 회답안은 다음과 같다.

1. 한국의 독립과 영토보전을 존중한다.
2. 한국 영토의 어느 한 부분도 전략상의 목적으로 사용하지 않는다.
3. 일본이 한국에서 개혁을 위해 지지와 조언을 할 권리를 인정한다.
4. 일본은 러시아와 사전 협정에 따라 한국에 군대를 파견할 권리를 지닌다. 단 그 규모는 목적을 위해 필요한 인원을 넘지 않으며, 부과된 임무가 실시되는대로 소환된다. 일본군은 여하한 경우에도 압록강 유역을 포함하는 일정한 북위도선 이북의 땅에는 들어가지 않는다.
5. 일본은 만주가 자신들의 이해권(利害圈) 밖에 있다는 것을 인정한다.
6. 본 협정이 체결되면 종래의 협정을 대신한다.[49]

알렉세예프는 불끈 화가 치밀었을 것이다. 그는 그 다음에 보낸 편지에서, 올 수 없는 것은 유감이라고 쓰고, 자신이 작성한 대안(對案)

을 보냈다. 알렉세예프 문서 가운데 '1903년 알렉세예프안'이라는 문서가 있다. 날짜는 없지만 아마도 이것이 당시에 보낸 알렉세예프의 안이 아니었을까 추측된다. 다음과 같다.

1. 한(韓) 제국의 독립과 영토보전을 존중하는 것을 상호 의무로 한다.

2. 러시아는 한국에서 일본의 우월적인 이해와 민정의 보다 커다란 적정화를 위한 조언을 한국에 해 줄 권리를 인정한다. 단, 제1항을 일체 손상하지 않는다.

3. 한국에서 일본의 상공업 활동의 발전과 그 이익을 보호하기 위해서 방책을 취하는 것을 러시아가 방해하지 않을 것을 의무로 한다. 단, 제1항을 일체 손상하지 않는다.

4. 같은 목적을 위해서 일본이 러시아의 양해 하에 한국에 군대를 파견할 권리를 승인한다. 단, 그 규모는 현실에 필요한 것을 넘지 않으며, 부과된 임무가 실시되는대로 군대를 소환할 의무를 일본이 진다.

5. 한국의 어느 부분도 전략상의 목적을 위해서 이용하지 않으며, 한국의 연안부에서 조선해협의 자유항행을 위협할 가능성이 있는 어떠한 군사적 조치도 강구하지 않는다는 상호의 의무를 지닌다.

6. 압록강과 그 연안의 폭 50베르스타를 군사 면에서 중립지대로 할 것을 상호의 의무로 하며, 이 지대는 군대에 의해서 점령할 수 없고 요새 시설을 만들 수 없다.

7. 일본은 러시아가 만주에서 완전한 행동의 자유를 갖는 것을 인정한다. 러시아는 이 나라에서 상공업 면에서 일본이 지니는 정당한 이해를 존중할 의무를 진다.

8. 본 협정은 양국 간에 존재하는 모든 선행하는 협정을 대신한

다.[50]

어느 쪽의 안도 1901년의 람스도르프안을 개량한 것이며, 거의 같은 내용이었다. 알렉세예프의 중립지대 제안은 1901년의 안 그대로인 로젠의 안보다 진척되었다. 이 안이 나중에 일본이 역제안하는 대안과 상당히 유사하다는 점은 매우 흥미롭다. 9월 15일(2일) 알렉세예프는 로젠에게, "나는 조선 북부에서 우세한 영향력을 유지하는 것이 불가능하다면, 하다못해 압록강 유역을 군사적으로 손댈 수 없는 중립지대로 전환시키는 것이 바람직하다고 생각한다"고 써 보냈다.[51]

알렉세예프의 외교보고에는 제8항을 제외한 것에 "회답안으로서 내가 제안했다"라고 되어 있다.[52]

9월 17일(4일) 로젠은 알렉세예프가 부른다면 뤼순으로 가야 한다는 견책 전보를 황제에게서 받았다. 그래서 폐하의 명령을 생각해서 업무를 제쳐두고 찾아뵙고자 한다고 알렉세예프에게 전보를 보낸 다음, 9월 22일(9일) 로젠은 뤼순으로 떠났다.[53] 로젠의 회고에는, 이 당시의 대화에서 로젠이 "우리가 할 수 있는 유일하고도 합리적인 일은, 만주를 고집하고 조선에서 서둘러 도망치는 일일 것이다"라고 설득하자, 알렉세예프가 그의 견해에 "동의하는 쪽으로 기울었던" 것이 아닐까 생각했다고 되어 있는데,[54] 그러나 실제로는 로젠이 알렉세예프의 안을 그대로 수용했고, 다만 제7항에 관해서 일본에게 만주에서 러시아의 행동의 자유를 인정하도록 요구하는 것은, 만주에서 러시아의 행동을 자주적으로 결정한다는 원칙에 반한다고 이의를 제기했던 것이었다. 그리고 그는 제7항을 다음과 같이 고치자고 제안했다. "일본은 만주와 그 연안이 일본의 이해권 밖에 있다는 것을 인정한다." 알렉세예프에게 달리 이론(異論)은 없었고, 이것이 채택되어 회

답안으로 정리되었다.[55]

베조브라조프의 움직임

쿠로파트킨을 경질할 수 없다는 장벽 앞에 선 베조브라조프는 극동태수제의 제도적 완성과 목재회사에 의한 극동 경제개발에 노력의 중점을 두었다.

베조브라조프가 극동위원회의 안을 만든 것은 9월 8일(8월 26일)의 일이었다. 황제가 의장이었고, 참석자는 내무, 외무, 재무, 육해군의 각 장관, 그리고 황제가 임명한 개인으로 사무국장과 부사무국장을 두었다. 그리고 극동과 관련한 모든 사항을 심의하고, 그 결정은 태수가 집행한다는 내용이었다. 황제에게서 전권을 부여받은 극동태수와 황제 사이에 극동위원회가 설치되어 통일적으로 극동정책을 추진하고자 한다는 것이었다.[56] 베조브라조프는 이 안을 내무상 플레베에게 보여주고 검토를 받아 놓았다.

9월 22일(9일) 그는 알렉세예프에게 편지를 보냈다.

"폐하의 명령에 따라, 예비적인 구상으로서 지금까지 각 시기에 폐하께 제출한 것을 동봉합니다. 모든 문제가 조직적인 결정을 위해서 귀하의 페테르부르크 귀경을 기다리고 있습니다. 제가 보기에는 최근 커다란 문제가 된 각 성, 청의 저항은 점차 줄어들고 있습니다⋯⋯ 극동에서는 귀하에게 부여된 조직이 사업의 성공을 이끌겠지요. 폐하께서는 모든 점에서 귀하를 강력하게 지지하고 계시며, 우리 역시 모두가 힘과 능력이 닿는 한 사업을 원조하도록 노력하겠습니다. 저 개인은 이 과도기에 폐하께서 제게 내리신 과제를 완수한 뒤에는 사업에 직접 참가하지 않을 작정입니다. 목재회사와 그 사업에 관해서는, 최근 비테의 퇴임 후 임명된 새로운 재무상 대행이 아직 자각적인 수행방식을 만들어 낼 시간을 내지 못하고 있습니다…… 여하튼 모든 것이 이 사업의 경우에는 순조롭습니다. 결합 기구가 조직되면, 사업은 저절로 진행되겠지요. 9월 21일〈10월 4일〉쯤이 될까요, 내무상이 페테르부르크로 귀경하면…… 극동문제위원회법이 최종적으로 정리됩니다. 폐하께서는 그때에는 협의회를 소집하시어 이 위원회설치령에 서명하시겠지요. 그렇게 되면 극동의 모든 문제를 다루는 첫 중앙조직이 탄생하는 것입니다."[57]

베조브라조프는 다음 날 또 다시 알렉세예프에게, "짐의 극동태수는 그 지방의 모든 육해군의 총사령관이자", "영토의 주인이며, 외교, 행정, 정치경제 문제의 비호자이고, 짐의 의지의 집행자다"라는 황제의 의향을 써 보냈다.[58]

한편 극동회사에서는 외국 자본이나 미국 자본을 유치하는 것을 생각하고 있었다. 이와 관련해 보가크는 9월 9일(8월 27일)에 의견서 '극동에서 러시아 기업에 미국 자본을 유치하는 문제에 관하여'의 초고를 작성했다. 보가크는 다음과 같이 전망했다.

"현재 우리가 극동에서 취하고 있는 군사태세 강화 방책은, 우리로 하여금 의심하지 말고 안심하면서 미래를 볼 수 있도록 하며, 정해진 방향으로 확고하게 전진할 수 있도록 해주고 있다. 일반적인 견지에서 우리는 일본과의 전쟁이 불가피하다는 소문에 관해서 신경 쓰지 않아도 좋을 것이다. 그러나 사안을 외국 자본의 유치 가능성에서 보면, 이 소문을 중시해야 한다. 전쟁이 가까워졌다는 확신이 통상적으로 생각하는 것보다 훨씬 더 확산되어 있기 때문이다."

보가크는 이 문제의 근본 해결을 위해서는 일본과 전쟁을 하든지, 일본과 협정을 체결하든지, 그 어느 쪽을 선택할 수밖에 없다고 보았다. 협정을 체결하는 데에는 "조선문제에 대한 일본의 극단적인 요구

태도"가 문제다. 일본은 "러시아와의 협정 없이는 조선문제를 해결할 수 없다"는 점, 영일동맹을 지속하는 한 협정은 불가능하다는 점을 이해해야 한다. 일본은 자신들의 군사력에 과대한 자신감을 지니고 있다. 따라서 일본이 조선에서 무제한적으로 세력을 확대하는 것을 막기 위해서는 러시아의 힘을 보여줘야 한다. 위험성도 있지만 만주에서의 지위를 확립함과 동시에 "우리의 전투준비를 강화함"으로써, 일본이 영일동맹을 포기하고 "우리의 협정 조건", "러시아의 존엄에 걸맞은 협정의 형식"을 받아들이도록 하는 것이 중요하다고 보가크는 의견서에 썼다.[59]

한국 정부, 중립을 추구하다

한국에서는 점차 러·일 간의 전쟁이 다가오고 있다는 것을 느끼고 있었다. 8월 1일자 『황성신문』은 '일본은 싸우지 않을 수 없다'는 사설을 게재했다. 러시아의 침략을 허용하면, "한·일·청 3국의 상호 순치(脣齒)의 형세에 중대한 영향을 미칠 뿐만 아니라", 일본이 사는 길에도 곤란이 생겨 "동양의 황인종 모두가 장차 섬멸의 지경에 이를 것"이라면서 일본은 러시아와 싸우는 것 말고는 다른 길이 없다는 주장이었다. 민간의 논의는 이렇게 반러시아적이었다.

그런 가운데 일본이 러시아에게 몰래 교섭을 제안했다는 사실을 알아차린 한국의 황제는 사태를 우려했다. 교섭은 결국 전쟁을 초래할 것이라고 전망하고 있었던 것이다. 고종은 즉각 행동에 나섰다. 그는 광무7년(1903년) 8월 15일자로 러시아황제에게 보내는 밀서를 작성했다.

"귀국의 군대가 만주에 집결했다. 이 하나의 사건이 동양의 정계에 무한한 공포의 감정을 야기하고, 형세를 급박하게 한 것은 미증유의 일이다. 최근 일본의 신문들이 여론을 자극하고 들끓게 함으로써, 결국 일본 궁정은 개전을 피할 수 없게 될 것이다. 이런 상황은 조만간 귀국과 일본이 결렬하는 단서가 될 수도 있다고 본다. 만약 전쟁의 막이 열리게 되면 우리나라가 전쟁터가 되는 것을 피할 수 없을 것 같아 두렵다. 전쟁을 하면 귀국 군대가 승리할 것을 의심하지 않는다. 짐은 경하하는 바이다. 그 의향이 어떤 것인가를 귀국 군대의 장군들에게 확실하게 밝혀 알린다. 우리 백성들로 하여금 귀국 군대의 세력을 도와서, 적이 올 때에는 재물과 곡식을 옮겨 감추게 하고, 몸은 산의 계곡 사이에 숨도록 해, 청야지책〈淸野之策, 초토작전〉을 이용하라고 할 것이다. 다행히 폐하〈니콜라이 2세〉께서는 우리나라의 곤란한 정황을 이해해주시고, 기도하고 또 축복해주신다. 이 서한은 유사시에 짐이 폐하에 대해서 깊이 우의를 베풀 것이라는 근거로 충분할 것이다. 지금까지 폐하께서 짐에게 많은 호의를 베풀어준 데 대해 항상 감사하고 있다."[60]

이것은 러시아에 대해서 전시협력을 제의하는 것, 즉 정신적으로 러시아에 선다는 의사표명이었다. 물론 이러한 약속의 실행을 보증하는 태세는 없었다. 고종의 개인적인 소원을 표명한 데 지나지 않는다.

고종은 이 서한을 쓰고 난 후에 외부대신 이도재(李道宰)에게, 러시아와 일본 양국에 대해서 중립국으로서의 승인을 요청하는 내용으로 양국의 주재 공사에게 보내는 훈령을 작성하라고 지시했다. 훈령에는 이미 시작된 러·일의 만주문제에 관한 협상이 "우호관계의 결렬"이라는 사태에 이를 수도 있다면서 다음과 같은 내용이 기술되어 있었다. 즉 대립하는 양자 사이에 선 "우리는 엄밀하게 중립을 지킬 작정임을 미리 선언해야 한다." "따라서 우리는 러시아와 일본이 우리를 중립국으로 생각할 것을 요구한다. 만일 장래에 전쟁이 일어난다면, 여하한 작전도 우리나라의 국경 안에서 발생하지 않도록 하고, 어떠한 군대도 우리나라 영토를 통과하는 것을 허락해서는 안 된다. 우리 국경의 보전을 보장한다는 명료한 회답을 요구한다."[61] 이것이 더 현실적인 주장이다.

8월 21일 궁정의 내관으로서 프랑스어를 구사하는 현상건(玄尙健)이 뤼순을 경유해 러시아로 떠났다. 황제에게 보내는 밀서와 공사에게 보내는 훈령을 휴대하고 있었다. 25일에는 예식원(禮式院) 참서관(參書官) 고의성(高義誠)이 일본을 향해 출발했다. 공사에게 보내는 훈령을 소지하고 있었다.[62]

고종은 이렇게 전시 중립의 승인을 러 · 일 양쪽에 촉구함과 동시에, 러시아에 대해서는 제한 없는 연대협력의 의사를 은밀하게 표시하기로 했던 것이다.

훈령을 접수한 주일대사 고영희(高永喜)는 9월 3일 일본 외상 고무라 주타로에게 서한을 보내서, 러일전쟁 시 한국이 중립을 지키는 것을 보장해달라고 요청했다.[63] 이를 마뜩치 않게 생각한 일본 정부는 당연히 오래도록 회답을 보내지 않았다.

현상건은 처음에는 프랑스로 갔다가, 네덜란드 그리고 독일로 갔다. 베를린에서 러시아로 들어간 것은 실로 이해 11월 14일이었다.[64] 그가 어째서 그렇게 먼 발걸음을 했는지는 알 수 없다.

한국의 민간에서는 용암포 조차의 움직임이 화제가 되어 러시아의 침략을 경계하는 분위기가 강해졌다. 9월 10일자 『황성신문』은 '만한교환의 풍설을 파(破)한다'는 논설을 게재했다. 만한교환론이라는 것은 러시아가 제시한 "민휼(敏譎)한 수단", 즉 교묘한 사술이라고 주장했다. 한국은 "동양의 한 독립제국"이며, "러 · 일의 보호속방"이 아니다. 제멋대로 교환이라니 이 무슨 일이냐며 분노했다. 이 신문의

9월 14일자는 러일교섭이 정식으로 시작되었다고 보도했다. 일본이 한국에 철도부설권을 획득하는 것을 러시아가 방해하지 않는다면, 또 지금까지 획득한 기득권을 승인한다면, 일본은 러시아가 만주에서 획득하는 권리를 승인하겠다고 제안했다는 기사였다.

9월 26일에 고무라가 주일 한국 공사에게 전시 중립을 보장해달라는 한국 정부의 요청에 대한 일본 정부의 회답을 보냈다. "제국 정부는 그 전래의 정책강령을 좇아 평화 유지와 수목(修睦)의 증진에 계속 노력함으로써 달리 여념이 없기 때문에 지금 전쟁(兵戎)을 말하고 중립을 말하는 것은 오히려 상서롭지 못하며 또 매우 시의적절하지 않은 길이라 생각합니다. 그러므로 이 뜻을 잘 양해하시고 동시에 제국 정부가 귀국 및 동아 전체의 국면을 위해서 진력을 다하고 있는 미의(微意)도 충분히 납득해주시기 바랍니다." 일본은 전쟁이 일어나지 않도록 노력하고 있다, 전시 중립 등을 말하는 것은 바람직하지 않다는 회답이었다.

또한 고무라는 구두로 덧붙였다. "일본도 종래 타국의 교전 시에 국외중립을 선언한 일"이 있었지만, 그 선언을 교전국이 유린했을 경우에 "스스로 이를 단연코 배척할 결의를 지니고 있었다." 한국도 "중립국이고자 하는 이상 스스로 이를 보지할 결심과 실력을 요하는 것이 우선이다. 오늘날 한국의 급선무는 국력의 충실, 국가의 부강을 도모하는 데 있다." 그러기 위해서는 "황실의 안고(安固)", "재정의 쇄신", "병제의 개혁"이 필요하다. 일본은 "현 한국 황실의 영구존속을 옹호하는" "확고부동한 각오"를 하고 있으며, 뒤의 두 가지 개혁도 원조를 희망한다면 응할 것이다. 일본에 있는 한국 망명자 문제에 관해서는 어렵겠지만, 황제 폐하의 희망에 따라서는 노력할 것이므로 희망을 알려주기 바란다.[65] 이는 교묘한 협박에 거짓 약속, 게다가 작은 미끼를 섞어 놓았다고 하지 않을 수 없다.

이렇게 말은 했지만, 고무라는 한국 정부의 움직임에서 위험을 감지하고 있었다. 사흘 후인 9월 29일 그는 하야시 공사에게 별개의 훈령을 보냈다. "차제에 한국 황제를 우리 쪽으로 끌어들이는 것이 제국의 정책상 매우 긴요하며…… 일·러 간에 평화의 파열을 맞게 되는 것 같은 상황에 이른다면, 한국 황제의 향배가 전체 국면의 이해(利害)에 있어 크나큰 관련을 지니는 것은 물론입니다…… 무언가 밀약을 일·한 사이에 맺어두고자 합니다."[66] 일본에 호의적인 대신과 접촉해 비밀조약을 맺을 수 있도록 노력하라는 지령이었다.

일본은 한국이 중립을 확보하고 싶다고 해도 그것을 인정하지 않았다. 개전하게 되면 한국을 즉시 자신들의 지휘 하에 둘 삭정이었다. 『황성신문』 10월 7일자 사설은 '러·일 개전의 관계는 어떠한가'라는 제목의 글이었다. 개전이 되면 "우리 한(韓)은 단지 중립의 나라가 될 뿐 털끝만큼도 그 틈바구니에서 관계가 없다"는 주장이었지만, 실은 밀접한 관계가 있었다. 정부는 "자국 방위의 방침으로 적절하게 열배 분발(奮神)해야 한다"고 주장했다. 이것은 올바른 주장이었다.

하야시 공사는 10월 14일의 전보에서, "상황을 무단(武斷)으로 해결하고, 해결한 후에는 한국을 전적으로 우리의 뜻대로 조치하겠다는 결심이시"라면, 비밀조약은 오히려 속박이 될 수도 있기 때문에 굳이 한다면 "한국의 황제가 가장 꺼리는 망명자에 대해서 한국 황제가 만족할 만한 견제를 가하는 것", 거액의 차관을 제공하는 것, 궁정 내 세력가에게 "상당한 운동비용"을 제공하는 것, 경성 수비대 병사들을 "두 배 정도 증가"하는 것이 필요하다고 기술했다.[67] 10월 30일이 되자 하야시는, 한국의 궁중과 정부에는 "털끝만큼도 통일된 것이 없으며", "현상 그대로 한국 황제를 우리에게 끌어들이는 것 같은 일은 거의 절망적이라 말하지 않을 수 없습니다"라고 탄식했다.[68]

10월 21일 페테르부르크의 구리노 공사는 외무차관 오볼렌스키와 만나 이 건에 관해 논의하려고 했다. 그러나 차관은 전쟁은 있을 수 없다면서, 이 건과 관련한 논의를 시작하려고도 하지 않았다고 한다.[69]

주일 무관의 경고

일본 국내의 흥분은 한층 고조되었다. 정부의 정책이 미온적이다, 더욱 강력하게 교섭해야 한다는 주장이었고, 조선으로 출병해야 한다는 의견도 강하게 제기되었다.

9월 초 비테의 실각은 러시아 정부 내 군인들의 입장이 세진 것을 나타내는 것이 아니냐는 시각도 등장했다.[70] 이 9월에는 대러동지회의 활동이 전국적으로 고조되었다. 9월 7일자 『도쿄아사히신문』은 대러동지회 위원장 고무치 도모쓰네와의 인터뷰기사를 실었는데, 거기에서 그는 "이제 우리 대러동지회를 제외하고는 정부의 의지도 가장 강경한 것 같고, 따라서 대러 담판 역시 의외로 진척되어, 우선…… 만한교환 이상의 좋은 결과를 얻을 것이라는 전망도 할 수 있을 듯하다"는 여유있는 모습을 보이고 있었다.

9월 10일에는 후쿠오카에서 대러동지회 규슈대회가 개최되어, 러시아의 행동은 "결단코 이를 좌시할 수 없다", 정부는 "러시아를 엄책해 철병약속을 이행하게 하고…… 제국의 명예와 이권을 매섭게 지키는 일을…… 하루라도 빨리 단행할 것을 정부에 경고한다"고 결의했다.[71]

14일에 동지회 대표 3명이 가쓰라 수상을 방문, "우리 정부의 당국자는 차제에 러시아 정부를 향해 최후의 결심으로써 최후의 결답(決答)을 촉구해야 한다"는 경고문을 전달했다.[72] 17일에는 센다이(仙台)

에서 대러동지회 도호쿠(東北)대회가 개최되어 3,500명이 모였다. 결의는 일층 과격해졌다.

"최근 러시아의 행동은 우리 제국에 대한 무언의 선전(宣戰)이다. 제국이 만약 이를 여전히 용인하면, 이는 동양의 평화에 대한 불충이며 또 제국이 자기의 이익 및 명예를 고려하지 않는 것이다. 당국자는 어서 빨리 최후의 수단을 단행해야 한다."[73]

벌써 개전 전야의 분위기였다. 일본주재 러시아 무관들은 불안에 휩싸였다. 이들은 9월 초부터 일본군의 조선 북부 출병의 가능성에 관해서 경종을 울리고 있었다. 해군무관 루신이 9월 2일(8월 20일)에 보낸 전보가 아마도 가장 상세한 분석을 담은 것이리 할 수 있을 것이다.[74] 시작된 러일교섭이 "아무래도 합의에는 이를 것 같지 않다"는 문장으로 시작되는 보고서를 루신은 보냈다.

"이상할 정도로 고조된 일본인들의 자의식은 영·미의 정신적인 지지를 받고 있다. 가쓰라 내각으로서는 러시아의 국가적 이해(利害)를 고려해 어떻게든 허용할 수 있는 극동 세력권 분할의 조건을 채택하는 것도 용이하지 않다. 적대적인 반러시아 캠페인이 과거 수 년 동안 일본의 정치가들과 신문들에 의해서 거의 끊이지 않고 지속되어왔기 때문에, ……러시아와 일본의 강고한 협정에 대한 중대한 장해가 있었다. 우리가 아무리 커다란 양보를 한다고 해도, 예를 들어 조선과 일본의 관계를 종속국으로 하고 만주의 많은 권리를 일본에 준다고 해도, 극동의 평화가 한층 더 오래 보장된다고는 할 수 없을 것이다. 왜냐하면 이러한 조건도 일본인들에게는 곧 불만족스런 것이될 것이고, 일본은 또 다른 양보를 요구하기 시작할 것이기 때문이다."[75]

"일본이 제정신을 되찾게 할 수 있는 방법은 우리의 견고한 반격, 극동의 러시아 군사력의 존재에 기초한 반격이다. 일시적으로라도 일본인들이 전장에서 자신들의 승리를 의문시하도록 할 만큼의 군사력이 있어야 한다. 일본인들은 우리 군사력의 존재와 극동의 배치에 관해 알고 있으며, 기대감을 높이면서 전쟁 초기에 자국군이 승리할 것이라 확신하고 있다. 이 첫 전투에서 승리함으로써 자기들의 정치적·군사적 위신을 굳히고, 그 효과를 통해 조기에 그리고 자기들에게 유리하고 명예롭게 강화를 체결하겠다고 꿈꾸고 있는 것이다."[76]

루신은 일본 군부의 전쟁계획을 간파하고 있었다. 국민 각계각층의 우쭐해진 자기평가는 병적일 정도로 고조되고 있지만 그는 일본의 육군성과 해군성은 이것에 감염되어 있지 않다고 보고 있었다. "그들은 준비가 되어 있지 않은 상황에서 전쟁이 느닷없이 일어나는 일이 없도록, 일본 국민성 특유의 면밀함과 조직성을 가지고 만반의 계책을 강구하고 있다." 또한 루신은 육해군이 전쟁준비를 "과시적으로 그리고 지나칠 정도로 공공연하게" 시행하고 있는 점에노 주목하고, 무기를 흔들어댐으로써 러시아를 협박하고 있는 것이라고 생각하지 않을 수 없다면서도, 그러나 국내 여론을 진정시킬 수 없는 상황이 되었기 때문에 러시아와의 합의가 이루어지지 않는다면 가쓰라 내각은 궁지에 몰려 출구를 찾지 않으면 안 될 것이라고 보았다.

"사소한 구실을 찾아내어 조선에 최후통첩을 발하고, 압록강까지 군대를 보낼 것이라고 보는 자도 있다. 다른 한편으로 러시아와 직접 부딪칠 가능성을 부정하지 않는 자도 있다. 그러나 유럽 쪽 러시아에서 극동으로 보다 많은 군대가 급속하게 파견되면 될수록 후자의 가능성은 낮아질 것이다. 유럽 쪽 러시아에서 자바이칼주로 복수의 사단을 (철도 수송능력을 점검하기 위해서) 파견함으로써 우리가 극도로 유리해졌다는 인상을 심어주게 된 것만 봐도 이렇게 상정할 수 있다. 우리의 군대와 함선이 벌써 극동으로…… 향하고 있는 이상, ……하루라도 늦어지면 늦어질수록 러시아가 유리해 질 것이라는 점을 일본도 잘 이해하고 있다."[77]

루신은 일본의 행동을 억제할 수 있는 것은 극동의 러시아 육해군력 증강이라고 생각했다. 이것은 확실히 현실적인 결론이었다.

루신은 9월 상순에 오사카, 구레(吳), 우지나(宇品)를 시찰했는데, 기습적인 군대 수송상륙이 준비되어 있는 것은 확인할 수 없었다. 함대는 사세보(佐世保)에 있었고, 석탄을 적재하고 있었다. 그는 거기서 나가사키로 갔다.[78]

그러나 9월 20일(7일)이 되어서 루신은 블라디보스토크로 타전했다.

"일본이 열흘 후에 조신 북부에 1개 혼성여단을 파견할 준비를 하고 있다는 소문이 있다. 해군 군령부장에게 전신을 부탁한다."[79]

이 정보는 뤼순과 서울 사이에서도 오가고 있었다. 주일 무관 사모일로프의 보고, 즉 일본이 다음 달에는 조선으로 선발 여단을 파견하려 하고 있다는 소문이 돈다는 소식을 알렉세예프가 서울의 파블로프 공사에게 통지한 것이 9월 22일(9일)의 일이었다.[80] 그 다음 날 파블로프로부터 회신이 왔다. 한국 황제도 이용익을 통해서 같은 내용을 전해왔는데, 주의를 요하겠지만 나는 일본이 아직 그러한 결단을 내리지는 않았을 것으로 생각한다는 내용이었다.[81] 알렉세예프는 29일(16일)에도, 일본에 있는 무관들이 소문이 여전히 계속되고 있다고 알려 왔다면서 무슨 일이 있으면 지급(至急) 연락 부탁한다고 파블로프에게 요청했다.[82] 이것이 위기에 대한 경고의 시작이었다.

이때 차르는 태평하게 사냥으로 나날을 보내고 있었다. 9월 7일(8월 25일) 그는 벨로베지에 도착했다.[83] 러시아와 폴란드 간 국경의 네만강, 서(西)부그강, 프리퍄치강이 합류하는 지점에 펼쳐진 삼림지대다. 여기에 황실의 사냥터가 있었다. 9월 9일(8월 27일)에는 황제가 바르샤바군관구 군의 훈련을 참관하러 갔다가, 12일(8월 30일)에 벨로베지로 돌아왔다. 블라디미르 대공, 니콜라이 대공 등이 합류했고, 이후 연일 사냥이 계속되었다. 9월 23일(10일) 체류 마지막 날 일기에 따르면, 사냥의 성과는 들소 12마리, 말코손바닥사슴 6마리, 사슴 69마리, (판독불능) 36마리, 양 201마리, 멧돼지 83마리, 여우 41마리 등 도합 448마리였다.[84] 황제는 이날 여기를 출발해 다시 서쪽으로 향했고, 9월 25일(12일) 황후의 고향인 다름슈타트에 도착했다. 다음날 람스도르프가 도착했고, 27일(14일)에 그의 보고를 받았다. 러일교섭의 이야기는 물론 주재 무관의 경고에 관해서도 보고가 이루어졌을 것으로 생각되지만, 황제의 반응은 일기에 기록되어 있지 않다.[85]

러시아의 제1차 회답

9월 28일(15일) 알렉세예프가 로젠과 정리한 러시아의 회답안을 황제 앞으로 보내왔다. 아마도 황제는 람스도르프와 함께 이 보고를 받았을 것이다. 알렉세예프는 회답안에 다음과 같은 내용을 덧붙였다.

"회답안의 작성에 어려움을 느낀 이유는, 일본의 안이란 것이 이를 기초로 삼자니 일본과의 협정에 도달할 수 있는 모든 가능성을 박탈할 정도로 우리가 전혀 받아들일 수 없는 강한 욕심을 드러내고 있기 때문이다. 우리의 입장에서 협정을 위한 유일한 기초가 될 수 있는 것은, 일본이 만주를 완전히 자신들의 이익권(圈) 밖에 있다고 인정하는 것이다. 그 대신 우리는 조선 땅에서 일정한 양보를 할 수 있다. 그 한계는 우리의 안에 서술되어 있다. 그러나 사전에 만주 점령을 계속하기로 결정한 경우에만, 우리는 이 안을 가지고 교섭에 착수할 수 있다."

알렉세예프는 만주 점령이 극동에서 갖춰야 할 러시아의 지위에 걸맞으며, 교섭에 임해서 러시아는 무력을 사용하더라도 만주에서 자국의 이익을 지킬 작정이라고 로젠 공사로 하여금 표명하게 할 수 있어야 한다고 주장했다.[86]

준비된 회답안은 즉시 황제의 승인을 얻었다. 그러면서 원안의 중립지대안에 수정을 했을 것이라고 생각된다. 그 증거는 없지만, 아마도 황제의 의견에 따라서 수정했을 거라고 여겨도 틀림없을 것이다. 10월 1일(9월 18일) 외상은 이것을 알렉세예프에게 전했다.[87] 이때 이와 동시에 청국과의 교섭 중단에 관한 황제의 승인이 있었다는 사실도 전달되었다. 로젠은 10월 3일(9월 20일) 일본으로 돌아가, 바로 그날 일본에 회답을 건넸다. 그 내용은 다음과 같았다.[88]

제1조에서는 "한(韓)제국의 독립 및 영토보전을 존중할 것"으로 해 청제국을 뺌으로써, 청국에 관해서는 언급하지 않겠다는 태도를 취했다. 제2조에서는 러시아가 "한국에서 일본의 우월한 이익을 승인하고", "제1조의 규정에 배치되는 일 없이 한국의 민정을 개량하는데 필요한 조언과 원조"를 제공하는 것이 "일본의 권리"라는 점을 인정했다. 일본의 안에 있던 "군사상의 원조"를 삭제했으며, 더욱이 조언을 제공하는 것이 일본의 '전권'이라는 주장은 단호히 거부했다. 제3조에서는 한국에서 일본의 상공업 활동을 방해하지 않고, 보호를 위한 조치에 반대하지 않는다고 표명했는데, 이는 일본의 주장을 수용한 것이었다. 제4조에서는 일본이 한국에 군대를 파견하는 것을 승인했지만, "러시아에 알리고 조회한 후에"라는 조건을 달았다. 이상 4개조는 알렉세예프안 그대로였다.

그리고 러시아는 1901년의 람스도르프안에 따라서 다음과 같은 제5조를 두어 일본의 조선 지배를 억제하려고 했다. 즉 "한국 영토의 일부라도 군략상의 목적으로 사용하지 않을 것, 그리고 한국 연안에 조선해협의 자유항행을 박해할 수 있는 군사 요새 공사를 하지 않을 것을 상호 약속할 것." 제6조에는 중립지대 요구를 집어넣었는데, 이 것이 알렉세예프안과는 달리 표현되어 있었다.

알렉세예프안에서는 압록강에서 남쪽으로 50베르스타를 중립지 대로 했는데, 정식 회담에서는 "한국 영토의 북위 39도선 이북에 있 는 부분은 중립지대로 간주하고, 양 체약국 그 어느 쪽도 여기에 군대 를 투입하지 않을 것을 상호 약속할 것"으로 되었다. 50베르스타라면 서쪽으로는 선천(宣川)까지 들어가지만 동쪽으로 청진이 포함되지 않는 상당히 좁은 지대이지만, 북위 39도선 이북으로 하면 평양과 원 산 모두 포함됨으로써 상당히 넓은 지역을 포괄하는게 된다. 황제 니 콜라이 2세의 제안에 따라 이렇게 된 셈이다.

또한 로젠안에 따라 제7조를 두어, "만주 및 그 연안은 완전히 일 본의 이익 범위 밖의 것임을 일본이 승인할 것"이라고 되어 있었고, 일본이 만주에 손대지 않는다고 약속할 것을 요구했다. 제8조에서 "러·일 양국 사이에 체결된 모든 협정"을 파기할 것에 동의하고 있 는 것은 일본의 안과 같다.

1896년의 모스크바 협정, 즉 야마가타-로바노프 협정에서도 중립 구역의 규정이 있었지만, 당시에는 러·일 양군이 조선에 병력을 투 입하는 것으로 되어 있었다. 이번에는 러시아가 병력을 보낼 권리를 포기하고, 그 대신에 중립지역을 요구한 것이다. 한국 영토의 3분의 2에 대해서 일본을 구속하는 조건부 지배권을 러시아가 인정하는 대 가로, 만주를 러시아의 배타적인 세력권으로 인정하라고 요구한 것 이다.[89]

가을의 위기

알렉세예프와 로젠이 대일 회담을 마무리한 직후 위기가 본격화되었다. 9월 29일(16일) 해군 무관 루신은, 소문이 계속되고 있다, 신문들은 제12사단의 움직임을 전하고 고쿠라(小倉)가 출발항이 될 것이라고 보도해왔다, 5척의 민간 선박이 용선(傭船) 계약을 체결했다, 라는 내용의 전보를 보냈고, 그날 중으로 또 다시 "일본의 함대는 마산포를 출항했다"라고 타전했다. 10월 3일(9월 20일)에는 제12사단에서 예비역이 소집되었다, 수송선의 준비를 완료하라는 명령이 내려졌다고 한층 강력해진 경고 전보를 보냈다.[90] 루신뿐만 아니라 주재 무관 사모일로프도 일본의 조선 출병에 관한 경고를 보냈다.

이와 같은 전보를 받은 알렉세예프는 당황했다. 10월 3일(9월 20일) 그는 다름슈타트에 있는 황제에게 전보를 보냈다. 우선 베이징의 교섭 중단 사실과 대일 회담 수교(手交)의 명령은 접수해 즉각 실행에 옮겼다고 보고하고, 이어서 다음과 같은 내용을 전했다.

"이제부터 도쿄에서 시작될 교섭과 관련해 폐하께 보고 올립니다. 현재 일본의 분위기로 보아, 일본이 조선 북부를 점령하기 위해서 군대를 파견할 가능성을 배제할 수 없습니다. 이 사실은 현재 접수한 주재 무관의 보고에서 확인할 수 있습니다. 일본이 그러한 조치를 취함으로써 위에 언급한 의도를 실행에 옮길 경우, 우리는 우리 자신의 이익을 지키고, 가능성이 있는 마지막 순간까지 군사충돌을 회피하기 위해서, 그러한 도전적인 행동양식에 어떻게 대처할 것인지를 지금 분명하게 해야 할 것입니다."

알렉세예프는 일본군의 상륙이 조선의 어느 지점에서 어느 정도의 규모로 행해질 것인지가 문제라고 썼다. 중요한 것은 황해 쪽 서부해안으로의 상륙이다. 만주 및 관동주와는 눈과 코끝의 거리만큼 가까운 곳에 일본군이 상륙하는 것은 묵과할 수 없다. 그럴 경우 "1896년 조약의 위반이라며 일본에 항의하는 데 그쳐서는 안 된다. 항의에 더해 조선에 또 다른 파병은 일체 용인되지 않으며, 우리도 스스로의 합법적이고 공정한 이익을 지키기 위해서 군사적 방책을 강구할 것이라고 일본 정부에 경고하는 것이 타당하다."

알렉세예프는 몇 가지 방책을 제안했는데 다음과 같다. 1. 일본군이 인천, 진남포 또는 압록강 하구에 상륙할 경우는 해군력으로 후속부대의 상륙을 저지할 것, 2. 관둥주와 만주의 군대를 즉시 동원해 펑톈으로 집결시키고, 전 만주를 계엄령 하에 둘 것, 3. 자바이칼리에, 시베리아, 모스크바, 카잔 군관구의 예비역을 소집할 것.[91]

알렉세예프는 10월 7일(9월 24일)에 또 다시, 뤼순을 위해서 10만 톤, 블라디보스토크를 위해서 6만 5,000톤의 석탄을 보내 줄 것, 결원의 보충을 서두를 것을 요청했다. 보충해야 할 장교들은 포병장교 15명, 수뢰장교 17명, 보통장교 40명, 기사 30명, 그리고 전문가 하사관 533명이었다.[92]

일본에서는 10월 초 신문의 논조가 확실히 점점 과격해지고 있었다. 그 하나의 계기는 용암포에 들어온 러시아인들이 이곳을 내려다보는 용암산 정상에 포대를 건설하고 있다는 이야기가 전해지면서부터였다. 주한 공사가 본성으로 처음으로 보고를 한 것은 9월 30일이었다. 그때는 "포대 유사물의 건축"이라고 되어 있던 것이, 다음 날 전보에서는 "포루(砲壘)로 보인다"로 되었다.[93] 그리고 10월 4일 하야시 공사는, 히노(日野) 대위의 현지보고에 의하면 "포대 건축은 사실이다"라고 전했다.[94]

이것이 일반 신문에 퍼졌고, 여론은 격앙했다. 10월 2일자 『오사카 아사히신문』(大阪朝日新聞)의 논설 '국민의 결심을 촉구한다'는 "만주문제의 해결은 러시아를 완전히 구축하지 않으면 충분하다고 말할 수 없다…… 여기서 일전도 불사해야 한다는 것은 말할 필요도 없다"
고 썼다.[95] 10월 6일자 『도쿄아사히신문』은 1면 톱기사로 '용암포 포
대건축 실황'이라는 특파원 기사를 실었다. 히노 대위와 함께 실제로
견학한 바에 따르면 산 위에 포대가 있고, "아직 대포를 마련하지 못
한 곳에도 이미 3개의 포문이 있다"고 보도했다. 다음 날짜 신문 사설
'러시아의 포대 축설(築設)'은 한국에 대해서는 "폭력으로 우방의 영
토를 잠식하는 것"이고 또 "사실상 전쟁을 선포한 것"이며, 일본에 대
해서는 "우리의 이익권 범위에 침입하고", "한국 황제의 지위를 박해
하는 것"이라고 주장했다. 러시아는 만주문제로 "도리에서 벗어난 난
폭하고 불손한 거동"을 하고 용암포를 점령하면서, 이와 같은 도발에
일본이 대응하지 않는 것을 보고는 마침내 "포대 축설, 대포 거치, 병
력 상륙의 거동"을 하기에 이르렀다. 이는 "일러협약을 배반하는" 것
이므로 10월 8일까지 만주에서 철퇴시키는 것이 우선되어야 한다. 정
부는 "우선 이 선결 문제를 제의하고, 만약 그것이 이행되지 않으면
일도양단의 결정에 처하기를 바란다"—이것이 결론이었다.

10월 5일 대러동지회는 도쿄의 가부키극장(歌舞伎座)에서 전국대
회를 열어 선언서와 결의를 채택했다. 결의는 다음과 같은 것이었다.
"제3기 철병기한도 역시 사흘밖에 남지 않았다. 그러나 러시아는 누
누이 식언(食言)을 일삼았으며, 이전부터 이를 이행할 기색도 보이지
않았다. 그런 한편으로 전쟁 준비에 전력을 쏟고 있다." "그러므로 우
리는 확신한다. 우리의 신성한 임무와 우리의 국시는 결코 러시아의
극동 경영과 공존할 여지가 없다는 것을."

계속해서 결의는 다음과 같이 주장했다. "우리는 오늘의 사태를 관
찰하고, 최후의 수단을 신속하게 취해야 할 시기라고 생각한다. 당국
자들의 미봉적이고 머뭇거리는 태도를 용서하지 않겠다."

구도 유키모토(工藤行幹)는, 위원들을 선출해 정부를 후원, 독려하

고 어쩔 수 없을 때에는 "제국 신민의 권능으로 할 수 있는 모든 수단을 써서 정부를 채찍질"해야 하며, 천황에게도 상주해야 할 것이라고 제안했다. 도야마 미쓰루, 시바 시로 등을 포함한 33명의 위원들이 선출되었다. 집회 마지막에는 와병 중이었던 고노에 아쓰마로(近衛篤麿)와 이타가키 다이스케의 메시지가 소개되었다. 이타가키는 "동양평화는 일촉즉발의 위기에 직면했고, 우리 제국의 존망은 날로 궁박해졌다"면서 "오늘의 일은 단지 결단에 있을 뿐. 그리고 그 기회는 눈앞에 와 있다. ……그런데 위아래 4천만 동포는 무엇을 망설이는가, 대러동지대회 바로 여기에 진력하라"고 메시지를 맺고 있었다.[96]

6월에 대러 개전을 주장한 일곱 박사도 제3기 철군 기한인 10월 8일을 앞두고 『일러개전론찬』(日露開戰論纂)이라는 책을 출간했다. 7명의 새로운 주장과 함께 6월의 건의서도 수록했다. 도미즈는 이 책에서, 일본이 러시아를 대신해 "만주의 주권을 장악하는 것은 각국의 사람들이 이의를 제기할 것도 없는 일이라고 생각한다"면서 "일본의 자위를 위해서는 전쟁이 필요하다", "전쟁에서 일본이 승리한다면 시베리아의 동부 특히 우수리 지방은 일본이 취하지 않을 수 없다"고 주장했다.[97]

이제까지 주전론과 주화론이 교호적으로 등장하는 기묘한 모습을 보여왔던 『요로즈초호』도 마침내 주전론으로 전환했다. 10월 8일의 '최종 기일'에 이어서 9일에는 '덴잔'(天山)이라는 필명의 '최후의 결단(명분은 이미 차고 넘친다)'을 실었다.

"저들 러시아, 이미 만주에서 우리를 능욕하는 행태가 극에 달했다. 그리고 또 다시 한국에서 그 주권과 독립을 훼상하고, 동시에 일러협상의 정문(正文)을 감히 유린하는 망상(亡狀)을 저지르고 있다. 이것을 참을 수 있다면 천하에 무엇을 참지 못하겠는가? 그만하라, 말로만 하는 경고, 신문지면의 항의, 공허한 천만 마디의 말들. 필경 아무런 효과도 없을 것이다."

상황이 이렇게 되자 우치무라, 고토쿠, 사카이, 이 세 사람은 10월 9일자로 퇴사했다. 12일 이 신문은 우치무라 간조의 '퇴사에 즈음하여 루이코 형에게 드리는 각서'와 고토쿠 슈스이, 사카이 도시히코의 '퇴사의 사(辭)'를 게재했다. 우치무라는 "일·러 개전에 동의하는 것은 즉 일본국의 멸망에 동의하는 것이라고 확신합니다", "국민 모두 개전을 결의하는 상황에서 이에 반대하는 것이 소생은 마음으로라도 견디기 어려운 바입니다"라고 썼다. 고토쿠와 사카이는, "평생 사회주의의 견지에서 국제 전쟁을 보면서 귀족, 군인들의 사적인 투쟁 때문에 희생을 치러야 하는 것은 국민의 다수"라고 주장해왔는데, 『요로즈초호』조차도 "전쟁은 끝내 피할 수 없다고 생각하고, 만일 피할 수 없다고 한다면 거국일치해 당국을 도와 맹진하지 않을 수 없다"는 입장에 선 이상, "우리가 이 신문사에 있으면 침묵을 지킬 수밖에 없는 입장에 서게 된다"고 썼다.[98]

이것은 일본의 언론계가 거국일치로 개전론에 완전히 휩쓸렸다는 것을 보여주는 사건이었다. 그러나 실제로는 정부가 러시아와 교섭을 시작한 단계였고, 군사행동을 할 상황은 아니었다. 따라서 육군 내부에서는 정부나 군수뇌가 신중론에 치우쳐 있다면서 분노하고 있었다. 참모본부 총무부장 이구치 쇼고 대좌의 10월 8일 일기는 한국 출병의 결정이 내려지지 않는 것에 대한 초조함을 보여주고 있다.

"오늘은 제3기 만주철병 기한인데도 러시아는 철병의 기색이 없고, 또 러시아는 공사관 호위를 위해 기병 100기를 경성으로 보내려고 하면서 육로 의주 방면으로 병사들을 내보내려 한다. ……인천에서 150명이 거룻배 30척을 매입하려 하고 있다는 소식이 속속 들어오고 있다. 또한 경성과 의주의 한인들이 일본인들에 대한 체도〈體度, [태도의 오기]. 원문 그대로〉의 무례함의 극에 달하는 등의 일이 있다.

시기는 이미 늦었지만, 오늘 내각이 일대 결심을 하여 한국 출병을 감행하지 않으면, 나라를 위해서 또 동양평화를 위해서도 러시아의 횡포를 억제할 수 없을 것이다. 외교 담판 역시 불리한 결과를 낳게 될 것이므로, 후쿠시마 차장사무대리에게 야마가타 원수 및 가쓰라 총리대신의 결심을 재촉하라고 요청했다. 그러나 가쓰라 총리대신의 결심은 확고하지 않다. 우유부단함이 국가의 대사를 그르치려 한다. 아아, 가와카미 대장은 32년 5월에 이미 서거하고, 지난 1일 다무라 소장 역시 대장의 뒤를 따랐다. 오야마 참모총장 또한 싸울 뜻이 없다. 이에 더해 육해군은 화합과 협조를 이루지 못하고, 양 대신 특히 야마모토 대신은 기회를 포착하는 눈이 없으며, 결코 싸움을 일으킬 뜻이 없다. 제국의 대사가 사라지려 한다. 호오〈呼嗚, 원문 그대로〉!"[99]

참모차장 다무라 이요조는 10월 1일에 사망했는데, 후임이 결정되지 않았기 때문에 이구치 등은 한층 더 암울한 기분이었다. 그러나 10월 12일이 되어 타이완 총독이며 내무상이었던 거물 군인 고다마 겐타로가 후임으로 취임한 것이 참모본부에 힘을 불어넣게 된다. 10월 20일 고다마 차장 및 부장 회의에서 마침내 작전계획이 책정되었다. 제해권을 확보할 수 없으면 마산에 1개 사단(제12사단)을 상륙시켜 서울로 향하게 하고, 제해권이 확보되면 진남포에 3개 사단(근위, 제2 또는 제10, 제12사단)을 상륙시켜 평양으로 향하게 한다는 내용이었다. 다음 날 회의에서는 해주(海州) 만에 동절기에 유빙이 있다는 사실을 확인하고 상륙지를 인천으로 변경했다.[100] 행동을 결정하기까지는 아직도 앞길이 요원하다는 느낌을 주었던 것이다.

러·일 해군력 비교

그렇다면 이 당시 러·일의 해군력은 어떤 상황이었을까?『도쿄아사히신문』9월 26일자에 '일·러 해군세력 비교'라는 기사가 실렸다. 이 기사에 의하면 1월에는 러시아 '동양함대'의 주력함이, 전함 '세바스토폴'(1895년 진수, 1만 960톤), '페레스베트'(1898년 진수, 1만 2,674톤), '페트로파블로프스크'(1894년 진수, 1만 960톤), '폴다바'(1895년 진수, 1만 960톤), 장갑순양함 '그로모보이'(1899년 진수, 1만 2,359톤), '러시아' (1896년 진수, 1만 2,195톤), '류리크'(1892년 진수, 1만 1,920톤), 경순양함 '바랴그'(1899년 진수) 등 8척이었는데, 3월에 경순양함 '아스콜드' (1900년 진수), 5월에는 전함 '레트비잔'(1900년 진수, 1만 2,902톤), 경순양함 '디아나' '팔라다'(모두 1899년 진수), '노비크'(1900년 진수), 6월에는 경순양함 '바가티리' '바야린'(모두 1901년 진수), 7월에는 전함 '파베다'(1900년 진수, 1만 2,674톤)가 도착했다. 이에 따라 16척이 되었고, 총 톤수는 14만 5,000톤이 되었다. 일본의 순양함과 전함은 17척, 17만 톤이니까 그 차이는 2만 5,000톤에 지나지 않는다고 기사는 쓰고 있었다.[101] 러시아는 전함이 6척, 장갑순양함이 3척, 경순양함이 6척인데 반해 일본 해군의 전함은 '미카사'(1900년 진수, 1만 5,140톤) 이하 6척, 장갑순양함은 6척, 경순양함은 1897년 이후의 신예함이 5척이었다.

그런데 전함의 수는 같았지만, 러시아의 기함(旗艦) '페트로파블로프스크' 등 3척은 1894, 1895년에 건조되어 낡았고, 게다가 톤수도 신예함의 3분의 2 정도밖에 되지 않아 현저하게 열세였다. 1900년 전야에 건조된 신예함은 러시아나 일본 모두 3척씩 갖고 있었지만, 일본의 함선은 톤수에서 러시아를 압도하고 있었다. 그리고 장갑순양함은 함선 수에서 일본이 러시아의 2배였으며, 모두 신예함이자 1만

톤을 약간 하회하는 정도의 스피드가 있는 함선들이었다. 러시아의 신예함은 1척에 불과했다. 이런 면에서는 승부를 겨룰 수 없을 정도로 러시아가 열세였다. 경순양함에서는 열거한 신예함에서 러시아가 아주 조금 우세였지만, 일본에 구형 함선 7척이 있었기 때문에, 그것을 포함하면 일본이 유리한 상황이었다.

당연한 이야기지만, 일본은 이 우세를 더욱 결정적인 것으로 만들기 위해서 새로 건조된 함선의 획득에 주력했다. 러시아 역시 새로 건조된 함선을 극동으로 보냈고, 게다가 유럽에서 증원 함대를 보내려고 했다. 7월이 되자 로제스트벤스키는 해군 군무국장 비레니우스 소장을 사령관으로 하는 증원함대를 극동으로 보내기로 결정했다.[102] 비레니우스는 영국 화이트헤드사(社)에서 연수 경험이 있는 수뢰 전문가로서, 1880년대에 독일 주재 무관을 역임했고, 그 후에 '아조프 기념'호나 전함 '파베다'의 함장을 거쳐, 1901년부터 군무국장으로 근무하고 있었다. 소장이 된 것은 1902년의 일이었다.[103] 점잖은 점이 눈에 띄는 인물이었다고 한다. 아무튼 현직 군무국장을 파견함대의 사령관으로 임명하고 작전을 담당하는 군무국을 보좌관인 시첸게르 대령에게 맡긴 것은, 전쟁이 일어나지 않을 것이라고 생각했기 때문이었을 것이다.

비레니우스는 8월 초 파리에 도착해 거기서 툴롱으로 향했다. 툴롱에서 건조되고 있던 전함 '쩨사레비치'(1만 3,000톤)는 함대의 중핵을 이룰 터였다. 역시 툴롱에서 건조된 순양함 '바얀'은 이미 발트해함대로 인도되었는데, 이 순양함 역시 증원함대에 포함될 예정이었다. 거기서 신해군공창에서 오랜 기간 완성에 시간을 들이고 있던 1898년 진수 전함 '오슬랴뱌', 신 해군공창에서 건조되어 1900년에 진수한 순양함 '아브로라', 그리고 1883년 진수한 노후 순양함 '드미트리 돈스코이', 극동태수용 요트로 건조되었다가 급거 경순양함으로 개장

된 '알마스' 등을 함대에 편입하기로 했다. 이밖에 수뢰정 11척도 편입하기로 되어 있었다.[104]

8월에 전함 '오슬랴뱌'는 지브롤터 해협을 통과하던 중 함저(艦底)가 손상되었다. 수리하는 데 시간이 걸렸고, 비레니우스 함대의 출발은 늦어지게 되었다. 그래서 그리고로비치 대령이 전함 '쩨사레비치'와 순양함 '바얀'의 두 척만을 이끌고 먼저 출발했다. 9월 9일(8월 27일) 두 함선은 출발했다.[105] 블라디보스토크 도착은 12월이나 되어야 했기 때문에, 저 위기의 순간에 두 함선은 아직 먼 외해를 순항 중이었다.

전쟁 공포의 소동 배경에는 이러한 사성이 있었다.

러시아 정부의 대응

황제 니콜라이 2세는 9월 25일(12일)에 다름슈타트에 도착했고, 이틀 후에 빈으로 출발했다. 10월 1일(9월 19일) 황제는 뮈르츠슈테크에서 73세의 오스트리아 황제 프란츠 요제프와 회담했다.[106] 이때 일본에서는, 러시아 황제가 오스트리아 황제에게서 극동에서 러시아가 전쟁을 할 경우에 오스트리아 제국은 중립을 지킬 것이라는 약속을 확인했다고 판단했다. 그러나 그러한 일은 전혀 없었다. 다름슈타트로 돌아온 니콜라이는 10월 5일(9월 22일) 오스트리아 방문에서 받은 인상을 어머니 황태후에게 적어 보냈다.

"등산, 산행을 많이 했습니다만, 제게는 마음에 들었습니다. 우리 모두를 놀라게 한 것은 73세의 황제입니다. 그는 쉬지도 않고 거의 2시간을 계속해서 산에 오르고도 숨이 조금도 흐트러지지 않았습니다. 믿을 수 없습니다. 황제 외에 언제나 우리와 동행해준 것은 황태자 프란츠 페르디난트입니다. 황제 부자가 제게 보여준 친애의 정에 감동했습니다."[107]

일의 선후관계는 알 수 없지만, 다름슈타트로 돌아와 알렉세예프의 전보를 본 황제는 경악했고, 공포에 휩싸였다. 그래서 당황한 황제는 보고하러 온 람스도르프에게 "짐은 전쟁을 원하지 않는다고 알렉세예프에게 곧장 전보를 쳐야겠다. 회신 초안을 만들라"고 명했다. 람스도르프가 문안을 써 오자, 황제는 '안'이라는 글자를 삭제하고 그대로 보내라고 명했다.[108] 10월 5일(9월 22일) 타전된 그 전보의 내용은 다음과 같다.

"일본군의 조선 상륙이 준비되었다는 소문은 각 방면에서 확인되었다. 도쿄 정부는 이번 조치를 통해 러시아가 청국과 약속한 기한을 초과해 만주 점령을 계속하려는 것에 대한 항의를 하려는 것이 분명하다. 그럼에도 불구하고 귀관과 로젠 공사가 작성한 대안의 선에서 일본과 현실적으로 협정에 도달하는 것이 지극히 바람직하다. 실제로 일본이 조선반도의 남부, 나아가 중부까지 침입하면, 시간이 지나면서 그들의 힘이 약화될 지도 모른다. 일본군이 서울에서 압록강까지 지역 전체를 점령하게 되면, 이건 무엇보다도 더 불쾌하다. 그러나 그럴 경우에도 우리는 낙심하지 말고, 충돌을 야기할 수도 있는 일은 일체 회피해야 한다. 짐은 확신하고 있다. 귀관이 현재 상황에서 특히 우리에게 재앙을 초래할 심각한 전쟁의 공포에서 러시아를 구원하고자 하는 짐의 절절한 희망을 이행할 것이라는 점을."[109]

이것은 일본군을 공격하면 안 된다는 명령이었다. 또한 니콜라이는 "유감이지만, 베이징에서의 교섭을 중지하더라도, 귀관은 청국과 우리 관계의 합의에 의한 조정을 목표로 전력을 다해야 한다는 점을 잊지 않기를 바란다"고 거듭 주의를 주었다.[110]

어머니 황태후에게 보낸 온화한 편지와 이 긴장감으로 가득한 전보가 같은 날 작성되었다는 것은, 이 황제가 기본적으로는 사안을 심각하게 생각하지 않고 있었다는 것을 보여주는 것인지도 모른다.

알렉세예프는 황제의 전보를 받고 곧바로 10월 8일(9월 25일) 회신을 보냈다.

우선 청국과의 완전한 협정이 바람직하지만 이는 청국의 현재 상황으로는 불가능하며, "우리의 이익을 확보하는 유일한 수단은 이 나라를 계속 점령하는 것 말고는 없습니다"라는 것이었다. 그리고 일본이 우리의 회답에 응하지 않고 조선을 점령하기 시작한다면, 조선 북부의 점령은 "극동에서 우리의 상황에 대한 진짜 위협"이 될 것이라면서 "허용할 수 없다"고 했다. 그리고 황제의 요구에 대해 다음과 같이 답했다.

"군사 충돌의 구실을 제거하라는 폐하의 의지 이행은 제게도 가장 신성한 책무이며, 조금도 게을리 하지 않고 꾸준히 추구하고 있는 바입니다. 그러나 일본이 극도로 무모한 의도의 실현을 삼가도록 할 수 있는 조치를 늦지 않게 취한다는 부동의 결의야말로 목적을 달성하기 위한 최선의 방법이라고 깊이 확신하고 있습니다."[111]

분명히 알렉세예프는 황제의 전보가 불만이었다. 감히 명령에 따르겠다고 명언하지 않으면서 이의를 제기하고 있는 것이다. 이렇게 긴장된 전보 왕래가 이루어지고 있을 때 육군장관 쿠로파트킨은 휴가 중이었다. 임시 육군상대리 사하로프는 알렉세예프의 전보를 접수하자 쿠로파트킨에게 그 전보를 전송함과 동시에 즉각 시베리아, 모스크바, 키예프 군관구의 각 사령관에게, 극동 파견이 예정되어 있는 부대의 동원 준비에 관해서 점검하라는 명령을 내렸다.[112] 프스코프 현에 있는 자신의 영지 셰슈린에 있던 쿠로파트킨은 10월 6일(9월 23일) 알렉세예프의 전송 전보를 받고서 1개월 앞당겨 휴가를 끝내고 10월 15일(2일)까지는 수도로 돌아가야겠다고 결정했다.[113]

페테르부르크의 해군성도 이 정보를 접하고는 9월 30일(17일), 파리에 있는 해군총재 알렉세이 대공에게 알렉세예프의 전보를 전송함과 동시에, 외무성의 오볼렌스키-넬레진스키 차관에게도 알렸다.[114] 10월 3일(9월 20일)에는 알렉세예프가 보낸 전보도 도착했다. 황제 앞으로 보낸 전보에서 대강을 발췌한 것이었다.[115] 군령부장 로제스트벤스키도 세바스토폴과 크론슈타트의 각 함대 사령관들에게 "태수에게서 충돌이 가까워졌다는 전보를 받았으니", 뤼순으로 응원 요원의 파견을 서두르라는 지시를 내렸다.[116] 그런데 여기서 놀라운 것은 해군상 아벨란이 10월 8일(9월 25일)이 되어서 외무차관에게 다음과 같이 물었다는 사실이다. 태수가 제안하는 "이들 모든 조치는 해군성의 정규 예산으로는 충당할 수 없다." 물론 전시에는 예산의 초과 지출도 필요하다. 그래서 묻고 싶다. "외무성의 의견은 극동태수의 진정을 즉시 충족시키라고 재촉할 정도로 극동정세가 중대하고 위협적이라고 생각하는 것인가?"[117]

자신들이 파견한 주재 무관의 보고가 기초가 되어 해군 중장인 태수가 의견을 구신하고 있는데, 이 예산 초과 요구에 응해야 하는지 어떤지를 외무성에 묻고 있는 것이다. 장관 아벨란, 군령부장 로제스트벤스키 등 해군성 수뇌부의 무능과 무기력함이 드러나 있다.

장관들이 그런 정신 상태였다면 황제도 마찬가지였다. 알렉세예프에게 전쟁을 금했던 황제는 계속해서 태평한 시간을 보냈다. 이해 가을 황제 일가는 처음으로 자동차를 입수해 그것을 타고 돌아다니면서 열광하고 있었다. 10월 13일(9월 30일) 세 대의 자동차가 줄지어 볼프스가르텐으로 이동했다. 4년 전에 체재했던 집이었다.[118] 이튿날 역시 자동차로 프랑크푸르트로 나갔는데, "아무도 우리를 알아보지 못했다"고 황제는 일기에 썼다.[119] 이 행복한 가을에 황후는 임신했다. 다섯 번째였다.[120] 황후도 황제도 이번에는 사내아이가 태어날 것이라고 믿었다.

『노보에 브레미야』지의 사주 수보린도 피서지에서 알렉세예프가 황제에게 일본군을 저지하는 행동의 허락을 요청하는 전보를 쳤다는 사실을 알았다. 외상이 황제는 "평화를 바라고 계신다"는 회신을 보냈다는 사실까지 들은 수보린은 일기에 썼다.

"그의 황태자 시절에 일본인은 사브르로 그의 머리를 때렸다. 일본인들은 지금도 그의 머리를 치고 있는데, 이 머리는 무엇을 해야 할지, 무엇을 할 수 있는지 그다지 잘 모르고 있다. 그는 황태자의 탄생을 기다리고 있으며, 그 '기쁨'이 올 때까지는 아무것도 하려고 하지 않는다."[121]

10월 25일(12일)에 람스도르프가 보고하러 왔다.[122] 그는 11월 2일(10월 20일)에도 파리에 와서 보고했다.[123] 아무래도 일본과 전쟁할 수 있는 국가체제는 아니었다.

용암포 포대 문제에 관해서는 10월 12일에 영국 무관 듀카트의 "요새가 아니라 신호소"라는 이야기가 도쿄로 전해져 있었는데,[124] 같은 날 한국의 일본공사관에는 의주의 히노 대위로부터 "위험한 광경이 눈앞에 닥쳤다" 즉 일본인의 철수가 시작되었다는 과장된 이야기가 퍼졌다는 소식이 들어와 있었다.[125] 하야시 공사는 공사관원으로 의주에 파견되어 있는 신조(新庄)와 히노의 의견 차이에 주목하기 시작했다. 도쿄의 고무라는 10월 14일 러일교섭 중에 이러한 "사소한 사건" 때문에 충돌하고 싶지 않다면서 하기와라 모리이치(萩原守一) 서기관의 현지 조사를 요청했다.[126] 하기와라 서기관 시찰의 제1보는 10월 23일 도쿄로 보고되었는데, 듀카트와 만난 결과 "동 대령이 보는 바는 본관이 현지에서 관찰한 바와 일치하며, 포대인지 아닌지를 다툴 필요가 없다. 토지 공사는 이미 완성되었고, 대포의 도착을 기다리고 있는 상태"라는 것이었다. 하기와라는 러시아와 상호 양해에 도달해 10월 30일에 산 위를 실지 검토, 분석했다. 관계자의 설명에 의하면, 마적 두령의 습격을 우려해 "다소의 방비를 산 위에 설치하고자 하는 계획이었다고 하는데, 그래도 지금은…… 해당 산 위는 부녀자의 산책 코스로 만들 작정으로 공사를 시작했다"는 것이었고, "어느 면으로 보나 현재는 포대로서 시설을 갖추는 흔적은 없다면서, 표면상으로는 운동장으로 만들 계획이라고 한다", "본관은 중앙의 벽돌 기둥과 용암포의 지세로 보건대 무선 전신을 설치할 계획이 있지 않은가 의심스럽다"고 보고했다.[127] 이 문제와 관련해 한국의 외부대신 서리 이하영(李夏榮)이 10월 20일에 러시아 공사에게 항의문을 보냈고, 파블로프는 10월 31일(10월 18일)자로 모든 것은 "허구의 이야기이며 여하한 근거도 없다"고 부인하는 서한을 보내오기도 했다.[128] 아무튼 포대 설치의 이야기는 이것으로 서서히 사라졌다.

어쨌든 압록강 문제는 "러시아에 대한 적대적인 분위기 속에서 나라의 여론과 국민 대중을 만류하는 수단으로, 그리고 때로 약간의 평정화가 시작되어 국민 대중이 냉정해졌을 때에는 이와 같은 분위기를 달구어 일정한 높이로 유지하는 수단으로, 일본의 주전파가 장악했던 것이 분명하다"는 시만스키의 주장[129]이 옳았다고 인정할 수밖에 없다.

이리하여 휴가를 마치고 돌아온 쿠로파트킨이 그동안 취해진 조치를 황제에게 보고한 11월 6일(10월 24일)에는 위기는 이미 진정되어 있었다.[130]

일본의 제2차 서한

일본 정부는 9월부터 10월에 걸쳐서 러시아가 극도의 긴장상태에 있었다는 사실을 전혀 알지 못했다. 러시아의 회답을 접한 고무라는 아마도 당연한 회답이라고 생각했을 것이다. 일본이 한국을 무제한 지배하는 것을 승인하라는 요구는 거부되었다. 그렇다고 해도 이 문제는 교섭을 계속해야 했다. 일본이 평화적 해결을 위해 노력했다는 인상을 국제 여론에 심어주기 위해서라도 교섭하는 것이 필요하다는 점에 비춰보면 동맹국 영국이 관심을 보이는 만주문제와 얽는 것이 합목적적이라고 생각했을 것이다. 영국 외교문서를 조사한 히로노 요시히코(広野好彦)에 의하면, 고무라는 영국 공사 맥도널드에게 만주 조항인 제7조가 가장 큰 문제라고 말했다. 그 이외에는 수정하면 해결할 수 있다고도 말했던 모양이다.[131] 물론 그것은 말뿐이었고, 조선문제에 관한 러시아의 회답은 애초에 받아들일 수 없었을 것이다.

고무라는 10월 6일에 로젠을 불러 교섭을 개시했다. 8일에도 교섭을 진행했다. 청국의 독립과 영토보전, 만주에서 일본의 상업상의 이익 보장 등을 주제로 격렬하게 교섭했다. 로젠은 러시아가 한국에 관해서 대폭 양보하고 있는데 만주에 관해서 조건을 다는 것은 수용할 수 없다고 회답했다.[132]

그래서 고무라는 10월 14일 재빨리 수정안을 제시했다. 수정안에서 특히 주목할 만한 것은, 러시아의 제7조에 대신해 다음의 3개 조항을 삽입하자고 했던 점이다. 우선 제7조로서 "만주에서 청국의 주권 및 영토보전을 존중하고" "만주에서 일본의 상업의 자유를 방해하지 않는다는 것을 러시아가 약속할 것"을 삽입하고, 제8조에 "일본은 만주에서 러시아의 특수 이익을 승인하고 또 앞의 조항에 있는 규정에 배치되지 않는 한" "러시아가 필요로 하는 조치를 채택할 권리가 있음을 승인할 것"을 넣었다. 즉 만주에서 러시아의 특수 이익을 승인하지만 청국의 주권을 침해하지 않는다는 것을 조건으로 하면서, 또한 일본의 상업의 자유를 요구하고 있는 것이다. 제9조는 한국의 철도와 동청철도를 연결하자는 약속이었다. 한국에 관해서는, 러시아의 제6조에 대신해, 중립지대를 국경의 양쪽 50킬로미터까지 설치한다는 조항을 제4조에 넣는 것으로 되어 있었다.[133]

로젠은 자기 입장에서는 중립지대안에 이의가 없지만 아무튼 본국 정부와 의논하겠다고 답했다. 그러나 제7조를 3개의 조항으로 대신하자는 고무라의 제안에 대해서는 강하게 거부했다.[134]

여기서 어떻게 할지, 10월 24일 원로회의가 열렸다.[135] 원로들의 개입으로 열렸을 것이다. 이 회의를 위해서 준비한 것으로 생각되는 문서가 『야마모토 곤베에와 해군』(山本権兵衛と海軍)에 수록되어 있다. 내용으로 보건대 이것은 고무라가 준비한 문서일 것이다. "로젠 남작과 여러 차례 회견을 거듭했지"만, 양보하지 않는 것이 유감스럽다고 적혀 있다. 여기서 생각할 수 있는 길은 다음의 세 가지 방책이라고 주장했다.

제1책 러시아의 주장을 수용하고, 만주를 완전히 우리 이익의 범위 밖이라고 인정하는 것.

제2책 우리가 만주를 완전히 우리의 이익 범위 밖이라고 인정함과 동시에, 러시아로 하여금 한국을 완전히 그들의 이익 범위 밖이라고 인정하게 하는 것.

제3책 어디까지나 우리의 수정안 취지를 관철하기 위해 노력하는 것.

제1책은 취할 수 없다. 청국의 독립과 영토보전은 일영협약에 있는 근본적 주장인데, 제1책은, "러시아의 완전한 자유행동을 인정하는" 것이기 때문이다. 또 제2책 역시 취할 수 없다. 그 이유는 청·한 양국의 독립과 영토보전의 존중은 러시아가 선언해온 것인데, 제2책은 러시아에게 그것을 포기하라는 것이 되기 때문이다. 만주에서 러시아의 완전한 자유행동을 인정하는 꼴이 된다는 의미다. 그래서 제3책으로 강경하게 밀고 나아갈 수밖에 없다는 결론이었다.[136]

야마가타와 이토의 만한교환론의 입장에서 보면 제2책이 좋다고 했을 것이다. 그런데도 제3책을 주장한 것은, 야마가타와 이토의 압력이 커졌지만 고무라 등이 저항하면서 제3책을 옹호한 것이라고 생각할 수 있다. 결국 결판이 나지 않은 상태였을 것이다.

일반적으로 일본의 제2차 서한이 양보한 모습을 띠게 된 이유가 원로들의 반격 때문이라는 견해가 있지만,[137] 고무라 등이 그보다 더 중시해야 했던 것은 동맹국 영국의 의견이었을 것이다.

고무라는 수정안을 맥도널드 영국 공사에게 전하면서 란스다운 외상의 의견을 구했다. 이 시점부터 어떠한 수정 요구를 만주 조항에 낼 것인지에 관해서 영국과 의견을 교환하기 시작했다. 맥도널드로부터 10월 22일에 연락을 받은 란스다운 외상은 26일, 일본의 수정안에 거의 찬성한다면서도 만주문제에 관해서만은 조언을 했다. 즉 러시아가 이미 한 바 있는 서약을 생각하면 독립된 제7조는 필요 없고, 청국의 주권 및 영토보전을 존중하고 타국의 상업의 자유를 존중한다는 "현재의 서약을 깨지 않는 한"이라는 한정적 구절을 제8조 속에 집어넣으면 되지 않느냐는 의견을 표명했다.[138] 영국은 일본의 수정안을 약화시킬 것을 제안했던 것이다. 고무라는 맥도널드 공사에게 러시아의 주장을 보건대 이러한 영국안도 러시아는 받아들이지 않을 것이라고 답했다.

10월 26일의 고무라-로젠 회담에서 로젠은 "러시아가 한국에서 종래 일본과 대등하게 지니고 있던 지위를 포기하려고 해도, 그에 대한 대가가 제7조 이외에는 전혀 없다"면서 거듭 거부했다. 이에 대해서 고무라는, "혹시 러시아에서 만주와 한반도를 완전히 동일한 지위에 놓을 각오가 되어 있다면, 만일 그렇다면 우리 쪽에서도 혹시나 러시아의 대안 제7조를 고려할 수도 있을 것"이라고 말했다. 이에 대해서 로젠은, 훈령을 벗어나는 문제라서 의견을 말하지 않겠다고 하면서도 사견으로서, 군략상의 사용 금지와 자유 항행를 저해하는 공사를 금지하는 "두 조건을 포함한다면 고려의 여지가 있을 것이라 생각한다"고 답했던 것이다.[139]

이 동안 로젠은 10월 14일, 19일, 25일(1일, 6일, 12일)의 전보를 통해 알렉세예프에게 일본의 상황을 전했다. 24일(11일)에는 원로들도 참석한 정부 수뇌회의가 열렸다는 이야기까지 했다. 로젠은 일본의 동요가 "한편으로는 조선에서 우리의 양보가 크게 구미가 당기는 것임과 동시에, 다른 한편으로는 만주문제에서 일본이 취해온 너무나 뻔뻔스러운 입장을 버리는 것이 커다란 굴욕으로서 그렇게까지 하기는 어렵다는 점"에서 기인하는 것이라고 분석하고 있었다.[140] 로젠도 이쯤에 와서는 확실히 일본이 양보적이라고 느끼고 있었던 모양이다.

고무라에게 문제는 일·영 협의에 있었다. 고무라는 10월 28일에도 맥도널드 공사와 만나 교섭의 전망에 대해 이야기했다.

"일본 정부는 전쟁에 이를 것이라고는 생각하지 않는다. 왜냐하면 러시아는 준비가 되어 있지 않으며, 싸우지 않을 거라고 전망하기 때문이다. 일본 정부는 러시아 정부가 최종적으로 청국의 주권과 만주의 영토보전을 존중한다는 서약을 할 것이라고 생각한다. 그렇게 되면 지금 러시아가 지니고 있는 지배권이 완화되지는 않을 것이라 해도, 적어도 만주성(省)의 병합은 막을 수 있을 것이다. (고무라 남작은 러시아가 만주에서 축출되기보다는 싸울 것이라고 보고 있다는 점은 인정했다. 그는 러시아가 만주에서의 지위를 계속 확립할 것이라고 생각하고 있다.) 일본은 이것을 중단시킬 수 없다. 그러나 교섭이 성공적인 결론을 맺게 되면(이에 관해서 고무라 남작은 조금도 의심하지 않는 것 같다), 일본이 조선에서 스스로의 지위를 확립하는 것을 허락할 것이다. 그것을 위해서 자기들[고무라 등]은 혼신의 힘을 다할 작정이라고 한다."[141]

고무라가 이를 굳게 믿고 있었다고는 생각할 수 없다. 러시아가 한국에서 일본에게 완전한 행동의 자유를 인정해 줄 생각이 없다는 것은 분명했기 때문이다.

이날 런던에서 란스다운 외상은 일본에게 다시 양보를 촉구하면서, 일본의 제8조 후반부에서 "주권 및 영토보전의 존중"을 삭제하고 "그러한 조치가 만주에서 일본의 조약상의 권리 내지는 상업상의 자유와 충돌하지 않는 한"이라는 구절만을 삽입한 안을 제시했다.[142] 영국은 어디까지나 일본의 양보를 원하고 있었던 것이다.

일본으로서는 그러한 영국의 요구에는 응하지 않으면 안 되었다. 그래서 고무라가 굳이 타협적인 제7조를 새롭게 제시했던 것이라고 생각된다.

10월 30일(17일) 고무라 외상이 로젠 공사에게 건넨 수정안은 다음과 같다. 제1조 "청·한 양 제국의 독립 및 영토보전을 존중할 것을 상호 약속할 것"은 변함이 없었고, 러시아의 안이 한국만의 독립과 영토보전을 언급하는 것에 반대했다. 제1차 안에 있었던 만주 철도에 관한 러시아의 특수 이익에 관한 언급도 일체 삭제하고, 제7조에서 "만주는 일본의 특수 이익의 범위 밖에 있다는 것을 일본이 승인한다"는 것 그리고 러시아의 안을 받아들여, 이어서 "한국은 러시아의 특수 이익의 범위 밖에 존재한다는 것을 러시아가 승인할 것"이라고 명기했다. 이것은 란스다운의 제안을 넘어서, 10월 24일의 제2책을 채택한 것이 된다. 다만 제8조에서, 일본은 러시아가 만주에서 "필요한 조치"를 취하는 것은 "러시아의 권리"라고 추상적으로 인정했다. 그리고 각자가 조약에 따라 소유하는 "상업상 및 거주상의 권리 및 면제"에 관해서는, 만주에서의 일본의 권리 그리고 한국에서의 러시아의 권리를 인정한다는 제9조를 두었다.

한편, 일본의 한국 지배에 관해서는 우선 제2조에서, "러시아는 한국에서 일본의 우월한 이익을 승인하고", "한(韓) 제국의 행정을 개량하는 데 필요한 조언과 원조(단 군사상의 원조를 포함한다)"를 제공할 "일본의 권리"를 인정할 것을 요구했다. 이것은 제1차 안의 제2조와 제5조를 한 데 묶은 것인데, 러시아가 회답에서 "군사상의 원조"를 삭제했던 것을 부활시킨 것이다. 무엇보다도 제1차 안에 있던 "일본의 전권"이라는 표현을 약화시켜 "일본의 권리"라고 했다. 그러나 이것은 표현상의 차이에 지나지 않는다. 제3조는 일본의 안을 버리고, 조선에서 일본의 상공업 활동의 권리에 관해서만 기술한 러시아의 제3조를 그대로 빼다 박았다. 그러나 제4조에서 상공업의 이익 보호, 반란 소요의 진압을 위해서 "한국에 군대를 파견하는 것은 일본의 권리라는 점"을 인정하도록 요구한 부분에서는, 제1차 안에서는 붙여 두었던 규모의 한정과 조기 철병의 약속을 빼버리고, 일본 파병의 무조건 승인을 요구했다.

그리고 러시아의 제안, 즉 조선 지배를 한정하는 제5조 가운데, 한국 연안에서 "조선해협의 자유 항행을 박해할 수 있는 군사 요새 공사를 하지 않을 것을 일본이 약속할 것"은 수용했지만, 조선을 전략목적으로 이용해서는 안 된다는 요구는 거절했다. 그리고 제6조에서, 러시아의 중립지대안을 거절하고, "한국과 만주의 경계에서 양쪽으로 각각 50킬로미터에 이르는 중립지대를 설정해," 거기서는 상호 승낙 없이 군대를 투입하지 않는다는 역제안을 했다. 제10조에서는 한국의 철도와 만주의 동청철도와의 연결을 방해하지 않을 것을 러시아에게 요구했다.[143]

일본은 어디까지나 일본의 조선 지배를 러시아가 완전히 승인하라고 요구했던 것이다. 새로운 7조를 만한교환론이라고 보면서 일본이 러시아에 단연 양보한 안이라고 보는 견해가 많지만,[144] 이것은 흥정을 위한 양보안이었다고 생각된다. 러시아가 받아들이지 않을 것으로 예견하고, 일본이 만주에 대해서 야심이 있다고 영국이 생각하지 않도록 일부러 "만주는 일본의 특수 이익의 범위 밖에 있다는 것을 일본이 승인한다"는 조항을 굳이 제시한 것이 아니었을까?

『도쿄아사히신문』, 교섭 결렬을 촉구하다

이 당시 10월 하순 경 『도쿄아사히신문』은 세 편의 중요한 사설을 게재했다. 우선 첫 번째는 10월 23일의 '러시아의 전의(戰意)'다. 러시아 정부 내의 비전론은, 비록 비테가 퇴진했지만 그 세력이 완전히 일소되었다고는 할 수 없다. 알렉세예프와 그의 막료들이 주전론자임에는 틀림없지만, "그들이 실제로 우리나라와 결전해 승산이 있는지 아닌지는 여전히 의문 속에 있다." "20만 해군과 12개 사단의 육군 병력을 갖추고 있고, 병사의 식량 수송에 필요한 선박 역시 차고 넘칠 정도인 일본 제국에 대해서 감히 맞서 싸우려 한다 해도, 승패의 수를 가늠해 보아야 할 것이다." 알렉세예프 등이 자신의 실력을 아무리 과신하고 있다고 해도 이와 같은 명백한 병력의 차이를 잊지는 않을 것이다. 외교 교섭이 끝나고 최후의 수단을 쓰게 된다면 "백전백승의 승산이 우리나라에 있다는 것은 의심의 여지가 없다." 그러나 "극동에서 러시아군의 소행을 보면 한편으로는 시위행위 아닌 것이 없고, 다른 한편으로는 도전적 태도를 보이지 않는 것 없다."

여기서 필자는 돌연 비약해 "이러한 사실을 종합해" 보면, 극동의 러시아군에게서 "본국 정부로 하여금 억지로 일대 결심을 하도록 하겠다는 결의를 충분히 찾아볼 수 있다고 믿는다"는 결론에 이르고 있다. 일본이 병력 차이를 계산하고 안심해서는 안 된다는 것이다.

두 번째는 24일의 '협상의 여지, 얼마나 있겠는가?' "우리는 처음부터 만주문제는 협상의 여지가 있다고 믿지 않았다." "오늘날 조선에 관한 사안들 역시 모름지기 협상의 여지가 존재하지 않는다." 그러나 정부는 여전히 교섭하고 있다. "오늘의 평화는 이미…… 불안한 평화다. 불안한 평화는 국민적 경제의 면에서 때로는 전쟁보다도 심각한 해악을 끼친다…… 국민은 여전히 태연함으로 치장하고 있다. 그리고 여전히 고통을 견디고 있다. 게다가 이 고통을 무기한 참는 것은 유기한적 전쟁의 고통을 참는 것만 하지 않다." 이것은 개전 권고였다.

필자는 고무라-로젠 회담이 14일 이후 중단되고 있다는 것을 빌미로 "처음부터 존재하지도 않았던 협상의 여지가 바야흐로 숨을 거두고 있다고 추단하지 않을 수 없다"면서 "이제 우리 정부는 우리의 주장을 한 치도 굽히지 말아야 한다"고 부언했다.

세 번째는 28일의 '일·러 교섭의 경과'다. "러시아가 한반도에 괴력을 지닌 팔을 뻗는 날은, 즉 일본의 인내심도 폭발하는 날이라는 것은, 만주문제가 제기된 첫 단계부터 구미 여론이 기대했던 바였다. 그러나 우리나라는 실로 이마저도 참았다. ……일본 국민의 성질을 이해하는 열강들 역시 사실 이와 같은 인내가 일본에게는 얼마나 커다란 고통인지 양해할 것이다." 이와 같이 구미 열강의 지지를 상정하고 결론을 내렸다. "오늘날에 이르러서는, ……제국 스스로가 평화냐 전쟁이냐를 결정할 시기는 이미 무르익었다. 저들이 결정하지 않는다고 우리가 이를 결정해서 안 될 이유는 절대로 없다."

신문은 정부에 대해 교섭 단절과 개전을 촉구하고 있었다.

알렉세예프의 펑톈(奉天) 점령

일본이 제2차 서한을 결정한 시기와 거의 같은 10월 28일(15일), 러시아군은 펑톈을 재점령했다. 사태의 발단은 펑톈 주재 군사 코미사르 크베쩐스키 대령이, 펑톈의 [청국]장군에게 9월 27일(14일)부터 3주 이내에 태수의 요구를 실행하라고 다그치면서 시작되었다. 10월 18일(5일)의 기한이 지났지만 장군은 실행하지 않았다. 그러나 10월 21일(8일) 크베쩐스키는 다시 장군에게 8개 항목의 요구를 들이밀면서 5일 이내에 실행하라고 촉구했다. 항목의 내용은, 제1항이 살인범의 처형, 제2항은 장군의 보좌 타오타이[道臺, 지방행정관]의 해임과 추방, 제3항은 1만 6,000명의 청국 병사 명단의 제출 및 그것을 넘어서는 부대의 해산 등이었다. 만일 실행하지 않으면 펑톈을 점령하겠다고 위협했다. 크베쩐스키는 알렉세예프에게 부대를 28일 아침까지 펑톈에 도착시켜 달라고 요청했다. 24일(11일) 알렉세예프는 야쿠셰프 대령이 이끄는 2개 중대에 출동명령을 내렸다. 이 부대의 위세를 과시하면서 장군에게 양보를 요구할 생각이었지만, 28일 펑톈 정거장에 도착한 400명 정도의 부대는 그대로 시내로 진입, 점령했다.[145]

시만스키는 이렇게 평가했다. "관둥주 러시아 군부의 계획에 따르면 펑톈 점령은 말을 잘 듣지 않는 장군에 대한 압박 수단이었지만, 위협 그 자체는 분명 어떤 오해의 결과였다."[146]

아무리 그렇다고는 해도 결국 펑톈 점령은 러시아군의 철수 중단과 함께 일본 내 반러시아 감정을 한층 고조시키는 결과를 가져왔음은 말할 것도 없다.

러일교섭이 이제 막 시작되었을 뿐이었는데, 러·일 사이에는 벌써 쌍방의 행동이 상대에게 강한 공포심과 반발을 초래했고, 그에 대항하는 조치가 한층 더 반발과 공포심을 낳는 상황으로 돌입하고 있었던 것이다.

일본과 러시아 군인들의 의견

그 과정에는 군인들이 커다란 역할을 하고 있었다. 일본 해군은 야마모토 해군상이 주전론자들을 억누르고 있었기 때문에 부서 내의 주전론자들은 멋대로 움직일 수 없었다. 야마모토는 9월에, 한국은 독립국이라면서 한국에 2개 사단을 파견하자는 야마가타의 의견에 반대했다.[147] 10월 중순에는 상비함대 사령관 히다카 소노조(日高壯之丞)를 경질하고, 마이즈루 진수부 사령관 도고 헤이하치로를 그 후임으로 임명했다. 이 인사는 10월 19일에 발령이 났다.[148]

육군에서는 일본의 회답 내용이 고다마 차장에 의해서 참모본부로 전달되었다. 이들은 "일·러의 교섭이 화평으로 기울어지고 있는 것 같다"고 보고 있었다. 압록강을 사이에 두고 남북으로 각각 50킬로미터의 중립지대안을 러시아가 수용하고, 그 대가로 러시아는 조선 연안의 요새화를 금지할 것을 요구해오리라고 생각하고 있었다. 참모본부는 이러한 조건이 "제국의 장래에 화근을 남기게 될 것"이라는 의견이었다.[149]

10월 31일부터 육군성에서 한국 출병 계획에 관한 협의회가 열렸다. 이시모토(石本), 우사가와(宇佐川) 소장, 이구치, 마쓰카와 부장 등이 출석했다. 다음 날에는 육군성의 총무장관, 군무국장, 의무국장, 경리국장 등도 출석해, '작전계책 병(丙)호와 정(丁)호: 2개 사단의 인천 및 해주 상륙'을 정리했다. 이것은 즉각 고다마 차장에게 보고되었다.[150]

11월 12일부터 효고(兵庫)현에서 대규모 훈련이 시작되어 15일에 끝났다. 이를 전후해서 참모본부 제1부장 마쓰카와 대령은 '10월 이후 러시아의 행동에 관한 정황 판단'이라는 문서를 참모총장에게 제출했다. 마쓰카와는 러시아 육군 극동병력의 증강 움직임을 정리하면서, "러시아는 전략상 여전히 매우 불리한 위치에 있고, 러시아의 곤란한 상태는 여전히 계속되고 있다"고 보았다. 러시아는 "시국 문제를 평화적으로 해결한 후에" 만주 및 함경북도 지방을 "점령하려는 욕심을 가지고 있다고 판단할 수밖에 없다"면서, 러시아는 "우리와 담판"을 지연하면서 "전략상 자기들에게 유리한 날을 기다리려고 하는지도 모른다"고 경계했다. 따라서 다음과 같은 결론을 도출했다.

"생각하건대 시국의 문제에서 전략상 저들의 불리함에 편승하고, 정략상 우리에게 유리한 해결을 모색할 수 있는 호기회는 오늘이 아니면 다시 얻기 어려울 것이다."[151]

한편 러시아 군부에서는 대부분 전쟁의 위기를 생각하고 있지 않았다. 위기가 지나자 다시 안심하고 있었다. 그러나 몇몇 사람은 일관성 있게 일본의 움직임에 대한 경계심을 강화하고 있었다. 10월 17일 (4일) 해군 군령부원인 브루실로프 중령이, 일본과의 전쟁에 경종을 울리는 의견서를 로제스트벤스키 부장에게 제출했다. 현재 상호 간의 힘의 관계는 불리하며 일본과의 전쟁은 불가능하다. 따라서 대대적으로 양보해서라도 전쟁을 회피해야 한다. 병력 증강에 따라 2년 후에 우위에 서게 되면, 선전포고할 수 있을 것이다. 그러나 로제스트벤스키는 이 의견서의 경고를 중시하지 않았다. 로제스트벤스키는 보고서 여백에 써넣었다. "해상에서 일본에 대한 압도적인 우세를 지니고 있을 필요는 없다. 다만 대등한 상태에서 일본의 제해권을 허용하지 않고, 그들을 조선에서 축출하기 위한 우리 육군의 결집이 용이하다면 그것으로 충분하다." 이것은 근거 없는 판단이었다. 또한 "지금은 그 어느 때보다도 우리는 일본과 전쟁을 치를 준비가 되어 있다. 그렇다 하더라도 전쟁은 바람직하지 않다. 왜냐하면 국가에 유해한 또 다른 전쟁으로 이어지는 새로운 긴장을 낳을 수도 있기 때문이다." 군령부장은 근거도 없이 전쟁준비에 문제가 없다고 단언하고 있

었다.[152]

한편 육군에서는, 10월에 아무르군관구 사령관 수보치치가 육군상 앞으로 의견서를 보내 왔다. 그것은 만주에서의 전면 철수론, 즉 남만주 포기론이었다. "될 수 있는 대로 만주에서 우리의 사업을 청산할 것, 가능한 한 빨리 그리고 가능한 한 완전하고도 면밀하게 청산하는 것이 필요하다." 국가로서 타국, 타국민을 지배하는 데에는 국민 대중의 힘, 문화적 우월성, 군사적·정치적·국가적 조직력이 필요한데, 청국화한 만주, 일본화한 조선에서 러시아는 그 어떤 힘도 미치지 못한다. "만주나 조선의 입장에서 우리는 필요가 없다. 이 점에서 보면 우리의 입장에서 조선도 남만주도 마찬가지로 필요 없다고 쉽게 인정할 수 있다." 수보치치는 동청철도의 안전을 위해서 북만주는 러시아가 수용(收用)해야 한다고 주장하면서, 그것을 청국과의 "평화적이고 성실한 그리고 양심적인 상업적 거래의 원칙으로" 삼아야 할 것이라고 제안했다. 남만주를 포기할 때, 남만주 철도, 뤼순 요새, 다롄항은 청국에 인도할 것이기 때문에, 이것이 북만주 획득의 대가가 될 수 있을 것이라고 주장했다. 마지막으로 극동태수부는 뤼순에서 하바로프스크로 이전해야 한다고 주장했다.[153] 철저한 생각이었지만, 전쟁이 닥쳐온 상황에서는 현실성이 전혀 없는 안이었다. 이 의견서는 쿠로파트킨을 크게 고무시켰다. 아마도 쿠로파트킨은 이 의견서를 보고 나서,[154] 직접 작성한 장문의 의견서 '만주문제에 관하여'[155]를 10월 28일(15일) 다름슈타트에 있는 황제 앞으로 제출했을 것이다.

쿠로파트킨 육군상은 이미 1901년부터, 러시아에게 중요한 것은 북만주와 동청철도의 연선이라는 의견을 지니고 있었다. 여기에는 "만주에 수억 루블을 투자하고 이처럼 거대한 병력으로 만주를 점령하지 않을 수 없게 됨으로써, 우리는 만주의 미래와 운명을 미리 결정했다. 만주는 러시아에 병합되어야 한다"는 인식이 전제되어 있었다.

문제는 그것을 어떻게 실현하느냐 하는 것이라면서, 러시아에 대한 북만주의 의의를 상론하고, 여기에 러시아인이 자유롭게 식민할 수 있을 동안에 즉각 병합할 수 있을 것이라고 주장했다. 남만주의 병합은 그 방위가 어렵고, 펑톈 지역은 청조의 성지이기 때문에 그것을 빼앗으면 청국과의 관계는 악화될 것이다. 조선 국경에 접하고 있기 때문에 일본과 충돌하여 전쟁이 일어날 수도 있다. 문제는 관둥주가 러시아의 영토와 떨어져 있게 되는 것인데, 그곳에는 3개 보병사단, 3개 포병 중대, 카자크 1개 연대가 배치되어 있고, 뤼순의 방비도 곧 완성될 것이므로 "대부분의 일본군이 뤼순을 습격해도 걱정할 필요가 없다. 우리는 한 사람이 나섯 명, 열 명의 적과 싸우더라도 뤼순을 지켜낼 수 있는 힘과 수단을 갖고 있다."

이틀 후 쿠로파트킨은 이 의견서를 알렉세예프에게도 보냈다. 동봉한 편지에는, "남만주 점령의 득실과 비교하면, 우리는 현하 역사적 시기에 북만주만을 러시아에 병합하는 것으로 한정할 필요가 있다는 결론에 도달하지 않을 수 없다"로 끝맺는 마지막 문장이 특히 인용되어 있었다.[156] 그러나 뤼순의 안전보장에 집착하고 있던 알렉세예프가 이러한 제안에 설득될 리가 없었다.

이 의견에 대해 지지를 표명한 것은 다른 쪽, 즉 비테였다. 비테는 11월 9일(10월 27일) 국가평의회에서 쿠로파트킨의 의견에 찬성한다고 발언했다. 쿠로파트킨은 다음 날 일기에 "크게 기쁜 일이 있었다"고 썼다. "러시아의 북만주 병합이 필요하다는 나의 의견에 3년 동안 동의하지 않았던 비테가 마침내 굴복했다…… 다양한 조건을 달기는 했지만, 그는 폐하께 제출한 나의 만주문제 의견서를 읽고, 지금 우리에게는…… 북만주를 러시아에 병합하는 것 말고는 달리 선택할 수 있는 길이 남아있지 않다는 점을 인정했다."[157]

루코야노프에 의하면 황제는 이 의견서에, 만주에서는 평정이 회복되지 않았으며 우리는 체계적으로 그것을 방해하고 있다고 써 놓았다.[158] 의견서를 승인하는 것 같은 태도는 보이지 않았다.

극동특별위원회 설치와 임업회사 문제

10월에는 그동안 베조브라조프가 애를 태웠던 극동위원회 설치에 마침내 진전이 있었다. 10월 10일(9월 27일) 플레베 내무상의 동의를 얻어 극동특별위원회설치령안이 다름슈타트의 황제에게 보내졌다.[159] 10월 13일(9월 30일) 황제가 서명하면서 설치령은 채택되었다.[160]

극동특별위원회는 황제가 의장이다(제1조), 내무상, 재무상, 외무상, 육군상, 해군상 그리고 그 밖에 특히 황제가 임명하는 개인으로 구성된다. 극동태수는 위원으로서, 수도에 체류할 때에는 참석의 의무가 있다(제2조). 위원 가운데 한 사람이 사무국장으로 취임한다(제3조). 황제가 참석하지 않을 경우에는 황제가 지명한 위원이 의장직을 수행한다(제4조). 위원회의 소관 업무는 극동 통치의 재정, 극동의 상공업, 태수의 법제개정 제안, 중앙정부가 결정한 법률의 적용에 관한 태수의 제안, 태수의 권한을 넘어서는 문제의 해결이다(제7조). 시베리아철도, 시베리아 이민 문제 등과 관련해 극동태수가 제안할 경우에는 시베리아위원회와의 합동회의에서 검토하기로 한다(제10조). 위원회에 대한 제안은 모두 사무국장을 통해서 하는 것으로 정해졌다(제11조). 개인 위원으로 베조브라조프와 아바자가 10월 23일(10일)에 발령을 받았고,[161] 아바자는 사무국장으로 취임했다. 사무국에는 마튜닌이 추가되었고, 보가크도 일한 것으로 생각된다. 황제의 대리인 부의장으로 내무상 플레베가 예상되어 있었다.

황제가 정점에 서고 플레베가 대리하며 베조브라조프와 아바자가 주도하는 극동특별위원회가 각 부처의 의견을 통일해 극동태수를 지도하고, 태수는 전권을 쥐고 통일적인 극동 통치 및 극동 방위의 군사와 외교를 담당한다는 기구가 탄생한 것이다.

10월 27일(14일) 베조브라조프는 황제에게 서한을 보냈다. 극동특별위원회 위원으로 임명된 것에 감사하고, 이제는 새로운 재무장관 대행 플레스케와 함께 "극동사업을 위해 마련된 경제강령"을 제출할 생각이 있다는 점을 분명히 했다. 그는 비테가 추진하던 관업 중심의 '국가사회주의 원칙'에 대신해 '노동과 자본의 민영화 방식'을 추진할 것을 주상했다. 플레베의 부의장 임명에 기대하는 기분도 피력했다.[162]

10월 29일(16일) 황제는 베조브라조프에게, "재무상 대행과 함께 극동에 관한 재정, 정치적·경제적 판단을 작성하여 제출하라"고 지시했다. 니콜라이는 과거, 현재, 근미래의 수지(收支)를 계산하고, 재정 면에서의 상황을 명확히 할 것을 요구했다. 베조브라조프는 알렉세예프에게 썼다. "폐하께서는 모든 관제 개발사업의 수익이 얼마나 없는지 알고 계신다. 따라서 원칙적으로 이 관제 사업은 신뢰할 수 있는 민간기업의 손에 사업을 보다 좋게 맡기는 수단으로서만 허용된다. 그 경우 정치적·경계적 프로그램은 이 민간 활동이 번성하고 또 민간 활동이 과세의 강력한 대상 그리고 과세의 주체가 될 가능성을 제공하는…… 세제와 토지 대여의 조항으로 귀착한다. 청조 정부의 행동양식은 우리로 하여금 만주 점령을 지속하도록 하며, 우리의 군사적 방위력을 강화하지 않을 수 없게 한다." 랴오허와 압록강에서 통행세를 징수하면 600만 루블은 될 것이기 때문에, 극동 문제가 제국 재정에 부담이 되지 않도록 할 수 있다.[163]

그러나 경제적으로 파탄한 것은 압록강회사였다. 압록강회사의 사업은 난관에 봉착해 있었다. 제재공장이 없었기 때문에 벌채한 목재는 팔지도 못하고 있었다. 압록강회사의 현지 책임자 발라쇼프는 9월 19일(6일) 베조브라조프에게, 새로 600만 루블이 없으면 사업은 수익을 낳지 못할 것이라고 써 보냈다. 발라쇼프는 얼마라도 좋으니까 송금해달라고 요청했지만, 베조브라조프는 이에 응할 수 없었다. 이즈음 그가 직접 손으로 써서 작성한 지출 메모가 남아 있다[164](날짜는 러시아력, 단위는 루블).

1월 4일	마드리토프에게	50,000
1월 24일	펑톈에서 그에게	25,000
1월 29일	그에게	30,000
2월 1일	그에게	60,000
같은 날	크베찐스키에게	20,000
2월 4일	아르쩨미에프 중령에게	35,000
2월 5일	지보토프스키에게	100,000
3월 12일	마드리토프에게	350,000
4월 7일	긴즈부르그 남작에게	10,000
4월 22일	발라쇼프에게	500,000
6월 27일	그에게	125,000
6월 30일	그에게	100,000
7월 2일	차키로프에게	20,000
7월 24일	발라쇼프에게	150,000
9월 17일	그에게	100,000

10월 24일(11일) 베조브라조프는 발라쇼프에게 다음과 같이 써 보냈다.

"목재업의 조직과 사업상의 취약함 그리고 에이전트들의 신뢰성 결여 때문에, 그리고 사업에 새로운 조직을 구성하기 위해서 지금은 당분간 사업을 정지해야 한다. 그러니까 첫째, 시작한 거래는 될 수 있는 한 원만하게 끝내고 새로운 거래는 일체 시작해선 안 된다. 둘째, 이제 태수가 페테르부르크에 도착할 때까지, 귀관의 주요 업무는 청국 당국이 회사에 임업 이권을 제공하도록 하는 데 있다. 이를 위해서 청국에게 회사가 입은 손해에 대해서 책임을 묻겠다고 위협해야 한다…… 셋째, 22일(11월 4일)에는 보가크 중장이 귀관을 찾아가서 보고를 검토하고, 장래의 행동 계획을 세우기 위해서 사람들의 원조를 얻으라고 촉구할 것이다. 넷째, 공금을 사사로이 쓴 일이 있었다는 유쾌하지 못한 정보를 나는 많이 받았다. 범인은 처벌을 받을 것이다, 우리가 앞으로는 그러한 범죄로부터 스스로를 지킬 수 있기를 기대한다."[165]

이틀 뒤 베조브라조프는 고쳐 생각하고 기운을 내 발라쇼프에게 역시 압록강회사가 수행할 수 있는 역할에 관해서 써 보냈다.

"집행 상 유쾌하지 않은 사건이 발생했다고 해서, 국방 상 중요한 지역에 일본이 정착하는 것을 막고 대륙 쪽에서의 행동을 통해 그 지방에 가장 유효하게 영향을 미치는 방법을 만들어 내야 하는 회사 사업의 기본 임무가 달라져서는 안 된다는 점을 재확인한다. 페테르부르크의 관계 부처가 극동의 사활문제를 오래도록 이해하지 못하고 있었다는 사실에 편승해 우리나라의 적이 반격해왔다는 사실만 봐도 이 국가계획의 합목적성은 입증된다. 압록강 유역에서 우리의 합법적인 권익은 민간의 대단한 노력에 의해서 창출되었다. 요컨대 관계 부처가 전면적인 저항 속에서 행동해야 했기 때문이다. 그러한 사실이 적절한 수준과 지식을 지닌 회사 사람들을 모을 수 있는 가능성에 영향은 준 것은 당연하다. 현재 압록강에서 우리가 점하고 있는 지위에 기초해, 가능한 한 빠른 장래에 응분의 지배적인 역할을 획득해야 한다…… 사안의 본질은 만주의 임업 이권에 있는 것이 아니라, 조선의 임업 이권사업에 부인할 수 없는 피해를 미치고 있는 청국 관리의 약탈적인 수법을 사실상 저지하는 데 있다. 압록강에 당연히 있어야 할 질서를 확립하는 일은, 회사에게 모든 세금에 대한 통제권을 넘겨줄 때에만 가능해진다. 이것은 태수가 자신의 행정적 명령을 통해서 무조건 직접 확립할 수 있다. 태수가 청조 정부에게 그러한 의도를 언명한다면, 청국은 즉각 회사에 대해서 아무런 대가 없이 모든 적극적인 조직을 넘기도록 압박을 받을 것이다. 임업세의 징수권을 우리가 취득하면, 압록강에 하천 감시대, 육상 감시대, 그리고 적절한 선박, 직원, 경비대를 둘 수 있는 합법적인 구실을 얻게 된다. 여기에는 회사를 위해서 초빙한 민간회사의 임업사업도 자유롭게 추가할 수 있다. 이런 형태가 된다면, 이 민간회사가 능숙하게 행동해 압록강의 목재 거래를 쉽게 독점할 수 있다. 지금까지 해온 것 같은 형태로 임업을 계속하는 것은 그다지 목적에 맞지 않다. 그렇지만 우리의 권익을 완전히 유지하고, 그것에 의거해 바람직한 결과를 달성해야 한다. 그렇게 함으로써 모든 출비(出費)를 완전히 만회하고, 보다 큰 물질적 이익을 얻을 수 있을 것이다. 국가적 목적의 달성은 말할 것도 없다.”

베조브라조프는 이 편지의 사본을 알렉세예프에게 보여주라고 당부했다.[166]

10월 27일(14일) 베조브라조프는 황제에게 편지를 발송했다. 그는 이 편지에, 재무상 대행 플레스케가 “이전에 있던 담당자의 영향 때문에, 자기만으로는 이전의 사업을 중단하는 결단을 내리지 못한다”, “이렇게 하지 않으면 관업 경영이라는 출구 없는 상태에서 사업을 구출할 수 없다”고 말했다, 고 썼다. 자신과 의견이 대립하기 때문에 제3자로서 위원회 부의장인 플레베의 중재에 기대하고 있다고도 썼다.

'조정된 경제 프로그램'의 중핵으로서 '징세 조직'을 둘 생각이라면서, 과세 대상이 될 민간기업을 육성해야 한다고 강조했다. 이를 위해서 극동에서 일정한 자산에 대응하는 유가증권을 발행하고, 이것을 민간인의 손에 맡겨 민간인을 자산의 임차인으로 하는 방안을 생각하고 있다. "이렇게 비테가 모든 점에서 의식적으로든 무의식적으로든 추진한 국가사회주의의 원칙을 대체하는 노동과 자본의 민영화(индивидуализатий труда и капитала)체제가 생겨날 것이다."[167]

11월 상순(10월 하순) 보가크는 다시 극동으로 향했다. 그는 뤼순에서 알렉세예프와의 간남회 결과를 11월 5일(10월 23일) 아바자에게 보고했다. 보가크는 알렉세예프가 외상의 의견에도 불구하고 양보정책은 취하지 않는다는 자세로 일관하고 있는 점이 좋다고 보고서에 썼다.

"제독[알렉세예프]에게 만주를 어떻게 하면 좋을까 하는 명확한 이미지는 아직 없다. 그러나 나는 그가 단지 군사점령으로는 충분하지 않다고 생각한다는 것을 이해할 수 있었다. 그에게는 잉커우의 문제도 명백하지 않다. 그러나 제독은 잉커우를 포함해 전 만주를 우리의 것으로 확보하는 것이 필요하다는 것을 확고하게 주장한다. 이는 점은 의심의 여지가 없다. 그는 이 관점에서 벗어나지 않는다. 문제는 이것을 어떻게 실현하는가에 있다…… 그래도 나는 우리의 정치적·경제적 프로그램이 적당히 확립된다면 그가 우려하는 문제는 자연스럽게 해결될 것이라 생각해도 좋다고 말했다. 제독은 이 생각을 아주 마음에 들어 했다. 그는 자기도 경제문제에 정말로 특별한 의미를 부여하고 있으며, 그에 관해서 나와 의논하고 싶었다고 말했다."[168]

이 말은 경제적인 개발을 추진하면 일본과의 대립도 러시아에게 유리하게 해결될 것이라는 일종의 경제주의가 존재했다는 것을 보여

924

주고 있다.

또 하나의 문제는 임업회사의 경영문제였다. "임업 조직이 업무상 약체이고 에이전트가 신뢰할 수 없기 때문에 사업을 일시 정지하고, 새로운 조직으로 바꿀 필요가 있다"는 것이었다. 보가크는 발라쇼프와 의논한 결과에 관해서 다음과 같이 계속 써 나갔다.

"이반 페트로비치[발라쇼프]와 오전 내내 함께 보냈다. 그와의 대화에서 최종적인 결론이 나온 것은 아니다. 모든 사업이 너무나도 혼란한 상태이기 때문에, 그것을 해명하는 데에는 상당한 시간이 필요하다. 사업을 구제할 수 있는데, 이를 위한 필수조건은 다음과 같다. 1. 사업의 지도를 현지의 유능하고 완전히 자립적인 인물에게 위임할 것. 2. 이 인물에게 집행인원을…… 선발하는 전권을 부여할 것. 3. 이 인물에게는 페테르부르크에서 지시를 내리는 것을 극도로 제한할 것. 4. 이 인물을…… 사업의 정치적 측면에 대한 관련성에서 완전히 해방시킬 것."[169]

발라쇼프가 관리다고 판단하지 않을 수 없었다. 11월 중반에는 회사의 금고에 돈이 한 푼도 남아있지 않았다고 한다.[170]

보가크는 알렉세예프에게 페테르부르크에서 검토하고 있는 극동관리법안을 보냈고, 알렉세예프는 검토의 결과를 보가크에게 부탁했다.[171]

베조브라조프는 회사를 구할 새로운 계획을 마련하기 위해 애썼지만 성공하지 못한 채 극심한 피로에 시달렸다. 보가크는 그에게 쉴 것을 권했고, 베조브라조프는 11월에 스위스로 떠났다고 한다.[172] 그러나 분명한 것은 아니다.

비테와는 다른 경제주의를 추구하더라도 계획의 핵심을 구성하는 이 회사는 이미 막다른 골목에 들어서 있었던 것이다. 이런 점에서는 베조브라조프파의 방침 역시 막다른 골목 앞에 서 있었다.

얻어맞는 수병들, 사살되는 동물들

가을이 되자 한국에서 러시아인 외교관과 군인들이 일본인 거류민에게 습격을 당하는 사건이 빈발했다. 일본인들 사이에 높아진 반러시아 감정이 표출된 것이다.

우선 11월 1일(10월 19일) 인천에서 러시아의 포함(砲艦) '보브르'호에서 상륙한 승무원들이 일본인 군중에 의해 공격을 받는 사건이 발생했다. 파블로프 공사의 보고에는, 술에 취한 일본인 노동자가 돌과 방망이를 휘두르며 덤벼들었고, 일본인 경관도 여기에 가세했다고 되어 있다. 수병들이 이 습격을 격퇴한 뒤에도 다시 투석 공격이 있었다고 한다. 수병들이 입은 피해는 경상 9명, 중상 4명이었다. 포함의 함장은 수병들에게는 잘못이 없다고 잘라 말했다.[173]

이어서 11월 26일, 이번에는 부산 시내에서 부영사인 기르스가 일본인 노동자들에게 공격을 받는 사건이 발생했다. 엿새 후인 12월 2일에는 기르스가 지나가던 길에 또 다시 돌을 던지며 죽이겠다고 협박하는 자가 있었다고 파블로프 공사는 보고하고 있다.[174]

이 운명의 해에 황제의 여행은 유달리 길었고, 사냥으로 많은 날이 소모되었다. 특히 많은 작은 동물과 새가 총에 맞아 죽었다.

11월 4일(10월 22일) 황제는 비스바덴까지 가서 독일 황제와 회견했다. 일본에서는 이 회견 역시 지난 달 오스트리아 황제와의 회견처럼 극동의 유사시에 독일의 중립을 확보하기 위한 회견이었을 것으로 관측했다. 그러나 이 역시 사실과 다른 것 같다. 11월 20일에 빌헬름 2세는 "그대와 함께 보낸 이틀간의 매력적 인상은 아직도 사라지지 않고 있소. 멋진 기억으로 남아 있소"라는 내용의 편지를 보내왔다.[175]

11월 7일(10월 25일) 황제는 볼프스가르텐을 출발해 귀로에 올랐다.[176] 이튿날에는 스케르네비치에 도착해 블라디미르 대공을 만났고, 여기서 사냥하며 다시 1개월을 보냈다.

11월 9일(10월 27일) 일행은 "도합 1,378마리를 죽였다." 황제는 자고새 1마리, 꿩 79마리, 산토끼 15마리 등 총 95마리를 죽였다. 10일에도 또 사냥을 했다. "전부 975마리를 죽였다." 황제가 죽인 것은 꿩 24마리, 자고새 12마리, 산토끼 42마리 등 총 78마리였다. 이날은 플레베 내무상이 와서, 그의 보고를 들었다.[177] 11일에는 아침 동안 비가 내렸는데, 해가 나오자 또 다시 사냥에 나섰다. 이날에는 커다란 짐승들을 쏘아 죽였다. 사슴 3마리, 다마사슴 3마리, 멧돼지 48마리 등 총 54마리를 사냥했다. 황제는 멧돼지 다섯 마리를 쏘아 죽였다. 12일 이날도 사냥, "전부 459마리를 죽였다." 황제는 자고새 2마리, 산토끼 18마리를 사냥했다. 13일에는 호수까지 멀리 나갔는데, 도중에 사냥을 시작해 "전부 33마리를 죽였다." 황제는 멧돼지 1마리를 죽였다.[178] 14일에는 블라디미르 대공 부처가 영국으로 떠났다. 이날도 사냥을 했으며, "전부 756마리를 죽였다." 황제는 꿩 50마리, 자고새 12마리, 굴토끼 5마리, 토끼 19마리 등 총 86마리를 죽였다. 15일에도 사냥을 했다. "전부 451마리를 죽였다." 황제가 죽인 것은 꿩 1마리, 자고새 16마리, 토끼 21마리 등 총 38마리였다.[179]

15일에 병에 걸린 헤센-다름슈타트 공 에른스트 루트비히의 딸이 16일 급사했다. 오빠의 딸, 즉 젊은 질녀의 죽음이 황후 알렉산드라의 정신과 육체에 충격을 주었다. "알릭스는 두통이 심하다." 이날 황제는 자식들을 차르스코예 셀로로 출발하도록 했다. 이튿날인 17일 "알릭스는 중이염 때문에 생긴 열과 두통으로 일어나지 못한다." 바르샤바에서 이비인후과 의사를 불렀는데, 그는 여러 날 동안 여행하는 것은 무리라고 진단했다.[180]

18일 모스크바에서 세르게이 대공과 그의 처 엘리자베타, 즉 알릭스의 언니가 왔다. 역까지 죽은 딸이 운구되었고, 기차에 실려 떠났다. 19일이 되자 황후의 상태는 많이 좋아졌다. 그러나 그 이후로도 여러 날 동안 밤이 되면 황후의 귀에는 통증이 찾아왔다. 호전된 상태는 아니었다.[181]

무료해진 니콜라이는 21일에 다시 사냥을 시작했고, 25일부터 28일까지 매일같이 사냥에 나섰다. 30일에도 또 사냥을 했다. "숲 속 텐트에서 아침식사. 도합 159마리를 죽였다. 나는 꿩 4마리, 토끼 39마리 등 총 43마리를 잡았다."[182]

달이 바뀌어 12월 1일(11월 18일)이 되어서도 같은 생활이었다. "아침에는 서류를 읽었다. 그러고 나서 총 167마리를 죽였다. 나는 자고새 1마리와 회색토끼 36마리를 잡았다." 2일에는 스팔라에 가서 사냥을 했다.[183]

3일의 일기에서는 그동안 긴 수렵의 나날들의 성과를 정리했다. "스케르네비치와 스팔라에서 사냥의 전과(戰果)는 584마리다. 내가 죽인 짐승은 사슴 14마리, 멧돼지 5마리, 회색토끼 375마리, 굴토끼 5마리, 꿩 163마리, 자고새 58마리 등 총계 620마리다."[184]

황제가 죄 없는 작은 동물들을 매일같이 부지런히 죽이고 있는 동안 전쟁이, 진짜 살육이 다가오고 있었다. 이와 같이 사냥에 쏟는 열정과 꼼꼼히 기록하는 모습 속에는 무언가 이상한 완고함이 느껴진다. 그런데도 황제는 다른 사람의 영향을 쉽게 받았다. 황족의 한 사람인 콘스탄틴 콘스탄티노비치 대공은 일기에 다른 황족과 니콜라이 미하일로비치 대공과의 대화를 기록하고 있다.

"우리 기분의 원인이 폐하의 허약함에 있다는 데에 그와 의견을 같이 하지 않을 수 없었다. 폐하께서는 무의식적으로 그때그때 만나는 사람들의 영향 하에 떨어진다. 보고하는 자들 가운데 가장 마지막 보고자의 말이 언제나 옳다고 한다."[185]

12월 4일(11월 21일) 황제 일가는 스케르네비치를 출발했다. 이틀 후 일가는 마침내 차르스코예 셀로로 돌아왔다.[186] 9월 2일에 페테르부르크를 출발해서 3개월 만에 수도로 돌아온 것이다.

러시아 측의 제2차 서한

11월 7일(10월 25일) 람스도르프는 마그데부르크에서 알렉세예프에게 일본의 제2차 안에 대한 회답안 작성을 요청했다. "폐하께서는 내게 교섭을 계속하는 것이 필요하며, 결코 우리의 기본적인 요구를 포기하지 말고, 협정을 위한 협조적인 정식(定式)을 확립하는 것이 매우 바람직하다고 생각하신다는 점을 귀하에게 전하라고 명하셨다."[187]

알렉세예프는 로젠과 검토한 결과를 11월 중순(11월 2일과 3일)에 외상 앞으로 보냈다. "일본에게 유리하도록 수정한 제2차 안"을 보낸다고 쓰여 있었다. "이 이상의 수정은 도저히 불가능할 것으로 생각된다"고 되어 있었다.[188]

구체적으로 제1조는, 일본의 "청·한 양 제국의 독립과 영토보전"을 존중한다는 안을 거부하고, "한 제국"만으로 되어 있는 제1차 회답을 변경하지 않았다. 제2조는 일본의 "한국에서의 우월적인 이익"을 인정하지만, "제1조의 규정에 위배하는 일 없이"라는 단서를 삭제했다. 그러나 "군사상의 원조"를 포함한다는 일본의 안은 거부했다. 제4조는 한국에 군대를 파견하는 일본의 권리를 인정하지만, "러시아에 알리고 조회한 후에"라는 단서를 삭제했다. 제5조는 일본이 인정한 군사 요새 공사는 하지 않는다는 규정에 더해서, 원래대로 한국을 군략상의 목적으로 사용하지 않는다는 규정을 거듭 요구했다. 제

6조의 중립지대에 관해서는 일본의 역제안을 거절하고, 39도 이북의 안과 국경에서 50베르스타안 가운데 그 어느 것으로 하자면서 의견을 구했다. 제7조는 일본이 제시한 만한교환론을 거절하고, 만주는 일본의 이해권 밖이라는 제1차 서한과 같은 표현을 거듭 주장했다.[189]

알렉세예프는 교섭이 타결에 이를 수 없을 것이라고 전망하고 있었다.

"이 이상의 수정은 도저히 불가능하다고 생각된다. 지금은 일본이 우리의 안을 수용하지 않았을 경우에 발생할 수 있는 결과에 관해서 검토해야 한다. 영국과 미국 외교대표들의 공감과 지지 하에 일본은 베이징과 서울에서 반러시아적 활동을 정력적으로 전개하고 있다. 또한 일본이 전투준비를 강화하기 위한 작업을 끊임없이 진행하고 있는 점을 고려하면, 우리의 제안을 거부할 경우 이전에 상정된 것 같은 조선의 점령뿐 아니라 청국과의 합의를 바탕으로 만주문제에서 우리에게 특정한 요구를 제시할 수도 있다. 그러한 방향으로 귀결될 수도 있다는 점을 고려하면, 폐하의 지시에 따라 시작된 극동의 우리 군사태세 강화책을 실시할 시간을 벌기 위해서 우리의 안을 저들에게 넘기는 것을 지연시키는 것이, 보다 주의 깊은 일처리가 될 것이라고 생각된다. 그렇게 하는 편이 오히려 일본의 강한 욕심에 대해 적절한 영향을 줄 것이다."[190]

이즈음 알렉세예프는 극동태수제 기구에 관한 심의를 위해 페테르부르크로 오라는 요청을 받았지만, 11월 21일(8일) 일본과의 교섭을 위해 귀경할 수 없다고 회답했다. 황제는 그렇다면 좋다, 귀경하지 않아도 된다고 연락하도록 아바자에게 지시했다.[191]

11월 21일(8일) 람스도르프는 황제에게, 일본은 알렉세예프의 안을 수용하지 않을 것이라고 써 보냈다.[192] 황제가 람스도르프와 같은 의견이었는지는 알 수 없지만, 안의 인도를 늦추자고 생각했다. 그는 외상에게, "일본과의 교섭은 우호적인 형태로 계속되기를 바란다"고 써서 건넸다. 그렇다면 어떻게 할 것인가? 외상은 불안해져서 알렉세예프에게 이러한 황제의 전갈을 알렸다. 그것이 11월 30일(17일)이었다.[193]

알렉세예프는 시간을 벌어 병력을 증강하기를 바랐지만 그 속도는 완만했다. 11월 29일(16일)에는 6월의 뤼순 회의에서 결정된 시책을 실행하라는 황제의 명령이 떨어졌다. 또한 12월 4일(11월 21일)에는 솔스키가 주재하는 특별협의회에서 통상예산에 더해 특별예산으로서 1,200만 루블을 지출하기로 결정했다. 이것은 제7, 제9보병여단의 편제 비용이었다. 둘 다 반 년 동안 지연되어 왔던 것이었다.[194]

11월 초가 되어 루신은 위기가 1904년 봄이 될 것이라고 예측하고 있었는데,[195] 12월 2일(11월 19일)에는 다음과 같이 알렉세예프에게 보고했다. 일본의 국내 여론은 절정의 흥분 상태에 도달해 있다. "오만한 일본인들이 지금 위험한 발걸음을 시작할 것이라고는 예상할 수 없다. 보증할 수 있는 것은, 일본이 육해군의 준비가 되어 있는데도 적극적인 행동에는 나서지 않을 것이라는 점이다."[196] 앞으로 1개월은 괜찮다며 다시 수정한 것이다.

12월 2일(11월 19일) 뤼순에는 그리고로비치 함장의 전함 '쩨사레비치'와 순양함 '바얀'이 프랑스에서 도착했다. 이 최신예 전함의 도착으로 태평양함대는 전함 7척을 보유하게 되었고, 일본 함대의 전함 6척을 능가하게 되었다. 알렉세예프는 이러한 보강에 크게 기뻐했다. 이 결과 종래의 작전계획을 수정할 필요가 있을지를 검토하는 회의를 12월 31일(18일)에 소집했다.[197]

이 회의에서 알렉세예프는, 두 전함이 추가됨으로써 러·일 함대의 힘은 길항할 수 있게 되었고 따라서 사세보를 공격하는 일도 생각하고 싶지만, 뤼순 및 블라디보스토크와는 떨어져 있기 때문에 일본은 여전히 우세하며, 저들은 한 지점으로 해군력을 집중시킬 수 있을 것이라고 말했다. 회의의 결론은 종래의 계획을 수정하지 않고, 지중해에서 오는 증원함대가 도착하면 힘이 일본 해군과 백중하게 되므로 그때 작전계획을 다시 생각하자는 것이었다.[198]

12월 6일(11월 23일) 수도로 돌아온 황제는 알렉세예프와 로젠이 정리한 러시아의 제2차 회답안에 관한 의견을 그제야 내놓았다. 그리고 당일 람스도르프가 알렉세예프에게 그것을 전했다. "폐하께서는 일본이 해당 안을 받아들이지 않을 경우에는 침착하게 그러나 끈기 있게 교섭을 계속하라고 명하셨다." 구체적으로는 만주와 일본의 관계에 관해서 언급한 제7조를 삭제하라고 명했는데, 이는 양보였을 것이다. 중립지대에 관한 제6조에 대해서는 "귀하 스스로의 재량에 맡긴다"[199]고 했다.

제7조의 삭제는 람스도르프의 조언이었는지도 모른다. 알렉세예프는 제7조의 삭제에 반대했다. 12월 8일(11월 25일) 그는 람스도르프에게 전보를 보내서, 일본에게는 "현행 조약에 비해 조선에서 극도로 커다란 행동의 자유를 부여하면서도, 그에 대한 교환으로 러시아가 일본에 요구하는 것은 단지 만주문제에 개입하지 않겠다는 의무뿐이다"라며 불만을 표명했다.[200]

한편 이 전보를 전송받은 로젠은 12월 9일(11월 26일), 제7조를 삭제하든지 아니면 표현을 바꿀 것을 주장하는 전보를 람스도르프와 알렉세예프 앞으로 보냈다. 일본은 제7조를 받아들이지 않았고, 그 태도를 바꿀 것 같지도 않다. 제7조를 삭제하면 우리가 사실상 만주에서 얻고 있는 지위와 일본에게 보상으로서 인정하는 조선에서의 행동의 자유가 같은 가치를 지니고 있다고 인정하는 셈이 된다. 우리가 뤼순과 다롄을 점령한 후에 일본도 그렇게 행동했다. 물론 "이 조항이 없는 협정이 조인된다고 해서, 일본이 앞으로 새삼스럽게 만주 문제를 끄집어내는 일이 없을 거라는 보증이 되는 것은 아니지만, 적어도 지금은 일시적인 화해로 끌어갈 수는 있을 것이다." 로젠은 이렇게 주장하고는, 별도의 대안이 머리에 떠오른다면서 자기가 여태까지 몇 번인가 제안했던 3개조만으로 구성된 협정안 이야기를 꺼냈다. 즉 러시아가 조선을 자국의 이해권 밖이라는 점을 인정하고, 일본이 만주는 자국의 이해권 밖이라고 인정한다, 단 조선 연안에는 조선해협 항행의 자유를 방해하는 군사시설을 만들어서는 안 된다는 등의 일반적인 약속을 교환해야 한다는 것이었다. 이렇게 하면 조선의 원칙적 독립의 문제에 관해서는 결정적인 언급을 전혀 하지 않는 것이기 때문에 다음과 같은 이점이 있다. 일본이 만주문제를 꺼내는 것을 막는다. 또한 "이 정식(定式)의 부정적·미확정적 성격으로 인해, 조선의 입장에서는 일본의 특정한 권한을 적극적으로 인정하는 경우보다는 그다지 굴욕적이지 않게" 될 것이다.[201] 이렇게 되면 종래의 협정에 반해 일본에게 조선에서의 완전한 자유를 부여하게 되지만, 평화적인 수단이 이미 다 동원되어 어떻게 해서든 전쟁을 회피해야만 하는 현재의 위기적 순간에는 이 방법도 검토할 가치가 있다는 것이 로젠의 생각이었을 것이다.

람스도르프는 이날 세 번째 전보를 알렉세예프에게 타전했다. 폐하께서 제7조가 필요 없다는 의견을 바꾸지 않겠으니 그리 전하라고 말씀하셨다는 내용이었다.[202] 알렉세예프는 굴복하지 않을 수 없었다.

12월 11일(11월 28일) 러시아는 제2차 회답을 일본으로 보냈다.

제1조 한(韓)제국의 독립 및 영토보전을 존중할 것을 상호 약속할 것.

제2조 러시아는 한국에서 일본의 우월한 이익을 승인하고, 또한 민정을 개량하는 데 필요한 조언을 통해 한국을 원조하는 것은 일본의 권리라는 점을 승인할 것.

제3조 한국에서 일본의 공업적·상업적 활동의 발달에 반대하지 않을 것, 또한 이들의 권리를 보호하기 위한 조치를 취하는 것에 반대하지 않는다는 점을 러시아가 약속할 것.

제4조 앞의 조항에 제시된 목적 또는 국제분쟁을 일으킬 수 있는 반란 또는 소요를 진정하려는 목적으로 한국에 군대를 파견하는 것은 일본의 권리라는 점을 러시아는 승인할 것.

제5조 한국 영토의 일부라도 군략상의 목적으로 사용하지 않는다는 점, 그리고 조선해협의 자유항행을 박해할 수 있는 군사 요새 공사를 한국 연안에 하지 않아야 한다는 점을 상호 약속할 것.

제6조 한국영토에서 북위 39도 이북에 있는 부분은 중립지대로 간주하고, 양 체약국 그 어느 쪽도 여기에 군대를 투입하지 않는다는 점을 상호 약속할 것.[203]

이즈음 페테르부르크에는 한국 황제의 특사가 체류하고 있었다. 12월 7일(11월 24일) 쿠로파트킨이 외상을 방문했을 때, 한국에서 온 사자가 막 돌아가려던 참이었다. 황제의 특사 현상건이 8월에 한국을 출발해 11월 14일 경 페테르부르크에 도착했는데, 공사인 이범진과 상담한 후에 람스도르프 외상을 방문했던 것이다. 람스도르프는 쿠로파트킨에게, 한국 황제의 위임을 받아 특사가 여기에 왔고, 러·일 간에 전쟁이 일어날 경우 조선인이 어떻게 행동하기를 우리가 바라는지, 일본군에 저항한다면 우리의 지원을 기대할 수 있는지를 알고 싶어 한다고 설명했다. 쿠로파트킨은 "나는 이와 같은 의사 표명의 성실성을 의심했다. 그리고 그들은 일본인들에게도 우리에게 말한 것과 똑같은 얘기를 하고 있지 않을까 상상했다"고 쓰고 있다.[204] 쿠로 파트킨에게 조선인의 의지 같은 것은 아무래도 좋았던 것이다.

그러나 결국 현상건은 페테르부르크에 계속 머물면서 한국의 중립 의지를 존중하겠다는 니콜라이 2세의 친서를 받아내는 데 성공해 한국으로 돌아간다.

또한 베조브라조프는 12월 11일(11월 28일) 오랜만에 황제를 배알했다. "7시까지 독서를 했다. 베조브라조프를 만났다. 둘이서 밤을 보냈다." 12월 16일(3일)에도 아바자와 베조브라조프를 만났다.[205] 극동 목재회사의 청산건이 최종적으로 결정되었다.

개전을 촉구하는 일본 여론

대러동지회는 대러 개전에 계속 반대하고 있다고 생각되는 이토 히로부미를 공격했다. 우선 11월 5일 동지회 대표가 가쓰라 수상과 이토 히로부미를 방문해 경고문을 제출했다. 그 내용은 공표되지 않았지만, 이토와 대립했기 때문에 받을 수 있는 오해를 피하기 위해서 라고 하면서, 11월 8일에는 경고문을 공표했다.

대러동지회는 당국자, 즉 가쓰라 내각의 방침이 대러동지회의 방침과 "대체적으로 서로 같음"에도, 일·러 담판의 결과가 어떻게 될지 모른다는 유감스런 상태에 있는 것은 이토 등이 "대러 문제를 논하는 각의에 참여함으로써 생기는 제약" 때문이라고 생각해 이토에 대해서 다음과 같이 경고했던 것이다.

"만에 하나라도 후작[이토] 등이 황공하게도 지존[천황]의 특별한 총애를 믿고 그 사이에 함부로 입을 놀려 국시 단행을 방해함으로써 국가 백년의 대계를 그르치는 일이 있으면, 그 죄를 결코 용서할 수 없다. 이에 우리는 국민의 공분을 이토 후작에게 경고하는 것이 필요하고 또 심절한 정의(情義)라고 생각한다."[206]

이리하여 가쓰라는 10일 아침 대러동지회 대표 삿사 도모후사(佐々友房), 고무치 도모쓰네, 도야마 미쓰루의 세 사람을 사저로 불러, "원로 각신(閣臣)들 사이에 의견이 일치하지 않는다고 말하는 자가 있지만, 종래 이런 사실은 결코 없으며, 전적으로 일치해 진행 중이다"라고 언명했다.

마침내 재계도 움직였다. 같은 날인 10일 제국호텔에 200여 명이 모여서 시국문제 연합대간담회를 열었다. 진보당과 정우당(政友黨) 그리고 중립계 의원 모두가 참가했다. 신문사에서도 참여한 자가 있었다. 그러나 주목을 받았던 것은 시부사와 에이이치(渋沢栄一), 미쓰이(三井) 재벌인 마스다 다카시(益田孝) 등을 필두로 한 실업가들이 많이 참가했다는 점이었다. 다구치 우키치(田口卯吉)의 지명으로 입헌개진당 의원인 미노우라 가쓴도(箕浦勝人)가 회장으로 추대되었다. 마이니치(毎日)신문사 사장 시마다 사부로(島田三郎)가 개회의 취지를 설명했다. 그는 1901년에 낸 이성적인 경고와 각성의 책 『일본과 러시아』(日本と露西亜)의 저자였다. 이것은 『마이니치신문』이 당시까지는 비전론으로 일관했지만, 이제 주전론으로 전환했다는 것을 나타내는 상징적인 행위였다. 시마다는 지난 달 자택에서 소시(壯士)의 습격을 받았었다. 오카 이쿠조(大岡育造)가 결의안을 제안해 채택되었다. "우리는 믿는다. 시국이 오늘날처럼 그대로 추이하는 것은 결코 동양의 영원한 이익이 아니다. 고로 차제에 거국일치해 정부가 신속하고 단호한 처분에 나설 것을 기대한다."[207]

대러동지회의 화살은 야마모토 곤베에 해군상에게도 겨눠졌다. 11월 24일 이들은 야마모토 해군상에게도 경고문을 보냈다. "대러 문제에 특별한 요로를 점하고 있는 해군대신 야마모토 남작이 내각 인물들 가운데 거듭 구차한 논의(苟且論)를 펴는 자라 생각하고, 이에 특히 야마모토 남작이 반성하지도 않고 또 문책되지도 않은 점에 대해 경고한다."[208]

큰 신문들은 개전론 일색이었지만, 지난달에 『요로즈초호』에서 퇴사한 고토쿠 슈스이와 사카이 도시히코 등은 이달에 헤이민샤(平民社)를 설립하고, 주간지 『헤이민신문』(平民新聞)을 11월 15일부터 출간하기 시작했다. 제1호에는 고토쿠, 사카이, 니시카와 고지로(西川光二郎), 아베 이소오(安部磯雄), 기노시타 나오에(木下尚江) 등이 등단한 비전론 연설회에 관한 소개가 실렸다. 연설회는 10월 20일에 혼고 니시카타초(本郷西片町)의 중앙회당에서 열린 것이었다. "온 세상이 전쟁 열기에 취했을 것이라는 예상과 달리, 여기에 평화를 애호하는 인도적인 사람들 600여 명이 와서 우리의 주장을 듣고자 했다."[209]

소수파의 집회인데도 600여 명이나 모인 것은 대단한 일이었다.

러시아의 회답이 오지 않는 기간이 1개월이 되자, 11월 28일에 대러동지회는 실행위원회를 열어 결의를 채택하고 정부에 제출했다. "우리는 이를 보고 러시아가 평화협상의 성의가 없다고 인정하지 않을 수 없다. 사태가 이에 이르렀으니 당국자는 적당히 협상을 폐지하고, 단연코 자유로운 행동을 취해야 할 것이다."[210]

대러동지회의 목소리는 바야흐로 보편적인 것이 되어 있었다. 『도쿄아사히신문』은 12월 1일자 사설 '일·러 교섭의 천연(遷延)'에서, 러시아 정부에게 일본의 제안에 대한 승낙 여부의 회답을 요구하는 것은 일본 정부의 권리라면서, 그것을 행사하라고 다그쳤다. "이에 관해서 『지지신보』(時事新報) 및 『고쿠민신문』(国民新聞) 등의 유력한 동업자들이 근래 펼쳐 온 주장에 우리는 전적으로 동의한다." 이렇게 주장하면서, 상공업자들이 이제 "마침내 그들이 가장 꺼려야 할 전쟁에 모든 것을 걸더라도, 그래도 오늘날의 시국을 해결할 것을 희망하기에 이르렀다"고 지적했다. 상공업계도 이러한 어정쩡한 상태를 견디기 어려워 한다는 주장이었다.

12월 10일 제국의회가 개회될 예정이어서, 그달 초에는 각 정당의 총회가 열렸다. 그 자리가 역시 정부 비판, 대러 교섭단절 요구의 장이 되었다. 야당인 진보당은 12월 2일에 의원, 전 의원, 평의원, 대의원, 지부 간사들의 연합회를 개최했다. 그 자리에서, "현 내각은 누차 외교의 기의(機宜)를 그르치고, 때문에 동양의 형세는 날로 위태로워져, 제국은 앞으로 전에 없는 굴욕을 겪게 되었다"로 시작해, "러시아로 하여금 만주에서 철병하도록 함과 동시에 만주의 요지를 개방하고, 또한 청·한 양국에서 제국의 경영을 지켜 나아갈 것"을 요구하는 결의를 채택했다.[211]

다음 날 3일에는 진보당 대회가 열렸다. 당수 오쿠마 시게노부는 연설에서, 러시아는 교섭을 "천연시키는 동안에 용암포를 점령하거나 만주에 병력을 뻗치면서 점점 전진해 우리에게 압력을 가해오는데도, 일본은 이에 대해서 거의 아무것도 하는 것이 없다"라고 하면서 결의를 채택하는 것이 필요하다고 지적했다. 전날의 연합회 결의가 대회의 결의로 채택되었다.

이날에는 제국당의 대회도 열렸다. 삿사 도모후사는 "저들에 대한 우리의 제안은 매우 강경해야 하며, 결코 신문이 전하는 그런 수준이어서는 안 된다"면서, 러시아가 양보하면 평화이지만 "오늘날의 형세는 결코 양보할 수 없는 방침으로 기울어지는 것 같다"고 연설했다. "제국의 국시에 따라 빨리 시국문제를 해결하고, 그리하여 제국의 체면과 이권의 수호를 기할 것" 등 4개 항목을 결의했다.

또한 제1당인 정우회의 대회도 열렸다. 이토의 뒤를 이어 총재가 된 사이온지 긴모치(西園寺公望)는 연설에서, 도쿄, 교토, 나고야, 센

다이(仙台) 그리고 각지의 당 조직 회합에 관해 언급했다. "도처의 결의가 무엇이냐 하면, 즉 정부로 하여금 이 외교문제를 신속하게 해결하려는 주의로 나오지 않으면 안 된다"는 것이라 지적하고, 의회에서 단단히 질문하겠다는 무난한 방침을 나타냈다.[212]

중의원은 12월 10일에 개회했다. 정우회의 의석은 129석, 진보당이 85석, 제국당은 12석, 그 밖에 주세이구락부(中正俱樂部) 27석, 고유구락부(交友俱樂部) 24석, 도시구락부(同志俱樂部) 18석, 무소속 68석이었다.[213] 그러나 이 의회는 칙어(勅語)에 대한 봉답문(奉答文)을 두고 다툼이 발생해 다음 날인 11일 곧바로 해산되어 버렸다.

이런 가운데 대러동지회는 12월 12일 오전 11시에 고무치, 오타케(大竹), 구도(工藤), 이즈미(和泉), 호시(星), 삿사, 엔도(遠藤), 구니토모(国友) 등이 모여서, 대러정책에 관한 상주문을 천황에게 제출하기로 결정했다. 지금까지 몇 번이나 논의를 해온 것이었는데, 마침내 이 결정적인 방책을 취하기로 한 것이다. 러시아의 회답이 12월 11일에 나온 것과 관계가 있는지는 불분명하다. 상주문은 12월 15일 궁내성에 제출되었고, 이날 신문들에 보도되었다. 대의는 "러시아는 결코 평화를 기조로 제국과 협상하겠다는 성의가 있지 않다"면서 "제국[일본]은 결코 병(兵)을 선호하고 전(戰)을 하고자 하지 않지만", "어쩔 도리가 없이 간과(干戈)에 호소해서라도 우리의 신성한 직무를 수행하지 않으면 안 된다. 우리 정부가 지나치게 신중해 구차해지고 시기(時機)를 상실해 대사를 그르쳐서, 이로 인해 국가 백년의 화환(禍患)을 남기지 않을까 우려한 나머지 국민의 적개(敵愾)의 충성(衷誠)을 피력하고, 삼가 성감(聖鑑)을 우러러 청한다"는 것이었다.[214]

공상소설『러일전쟁 하네카와 로쿠로』

이해 가을 일본에서는 러일전쟁을 상상하는 공상소설이 출간되었다. 11월에 나온 소설『러일전쟁 하네카와 로쿠로』(日露戦争羽川六郎)이다.[215] 작가는 민비를 살해한 미우라 고로(三浦梧楼) 공사의 오른팔로 대러동지회 간부의 한 사람이자, 그해 봄 의회선거에서 낙선한 시바 시로(柴四郎)였다. 말할 것도 없이 도카이 산시(東海散士) 바로 그 인물이며, 이 작품은『가인의 기우』(佳人之奇遇) 속편이라 할 만했다. 변형 횡장판(横長判)이었으며 450쪽이었다.

이 소설은 아이즈번(会津藩) 무사의 아들인 하네카와 로쿠로의 일대기에 관한 것인데, 우선 하네카와 가문 삼대의 가라후토[사할린]와의 인연이 서술되어 있다. 로쿠로의 조부는 분카[文化, 1804-18년 일본의 연호]시대에 러시아가 가라후토의 중심지 진야(陣屋)를 공격한 후에 이곳으로 파견되어 거기서 병사했다. 아버지는 러시아 함선이 쓰시마를 점거했을 때 현지로 가서 러시아를 철수시키기 위해서 일했다. 메이지유신 즈음에는 아이즈번으로 돌아왔는데, 에노모토 다케아키를 따라서 하코다테로 갔고, 거기서 가라후토로 건너가 개발에 종사했다. 그러던 중 러시아에 붙잡혀 죽게 된다. 그리하여 과부가 된 어머니가 재혼한 상대가 후지카와 나쓰오(藤川夏雄)라는 외교관인데, 그는 친러파이자 러일동맹파였고 나중에 전쟁이 시작된 후에는 '러시아군의 스파이'로 몰려 체포된다.

결국 "러시아인의 동방침략은 저지하지 못했고", "가라후토도 마침내 러시아인의 소유로 귀착될 것이다", 그러니까 이들과 싸워야 한다는 것이 아버지의 유언이었고, "러시아는 실로 불구대천의 원수이니", "다 자라면 이 원한을 갚는 것, 이것이 조부에 대한 너의 효도"라는 것이 어머니의 가르침이었다. 이것을 허튼 소리로 치부하고, 레자노프에게 예의에 어긋난 행동(非禮)을 범한 것은 일본이며, 흐보스토프의 행동에는 변호의 여지가 있다, 조부의 죽음과 아버지의 죽음 모두 러시아의 책임은 아니다, 라는 것이 어머니를 괴롭힌 계부 후지카와의 말이었다.

로쿠로 본인은 도쿄제국대학을 중퇴하고 영국에 유학했는데, 귀국 후에는 해군 기사가 되어 잠수함을 개발했다. 청국에 가서 여러 가지를 획책했지만, 청일전쟁 시에 철수하게 되었다. 그리고 국회의원이 될 즈음에는 완전히 시바 시로 본인과 그 모습이 겹쳐지게 된다.

랴오둥반도 반환부터 러·일 개전 시까지는, 미우라 고로의 행동, 국민동맹회, 대러동지회 등 대외강경파의 입장에서 러일관계사가 서술된다. 러시아의 국내사정에 관해서도 신문기사를 많이 인용하고 있다. 여기서는 러시아의 침략성을 강조하면서, 러시아 정계에는 내치 개량을 추구하는 '문치(文治)파'와 영토확장을 추구하는 '무단(武斷)파'의 양대 주의가 있는데, '문치파'의 영수 윗테(宇逸提)가 만주를 시찰하더라도 철병은 이행되지 않을 것이라고 쓰고 있다. '무단파'의 영수 구로파토(黑鳩) 장군의 일본 방문에 관해서 쓰면서, 그의 전쟁 회피 자세를 부각시키고 있다. 뤼순회의에 관해서는 "지금은 일본과 싸워야 할 시기(時機)가 아니"라는 쿠로파트킨에 대해서 관둥총독 아레쿠(荒鬼) 장군이, 일본 연안을 포격하고 만주 헤이룽 지방에서 지상전을 수행하면 "승산이 없지 않다"며 대립하고, "러시아 황제의 밀사" 시종무관 베조부라소(ベゾブラソ) 소장이 일본정복론을 제창하면서 "하나의 소(小)제국은 전혀 문제될 것이 없다"고 역설했다고 쓰고 있다. 회의 후 '아레쿠', 즉 알렉세예프가 '동방 대총독'으로 임명되어 '러시아의 부왕(副王)처럼 되었다는 점에 주목하고 있다. "러시아 정부가 주전론자들로 채워진 모습을 보였다"고 되어 있다.[216]

전쟁이 일어난 시기에 관해서는 명확하게 쓰여 있지 않다. 전쟁은 러시아 기선이 ○○만에 정박해 있는 일본의 함대 옆을 지나면서 수뢰공격을 가하여, 일본의 수뢰 모함(母艦)을 침몰시키는 데서 시작된다. 러시아의 기습이다.

"이 소식이 국내에 전해지자 인심의 격동은 그 무엇에도 비유할 수 없었다. 육해군은 즉각 동원령을 발동했고, ……선전(宣戰)의 조칙이 발포되었으며, 바로 그날 임시의회가 소집되어 5억만 엔의 전비를 양원 전원일치로 의결하였는데…… 이것은 마치 우리가 신의 나라(神州)를 건국한 이래 한 번도 없었던 대사로서 국가의 흥망성쇠가 전적으로 금후의 승패에 달려있었다."[217]

일본 해군은 타이완 해협을 북상하는 러시아의 증원 함대를 포착해 전함 1척, 장갑순양함 1척을 포획하였고, 장감순양함 1척, 구축함 3척을 굉침(轟沈)했다. 이 소식을 들은 국민들은 "거의 미친 듯이 기뻐"했다. 청국은 낭패했고, "한국의 조정은…… 가장 애매한 거동으로 일관하면서 일본이 이기면 일본에, 러시아가 이기면 러시아에 가담할 속셈을 굳히고, 양국에 배반의 통고를 하며 국외중립을 가장하여 서서히 사태가 결정되는 것을 기다려보고자 했다."[218]

러시아의 한 하위부대는 평황성 방면에서 압록강을 건너 평양으로 향했고, 또 1,000명이 두만강을 건너 함경도로 진입했다. 일본군은 인천과 부산에서 상륙해 1만 5,000명이 되었기 때문에 러시아군은 전진할 수 없었고, 일본군은 평양을 제압했다. 그 후 의주로 진출해 "조선의 대세는 이렇게 정해졌다."

그 후 러시아 함대가 도야마(富山)와 이시카와(石川)의 두 현에 대해서 포격을 가했고, 일본의 2개 사단은 러시아 영토에서 상륙작전을 전개했다. 블라디보스토크를 목표로 진군한 이 부대는 해군과의 협력 작전으로 공세를 계속해, 두 번째 총공격에서 "마침내 블라디보스토크 항을 우리 육군의 손에 넣을 수 있었다." 그 후 하바로프스크 방면에서 러시아군의 공격을 받았지만, 일본군은 북상하여 니콜라예프스크-나-아무례를 격전 끝에 점령한다.

한편 블라디보스토크를 출발한 러시아 함대는 뤼순과 다렌에 집결해 있었다. 독일이 러시아와 같은 편이 된다는 소문이 퍼졌을 때, 일·러의 양 함대는 거문도 앞바다에서 일대 해전을 치렀다. 일본은 '아사히'를 기함으로 하여 전함 6척, 장갑순양함 6척, 구축함 10척, 수뢰정 40척이었고, 러시아는 '레트비잔'을 기함으로 전함 6척, 장갑순양함 4척, 구축함 15척이었다. 이 해전은 "일본군이 8할의 승리를 거두면서 끝났다."

그 후 일본군은 랴오둥반도에 진출해 뤼순을 공격했다. 총공격을 감행했지만 함락시키지는 못했다. 그래서 하네카와 로쿠로가 발명해 실험 중이었던 비행기를 이용, 공중에서 폭탄을 떨어뜨려 다렌을 점령하는 데 성공했다. 러시아 함대는 자오저우만으로 도주했지만, 독일 정부는 입장을 바꾸어 중립을 선언하고, 함대에게 만 바깥으로 퇴거하라고 요구한다. 그 결과 만 밖으로 나온 러시아 함대와 일본 함대 사이에 해전이 발생, 러시아 함대는 전멸한다.

일본 국내에서는 러시아의 스파이가 암약한다. 소설에서는 아버지와 아들이 모두 스파이로 활동하다 체포된 부자가 등장한다. 이 부자 가운데 아들 스파이의 처가 러시아인 여성 카타나이고, 이 여인이 폐쇄 중이던 러시아 공사관에서 땅굴을 파고 탈출해, 제국의회의 폭파 그리고 대신과 의원들의 폭살을 기도한다는 이야기가 전개된다. 아마도 알렉산드르 2세의 암살사건에 빗대어, 치즈 가게에서 네프스키 대로[페테르부르크의 중심도로] 지하에 땅굴을 파내려간 러시아 허무당원의 이야기를 섞어 넣었을 것이다. 아무튼 그녀는 동료인 독일인과 함께 경찰의 급습을 받고 권총 자살을 한다.[219]

러시아 국내에서는 카프카스에서 샤밀리의 후예가 들고 일어나고,

폴란드인들도 공공연하게 독립을 요구하는 집회를 열며, 핀란드인들도 "무기를 몰래 정비하면서 헌법 복구를 주장하고, 러시아 내의 개신파는 이 기회를 이용해 헌법을 설립하지 않으면 위급한 상태를 벗어날 수 없다고 논의한다. 그리하여 수구파와의 알력이 정점에 달하"였다. 경제 파탄, 실업 급증, 농민 봉기가 만연했다. "30개국 언어로 이루어진 이 대제국은 바야흐로 통일 권력을 상실할 위기에 봉착했다."[220] 이 부분은 러일전쟁 개전 후의 러시아 국내사정에 대한 예상으로서는 매우 뛰어나다.

이 시점에 뤼순이 함락된다. 뤼순에 대한 총공격은 두 차례에 걸쳐 이루어졌고, 일본군 사상자는 5,000여 명에 달했다. 하네카와 로쿠로는 육군이 뤼순을 공격할 때 비행기 폭격의 활용을 권고했지만, "일본 남아의 떳떳한 자세가 아니다"라는 이유로 거부되었다. 하네카와는 공중 군사통신의 명을 받아 공중에서 관찰한 결과를 군에 통보하고, 이것이 도움이 되어 뤼순공격은 일본군의 승리로 끝났다. 하네카와는 천황에게서 감사의 전보를 받게 된다. "나는 감격에 겨운 나머지 나도 모르게 눈물을 흘리며 울었다."

이후에 일본군이 전진해 랴오양 회전이 치러진다. 5만 명의 러시아군에 일본군은 1만 5,000명. 청국군이 응원에 가세했지만, 회전 전에 철수해 버린다. 그래도 일본군이 이 회전에서 승리해 전쟁은 끝난다.

강화는 도쿄에서 일·영·미·독·불·이·러·청의 8개국 회의로 진행되었다. 일본은 다음과 같은 요구를 제시해 승인을 받았다. 러시아는 만주에 대한 모든 권리를 포기할 것, 청국이 만주의 개혁을 추진하는 동안 일·미·영은 고문을 파견하고, 일본군이 7년간 2개 사단을 주둔시킬 것, 가라후토는 일본에게 양여할 것, 연해주는 독립 자치주로 할 것, 러시아는 일본의 전비 5억만 엔을 배상하고 동청철도를 양여할 것, 러시아는 동양에 10척 이상의 군함을 파견하지 않을 것, 웨

이하이웨이, 뤼순·다롄, 자오저우만은 청국에 반환할 것, 일본이 샤먼(廈門), 푸저우(福州)를 조차할 것 등이었다.[221] 주목할 것은 조선에 관한 규정이 없다는 점이다. 일본이 원하는 대로 조선을 처리할 수 있게 러시아나 열강에게 승인해달라고 요구하는 것은 바람직하지 않다고 생각했기 때문일 것이다.

그래서 소설에서는 이러한 사항들과 함께 다음과 같은 일·한(日韓) 개정조약이 조인되는 것으로 되어 있다. 한국은 국외 중립의 실질이 없으므로 일본이 2개 사단 이내의 병력을 조선에 주둔시킨다. 중대한 국제사건에 관해서 일본과 협의하지 않고서는 다른 나라들과 교섭해서는 안 된다. 우편 전신은 일본에 위탁한다. 일본에서 최고 고문을 초빙해 행정 사법의 개혁을 단행한다. 육군은 일본 장교가 개혁 훈련한다. 일본이 매년 1백만 엔의 조선 제실비(帝室費)를 제공한다.[222] 즉 조선은 일본의 보호국이 된다는 것이다.

그 다음에 일·미·영 3국이 주창해 만국평화회의를 개최한다. 3년 동안 각국의 군비를 반감할 것을 결정한다. 이것은 니콜라이 2세가 제창한 헤이그 평화회의의 장점을 가로채겠다는 심산이다.

이 소설이 일본인들에게 어떻게 받아들여졌는지는 알 수 없다. 그러나 정의의 전쟁이라는 신화로 일본인을 러시아와의 전쟁으로 몰고 가는 데 상당한 힘을 발휘했을 것으로 생각된다.

일본의 제3차 서한

러시아의 제2차 회답은 12월 14일 고무라가 맥도널드 공사에게 즉각 전달했다. 그러면서 고무라는 "교섭 결렬을 피할 수 있기를 여전히 바라고 있다"고 전했다. 그 근거로 든 것은, 만주를 일본의 관심 밖이라고 선언한 러시아 측의 제7조가 삭제된 점, 제4조와 제7조는 일본의 안대로 되어 있다는 점이었다.[223] 그러나 이것은 카무플라주였다. 고무라는 오히려 결렬은 필지(必至)의 사실이라고 생각하고 있었다.

일본은 12월 16일 수상 관저에서 각료 및 원로 회의를 열어, 러시아의 제2차 회답을 검토했다. 이토 유키오(伊藤之雄)의 고증에 의하면, 야마가타는 만한교환론으로 최후의 교섭을 시도하고, 그것이 받아들여지지 않을 경우 전쟁에 돌입한다는 생각을 표명한 것으로 보인다. 이에 대해서 가쓰라와 고무라는 찬성하지 않고, "만주문제는 외교적 수단으로 할 수 있는 만큼의 담판을 시도하고", "조선문제에 관해서는 우리가 수정한 희망사항을 충분히 진술해, 저들이 듣지 않을 경우에는 최후의 수단(즉 전쟁으로라도)을 관철한다"는 주장을 그대로 밀어붙였다.[224] 즉 조선문제를 빌미로 개전하자는 주장을 한 것이다.

또한 이날 회의에서는 외무성이 작성한 '대(對)러 교섭결렬 시 일본이 취해야 할 대(對) 청·한 방침'이 검토되었다.[225] 교전 시에 청국에게는 중립을 지키게 하는 것이 득책이라는 것이다. 한국에 관해서는 다음과 같은 방침이 제안되었다.

"한국에 관해서는 여하한 경우에 임해서도 실력으로 이 나라를 우리의 권세 하에 두어야 함은 물론이지만, 가능한 한 올바른 명의[名義, 명분과 도리]를 선택하는 것이 득책이므로, 만일 왕년에 청일전쟁의 경우에서와 같이 공수동맹 또는 다른 보호협약을 체결할 수 있다면 무엇보다도 편리하고 적절할 것이다…… 그렇지만 그것이 반드시 성공하고 효과가 있을 것인지는 처음부터 미리 예상할 수 없다. 더욱이 가령 이것이 주효한다고 해도 한국 황제로 하여금 시종일관 이 조약을 준수하도록 하는 것은 도저히 기대하기 어려운 일이므로, 최후의 성공과 효과는 실력 여하로 귀결될 것임은 다시 말할 필요도 없다."

외상의 당초 원안에는 계속해서, "이 문제에서도 가능하다면 러시아보다 앞서 유력한 군대를 경성으로 파견하는 것이 매우 득책이 될 것이다. 왜냐하면 한국인들은 위아래 모두 나라를 생각함에 있어 조금도 성실하지 않고, 오로지 자가(自家)의 안전과 이익만을 생각하며, 또 기세에 눌리면 강한 것에 알랑거리는 것이 공통적인 성질이다. 따라서 우선 경성에 우세한 병력을 보유해 궁정 및 정부를 수중에 넣으면 될 것이다"라고 되어 있었다. 그러나 야마모토 해군상의 반대로 이 부분이 삭제되어 원로회의에 제출되었던 것이다.[226]

원로회의에서는 야마가타가 발언하면서, 삭제된 부분을 부활시키는 것과 마찬가지의 내용을 제안했다. 러시아보다 앞서서 경성과 그 부근에 약 2개 사단을 파견한다는 것이다. 이에 대해서 야마모토 해군상은 다시 반대했다. 그 이유는 두 가지였다. 첫째, "한국은 우리나라와는 특수한 관계에 있으며, 또 힘이 약한 나라이기는 하지만 그래도 역시 어엿한 독립국이다. 이 독립국에 대해서 우리 군대를 파견하면 열강이 어떻게 생각하겠는가?" 둘째, "우리 육해군의 실상을 보아도 불가하다고 생각한다. 생각건대 우리의 전체적인 군사준비는 아직 전쟁에 나설 수 있을 만큼 완전히 갖추어져 있지 않다." 이에 대해 야마가타는 거듭해서 한국 국민의 "사대주의"를 주장하면서, 만일 "한제가 러·불·독 등의 공사관으로라도 도피할 경우에"는 어떻게 하겠느냐고 다그쳤다. 야마가타는 고무라의 원안에서 삭제된 부분을 거의 그대로 대변하고 있는 것이다. 야마모토는 "벌써 그런 일들을 생각할 필요가 없다"며 반박했다. 여기서 야마가타가 갑자기 용무가 있다면서 퇴장했기 때문에 이 건에 관해서는 결정을 보지 못했다.[227]

그런데 가장 중요한 대러 회답에 관한 결정은 18일의 각의를 거쳐 천황에게 상주되었다.[228] 이 단계에서 이미 교섭은 분명 전쟁을 위한 절차, 요식행위가 되어 있었다.

고무라는 17일에 맥도널드에게, 러시아의 평화적 의도에 대한 신뢰를 잃기 시작했다는 점을 인정하고, 러시아가 의도적으로 교섭을 지연시키고 있다는 맥도널드의 의견에 동조하게 되었다고 말했다.[229] 불과 사흘 사이에 시각이 바뀔 리가 없었다. 분명 연극이었다.

12월 21일(8일) 로젠 공사에게 일본의 제3차 제안이 전달되었다. 23일(10일) 러시아의 수도에서는 구리노 공사가 외상에게 구두각서를 전달했다.

그 내용은 다음과 같다. 제2조에서 일본이 한국에게 "조언 및 원조"를 제공할 권리를 러시아가 승인할 것을 요구했다. 원조는 "군사상의 원조"를 포함한 것이었다. 그러나 기본적인 것은, 러시아의 제1차 안과 제2차 안에서 요구된 전략 목적으로 조선 영토를 사용하는 것을 금지하며, 조선 북부 39도선 이북에 중립지대를 설정한다는 조항은 계속 거부했다는 점이었다. 만주문제에 관해서는 러시아가 특수이익론을 철회했기 때문에, 일본도 만한교환론을 철회했다. 일본은 어디까지나 러시아에게, 일본이 한국을 사실상 보호국으로 하는 것을 인정하라고 요구했고, 그 보답으로 러시아에게는 한국의 연안 방비를 하지 않겠다는 약속을 해주었을 뿐인[230] 것이다.

12월 26일(13일)자로 알렉세예프가 일본의 새로운 제안에 대한 의견을 황제에게 보냈다.

"일본의 새로운 제안은 조선에 대한 일본의 보호국 제도를 정식으로 인정하라고 러시아 정부에게 요구하는 것과 다르지 않습니다."

"그러나 우리가 양보를 한다고 해도, 현재 존재하는 불확정한 상태의 제거라는 우리의 주요 목적은 여전히 달성할 수 없을 것입니다."

"이러한 요구는 지나친 욕심을 부리는 것이어서, 저는 조금의 망설임도 없이 이것은 받아들이지 않아야 한다고 깊이 믿고 있습니다."

"일본이 폐하의 평화주의와 생각을 무시하고 모든 분별의 한계를 넘어서는 요구를 제시한 현재로서는, 도쿄의 내각이 조선에 관한 자신들의 정치적 의도를 러시아의 승인 없이 실현하도록 하는 것이 모든 면에서 바람직할 것입니다."

"현재 일본에 대해서 모든 그리고 더 이상의 양보를 하게 되면, 우리는 결렬과 대재앙을 맞이하게 될 개연성이 매우 큽니다.""이러한 상태에서 벗어나기 위한 활로를 찾기 위해…… 만주문제 및 그 밖의 극동 문제와 관련해 조선에서 우리가 지닌 이해관계를 전면적으로 심의해야 한다고 생각됩니다."[231]

알렉세예프는 이미 자신의 견해를 분명하게 밝혔기 때문에, 이 이후의 일은 페테르부르크의 특별협의회에서 결정해달라고 요청했다. 그렇다고 해서 알렉세예프의 기분이 홀가분해졌을 리 없다. 그는 점점 긴장을 더해가는 한국의 정세를 시시각각 전해 듣고 있었다.

알렉세예프는 12월 27일(14일) 람스도르프에게도 전보를 보냈다. 전보를 본 람스도르프는 다음 날인 28일(15일) 황제에게, 알렉세예프의 길을 택하면 전쟁이 된다면서 다음과 같이 보고했다.

"이상의 점들을 고려하면, 러시아가 극단적이고 파멸적인 군사 충돌을 회피하기 위해서는 일본과의 교섭을 계속해, 러시아 제1급의 이익을 손상하지 않는 동시에 일본의 갈망을 만족시킬 수 있는 형태의 협정을 요구하는 것이 역시 보다 바람직하다고 감히 생각합니다. 일본과의 협정이 존재하는 것이 일정 정도는 조선에서 일본의 행동의 자유를 구속할 것이며, 조선해협에서 러시아 선박의 항행 안전을 보장해 줄 것입니다. 만일 일본이 멋대로 자국 군대를 동원해 조선반도를 점령한다면 그러한 목적은 달성되지 않을 것입니다."[232]

한편 러일교섭에 대한 로젠 공사의 의문은 깊어지고 있었다. 12월 30일(17일) 그는 람스도르프에게 타전했다. 천황의 칙령으로 5천만 엔의 임시군사비 지출이 승인되었다. 이것은 "일본이 약 1개 사단으로 경부선 지대를 점령함으로써, 우리가 만주에서 점하고 있는 지위와 동등한 지위를 일본이 조선에서 점하겠다는 결의를 나타내고 있다. 일본 정부가 무력으로 위협하더라도 또 더 나아가 영·미의 동정에 기대 고압적인 태도를 보이더라도, 만주문제에서 우리가 취하고 있는 원칙적인 입장에서 우리를 후퇴시킬 수 없다는 것을 알게 된다면, 아무래도 일본은 이 계획을 실시하게 될 것이라고 나는 믿어 의심치 않는다. 따라서 뤼순 회의 의사록 제2호에 기술되어 있는 것처럼 우리가 일본의 그러한 행동에 대해 전적으로 침착하게 대처하고, 동시에 장차 조선에서 일체의 적극적인 행동을 삼갈 각오가 되어 있다면, 발생의 책임이 일본에 있는 현재의 위기에서 벗어날 수 있는 활로가 자연스럽게 열릴 것이다. 따라서 이 활로를 찾기 위해서 어느 면에서 보나 곤란에 직면해 있는 형식적인 문서 협정을 체결할 필요는 전혀 없는 것이다."[233]

로젠은 다음 날인 31일(18일)에는 니콜라이에게 전보를 쳤다. 현재 이 전보는 발견할 수 없지만, 아마도 같은 취지였을 것이다. 그리고 1904년 1월 3일(12월 21일)에는 30일자 전보의 속편을 람스도르프에게 또 다시 타전했다. 조선문제로 일본과 군사 충돌할 위험을 회피할 수 있는지는 우리가 하기 나름이다. 만주문제는 일본과의 개전 사유가 될 수 없다. 일본에 대한 우리의 태도는 "엄밀하게 방위적"이며, 일본이 어떠한 행동을 취하든 그것은 "근거 없는 침략성"의 성격을 띠는 것이다. 이와 관련해 일본 역시 만주문제에 군사적으로 개입하겠다는 의도도 보이지 않는다. 그 대신 조선에서의 과제 실현을 위해서는 전쟁도 불사하겠다는 "결의의 모든 징후"가 보인다.[234]

조선에 관해서도 그리고 만주에 관해서도, 일본과 협정을 체결할 필요는 없다. 조선에 관해서는 일본이 하고 싶은 대로 하도록 내버려

두는 것이 좋다는 말이다. 이러한 로젠의 생각은 알렉세예프의 생각에 근접해 있었다.

일본군의 조선출병에 관한 정보

이때 일본은 곧장 전쟁 준비로 치닫고 있었다. 참모본부의 이구치 쇼고는 12월 19일 고다마 차장에게 자신의 의견을 상세히 보고했다.

"우리 제국이 한국을 포기할 각오를 하고 있지 않는 한, 제국의 자위를 위해서 러시아의 행위에 대해서는 더 이상의 말싸움을 중지하고, 한국에 일부 출병하는 동시에 1, 2개 사단과 중요한 요새를 동원해 충분한 결심을 보여주고, 위력을 담판의 뒷받침으로 삼아야 한다. 그래도 여전히 한국을 떠나지 않는다면, 그때는 일대 결전을 각오해야 한다."[235]

12월 16일의 원로회의에서 야마가타가 2개 사단을 파견하자고 주장하면서 시작된 정부 내의 대립은 결착을 보지 못하고 있었다. 이토가 조정에 나선 참이었다. 21일에는 정부가 육해군에 대해서 "언제라도 출병에 차질이 없도록 준비해야 한다는 취지의 통첩"을 보냈다고 한다. 이날 참모차장의 명령으로 육군성과 해군성의 당국자들이 한국 출병 작전에 관해서 협의했다. 협의는 23일에도 계속되었다. 24일에는 육군성에서 한국임시파견대의 편제에 관한 회의가 열렸고, 이 회의는 26일에도 열렸다.[236]

해군도 움직였다. 야마모토 곤베에 해군대신은 12월 24일 도고 헤이하치로, 가미무라 히코노조(上村彦之丞), 가타오카 시치로(片岡七郎) 등 세 함대사령관에게 교섭의 경과를 알리고, "어쩔 수 없는 경우에 최후의 수단에 호소해서라도 한국의 침식(侵蝕)을 방지해야 한다"는

"최후의 결의가 내려지면 제국 해군은 나름대로 일정한 계획을 정해 전체적인 계획에 참여하고", 함대의 편제도 "공개적인 발표 없이 전시 편제로 이행하라"고 명령했다.[237]

결국 12월 하순이 되자, 일본군이 조선에 출병해 점령할 것이라는 소문이 다시 확산되고 있다는 정보가 도쿄에서 페테르부르크로 잇달아 타전되었다.

12월 18일 주일 육군무관 사모일로프는 알렉세예프 앞으로 "신문지면과 공중(公衆)들 사이에 해군의 시위와 군대의 조선파견이 임박했다는 소문이 또다시 퍼지고 있다. 해군성이 약간의 조치를 취했다는 것까지 지적하고 있는데, 이 소문은 아직 확증된 것은 아니다"라고 알려왔다. 사모일로프는, 해군의 시위가 행해진다면, 그 "목적은 우리를 겁주어서 한층 더 양보하도록 몰아넣으려는 것이며, 다른 한편으로는 국민의 애국주의적 감정을 만족시키려는 짓일 것이다"라는 분석을 가미하고 있었다.[238]

주일 해군무관 루신은 12월 20일(7일)에 해군성으로 보고했다. 이 보고는 더욱 자세했다. 일본은 러시아의 제안을 받아들이지 않겠지만 교섭은 계속할 것이다. "이와 동시에 국민의 본능을 만족시키면서 중대한 작전을 준비하는 것을 목적으로 해, 조선에 1, 2개 사단을 파병할 것이다", 어쩌면 내년 2월 교섭이 결렬되면 개전할 것이라는 소문도 유포되고 있다.[239]

루신은 닷새 후에도 또 보고했다. 최근 육해군성은 봄부터 추진해 온 "일본군을 전시체제 내지 군사작전의 기획에 가장 신속하게 이행시키기 위한 준비"를 보완하는 조치를 강구하고 있다. "일부의 정보 공개와 무수한 소문"을 보면, 마치 "일본 정부가 의도적으로 스스로 행한 조치를 숨기지 않는" 것처럼 생각된다. 그 목적은 군중의 배외적인 본능을 충족시키기 위해서, 또 당장 전쟁도 불사하겠다면서 러시아를 위협하기 위해서일 것이다. "일본의 열광적·시위적인 소동의 종착지는, 무엇보다도 가까운 장래(2, 3주일 아니면 그보다 빨리) 조선에 대한 군사출병일 것이다." 혼성여단 약 8,000명을 부산에 그리고 일부는 인천에 상륙시킬 것이다. 이를 위해서 기선 8-10척이 계약되어 있고, 해군이 호위할 것이다. "일본의 공식 신문들은 집요하게, 조선반도에서 일본의 이익을 확보하고 러시아의 영향력에 저항하기 위해 조선 출병이 필요하다고 증명하고 있다."[240]

이들의 보고는 1월에 들어서야 수도에 도착하게 된다. 마지막 보고서에는 1월 22일(9일)에 로제스트벤스키가 읽었다는 메모가 되어 있다. 그렇지만 뤼순에는 같은 내용의 보고가 며칠 내에 도착했을 터이다. 또한 알렉세예프 앞으로는 주한 공사 파블로프가 보낸 한층 더 심각한 편지가 도착해 있었다. 12월 19일(6일) 파블로프는 다음과 같이 써 보내 왔다.

"이곳 서울의 최근 분위기는 또다시 약간 불안해지기 시작했습니다. 사흘 전에 저는 궁정에서, 영국과 미국의 공사들이 신뢰하는 자를 통해서 [조선의] 황제에게, 러일교섭은 평화적인 결말에 이를 기회가 전혀 없으며 가장 가까운 장래에 군사적 행동이 개시될 것이라고 몰래 경고해왔다는 이야기를 들었습니다. 이 충격적인 통지는 무엇보다도 황제와 그 측근들을 공포의 패닉상태에 빠뜨렸습니다."[241]

이틀 후에도 파블로프는 보고했다. "한국 정부와 외국인들의 분위기는 극도로 긴장되어 있습니다. 비밀정보에 의하면 궁정에서는 즉각 황제의 거처를 서울에서 평양으로 옮기는 문제가 제기되었다고 합니다. 평양에는 최근 궁전 건설이 완료되었습니다."[242]

서경(평양)의 이궁(離宮) 건축은 1902년 3월에 결정된 것이었다. 그해 12월에는 태극전과 중화전(重華殿)이 완성되어 황제와 황태자의 진영(眞影)을 거는 작업까지 완료되었다고 한다. 러일전쟁이 시작되면 고종은 이곳으로 도주해 조선 북부로 들어오는 러시아의 비호를 받으려는 생각이 있었던 것으로 보이기도 한다.[243]

알렉세예프의 위기의식은 점점 더 깊어졌을 것이다. 그러나 병력 증강 조치는 지지부진했다. 12월 18일(5일)에는 제9동시베리아 보병여단의 편제를 1904년 5월 14일(1일)까지 완수하라는 황제의 명령이 떨어졌다. 그러나 거기에는 커다란 문제가 있었기 때문에, 알렉세예프는 제8여단을 8개 대대 편성에서 12개 대대 편성으로 바꾸는 편이 합리적이라고 생각해서 육군상과 교섭했다. 그러나 그것도 실현되지 않았다.[244]

한편 황제는 아무런 근거도 없이 낙관적이었다. 루코야노프에 의하면 황제는 조선의 상륙작전 가능성을 알려온 로젠의 전보에 대해서 다음과 같은 답변을 달았다. "일본군의 조선 상륙은 러시아에 대한 도전이 되지 않을 것이다. 뤼순과 블라디보스토크에 대한 공격은 짐이 보기에는 말도 안 된다."[245]

12월 29일(16일) 알렉세예프는 일본의 제3차 제안을 서울의 파블로프에게도 알렸다. "이와 같이 강인한 요구는 모든 이성의 한계를 넘어선 것이어서, 우리 정부는 거절해야 한다고 생각한다. 나는 이 요구에 관해서 러시아의 이해관계로 보나 러시아의 명예로 보나 일본으로 하여금 우리의 동의 하에 한국을 정복하고, 그 독립을 빼앗도록 허용할 수 없다는 의견을 표명했…… 나는 우리나라의 전체적인 정치 상황을 잘 모르지만, 현 시점에서는 그 어느 때보다도 전쟁의 모든 환상을 초월해, 그러한 재앙의 불가피한 위험을 각오하더라도 스스로의 지위와 스스로의 위신을 지켜야 한다고 확신하고 있다."[246]

알렉세예프는 일본이 한국 점령이라는 행동에 나설 가능성이 높다고 보고, 가능한 한 빨리 [그곳의 정황을] 통보해달라고 파블로프에게 요청했다.

이에 대해서 12월 30일(17일), 파블로프는 한층 더 긴박한 한국 황제의 기분을 전했다. "오늘 황제는 자신이 신뢰하는 단 한 사람의 가까운 환관을 통해서 저에게 다음과 같이 전해왔습니다. 황제는 일본군에 의한 한국 점령이 피할 수 없다는 것을 이제 더 이상 의심할 수 없다면서, 서울에 주둔하는 일본군이 벌써 궁전을 봉쇄하는 것은 아닐까, 일본에 매수된 궁정경비대가 황제 본인을 죽이지는 않을까 걱정하면서 매일매일을 보내고 있습니다. 그리하여 러시아 정부에게 어떻게 행동해야 하는지, 위험한 순간에는 우리가 황제를 러시아 공사관으로 피신하도록 허용하고, 나아가 우리의 도움으로 러시아 영토 내로 탈출할 수 있다고 기대해도 좋은지, 조언을 구해왔습니다."[247]

이러한 조회까지 했다면, 알렉세예프로서는 답하지 않을 수가 없다. 그는 새해인 1904년 1월 1일(12월 19일)에 개인적인 의견임을 전제하고, 파블로프에게 이렇게 써 보냈다. "황제가 러시아 공사관으로 피신할 것을 요청해왔을 경우에는 아마도 거절하기 어려울 것이다. 그러나 러시아령으로 가고 싶다는 의지에 관해서는, 이것은 폐하 자신에게나 한국의 운명에 매우 중대한 결과를 가져올 문제이기 때문에 결정하기 전에 총체적으로 검토해야 한다."[248]

러시아의 12월 특별협의회

러시아 정부의 각료들도 러·일의 긴장이 높아지고 있다는 것을 모두 감지하고 있었다. '신노선'도 일본의 공세를 억지할 수 없다는 것이 분명해졌다.

저자세의 육군상은 항복과도 같은 안을 내놓기에 이르렀다. 12월

7일(11월 24일) 쿠로파트킨은 10월 의견서를 수정해, 뤼순을 포함한 관둥주를 청국에 반환하고 남만주철도를 이 나라에 매각하는 것과 맞바꾸어 북만주를 병합한다는 안을 황제에게 제안하기에 이르렀다.[249] 물론 일본과의 전쟁을 막는 안으로서 구상된 것이다. 관둥주를 포기함으로써 극동에서 러시아의 위신은 실추되겠지만 증손의 세대에게는 유익할 것이라면서, 살아 있는 세대에게 관둥주와 남만주 방위의 희생을 치르게 할 필요가 있을까? 부동항을 잃는 것은 중대한 문제이지만, 그보다 얻는 것이 클 것이다. 뤼순이 일본의 것이 될지 모르기 때문에 반환하면서 청국이 보유하는 것을 조건으로 하면 될 것이다. 남만주철도는 외국 상품을 북만주와 시베리아에 넘치게 해서 러시아의 공업에 손해를 끼치고 있다. 쿠로파트킨은 이와 같은 이유들을 마치 평론가처럼 열거하고 있는데, 일본과의 전쟁을 피할 수 없는 상황 속에서 필사적으로 방비를 단단히 하고 있는 최전선의 요새를 포기하자는 의견을 생각해 낸 육군상은 도대체 어떤 인간이란 말인가?

생각해 보면 쿠로파트킨은 이 결정적인, 1903년이라는 해의 절반 가까이 페테르부르크의 육군성 집무실을 비워두고 있었다. 4월 28일(15일)부터 극동과 일본을 여행했고, 귀경은 7월 28일(15일)이었다. 그러고 나서 황제를 수행해 리바우 요새를 시찰하고 바르샤바 군관구의 훈련을 참관했으며, 다시 돌아오자마자 곧바로 휴가를 떠나 10월 중순까지 시골에 있었다.[250] 재무성과 협상해 예산을 획득하려고 노력한 적도 없었던 것이다. 전쟁에 대비해 군대를 준비하는 일은 거의 아무것도 하지 않다가 결국 마지막에 내놓은 것이 바로 이 외교평론가연(然)하는 뤼순, 다롄 그리고 남만주 포기론이었다.

작성일이 전날 날짜로 되어 있는 첨부 문서에는, 일찍이 1896년 테헤란에 파견되었을 때 솔직한 의견 표명을 허락받아 모름지기 환영받았던 사실을 상기시키면서, "러시아의 대의를 위해서 여러 번 피를 흘려왔고, 옥좌와 조국의 방위를 위해서 언제나 그리고 지금도 전투에 임할 각오가 되어 있는 늙은 일개 병졸 이외의 그 누가, 존숭하는 러시아군의 최고통수권자께 응분의 진실을 아뢰올 수 있겠습니까"라고 쓰여 있다. 과연 쿠로파트킨도 불안해하고는 있었다. 그는 이 문서가 "일면적인 성격"을 띠고 있으니, 극동문제를 결정하고 심의하실 때에 폐하께서 "다른 자료와 함께" 주의를 기울여주시기 바랍니다, 라고 한껏 자기를 낮추었다.[251]

쿠로파트킨도, 이것이 10월의 의견서보다 더 나아간 양보안인 이상, 10월 의견서를 지지해주지 않았던 황제가 간단히 찬성해 줄 것이라고는 역시 생각할 수 없었던 것이다.[252] 결국 황제는 이 뤼순 포기 제안에 대해서는 전혀 반응하지 않았다.

쿠로파트킨은 뤼순, 다롄 포기론을 전개한 이 의견서를 비테와 람스도르프에게 보여주었다. 12월 16일(3일)의 일기에는, 비테가 지금에 와서는 이 남만주, 즉 관동주 포기와 북만주 확보의 안 이외에는 정황상 달리 활로가 없다며 찬성했다고 쓰여 있다.[253] 비테도 상당히 무책임해져 있었기 때문에 아마도 이것은 사실일 것이다.

12월 22일(9일), 쿠로파트킨 육군상은 그 동안 작업해 정리한 1904-09년의 군비 5개년 계획을 상주하고, 황제의 승인을 얻었다. 육군성의 통상예산에 대한 특별예산으로서 이 5년 동안에 1억 3천만 루블이 승인되었는데, 그 가운데 7백만 루블만이 극동에 있는 군에 대한 지출이었다. 이날의 일기에 쿠로파트킨은 다음과 같이 썼다. "우리의 주요한 주의를 극동에서 유럽 쪽 러시아로 옮기는 데 성공했다."[254] 황제도 그리고 육군상도 전쟁이 임박했다고는 생각하지 않았던 것이다.

그런데 12월 24일(11일)이 되어 쿠로파트킨은 청국주재 무관 데시노로부터 전날 날짜로 된 중대한 전보를 받았다. 일본의 대신들이 러시아에 대해서 선전포고할 것을 결정했다, 그리고 일본 해군은 이미 출항했다는 내용이 담겨 있었다. 이것을 오보라고 생각했던지, 이 전보를 수취한 육군상이 한 일은 외무장관을 방문해 이 정보의 진위에 관한 상담을 하는 것이었다. 외상은, 교섭은 여전히 계속되고 있다, 구리노 공사가 회답을 가지고 왔다, 고 하면서 쿠로파트킨을 안심시켰다. 또 그는 쿠로파트킨이 남만주 포기, 북만주 확보론을 전개한 의견서를 "흥미롭게"(с наслаждением) 읽었다, "이 계획이 채택된다면 매우 기쁘겠다"고 말했다. 이 역시 진지한 태도는 아니다. 외무장관으로서 이것이 채택될 리가 없다는 것은 충분히 알고 있었을 터이다.

그리고 쿠로파트킨은 일기에 이상한 내화를 기록하고 있다.

"람스도르프의 의견으로는 폐하께서 다름슈타트에 체류하실 즈음부터 극동 문제에 대해 이전과 같은 열의를 보이시지 않게 되었는데, 베조브라조프와 아바자 일파의 영향력은 여전히 존재하는 모양이다. 람스도르프는 이 상황 전체에서 플레베의 역할에 특히 불안을 느끼고 있다. 플레베로서는 일본과 전쟁하는 것이 아주 싫지는 않다고 생각할 근거가 있다. 플레베는 전쟁을 통해 대중의 주의를 정치적 문제에서 딴 데로 돌릴 수 있을 것으로 기대하고 있는 것이다. 람스도르프는 또, 전쟁으로까지 가지 않게 할 수 있다는 폐하의 의견에 자기는 불안을 느끼고 있다. 알렉세이 알렉산드로비치 대공도 같은 의견이다. 폐하께서는 람스도르프에게 말씀하셨다. 극동에서 우리나라가 강력하게 행동하는 것이 유리하다. 전쟁이 일어나지 않는 최선의 보증이 되기 때문이다. 그러나 람스도르프는 폐하께 지적했다. 전쟁과 평화의 문제가 폐하의 손을 떠나게 될지도 모르고, 우리는 전쟁에 끌려들어갈지도 모릅니다 하고. '그렇게 되면 베조브라조프는 교수형이다'라고 폐하께서는 말을 자르셨다. 람스도르프는 독일도 폐하를 전쟁으로 몰아넣고 있다고 보고 있다. 빌헬름은 언제나 '베조브라조프는 건재한가?'라고 물어오곤 한다. 왜냐하면 이 인물은 자기들이 신뢰하는 동맹자이기 때문이다."[255]

계속해서 쿠로파트킨이 플레베와 나눈 이야기가 적혀 있다. 플레베가 전쟁을 바라고 있었던 것처럼 생각하게 하는 기술이다. 이 모두 전쟁에 이른 것이 누구의 책임인가를 사후에 따지고 있는 것처럼 보이는 내용이다. 이러한 부분은 나중에 추가로 기록한 부분인지도 모른다.

12월 27일(14일) 황제는 아바자와 "중국에서 돌아온 보가크"를 만났다.[256] 이 중국 여행에서 보가크의 사명이 무엇이었는지는 분명하지 않지만, 이 직후인 1904년 1월 1일(03년 12월 19일)에 니콜라이가 동아시아 목재회사에 20만 루블의 자금을 준 것으로 미루어 보면,[257] 보가크는 이 회사의 사업을 구제, 정리하기 위해서 극동으로 갔던 것임을 알 수 있다.

12월 29일(16일) 오전 11시 드디어 차르스코예 셀로에서 극동문제 특별협의회가 열렸다. 황제 주재 하에 알렉세이 대공, 육군상, 외상, 그리고 아바자가 참석했다. 이 회의의 기록은 쿠로파트킨 일기를 통해서만 엿볼 수 있다.[258]

황제는 8년 전 청일전쟁 직후를 떠올리며, 그때는 러시아가 "원래의 상태로 돌려놔라" 하고 딱 잘라 말했고 일본은 그에 따랐다고 말했다. "지금에 와서는 일본이 점점 탐욕스러워졌다. 변함없는 야만국이다. 어떻게 하는 것이 좋을까. 전쟁의 위험을 무릅쓸까, 계속 양보할까." 쿠로파트킨은 황제의 연설이 "매우 침착하고 잘 생각된" 것이었다고 평가했다.

최초로 발언한 것은 외상이었다. 외상은 교섭권이 알렉세예프로부터 자신에게로 돌아왔기 때문에 의기충천해 있었다. 교섭을 중단해서는 안 되며, 최후통첩을 보내서는 안 된다. 교섭을 중단하는 것은 아직 이르다. 일본이 원하는 바를 넣고 협정문에 만주 조항을 넣어야 한다. 제2차 회담을 결정할 때 만주 조항을 제거한 것은 황제의 의견에 따른 것이었다. 그런데도 람스도르프는, 비록 부드럽게 표현했지만 집요하게, 우리가 만주에서 무엇을 바라는지 확정해야 한다고 주장했다.

황제는 이에 답하면서, 이번에는 협정문에 만주 조항을 넣어도 좋다고 말했다. "전쟁은 무조건 불가능하다. 시간이 러시아의 최선의 동맹자다. 해가 지날수록 우리는 강해질 것이다." 그러니까 지금은 양보해야 한다는 것이다.

알렉세이 대공은 교섭을 계속하자는 람스도르프의 의견에 찬성했다. "조금 양보하더라도 협정을 획득해야 한다. 만주문제에서 우리는 건초 위의 개 역할을 하고 있다. 자기는 먹지 않으면서 다른 사람에게 주고 싶지도 않은 것이다." 대공은 도움도 되지 않는 만주의 이권이 무슨 소용이냐고 말했던 것이다.

쿠로파트킨도 계속 교섭할 것을 주장했다. 조선문제에서는 39도선 부근에 중립지대를 두는 조항이 중요하므로 이를 위해 노력해야 한다. 만주 국경 양쪽으로 50베르스타를 중립지대로 한다는 일본의 안에 우리는 만족할 수 없다. 조선해협의 비요새화 조항도 중요하다. 나머지는 그 다음 문제다. 우리가 북만주를 병합하고 일본이 조선 남부를 병합하는 것으로 타결할 수 있다. 조선 북부와 남만주를 중립지대로 하면 좋다. 만일 일본이 전 조선을 점령하고 우리가 전 만주를 점령하면, 러·일 사이에 전쟁이 불가피해진다. 기껏해야 엄혹한 무장평화 상태가 될 것이다. 만일 우리가 약속대로 조약을 지켜서 남만주에서 철군했다면…… 현재의 심각한 대립은 없었을 것이다. 우리가 북만주에 지위를 구축하면 누구도 우리와 싸울 자는 없다.

쿠로파트킨은 베조브라조프파에게 책임이 있다고 떠넘겼다. "불행한 사업"(злополучное предприятие)이 모든 것의 원인이다. 남만주에서 철수하지 않고 압록강에서 적극적인 활동을 했다. 평황성에 부대를 두었다. 잉커우에 남아 펑톈을 두 번이나 점령했다. 이것 때문에 일본에서 스무타(смута, 동란)가 일어난 것이다. "이제 와서는 아무래도 우리가 전쟁을 막을 수 없을지도 모른다." 그러나 러시아의 존엄을 지켜나가면서도 전쟁을 회피하기 위해 모든 수단을 동원해야 한다. 만주문제에서 요구사항을 확정해야 한다. 북만주 때문에 전쟁하는 것은 의미가 있지만, 남만주와 조선 때문에 전쟁할 가치는 없다. 끝으로 쿠로파트킨은, 철도 수송의 면에서 일본과의 전쟁 준비가 되어 있지 않다, 하루에 세 편 운행하는 열차로는 적시에 30만 명의 군대를 모을 수가 없다, 그러므로 시간을 버는 것이 필요하다, 극동에서 전쟁이 일어나면 결국 어떻게 될지 예측하기 어렵다고 강조했다.

아바자는, 일본의 조선 점령 의욕은 굳건해서 "이 문제는 오늘 해결하지 않으면, 내일도 그리고 모레도, 일본이 스스로 간직한 원망(願望)을 실행에 옮길 때까지는 언제든지 발생할 것이다", 그러니까 교섭을 계속하면 이 문제가 사라질 것이라고 생각해서는 안 되며, 지금이 결론을 내려야 할 때라고 주장했다.[259] 만주에 관해서는 정책을 확실하게 해야 한다는 외상의 의견에 찬성하지만, 만주문제에 관해서는 의견을 말할 수 없기 때문에 조선문제로 한정하자는 것이 아바자의 주장이었다. 그러면서 이는 태수 알렉세예프의 12월 26일(13일)의 전보에 나타난 생각을 전제로 한다고 말했다.

일본의 요구는 일본이 조선을 보호국으로 하는 것을 러시아가 인정하라는 것이다. "일본이 조선을 보호국화하는 것 자체는, 그것이 일본이 요구하는 최종 목적지라면 러시아의 이익을 조금도 해치지 않는다. 그러나 이 요구는 수용할 수 없다. 첫째, 러시아가 일본의 행동을 승인하면 국제적으로 곤란하게 될지도 모르고, 둘째, 일본이 우리에게 또 다른 양보를 요구할 가능성이 있다는 것이다. 일본은 이렇게 생각할 것이다. '지금까지 러시아는 다루기 쉬웠다. 러시아는 전쟁을 바라지 않는다는 것을 줄곧 내비쳤다. 동양인에게는, 이것은 러시아가 전쟁을 두려워하고 있다, 따라서 러시아는 전쟁을 회피하기 위해서라면 어떤 양보라고 할 것이다, 라는 것을 의미한다. 따라서 우리 일본인은 무엇이든 요구할 수 있으며, 러시아는 양보할 것이다.' 바로 이러한 일본의 의사표명 때문에 러시아로서는 일본과의 교섭을 계속하는 것이 불가능해진다. 만주에서 우리의 이해관계는 너무나 중요하다."

러시아의 제안은 극히 양보적·평화적인 것이었는데도 일본은 그 것을 이해하지 못하고 있다, 그러므로 러시아 측에 프리핸드가 주어지게 될 것이라는 게 아바자의 주장이었다.

"러시아는 이야기를 이해할 수 있는 한계까지 가서, 이 이상 진행할 수 없다고 말하고 자유롭게 교섭을 중단할 수 있다…… 이렇게 하면 어떤 결과가 나올까? 일본과의 전쟁인가? 일본 정부는 러시아와의 전쟁이 극도로 심각한 싸움이 될 것이며, 그 최종적인 결과는 일본의 존재 자체도 위태롭게 할 것이라는 점을 의식하지 않을 수 없다. 실제로 러시아는 전쟁을 원하고 있지 않다고 나는 확신한다. 지금까지 일본은 러시아의 평화주의를 교묘히 이용해 점점 난폭한 요구를 내놓고 있는 것이다."

"우리의 마지막 제안문서로는, 우리는 이미 조선을 저들에게 사실상 줘버린 것이다. 그러나 저들은 보다 더 많은 것을 바라고 있다. 이 결과 러시아가 교섭을 중단하면, 일본은 돈도 없이 단독으로 겨울에 선전포고를 하든지, 아니면 얌전해져서 다른 톤으로 대화를 시작하든지, 아니면—이것이 가장 있을 법한 일인데—긴 교섭의 결과 타오른 국민의 열정을 만족시키기 위해서 러시아의 승인 없이 조선을 점령하든지 할 것이다. 이미 말한 것처럼 나는 일본이 조선을 보호국화하는 것은 러시아에게 해가 되지 않을 것이라 생각하고 있다…… 러시아의 승인 없는 일본의 보호국은 우리에게 유익하다."

일본의 재정이 무너지고 있고, "조선의 점령은 현지 주민의 적개심 때문에 어렵게 되어 값비싼 대가를 치르게 될 것이며, 결국 국가의 자금을 빨아들이는 영원한 거머리가 될 것이다", 아바자는 일본은 약화되고 태도를 바꾸게 될 것이라고 보았다. 조선 점령은 현행 조약의 위반이기 때문에, 일본의 행동은 '불법'시 되어 국제적 비난을 받게 될 것이다. 일본은 조선에서 이익을 누릴 수 없다. 일본에서 '장사치'(акиндо, 商人)라는 단어는 경멸적인 말이고, 대(大)상인이 아니면 부정적인 평가를 받는다. 그런데도 대륙으로 나와서 러시아와 세 방향에서 이웃하게 되면 러시아와 대립만 할 수는 없게 될 것이다.

결론적으로 아바자는, "태수의 의견이 전적으로 옳고, 교섭을 중단해야 한다"고 주장하고, "일본군이 조선에 상륙할 경우 러시아는 항의에 그친다"면서, "혹시 일본과 치를 전쟁의 극히 작은 위험성까지도 없애기 위해서는 즉각 극동의 병력을 폐하께서 결정하신 인원수까지 증강해야 한다", "동방의 평화를 지키는 데에는…… 힘의 행사가 아니라 힘의 프레젠스[presence, 존재감]가 필요한 것이다"라고 말했다.

쿠로파트킨이 자신의 일기에 아바자의 발언을 적으면서, "그는 러시아가 전쟁을 원하지 않고 일본이 전쟁을 두려워하고 있는 이상, 일본과의 전쟁은 없을 것이라고 굳게 믿고 있다"고 더 써넣은 것은,[260] 분명히 왜곡일 것이다.

마지막으로 쿠로파트킨은 또 다시 북만주 병합안을 주장했지만, 황제는 단호히 반대하고 주민에 대한 통치는 청국에 남겨두어야 한다고 말했다. 니콜라이는 아바자의 의견도 물리치고 교섭을 계속한다는 결정을 내렸다. 알렉세예프를 수도로 부르는 편이 안심할 수 있는 것일까 묻고, 교섭에는 만주문제를 포함하라고 덧붙였다. 결국 황제는 람스도르프의 생각에 따라 러시아의 제3차 서한을 정리하도록 했던 것이다.

12월 31일(18일) 알렉산드르 미하일로비치 대공이 황제를 만나러 왔다. "산드르[알렉산드르]는 나와 장시간 앉아 세바스토폴 방위에 관해서 보고도 했다"고 일기에 적혀 있다.[261] 대공의 회고에는, 유럽 여행에 나서기 전 황제와의 면담에서 러·일 관계에 관해서 의견을 교환했다고 되어 있다. 대공이 "여전히 어떻게든 전쟁을 피하려 할 작정인가"라고 묻자, 황제는 초조한 듯이 "선생에 관해서 말할 근거는 없다", "일본인들은 우리에게 선전포고하지 않을 것이다", "감히 그런 짓은 하지 않을 것이다", "일본과도, 어느 나라와도 전쟁은 있을 수 없다고 보증할게"라고 거듭거듭 말했다고 한다. 황후가 임신했다고 대공은 기록하고 있다.[262]

일본, 대러 작전계획을 결정하다

일본 육군참모본부는 1903년 12월 마침내 대러 작전계획을 완성했다.

"시국의 추이가 불행하게도 일·러 개전기에 이르게 되면, 우선 반드시 한국의 점령을 완수해 우리가 발 딛고 있는 땅을 견고히 하지 않으면 안 된다. 해군군령부의 판단에 의하면, 러시아 함대는 뤼순에 집합해 결전을 피하고 있어 해전의 결말을 보는 것은 긴 시일이 지난 뒤가 될 것이다. 그렇지만 해전의 결과를 헛되이 기다리며 시일을 지연하면, 저들은…… 북방에서 한국으로 진입해 뜻대로 침략할 것이고,

때문에 우리의 형세는 시간이 흐르면서 궁박해질 것이다. 그러므로 미리 여러 종류의 수단을 강구해, 해전의 결과에 기대지 말고 일부 육군 병력을 경성으로 파견해 한국 내에 선제(先制)의 형세를 영유하는 데 힘써야 할 것이다."

제1기 작전은 "압록강 이남의 작전"으로, 선견 징발부대와 임시 파견부대(보병 5개 대대)를 보내고, 이어서 후속 부대를 보내 "한국의 군사적 점령"을 완수한다, 그 뒤에 제2기 작전 "압록강 이북 만주의 작전"을 행한다고 되어 있다.[263] 육군이 한국을 점령함으로써 대러 개전에 나선다는 계획이었다. 그러나 이것은 해군의 움직임을 고려하지 않는 육군의 단독 행동으로 구상되었다.

해군도 준비하고 있었다. 한국에는 부대를 해상 수송해야 하므로, 해군은 개전 시 주요한 책임을 맡을 작정이었다. 12월 28일에는 제1함대와 제2함대로 전시편제의 연합함대가 편성되었다. 연합함대 사령관에는 도고 헤이하치로가 임명되었다.[264] 30일 육군참모본부와 해군군령부의 합동회의가 열렸다. 격론 끝에 "경성에 군대를 파견하는 일은 해군의 대작전이 가능하지 않기 때문에 취소한다"는 결정이 내려졌다.[265] 그리고 전쟁은 해군의 준비가 갖추어지면 시작하기로 했다. 즉 명령이 한 번 내려지면 제1, 제2함대가 뤼순에 있는 적 함대에게 결전을 기도한다, 사세보를 출발해 제3일에 뤼순에 도달한다, 제3함대 주력은 진해만에 결집한다, 육군 임시 파견대는 해군의 행동에 앞서서 파견될 수 없으며 아무리 빨라도 동시에 진행된다는 데 합의가 이루어졌다.[266]

또 이날의 각의에서 '대러 교섭 결렬 시 일본이 채택해야 할 대(對)청·한 방침'도 정식으로 결정되었다. 야마가타가 부활시키려 했던 2개 사단 한국 선견안(先遣案)이 배척되었기 때문에, 16일의 원로회의에 제출되었던 원안이 그대로 승인되었다. 한국에 관해서는 "실력으로 이를 우리 권세 하에 두지 않으면 아니 되"고, "공수동맹 또는 다른 보호조약을 체결"하는 것을 목표로 한다고 결정했다.[267]

해가 바뀌어 메이지 37년, 즉 1904년 1월 3일에도 합동협의가 진행되었는데, 해군의 계획은 여전히 확실하지 않았다. 육군은 임시 파견대를 준비할 것을 제12사단장에게 명령해 놓고 있었다. 1월 7일 각의에서 해군대신이 출병 준비는 1월 20일이 되어야 완료될 것이라고 보고하자, 참모본부는 "어쩔 수 없이 해군의 원조를 받지 않고 단독으로 한국으로 파견하기로 결의"했다.[268]

이즈음 해군 군령부는 대러 작전계획안을 책정했다. 해군은 러시아 해군이 블라디보스토크와 뤼순에 나뉘어 있어서, 유럽 방면의 증원 함대가 도착하지 않고 있을 때가 전쟁의 적기라고 판단하고 있었다. "제국이 확실하게 전쟁 종국의 목적을 달성할 수 있을지는 실로 개전 벽두에 우선적으로 기선을 제압하느냐 못하느냐에 따라 결정된다." 계획은 제1부터 제4까지 수립되었는데, 제1계획이 가장 중요했다. "내외에 대해서 우리 군대 행동의 비밀을 보장하기 위해서 가능한 한 모든 수단을 동원하고, 연합함대를 사세보에서 출발시켜 뤼순 방면의 적 함대를 급습하도록 한다." 다음으로 제3함대로 하여금 조선해협을 장악 차단해 블라디보스토크 방면의 적에 대해 해협을 경비하고 방위하게 한다…… 임시로 진해만에 근거지를 설치한다."[269] 뤼순의 러시아 해군을 기습 공격하면서 전쟁을 시작한다는 것이 해군의 계획이었다.

이 기습 공격이라는 것은 '선전포고 없이'라는 의미다. 연합함대 사령관 도고 헤이하치로는 개전 포고 후에 적 함대를 뤼순항 밖으로 유인해 격파한다는 작전을 기본으로 하고 있었는데, 12월 15일 해군 군령부장 이토 스케유키에게 보낸 사신(私信)에는 뤼순항 밖과 다롄에 있는 적의 함대를 "급습함으로써 개전 포고를 대신하는 것"이 "상책"이라고도 썼다.[270] 일본은 드디어 본격적인 개전의 움직임을 개시했던 것이다.

12월 29일 런던의 하야시 다다스 공사는 본국의 지시에 따라 영국 외상 란스다운에게 구상서를 직접(手交) 건넸다. 그 주지(主旨)는 일본의 제3차 회답은 "받아들일 수 있는 최소한의 것"이라는 것이었다. "만일 러시아 정부가 그들이 보낸 마지막 반대 제안의 재검토를 거부한다면, 일본 정부는 의심의 여지 없이 정력적인 방책에 호소할 작정이며, 우리[영국]의 지지를 얻을 수 있는가, 얻을 수 있다면 어느 방면에서인가를 알고 싶어 한다." 맥도널드는 영일동맹 상의 의무는 다할 것이라고 약속하면서도, "정력적인 방책"이란 무엇인가, 어떤 "지지"를 원하는가를 물었다. 하야시는 이 점에 관해서는 훈령을 받지 않았지만 원하는 것은 "호의적인 중립"을 지켜주는 것이라고 말했다. 일본 함대를 위해서 석탄을 공급해 줄 것, 통신의 전송을 위해서 식민지를 이용할 수 있게 해 줄 것, 돈을 빌려줄 것에 대해서도 언급했다. 란스다운은 그러한 일은 상당히 어렵다고 답했다. 일본 정부는 외교적인 지지 내지 중재를 원하는가 하고 묻자 하야시는, 우리는 "바야흐로 전쟁에 가까운 준비(warlike preparations)로 엄청나게 바쁘다고 대답했다."[271]

이 회담의 결과를 도쿄로 보고하자, 고무라는 12월 31일 하야시에게 회신했다. 란스다운의 말에 감사하고, 그 이상 "어떤 것도 청구하거나 기대하는 것 없다", "영국의 엄정 중립"도 손상하지 않을 것이라고 말한 뒤, 다음과 같이 결의를 표명했다.

"일·러의 항쟁은 이미 피할 수 없는 것이 되었음에랴. 제국이 육지와 바다 어느 면에서 보아도 충분한 세력과 준비를 갖추게 되었다는 것을 제국 정부는 확신하는 바이다."

전쟁비용의 면에서는 문제가 있기 때문에, 개전 전에 재정상의 원

조를 해주면 고맙겠다고 타전했다.[272]

한국에 대한 방침

일본 정부는 12월 30일의 각의에서, '대러 교섭 결렬 시 일본이 채택해야 할 대 청·한 방침'을 결정하고 "공수동맹 또는 다른 보호조약의 체결"을 목표로 한다고 했지만, 사실 이 점에 관해서는, 이미 9월 29일에 고무라가 하야시 곤스케 공사에게 그 가능성을 탐색하라는 훈령을 보내 놓고 있었다. 하야시는 10월 14일에, 이를 달성하기 위해 망명자 문제에서 한제가 만족할 만한 조치를 취한다, "거액의 차관"을 제공한다, 한국 조정의 실력자에게 "상당한 운동비"를 제공한다, 경성수비병을 두 배로 늘린다는 등의 방책이 필요하다고 건의했다. 고종 주변의 정부 실력자 이용익과 이근택이 중립주의의 지지자였기 때문에, 이들을 무너뜨리기가 어렵다고 보고 있었던 것이다. 공작은 전혀 진전되지 않았다. 그래서 고무라는 11월에는 "황제의 신임이 두텁고 이용익과도 친한 간사이(関西)의 재계인사" 오미와 조베에(大三輪長兵衛)가 한국 정부 고문으로 초빙된 것을 이용, 오미와에게 사명을 주어 서울로 들여보내는 것을 생각했다. 고종 등에게 '공수동맹' 또는 '보호조약'을 수용하도록 설득시킬 작정이었다.[273]

더욱이 11월에 발생한 사건을 이용할 수 있을 것으로 생각되었다. 민비 살해사건 시 한국 훈련대 대대장으로 일본에 협력했고, 그 후 일본으로 망명해 있던 우범선이 11월 25일 히로시마 현 구레(呉)에서 한국인 고영근 및 노윤명(魯允明)에 의해 살해되었다. 고영근은 9월에도 우범선 살해 기도로 경찰의 취조를 받았었다. 그는 살해 동기로 우범선이 "자기가 왕년에 왕비를 시해했다고 흘려 말하는 것을" 들었기 때문이라고 진술했다. 보호관찰 하에 석방되어 있던 동안 결국 우범선을 살해한 것이다. 취조 결과 암살은 한국 정부의 요인 이근택의 '사주'에 의한 것임이 밝혀졌다. 그와 동시에 11월 30일, 한국 황제의 사자 민영환 등이 하야시 공사를 방문해 사형을 면하게 해달라는 희망을 전달하는 일이 있었다.[274]

고무라는 법적인 문제에 개입하는 것은 무리라고 말했었는데, 12월 27일이 되어 고영근의 사형이 확정되자 "한국에 대해 호의를 표하기 위해서 특별사면을 진언하고, 한 등급 감형해 목숨을 건지게 할 생각이니, 그 뜻을 황제폐하께 은밀히 아뢰라"고 하야시 공사에게 전보를 보냈던 것이다.

더욱이 황제가 걱정하는 한국인 망명자 처분에 관해서도 같은 날, 망명자를 인도는 할 수는 없지만, 유형에 처하는 등 "자유를 제박(制縛)해야 하기" 때문에 그 명단을 받고 싶다는 전보도 보냈다. 이 전보에는 "시국이 점점 절박해지면서…… 한국 황제를 우리 편으로 끌어 안아 두는 것이 극히 필요하므로", "이 목적을 달성하기 위해 한층 더 수단을 다해 진력해야 할 것"이라고 쓰여 있었다. "상당한 금액을 증여하는" 것도 허용하겠다는 말도 덧붙였다.[275] 이 훈령을 받은 하야시 공사는 다음 날 노력하겠다고 약속했지만, "제국 정부가 공고한 결심을 사실로 확정하기 전에는 한국 조정이 일정하게 우리를 신뢰하게 하는 것이 매우 곤란한" 이상 "먼저 병력을 이용해 경성에서 우리의 위력을 수립하는 방침으로 나아가는 것"이 필요하다고 요망했다.[276]

하야시는 한일의정서가 될 내용의 초안을 이미 만들어 두고 있었다. 다음과 같은 간단한 것이었다.

1. 일·한 양국은 국가 간 관계의 장애에 대해 엄중히 조처하고, 정의(情誼)를 완전하게 소통할 것.

2. 동아시아 대국(大局)의 평화와 관련해 만일 변화가 발생할 경우에는, 일·한 양국이 성실한 정의를 서로 제휴하여 안녕질서를 영구히 유지할 것.

3. 미비한 세목은 외부대신과 일본대표자 사이에 그때그때의 사정에 따라 타협하여 정할 것.[277]

일본의 한국 점령을 전제로 하여 형태뿐인 간단한 협정을 생각했던 것이다. 일본이 한국을 지배할 때가 닥쳐오고 있었다.

이즈음 서울에 체재한 폴란드인 세로셰프스키가 남긴 관찰기록이 있다. 그는 러시아 제국의 정치범으로서 시베리아 유형에 처해졌던 인물이다. 황실 지리학회의 조사단에 참여해 일본에서 조선으로 와 있었다. 그는 왕궁에서 일하는 관리 한 사람과 친해졌고, 그의 속내를 들었다. 왕궁에서는 간혹 정전이 발생했다. 황제 정부가 미국 전력회사에 전기요금을 지불하지 않았기 때문이다. "돈이 없답니다. 최근 국고에 8만 달러가 들어왔는데, 벌써 한 푼도 남아있지 않습니다." "황제는 아주 좋은 사람이지만, 그의 생각이 곧 법이지요. 국가 전체, 국고, 우리까지도 폐하 개인의 재산이랍니다."[278]

"구제할 방법을 찾을 수 없어요…… 배우는 일, 학교를 여는 일, 학생을 외국에 파견하는 일들을 해야 하지만, 돈이 없어요. 돈이 없는 이유는 관리들이 도둑질을 하고 있기 때문입니다. 관리들이 도둑질을 하는 이유는 봉급이 아주 적기 때문인데, 그것도 국가에 돈이 없어서 그런 거지요…… 외국인을 어떻게 생각하느냐고요?…… 솔직히 말하지요. 그들은 우리를 약탈하는 것밖에는 생각하지 않아요."

"일본인은 어떻습니까?" 하고 세로셰프스키는 신중하게 물었다.

"일본인도 똑 같아"—그 조선인은 흥분하며 말했다. "놈들은 아주 나쁘지. 산 채로 우리 목을 조르고 있어. 은행을 열어서 돈을 빌려주고는 있지. 하지만 우리 모두가 곧 놈들의 노예가 될 거야. 알고 있소? 서울 땅의 3분의 1이 일본인들 것이 되었소. 저들이 저당을 잡고 있거나, 이중으로 저당 잡힌 것도 있다오."

세로셰프스키는 폴란드인이고 러시아 제국의 적이었기 때문에 일본에 호의적이었다. 그는 굳이 다시 물었다.

"그래도 일본인들만 당신네 나라에서 좋은 개혁을 실시하려고 진심으로 노력하고, 통치를 개선하고, 교육을 향상시키고, 노예제를 없애고, 경제를 튼튼하게 하려고 하고 있지 않은가?"

그러나 그 조선인은 다음과 같이 대답했다.

"그건 그렇소. 그러나 저들은 우리를 외견상으로만 만족시키고, 우리의 겉가죽만을 바꾸려 하는 거요. 우리의 내면은 파괴해 우리 껍데기만 남기고, 우리의 혼은 목 졸라 죽이려 하고 있는 거요."[279]

러일전쟁 전야 조선 지식인의 절망적인 외침이 여기에 기록되어 있는 것이 아닐까?

일본과 러시아의 상호 인식

이러한 상황에서 일본과 러시아는 각자 상대를 어느 만큼이나 인식하고 있었을까? 러시아에서는 1903년에 새로운 일본론이 세 권 정도 출간 되었다. 그 가운데 한 권은 주목할 가치가 있다. 저자인 데-볼란은 표트르 시대에 러시아로 온 네덜란드인 해군장교의 후예이며, 일본에서 외교관으로 오랜 기간 근무했다. 처음에는 1887년부터 1892년까지 하코다테 영사, 그리고 1895년부터 1896년까지는 도쿄의 공사관에서 일등서기관으로 재직했다. 503페이지에 달하는 이 책 『해 뜨는 나라에서』는 대부분 일본여행기다. 처음 100페이지 정도 역사적 개관이고, 마지막 150페이지는 문화, 국가 제도, 경제 및 재정에 할당되어 있다. 결론 부분에는 다음과 같은 평가가 서술되어 있다.

"일본에서 수행된 거대한 변혁과 비교적 단기간에 달성된 성공은, 많은 사람에게 경이적인 것으로 보인다. 그들은 말한다. 30년 전에는 전 세계로부터 격리되어 있던 아시아의 한 국민이 돌연 봉건체제에서 유럽적인 제도를 갖춘 입헌국가로 개조되었다고. 그러한 놀라움을 표하는 사람들은, 우리 앞에 있는 것이 오랜 천 년의 문화를 지닌 국민이라는 사실을 완전히 잊고 있는 것이다. 그 문화는 독특하며, 더욱이 외견적인 측면에서 유럽 문명의 원칙을 쉽게 받아들일 수 있는 것이다. 내가 '외견적인 측면에서'라고 한 것은, 일본인이 현재 차용한 것이 표면적인 것에 그치고 있다는 뜻이 아니라, 차용한 것이 유럽주의와는 대립물인 일본 국민의 정신적 본질 그 자체에 저촉되는 것은 아니라는 의미다."

데-볼란은 일본의 특징을 '몰(沒)개인성'이라 보았다. 일본 지도자들은 유럽인에 저항하는 것은 무리라고 깨닫고, "자기의 독립과 독자성을 지키기 위해서, 유럽문명의 강점 전부를 가능한 한 짧은 시간 내에 획득하는" 것을 지향했다. 자기들 나라가 탐욕스런 유럽인의 먹잇감이 되지 않도록 했던 것이다. "행동하지 않으면 안 된다고 결심하자, 그들은 마음을 합쳐 일에 달려들었다."[280]

이 저자는 일본인들이 유럽문화에 따라 "자기들의 독자성을 보다 더 잘, 보다 합목적적으로 지키고 있다"고 보았다. "모든 사내아이들이 국가에 대한 자기의 첫 번째 의무는 나라가 강해지고, 부유해지도록 마음을 쏟는 일이라고 간주하고 있다." 병사들은 천황을 위한 자기희생의 정신을 갖추고 있으며, 피로 물든 군기를 보고 사람은 죽어도 명예는 남을 것이라 생각하고 있다. "이것은 새로운 모습의 사무라이 기질이다. 전사로서의 용감함, 죽음을 대수롭지 않게 생각하고 책임을 다하기 위해서 스스로를 희생할 각오인 것이다." 데-볼란은 이것이 어디로 향할 것인가가 문제라고 묻는다. "일본의 공명심은 아시아의 횃불이 되어 자신들의 영향력을 전 극동으로 넓히는 데 있다." "일본인의 낙관주의는 성공적이라는 인상 덕분에 강해졌다. 분명히, 최근까지 일본인들은 운이 좋았던 것이다."[281] 이제부터는 어떻게 될 것인가를 묻는 곳에서 데-볼란은 펜을 내려놓았다. 그의 일본 분석은 상당한 수준이라고 할 수 있다.

『노보에 브레미야』지의 사주 겸 주필 수보린은 이해 말에 자신의 유명 칼럼을 통해 네 차례 러·일의 대립에 관해 다루었다. 12월 1일 (11월 18일)에는 다음과 같이 썼다.

"러시아의 패배가 곧 러시아의 종말은 아니다. 그러나 그것은 러시아 쇠망의 시작이며, 위대한 불패 국민의 국가로서의 정신, 그 자기의식에 대한 타격이다. 우리에게 만주가 필요한지에 관계없이, 우리가 만주에 수억을 쏟아부어 철도를 건설한 이상, 이것을 거저 넘겨줄 수는 없다. 나는 청일전쟁 당시 우리에게 만주는 필요 없다고 말한 사람 가운데 한 명이다. 그렇지만 대국의 비극은 스스로의 위신에 상처를 주지 않고서는 후퇴할 수 없다는 데에 있다."

"러시아의 저널리즘은 전쟁을 외치지도 않고, 전쟁을 바라지도 않는다. 러시아의 저널리즘은 여론을 대변하고 있다. 러시아의 저널리즘은 보불전쟁 전에 독일의 저널리즘이 그랬던 것처럼 행동하고 있다. [당시] 프랑스인들은 '베를린으로!'라고 외쳤지만 [독일 저널리즘은] '파리로!'라고 외치지는 않았다. 러시아 전체가 조용히 러·일의 이 분쟁을 지켜보고 있을 뿐, 전쟁을 믿지도 않고 전쟁을 바라지도 않고 있다. 그러나 일본이 전쟁을 시작한다면, 러시아는 도전에 응해 우리의 영광스런 조상들이 싸웠던 것과 똑같이 싸울 것이다."[282]

종합잡지 『러시아의 부』의 국제문제평론가 유자코프는 11월호의 정치칼럼에서 극동문제를 거론했다. "일본과 러시아 사이의 전쟁이 예상된다. 위기는 첨예화하고 있다." 유자코프는 러 · 일의 군사력 비교를 시도했다. 러시아가 극동으로 보낼 수 있는 병력은 현재로서는 18만 명이고 가령 늘린다고 해도 32만 명이다. 일본이 40만 명이니까 "육군의 힘에서조차 러시아의 적이 분명 우세하다." 게다가 결정적인 해군력에서도, 일본의 해군력은 태평양함대를 상회한다. 러시아의 전함은 7척이고 총톤수는 7만 700톤, 일본의 전함도 7척이지만 총톤수가 9만 2,400톤이고, 순양함에서는 일본이 훨씬 우세하다. "물론 전쟁이 장기화하고 유럽 문제에 어려움이 없다면, 러시아는 일본을 제압할 것이다. 그러나 현재는 일본이 승리의 커다란 찬스를 쥐고 있다." 아무튼 전쟁은 러시아에게나 일본에게나 "사활적인 이익이 위기에 직면했을 경우에만 정당화할 수 있다"는 것이다. 사활적 이익이란 식민 공간, 바다로의 출구, 트랜스-아시아 철도의 확보 등 세 가지일 것이다. 유자코프는, 조선은 러시아의 식민 대상이 될 수 없으며, 다롄은 블라디보스토크만 못하다, 북만주는 러시아에 이해관계가 있는 땅이다, 라고 하면서 다음과 같이 주장했다. "『러시아통신』이나『유럽통신』이나 거의 같은 결론에 도달한다. 분명히 모든 길은 로마로 통한다. 그 로마란 북만주를 확보하고 남만주를 넘겨주며, 조선에는 손을 대지 않는다는 것이다. 북만주에는 일본의 이해관계도 미 · 영의 이해관계도 없다. 특히 청국의 이해관계도 적다. 그리고 시베리아철도의 안전은 세계적인 이해관계 특히 일본과 영국의 이해관계이기도 하다."[283]

이 결론은 쿠로파트킨의 제안과 일치한다.

이에 대해서 수보린이 반론을 제기했다.

"나는 모름지기 서툰 외교가이자 정치가다. 그러나 그렇기 때문에 나는 주저하지 않고, 이성적 계산이 러시아인의 강고한 감정과 국민의 위대한 존엄에 기반을 두지 않으면 어떤 사업도 영속적인 것으로 만들 수 없을 것이라 확신한다. 시저는 말했다. '왔노라, 보았노라, 이 겼노라'라고. 우리는 그렇게는 말하지 않는다. 오히려 엄청난 신중함이 우리를 사로잡고 있다. 그러나 그렇게 신중한 우리도 같은 러시아인들이 '와서, 냄새 맡고, 떠났다'는 격언에 따르라고 권하는 그런 문장을 읽고 싶지는 않다."[284]

쿠로파트킨의 제안은 현실성이 없다는 것이다.

당시 러시아에는 일본에 관한 책이 적었지만, 일본에는 러시아에 관한 책이 그보다 더 적었다. 그 가운데 1903년 12월에 나온 하야마 만지로(葉山万次郎)의 『러시아』(露西亜)는 예외적인 책이었다. 출판사 후잔보(冨山房)의 '세계대관' 시리즈 제1권으로 출간되었다. "바야흐로 세상 사람들은 모두 만주문제에 열중해 일·러 개전을 부르짖고 있지만, 러시아 본국의 사정에 관해서 꿰뚫고 있는 자는 극히 드물다."

하야마는 프랑스인 르루아-볼리유의 저서를 본 따서 러시아를 '모순'이라는 카테고리로 이해하려고 했다. '토지의 단조로움과 계절의 변화' '인종의 복잡성과 국민의 통일' '정치의 전제와 종교의 공화(共和)' '인민의 복종과 허무당' '실험주의와 신비주의'라는 다섯 가지를 들어, 모순덩어리로서의 러시아를 관찰했다. 그리고 말한다. "나는 이 책을 기초(起草)하면서 정치적 논의를 피하려 노력했고, 굳이 대러 대책을 강구하려 애쓰지 않았다. 왜냐하면 이런 일은 나의 본분이 아니기 때문이다. 더욱이 나 말고 이 분야의 전문가들이 꽤 많은데, 시류에 영합하려고 하다가는 황새를 좇는 뱁새 꼴이 될 것이다. 나는 감히 호언장담하지 않는다. 단지 러시아의 진상을 우리나라 사람들에게 전하기 위해 가장 차분하게 붓을 놀린다고 거리낌 없이 공언하는 바이다."[285]

그리고 책 마지막 부분에 시베리아철도를 설명한 마지막 부분에도 다음과 같이 쓰고 있다. "이 철도의 장래 목적을 설명하려다 보면 아마도 자연스럽게 군사적·정치적으로 긴급한 문제를 언급하지 않으면 안 될 것이다. 그렇지만 본서의 목적은 시사문제의 해결을 시도하고 여론에 호소하려는 데 있지 않고, 러시아의 사정을 가급적 공평하게 전달하는 데 있다."[286]

러시아와의 전쟁을 촉구하는 여론의 광풍 속에서도 굳이 이와 같은 러시아론을 출간한 하야마의 참뜻은, 냉정한 러시아관 그리고 러시아와의 전쟁을 회피하기 위한 바람에서 비롯하는 것이 틀림없다. 그러나 이것은 정말로 고독한 목소리였다.

주재 무관의 경고 전보

일본주재 러시아 무관들은 새해에 들어서 점점 더 사태를 우려하고 있었다. 일본 국내의 개전론은 높아지고만 있었다. 1904년 1월 2일 (1903년 12월 20일)에 해군 주재 무관 루신은 다음과 같이 보고했다. 가쓰라 내각은 12월 11일에 중의원을 해산했는데, 그 결과 발생하는 재정적 곤란을 교묘한 수법으로 돌파했다. 가쓰라는 전쟁 준비를 위한 지출을 가능케 하는 천황의 칙령을 바랐다. 이제 정부는 "무제한적 군사지출에 대응할 수 있을 정도의 지출을 행할 권한을 얻었다." 루신은 『저팬 타임스』 12월 30일자 기사를 인용하고 있다.[287]

이 보고가 2월 초에는 페테르부르크에 도착했을 것이다. 이것이 개전 전에 로제스트벤스키가 읽은 루신의 마지막 보고서였다. 그 다음에는 모조리 전보였다. 1월 5일(12월 23일) 루신은 뤼순으로 타전했다. "현재 일본의 여러 사단이 행하고 있는 준비를 고려하면, 며칠 내로 조선에 3개 혼성여단이 파병될 것으로 보인다."[288]

　그 전날에는 육군 주재 무관 사모일로프도 가장 가까운 시기에 조선으로 2개 내지 3개 여단이 파병될 것이라고 뤼순으로 타전한 바 있었다. 임시 파견대를 한국으로 보내려고 일본 육군이 기를 쓰고 있다는 사실을 파악하고 있었음을 알 수 있다. 그러나 해군의 움직임은 전혀 파악하지 못하고 있었다.

러시아의 제3차 서한

　12월 29일(16일)의 협의회 후에도 명확한 방침은 정해지지 않았다. 황제는 알렉세예프의 생각에도 로젠의 생각에도 반대했는데, 아무튼 교섭을 계속해야 한다는 생각에 매달려 있었다. 황제는 외상과 의논해 그로 하여금 로젠에게 회답을 보내려고 했다. 12월 31일(18일)에 람스도르프는 알렉세예프에게 보낼 전보의 초안을 작성했다. 황제는 자신의 생각을 알렉세예프로 하여금 로젠에게 전하도록 할 작정이었다. 사실 이것은 알렉세예프와 로젠 이 두 사람의 의견에 대한 반론이었다. 일본과의 교섭은 그 성격상 "최후통첩의 교환이 아니다." 쌍방이 유익한 조약안 검토를 계속하는 것은 당연한 일이다. "현재의 정치적 상황 속에서 도쿄 내각과의 교섭을 돌연 그리고 최종적으로 중단하면, 일본과의 관계를 완전히 첨예화하고, 일본군의 조선 점령을 초래하며, 이제까지 일본의 행동의 자유를 제약해온 우리와의 현행 조약 폐지에 이르게 될 것이다. 그러한 상태는 세계적으로 특히 극동에서 러시아가 지닌 영향력에 중대한 타격이 된다. 그렇게 되면 일본의 행동양식에 대한 우리의 항의도 이전의 의미를 상실하고 만다. 왜냐하면 일본은 자신들의 결정이 러시아가 만주 점령을 무기한 연장했기 때문에 자기들로서는 어쩔 수 없이 해야만 하는 항의조치라고 서둘러 설명할 것이기 때문이다." 일본이 조선을 점령해도 조선의 독립이라든가 해협의 자유항행권이라든가, 아무튼 조약으로 일정한 테두리를 씌우는 것은 유의미하다. 이런 면에서는 교섭을 계속할 수 있다.[289]

이렇게 썼지만, 이 전보는 타전되지 않았다. 황제와 외상 사이에 로젠 공사에 관해서 약간의 논의가 있었던 모양이다. 1월 2일(12월 20일) 람스도르프는 러시아의 새로운 제안에 담을 만한 것을 덧붙여 이 전보를 완성했다.

1. 조선 땅을 군사전략적으로 이용하지 않는다, 군사 요새 공사를 조선 연안에 실시하지 않는다고 정한 당초의 안 제5조를 유지한다.
2. 중립지대에 관한 제6조를 유지한다.
3. 이들이 받아들여질 수 있다면 만주문제에 관해서 다음의 조항을 삽입할 용의가 있다. "만주 및 그 연안은 완전히 일본의 이익범위 밖이라는 점을 일본이 승인할 것. 동시에 러시아는 만주의 구역 내에서 일본 또는 다른 열강이 그들의 청국과의 현행 조약 하에서 획득한 권리와 특권(단 거류지 설정을 제외한다)을 향유하는 것을 방해하지 않는다."[290]

람스도르프는 이 전보안과 함께 편지를 황제에게 보냈다. 편지의 내용은 이렇다. 즉 알렉세예프에게 보낼 전보에 기술된 생각은 알렉세예프까지만 보고 로젠에게는 전달하지 않아도 좋고, 러시아의 새로운 안에서 골자 부분만 전달하라는 황제폐하의 지시가 있었지만, 그래도 역시 로젠의 생각을 명확하게 비판해야 한다고 생각한다. "전반적 정치정세에 대한 공사의 견해가 근본적으로 잘못되어 있다는 점을 그에게 알려줄 필요가 있다는 게 저의 생각입니다. 그런 잘못된 견해가, 그가 이만큼 노력을 했는데도 전적으로 부정적인 결과밖에 얻지 못함으로써 도쿄 교섭이 실패로 돌아간 데 대한 부분적 원인이 되기도 했기 때문입니다. 그는 어떤 일이 있어도 만주를 러시아에 병합하는 것이 필요하다는 순전히 이론적인 고려에 사로잡혀서, 이 목적의 달성을 위해서는 조선을 일본의 손에 완전히 넘겨주는 것이 바람직하다고 분명 생각하고 있습니다. 그가 선택한 대 일본 접근방법은 도쿄 정부와의 모든 교섭이 단절될 뿐이라는 것을 고려하지 않고 있습니다. 그런 방식은 결국 극동정세를 첨예화시키고, ……모름지기 군사충돌을 방지할 수 없게 할 것입니다."

로젠이 만주의 병합을 바라고 있다는 것은 거의 감정적인 중상(中傷)이다. 외상은 흥분하고 있었다. "폐하, 지금은 극도로 불안한 시기입니다. 폐하께서 외상을 이 책임 있는 자리에 머물러 있으라고 하신 이상, 외상은 목하 소관하고 있는 극동정세에 관해서 제 자신의 견해를 감출 수는 없는 것입니다."[291]

이 편지를 받은 니콜라이 2세는, 내 의견은 변함이 없다, 즉 로젠을 비판해도 어쩔 수 없다, "교섭을 계속하는 것은 러시아의 평화지향 그리고 미친 일본과도 어떻게든 협정에 도달하고자 한다는 러시아의 원망(願望)을 명확하게 알려줄 것이다"라고 회답했다.[292]

람스도르프는 1월 4일(12월 22일)에는 로젠의 하루 전 전보에 반응해 다시금 황제에게 편지를 보냈다. 외상은 극동정세에 대한 로젠의 "올바르지 않은 평가"를 지적하는 데 열을 올렸다. 즉, 만주문제에 관한 우리의 태도가 명확하지 않기 때문에 일본이나 다른 열강의 "우려와 불만"이 야기되고 있는 것이다, 일본은 은근히 열강에 고무되어 조선을 점령하고 난 다음에 만주문제에서의 불만을 이유로 러시아를 일본과의 전쟁으로 끌고 가려는 조치를 취할 위험이 있다고 지적했

다.[293]

그리고 외상은 황제의 지시대로 알렉세예프에게 전보를 쳤다. 긴장해 있는 알렉세예프 앞으로 이 전보가 도착했다. 알렉세예프의 의견은 채택할 수 없는 것이었고, 로젠의 의견도 배척되었다. 전보는 교섭을 계속할 것을 지시했고, 로젠에게 전해야 할 회답안의 내용을 담고 있었다.[294]

그리고 또 알렉세예프는 1월 3일(12월 21일)자 아바자의 전보를 받았다. 황제 폐하께서는 알렉세예프의 페테르부르크 귀경을 연기할 필요는 없다고 타전하라고 말씀하셨다. "이곳에 귀하가 체재하는 것이 극동관리법 심의를 위해서도, 동방 전체에서 금후 러시아의 행동 양식을 확정하기 위해서도 매우 바람직하다."[295]

알렉세예프는 페테르부르크는 도대체 무슨 생각을 하고 있는 것인가 하고 생각했음에 틀림없다. 다음 날 즉각 회신 전보를 쳤다. 일본에 대한 회답을 건네라는 폐하의 명령을 외상에게서 전해 받았다. "정치 정세는 극도로 긴장되어 있고, 일본이 조선에 부대를 상륙시킬 준비를 완전하게 하고 있음을 고려하면 지금 이 순간 출발하는 것은 불가능하다고 생각한다."[296]

당연한 반응이었다. 알렉세예프를 극동에서 소환한다는 황제의 판단은 자의적이라고밖에 달리 말할 수 없다. 아바자는 1월 4일(12월 22일) 또 다시 황제의 명령이라고 하면서, 극동위원회가 활동을 개시할 것이기 때문에 이제부터 태수는 폐하 내지 극동위원회 사무국장인 자기에게 직접 연락하고, 거기를 통해서 각 성과 교섭을 하게 될 것이라고 외상에게 통고했다.[297] 알렉세예프에게는 이러한 취지의 명령이 내려지지 않은 모양이어서, 아마도 외상의 기세를 견제하려는 정도의 의미밖에는 없었을 것이다.

1월 6일(12월 224일) 알렉세예프는 외상이 보내온 회답안을 그대로 도쿄로 보냈다.[298] 로젠 공사는 그날 중으로 러시아의 제3차 제안을 고무라 외상에게 전했다.

그 내용은 다음과 같았다.

제1조 한제국의 독립 및 영토보전을 존중한다는 것을 상호 약속할 것.

제2조 러시아는 한국에서 일본의 우월한 이익을 승인하고, 더불어 한제국의 행정을 개량할 조언과 원조를 제공하는 것이 일본의 권리임을 승인할 것.

제3조 러시아는 한국에서 일본의 공업적·상업적 활동에 반대하지 않는다는 것, 그리고 이들 권익을 보호하기 위한 조치를 취하는 것에 반대하지 않는다는 것을 약속할 것.

제4조 러시아는 앞 조항에 삽입된 목적 또는 국제분쟁을 일으킬 만한 반란 또는 소요를 진압할 목적으로 한국에 군대를 파견하는 것이 일본의 권리임을 승인할 것.

제5조 한국 영토의 일부라도 군사전략상의 목적으로 사용하지 않는다는 것, 그리고 조선해협의 자유항행을 박해할 수 있는 군사 요새 공사를 한국 연안에 실시하지 않는다는 것을 상호 약속할 것.

제6조 한국 영토에서 북위 39도선 이북에 있는 부분은 중립지대로 간주하고, 양 체약국 어느 쪽도 여기에 군대를 투입하지 않는다는 것을 상호 약속할 것.

제7조 금후 한국의 철도 및 동청철도가 압록강까지 연장되기에 이르면, 해당 양 철도의 연결을 저해하지 않는다는 것을 상호 약속할 것.

제8조 본 협약은 한국에 관해 종전에 일·러 양국 사이에 체결된 모든 협정을 대체할 것.

상기의 조건에 동의함에 있어서 러시아 정부는 하기(下記)의 취지 1개 조를 본안 협약 안에 삽입할 것을 승낙해야 한다. 즉, 일본은 만주 및 그 연안은 완전히 일본의 이익범위 밖임을 승인할 것, 동시에 러시아는 만주의 구역 내에 일본 또는 타국이 청국과 맺은 현행 조약 하에서 획득한 권리와 특권(단 거류지 설정을 제외한다)을 향유하는 것을 저해하지 않을 것.[299]

주 註

제7장 러일교섭

1 Rozen to Alekseev, 17 June 1903, RGAVMF, F. 32, Op. 1, D. 156, L. 7.

2 Lamsdorf to Rozen, 16 June 1903, Ibid., F. 32, Op. 1, D. 484, L. 2-2ob. Lukoianov, Poslednie russko-iaponskie peregovory, p. 17은 이 전보를 람스도르프의 5월 제안과 연결시키고 있는데, 이는 옳지 않다.

3 Alekseev to Rozen, 17 June 1903, Ibid., F. 32, Op. 1, D. 156, L. 7. Lukoianov, op. cit., p. 17.

4 Alekseev to Lamsdorf, 5 July 1903, GARF, F. 568, Op. 1, D. 179, L. 60-61.

5 Alekseev to Nikolai II, 6 July 1903, RGAVMF, F. 32, Op. 1, D. 134, L. 13. Lukoianov, op. cit, p. 17. 루코야노프는 로젠이 반대했다고 서술하고 있는데, 이는 옳지 않다.

6 루코야노프는 이 경과에 관해서는 분석하지 않았다.

7 小村から栗野へ, 1903年 7月 28日, 栗野から小村へ, 7月 31日, 小村から栗野へ, 8月 3日, 栗野から小村へ, 8月 5日, 小村から栗野へ, 8月 6日, 『日本外交文書』第36卷 第1冊, pp. 8-9, 10-11, 11-13, 13, 14.

8 Rusin to Rozhestvenskii, 17 July 1903, RGAVMF, F. 417, Op. 1, D. 2486, L. 153.

9 Rusin to Virenius, 17 July 1903, Ibid., L. 155-155ob. コンスタンチン・サルキソフ(鈴木康雄訳)『もうひとつの日露戦争』朝日新聞出版, 2009年, pp. 51-52에 이 전보가 인용되어 있는데, 전보의 뉘앙스가 제대로 전달되어 있지 않다.

10 『日本外交文書』第36卷 第1冊, p. 12.

11 알렉세예프의 외교 보고에 있는 이해를 참고했다. Alekseev, Vsepoddanneishii

otchet po diplomaticheskoi chasti 1903-1904 gg., GARF, F. 543, Op. 1, D. 186, L. 8ob.

12 小村から林へ, 1903年7月24日, 『日本外交文書』第36巻 第1冊, p. 623.

13 Bezobrazov to Alekseev, 26 August 1903, RGAVMF, F. 32, Op. 1, D. 123, L. 48.

14 Zhurnal sostoiashchegosia po Vysochaishemu poveleniiu soveshchaniia, 1 August 1903, RGVIA, F. 165, Op. 1, D. 915, L. 6ob-18ob.

15 Lukoianov, op. cit., p. 14.

16 Bezobrazov to Alekseev, 26 August 1903, RGAVMF, F. 32, Op. 1, D. 123, L. 48ob.-49ob.

17 이하의 경과는, Simanskii, op. cit., Vol. III, pp. 140-142.

18 Alekseev to Nikolai II, 23 August 1903, RGAVMF, F. 32, Op. 1, D. 123, L. 46-46ob. 알렉세예프는 쿠로파트킨이 수도로 돌아가자 곧바로 태도를 바꾸었다면서 그에 대해서 강한 비판의 감정을 품고 있었다. Vogak to Bezobrazov, 22 October 1903, RGIA, F. 1282, Op. 1, D. 761, L. 155ob.

19 Kuropatkin, Prolog man'chzhurskoi tragedii, RIaV, p. 34.

20 Dnevnik A.N. Kuropatkina, pp. 55-59.

21 Nikolai II's Diary, 5, 9 August 1903, GARF, F. 601, Op. 1, D. 246, pp. 60, 65.

22 Dnevnik A.N. Kuropatkina, p. 69.

23 Malozemoff, op. cit., p. 222. David MacLaren McDonald, United Government and Foreign Policy in Russia 1900-1914, Harvard University Press, 1992, pp. 68, 74. Nish, op. cit., p. 175. Schimmelpenninck, op. cit., p. 189. Lukoianov, op. cit., p. 15.

24 Nikolai II's Diary, 11 and 15 August 1903, GARF, F. 601, Op. 1, D. 246, pp. 71-72.

25 Dnevnik A.N. Kuropatkina, pp. 72-73.

26 Bezobrazov to Nikolai II, 4 August 1903, RIaV, p. 159.

27 Dnevnik A.N. Kuropatkina, pp. 77-78.

28 Ibid., pp. 79-80.

29 Nikolai II's Diary, 25 August-12 September 1903, Ibid., pp. 82-100.

30 Dnevnik A.N. Kuropatkina, p. 92.

31 Uchida to Komura, 8 and 9 September 1903, 『日本外交文書』第36巻 第1冊, pp. 354-356. Satow to Lansdowne, 9 September 1903, Correspondence respecting the Russian Occupation of Manchuria and Newchwang, London, 1904, pp. 86-87.

32 Komura to Uchida, 9 September 1903, 『日本外交文書』第36巻 第1冊, pp. 366-367.

33 DKPIa, No. 6, pp. 19-20.

34 Simanskii, op. cit., Vol. III, p. 145.

35 栗野から小村へ, 1903年 8月 24日, 『日本外交文書』第36巻 第1册, pp. 15-16.

36 小村から栗野へ, 1903年 8月 26, 29日, 9月 2日, 위의 책, pp. 16-20.

37 小村から栗野へ, 1903年 9月 7日, 위의 책, p. 21.

38 Lamsdorf to Alekseev, 31 July 1903, RGAVMF, F. 32, Op. 1, D. 484, L. 3-4.

39 Ibid., 13 August 1903, Ibid., L. 5.

40 Lamsdorf to Alekseev and Rozen, 15 August 1903, Ibid., L. 6. 루코야노프는 이 전보를 빠뜨리는 바람에 1901년의 안이 화제가 되었다는 사실을 모르고 있다.

41 Rozen to Lamsdorf, 21 August 1903, RGAVMF, F. 32, Op. 1, D. 485, L. 136-136ob.

42 Lamsdorf to Rozen, 24 August 1903, Ibid., L. 7ob.-8.

43 이 문서는 황제에게 제출된 문서파일에 있다. Bezobrazov to Nikolai II, 16 August 1903, GARF, F. 543, Op. 1, D. 183, L. 8-9. 그리고 RIaV, No. 5, pp. 17-18. 루코야노프는 이 베조브라조프의 안을 언급하지 않고 있다.

44 시만스키는 1925년의 회고록에서, 이 베조브라조프의 안은 "일본이 전적으로 받아들일 수 있는 것이어서" 그 후의 졸렬한 교섭이 필요하지 않았다면서, 전쟁도 일어나지 않을 수 있도록 되어 있는 것이었다고 기술하고 있는데, 옳지 않다. Simanskii, Dnevnik generala Kuropatkina, Na chuzhoi storone, XI, Praha, 1925, p. 72.

45 Ministerstvo inostrannykh del, Zapiska po povodu izdannogo Osovym Komitetom Dal'nego Vostoka Sbornika dokumentov po peregovoram s Iaponiei 1903-1904 gg., Sankt-Peterburg, 1905, p. 7.

46 Alekseev to Rozen, 30 and 31 August 1903, RGAVMF, F. 32, Op. 1, D. 156, L. 9-10. Lukoianov, op. cit., pp. 18-19. 루코야노프는 안을 만든 두 사람의 교섭과 이 전보를 별개의 것으로 보고 있어서, 올바르게 이해하지 못하고 있다.

47 Rozen to Alekseev, 28 August 1903, RGAVMF, F. 32, Op. 1, D. 485, L. 148.

48 Ibid., 3 September 1903, Ibid., L. 152.

49 Ibid., 2 September 1903, Ibid., L. 151-151ob.

50 Alekseev's draft, 1903, RGAVMF, F. 32, Op. 1. D. 134, L. 11.

51 Simanskii, op. cit., Vol. III, p. 158. Alekseev to Rozen, 2/15 September 1903.

52 E. I. Alekseev, Vsepoddanneishii otchet po diplomaticheskoi chasti 1903-1904 gg., GARF, F. 543, Op. 1, D. 186, L. 9.

53 Rozen to Alekseev, 4, 6 and 7 September 1903, RGAVMF, F. 32, Op. 1, D. 485, L. 154, 156, 158.

54 Rozen, op. cit., Vol. 1, p. 227.

55 Alekseev, Vsepoddanneishii otchet po diplomaticheskoi chasti, L. 9ob-10. 시 만스키는 거의 모든 조항과 전체적인 틀이 로젠의 것이었다고 주장하고 있는 데, 이는 옳지 않다. Simanskii, op. cit., Vol. III, p. 158. 이와는 반대로 루코야노 프는 이러한 로젠과 알렉세예프의 상호 의견교환에 관한 사료를 보지 못한 채, 알렉세예프가 지나치게 비타협적이었다고 쓰고 있는데, 이 역시 합당하지 않 다. Lukoianov, op. cit., p. 19.

56 이날의 날짜로 된 안(案)의 초안이 있다. RGIA, F. 560, Op. 28, D. 213, L. 239-240ob.

57 Bezobrazov to Alekseev, 9 September 1903, RGAVMF, F. 417, Op. 1, D. 2865, L. 6-7.

58 Bezobrazov to Alekseev, 10 September 1903, Ibid., L. 31.

59 Vogak, Po voprosu o privlechenii amerikanskikh kapitalov k russkim predpriiatiiam na Dal'nem Vostoke, 27 August 1903, RGIA, F. 560, Op. 28, D. 213, L. 229-234.

60 이 서한은 한국의 학자 그룹이 러시아 외무성문서관에서 입수하여, 1995년 4 월 26일 한국 국내 신문에 발표되었다. 이태진『고종시대의 재조명』, 태학사, 2000년. pp. 129-130, 411. 서한의 전문과 한글번역본은 이태진 씨의 호의로 입 수할 수 있었다.

61 이 훈령은 하야시 공사가 영국 공사로부터 입수하여 본국에 보고했다. Yi Do Chai's instructions, 18 August 1903, 『日本外交文書』第36卷 第1冊, pp. 721-722.

62 林から小村へ, 1903年 8月 26日, 위의 책, p. 720.

63 小村から林へ, 1903年 9月 3日, 위의 책, pp. 723-724.

64 Kim En-Su, Koreiskii poslannik Li Bom-Dzhin i Russko-Iaponskaia voina, Russko-Iaponskaia voina 1904-1905. Vzgliad cherez stoletie, Moscow, 2004, p. 220.

65 小村から林へ, 1903年 9月 29日 및 10月 6日, 『日本外交文書』第36卷 第1冊, pp. 725-726. 이 구두 설명이 러시아 측에 전해진 것이 외무성 문서에서 인용되어, Pak Chon Khio, op. cit., pp. 148-149에 있는데, "일본이 한국은 일찍이 중립 을 지켜야 한다고 선언한 적이 있다"는 등 그 뜻이 아주 부정확하게 표현되어 있다.

66 影印版『駐韓日本公使館記録』19, 國史編纂委員會, 1991年, p. 533. 海野福寿『韓国 併合史の研究』岩波書店, 2000年, p. 100.

67 위의 책, pp. 534-535. 海野, 앞의 책, p. 100.

68 위의 책, pp. 536-539. 海野, 앞의 책, p. 100.

69 栗野から小村へ, 1903年10月23日,『日本外交文書』第36巻 第1冊, p.726.

70「露国の一政変」,『東京朝日新聞』1903年9月2日号.

71『東京朝日新聞』1903年9月11日号.

72 위의 신문, 1903년 9월 14일.

73 위의 신문, 1903년 9월 18일.

74 Rusin to Virenius, 20 August 1903, RGAVMF, F.417, Op.1, D.2486, L.156-159. DMAIaR, pp.73-75.

75 Ibid., L.156-156ob.

76 Ibid., L.157.

77 Ibid., L.159-159ob.

78 Rusin to Alekseev, Stark, Rosen, 30 August/12 September 1903, RGAVMF, F.471, Op.1, D.2486, L.164ob.-165.

79 Stark to Rozhestvenskii, 7 September 1903, RGAVMF, F.417, Op.1, D.2823, L.1

80 Aleseev to Pavlov, 9 September 1903, RGAVMF, F.32, Op.1, D.182, L.8

81 Pavlov to Alekseev, 10 September 1903, Ibid., D.167, L.46-47.

82 Alekseev to Pavlov, 16 September 1903, Ibid., D.182, L.9.

83 Nikolai II's Diary, GARF, F.601, Op.1, D.246, L.82.

84 Ibid., L.98.

85 Ibid., L.100.

86 DKPIa, No.7, p.20.

87 Alekseev, Vsepoddanneishii otchet po diplomaticheskoi chasti, L.10.

88 小村から栗野へ, 1903年10月5日,『日本外交文書』第36巻 第1冊, pp.22-23.

89『小村外交史』p.335의 평가는 거의 타당하다.

90 Vitgeft to Rozhestvenskii, 16 and 20 September 1903, RGAVMF, F.417, Op.1, D.2823, L.4, 6, 16.

91 DKPIa, No.8, pp.21-22.

92 Alekseev to Avelan, 24 September 1903, RGAVMF, F.417, Op.1, D.2823, L.31-31ob.

93 林から小村へ, 1903年 9月 30日, 10月 1日,『日本外交文書』第37巻 第1冊, pp.560, 561.

94 林から小村へ, 1903年 10月4日, 위의 책, p.563.

95 伊藤, 앞의 책, p.213.

96『東京朝日新聞』1903年 10月6日号.

97『日露開戦論纂』旭商会, 1903年, pp.18-19. 이 책은 10월 중에 재판이 나왔다. 이 책의 출간에 관해서는, 戸水, 앞의 책, p.321.

98 『万朝報』1903年 10月 8, 9, 12日号.

99 井口省吾日記, 『日露戦争と井口省吾』pp. 257-258.

100 谷寿夫『機密日露戦史』原書房, 1966年, p. 94, 千葉, 앞의 책, pp. 124-125.

101 각 함선의 데이터는 다음을 참고했다. S. Gurov and V. Tiul'kin, *Bronenostsy Baltiiskogo flota. Voennye floty i morskai spravochnaia knizhka na 1901 god*, Sankt-Peterburg, 1901. IKMGSh, *Russko-Iaponskaia voina*, Vol. 1, pp. 2-5.

102 Gribovskii, Poznakhirev, op. cit., p. 139.

103 *Morskoi biograficheskii slovar'*, Sankt-Peterburg, 1995, pp. 97-98.

104 Gribovskii, Poznakhirev, op. cit., pp. 140-142. IKMGSh, *Russko-Iaponskaia voina*, Vol. 1, p. 142.

105 Gribovskii, Poznakhirev, op. cit., p. 142.

106 Nikolai II's Diary, GARF, F. 601, Op. 1, D. 246, pp. 100-101.

107 Andrei Meilunas and Sergei Mironenko, *Nikolai i Aleksandra. Liubov' i zhizn'*, Moscow, 1998, p. 235.

108 *Dnevnik A.N. Kuropatkina*, p. 93.

109 Nikolai II to Alekseev, 22 September 1903, RGAVMF, F. 32, Op. 1, D. 170, L. 10.

110 Ibid., L. 10-10ob.

111 Alekseev to Nikolai II, 25 September 1903, DKPIa, No. 9, pp. 22-23.

112 VIK, *Russko-Iaponskaia voina*, Vol. I, p. 333. 이 정사(正史)는 연락을 받은 쿠로파트킨이 즉각 수도로 복귀했다고 쓰고 있는데, 이것은 사실에 손을 대어 꾸민 것이다.

113 *Dnevnik A.N. Kuropatkina*, pp. 92-93.

114 Rozhestvenskii to Grand Duke Alexei and Obolenskii-Neledinskii-Meletskii, 17 September 1903, RGAVMF, F. 417, Op. 1, D. 2823, L. 12, 13.

115 Alekseev to Avelan, 20 September 1903, Ibid., L. 19.

116 Rozhestvenskii to Commander of Sevastopol', Ibid., L. 20.

117 Avelan to Obolenskii-Neledinskii-Meletskii, 25 September 1903, Ibid., L. 33-33ob.

118 Nikolai II's Diary, GARF, F. 601, Op. 1, D. 246, p. 120.

119 Ibid., p. 121.

120 황후는 이듬해인 1904년 7월 30일(8월 12일)에 황태자 알렉세이를 출산한다. 그 시점부터 계산해보면 회임 사실을 알 수 있다.

121 *Dnevnik Alekseia Sergeevicha Suvorina*, 2nd ed., Moscow, 2000, p. 454.

122 Nikolai II's Diary, GARF, F. 601, Op. 1, D. 246, p. 116.

123 Ibid., p. 137.

124 Mizuno to Komura, 12 October 1903, 『日本外交文書』第36巻 第1冊, p. 568.

125 林から小村へ, 1903年 10月 12日, 위의 책, pp. 625-626.

126 小村から林へ, 1903年 10月 14日, 위의 책, pp. 627-628.

127 林から小村へ, 1903年 10月 23日, 11月 1日, 위의 책, pp. 629, 639-640.

128 李夏栄からパヴロフへ, 1903年 10月 20日, Pavlov to Lee Ha Yung, 18 October 1903, 『旧韓国外交文書』第18巻(俄案2), 高麗大学校亜細亜問題研究所, 1969年, pp. 717-718, 723.

129 Simanskii, op. cit., Vol. III, pp. 77-78.

130 VIK, *Russko-Iaponskaia voina*, Vol. I, p. 333.

131 広野好彦 「日露交渉(1903-1904)再考」, 『大阪学院大学国際学論集』第3巻 第2号, 1992年 12月, p. 11. MacDonald to Lansdowne, 16 October 1903, FO, *Correspondence respecting Corea and Manchuria*, Part II, London, 1905, Microfilm 405/139, p. 69.

132 『小村外交史』pp. 335-338.

133 小村から栗野へ, 1903年 10月 16日, 『日本外交文書』第36巻 第1冊, pp. 25-26..

134 『小村外交史』p. 339.

135 이 회의는 통상 무시되고 있다. 이 회의에 관해서는, 谷, 앞의 책, p. 112의 일지에만 "10. 24 원로회의(아무것도 결정된 바 없음)"이라고 나온다. 나중에 보는 바와 같이 로젠의 보고서에도 나오는 것으로 보아 이 회의는 틀림없이 열렸을 것으로 생각된다.

136 『山本権兵衛と海軍』原書房, 1966年, pp. 171-175. 작성자의 이름도 날짜도 없다. 지바 이사오(千葉功)는 이 문서가 일본 측 수정안 제출 후의 것이며, 따라서 12월 16일의 원로회의에서 논의된 것이라고 판단하고 있는데, 이는 옳지 않다. 千葉功「日露交渉——日露開戦原因の再検討」, 近代日本研究会編『年報近代日本研究 18』山川出版社, 1996年, pp. 304, 319. 千葉, 앞의 책, p. 127.

137 Nish, op. cit., p. 186.

138 Lansdowne to MacDonald, 26 October 1903, British Documents, Vol. II, pp. 218-219. 広野, 앞의 논문, p. 12.

139 『小村外交史』pp. 339-340.

140 Alekseev, Vsepoddanneishii otchet po diplomaticheskoi chasti, L. 12.

141 MacDonald to Lansdowne, 29 October 1903, *British Documents*, Vol. II, p. 220. 広野, 앞의 논문, p. 14. 히로노(広野)는 고무라의 이 발언에 대해서, "외상으로서 러시아와의 타협을 추구하여 무력충돌을 바라지 않는 영국의 의향을 배려한 발언인지, 아니면 고무라가 러시아와의 타협을 요구하는 원로들의 의향에 구속되어 있기 때문이었는지 판단하기 어렵다"면서 판단을 유보하고 있다.

142 MacDonald to Lansdowne, 28 October 1903, Ibid., Vol. II, p. 219. 広野, 앞의 논문, pp. 14-15.

143 小村から栗野へ, 1903年 10月 30日, 『日本外交文書』第36巻 第1冊, pp. 27-28.

144 横手, 앞의 책, pp. 101-102. 千葉, 앞의 책, pp. 122-123.

145 Simanskii, op. cit., Vol. III, pp. 166-171.

146 Ibid., p. 171.

147 『山本権兵衛と海軍』pp. 145-146.

148 위의 책, p. 187.

149 『秘密日露戦史』第1巻, p. 51.

150 井口省吾日記, 『日露戦争と井口省吾』p. 262.

151 『秘密日露戦史』第1巻, pp. 51-55.

152 VIK, *Russko-Iaponskaia voina*, Vol. I, pp. 105-106. Brusilov's report, 4 October 1903, RGAVMF, F. 417, Op. 1, D. 2831, L. 1-6.

153 이 의견서는 다음 책에 수록되어 있다. D.I. Subotich, *Amurskaia zheleznaia doroga i nasha politika na Dal'nem Vostoke*, Sankt-Peterburg, 1908, pp. 19-32.

154 수보치치 의견서와 쿠로파트킨 의견서의 관계에 관해서, 로마노프는 후자가 전자의 남만주 포기론을 차용한 것이라고 보고 있는데(Romanov, *Rossiia v Man'chzhurii*, p. 38), 이 당시 쿠로파트킨의 의견서에는 아직 남만주 전면포기론이 나와 있지 않다.

155 Kuropatkin's memorandum, 15 October 1903, RGAVMF, F. 32, Op. 1, D. 204, L. 1-23ob.

156 Kuropatkin to Alekseev, 17 October 1903, Ibid., D. 171, L. 7ob.-9ob.

157 *Dnevnik A.N. Kuropatkina*, p. 95.

158 Lukoianov, op. cit., p. 20.

159 Bezobrazov to Alekseev, 3 October 1903, RGAVMF, F. 417, Op. 1, D. 2865, L. 39.

160 PSZ, Sob. 3-e, Vol. XXIII, otd. 3, pp. 930-931.

161 이 칙령 2건의 영문 번역이, FO, *Correspondence respecting Corea and Manchuria*, Part II, Microfilm 405/139, p. 17에 있다.

162 Bezobrazov to Nikolai II, 14 October 1903, RIaV, No. 19, pp. 160-162.

163 Bezobrazov to Alekseev, 22 October 1903, RGAVMF, F. 417, Op. 1, D. 2865, L. 40, 41-42.

164 Ibid., L. 47.

165 Bezobrazov to Balashev, 11 October 1903, Ibid., L. 48.

166 Bezobrazov to Balashev, 13 October 1903, Ibid., L. 49-50.

167 Bezobrazov to Nikolai II, 14 October 1903, RIaV, pp. 161-162.

168 Vogak to Abaza, 23 October 1903, RGIA, F. 1282, Op. 1, D. 761, L. 155ob., 157ob.

169 Ibid., L. 158-158ob.

170 Obzor snoshenii Rossii s Kitaiskim i Iaponskim pravitel'stvami, predshestvovavshikh vooruzhennomu stolknoveniiu s Iaponiei, RGAVMF, F. 32, Op. 1, D. 27, L. 29ob.-30.; Romanov, op. cit., pp. 450-453.

171 Bezobrazov to Alekseev, 16 November 1903, RGAVMF, F. 417, Op. 1, D. 2865, L. 15.

172 Romanov, op. cit., p. 460.

173 Pavlov to Alekseev, 21 October 1903, RGAVMF, F. 32, Op. 1, D. 167, L. 81.

174 Ibid., 28 November 1903, Ibid., L. 102.

175 Meilunas and Mironenko, op. cit., p. 236.

176 Nikolai II's Diary, GARF, F. 601, Op. 1, D. 246, p. 142.

177 Ibid., pp. 143-145.

178 Ibid., pp. 145-147.

179 Ibid., pp. 148-149.

180 Ibid., pp. 149-153.

181 Ibid., pp. 153-154.

182 Ibid., pp. 155-162.

183 Ibid., p. 163.

184 Ibid., p. 165.

185 1903년 9월 5일(18일)의 일기. Meilunas and Mironenko, op. cit., p. 235.

186 Nikolai II's Diary, GARF, F. 601, Op. 1, D. 246, p. 166.

187 Lamsdorf to Alekseev, 25 October 1903, RGAVMF, F. 32, Op. 1, D. 180, L. 10. Lukoianov, op. cit., p. 21.

188 Alekseev to Lamsdorf, 2 November 1903, RGAVMF, F. 32, Op. 1, D. 134, L. 23. Lukoianov, op. cit., p. 22.

189 Ibid., 3 November 1903, Ibid., L. 24-24ob.

190 Ibid., 2 November 1903, Ibid., L. 23.

191 Abaza to Alekseev, 16 and 24 November 1903, RGAVMF, F. 417, Op. 1, D. 2865, L. 5-16ob.

192 Lukoianov, op. cit., p. 22. Lamsdorf to Nikolai II, 8 November 1903, RGIA.

193 Lamsdorf to Alekseev, 17 November 1903, RGAVMF, F. 32, Op. 1, D. 484, L. 11.

194 VIK, *Russko-Iaponskaia voina*, Vol. I, pp. 339-340.

195 "일본은 대체적으로 내년 봄이 되어야 스스로의 군사력을 행사할 필요에 직

면할 것이라고 상정하고 있는 것 같은데, 그 시점에 요구될 것으로 보이는 군의 강도(强度), 집결능력과 전장으로의 수송 속도를 가능한 한 달성하려고 현재 노력하고 있다." Rusin to Virenius, 25 October 1903, RGAVMF, F. 417, Op. 1, D. 2486, L. 172ob.-173. DMAIaR, No. 11, p. 77.

196 Rusin to Alekseev, 19 November 1903, DMAIaR, No. 12, p. 80.

197 IKMGSh, *Russko-Iaponskaia voina*, Vol. 1, p. 82. 『千九百四五年露日海戦史』第1巻, p. 114.

198 Ibid., pp. 83-84. 위의 책, pp. 114-118.

199 Lamsdorf to Alekseev, 23 November 1903, No. 1-2; 25 November 1903, No. 1-2, RGAVMF, F. 32, Op. 1, D. 484, L. 12-14. Lukoianov, op. cit., p. 23 은, 12월 6일(11월 23일)자 람스도르프 전보(L. 12)만을 사용하고 있는데, 그 내용을 완전히 잘못 읽고 있다.

200 Alekseev to Lamsdorf, 25 November 1903, Ibid., D. 134, L. 26.

201 Rozen to Alekseev, 26 November 1903, GARF, F. 568, Op. 1, D. 180, L. 67ob.-68. 루코야노프는 로젠이 이런 생각을 알렉세예프에게 처음 써 보낸 것이 10월 27일(14일)이라고 하고 있다. Lukoianov, op. cit., p. 21. Rozen to Alekseev, 14 October 1903, GARF, F. 568, Op. 1, D. 180, L. 16. 나는 이 사료를 검토하지 않았다.

202 Lamsdorf to Alekseev, 26 November 1903, Ibid., L. 65. Lukoianov, op. cit., p. 22.

203 小村から栗野へ, 1903年 12月 12日, 『日本外交文書』第36巻 第1冊, p. 36.

204 *Dnevnik A.N. Kuropatkina*, p. 102. Kim En-Su, op. cit., p. 220.

205 Nikolai II's Diary, GARF, F. 601, Op. 1, D. 246, pp. 171, 174.

206 『東京朝日新聞』1903年 11月 9日号.

207 위의 신문, 1903년 11월 11일. 시마다(島田)의 전향에 관해서는, 黒岩比佐子 『日露戦争 ——勝利のあとの誤算』文春新書, 2005年, p. 180. 高橋昌郎 『島田三郎伝』まほろば書房, 1988年, p. 151. 시마다는 1903년 10월 15일 자택을 방문한 소시의 단도에 찔릴 뻔한 순간에 서생이 이를 막아 목숨을 건졌다. 『万朝報』 1903年 10月 16日号. 이 사건이 시마다의 전향과 관계가 있는지 어떤지는 명확하지 않다.

208 『東京朝日新聞』1903年 11月 25日号.

209 주간 『헤이민신문』은 복각판(『明治社会主義史料集』別冊(3), 明治文献資料刊行会, 1962年)을 이용했다. 이에 관해서는 달리 주석을 붙이지 않는다.

210 『東京朝日新聞』1903年 11月 30日号.

211 위의 신문, 1903년 12월 3일.

212 위의 신문, 1903년 12월 4일.

213 위의 신문, 1903년 12월 8일.

214 위의 신문, 1903년 12월 15일.

215 원래의 출판사는 유호칸(有朋館)이라는 곳이다. 이 소설에 관해서는 다음과 같은 연구들이 있다. 柳田泉「『佳人之奇遇』と東海散士」, 『政治小説研究』上, 春秋社, 1967年. 長山靖生『日露戦争 —— もうひとつの物語』新潮新書, 2004年. 吉村道男「仮想の日露戦争と現実の日露戦争 ——『佳人之奇遇』と『日露戦争羽川六郎』との間」, 東アジア近代史学会編『日露戦争と東アジア世界』ゆまに書房, 2008年.

216 東海散士『日露戦争羽川六郎』有朋館, 1903年, pp. 157-162.

217 위의 책, pp. 312-313.

218 위의 책, p. 317.

219 위의 책, pp. 366-367.

220 위의 책, p. 383.

221 위의 책, pp. 398-400.

222 위의 책, pp. 401-402.

223 MacDonald to Lansdowne, 12 December 1903, *British Documents*, Vol. II, pp. 224-225. 広野, 앞의 논문, p. 19.

224 伊藤, 앞의 책, pp. 222-223. 야마가타의 입장에 관해서 이토[유키오]는 쓰노다의 견해를 비판하고 있다. 그 비판은 정당하다고 생각한다.

225 『山本権兵衛と海軍』pp. 143-155에 수록되어 있는 1903년 9월의 자료를 12월의 원로회의에 관한 것이라고 추정한 것은 지바 이사오(千葉功)이다. 千葉, 앞의 논문, pp. 305-306, 319. 千葉, 앞의 책, pp. 129-130, 489-490. 지바의 견해에 찬성한다.

226 『山本権兵衛と海軍』p. 155. 나중에 정식으로 채택된 문서는『日本外交文書』第36巻 第1冊, p. 45.

227 『山本権兵衛と海軍』pp. 145-147.

228 伊藤, 앞의 책, pp. 222-223.

229 MacDonald to Lansdowne, 17 December 1903, FO, *Correspondence respecting Corea and Manchuria*, Part II, Microfilm 405/139, p. 114. 広野, 앞의 논문, p. 21.

230 小村から栗野へ, 1903年 12月 21日, 『日本外交文書』第36巻 第1冊, pp. 36-38.

231 DKPIa, No. 12, pp. 25-26.

232 Lamsdorf to Nikolai II, 15 December 1903, GARF, F. 568, Op. 1, D. 179, L. 64-64ob.

233 Rozen to Lamsdorf, 17 December 1903, RGAVMF, F. 32, Op. 1, D. 485, L. 202ob.-203.

234 Rozen to Lamsdorf, 21 December 1903, Ibid., L. 204-204ob.

235 『秘密日露戦史』第1巻, p. 56.

236 위의 책, p. 57. 井口省吾日記, 『日露戦争と井口省吾』, pp. 272-273.

237 『山本権兵衛と海軍』pp. 188-189.

238 Samoilov to Alekseev, 5 December 1903, OPIGIM, F. 444, D. 104, L. 104.

239 Rusin to Virenius, 7 December 1903, RGAVMF, F. 417, Op. 1, D. 2486, L. 176ob.-177. DMAIaR, No. 13, pp. 81-82.

240 Rusin to Virenius, 12/25 December 1903, Ibid., L. 178-179ob.

241 Pavlov to Alekseev, 6 December 1903, RGAVMF, F. 32, Op. 1, D. 167, L. 109ob.-110. Boris Pak, *Rossia i Koreia*, 2nd ed., Moscow, 2004, p. 357에는 12월 3일에 고종이 파블로프에게 러시아 공사관으로의 피신을 요청해왔다고 되어 있는데, 이것은 오류다.

242 Pavlov to Alekseev, 8 December 1903, Ibid., L. 114.

243 이태진, 앞의 책, p. 129.

244 VIK, *Russko-Iaponskaia voina*, Vol. I, pp. 342-343.

245 Lukoianov, op. cit., p. 25. AVPRI, F. 150, Op. 493, D. 189, L. 113.

246 Alekseev to Pavlov, 16 December 1903, RGAVMF, F. 32, Op. 1, D. 182, L. 21ob.

247 Pavlov to Alekseev, 17 December 1903, Ibid., D. 167, L. 125.

248 Alekseev to Pavlov, 19 December 1903, Ibid., D. 182, L. 23. 운노(海野)는 일본 측 자료를 인용하여, 12월 말에 파블로프가 한국 황제에게 혹시 일본의 보호국이 되려고 교섭하고 있는 것은 아니냐, 그렇다면 러시아에게도 생각이 있다면서 황제를 협박했다는 이야기를 쓰고 있는데(海野, 앞의 책, p. 103), 이 역시 옳지 않다.

249 Kuropatkin's memorandum, 24 November 1903, RGVIA, F. 165, Op. 1, D. 944, L. 1-27.

250 Rediger, op. cit., Vol. 1, pp. 366-367.

251 Kuropatkin to Nikolai II, 23 November 1903, GARF, F. 543, Op. 1, D. 183, L. 119-119ob.

252 쿠로파트킨은 일기에서, 실제로 황제에게 의견서를 보낸 12월 10일(11월 27일)자의 기입란에 10월 의견서의 결론을 붙여놓았다(*Dnevnik A.N. Kuropatkina*, pp. 105-107). 두 번째 의견서의 인상을 약화시키려고 한 것일까? 또 그의 러일전쟁 개전에 관한 수기 '만주비극의 서곡'에서는 이 터무니없는 안을 보가크의 안이라는 의견서 '극동의 일반정세(만주와 조선)'와 대비시키고 있다. 쿠로파트킨은 이 보가크의 안이 자신의 안과 "거의 동시에" 니콜라이 2세에게 제출되었다고 주장하고 있다(Kuropatkin, Prolog manchzhurskoi

tragedii, RIaV, pp. 35-40). 그런데 이 의견서도 쿠로파트킨 문서에 있지만 (RGVIA, F. 165, Op. 1, D. 923, L. 1-7ob.), 서명도 날짜도 없다. 단지 연필로 "Записка представленная г.м. Вогак в сентябре 1903г."이라고 쓰여 있다. 이것은 "1903년 9월 보가크에 의해서 제출된 의견서"로도, "보가크에게 제출된 의견서"로도 해석할 수 있다. 그 내용은 우선, 만주에 관해서는 강경한 철수반대론을 전개하고 있고, 한국에 관해서는 "러시아는 1898년에 떠나감으로써 조선인의 신뢰를 상실했기 때문에, 대담하고 끈기 있는 조치를 취함으로써 비로소 위신을 회복하고 현지인들과 함께 일본의 프로파간다와 싸울 수 있는 것이다"라고 되어 있어 상당히 동정적이다. 보가크의 것이라고는 생각할 수 없다.

253 *Dnevnik A.N. Kuropatkina*, p. 109.

254 Ibid., p. 111.

255 Ibid., pp. 112-113.

256 Nikolai II's Diary, 14 December 1903, GARF, F. 601, Op. 1, D. 246, p. 182.

257 Romanov, op. cit., p. 452.

258 *Dnevnik A.N. Kuropatkina*, pp. 114-116. 쿠로파트킨은 12월 15일(28일)의 일이라고 기록하고 있다.

259 이하 아바자의 연설만은 DKPIa, No. 13, pp. 27-31.

260 *Dnevnik A.N. Kuropatkina*, p. 116.

261 Nikolai II's Diary, GARF, F. 601, Op. 1, D. 246, p. 184.

262 *Velikii kniaz' Aleksandr Mikhailovich, Kniga vospominanii*, Paris, 1980, p. 215.

263 『秘密日露戦争史』第1巻, p. 92.

264 相沢淳「『奇襲断行』か『威力偵察』か?──旅順口奇襲作戦をめぐる対立」,『日露戦争(2)』錦正社, 2005年, p. 71.

265 千葉, 앞의 책, p. 130. 출처는『재부일기』(財部日記)이다.

266 『秘密日露戦争史』第1巻, p. 58.

267 閣議決定,『日本外交文書』第36巻 第1册, pp. 41-45.

268 위의 책, p. 97.

269 위의 책, pp. 114-115. 相沢, 앞의 논문, pp. 72-73.

270 相沢, 앞의 논문, pp. 73-74.

271 Lansdowne to MacDonald, 30 December 1903, *British Documents*, Vol. II, pp. 227-228. 広野, 앞의 논문, p. 26도 마지막 한 구절만을 인용하고 있고, 이 중요한 편지 전체를 검토하지 않고 있다.

272 小村から林へ, 1903年 12月 31日,『日本外交文書』第36巻 第1册, p. 46.

273 海野, 앞의 책, pp. 100-101.

274 小村から林へ, 1903年 9月 25日, 11月 25日,『日本外交文書』第36巻 第1册, pp.

750, 751-752. 広島県知事から警保局長へ, 1903年 11月 25日, 위의 책, p. 751.

275 小村から林へ, 1903年 12月 4, 27日, 위의 책, pp. 755, 756.

276 林から小村へ, 1903年 12月 28日, 위의 책, p. 757.

277 日韓議定書公使初案, 위의 책, pp. 776-777.

278 Vatslav Seroshevskii, *Koreia*, Sankt-Peterburg, 1909, p. 455. 세로셰프스키(김 진영 외 옮김)『코레야 1903년 가을』(한글), 개마고원, 2006년, pp. 376-377. 이 잊힌 책을 발굴, 완역하여 한국에 소개한 것은 연세대학교 교수 김진영이 다. 옮긴이의 호의로 원저를 볼 수 있었다.

279 Ibid., pp. 501-502. 세로셰프스키, 앞의 책, pp. 420, 422-423.

280 G. de-Vollan, *V strane voskhodiashchego solntsa*, Sankt-Peterburg, 1903, pp. 501-503.

281 Ibid., pp. 501-503.

282 Aleksei Suvorin, *V ozhidanii veka XX: Malen'kie pis'ma 1889-1903*, Moscow, 2005, p. 989.

283 *Russkoe bogatstvo*, 1903, No. 11, pp. 134-141.

284 Suvorin, op. cit., p. 1005.

285 葉山万次郎『露西亜』冨山房, 1903年, p. 2, 9.

286 위의 책, pp. 311-312.

287 Rusin to Virenius, 20 December 1903/2 January 1904, RGAVMF, F. 417, Op. 1, D. 2486, L. 184ob.

288 Rusin to Rozhestvenskii, 23 December 1903/5 January 1904, Ibid., L. 186.

289 Lamsdorf to Alekseev, 18 December 1903, RGAVMF, F. 417, Op. 1, D. 484, L. 18-19. Lukoianov, op. cit., p. 27.

290 Lamsdorf to Alekseev, 20 December 1903, RGVIA, F. 165, Op. 1, D. 969, L. 1-2.

291 Lamsdorf to Nikolai II, 20 December 1903, GARF, F. 568, Op. 1, D. 180, L. 95-96.

292 Ibid., L. 95.

293 Lamsdorf to Nikolai II, 22 December 1903, Ibid., L. 99-100. Lukoianov, op. cit., p. 28.

294 Lamsdorf to Alekseev, 20 December 1903, RGVIA, F. 165, Op. 1, D. 969, L. 1-1ob.

295 Abaza to Alekseev, 21 December 1903, RGAVMF, F. 417, Op. 1, D. 2865, L. 17-17ob.

296 Alekseev to Abaza, 22 December 1903, Ibid., L. 18-18ob.

297 Abaza to Lamsdorf, 22 December 1903, GARF, F. 568, Op. 1, D. 180, L.

102. Lukoianov, op. cit., pp. 27-28.

298 Alekseev, Vsepoddanneishii otchet po diplomaticheskoi chasti, L. 18ob.-19.

299 『日本外交文書』第37卷 第1冊, pp. 13-14의 문서에서 복원.

제8장 전야

뤼순의 긴장

일본군의 조선출병을 알리는 전보를 잇달아 받은 알렉세예프는 긴장했다. 1904년 1월 6일(1903년 12월 24일) 그는 이 정보들을 수도의 극동특별위원회 사무국장 아바자에게 타전했다. 그 뒤에 인천에서 순양함 '바랴그'가 도착했고, 함장 루드네프가 파블로프 공사의 편지를 전했다. 1월 1일과 2일(12월 19일과 20일)에 쓴 편지였다.[1]

첫 편지는 일본의 교섭태도에 대한 파블로프의 결정적인 불신을 전하고 있었다.

"일본은 우리의 동의 하에 한국을 완전한 보호국으로 확보하면, 일체의 희생 없이 얻게 되는 이 뜻밖의 홀가분한 양보에 기분이 좋아져 거기서 멈추지 않을 것이다." "나는 예언할 수 있다. 그러한 조건 하에서는 더욱더 가까운 시일 내에 우리 주변에 있는 만주와 청국 문제를 둘러싸고 급격하게 일본과 새로운 긴장이 격화될 것이라고." 그렇게 되면 일본은 반드시 제국의 본질적인 이해와 관련한 요구를 해 올 것이다. "그때는 현재와 같은 대안을 다시 제기해야 할 것이다." 1896년 이래 해온 것을 곧바로 포기하든지, 즉 "우리의 존엄과 상충하는 새로운 그리고 이미 최종적인 양보"를 하든지, 아니면 "현재보다 훨씬 더 위험한 전쟁의 위험"을 범하든지, 둘 중 하나다. 지금은 "플라토닉하게" 일본을 지지하는 열강은 그때 가면 적극적으로 일본을 지지할 것이다. "그러므로 만일 현재 우리가 일본이 사실상 한국을 군사점령하고 한국을 자신들의 보호국으로 확립하는 것을 막을 수 없다고 결정한다면, 이것은 일본에게 멋대로 하게 하는 것이 좋다고 말하는 것과 다르지 않다."[2]

파블로프는 탄식했다. "내가 이런 생각 때문에 얼마나 심란한지, 침울해져 있는지, 얼마나 불안한 마음으로 페테르부르크의 결정을 기다리고 있는지, 말로는 이루 표현할 수 없다." "모든 자료가 나타내는 것은 대병력의 한국 상륙, 바로 인천 상륙이 임박했다는 것이며, 이는 추호도 의심의 여지가 없다."[3]

어쨌거나 일본은 상륙하기 전에 한국의 궁정 소요를 연출할 것이다. 그 작업은 서울에 있는 일본 수비대로 충분하다. 설마 황제의 목숨까지 해칠 것이라고는 생각하지 않지만, 그래도 일본은 '황제의 구출자'를 가장해 사실상 황제를 '포로'로 삼을 작정이다. 이러한 대강의 줄거리는 영·미 공사관도 예상하고 있기 때문에 육전대(陸戰隊)를 상륙하고 있는 것이다. "지금 황제 자신은 이미 실질적으로 완전하게 고립되어 있다. 배신자가 두려워서 자신의 대신들 단 한 사람도 신뢰하지 않고 있다." 단 한 사람 신뢰할 수 있는 것은 환관이라고 한다, 고 파블로프는 편지에 썼다.[4]

1월 2일(12월 20일)의 편지는 한층 더 절박해져 있었다. 이날 일본의 전신국은 마침내 회선 고장을 이유로 페테르부르크와 뤼순으로 가는 전신의 접수를 거부하기에 이르렀다. 파블로프는, "현재 내가 무엇보다도 걱정하고 있는 것은 우리 공사관으로 황제가 도망쳐 들어올 가능성이다. 나는 황제가 어제 우리의 경계에 가장 가까운 궁전으로 옮겨갔다는 정보를 입수했다"고 썼다. 황제의 의붓어머니(義母) 명헌태후(明憲太后)가 죽었다. 그래서 유체를 여인들 방에서 옮길 때까지 일주일 동안은 황제가 도주하지 않을 것이다. 그러나 실제로 황제가 러시아 공사관으로 도피하면, 우리는 매우 곤란해진다. 일본은 그것을 주민들 사이에 소요사건을 일으키는 구실로 삼을 수도 있다. 교섭이 결렬되면 러시아 공사관은 큰일난다. 그래서 나는 의심의 여지 없는 위험 징후가 없는 이상, 러시아 공사관으로 도주하는 것은 시기상조라고 황제를 설득하고 있다. 파블로프는 이와 같이 써 보내 왔다.[5]

고종은 미국 공사에게도 부탁하려고 했다. 앨런에 의하면, 새해 일찍부터 황태후가 사망했기 때문에, "미신에 흠뻑 빠진" 황제는 "대흥분 상태"였다. 이렇게 흥분한 이유는, "전쟁은 일어나지 않는다, 황제에게 번거로운 일은 일어나지 않도록 하겠다는 러시아인의 약속을 완전히 믿고 있었"는데, 상황이 그렇게 되지 않았기 때문인 것도 같았다. 황제는 "경악한 모양이었다." "전쟁이 일어나면, 황제를 공사관에 손님으로 받아주지 않겠는가 하는 타진을 지난 며칠 동안 받았는데, 나는 의문의 여지가 없도록 분명하게 거절했다."[6]

고종황제의 움직임은 당연히 일본 공사 관심의 표적이었다. 하야시 곤스케는 1월 4일 오후에는, "한국 조정은 풍설과 같이 도읍을 다른 곳으로 옮기거나 타국 공사관으로 도망칠 것으로 보이지 않는다"고 썼는데, 밤 9시 30분에는, 이용익이 알려온 사실이라면서 이근택은 "시국이 절박할 경우에는 러시아 공사관으로 파천하시는 것이 상책이라는 뜻을 궁중에 빈번하게 권유하"고 있는 모양이라고 보고했다.[7] 그런 만큼 하야시 공사는 경성 수비대를 증강하고, 고종에 대한 압력을 강화하려 하고 있었다.

일본 주재 무관이 보낸 전보, 게다가 한국주재 공사의 이와 같은 편지를 읽은 알렉세예프는 이날 1월 6일(12월 24일) 니콜라이 2세에게 결정적인 조치를 취할 것을 청원했다.

"지금 막 인천에서 이곳으로 도착한 순양함을 통해 얻은 정보에 의하면, 한국을 점령하고 한국 정부가 강제로 동의하게 해 보호국제를 수립하려는 일본의 의도에 대해서는 더 이상 의심의 여지가 없습니다. 주재 무관들이 보내온 다수의 정보는…… 일본이 러시아와 금후의 교섭과는 관계없이 아마도 독자 행동에 나서기로 결단했다는 것으로 보입니다. 그러한 도전적인 행동양식을 보면, 제가 9월 20일〈10월 3일〉자 전보로 보고 드린 바와 같이, 경계조치를 취해야 한다는 저의 판단을 폐하께서 다시금 검토해주십사 하고 말씀드리지 않을 수 없습니다."

예상되는 한국 점령은 1만 5,000명 내지 2만 명의 병력으로 실행될 텐데, 이미 해군은 완전한 전투태세에 들어가 있으며 여기에 육군의 병력도 뒤를 잇는다면 군사적으로는 매우 위험해진다. 일본은 압록강으로 진출해 러시아군을 위협할 것이고, 아니면 동청철도에 대해서 압력을 가할 가능성도 있다. 그렇게 되면 러시아로서는 남만주에 병력을 집중하려는 계획이 무산되어 버릴 것이다. 따라서 알렉세예프는 새로운 방침을 제안했다.

"일본 점령군의 무제한적인 한국 점령으로 우리는 전략적으로 매우 불리해질 것이므로, 군사충돌을 야기하기 위해서가 아니라 오로지 필요한 자위를 위해서, 한국 점령으로 파괴될 균형을 회복할 수 있을 만한 대응 조치를 취해야 할 것으로 생각합니다."

알렉세예프는 1. 극동의 여러 주와 시베리아의 여러 현에서 동원을 선언하고 만주에는 계엄령을 실시해 압록강 하류를 점령한다. 2. 극동군의 증원을 위해 예정되어 있는 제10, 제17군단을 이르쿠츠크로 수송 개시하고, 그 밖의 증원부대 동원을 준비하며 만주에 계엄령을 선포한다, 뤼순과 블라디보스토크의 요새에 경계령을 내리고 굳건한 방비를 완료한다. 알렉세예프는 이와 같은 두 가지 안을 내면서도, 제1안의 채택을 제안했다.[8]

황제와 육군상은 망설이다

1월 6일 이날은 러시아력으로는 12월 24일 크리스마스였다. 황제는 하루 종일 크리스마스 행사로 분주했다. 아침나절에는 서류를 읽었지만 11시부터 기도회가 있었고, 오후 2시부터 4시까지는 선물을 준비했으며, 5시에는 갓치나에 있는 어머니 황태후 마리야 표도로브나를 방문해 기도 후 크리스마스 모임, 그리고 저녁식사를 함께 했다. 10시 반에 차르스코예 셀로로 돌아왔다. 임신 중인 황후는 감기로 컨디션이 좋지 않아 황제와 동행하지 않았다. 크리스마스 행사는 다음 날에도 계속되었다.[9]

1월 8일(12월 26일)이 되어 황제는 오후에 "차를 마신 후에 아바자를 접견했다."[10] 이때 알렉세예프의 전보에 대한 회답에 관해서 상담했을 것이다. 아바자가 편집한 『대일교섭자료』이른바 '적서'(赤書)에는 이날 날짜로 극동 여러 주의 동원 선포, 만주의 계엄령, 뤼순과 블라디보스토크 요새의 계엄령 선포를 허가한다는 황제의 전보가 수록되어 있다. 알렉세예프의 제1안 그리고 부분적으로는 제2안까지도 승인한다는 내용으로, 압록강 하류의 점령만은 "지금으로서는 바람직하지 않다고 생각한다. 이 조치는 최후에 허가할 것이다"라고 쓰여 있다.[11]

육군상과 상의하지 않고 이러한 결정을 내리는 것은 아무래도 이상하다. 참모본부의 전사 역시 이 전보가 타전되었음을 기록하고 있지만,[12] 알렉세예프 자신은 1906년 2월에 작성한 메모에, 이러한 명령이 태수에게는 도달하지 않았다고 썼다.[13] 아마도 전보가 타전되지 않았다고 보는 것이 맞을 것이다.

메닝의 논문에 의하면 육군상은 1월 11일(12월 29일) 참모본부 제8국에 청일전쟁 시 일본의 행동에 관해서 긴급히 문의했다. 1. 일본은 선전포고 전에 군대를 동원했는가? 2. 선전포고 전에 청국 함대를 공격했는가? 3. 양국의 교섭 주제는 무엇이었는가? 선전포고 전에 군대를 집결시켰는가? 쿠로파트킨은 저녁 9시까지 회답하라고 요구했다. 이에 대해 전사를 담당하는 제8국은, 청일전쟁 시에는 선전포고 전에 일본군 8개 사단 가운데 3개 사단이 전시상태로 이행했다, 교섭 과정 중에, 즉 선전포고 이전에 일본의 군함 3척은 청국의 병력수송선을 격침했다, 선전포고 이전에 일본군은 서울을 점령했고, 아산에서 청국군을 격파했다고 회답했다.[14] 이와 같은 회답을 받고서도, 쿠로파트킨은 현재의 상황이 청일전쟁 발발 당시와는 다르다고 판단했을 뿐만 아니라, 러시아가 행동에 나섬으로써 일본을 자극하지 않을까 두려워하고 있었다. 그래서 1월 12일(12월 30일) 쿠로파트킨은 1월 6일자 알렉세예프 전보에 관해서 황제에게 상주해 황제의 결정을 얻었고, 그 명령을 전하는 전보를 같은 날 알렉세예프에게 보냈다. "폐하께서는 귀관이 계획한 방책 가운데 일본군의 조선 상륙 개시와 함께 다음의 방책을 취하라고 타전할 것을 명하셨다"면서, 계엄령은 뤼순과 블라디보스토크 요새 내에서만 인정한다, 태수 지휘 하의 극동의 여러 주에서 전군을 동원하는 것은 준비만 하라, 알렉세예프가 요구한 300만 루블의 지출은 승인한다, 조선 국경으로 부대를 파견하는 일은 준비만 하라는 내용이었다. 특히 조선 영토 안으로의 행동은 엄격하게 금지했다. "개개의 병사들이라 해도 조선 영토 안으로 들어가는 것은 금지하며, 부대장의 책임을 엄하게 물을 것이다. 국경에서는 어떤 작은 충돌이라도 발생하지 않도록 만반의 대책을 강구해야한다. 왜냐하면, 그러한 충돌이 전쟁을 불가피하게 할 수도 있기 때문이다."[15]

황제나 쿠로파트킨 모두 러시아의 대항조치 때문에 전쟁이 일어나지 않을까 죽도록 두려워하고 있었다. 이날 아바자는 황제의 생각은 대략 이러하다는 연락을 알렉세예프에게 보냈다. 1. "러시아로서는 평화의 시기 한 해 한 해가 이익이 된다. 그러니까 전쟁이 없도록만반의 대책을 다할 필요가 있다." 2. "강고하지만 형식은 공손한 정책". 3. 만주에 관해서는 일본인을 비롯해 그 누구와도 대화하는 것을승인하지 않을 것이다. 4. "일본의 조선 점령은 'casus belli'(개전사유)가 아니라, 거꾸로 러시아에게는 유익하기조차 하다. 왜냐하면 일본이 러시아의 항의를 받으면서 이러한 짓을 한다면, 일본은 불법행위를 저지르는 나라가 되기 때문이다."[16]

요컨대 페테르부르크는 알렉세예프의 제안을 지지하지 않았던 것이다. 이즈음 알렉세예프는 위험인물로 간주되어 있었다. 궁정 경비사령관 게세 중장은 기차 안에서 만난 쿠로파트킨에게, "폐하께서 알렉세예프의 호전적인 시도에 대해 침착하게 대응하시면서 아바자를만류하시기"를 잘 하셨다고 말했다.[17] 로제스트벤스키 해군 군령부장도 겨울궁전의 연초 하례모임에서 친하지 않은 육군상과 만났을때, 알렉세예프를 매우 심하게 헐뜯었다. "정말 위선적인 인간이며,업무나 다른 그 무엇보다도 개인적인 자존심을 앞세운다." 알렉세예프가 상황이 전쟁으로 치닫는다면서 연달아 전보를 보내오는 것이성가셔서 화가 났을 것이다. 해군 군령부장 자신도 뤼순함대의 상황에 관해서, 보일러의 상태가 좋지 않다면서 훈련도 제대로 하지 않는다거나, 수리도 제대로 하지 않고 포탄도 부족하다는 등의 험구를 늘어놓았으면서 말이다. 심지어 태평양함대 사령관 스타르크는 "머리가 둔한 추호네쯔〈чухонец, 발트 놈〉이며, 함대를 지휘할 수 있는 인간이 아니"라고 혹평했다. 해군의 제2인자가 육군의 우두머리에게 최전선 함대를 남의 이야기하듯 비난하는 것은 정말로 추태의 극치였다.[18]

가는 해, 오는 해

서력 1월 13일은 러시아력으로 12월 31일에 해당한다. 러시아로서는 불안에 찬 1903년이 끝나고, 운명적인 전쟁의 해, 1904년이 밝아오고 있었다. 니콜라이 2세는 이날의 일기에 이렇게 썼다.

"늦게 일어났다. 정신적인 동요와 불안감이 짓누르는데도 아주 푹 잤다. 코 막힘 증세가 있어 조심하느라 문 밖으로 나가지 않았다. 보고서를 읽은 후에 스텝 지방의 총독 수호믈린과 톰스크현(縣) 지사 스타르니케비치가 알현을 청해 만났다. 아침식사는 아이들과 함께 했다. 오후 3시 반, 엄마가 페테르부르크로 향하던 도중에 우리가 있는 곳에 들러주셨다. 크세니야〈누이동생〉와 미샤〈동생 미하일 대공〉도 함께 왔다. 알릭스〈황후〉는 마침내 일어나…… 소파로 몸을 옮겼다. 7시 반에 기도를 했는데, 그녀는 열린 문으로 기도를 들을 수 있었다. 저녁은 침실에서 했다. 일찍 잠자리에 들었다.

신이시여, 새로운 해가 러시아에 평화, 평온, 안녕 그리고 기쁨을 가져다주시기를. 우리는 모든 것에서 주님의 자비를 한 없이 믿고 있으며, 편안한 마음으로 장래를 바라보고 있습니다. 아주 작은 일이라도 우리가 우리의 책무를 이행하고, 그렇게 함으로써 우리에게 과분하신 주 예수 그리스도의 은혜의 일부라도 우리가 보답할 수 있게 해주시기를."

　사실 황제는 임신한 아내가 낳을 아기가 사내아이이기를 기원했을 것이다. 그러나 그 무엇보다도 황제가 원한 것은 평화였다.[19]

　다음 날은 러시아의 정월 초하루다. 황제는 혼자 겨울궁전으로 가서, 황태후와 함께 오전 11시부터 시작되는 '행차' 행사를 집전했다. 각국 공사들로부터 신년 축하인사를 받는 가운데, 일본 공사 구리노와는 오래 이야기를 나누었는데, 일기에는 이에 관해서 일절 언급되어 있지 않다.[20] 구리노가 도쿄로 보낸 전보에 의하면, 그는 황제에게 "일본 정부의 의사가 평화적이라는 점"을 확신하며 "다대한 곤란"에 부딪치고 있는 일·러 교섭에 관해서, "폐하의 호의와 관용에 의지해 신속하게 이 난국을 수습할 수 있기"를 바라고 있다, "일·러 양국의 이익이 서로 밀접한 극동에서는 양국의 친교가 공고해지는 것이 최량의 정책이라 할 것"이라고 말했다. 이에 대해서 니콜라이는 "짐도 역시 경과 생각이 같소. 일본과 우리는 평화와 우호관계를 유지하는 것이 필요하오"라고 답했다. 그러나 동시에 "러시아는 대국이다"라든지, "참는 데에도 한계가 있다"라는 등 강한 체 하기도 했다. 황태후도 "전쟁은 무서워요. 평화는 유지되어야만 해요"라고 말했다.[21]

이탈리아 군함의 매입

　일본은 착착 개전 준비를 하고 있었다. 해군 증강을 위해서 아르헨티나가 이탈리아 조선소에 발주한 순양함 '리바다비아'와 '모레노'를 매입하는 교섭이 최종단계에 들어섰다. 두 함 모두 1903년에 막 진수한 최신예 함이었고, 배수량은 7,750톤이었다.

　12월 28일(15일) 오스트리아와 이탈리아 주재 러시아 해군무관 카프니스트 백작이 이 사실을 해군 군령부에 보고하면서, 러시아가 이에 대항해 이들 두 함선을 매입하는 것도 가능하다고 전했다. 그러나 로제스트벤스키 군령부장은 전혀 관심을 보이지 않았고, 회답조차 보내지 않았다. 1월 1일(12월 19일)에 군무국장 대리 시첸게르가, 러시아는 군함을 구입할 예정이 없다, 이 건에 관해 거론하지 말라고 회답했다.

그러나 그때는 이미 이틀 전에 일본이 76만 파운드에 이 두 함선을 구입하는 데 성공한 뒤였다. 이 두 함선은 '닛신'(日進)과 '가스가'(春日)라 명명되어, 이제부터 일본으로 떠나게 되어 있었다.[22] 일본은 이 두 함선이 해군에 합류하는 날, 전쟁을 개시할 수 있다고 생각했다.

구리노 공사와 베조브라조프

일·러 동맹론자였던 구리노 공사는 이때까지도 어디까지나 러·일 사이의 합의를 원하고 있었다. 그는 연말에 영국 공사에게서, 러시아 황제는 "이제 만주문제에 관해서 단호한 결심을 하고 있다고 한다", 다른 한편으로 비테 등 중신들은 "극동에서의 전쟁은 무엇보다도 러시아의 여론과 배치되며, 이에 대한 비난은 모두 황제 한 사람에게 집중될 것"이라면서 "일층 협조적인 태도"를 취하라고 황제에게 간언하고 있다, 는 이야기를 들었다. 여기에 희망을 건 구리노는 1904년 정월 초하루(12월 19일)에 고무라 외상에게 보고했다.[23] 이날 그는 람스도르프 외상과 회견했다. 외상은, 러시아 정부는 회답안을 충분히 심의하고 있다, 로젠 공사에게 "우호협조의 정신"으로 교섭을 계속하라고 "지체 없이" 훈령을 내릴 생각이다, 러·일 양국이 협정에 도달하지 못할 이유는 하나도 없다, 라고 말했다. 구리노는 이에 관해서도

도쿄에 보고했다.[24]

고무라 외상은 본질적으로 다른 시각을 지니고 있었다. 1월 2일(12월 20일) 외상은 구리노에게 다음과 같은 답신을 보냈다. 도쿄주재 영국 공사도 같은 취지의 이야기를 했는데, 외상인 나에게는 "현재 러시아 황제가 완전히 주전파 세력 밑에 있는 것으로 보인다. 바야흐로 주전 파는 완전히 세를 제압했고, 시국의 관장은 모두 이 파의 수중에 있다." 그러니까 람스도르프 외상 등 중신들의 희망은 성의가 느껴지기는 하지만, "그들이 황제로 하여금 온화설로 기울어지도록 진력해 그 효과가 나타나리라고 기대하는 것은 거의 무망한 일이다"라고 답했다.[25] 여기서 '주전파'란 베조브라조프파를 가리키고 있음이 분명하다. 황제가 베조브라조프파와 함께 주전론에 선 이상, 고무라는 교섭이 시간 낭비라고 설명했다. 그의 러시아 인식은 틀렸지만, 주전론자인 그에게는 그러한 인식이 필요했던 것이다.

구리노 공사의 문제는 러시아 정부 내의 움직임을 아직까지도 확연하게 파악할 수 없다는 데 있었다. 12월의 특별협의회에 관해서도 정보를 얻을 수 없었다. 특별히 그가 무능해서 그랬던 것은 아니다. 주러 미국 공사도 황제가 참석한 '특별위원회의'가 며칠 전에 열렸는데 아무것도 결정된 것이 없다고 말했고, 프랑스 공사 역시 황제 외에는 알렉세이 대공, 외상, 해군상이 참석해 모두 '평화'를 추구하는 의견을 제시했다고 말했다.[26] 구리노는 1월 5일이 되어서야, 그 비밀회의에는 비테도 출석해 만주에서 일본에게 양보하라고 주장했기 때문에 황제의 기분이 상했다는 정보를 입수했다고 보고했다.[27] 비테가 참석했다는 것은 완전한 허위 정보였다. 요컨대 공사들은 정확한 정보를 전혀 입수하지 못하고 있었던 것이다.

구리노는 1903년의 주역인 베조브라조프에 관해서도 오랫동안 정확하게 인식하지 못하고 있었다. 10월에 독일의 이노우에 가쓰노스케(井上勝之助) 공사가 비교적 정확한 독일 신문기사를 본성으로 보내온 적이 있는데, 구리노는 이보다도 뒤져 있었다.[28] 구리노가 베조브라조프에 관한 중요 정보를 마침내 파악하게 된 것은 12월 말이었다.

1903년 12월 25일 구리노는 다노 유타카(田野豊) 통역관이 근위기병연대 관계자에게서 얻은 정보를 본성으로 보낼 수 있었다. 그 서두에 구리노는 이렇게 썼다. "저 '베자브라조프' 씨에 관해서는 여러 풍평을 들은 바 있다. 돈을 갖고 외국으로 도주해 살고 있다고 하는 자도 있다. 또 무슨 이유에서인지 수년 전 정신병원에 들어간 적도 있었다는 이야기도 들었다. 하지만 떠도는 풍문은 물론 사실이 아닌 것이 분명하다. 그렇지만 일반적으로 평판이 좋지 않은 인물임은 의심할 수 없다."[29]

그런 나쁜 소문투성이의 인물에 관해서 새롭게 파악한 정보는 주목할 만한 것이었다. 베조브라조프는 알렉산드르 미하일로비치 대공의 비호를 받으며, 압록강 주변에 목재회사를 추진해왔는데, "현재 동씨[同氏, 베조브라조프]의 세력은 떠오르는 해의 기세라서 행여나 동씨에게 칼을 겨누는 자는 그 지위가 위태로워지는 형국"이며, 그의 의견에 반대하는 쿠로파트킨 육군상은 "머지않아 장관직에서 물러나" 카프카스 총독으로 좌천될 것이라고 한다. 후임 인사는 "동씨의 수족이 되어 일하고 있는" 보가크 소장을 참모총장으로 하고, 현총장 사하로프를 육군상에 임명한다는 것인데, 보가크는 극동문제의 처리에 분주하기 때문에 아직 실현되지는 않고 있다. 극동태수 알렉세예프도 베조브라조프가 "힘을 써서" 임명된 자인데, 그는 완전히 베조브라조프의 "도구라고 칭할 수 있다"는 것이다.[30]

이것은 베조브라조프의 힘이 가장 강했던 가을 초의 상황에 관한 정보였는데, 무서울 정도로 정확했다. 쿠로파트킨 파면안은 베조브라조프가 비밀리에 노렸던 안이었다고 생각된다. 그것을 전한 것은 구리노의 이 전보뿐이었다. 베조브라조프가 일본 공사와 접촉하기 위해서 넌지시 자기소개를 노린 정보제공이었음이 분명하다고 생각된다. 구리노가 베조브라조프에게 급작스럽게 관심을 집중시킨 것은 당연한 일이었다.

그런데 구리노는 이전부터 본랴를랴르스키라는 실업가와 친분이 있었다. 그러한 본랴를랴르스키가 이즈음 일본을 방문하고 돌아왔다면서 구리노를 찾아 왔다. 그리고 그가 사실 자기는 베조브라조프의 친구라면서 그를 만나보라고 말했던 것이다. 본랴를랴르스키는 베조브라조프에 관해서 "일본에서 매우 오해하고 있으며, 일본에서는 그를 일본배척당 또는 개전론 주창자로 생각하고 있지만, 사실 그는 일본과 양호한 협조관계를 정비하는 데 찬성하고 있다"고 말했다. 구리노는 기꺼이 만나봅시다 하고 대답했다. 그런데 구리노가 요통 때문에 드러눕게 되면서, 만남을 연기할 수밖에 없게 되었다. 그 사이에, 즉 12월 30일에 다노 통역관으로 하여금 베조브라조프를 면회하도록 했는데, 베조브라조프는 이 면회에서 2시간 동안 놀랄 만한 이야기를 했던 것이다.[31]

구리노는 이 이야기를 어떻게 생각해야 할지 판단할 수가 없어서, 12월 31일 병문안 차 찾아온 영국 공사 찰스 스코트에게 그 내용을 털어놓고 상담을 청했다.[32] 스코트는 그날 바로 란스다운 외상에게 간단한 보고를 보냈는데, 그 보고가 외상에게서 하야시 다다스 공사에게 다시 전달되었고, 바로 12월 31일자로 런던에서 도쿄로 간단한 보고가 들어간 것이다.

그 보고에 의하면 베조브라조프는 "나는 시국문제의 평화적 해결을 가장 열망하는 자로서, 일본에 대해서는 누구보다도 우호적인 감정을 지니고 있다"고 말했다. 그리고 지난날 비밀회의에서 자기가 의장이었는데, 람스도르프 외상의 의견은 "존중되지 않았고", 보가크 소장의 세력은 쿠로파트킨 육군상을 "업신여겼으며", 또 비테는 "완전히 시세에 뒤떨어진 생각을 하고 있었다"고 말했다는 것이었다. 뿐만 아니라 "만주에 관해서는 어쨌든 추호도 양보할" 수 없지만, "한국에 관해서는…… 대략 일본의 희망에 부응할 것이다"라고 말했다는 것이다.[33]

구리노 자신은 1월 1일에 장문의 보고서를 도쿄로 보냈다. 이야기가 중복되지만, 그래도 구리노 자신의 보고서에 담긴 베조브라조프의 이야기도 소개하도록 하자.

베조브라조프는, "일본에서는 [베조브라조프]씨를 일본의 적으로 생각하고, 주전론의 거벽(巨擘)으로 간주하는 것은 [베조브라조프]씨가 유감으로 생각하는 바이다. [베조브라조프]씨는 오히려 자기는 일·러 양국이 돈목(敦睦)하는 것이 가장 좋은 정책이라고 믿는 사람이라는 취지의 말을 하고 나서, 일·영 협약은 하나의 헛된 환상에 지나지 않는다고 평가하고, 이 협약의 근본이 되는 주의(主義)를 공격했다." "러시아 황제는 국제평화의 유력한 주동자다. 우리가 진력하는 것도 역시 폐하의 뜻을 성실하게 실현하기 위한 것일 뿐이다." 그는 "일본이 만주에서 상업상의 자유를 보장받겠다고 주장하는" 것은 "유감"이라고 말했다. 왜냐하면 러시아는 "만주를 병탄하겠다는 의사"를 털끝만큼도 품고 있지 않지만, "막대한 금액"을 개발과 철도건설에 투자했기 때문에 "러시아인들 자신의 이익"을 위해서 그 성과를 거두고 싶은 것이다. 만주에서 일본인과 경쟁하라는 것은 "강자가 아니라 약자에 대해서 수수료를 받겠다"고 요구하는 것이나 같다고 [베조브라조프]씨는 주장했다. 한국에 관해서는, "자기는 비단 일본의 제의를 원안 그대로 수락하려는 생각이 있을 뿐만 아니라, 만일 일·러 양국이 공고한 협조관계에 이를 수만 있다면 한국 연안의 관장에 관해서는 전적으로 일본에 일임하는 것도 수긍하는 입장"이라고 말했다. "해군

당국자는 자기의 주장을 받아들이지 않아서," 자기로서도 알렉세예프 대장의 의견을 "다소 참작하지 않을 수 없다"는 것이다.

그는 일·러 교섭에 관해서는 부정적이며, 그 시기가 적절하지 않다는 점, "종이 위의 헛된 약속에 만족하는" 것은 부주의한 태도라는 점, 교섭 과정의 비밀을 유지하지 못한 것은 특히 "유감"이라는 점을 지적했다. 그는 결론적으로 다음과 같이 강조했다. "어쨌든 러시아가 전쟁을 바라지 않는 것은 자신이 확실하게 보증할 수 있다. 일·러 사이의 전쟁은 양국에게 참화이며, 그 결과는 다른 어떤 나라를 이롭게 할 뿐이다. 이런 까닭에 자기는 일본과의 공고한 협조, 아니 가능하다면 동맹이라도 맺는 것을 가장 절실하게 바라고 있다. 이 점에 관해서 자기는 오래도록 생각에 생각을 거듭했지만, 지금까지도 어떻게 실행할 수 있는지 그 방법을 찾지 못하고 있다."

베조브라조프는 람스도르프에 관해서는 "다시 평가할 가치가 없는 인물"이며, 쿠로파트킨은 "정사를 돌볼 만한 그릇이 되지 못한다"고 혹평했다.[34]

구리노는 베조브라조프의 말을 듣고 분명 흥분했다. 주전파라 불리어 온 인물 가운데서 자신과 가까운 일·러 협조파를 발견한 것은 놀라움 그 자체다. 그러나 1월 3일에 이 전보를 수취한 도쿄의 고무라는 여하한 반응도 보이지 않았다.

스코트 공사도 1월 6일자로 란스다운 외상에게 장대한 보고서를 보냈다. 베조브라조프가 말한 내용은 31일의 전보에서 이미 보고했지만, 쿠로파트킨에 관해서만은 "그는 총애를 받아 육군상 직을 유지하고 있을 뿐이다. 그것도 다른 곳에 그가 갈 빈자리가 발견될 때까지만이다. 극동에 관해서는 그 곳의 상황에 보다 더 철저한 지식을 지닌 보가크 장군의 견해가 위원회에서 훨씬 더 중량감 있게 받아들여지고 있다"고 말했다고 썼다. 구리노는 베조브라조프가 람스도르프를 품평하는 것에 놀랐는데, 이것은 스코트 공사도 같은 기분이었다. 구리노는 베조브라조프와 같은 장관급 고관이 외국 공사에게 자국의 외상을 두고 "전혀 중요하지 않은"(of no account) 생각의 소유자라고 말한다는 것은, 러시아 "제국 협의회의 상황이 아나키[무정부]에 가깝다"는 것과 마찬가지라고 생각했다. 스코트는, 베조브라조프가 하고 있는 일은 "람스도르프 백작을 따돌리려는 기도"이며, 자기와 보가크의 영향력을 과시하는 것은 "스스로 불안정하다는 의식을 위장하려는 것"이리라고 냉정한 의견을 적었다. 그리고 나서 스코트는, 러시아 쪽 사람에게서 베조브라조프는 최근 며칠 동안 지위가 위태로워졌다고 들었는데, 정부 고관이 출입하는 클럽에서 제명된 모양이라고 덧붙였다. 그리고 그[베조브라조프]는 스위스의 가족에게로 떠났다고까지 썼다. 구리노는 베조브라조프가 말한 것이 어느 정도까지 확실한 것인지 확인하고 싶어 했지만, 스코트는 분명 베조브라조프의 이야기를 부정적으로 보았던 것이다.[35]

구리노는 우려하면서도 베조브라조프에게 주의를 기울였다. 1월 2일(12월 20일) 그는 병 때문에 오랫동안 두문불출했던 베조브라조프가 이날 황제를 알현했다는 사실을 알아냈다고 도쿄에 보고했다. 이것을 황제의 일기에서는 확인할 수 없다. 베조브라조프가 황제와 가깝다는 점을 과시하기 위해서 유포한 정보일 것이다. 그러나 주목할 만한 것은, 구리노가 이 보고서에서 황제의 "굳은 결심"이란 "개전의 결심"이 아니라, "개전을 피하려는" 의지라는 것이 명백하다고 쓰면서, 황제와 베조브라조프의 특별히 가까운 관계를 강조했다는 점이다.[36] 황제의 생각은 정확하게 전달되고 있었다.

나아가 닷새 뒤인 1월 7일 베조브라조프는 다시 다노 통역관과 만나서, 일본이 조선에 출병할 준비를 한다는 소문이 정말이냐고 물었다. 그리고 그는 그날 중 마침내 구리노 공사와도 직접 만났다. 베조브라조프는 공사에게도 같은 것을 물었다. 설사 일본이 시위행동을 한 것일 뿐이라 해도, 알렉세예프 태수가 이미 동원을 허가해달라고 요청했기 때문에 그렇게 되면 전쟁이 되어버리고 만다, "이제 다 틀렸다고 해야 할 것"이라고 말했다. 알렉세예프의 전보 건은 자기의 사촌인 "아부자"가 수취해 자기에게 알려주었다는 것이었다.[37] "아부자"는 아바자를 말한다.

이틀 후인 1월 9일(12월 27일) 베조브라조프는 다노 통역관을 만나서, 러시아 외무성이 자기와 일본 공사관과의 연락을 눈치 챈 것 같다, 일본의 통신 암호가 해독된 것은 아닌가 걱정스럽다, "특별히 주의를 기울이는 것"이 필요하다고 생각한다고 말했다.[38]

1월 3일부터 10일 사이에 이와 같은 보고를 잇달아 받고서도, 고무라 외상은 주전파라고 생각된 베조브라조프가 개전 회피파라는 사실이 분명히 드러난 것에 대해서 전혀 관심을 보이지 않았다. 전쟁을 결의한 고무라는 러시아가 무엇을 바라고 있는지는 아무래도 좋았던 것이다. 구리노의 보고를 들은 고무라는 베조브라조프와의 관계를 파이프로 역이용하겠다는 생각뿐이었다. 그는 1월 9일, 러시아가 영사관 보호를 위해서 수병으로 위장한 보병 2개 중대를 인천에 파견했다는 미확인 정보가 있다면서, 이를 베조브라조프에게 확인하라고 구리노에게 지시했다. "현재의 긴장 상태를 고려하면 이렇게 많은 수의 병사를 상륙시키는 것은 평화를 위해서도 파괴적이다"라는 말을 공사 개인의 의견으로서 덧붙이라고 첨서까지 했다.[39]

구리노는 부랴부랴 베조브라조프를 만나서 이야기했다. 베조브라조프는 지난번 만난 후 즉시 알렉세예프에게 일본에서 먼저 도발하지 않는 한 러시아에서 주도적인 행동을 취하지 않도록 주의하라는 조언을 타전했다고 말했다. 그리고 2개 중대 파견에 관해서는 몹시 "위험한 일"이라고 말하면서, 곧바로 알렉세예프에게 전보를 보내겠

다고 약속했다. 구리노는 이 회담의 결과를 다음 날 고무라에게 보고했다.[40]

구리노는 이미 베조브라조프를 신뢰하고 있었다. 그는 베조브라조프와의 접촉에 관해서 더 이상 스코트 공사에게 말하지 않았다.

베조브라조프의 러일동맹안

당시 베조브라조프가 일본과의 전쟁을 깊이 우려하고 있었던 것은 틀림없다. 그는 자신이 추진한 '신노선'이 일본과의 전쟁을 회피하는 데 실패했다는 것을 벌써부터 인정하고 있었을 것이다. 사태는 급속도로 전쟁으로 향하고 있었다. 그래서 그는 크게 방향전환을해 과감하게 전쟁을 회피하기 위해 노력할 생각을 하게 되었던 것이다. 그리하여 고안한 것이 러일동맹안이었다. 이러한 판단에는 물론 이 안을 정리하는 데에도 당연히 보가크가 관여했을 것으로 생각된다. 1월 10일(12월 28일) 베조브라조프의 러일동맹에 관한 의견서가 완성되었다.[41]

베조브라조프가 이러한 의견서를 작성하고 있었다는 사실은, 나중에 1월 14일자 구리노 전보가 『일본외교문서』에 수록되었기 때문에 지금까지 예외적으로 일본에만 알려져 있었다. 그렇지만 일본에서도 이 보고는 거의 중요시되지 않았다. 러시아 본국이나 구미에서는 이 사실 자체가 전혀 알려지지 않았다. 내가 내무성 관방의 문서 속에서 의견서 전문을 발견해, 2005년의 게이오대학 심포지엄에서 발표한 것이 최초다.[42]

의견서는 황제에게 제출됨과 동시에 플레베 내무상에게도 보내졌다. 그 밖에 시종장군 알렉세이 이그나체프가 회람했다.[43] 아바자도 물론 회람했다.

의견서에서 베조브라조프는 우선 "러시아의 이해(利害)"가 어떤 것인지 설명했다. "러시아는 태평양 연안과의 연락 라인 확보가 필요하다." 그 때문에 뤼순으로 갔다. 그러나 청국과의 우호관계를 강화할 것이라는 기대는 허물어졌다. 청국이 "우리를 적대시하면서 우리의 연락 라인이 위험해진 것이다." 그래도 황해로 나아간 것은 잘 한 일이다. "이제 우리는 필요한 것을 모두 얻었다. 왜냐하면 가장 가까운 부동항과 랴오둥반도가 사실상 우리 수중에 있기 때문이다. 이것으로 우리의 직접적이고 매우 중요한 국가적 이해는 끝났다. 랴오둥반도를 넘어 조선반도든 중국의 깊숙한 곳이든 확장해 가는 것은, 우리에게 전혀 불필요할 뿐만 아니라 우리를 약화시킬 뿐이다. 실제로 랴오둥반도에서 우리의 영향력을 강화하기 위한 최단기적이고 최선의 그리고 최적의 방어선은 조선의 북부 국경과 만주의 남부를 지나는 선이다. 따라서 조선반도〈를 획득하는 일〉는 우리 연안의 방비를 현저하게 연장시킬 뿐이며, 육상 강국인 우리나라에게는 무조건 불리하다." 다만 우리는 적대적인 세력이 조선에 발판을 만드는 데에는 반대한다. "우리는 우호적인 국가, 특히 동맹국이 조선에 세력을 확대한다면 전적으로 환영하고 협력할 용의가 있다." "마찬가지로 만주를 우리의 국가적 판도에 넣는 것에 반대할 만한 중대한 고려사항들도 있다." "만주에서 우리의 모든 관심은 우리 제국이 태평양 연안과의 연락 라인을 안전하게 확보하는 것에만 집중될 것이다." "그 이외에 우리는 만주와 조선에 그 어떤 이해관계도 지니고 있지 않다."

그는 계속해서 "일본의 이해"에 관해서도 논지를 전개했다. 일본은 상공업을 발전시킬 필요가 있으며, 그 활동 무대는 동아시아 연안부와 전 태평양이다. "따라서 일본의 국가과제는 무엇보다도 우선 중국이며, 남방으로의 진출에 있다." 북쪽으로는 타이가(침엽수림) 뿐인데도 지금 일본이 러시아와 만주에 대한 영향력을 다투고 북방으로 향하고 있는 것은, 영국과 미국이 자국의 이해관계를 위해 이를 재촉하기 때문이다.

여기서부터 "영·미의 이해관계"가 설파되었다. 영·미는 상공업을 위해서 중국, 동남아시아 그리고 태평양을 확보하려 한다. 이 때문에 일본과 경쟁하고 있다. 그러니까 영·미는 일본을 북진시키고 싶어 하는 것이다. 베조브라조프는 많은 사례를 들어가며 영·미의 음모를 설명했다.

결론적으로 베조브라조프는 "평화는 실로 조정된 이해를 기초로 한 정말로 성실한 러시아와 일본의 동맹에 의해서만 창출될 것이다" 라면서 동맹의 세 가지 조건을 열거했다.

1. 동맹은 침략적 목적, 영토획득, 특정 외국에 대항하기 위해서가 아니라 현지에서 상황의 주인이 되어, 극동에…… 항구적인 평화를 확립하기 위해서 체결될 것이다.
2. 러시아는 만주를 병합하지 않으며, 조선은 독립국의 지위를 지속할 것이다. 그리고 러시아는 조선에서 일본이 하는 행동에 대해서는 친구, 동맹국의 행동으로서 대응한다. 외국에 의한 폭력적 침해에서 조선을 지키는 일은 러시아와 일본 합동군의 임무로 한다.
3. 러시아와 일본은 각각 만주와 조선에 국책 개발 사업을 만들어, 러시아는 만주 그리고 일본은 조선의 천연자원을 개발한다.

"만일 본 의견서에 기술된 사상과 사태를 이해하고 권력을 지닌 사람들이 이를 시인한다면, 일의 성공을 위해서 이 동맹을 즉각적으로 체결하는 것에 **사활을 걸어야** 할만큼 중요하다. 우리의 적과 우리를 시기하는 자들이 하려고 하는 행위의 의미를 읽어내고, 극동에 강고한 평화를 영구히 확립하는 이 유일한 수단에 대항하는 방책을 취할 가능성을 제공하지 않기 위해서."

베조브라조프의 이 러일동맹안을 쿠로파트킨의 뤼순포기안과 비교해 보면, 결국 어느 쪽도 러일전쟁을 회피하는 데에는 도움이 되지 않았지만, 그래도 이 위기의 국면에서 평화의 제스처로서 의미를 지닐 수 있었던 것은 베조브라조프의 안이었다고 할 수 있을 것이다.

베조브라조프는 1월 11일(12월 29일) 곧바로 일본 공사관의 다노 통역관을 만나, 구리노 공사에게 약속한 각서가 완성되었고 프랑스어 번역도 끝났지만 예상하지 못한 사태가 발생했다고 말했다. 그것은 다름 아닌 베조브라조프가 구리노와 연락하고 있다는 사실이 정부 내에 알려졌다는 것이었다. 아바자는 "어떤 문서도 건네지 말기 바란다. 반대파의 무기로 사용될 우려가 있으니까"라고 말했다고 한다. 베조브라조프는 아바자는 자신과 의견이 같고 러일동맹안에 찬성하고 있다고 말했다. 그리고 베조브라조프는 노다로 하여금 의견서를 읽도록 했다.

노다가 의견서를 읽고 나서 구리노에게 전한 동맹안의 내용은 이런 것이었다. 즉 동맹은 "방어적인 성질"의 것으로, "양국의 번영을 증진하는" "경제적 동맹"일 것, "러시아는 만주를 병탄하지 않을 것, 그리고 일·러 양국은 한국의 독립을 존중하겠다고 상호 약속할 것, 일본은 만주에서 러시아의 특수이익을 승인하고, 또 러시아는 한국에서 일본의 특수이익을 승인하며, 또한 이 특수이익의 보호를 위해서 필요한 조치를 채택할 권리를 상호 인정할 것"이라는 내용이었다.

베조브라조프는 노다에게, 다음과 같이 구리노 공사에게 전달해달라고 부탁했다. 만일 이 생각을 일본이 받아들여, 천황이 러시아 황제에게 "평화유지와 친밀협조를 수행하겠다는 희망"을 표명한 전보를 보낼 것이 확실하다면, 자기는 "최후의 목적을 달성하기 위해 평화적

해결에 전력을 쏟겠다"는 것이었다. 반드시 러시아 황제를 움직이겠다고 부언했다고 한다.[44]

분명히 구리노는 베조브라조프의 제안에서 희망을 보았다. 실은 노다가 베조브라조프를 만난 11일에 구리노 공사는 람스도르프 외상을 만나고 있었다. 람스도르프는, 귀하는 베조브라조프를 만났는가, 그가 뭐라고 하던가, 나에 대해서 뭐라고 하던가, 라고 물었다. 그리고 구리노에게, 우리가 일본 공사관의 암호 전보를 해독할 수 없다고 생각하느냐며 노골적으로 압박했다. 구리노는, 베조브라조프를 만났다, 그와 같은 인물을 만나는 것은 나의 직무이기도 하다, 양해해주기 바란다, 라고 되받았다. 그러자 외상은, 베조브라조프는 "일개 미친 자로서, 이런 자를 상대해 봤자 조금도 이익이 되지 않을 것"이라고 내뱉었다.

베조브라조프의 발상은 분명 엉뚱했다. 람스도르프는 암호를 해독해 베조브라조프와 구리노의 접촉을 알고서, 그것을 위험하게 여기는 정도였을 것이다. 외상이 베조브라조프 제안의 내용을 알았다면 경악했을 것이다. 람스도르프는 그저 겁쟁이 관료에 지나지 않았다. 그렇기 때문에 그는 황제와 함께 목전에 닥친 파국을 눈치 채지 못하고, 언제나 하던 식으로 게임을 계속하고 있었던 것이다.

그날 구리노는 비테도 만났다. 비테는, 외상과 자기는 "정략 수행의 면"에서 "실패"했다, 그러나 "황제께서는 평화를 희망하시며," "평화를 위해서라면" 무엇이든 하려고 하신다고 단언할 수 있다, 라고 말했다. 그런데 그 다음에 한 말이 기묘했다.

"그렇지만 현재의 정세에서는 러·일 양국이 상호 간에 해군과 육군을 계속해서 확장하고 있다. 화근은 실로 여기에 있다. 대저 이 군비경쟁에서 상대에게 앞선 쪽은 상대에 대해 자기가 하고자 하는 조건에 굴종시키려 할 것이다. 그런데 내가 보는 바로는 기선을 제압하는 쪽은 러시아가 될 것이다. ……만약 일본이 한국을 점령하거나 또는 여기에 출병하려고 한다면, 그럴 경우에 일본은 끊임없이 러시아와 출동할 위험을 피할 수 없게 될 것이다. 그러므로 평화를 원한다면, 일본이 해양에 의해서 격리되어야 함이 매우 마땅하다."

러·일 간의 군사충돌에서는 러시아가 우세를 점할 것이다. 일본이 조선을 점령하면 러시아와의 군사충돌은 피할 수 없다. 그러니까 바다 건너 대륙에 손을 대지 않는 것이 일본을 위한 일이다. 비테는 거만하게 나옴으로써 일본을 위협하고, 전쟁을 생각하지 못하도록 하려는 생각이었을까?

일본이 한국에서 지니고 있는 우월적 이익을 포기하는 일은 있을 수 없다, 그러니까 러·일 협정을 추구하고 있는 것이라고 구리노가 말하자 비테는 거듭해서 "현존 조약을 준수하는 일만이 있을 뿐," 이것을 지켜서 일본이 침략적 행동을 하지 않는 한 평화는 유지된다, "러시아는 전쟁을 바라지 않는다. 그러나 지금의 정세는 매우 곤란하다. 종이 위의 약속은…… 효력이 없을 것"이라고 내뱉었다.[45]

구리노는 베조브라조프, 람스도르프 그리고 비테의 의견을 종합해보고는 베조브라조프의 안에서 희망을 보았다. 자신들이 주전파라고 생각했던 세력이 전쟁 회피를 원하는 사람들이었고, 평화파라고 생각했던 세력이 무책임하고 무기력한 사람들이었던 것이다.

구리노는 12일에 고무라 앞으로 보낼 '러시아 정치가의 일본 태도에 관한 생각'이라는 문서를 작성했다.[46] 이것은 러시아 정부 내의 상황에 관해 가장 깊은 통찰을 보여준다. 구리노는 비테와 베조브라조프를 대비해 기술했다.

비테의 생각은, "일본은 성실하게 일·러 사이의 오해를 배제하기 위해서 일러협상을 희망한다. 그러나 그 요구하는 바가 매우 강경해 받아들일 수가 없다. 만주에 관한 요구도 이를 어느 정도 받아들이지 않으면, 일본은 끝끝내 만족하지 못할 것이다. 결국 무력에 호소하더라도 물러서지 않을 것이다"라는 것이었다. 비테는 "가능한 한 양국이 조화롭게 협상을 성사시키고 장래의 오해를 제거하는 데에 진력하고 있지만, 동씨의 주장은 충분히 관철되지 않고 있다. 반대파 때문에 대신의 지위에서도 축출되었을" 정도라서, 최근에 그는 오히려 "반대파"로 취급받고 있다고 보았다. 람스도르프와 쿠로파트킨도 똑같은 경우에 해당한다고 보았다. 이 세 사람도 만일의 경우를 생각하고 있으며, 특히 쿠로파트킨은 극동의 군대 배치 계획을 완수하려 하고 있다.

이에 반해 베조브라조프의 낭초 생각은, "일본은 결코 무력에 호소해 러시아에 저항할 수 있는 나라가 아니다. 협상은 러시아의 희망대로 충분히 수행해야 한다"는 것이었다. 여기에 찬성한 사람이 알렉세예프, 아바자, 해군상 아벨란, 참모총장 사하로프 그리고 황제를 보좌하게 된 보가크 등이었다. 베조브라조프는 만주에 관한 일본의 요구는 "절대 거부"하고, 조선에 관한 요구도 "가능한 한 러시아에게 유리하도록 첨삭해야 할 것"이라고 주장했는데, "만일 일본이 무력으로 저항한다면, 무력으로 쳐부수어야 한다는 이유로" 극동에 "군함 및 군대의 파견을 창도하고 있었다"고 한다. 그런데 현재는 생각이 바뀌었다. "오늘날 일본의 태도에 관한 그의 생각은 완전히 정반대이며", 비테 등이 생각하는 것처럼 일본은 "충분히 결의를 다지고 있기 때문에 혹시나 먼저 전쟁을 시작할지도 모른다"고 우려하고 있다.

그래서 베조브라조프가 생각한 것이 "기묘한 연극을 연출해 천하의 이목을 끌고, 한편으로는 폐하의 신임과 총애를 점점 더 두터이 하며, 다른 한편으로는 시기를 틈타 정권을 한 손에 쥠과 동시에 양국 간 협상문제를 쾌결〈快決, 원문 그대로〉하고자 하는 것이다", 그것이 러일동맹안이다. 그는 "러시아를 위해서 진실로 이것이 필요하다고 생각하"지만, 황제에게 러일동맹안을 "수락하게 하려면", "일본의 태도에 관한 애초의 생각을 실현해야 할 필요"가 있다고 생각해서, "일·러의 두 황제 폐하의 우의적인 전신 교환"이라는 방책을 안출했다. 니콜라이 2세가 "그의 주장에 동의하실 것임은 그가 깊이 믿어 의심하지 않는 바이다. 따라서 하루아침에 전신 교환이 성사되어 세간에 이를 발표한다면, 일러협상에 관한 전권을 폐하에게 위임받아 처음부터 자기와 생각을 달리한 이른바 반대파 무리들을 모두 궁지에 빠뜨리고", 즉시 알렉세예프를 소환해 "일본과의 동맹을 약속하는 것을 목적으로 하여, 현재 진행 중인 협상은 가능한 한 양보하기로 결정, 낙착되었다고 알리고 싶다는 것이다."

베조브라조프는 자신의 계획이 반대파에게 알려졌다면서, 의견서를 일본에 건네지 않았다. 그리고 신병 치료차 휴양을 위해 제네바로 가는 3주간의 휴가(賜暇)를 연기해왔는데, 12일에 출발하기로 했다고 말하고, "만일 일본에서 동의의 통지"가 있으면 보가크에게 타전해달라, 즉시 귀국해 폐하의 동의를 얻어내겠다, 고 말했다고 한다.

다만 구리노는, 베조브라조프가 "일본과 전쟁을 시작하는 것이 바람직하지 않다고 말하는 것은 본 공사가 깊이 신뢰하는 바이지만", 최초의 주장도 유지하고 있어서 "본의 아니게……군인파를 선동하지 않을 것이라고 보장하기 어려우며, 또 이러한 간웅(姦雄)의 성질을 갖춘 인물"이라고도 보고 있었다.

일본과의 전쟁을 회피하려면 군사력을 강화해야 한다는 주장을 하던 베조브라조프, 보가크 등이 전쟁을 회피하기 위해서 최후의 수단으로 러일동맹안을 제시해온 것이 구리노에게는 이렇게 보였던 것이다. 구리노는 이것이 중요한 제안이자 전쟁을 방지하는 최후의 찬스일지도 모른다고 생각했을 것이다. 그러나 반신반의했던 것도 분명하다.

그가 이 장문의 분석을 어떻게 보냈는지는 자료를 통해서는 알 수 없다. 그러나 러시아에 알려지는 것을 피하기 위해서, 나중의 전보와 마찬가지로 독일을 경유해 보냈던 것은 아닐까? 구리노는 14일에는 베조브라조프의 제안과 람스도르프, 비테와의 회견 내용을 각각 다른 전보로 작성했다. 구리노는 비테와의 회견 내용을 쓰고 나서 그 다음 부분에 비테와 베조브라조프를 비교하는 문안을 적어 넣었다. 두 사람은 "서로 적이라는" 점, 모두 "정치적으로 비상한 야심가"이며 상호 간에 "술책과 음모를 꾸미며 계속 투쟁하고 있다는 점"은 확실하다. 그러나 궁정 내에서 비테는 힘이 없고, 베조브라조프 쪽에는 태수 알렉세예프, 아바사, 보가크가 있어서 대공들의 과반수가 지지하고 있다. 보가크는 "황제 보좌 특별무관으로 임명되었다"고 썼다.[47] 즉 비테의 이 강경하고도 오만한 대결론은 정권 내의 소수의견에 지나지 않으며, 베조브라조프의 러일동맹론 쪽이 가능성이 있다고 지적한 것이다. 여기에 구리노의 판단이 나타나 있었다.

이 14일자 전보는 어떻게 발송되었는지 알 수 있다. 구리노는 페테르부르크에서 암호전보로 발송하는 것을 꺼려서, 밀사로 하여금 베를린까지 가져가도록 했다. 전보는 베를린의 이노우에 공사를 통해 15일에 도쿄에 도착했다.

이보다 앞서 구리노는 페테르부르크의 영국 공사관 일등서기관 스프링-라이스를 만나, 비테와의 회견 내용을 공사인 스코트에게 전해 달라고 요청했다. 영국에게는 베조브라조프의 이야기를 할 수 없었다. 아마도 구리노는 비테에게 화가 나 있었을 것이다. 스프링-라이스가 작성해 둔 메모가 남아 있는데, 영국인의 논리적인 이해력 때문인지 이쪽 편이 이해가 빠르다. 아무튼 이에 따르면 비테는 "글로 쓰거나 구두로 하는 보증이나 조약"에는 의미가 없다는 점을 강조했다. 즉 러일교섭에 대단한 의미는 없다고 말했던 것이다. "상황이 바뀌었기 때문에 러시아의 정책도 바뀌었다." 일본은 군사적으로 러시아와 경쟁할 수 없다. "기다리는 게임은 러시아에게 유리하다." 장래 러시아의 힘이 강해지면, 러시아는 자국의 주장을 관철할 것이다. 그러니까 일본은 조선을 고집하지 않는 편이 좋다. 비테가 말한 내용은 이런 것이었던 모양이다.

구리노는 이 말에 납득하지 않고 다음과 같이 자신의 생각을 표명했다. "아마도 그렇게 되겠지만, 교섭이 결렬되었을 때 일본이 러시아의 진지를 공격하는 것은 현명하지 않다고 나는 굳게 믿는다."

마지막으로 러시아를 다시 한 번 설득한다. 그것이 순조롭게 이뤄지지 않으면 일본으로서는 각국을 향해 다음과 같은 성명을 발한다. 즉 러시아는 자국이 청국의 어떤 부분에 예외적인 권익을 갖고 있으니까 이를 인정하라고 제안해왔다. 일본은 현상과 국제법의 원칙을 존중할 것이다. 그것을 침해하는 움직임을 보이는 나라가 나온다면, 일본은 최선의 방법으로 자국의 이익을 방어할 권리를 보유한다, 라는 내용의 성명이다.[48]

1월 14일에 독일에서 발송된 전보는 15일 오전 1시부터 5시 사이에 도쿄에 도달했다. 고무라는 이제까지와 마찬가지로 베조브라조프의 제안은 거들떠보지도 않았다. 그는 비테와의 회견을 전한 전보에 가치를 부여하고, 그것을 도쿄 주재 미국 공사 그리스컴에게 보여주었다. 그리스컴은 이를 워싱턴으로 타전한 전보에서, 러시아 황제가 평화를 바라고 있음은 확실한 것 같다, 베조브라조프 등의 '전쟁당' (the war party)은 그 영향력을 약간 잃고 있기 때문에 비테 등의 '보다 평화적인 당'(the more peaceful party)이 황제에 대한 영향력을 회복한다면 위기의 외교적 해결을 기대할 수 있겠다, 주러 일본 공사의 전보에 따르면 목하 양파의 투쟁은 치열하다, 라고 보고했다.[49] 고무라는 베조브라조프의 제안은 숨기고 비테의 의견을 교묘히 활용해 러시아

내부 사정을 잘 모르도록 했던 것이다.

러시아 수도의 영국 공사도 비테 회견에 관한 구리노의 이야기를 1월 20일 페테르부르크에서 밀사를 통해 내보냈다. 이 통신은 25일에 런던에 도착했다.[50]

비테의 발언에 관해서는 지금까지 러시아 학자들도 흥미롭게 여겼다. 로마노프는, "다름 아닌 비테 자신도 일본에 조선을 넘겨주는 것을 생각하지 않고 있다는 한 가지 사실로 전쟁반대파를 어떻게 해서든 무장해제하겠다는 것이었다"면서, "영·미·일의 트로이카가 전쟁 도발을 둘러싸고 벌이고 있는 열광적인 정치 게임"에 이것을 이용한 것이라고 보았다. 젊은 루코야노프는 더 나아가, 비테가 전쟁을 도발하고 전쟁의 혼란 속에서 다시 자신이 정치적으로 나설 차례가 올 것을 기대한 것이었다고 추측하고 있다.[51] 그러나 그것은 지나친 생각인 것 같다. 비테는 원래 일본이 공격하지 않을 거라고 생각하던 사람이었고, 이번에도 위협하면 일본은 전쟁하지 않을 것이라고 생각해서 한 발언이었을 것이다. 아무튼 이것은 완전히 그릇된 판단에 입각한 그릇된 메시지였다.

그런데 베조브라조프의 건곤일척의 러일동맹안에 대해서 황제는 어떤 반응을 보였을까? 차르스코예 셀로 궁전의 문서에 남아 있는 의견서에는 적어 넣은 문장이 아무것도 없다. 황제의 일기에도 엿볼 수 있는 것이 없다. 아마도 황제는 지지하지 않았던 것이라고 생각된다. 베조브라조프는 구리노에게는 12일에 출발할 것이라고 말했지만, 황제의 답을 받기 위해서 출발을 연기하고 있었을 것이다. 황제가 적극적인 반응을 보이지 않았기 때문에, 그는 절망한 끝에 의견서를 제출한지 사흘 후인 1월 14일(1일) 제네바에 있는 가족에게로 떠났다.

그는 출발 전에 일본 공사관의 다노 통역관을 만났다. 그 만남에서 그가 무슨 이야기를 했는지는 알 수가 없다. 구리노는 1월 15일(2일)

에 베조브라조프의 출발 소식을 도쿄로 보고했다.

"베조브라조프는 1월 14일 휴가차 제네바의 가족에게로 떠났다. 이번 달 말에 귀국할 것으로 기대된다. 그는 노다에게, 일본의 통신 가운데 자기의 이름을 지칭하는 암호명이 발견되었다는 통고를 받았다고 말했다."[52]

베조브라조프의 러일동맹론이 구리노의 마음속에 펼쳐놨던 희망이 순식간에 사라져버린 것이다. 이것은 마지막 희망이었다.

그런데 베조브라조프가 떠난 뒤에 플레베 내무상이 구리노에게 접근했다. 구리노는 자신이 1월 20일 플레베를 답례 방문했을 때 다음과 같은 이야기를 들었다고 고무라에게 보고했다.

"황제가 문제를 평화적인 방법으로 해결하기로 결심했다는 데에는 의문의 여지가 없다. 러시아 같은 대제국이 일본 같은 소국에게 욕보임을 당해서는 안 된다는 견해를 고집하는 사람들은 있다. 그러나 자신은 양국의 충돌은 대재난을 초래할 것이기 때문에, 우리는 그것을 막는 데 전력을 다해야 한다는 것을 잘 알고 있다. ……그는 일본의 인구증가로 조선에서 식민을 행할 필요가 있다는 점을 인정한다. 그는 러시아가 일본의 최후의 제안을 받아들일 것이라고 덧붙였다."[53]

플레베는 베조브라조프의 의견서를 읽었던 사람이다. 고무라는 그역시 전쟁당은 아니라는 사실을 알고 있었던 것이다. 그러나 고무라에게 그런 것은 아무런 의미가 없었다.

일본 정부, 개전을 포함한 최종회답을 결정하다

베조브라조프의 러일동맹안이 전해졌을 때, 일본 정부는 최종회답을 결정하려 하고 있었다. 1904년 1월 8일 고무라가 회답안 및 의견서를 가지고 가쓰라의 사저를 찾아가, 야마모토 곤베에 해군상, 데라우치 마사타케 육군상을 불러 협의했다. 모두 고무라의 원안에 찬성했다. 11일에는 다섯 원로들, 고다마 참모차장, 이토(伊東) 군령부장, 이슈인(伊集院) 군령부차장이 총리대신 관사에 모였다. 가쓰라는 유행성 감기로 결석했기 때문에 야마모토 해군상이 수상 대리로서 회의를 주재했다. 거기서도 고무라의 원안이 승인되었다. 다음 날 12일 오전, 야마모토 해군상이 참내(參內)해 천황에게 상주했고, 오후에 어전회의가 열렸다. 다섯 명의 원로, 세 명의 대신과 세 명의 육해군 참모부 책임자들 외에 기요우라 게이고 농상무상, 소네 아라스케 재무상, 하타노 다카나오(波多野敬直) 법무상, 오우라 가네타케(大浦兼武) 체신상, 구보타 유즈루(久保田讓) 문부상 등도 참석했다. 이날도 가쓰라는 결석했다. 회의석상에서 이토 히로부미는 "국가존망"이 걸린 문제이므로 "천황께서 신중하게 숙고하시어 성단을 내려주시기 바란다"고 말했지만, 야마가타는 담판 중지 후의 출병에 관해서 발언했을 뿐이었다. 반대하는 자는 없었고, 회의는 고무라의 원안을 결정했다.[54]

이렇게 결정된 고무라의 최종 회답안은, "한국에 관해서는 추호도 물러서거나 양보할 여지가 없기 때문에 우리의 주장을 견지하고, 동(同) 국가의 영토를 군략상의 목적으로 사용하지 않을 것 및 중립지대 설정에 관한 조항은 삭제할 것", 만주에 관한 러시아의 제안에 대해서는 영토보존을 존중한다는 조문을 추가하고, 만주와 한국에 관한 규정을 상호적으로 할 것, 그리고 거류지 설정의 제한은 삭제할 것을 집어넣은 것이었다.

그러나 문제는 교섭이 아니었다. 고무라의 의견서는 다음과 같이 되어 있었다. "종래의 경과에 비춰 보면 위와 같이 한다고 해도 여전히 러시아가 우리의 희망을 수용하도록 하는 것은 매우 곤란하다. 도저히 더 바랄 수 있는 것이 없을 뿐만 아니라 시국의 해결을 지연시키는 것은 우리에게 매우 큰 불이익이 될 것이라 믿는다. 따라서 만일 동(同) 정부가 회답을 지연하거나 또는 불만족스런 회답을 제시하면…… 어쩔 수 없이 담판을 중단하고 동시에 침박(侵迫)을 받는 방면에서 제국의 지보(地步)를 방위하며, 제국의 기득권 및 정당한 이익을 옹호하기 위해서 최선이라고 생각하는 독립적인 행동을 취할 권리를 보유한다는 뜻을 러시아 정부에 통고해야 한다. 즉시 자위를 위해 필요한 수단을 취하는 것 이외에 달리 도리가 없다."[55]

즉 고무라는 지금 제시하는 회답이 마지막이라면서, 러시아의 회답이 나오든 나오지 않든 교섭을 결렬시키고, 개전할 것을 원했다고 할 수 있다. 그것이 어전회의의 승인을 받았던 것이다.

1월 13일(12월 31일) 일본의 최종 제안[56]이 러시아에 전달되었다. 러시아의 제2차 안의 제5조부터 전반부를 삭제하고, "조선해협의 자유항행을 박해할 수 있는 군사 요새 공사를 한국 연안에 설치하지 않을 것을 상호 약속할 것"이라고 한다, 제6조는 삭제한다, 는 것이었다. 러시아의 만주 제안에 관해서는 다음과 같이 수정한다면 수용하겠다고 되어 있었다.

"만주 및 그 연안은 일본의 이익 범위 밖이라는 점을 일본이 승인할 것. 다만 러시아는 만주의 영토보전을 존중하겠다고 약속할 것. 러시아는 만주에서 일본 또는 다른 국가가 청국과의 현행 조약으로 획득한 권리와 특권을 향유하는 것을 저해하지 않을 것. 러시아는 한국 및 그 연안이 러시아의 이익 범위 밖이라는 점을 승인할 것." 또한 다음의 1개 조를 추가해도 좋다. "일본은 만주에서 러시아의 특수 이익을 승인하고, 또 이러한 이익들을 보호하기 위해서 필요한 조치를 취하는 것은 러시아의 권리라는 점을 승인할 것."

일본은 러시아의 요구인 전략적 목적을 위해서 조선 영토를 이용해서는 안 된다는 항목을 거부했고, 중립지대에 관한 조항도 거부했다. 만주에 관해서는 그것이 "일본의 이익 범위 밖"이라고 인정해도 좋지만, 그 대신 러시아는 만주의 영토보전을 약속하라, 조선에 관해서 러시아의 이익 범위 밖이라는 점을 인정하라고 하면서, 제2차 안에 포함시킨 안을 다시 한 번 문제 삼고 있다. 요컨대 러시아가 주장하는 일본의 한국 지배에 대한 제약을 일본은 거절로 관철하겠다는데에 주안점이 있었다.

일본의 이 제안이 뤼순에 도달한 것은 1월 15일(2일)이었다. 극동태수의 외교관방장 플란손은 이 회답을 다음과 같이 해석했다. 러시아의 제안이 일본이 요구하는 양보를 포함하지 않았기 때문에, 일본은 "일종의 조소(嘲笑)"로 받아들였다. 그리고 "일본인들이 복수한 것이다. 분명 러시아가 받아들일 수 없는, 전보다 훨씬 지독한 요구를 제시했다."[57]

그런데 페테르부르크의 람스도르프 외상은 희망적인 관측을 하고 있었다. 1월 15일(2일)에 황제에게 다음과 같이 상주했다. 일본이 "협조적인 정신"이기는 하지만, 우리의 최종 정정에 동의할 수 없다고 회답해왔다. 조선의 영토를 군사전략적 목적으로 사용하지 않는다는 것을 거부하고 있지만, 이에 관해서는 "조선의 독립과 영토보전"이라는 원칙을 지킬 수 없는 것이냐고 반론할 수 있다. "전적으로 불가능하지는 않다고 해도, 훨씬 곤란한 것은…… '중립지대'에 관한 제6조를 지키는 것이겠지요."

람스도르프는 압록강 연안에서 우리의 군략상의 과제를 때이르게 노출한 것이 일본의 대응을 불러와, "39도선의 중립지대 설정에 동의해주기를 전혀 기대할 수 없습니다"라고 단언했다. "우리의 이익에 완전하게 부응하지 않는 중립지대의 설정을 단념하는 것이 우리에게는 보다 유리한 것이 아닐까 하는 의문이 이제 자연스럽게 생깁니다"

라고 완곡하게 제안했다. 만주에 관한 일본의 제안에 관해서는, 조선에 관한 주장과 연계하는 것만큼은 거부해야 한다고 람스도르프는 주장했다.[58]

외상은 일본의 최종안과 러시아의 견해를 프랑스 정부에 알려도 좋은지 황제에게 허가를 요청했다. 그리고 그는 이 상주를 내밀하게 육군상에게도 보여주고, 그의 의견을 청했다.[59]

주재 무관들의 보고와 증원함대

일본 정부가 개전방침을 결정하는 단계에 왔을 때는 이미 신문들은 그전처럼 요란스럽게 써대지는 않았다. 1월 17일에는 주간 『헤이민신문』이 10호를 맞이해, 창간 이래 처음으로 전쟁을 반대하는 특집을 편성했다. 첫머리에 '우리는 어디까지나 전쟁을 인정하지 않는다'고 내걸었다. 그 첫 페이지 하단에 '러시아와 일본'이라는 칼럼을 실었다.

"러시아가 침범하는 만주는 실은 타인의 영토다. 일본이 취한 타이완은 과연 타인의 영토가 아니라 할 것인가? 약탈, 학살, 러시아인들은 실로 이런 짓들을 했다. 일본은 과연 이런 짓을 하지 않았는가?" "러시아의 평민, 일본의 평민, 이들은 인류다. 이들은 동포다. 서로 사랑해야 하고, 서로 구원해야 한다. 악수하고 연맹하고 단결해야 한다, 세계 인류 동포를 위해서, 평화를 위해서, 자유를 위해서." 이 제10호에는 '블로호 씨의 전쟁론'이 게재되었다. 즉 "러시아 황제가 이전에 평화회의를 주창한 것은 전적으로 이 글에서 받은 감화 때문이다"라고 블리오흐의 논의를 소개했다. 그러나 국민의 귀에 『헤이민신문』의 목소리는 들리지 않았다.

바야흐로 정부는 전쟁 준비에 돌진하고 있었다. 일본에 있는 러시아 무관들은 일본 정부가 개전 방침을 결정한 것을 눈치 채지 못했지만, 한층 더 전쟁준비에 매진하고 있는 상황을 파악해 보고했다. 해군무관 루신은 1월 13일(12월 31일)에 다음과 같이 보고했다. 정부가 전세 낸 민간 선박은 40척에 달하며, 2개 사단을 수송할 수 있다. 해외 항로가 폐쇄되었기 때문에, 또 다른 민간 선박의 조달이 가능하며, 2개 사단을 더 수송할 수도 있다. 개전 준비는 진행되고 있다. "우리와 협상이 직접적으로 결렬되어, 우리에게 적대행동을 할 경우, 일본의 최초 지향점은 제해권 문제를 해결하기 위해서 우리 함대와 맞닥뜨리는 것일 터이다."

이와 같이 말하면서도, 루신은 또 다시 일본이 선전포고 없이 조선에 출병하는 일도 있을 수 있다면서, 그럴 경우에는 주요 상륙지점이 부산 그리고 이어서 진남포가 될 것이라고 썼다. 이전의 전보에서 확정적으로 예언한 조선 출병이 어째서 일어나지 않았는지 알 수 없다고 하면서, 그는 하나의 가설을 상정했다. 러시아의 순양함이 블라디보스토크에서 나왔다. '그로모보이'호가 원산에 입항했다는 등의 정보가 일본에 들어갔고, 그것이 일본의 조선 파병을 방해하겠다는 러시아의 시위라고 생각했다, 그래서 이와 같은 다수의 배들을 용선 계약한 것도, 혹시 수송선의 명목으로 다수의 선박을 차입한다는 소동을 일으켜서, 러시아에 적대적인 시위를 한다는 생각을 하고 있는 것은 아닐까? 라는 것이었다. 루신은 여전히 러시아가 일본의 제안을 수용하지 않는다고 해도 간단히 결렬될 리는 없다면서, 결렬된다고 하면 그 이유는 "일본의 조야(粗野)한 침략 의도" 이외에는 없을 것이라고 쓴 것이다.[60]

그렇지만 이 보고를 로제스트벤스키가 접수한 것은 2월 12일(1월 30일), 즉 개전 후 엿새나 지난 뒤였다.

1월 16일에는 오야마 참모총장, 데라우치 육군상의 연명으로 보병 제12사단의 4개 대대를 차출해 한국으로의 임시 파견대를 편제했고, 기고시 야스쓰나(木越安綱) 제23여단장을 그 사령관으로 임명해 명령을 기다리게 하는 방책이 천황에게 제출되어 윤재(允裁)를 받았다.[61] 그리고 이것이 러시아의 주재 무관에게 간접적으로 전해졌다.

루신은 연일 타전했다. 1월 16일(3일) 발 전보는 이러했다. "어제 사세보 관내에서는 예비 해군 일부가 30일간의 훈련을 위해 소집되었다. 함대는 사세보에 있다. 약 40척의 민간 선박이 용선 계약되었다. 2개 사단 이상을 수송할 수 있다. 오스트리아, 봄베이, 구미와의 항로는 폐쇄되었다." 1월 19일(6일) 발 전보는 다음과 같다. "총계 45척이 용선 계약되었고, 그 외에 많은 배가 보류되어 있다. 제12사단에서는 훈련 명목으로 모든 예비역 병사들과 일부 후비 병력이 소집되었다."[62]

45척을 용선 계약했다는 루신의 정보는 로젠 공사가 수도의 외무성과 뤼순의 태수에게 보냈다. 1월 20일(7일)의 전보에는, 일본 정부가 "가장 가까운 장래에 조선에서 자신들의 계획 실현에 착수하는 것을 의도하고 있다. 그럴 때 러시아가 개입해 러시아와의 군사충돌이 일어날 가능성을 일거에 배제하기 위해서 충분한 병력이 준비되어 있다. 조선으로 파병할 때, 이 결정적인 조치는 전 군대의 총동원으로 뒷받침될 것이라고 생각한다"고 되어 있었다.[63] 로젠도 루신과 마찬가지로 일본이 조선 출병을 단행할 것이라고 생각했고, 그럴 경우 러시아와의 개전을 결의하고 있다고는 보지 않았던 것이다.

이러한 정보들을 잇달아 받은 알렉세예프는 견디지 못하고 1월 17일(4일) 황제에게 전보를 보냈다. 쿠로파트킨 육군상의 전보(1월 12일)를 받은 이래 정세는 악화하고 있다. 새로운 정보는 일본군이 조선에 작전기지를 구축하고 있으며, 이미 6,000명 이상의 병사들이 조선에 들어가 있어서 언제든지 압록강으로 진격할 수 있는 상태라고 전하고 있다. 그와 반대로 우리 군은 관둥주에 약체 수비대가 있을 뿐이며, 압록강까지 가려면 4주일이 걸린다. 그러므로 즉시 동원령 없이 제3보병여단, 자바이칼리에-카자크 여단을 전투태세로 이행해 슈엔(岫巖), 다후산(大弧山), 펑황성으로 진출시켜야 한다.[64]

황제는 이 전보를 1월 20일(7일)에 쿠로파트킨에게 보냈다.[65] 이에 대해서 육군상은 1월 22일(9일), 이 2개 여단을 전투태세로 이행하는 데에는 동의했지만, 최종적으로는 제3여단만을 남만주 철도선을 따라 뤼순 방향의 랴오양, 하이청, 시옹위에성(熊岳城)으로 향하도록 하고, 열이틀 사이에 이 진출을 완료하라는 명령을 1월 31일(18일)에 내렸다. 조선에서 더욱 먼 지점으로 진출시킨다는 것이다.[66]

이때 전함 '오슬랴뱌', 순양함 '아브로라' '드미트리 돈스코이'로 구성된 비레니우스의 증원함대가 1월 14일 포트사이드에 도착했다. 문제는 전함이 끌고 온 수뢰정이었다. 이 수뢰정은 외양(外洋)의 항해에는 적합하지 않았는데, 이것을 끌고 오려다보니 함대의 스피드가 극히 늦어졌던 것이다. 알렉세예프는 전함 '오슬랴뱌'만이라도 선행시키라고 요청했지만, 로제스트벤스키는 수뢰정을 파견하는 것이 중요하다면서 수뢰정을 끌고 인도양을 예항(曳航)하라는 명령을 내렸던 것이다. 비레니우스 함대는 인도양에서 오도 가도 못하고 있었다.[67]

대한제국의 중립선언

한국의 고종황제는 사태가 최종 단계에 돌입했다고 느끼고 있었다. 1월 11일, 지난해 8월 이래 유럽에 머물며 공작을 계속하고 있던 황제의 특사 현상건이 러시아의 군함 '바랴그'를 타고 인천으로 귀국했다.[68] 현상건은 13일 황제에게 러시아 방문의 결과를 보고하고, 니콜라이 2세의 친서를 전달했다. 황제는 이 친서의 내용과 현상건이 전한 람스도르프 외상, 알렉세예프의 말에 "극도로 고무되어", "이제는 일본의 어떤 위협에도 굴하지 않겠다, 강요된 협정에는 무슨 일이 있어도 서명하지 않겠다고 결심했"던 것이었다. 일본은 조선을 일본의 보호국으로 확립하고 러·일 결렬 시 한국이 러시아와 결렬하고 일본과 행동을 같이 한다는 내용의 협정안을 제시하고 있었다. 일본은 현상건의 귀국 사실을 알고, 그에 대한 다양한 공작을 개시하는 등 끊임없이 몰아세우고 있었다. 이에 이르러 황제는 중립선언을 강행 발표해야 할 시기가 도래했다고 판단했다.[69]

이날 오후 현상건의 방문을 받고 황제의 결의를 들은 파블로프 공사는 그 자리에서 이에 찬성했다.[70] 다음 날 14일(1일) 현상건은 또 다시 파블로프 공사를 방문해 중립선언을 발표하기 위한 원조를 요청했다. 두 사람은 그 절차를 논의했다.[71] 일본은 한국 정부의 행동을 봉쇄하기 위해서 구체적인 압력을 가했다. 1월 15일(2일) 서울의 일본군은 교외에서 소규모 훈련을 하면서 거기에 한국 정부의 대신들을 초대했다. 파블로프 공사에 의하면 이것은 "분명히 조선의 대신들을 최종적으로 겁주기 위한" 것이었다. 훈련에는 "800명의 보병, 기병 50기, 속사포 6문, 기관총 6정"이 등장했다.[72]

이즈음 일본의 하야시 곤스케 공사는 외부대신 서리 이지용(李址鎔), 군부대신 민영철(閔泳喆) 등 친일파 대신들과 모의해 "한국 황제의 측근 시종을 농락하는" 공작을 추진하기 위해서 운동비 1만 엔을 건넸다.[73] 종래 강하게 반대했던 육군 부장(副將) 이근택을 배신하게 해 한일 밀약을 추진하도록 한 것은 이러한 공작의 성과였을 것이다. 하야시는 1월 11일에 이지용과 회담했는데, "한제의 의향은 최근 크게 바뀌어서, 차제에 일본과 친밀한 교의를 유지하기로 노력하고 있는 것으로 보이며, 러시아와 프랑스 양국 공관으로의 파천 운운하는 설은 전적으로 풍설이며, 황제의 뜻이 아니라는 점을 확인할 수 있었다"[74]고 고무라에게 보고했다. 1월 16일에는 고무라 외상에게 "한국의 조정을 끌어들이는 방책에 관해서 본 공사는 계속해서 이지용과 민영철 이 두 사람에게 권유한 결과, 폐하는 전적으로 일본을 신뢰한다는 의향을 지니게 되었으며, 이지용의 손을 거쳐 가장 내밀하게 본 공사가 상주하도록 한 밀약안은 머지않아 조인하게 될 것"이라고 보고했다. 밀약 체결을 이 세 사람에게 위임하라고 황제에게 요구하고 있다는 것이었다.[75]

이처럼 한국 황제는 한편으로는 친일파를 속이면서, 그들에게 알려지지 않도록 중립선언 선포를 위한 행동을 개시했다. 1월 18일(5일) 파블로프 공사는 외상 앞으로 타전했다. "조선이 러 · 일의 충돌 시 중립을 지키겠다는 의사를 표명하는 전보를, 즈푸의 프랑스 영사를 통해서 보내기로 결정했다." 오늘 사자가 전보의 원본과 훈령을 가지고 조선의 기선으로 즈푸로 출발한다. 전보는 프랑스어로 되어 있으며, 미국, 영국, 이탈리아, 러시아, 프랑스, 오스트리아 등의 국가들에 보내는 것이다.

파블로프는, 고종황제가 이 조치를 취하는 이유는 그 무엇보다도 이를 통해서 조선 정부를 속박하고 보호국화와 동맹을 강요하는 일본과의 협정 조인의 길을 차단하기를 희망하기 때문이라는 자신의 감상을 덧붙였다.[76]

그러나 여기에는 뒷사정이 있다. 파블로프는 이날 황제 측으로부터 이 중요한 문서를 받아, 몰래 뤼순의 극동태수 알렉세예프에게 보냈다. 그 과정은 이렇다. 즉 인천에 입항한 독일 순양함 '한자'의 함장이 러시아 순양함 '바랴그'의 함장 루드네프가 초대한 조찬 모임에서 뤼순으로 우편물을 보내달라고 요청한 일이 있었다. 파블로프는 몸 상태가 좋지 않아서 이 조찬 모임에 참석하지 않았는데, '한자'의 함장이 이런 요청을 했다는 이야기를 루드네프로부터 듣고 즉시 이것을 한국중립선언서 반출에 이용하기로 결심했던 것이다. 그는 이 문서 꾸러미에 첨부한 알렉세예프에게 보내는 편지에, 일본이 고종을 협박하고 있기 때문에 고종이 언제 변심할지 모르니까 빨리 실행할 필요가 있다고 썼다.[77] 파블로프는 이 중립선언의 의의가 크다고 믿었다.

"어쨌든 도의적인 의미에서 조선 황제의 이 조치는 우리에게는 매우 유리하다고 나는 믿는다. 왜냐하면 이제는 조선반도에서 일본이 취할 모든 폭력적 행위, 하물며 군사행동은 점점 그 정당성을 잃고 있으며, 적어도 이론적으로는 국제법의 기본원칙을 직접 침해하는 성격이기 때문이다."[78]

1월 9일 이지용, 민영철, 이근택 등 친일파 세 대신은 황제에게서 전권위임장을 받았다면서 하야시 공사에게 보여주었다. 하야시는 준비한 밀약안을 그들에게 보여주었다. 밀약안에는 세 가지가 규정되어 있었는데, 양국은 "항상 성실하게 상호의 의사를 소통하며, 더욱이 위급한 경우 서로 도와야 한다," 일본은 대한제국 "황실의 안녕, 영토 및 독립의 보전"을 조장한다, 양국은 제3국과 본 협약에 위반하는 협약을 체결할 수 없다, 라는 것이었다. 그리고 망명자의 처분에 관해서는, 을미 망명자의 처분, 즉 한국 황실의 안전 및 영토보전을 훼손하는 범인의 신속한 처분을 약속하는 별개의 공문서를 첨부했다. 20일 아침 한국은 이를 공사와 외부대신과의 의정서로 격하시키고, 양국은 "국제적인 장애를 엄중히 조치해 정의(情誼)를 완전히 소통할 것", "상황이 변할 때 한·일 양국은…… 상호 제휴하고, 안녕과 질서를 영구히 유지할 것"이라는 추상적인 내용의 협정으로 하고 싶다는 역제안을 했다. "국제적인 장애를 엄중히 조치한"다는 것의 의미는 망명자 문제의 해결을 말한다. 그날 밤 고무라는 일본의 수정안을 보냈다. 공사와 외상 사이의 협정으로 할 것이 수용되었고, 그 내용은 하야시의 원안에 거의 근접한 것이었다.[79]

이 교섭에서는 친일파가 독주했을 것이다. 황제의 전권위임장이 진짜인지 어떤지도 의심스럽다.

1월 21일(8일), 즈푸에 있는 프랑스 영사의 주선으로 세계 주요국가에 대한제국의 중립선언이 송부되었다.

"러시아와 일본 사이에 발생한 분쟁을 고려해, 그리고 평화적인 귀결을 달성하는 데 교섭 당사자가 직면하고 있는 곤란함을 고려해, 한국 정부는 황제 폐하의 명령에 따라 현재 상기 두 강국이 현실적으로 행하고 있는 담판의 결과가 어떠한 것이든, 가장 엄정한 중립을 지키기로 굳게 결의했다는 것을 여기에 선언한다."[80]

발의자의 이름은 "한국 외부대신 이지용"이라고 되어 있었지만, 정작 이지용은 전혀 모르고 있었다.

러시아 정부 내의 검토

1월 16일(3일) 알렉세예프는 황제와 외상에게 전보를 보내 일본의 최종안에 관해서, "그 본질로 보거나 일본의 통지 분위기로 보아도, 종래 이상으로 강한 욕심을 드러내고 있습니다. 자신감의 과잉입니다"라면서, "이 방향으로 교섭을 계속한다는 것은 ……당초의 목적을 달성하지 못할 뿐만 아니라 거꾸로 그 관계를 서서히 첨예화시켜서, 모름지기 결렬에 이르게 될 것입니다"라고 지적했다. 따라서 일본의 회답에 관해서 결정하기 위해서는, "조선문제를 극동의 전반적인 정치정세와 관련해 전면적으로 심의해야 한다고 생각합니다"라고 제안했다.[81] 또한 그 다음 날에는 아바자에게 전보를 보내서, 일본에게 회답하기 위해서는 "가장 신중한 전면적인 심의"가 필요하다고 되풀이했다. "이렇게 중대한 순간에 양보하는 자세를 보이면, 러시아의 위신은 크게 훼손될 것이며, 전 동양에 일본의 지위가 극도로 높아지게 될 수도 있다. 그러므로 일본에게 회답하기 전에 조선문제를 전반적 정치정세와 관련해 검토해야 한다." 나도 그 심의회에 참가해야 한다고 생각하지만, 페테르부르크 행은 무리일 것이다.[82]

알렉세예프가 특별협의회를 요구하고 더욱이 자기는 참석할 수 없다고 한 것이, 최종적으로 러일교섭을 극동 현지에서 페테르부르크로 되돌려 놓은 계기가 되었다. 람스도르프 외상은 알렉세예프의 제안을 계기로 주도권을 되찾아갔다.

1월 15일(2일) 외상의 상주를 본 쿠로파트킨은 다음 날인 1월 16일(3일), 일본의 최종안에 대해서 알렉세예프와는 반대로 타협적인 의견을 외상에게 보냈다. 쿠로파트킨은 러시아가 제6조에서 요구한 중립지대 설정이 거절된 것을 수용하기 위해서는 제5조의 "한국 영토의 일부라도 군략상의 목적으로 사용하지 않을 것"이라는 러시아의 제안을 "39도선 이북의 한국 영토는 어느 부분도 군략상의 목적으로 사용하지 않을 것"으로 고쳐서 관철해야 한다고 주장했다. "조선해협의 자유항행을 박해할 만한 군사 요새 공사를 한국 연안에 실시하지 않을 것"이라는 점이 들어가 있는 것은 좋다고 했다. 일본이 만주를 이해권 밖이라고 인정하는 것은 "문제 조정을 위한 커다란 일보 전진"이라면서, 러시아가 조선에 대해서 같은 것을 인정하고, 이 두 가지가 "우리와 일본이 체결할 협정의 토대가 되어야 한다"고 주장했다. 그러나 만주에서 청국의 영토보전을 존중한다는 의무는 삭제할 것을 요구했다. 북만주의 병합을 주장한 것이다.[83]

람스도르프는 분명히 쿠로파트킨과 중점을 달리하고 있었다. 외상은 프랑스의 델카세 외상에게서 중립지대 설정은 어렵지 않겠느냐는 취지의 편지를 받은 점에 적극적으로 반응했다. 1월 19일(6일) 그는 파리의 넬리도프 공사에게 서한을 보내 프랑스 정부의 조언에 감사한다고 전하고, 다음과 같이 썼다.

"중립지대의 경계를 정확히 구분하는 문제 그리고 행정적 조건에 관해 말하자면, 이것은 한층 더 연구를 요하는 상당히 어려운 과제입니다. 그렇지 않으면 이 지대의 설정을 완전히 단념하는 편이 나을지도 모르겠습니다." 람스도르프는 중립지대 조항은 포기하지만, 제5조는 지켜야 한다고 생각했다. 조선의 영토를 전략적 목적으로 이용하는 것을 인정하는 것은 결국, "조선의 '독립' 원칙을 지키는 것을 단념하는 것이나 마찬가지"라고 썼다.[84]

다음 날 외상은 육군상에게 이와 같은 내용을 보냈다. 프랑스 정부의 정보에 의하면 중립지대 설정은 일본의 합의를 얻어내기 어렵다, 아무래도 39도선을 이 지대의 한계선으로 하는 것은 무리일 것이다, 합의를 가능하게 하려면 중립지대를 축소하고 그 지대의 행정제도를 어떻게 할 것인지를 확정해야 한다.[85] 쿠로파트킨은 이 편지를 받고서도 16일에 같은 내용으로 회답했다. 중립지대에 관한 제6조를 삭제하는 것에는 동의해도 좋지만, 제5조는 "39도선 이북의 한국 영토는 어느 부분도 군략상의 목적으로 사용하지 않는다"라고 고치는 것이 조건이라고 주장했다.[86]

람스도르프 외상은 그 다음으로 해군장관에게 의견을 요청했다. 아벨란 해군상은 1월 23일(10일)자로 회답했다. 조선 북부는 러시아의 세력권 안에 있다고 인정하는 것이 최선이다. 그것이 불가능하다면 중립지대로 인정해야 하지만, 이것은 장래에 커다란 곤란함을 야기할 것이다. 만일 그것도 불가능하다면, "뤼순의 측면에 우리는 강력한 적을 두게 된다. 결국 남우수리 지방과 관둥주와의 연락을 단절하게 하고 만주에 대한 지배를 뻗칠 것이며, 마침내는 뤼순의 존재 가능성을 없애게 될 것이다."[87] 람스도르프의 양보안에 반대한다는 의견이었지만, 아무튼 정론(正論)이다.

1월 26일(13일) 람스도르프 외상은 이번에는 알렉세예프에게 질문 전보를 보냈다. 질문은 개조식으로 되어 있었다. 제1, 제2, 제3문과 마지막 제6문이 중요하다.

1. 현재 러시아와 일본 사이에 논의되고 있는 의견의 차이는, 우리의 요구를 수정하지 않고 계속 지키면서 일본과 군사적으로 충돌하는 위험을 범할 정도로 중요한가?

2. 제1문이 예스라면 우리는 교섭을 계속해 현 위기의 평화적 해결을 위해서 모든 방책을 다 사용할 때까지 교섭해야 하는 것은 아닌가?

3. 이것이 불가능하다면 일본이 먼저 교섭을 결렬시키고, 이렇게 해서 일본이 극동에서 침략적 평화파괴자가 되는 것이 러시아에게 유리한 것은 아닌가……

6. 무한정 오픈해 둘 수 없는 것이 분명한 만주문제와 관련해, 다음의 점들을 확실히 하고 싶다. 만일 일본이 교섭을 단절하고 멋대로 조선을 점령한다면, 그에 의해서 우리가 만주에서 점하고 있는 지위는 일본 및 중국과의 관계에 있어서 본질적으로 변화할 것인가?[88]

제4문과 제5문은 열강과의 관계에 관한 문제였다.

이날 26일(13일), 외상은 황제에게 상주의견을 제출했다. 외상은 알렉세예프의 극동정세 재검토 제안에 대한 비판으로 시작해서 극동태수 주도의 대일교섭 전체에 대한 비판을 전개했다. 알렉세예프가 말하는 검토는 몇 번이나 이루어져 왔고, 작년의 뤼순회의와 8월의 세 장관 협의에서 무엇보다도 상세하고 전면적으로, 그리고 가장 명쾌한 결론을 내렸을 터이다. 두 회의 모두 "조선문제는 늦추고, 그 전에 미리 만주문제를 끝내는 것이 바람직하다"는 결론이었다. 청국주재 공사를 시켜 교섭해야 한다고 진언했지만, 극동태수제가 도입되면서 청국과의 교섭은 단절되었고 만주 점령이 지속됨으로써 일본과의 교섭이 시작되었다. "태수는 만주에서 결연한 조치를 취한다면, 일본을 소극적이고 온당한 자세로 바꿀 수 있을 것이라고 상정했다", 그러나 그렇게 되지 않았다고 외상은 비판했다. 일본은 점점 전투준비를 강화했다. 그래서 11월 18일(5일)이 되어서 알렉세예프는 극동에서의 군사적 입장을 강화하기 위해 교섭을 "지연시켰다". 병력을 증강할 수 있다면 일본의 주장을 물리치는 효과가 있을 것이라고 했다. 그러나 2개월 지연은 할 수 있었지만, 일본의 주장은 강해질 뿐이었다. 현재 "러·일 관계는 극도로 긴장되어 있고, 도쿄 정부는 초조해져서 자기들의 최신 제안에 대한 우리의 회답을 기다리고 있다. 새로이 전반적인 정치정세와 관련지어 조선문제 심의를 시작하면서 이 회답을 지나치게 지연시키는 것은 아마도 신중하지 못한 처사라고 해야 할 것이다."[89]

알렉세예프의 제안대로 "전반적인 정치정세"의 협의를 한다고 해도 시간 낭비이며, 빨리 회답을 준비해야 한다는 것이다. 그러나 황제는 외상의 의견에는 찬성하지 않았다. 이틀 뒤인 1월 28일(15일), 황제는 "전반적인 정치정세"에 맞춰 회답안에 관해서 협의할 장관협의회 개최를 명했던 것이다. 니콜라이는 무엇 하나 결정하지 못하고 있었다. 협의회를 여는 것도 일을 뒤로 미루기 위한 것이었다.

26일(13일)자 쿠로파트킨 일기에는 황제의 심경이 기록되어 있다.

"폐하께서 충돌의 평화적인 결말에 대한 믿음을 견지하시고, 계속해서 평화애호적인 감정을 갖고 계신 것은 분명하다. 그러나 폐하의 마음에 일본에 대한 적대적인 감정이 점점 높아지고 있다는 점도 분명하다…… 영국에 대한 적개심도 높아지고 있다. 폐하께서는 티베트에서 영국인들이 혼꾸멍날 가능성이 있다며 기뻐하고 계신다."[90]

지난해부터 영국의 인도 정부가 티베트에 무장사절단을 들여보내, 티베트 측과 긴장 관계에 돌입해 있었다. 27일(14일) 니콜라이는 티베트에 파견될 두 명의 돈·칼미크인의 알현을 받았다. 한 사람은 카자크의 울라노프이고 다른 한 사람은 라마승인 울리야노프였다. 이들은 티베트인들의 반영국 투쟁을 정찰하는 사명을 띠고 있었다.[91] 원래 이것은 쿠로파트킨 육군상의 지시에 의한 파견이었는데, 쿠로파트킨은 세심하게, 니콜라이에게 두 사람에게는 신중하게 말을 걸라고 진언했었다. 어쨌거나 극동에서 전쟁의 위기가 목전에 닥쳐오고 있는데 티베트에 사람을 보내 영국에 압력을 가할 가능성을 탐색하게 하는 것은 호사가의 짓이다.

두 명의 칼미크 인을 만난 날인 1월 27일(14일), 황제는 알렉세예프에게 "귀군(貴君)이 개인적으로 참고할 것"이라며 전보를 보냈다.

"일본군이 조선 남부에 상륙할 경우, 바꾸어 말해서 위도상으로 서울의 선에서 남측의 동부 해안에 상륙할 경우에는 러시아는 보고도 못 본 체 할 것이다. 이는 전쟁의 원인이 되지 않는다." "일본이 조선을 압록강과 두만강 분지의 분수령을 이루는 산 근처까지 점령해도 허용할 수 있다."[92]

이것은 또 다시 아바자의 의견을 따른 것이었다. 이에 대해서 알렉세예프는 28일(15일) 즉시 아바자에게 회신을 보냈다. 폐하의 지시를 받았는데, "보다 정확한 지시"를 원한다. 인천과 그 남쪽의 서부 해안 전체는 일본군 상륙금지 구역인가? 조선의 북부에서 일본의 점령이 허용되는 "한계"를 좀더 정확하게 규정해주기 바란다.[93] 당연한 의문이었다.

중재 조정의 요청

이즈음 람스도르프는 프랑스와 영국에 중재를 요청하고자 움직이기 시작했다. 미국 정부도 일시적으로 중재 의지를 표명했던 모양이다. 고무라 외상은 1월 10일 다카히라 고고로(高平小五郎) 공사에게, 일본 정부는 조정(調停)이 "효력이 없을 것이며, 결과적으로 오직 러시아만을 이롭게 할 뿐"이라고 생각하고 있다고 국무장관 헤이에게 설명하라고 지시했다.[94] 다카히라 공사는 12일, 미 국무장관이 다른 나라가 그러한 제안을 하더라도 가담하지 않겠다고 보증했다고 회답했다.[95] 14일에 영국의 스코트 공사를 만난 람스도르프는 조정을 희망하는 의사를 전했다.[96] 15일에도 외상은 또 다시 스코트 공사에게 조정을 요청했다.[97] 스코트 공사의 마음은 분명히 움직였다. 이 사실을 란스다운 외상을 통해서 알게 된 도쿄의 맥도널드 공사는 18일 고무라 외상을 방문해 중재에 대한 일본 정부의 태도를 타진했다. 고무라의 대답은, 러시아에는 "두 개의 당파"가 있어서 서로 싸우고 있기 때문에 람스도르프가 조정 절차를 밟더라도, "주전파"가 "평화파"의 목적을 물거품으로 만들 우려가 있다. 그러니까 영국 정부는 국외에서 있어 주기 바란다는 것이었다.[98]

중재 움직임은 이미 프랑스 정부의 델카세 외상이 시작하고 있었다. 13일에 델카세는 모토노 이치로(本野一郎)에게, 러·일 양국의 전쟁은 쌍방에게 "이익을 가져다주는 것"은 아닐 것이라는 결론에 이르렀다. 교섭의 쟁점은 "결코 일대 전쟁을 걸 만한 가치가 있는 성질의 것이 아니"라고 생각한다고 말하고, 자기 한 사람이 책임을 지고 평화를 위해서 일할 작정이라고 표명했다.[99] 16일에 하야시 다다스 공사는 란스다운 외상을 방문해, 델카세가 중재 조정을 생각하고 있다고 전하고, 그렇게 되면 문제를 지연시키게 되어 러시아에게 유리해질 뿐이라고 주장했다.[100] 18일 영국주재 프랑스 공사는 란스다운 외상을 방문해, 델카세는 러시아의 회답(1월 8일자)이 "만족할 만한" 것이라고 한다, 타협은 가능할 터이다, 일본에 압력을 넣을 수는 없는가 하고 물었다. 란스다운은 어렵다고 답했지만, 러시아에 진의를 확인하고 있는 중이라면서 거부는 하지 않았다.[101] 20일 프랑스 주재 모토노 공사는 델카세 외상을 방문해 중재 조정에 관해서 물었다. 델카세는, 일 · 러 사이의 중재 조정을 시도할 생각은 없다, 그러나 "평화를 위해서" 자신의 의견을 러시아 외상에게 개진하는 것을 의무라고 생각하고 있다고 말했다.[102] 그 다음 날에도 또 다시 델카세의 이야기를 들은 모토노 공사는 델카세의 조정안 내용을 추측하면서, 중립지대에 관해서 일본안을 수용하도록 하는 것이든지 아니면 "압록강을 중심으로 이를 설정하는 것"일 것이라고 보고했다.[103] 21일 스코트 공사는 란스다운 외상에게 보고했다. 그는 "전체적으로 러 · 일 사이에 만족할 만한 타결의 전망은 며칠 전보다 훨씬 희망적이라고 생각한다"고 썼다. 그는 "패배한 군국당(軍國黨)"이 공공연하게 반영(反英) 선전을 함으로써 복수하려 하고 있다는 점을 생각해야 한다고 주장했다.[104]

그러자 란스다운 외상도 동요하며 한 걸음 내디뎠다. 1월 29일 그는 하야시 공사에게 말했다. "나는 조정이라고는 말하고 싶지 않지만, 쌍방이 위엄을 잃지 않고 수용할 수 있는 해결책을 발견하기 위해서 열강이 노력해야 한다는 목소리를 듣고 있다." "많은 사람이 일본은 그 외교의 성공으로 조선에서 바라고 있던 것 모두를 실질적으로 획득했다고 느끼고 있다. 그러한 생각이 이 나라에도 나타날 것이다. 이런 환경에서는 열강이 전쟁의 재액을 회피하기 위해서 모종의 노력을 할 책임이 있다고 말할 수 있을 것이다. 나는 이 점에 관해서 일본의 감정이 어떤 것인지, 때를 놓치기 전에 알고 싶다." 이에 대해서 하야시는 일본의 입장을 반복했다. "하야시 자작은 매우 단호하게 말했다. 그는 일본의 제안을 완전히 받아들이지 않으면 전쟁이 불가피하다는 인상을 내게 남겼다"고 란스다운은 맥도널드에게 타전했다.[105]

란스다운 외상의 이 말을 하야시 공사는 본성으로 보고했다.[106] 고무라는 생각에 골몰했을 것이다. 그러나 일본은 어느새 벌써 루비콘 강을 건너고 있다. 영국은 일본이 러시아와 전쟁을 치르는 데 결정적으로 반대하지는 않을 것이다. 왜냐하면 일·러 교섭은 처음부터 영국과 상의하며 진행해온 것이기 때문이다. 영국은 반대할 수 없었던 것이다.

일본 한국을 죄다

한국의 중립선언 소식은 일본 국내에도 전해졌다. 『도쿄아사히신문』은 1월 24일자에 '조선 중립의 진상'이라는 기사를 게재하고, 이 움직임은 지난해 베베르가 방문해 조언한 데서 시작된 것으로서 "조선 정부 내의 러시아당 등은 마침내 이 권고를 듣기로 결심한 것 같다"고 쓰면서, "요컨대 이번 중립선언은 전적으로 러시아파가 러시아의 뜻을 받아들여 가겠다고 말한 것"이라고 단정했다. 이어 25일에는 사설 '조선의 중립선언'을 게재해, 일본 정부가 이를 승인할 수 없는 이유를 다음과 같이 썼다. "러시아 병사들이 이미 경성에 진입한 오늘날, 동 지역의 일본 주둔병이 언제 공격을 받을지 예측할 수 없으며, ……하물며 압록강 및 두만강(圖們江) 변경에서 러시아 병사들이 현재 조선의 토지에 출입하고 있는 것은 이미 공공연한 비밀임에랴. 조선의 독립을 도와서 확립하지 않으면 일본의 독립도 위태로워질 염려가 있다. 조선의 독립을 보존하기 위해서, 혹시 청일전쟁 당시처럼 또 다시 우리 병사들을 조선에 들여보낼 수밖에 없게 될지도 모른다." 중립을 추구하는 조선인들은 러시아의 앞잡이이며, 일본의 조선 출병은 조선의 독립을 지키기 위한 것이라는 궤변이었다.

1월 25일 주일 임시대리공사 현보운(玄普運)이 보낸 중립성명서가 일본 정부에 도달했다.[107] 일본 정부는 이를 무시하기로 했었다.

고무라는 중립선언 발표 소식을 듣자마자 21일 밤, 하야시 곤스케 공사에게 "현안인 밀약을 조인하고 나서", 중립선언 전보의 발송자를 이지용에게 확인하고 그 사실을 전보로 보내라고 타전한 바 있었다.[108] 하야시는 이 지시를 받고 획책을 계속했다. 한·일 밀약과 중립선언은 모순되지 않는다면서 한국에 밀약의 조인을 설득했던 것이다. 이 움직임은 러시아에 노출되어 있었다. 1월 25일(12일) 파블로프 공사는 페테르부르크와 뤼순으로 보고했다. 일본에게 완전히 복종하고 있는 대신 네 명이 새로운 제안을 황제에게 제시했다. 한국이 중립선언을 발했기 때문에 협정의 문장이 상당히 톤다운된 것이었고, 동시에 황제의 마음에 들 만한, 이른바 미끼가 추가되었다. 다음과 같은 문장이었다. "한국은 여하한 상황 하에서도 일본에 대해서 적대적인 입장을 취하지 않을 의무를 진다." "일본은 이에 대한 대가로 일본에 피신하고 있는 모든 한국인 정치범을 한국 황제의 완전한 처분 하에 둘 수 있도록 즉각 인도하는 데 동의한다." 그러나 황제는 이것을 단호하게 물리쳤고, 설득하러 온 대신 세 명을 "국가의 적"이라 불렀다고 파블로프는 썼다.[109]

하야시 공사가 도쿄로 보낸 25일자 보고에는 똑같은 장면이 조금 다른 식으로 설명되어 있다. 밀약을 받아들일 것을 압박하는 세 사람의 대신에게 고종은 다음과 같이 말했다고 한다. "한국의 독립에 관해서는, 한국은 중립을 지키면 안심이 된다. 오늘날의 경우 일본과 제휴해 러시아의 분노를 초래하는 것이야말로 오히려 한국의 독립을 해하는 것이므로, 세 사람이 면목을 생각한다면 셋 모두 현직에서 떠나도 좋다."[110]

고종의 말이 정확하게 전해진 것인지는 의문이다. 고종이 중립선언을 굳게 믿었을 리가 없다. 아무튼 고종은 세 사람의 친일파 대신들에게 싫으면 사직하라고 언도했던 것이다.

일이 이렇게 되자 도쿄의 고무라 역시 밀약과 중립선언의 이중 체결에 반대하고, 26일 "당분간 지금의 상태로 두고 적당한 시기(時機)를 기다리라"고 훈령했다.[111] 28일에는 하야시도 "한제를 비롯한 이용익 일파는 현재 오로지 중립문제에 열중하"고 있다, 기획했던 민간인 오미와 조베에(大三輪長兵衛)로 하여금 황제를 만나게 해 한일동맹을 설득시킨다 해도 "한제가 경청할 리 없다, 아니 오히려 불쾌함을 느끼게 할 우려"가 있으니까 설득을 중지시켜 두겠다고 회신했다.[112]

1월 28일 고종황제는 파블로프 공사에게 러시아주재 한국 공사가 보낸 전보를 보여주었다. 그 내용은, 중립선언문을 러시아 외상에게 수교하는 결단을 아직 내리지 못했다, 왜냐하면 현상건이 페테르부르크로 오면서 지참한 한국 황제의 친서에 러·일 개전 시 러시아 측에 서겠다고 표명했는데, 중립선언을 하면 약속을 위반하는 것이 되어 혹여 러시아 정부가 불만스럽게 생각하지나 않을까 걱정스럽기 때문이라는 것이었다. 황제는 파블로프에게, "중립선언을 한 것은 오로지 일본 및 그 지지자들의 압력과 위협에서 몸을 지키기 위한 것이며, 러·일이 실제로 결렬하면 짐은 일본이 지금 이미 한국의 중립을 분명히 침해하고 있다는 점을 근거로 한국은 러시아의 동맹국임을 공개적으로 선언하기로 굳게 결심하고 있다"고 말했다. 한국 황제는 한국의 중립선언에 이미 호의적인 반응을 보인 나라가 영국, 미국, 독일, 덴마크, 이탈리아 등 5개국이라고 말하면서, 러시아는 중립선언에 부정적이라는 소문이 있기 때문에 러시아의 정식 반응을 꼭 알고 싶다고 요청했다.[113]

실제로는 영국 정부가 이 중립선언을 통고 받고, 주한 공사를 통해서 "acknowledge"했다고 회답한 것뿐이었다. 고종은 감사의 메시지를 전하도록 했지만,[114] 이 말의 의미는 "[통고를]받았다고 알려라"는 것에 지나지 않았다. 미국 정부도 이 통고에 대해서, "이것을 단지 'acknowledge'했을 뿐, 실제로는 무시했던 것이다."[115]

1월 29일(16일) 람스도르프 외상은 파블로프 공사에게 타전해, 한국 중립선언에 대한 러시아의 회답을 통지했다. "귀하에게 한국 황제에 대해서 다음과 같이 전할 것을 허가한다. 러·일의 충돌 시에 한국이 중립을 지키겠다는 한국의 표명은 황제의 정부에 의해 전적으로 공감하며 받아들여졌다(встречено сочувственно). 정부는 이 건의 보증에 대해 만족스럽게 유의한다(приняло к сведению)."[116]

종래 러시아는 한국의 중립선언을 승인하지 않았던 것처럼 설명되어 왔지만,[117] 그렇지 않았다. 러시아 정부의 승인은 분명히 실질적인 것이었다.

이즈음 고종은 실제로 인사이동을 단행해 친일파 대신들을 해임했다. 우선 1월 21일에는 군부대신 민영철을 해임했고, 이용익을 그 후임으로 임명해 내장원경(內藏院卿)을 겸하게 했다. 민영철은 28일 주청 공사로 밀려났다. 25일에는 박제순을 외부대신으로 임명했다. 그러나 이지용은 외부대신 서리직을 유지했다.[118]

또한 하야시 공사는 청안군(淸安君)으로 임명된 이재순이 내밀히 알려온 파블로프 공사의 말을 1월 25일 고무라에게 보고했다. 즉 파블로프가 "만일의 사태가 발생했을 때 폐하의 안전을 도모하기 위해서는 러·불 양 공사관 안으로 파천하시는 것이 상책이라면서", "더욱이 한국의 실력으로는 도저히 엄정 중립을 지키지 못할 것이므로, 사변 발생 시에는 오히려 러시아 공사관으로 달아나 러시아와 함께 제휴해야 한다"고 말했다는 것이었다.[119] 이것은 아마도 하야시가 일본이 기뻐할 만한 반러시아적 역정보를 날조해 적당히 도쿄에 보고한 것으로 보인다. 러시아의 자료로 판단컨대 파블로프는 그런 이야기를 할 이유가 없었다.

마지막 장관협의

1904년 1월 28일(15일), 알렉세예프의 제안에 따른 특별협의회[120]가 열렸다. 황제는 수도에 있었고, 오전 중에는 세 건의 상주를 받았는데, 어쩐 일인지 이 마지막 협의에 참석하지 않았다. 협의회는 알렉세이 대공이 주재했고, 쿠로파트킨 육군상, 람스도르프 외상, 아벨란 해군상, 아바자 극동특별위원회 사무국장이 참석했다.

회의 첫머리에 알렉세이 대공은 황제가 내놓은 협의 주제를 제시했다. "현재 일본 여론이 극도의 흥분 상태에 있다는 점 그리고 일본과의 무력충돌을 회피하고자 하는 우리의 원망(願望)을 고려해, 우리가 위대한 평화주의에서 한층 더 양보하는 데 동의하는 것, 즉 조선 전부를 일본에 줄 수 있는지, 아니면 여하한 경우에도 그 이상은 양보할 수 없다는 완전하고도 명확한 입장을 고수해야 하는지, 방향을 최종적으로 분명히 해야 한다."

조선 영토를 군략상의 목적을 위해서 사용해서는 안 된다는 러시아의 제5조 전반부와, 중립지대에 관한 제6조에 일본은 어디까지나 반대한다. 그러나 이 조항들은 러시아에게 "무엇보다 중요하다." 일본의 조선 지배에도 한계가 있어야 한다.

대공은 이렇게 말하면서, 이미 해군성이 제시한 의견같이 중립지대를 설정하는 것은 해군의 견지에서 중요하다, 조선 북부는 "러시아에게 중대한 전략적 의의를 지닌다", "만일 중립화를 성취하지 못하면 의심의 여지 없이 뤼순의 측면에 강력한 적을 두게 될 것이다"라는 의견을 개진했다.[121]

외상은, 일본이 반대하고 있는 두 조항 가운데 제6조는 일본이 수용할 것을 기대하기 어렵다, 이것은 압록강에서 러시아가 계획하는 전략을 두려워하고 있기 때문인데 우리가 조선 내에 강한 전략적인 지보를 구축할 의사가 없다고 믿게 하는 것은 불가능하다, 라고 말했다. 이에 비해서 제5조 전반부는 조선의 독립과 영토보전을 함께 인정하고 있는 것이기 때문에 설득이 가능하다고 주장했다. 외상은, 황제의 허가를 얻어 해군성과 육군성의 의견을 사전에 요청했는데, 해군성이 중립지대 요구를 남기자고 강하게 주장한 반면 육군성은 제5조의 수정이 받아들여진다면 중립지대 조항은 삭제해도 좋다는 의견이었다고 보고했다.[122]

이를 듣고 있던 알렉세이 대공이 발언을 청해, 소개된 육군상의 의견에 강하게 반대하면서 이러한 "최종적 양보"를 하게 된다면, 일본이 "북방의 우리나라 국경까지 완전히 자유롭게 도달할 수 있게 된다"고 주장했다. 이렇게 되자 람스도르프는, 이 논의는 외무성 권한 밖의 문제이기 때문에 육군상과 해군상이 의견을 서로 제시해 결정해달라는 것처럼 말을 돌렸다. 육군상은 자신의 의견을 말하기 전에 아바자의 의견을 묻고 싶다고 말했다.

아바자는, 중립지대 조항에 일본의 동의를 받는 것은 무리라는 외상의 의견에 찬성이라고 말을 꺼냈다. 북위 39도에서 나눈다고 해도,

그것은 관념적인 경계선이다. 그보다는 두만강과 압록강 유역의 바로 남쪽과 동쪽에 있는 산꼭대기, 즉 분수령을 택하는 것이 좋다. 일본이 이것을 경계로 하는 것을 수용한다면 중립지대 문제는 필요 없어진다. 다른 한편으로 아바자도 제5조는 "러시아에게 본질적인 의미를 지니고 있다"고 말하고 나서, 중요한 것은 조선 연안에 요새를 만들지 못하도록 하는 것이라고 주장했다. 조선 내부에 요새를 만드는 것은 걱정하지 않는다. "일본은 전쟁준비에 막대한 지출을 하고 있기 때문에 국고 자금이 부족하다. 과연 내륙에 전략적인 진지를 만들 수 있을지 의문이다"라면서, 조선의 저항도 있어서 힘들 것이다. 이것이 아바자의 논지였다.[123] 아바자는 일본과 이야기가 통할 가능성이 있다고 여긴 것이다.

여기서 육군상 쿠로파트킨은, 아바자가 지난해 6월 12일자 의견서에서 개진한 내용은 현재 검토 대상이 될 수 없다, 극동태수가 제기한 일본의 우세를 제한할 조건안은 아바자 의견서보다 더 잘 되어 있다고 말했다. 즉 쿠로파트킨은 분수령 안에 반대하면서, 39도선을 일본 진출의 한계로 삼을 것을 주장했다. 중립조항을 견지하자는 주장이었다. 나아가 조선철도와 동청철도의 연결을 허락하는 것에 반대했다. 일단 조선 북부의 중립화라는 조건을 내놓고 있는 것인데, 그것을 물리고 새로운 조건을 내놓을 수 있겠는가? 그렇게 하면 교섭은 즉시 결렬되어 이익이 되지 않을 것이다. "그러니까 오늘은, 우리는 황제 폐하께서 지시하시는 것만을 논의하고, 우리와 일본과의 사이에 발생한 의견의 불일치에서 벗어날 수 있는 출구를 찾아내야 한다고 생각한다."

그러나 쿠로파트킨은 발언의 후반부에서 본래의 타협적인 성격을 드러내며, 일본이 러시아의 요구에 응하지 않을 것이므로 과연 중립지대 요구를 거둬들이고 제5조를 완전하게 관철해나아갈 수 있겠는가 하는 의문을 제기했다. 경제적인 면에서 중립지대는 의미가 없다. 경제적으로는 일본에게 모든 것을 양보하고 있다. 전략적인 면에서는 일본이 조선 북부로 나오는 것을 허락해서는 안 된다. 그러니까 제5조와 제6조를 통합해서 "북위 39도선 이북 조선 영토의 어느 부분이라도 전략적인 목적을 위해서 이용하지 않는다"는 식으로 하면 어떻겠는가? 본래의 제5조가 바람직하기는 하지만, 일본이 수용하지 않으면 이러한 수정안을 제시해볼 수도 있다.[124]

이에 대해서 알렉세이 대공이 일본군을 조선 북부에 들이면 큰일이라고 촌평했다. 쿠로파트킨은, 북부는 거의 황무지라서 주민이 적고 일본은 점령해도 고생할 것이다, 그러니까 수정 제5조를 취할 수 있으면 우리는 조선 북부에 관해서는 안심해도 좋다, 고 발언했다.

해군상 아벨란은 육군상의 의견에 찬성하면서, 39도선 이북의 중립지대를 남겨두는 것이 "본질적으로 필요하다"고 주장했다. 일본군이 조선 북부에 진입할 때는 사전에 러시아와 협의하도록 하게 해야 한다는 것이었다.[125]

이에 대해서 육군상은, 그러한 조건은 실현될 수 없다, 새로운 제안을 제시하면 교섭은 결렬될 것이라고 발언했다. 그러자 알렉세이 대공은, 조선에서 러시아의 이익을 지킬 수 없다면 교섭하는 보람이 없다, 제5조도 제6조도 제7조도 필요 없다, "평화애호라는 말로 정당화하면서, 일본에게 전 조선을 줘버리면 된다"고 발언했다. 여기서 람스도르프 외상이 "전쟁 회피가 바람직하다면" 재차 타협을 시도해야 한다면서, 러시아안의 제5조만은 지켜야 한다고 주장함으로써 은연중에 중립지대를 요구하는 제6조의 철회를 제안했다.

그러자 아바자가 일본이 조선 북부로 진출하는 것은 위험하다고 말을 꺼내면서, 처음에는 일본의 출병은 러시아와의 교섭 후에 하도록 의무를 부여할 필요가 있다고 주장하더니, 결국에는 39도선에서 중립지대가 형성되면 좋다, 그러나 그것이 안 된다면 분수령에서의 방벽구축을 수호해야 한다고 말을 바꾸었다. 람스도르프 외상은 어느 쪽도 일본은 수용하지 않을 것이라고 말했다. 그 다음에는 육군상이 중립지대안을 포기하자는 의견을 계속해서 주장했다. "깊이 의식하는 것이지만, 조선문제 때문에 전쟁하는 것은 러시아에게 극히 불리하다", 일본이 받아들일 생각이 없는 것을 요구하는 것은 근거가 없다, 4개월 내지 1년 후에는 군사적으로 러시아가 훨씬 유리해진다, 만주는 또 다른 문제여서 일본이 이 문제에 개입하는 것을 인정할 수 없다고 말했다.[126]

마지막으로 람스도르프가 "시간을 벌기 위해서 평화적인 협정을 체결할 필요가 있다"고 말하고, 준비해 두었던 러시아의 회답안을 배부했다.

그 내용은 다음과 같았다. 1. 중립지대를 획정하고 그곳에서 행정를 확립하는 것이 곤란함을 생각해서, 중립지대에 관한 제6조를 삭제하는 것에 동의한다, 2. 일본안의 제4조에서 일본군 파견의 권리를 인정하지만, 러시아안의 제5조 전반부에서 조선의 영토를 전략적으로 사용하지 않는다는 규정을 유지한다, 조선의 독립과 영토보전을 존중하는 원칙에 따르는 것이다, 3. 만주가 일본의 이해권 밖이라는 점을 인정하는 대신 조선을 러시아 이해권 밖이라고 인정하는 것은 하지 않는다, 러시아는 일본이 만주에서 지니고 있는 조약상의 권리를 존중할 뿐이다.[127]

이 회답안을 둘러싸고 논의가 있었고, 알렉세이 대공은 외상의 이 회답안과 협의회에서 정리된 제5조 및 제6조에 관한 제2안을 함께 황제에게 보고하는 것으로 의견을 정리했다.[128]

이 제2안은 다음과 같은 것이었다.

제5조 조선의 연안지대 전체에 군사시설을 만들지 않는다는 상호의 의무. 해협 항행의 자유를 보장한다.

제6조 북위 39도선 이북의 조선 영토를 중립지대로 인정한다는 상호의 의무. 그 틀 내에서는 일본은 러시아와의 합의에 의해서만 치안유지를 위해 자국 군대를 투입할 수 있다.[129]

이것은 군략상의 사용금지 원칙을 없애고, 오히려 중립지대 설정을 남긴다는 안이었는데, 아마도 아직 다듬어지지 않은 해군상과 육군상의 안이었을 것이다. 아바자는 제5조와 제6조를 제안해 보고, 안 된다면 분수령에서의 경계구분안으로 노력해야 한다고 주장했다.[130]

람스도르프가 필사적으로 정리하려고 했던 안도 일본이 받아들일 리가 없는 안이었다. 즉 조선을 전략적으로 이용해서는 안 된다는 규정은 일본이 시종일관 거절했기 때문이다. 루코야노프는 이 협의회의 인상에 관해서, "관료 상층부에 국가이성의 면에서는 물론 정치적인 의지의 면에서도 독특한 붕괴가 일어나고 있었다"면서, 람스도르프는 "참석자들 가운데 가장 건전한 사고의 소유자"였지만 그의 주장이 통할 가능성이 없었다고 평가하고 있다.[131] 그러나 람스도르프에 대해서도 그렇게까지 평가할 가치가 없다. 그를 포함한 러시아 정부의 장관들은 하나같이 이 위기에 대처할 능력이 없었다는 점을 분명히 드러내고 있었다고 해야 할 것이다.

일본의 개전 준비

일본은 맹렬한 기세로 개전을 준비하고 있었다. 참모본부는 일찍부터 조선에 임시 파견대를 보낼 생각을 굳히고, 해군 군령부에 협력을 재촉하고 있었다. 1월 20일에는 해군의 준비가 갖춰질 것이라는 회답을 받았기 때문에 그때 출발시키려 하고 있었다. 그러나 해군이 1월 26일이 되어야 준비가 될 것이라고 전해왔고 결행은 다시 연기될 수밖에 없었다.[132] 해군이 행동을 늦춘 이유는 구입한 두 함선 '닛신'과 '가스가'의 도착을 기다리고 있었기 때문이었다.

이제는 러시아가 경계하지 않도록 할 필요도 없다고 판단했는지, 1월 22일(9일) 일본 관헌은 루신의 통역사 다카하시 몬사쿠(高橋門三九)를 체포했다.[133] 루신은 이 체포를 일본의 개전 결의 표명으로 받아들였다. 1월 28일(15일) 그는 결정적인 전보를 타전했다.

"총 60척이 용선 계약되었고, 또 많은 선박이 보류되어 있다. 함대는 사세보에 있으며, 거기에 샤먼(廈門)에서 대량의 선박용 석탄이 수송, 비축되고 있다. 사세보 근교에는 기뢰가 부설되었다. 우지나, 시모노세키 등의 항구에는 철도로 대량의 군사물자가 이송되고 있으며, 기차 운행이 혼잡해지고 있다. 수천 명의 노동자가 철도 건설을 위해 조선으로 파견되고 있다. 총동원이 있을 것으로 생각된다. 5천만 엔에 달하는 준비 규모는 일본의 방대한 계획을 가리켜 보여주고 있다. 강렬한 흥분상태. 나의 통역은 내게 중요한 군사기밀을 건넸다는 혐의로 체포되었다. 증거는 없다."[134]

로제스트벤스키와 해군성이 이 결정적인 전보에 주의를 기울인 흔적은 없다. 아벨란 해군상의 파일에는 외상이 보내온 2월 1일(1월 19일)자 로젠 공사의 전보가 있다.[135] 이 전보는 루신의 정보를 전하고 있는데, 결론은 이전 그대로였다.

"이 사정은 다음의 사항을 추측할 수 있는 단서를 제공하고 있다. 일본은 조선 북부의 서해안에 군대를 상륙시킬 수 있도록 즈리만(直隸灣)의 제해권을 확보한다는 목표를 향해 나아가고 있다."[136]

협의회가 끝난 뒤, 람스도르프

협의회에서 내린 결론이 불만이었던 아바자는 1월 29일(16일), 황제에게 회의의 내용을 알리는 편지를 보냈다. 알렉세예프가 문의한 것에 대해 어떻게 답해야 할지에 관한 안을 보냈던 것이다. 제1의 대안은, 일본이 인천 이남의 서부 해안에 상륙하는 것을 허락한다는 구상이다. 일본이 점령할 수 있는 한계는 압록강과 두만강 유역의 남쪽 분수령이라고 적혀 있었다.[137] 제2의 대안은 북위 36도선 이북의 서부 해안에는 일본군을 상륙시키지 않는다는 안이다. 이 경우에도 점령의 북방한계는 압록강과 두만강 유역 남쪽의 분수령으로 되어 있었다.[138] 아바자는 자신의 분수령안을 여기에 집어넣었던 것이다. 문서에는 황제가 제1안을 승인했다고 쓰여 있다.

그러나 황제는 혼란스러웠다. 1월 29일(16일)자로 아바자에게 메모를 보냈는데, 거기에는 "인천까지의 일본군 상륙은 눈감아주고," 그들에게 어디가 점령의 한계인가를 알게 해주어야 한다, 그 지점은 "조금이라도 북쪽에서 먼" 것이 바람직하다고 되어 있었다.[139] 다른 한편으로 황제는 알렉세예프의 1월 29일(16일)자 전보에 다음과 같이 써넣었다.

"일본군이 조선 남부에 상륙한다면, 짐에게 극동의 위기는 첨예한 것이 아니다."[140]

황제는 일본이 조선 남부에 상륙한다면, 그것으로 사태가 수습될 거라고 생각하고 있었다. 러시아군이 공격을 받는다는 점이 명백히 상정되어 있지 않았다. 그러므로 알렉세예프의 전보에도 답신을 하지 않았던 것이다.[141]

그런데 알렉세예프는 람스도르프 외상의 문의에 대해서 다음과 같이 회답했다.

"첫 번째 질문에 관해 말하자면, 일본의 교섭 제안을 받아들이기로 결정하고 나서 우리는 조선에서 양보하고 만주에서는 완전한 행동의 자유를 얻는다는 주요한 목적을 추구했다고 생각한다. 교섭 과정에 일본은 조선에 대한 일본의 완전한 보호권을 승인하라고 우리에게 집요하게 요구했으며, 동시에 만주문제에 대한 간섭을 조금도 단념하지 않고 있음을 즉각 분명히 했다. 일본은 교섭과 동시에 자신들의 전투준비를 강화하고, 조선에 기지를 만드는 일까지 착수했다.

이 모든 일은 러시아를 위협해 자신들의 요구를 관철하기 위한 것이다. 저들은 우리가 전쟁을 허용하지 않고, 문제를 평화적으로 해결하기 위해서 전력을 다하고 있다는 것을 잘 알고 있기 때문이다. 따라서 내 생각으로는, 현재 교섭에서 전적으로 명확하게 드러난 사안은 러시아와 일본 사이의 본질적인 의견 불일치이며, 두 번째 질문에서 지적한 대로 평화적 문제해결의 의의가 더욱 중요한데도, 한층 더 깊은 심의를 하자는 것은 어떤 점을 심의하자는 것인지, 어느 항목에서 상호 양보가 이루어질 수 있다는 것인지 모르겠다. 일본의 최후 제안은 매우 강경하고 자신감으로 가득 찬 것이란 말이다."[142]

세 번째 질문에 관해서 알렉세예프는 "일본이 결렬시키고, 일본이 극동의 평화 파괴자처럼 보이도록—실제로도 그렇지만—해야 한다는 의견에 전적으로 찬성한다"고 썼다.

"여섯 번째 질문에 관해서는, 일본의 조선 점령에 의해서 만주에서 우리의 지위가 달라지기 때문에, 즉각 취해야 할 조치는 만주 전역에서 국제법에 따라 러시아의 전면적인 군사점령을 선언하는 일이다. 그런 연후에 필요하다면 청국에게 러시아와의 평화협정을 요구할 권리를 제공할 수 있을 것이다."[143]

알렉세예프는 일본과의 타협은 불가능하다고 생각했다. 그것은 정확한 인식이라고 할 만했다.

"결론적으로, 러시아의 존엄이라는 측면에서 극히 사활적인 문제를 든다면, 현재 경험하고 있는 위기 속에서 우리와 일본의 관계를 첨예하게 만든 불화의 뿌리를 보다 깊이 직시해야 한다는 점이다. 자국이 극동에서 우세하며 지배적일 것이라는 일본의 생각이 이 불화를 만들었다고 나는 깊이 확신한다. 일본에게 조선문제와 만주문제는 이 야심을 달성하기 위한 수단에 지나지 않는다. 그러므로 이 토대 위에 있는 일본과의 군사충돌은 러시아에게 커다란 재앙이기는 하지만 불가피하다. 군사충돌을 뒤로 미룰 수는 있지만 없앨 수는 없다. 그것은 논리적으로, 태평양 연안에서 러시아가 지닌 위대한 역사적 임무와 일본의 야심이 양립할 수 없다는 사실에서 비롯하는 것이다."[144]

알렉세예프의 정세판단은 정확했다. 그러나 람스도르프는 그 판단에 따르지 않고, 어디까지나 양보함으로써 일본과의 전쟁을 회피할 수 있다고 생각했다. 그는 자신의 타협안으로 황제를 설득할 작정이었다.

물론 해군성에는 루신의 전보가 이미 들어와 있었다. 1월 29일(16일) '가스가'와 '닛신'이 콜롬보를 출발해 싱가포르로 향했다는 전보가 타전되었으니까 아마도 30일(17일)에는 이 전보가 해군성에 도착했을 것으로 생각된다. 그리고 2월 4일(1월 22일)의 전보는 '가스가'와 '닛신'이 싱가포르를 출항했다고 전했다.[145]

1월 30일(17일) 아침 아바자는 구리노 공사를 만나서, "연안선의 어느 지점까지라면 일본의 조선 상륙을 인정할 수 있는지를 설명했다." 구리노 공사는 다음 날인 31일(18일) 두 번에 걸쳐서 서기관을 보냈고, 장황하게 요망사항을 전했다고 한다.[146] 2월 2일(1월 20일) 아바자는 구리노의 요망사항을 전하기 위해서 황제를 배알했다.[147] 아바자와 구리노 회담은 도쿄에는 일체 보고되지 않았다.

1월 30일(17일) 고무라 외상은 구리노 공사에게, 러시아의 회답 기

일을 명시해달라고 람스도르프 외상에게 요구하라는 지시를 타전했다.[148] 다음 날 구리노 공사는 람스도르프 외상과 회견했다. 외상은, 황제의 결정이 내려지지 않았기 때문에 회답하지 못하고 있다, 방향은 양보하는 쪽이기는 하지만 한계가 있다고 말했다. 구리노 공사는 람스도르프에게 서한을 건넸다.[149]

"현실적으로 사태의 진행상황은 매우 불안하다. 나는 개인의 자격으로 그리고 각하의 성실한 벗으로서 몇 마디 첨언해야겠습니다. 솔직히 말씀드려서 [우리]일본의 마지막 각서에 대한 러시아의 회답이 만족스럽지 못할 경우 우리 정부가 내릴 결정을, 나는 모르겠습니다. ……그러나 현재의 상황에서는, 만일 러시아 정부의 양보가 만족스런 협약에 도달할 것이라는 희망을 남기지 않을 정도로 중요하지 않다면, 도쿄의 내각은 이 이상 무언가 의미 있는 것을 할 수 있다고는 생각할 수 없으며, 교섭을 계속하지 않을 것입니다. 나는 확신합니다."

구리노는 양보를 요구했다. 그리고 "우리 정부는 언제나 우호적인 해결로 현상 타개를 바라고 있다는 점을 나는 각하께 보증할 수 있다고 재삼 말씀드립니다."

이 말은 람스도르프에게 환상을 심어주었다.

1월 28일(15일)의 협의회 기록이 합의되어, 알렉세이 대공이 황제에게 보고한 것은 2월 1일(1월 19일)의 일이다. 이것을 준비한 외상은 전날 날짜의 상주의견서[150]를 황제에게 보냈다. 그는 알렉세예프를 정면으로 비판했다. 태수는, "조선에서 양보함으로써 만주에서 완전한 행동의 자유를 달성한다"는 목표를 세우고 일본과 교섭했지만, 그것은 잘못이었다. 만주에 대한 러시아의 태도를 최종적·불가역적으로 확립하고 나서, 일본과의 교섭에 임해야 했다. 러시아의 군사점령과 군비증강에 대항해 일본은 자신들의 전투준비를 강화했다. "결과는 현재와 같은 극도의 긴장상태이며, 여기서 '상호 양보'함으로써 출구를 찾는 것은 현실적으로 매우 어렵다."[151]

외상은, 그렇지만 알렉세예프가 협상을 결렬시키려면 일본이 먼저 결렬하게끔 해야 한다는 데에는 찬성한다고 말하고, 그렇게 하려면 현재의 "교섭을 더욱 협조적인 정신으로 조용히 계속하는 것"이 유일한 길이라고 주장했다.

러·일이 조만간 무력충돌할 것이라고 생각하는 것은 당연하지만, 그 결말을 생각한다면 "모든 면에서 준비를 갖추기 위해서, 모든 방책을 다하여 그 결말을 뒤로 미루도록 노력해야 한다."[152]

"일본과의 전쟁은 러시아의 승리로 끝나겠지만, 우리나라의 역사적 전례로 보면 러시아군의 승리는 결과적으로 일본을 지지하는 다른 열강의 개입을 초래할 것이다. 그리고 결국에 러시아는 국가연합과 싸우든지 아니면 퇴각하든지 해야 하는 딜레마에 직면하게 될 것이다…… 현재의 상황으로는, 전쟁은 극도로 부담이 크고, 믿기 어려울 정도의 희생을 치러야 한다. 그렇기 때문에 우리는 모든 방책을 다해서 조국이 이 무서운 재앙을 피할 수 있도록 하든지, 모든 가능한 협조적 수단을 써서 그것을 최소한 연기하든지, 그 어느 쪽이든 선택해야 한다."[153]

외상은 이와 같은 입장에 서서, 협의회에서 작성된 제5조와 제6조의 수정안을 채택할 것을 제안했다.

알렉세예프와 람스도르프는 그야말로 정반대의 입장에 서 있었다. 그리고 상황 평가의 면에서는 알렉세예프 쪽이 현실적이었다. 람스도르프는 현실을 직시하지 못하고 있었다. 그가 하고 있는 것은 자기기만이었다. 그러나 페테르부르크의 황제도 그리고 장관들도 모두 외상과 같은 생각이었다. 아마도 황제는 2월 1일에 람스도르프의 안을 승인했을 것이다.

2월 1일(1월 19일) 구리노 공사는 람스도르프 외상의 말을 도쿄로 전했는데, 러시아가 회답하지 않기로 결정했다는 신문기자의 정보가 있다는 점도 보고했다.[154]

이날은 항례적인 신년 궁중대무도회가 있는 날이었다. 황제는 "전에 없이 사람이 많다"고 느꼈다. 황제는 모든 객실을 다 돌았다. "다행히도 소중한 알릭스는 무도회를 끝까지 마쳤다." 황제 등이 거실로 돌아온 것은 오전 1시가 넘어서였다.[155] 그때 구리노가 앞의 저 신문기자의 정보에 관해서 람스도르프 외상에게 묻자, 외상은 "근거 없는 소문"이라고 부정했다. 그는 회신 전보에 대해 아직 황제의 허가가 떨어지지 않았다면서, 알렉세예프와 로젠에게 타전하면 곧바로 알려주겠다고 말했다.[156]

2월 2일(1월 20일), 이날 람스도르프는 일본에 대한 회답을 포함해 알렉세예프에게 보낼 전보문 초안을 황제에게 보냈다.[157]

"1월 3일〈16일〉자 귀하의 전보 결과, 황제 폐하께서는 다음과 같이 편집되는 러시아의 회답안을 귀하가 로젠 남작에게 도쿄 정부에 수교하라고 지시할 필요가 있다는 점을 인정하셨다." 즉,

"제국 정부는 도쿄 내각의 최종 제안에 대해서 전면적인 주의를 다해 대응했고, 무엇보다 정밀하고도 신중하게 검토했다.

동시에 일정에 올라 있는 문제들의 평화적 해결에 도달하고 싶어 하는 미카도 정부의 명백한 바람―러시아의 의도에도 완전히 조응하고 있다―을 알고, 제국 정부는 제안된 협정에 다음과 같이 정정하고 변경하는 것이 가능하다고 생각한다.

1. 쌍방의 이해에 합치하는 중립지대의 획정 및 그 영역 내에서의 올바른 행정부의 수립에는 장해가 있다는 점을 고려해, 제국 정부는 중립지대에 관한 제6조를 협정안에서 삭제하는 것에 동의한다.

2. 협정안 제4조에서, 봉기 내지 소요를 진압하기 위해서 조선에 출병할 수 있는 일본의 권리를 고려하면, 러시아게 제시한 대안의 제5조 전반부를 그대로 남겨두는 것이 무조건 필요하다. 즉 "조선 영토의 어떤 부분도 전략적인 목적으로 이용하지 않는다"는 문언을 남겨둔다는 것이다. 그렇게 한정하는 것이, 그 의미와 정신에 있어서 협정을 체결하려는 쌍방이 견지하는 기본원칙에 완전히 합치하고 있기 때문에 더더욱 반대해서는 안 될 것이다. 쌍방은 협정안 제1조에서 다른 열강들과의 조약에 의해서도 보장되어 있는 대한제국의 독립과 영토보전을 존중할 의무를 지고 있는 것이다.

3. 마지막으로, 도쿄 정부가 만주에 관한 조항을 수정한 것에 관해서 무엇보다도 우선 다음과 같이 지적한다. 즉, 만주에서 일본의 이해는 다른 국가의 국민들이 지닌 이해보다 절대로 크지 않다. 그리고 제국 정부는 일반적으로 모든 국가들에게 당연한 보장을 제공하고 있으므로, 특별히 조선문제에 관한 본 협정에 도쿄 정부가 제안하는 추가규정을 포함해야 할 충분한 근거는 생기지 않는다.

그럼에도 불구하고 협정을 체결하려는 쌍방 사이에 분쟁이 발생할 수 있는 일체의 계기를 제거하기를 우리가 충심으로 바란다는 사실의 증거가 될 수 있도록, 제국 정부는 협정안에 하기(下記) 내용의 조항을 포함시킬 용의가 있다는 점을 표명한다.

러시아는 일본이 다른 국가들과 동등하게 청국과의 조약에 의해 획득한 모든 권리와 은전(恩典)을 존중한다. 그러면서 동시에 일본은 만주와 그 연안부가 자신들의 이해의 범위 밖에 있다는 점을 인정할 의무를 진다."[158]

이상이 전보 제1호이고, 협정안 전문을 포함하고 있는 전보 제2호는 다음과 같았다.[159]

1. 상호 의무적으로 대한제국의 독립과 영토보전을 존중한다.

2. 러시아는 조선에서 일본의 우월적 이익 그리고 대한제국의 통치의 적정화를 위해 조언과 원조를 제공할 일본의 권리를 승인한다.

3. 러시아는 일본이 조선에서 상공업활동을 발전시키고 그 이익을 지키는 조치를 방해하지 않는다.

4. 전(前) 항의 목적을 위해 러시아는 국제적 곤란을 야기할 수 있는 반란 내지 소요를 진압하기 위해서 일본이 조선에 군대를 보낼 권리가 있다는 것을 승인한다.

5. 상호 의무적으로 전략 목적으로는 조선 영토의 어느 부분도 이용하지 않으며, 조선해협에서 항행의 자유를 위협할 우려가 있는 여하한 군사적 방책(方策)도 조선의 연안에서는 꾸미지 않는다.

6. 러시아는 일본이 다른 열강들과 동등하게 청국과의 조약에 의해 획득한 모든 권리와 은전을 존중한다. 그러면서 동시에 일본은 만주와 그 연안부가 자신들의 이해의 범위 밖에 있다는 것을 인정할 의무를 진다.

7. 상호 의무적으로 조선의 철도와 동청철도가 압록강까지 연장될 때 그 연결을 방해하지 않는다.

8. 조선에 관한 과거의 러·일 사이의 협정을 폐기한다.

이 안의 핵심은 중립지대의 요구를 포기한다는 데 있었다. 람스도르프는 그것을 전하면, 일본이 무언가 의미 있는 대응을 할 것이라 생각하고 있었다. 만주에 대한 언급은 중립지대를 포기하는 것보다 작은 양보였다. 외상은 편지 말미에 "아니면 폐하께서 이 안의 내용에 관해서 미리 태수의 판단을 물으라고 명하시는 것이 좋지 않을까 생각합니다"[160]라고 썼다. 그럴 시간적인 여유가 있다고 생각했다면 정말로 람스도르프는 태평한 성격의 소유자였다고 하지 않을 수 없다.

람스도르프는 이날 "황제의 승인을 얻어 작성되었다"면서 대일 회답안을 육군상, 해군상 그리고 아바자에게 보냈다. 아마 세 사람 모두에게 같은 것을 보냈을 것이다. 해군상에게 보낸 것은 이렇게 되어 있었다.

"폐하의 명령에 따라서 작성된 일본의 최종 제안에 대한 우리의 회답안을 포함한, 시종장군 알렉세예프에게 보내는 비밀전보의 안을 각하에게 보내드립니다. 가능한 한 단시일 내에 이 내용에 관한 귀하의 결론을 제게 알려주시기를 삼가 부탁드립니다."[161]

신중론을 견지한 해군에 압력을 가하기 위해서, 람스도르프는 바로 이 2일 날, 도쿄의 로젠 공사가 보내온 2월 1일(1월 19일)자 전보의 사본도 해군상에게 보냈다. 그것은 60척의 배를 일본군이 용선 계약했다는 것을 전하는 것이었고, 일본 해군이 조선 북부의 서안에 상륙하기 위해서 즈리만의 제해권을 확보하려 하고 있다는 분석이었다. 로제스트벤스키가 보았다는 메모가 전보문 위에 적혀 있다.[162]

이날 황제는 아바자와 만났다.[163] 여기서 무슨 이야기가 오고갔는지는 알 수 없다.

이 동안 알렉세예프는 2월 2일(1월 20일), 극동과 시베리아에 동원령을 내릴 필요가 있다고 황제에게 전보를 보냈다고 한다. 전쟁이 끝난 뒤에 열린 심문회에서 알렉세예프가 그렇다고 진술했고, 군령부의 공식 전사도 이를 인정하고 있지만,[164] 문서로 확인할 수는 없다. 아무튼 이 전보에 대한 회답은 없었던 것이다.

일본, 각의에서 국교 단절을 결정하다

일본에서는 이미 긴장이 고조되는 가운데 개전의 때를 기다리는 분위기였다. 1월 26일 이와쿠라 히사코(岩倉久子, 도모미[具視]의 부인) 회장 이하 오야마 스테마쓰(大山捨松, 이와오[巌]의 부인) 등 유지(有志)들의 이름으로 '일본 전국의 자매들에게 급히 고함'이라는 애국부인회 호소문이 발표되었다. "이제 바야흐로 개벽 이래 미증유의 일이 있으려고 한다. 마땅히 거국일치의 힘을 모아 황군을 부익(扶翼)할 것을 요한다." 남자는 피를 흘려 싸우고, "여자는 중요한 임무를 떠맡은 자의 앞날을 걱정하고 위로하며, 사기의 진작에 힘을 모아야 할 때다." 28일에는 군사기자클럽의 간담회에서 결의가 있었다. "전쟁의 기운은 이미 무르익었다. 그런데도 당국자가 망설이며 결심하지 못하는 것은 국가를 그르치는 일이라 생각한다."[165]

그리고 『도쿄아사히신문』 1월 29일자는 '러시아의 내정(內情)'을 게재했다. "러시아가…… 한편으로 가능한 한 전쟁을 회피하려 하는 기색을 보이는 까닭은 자국에 불평하는 무리가 널리 퍼져 혁명의 기운이 점차 무르익으려 하기 때문이다. 만일 하루아침에 외국과 피 흘리는 싸움을 하게 되면, 이를 신호로 혁명당이 도처에서 봉기해 일시에 내우외환에 이르게 될 것이다." 러시아를 두려워할 것이 없다는 논조였다. "내정이 이러하다면 군대가 있다고 할지라도 유사시에 과연 얼마나 쓸모가 있을 것인가? ……허세를 부리면서 여전히 개전을 두려워하는 것도 그럴 만하다 하겠다."[166]

2월 1일 오야마 이와오 참모총장은 메이지천황에게 다음과 같이 사태를 보고하고, 개전의 결단을 제안했다. 즉 참모본부가 탐지해 알게 된 바에 의하면, 러시아 참모총장과 육군상은 작전계획을 상주해 황제의 재가를 얻었다. 전권은 극동태수에게 위임했는데, 태수는 홍해에 있는 증원함대가 도착하고 시베리아 제3군단의 편제가 완료되며, 뤼순의 도크가 완성될 때까지 전쟁 개시를 연기했다. 러시아는 "외교 담판으로 시일을 천연하면서 그 사이에 전비를 확대하고, 그

확대 완비가 실현되는 날이 오면 번연히 궐기해 무력에 호소하면서 그 욕망을 달성하려 한다"고 단정하고 있다. "전쟁이 아니고서는 시국 해결을 바랄 수 없다고 결심한 오늘, 만일 우리 정부가 여전히 꾸물거리면서 결단하지 못하면, ……헛되이 저들의 술수에 빠져 다시는 만회할 수 없는 상태에 이르게 될 것이다."

이 보고에는 '러시아군에 관한 정황 판단'이라는 문서가 첨부되어 있었다. 무엇보다도 중시하고 있는 것은 해군력의 비교다. 목하 피아의 함대 톤수 등을 보면, "우리가 우세함이 명료하다"는 것이었다. 그러나 러시아의 증원함대, 즉 전함 1척, 순양함 3척, 구축함 7척, 수뢰정 4, 5척이 6주 이내에 극동에 도착한다. 일본이 획득한 순양함 2척 '가스가'와 '닛신'은 2, 3주일 후에 주력함대에 합류한다. 러시아의 증원함대가 합류하면 러시아의 톤수는 일본을 "능가하게 될" 것이다. 그러므로 "이상 양국의 해군 정황을 대조해 보면, 조기에 기선을 제압하고 장악해야 우리가 유리해 질 것이다." 육군에 관해서는, "믿을 만한 보고에 의하면, 관둥주의 보병 및 포병의 일부는 이미 압록강으로 움직이기 시작했으며, 또 시베리아의 군대는 동원을 시작한 것으로 보인다. 또 의주에서 알려온 정보에 의하면, 러시아 소장 밀레르 씨는 아(亞)총독(알렉세예프 태수를 말함)의 막료 몇 명을 따라서 1월 28일 안둥현에서 한국으로 들어와, 압록강 좌안의 땅을 시찰한 것 같다"고 되어 있었다. 그 말미에도 "시국의 해결을 바란다면 오로지 전쟁이 있을 뿐이라고 결심한 지금으로서는, 오직 전략상 유리한 때에 일어서야 할 것"이라고 되어 있었다.

해군의 증원함대 이야기는 사실이었다. 그러나 육군에 관해서 기술된 것은 러시아 측 사료로는 확인되지 않는다. 과장된 정보였을 것으로 생각된다. 어쨌든 고다마 참모차장이 정리한 이 '정황 판단'에 기초해 오야마 총장의 개전 제안서가 제출된 것이다. 이 상주문은 곧

바로 내각에 제출되었다.[167]

가쓰라 수상은 이 오야마 의견서를 받고 2월 3일 이토, 야마가타, 오야마, 마쓰카타, 이노우에 등 원로 다섯 명 및 외무와 육해군 대신 세 명과 총리대신 관사에서 회합해, 러시아에 최후통첩을 내고 자유행동에 나설 것을 결정했다. 그리고 나서 가쓰라와 고무라는 천황을 알현하고, 다음 날 4일 오후 1시에 개전을 결정하는 어전회의를 열 것을 청원했다.[168] 3일 오후 4시 반, 고무라 외상은 구리노 공사에게 더이상 러시아에 회답을 독촉할 필요가 없다고 연락했다.[169]

바로 이날 2월 3일(1월 21일), 뤼순항에서는 오전 5시부터 순양함 '아스콜드'를 선두로 전함 '세바스토폴'을 제외한 모든 전함 6척과 순양함 6척이 스타르크 중장의 지휘하에 잇달아 출항했다. 방향은 산둥반도 쪽이었다. 태수의 명령이었으며, "병력의 훈련", "연습"이 목적이었다.[170] 이 훈련에 관해서 루코야노프는 알렉세예프의 도발책, 즉 일본군의 공격을 유도하려는 "절망적이고 비이성적인 행동"이었을 가능성이 있다고 보고 있지만,[171] 알렉세예프가 그런 행동에 나설리도 없었고 또 루코야노프는 근거를 제시하지 않고 있다. 또한 일본의 전사나 구미의 역사서 중에도, 이로 인해서 일본이 "즉시 원로회의를 열고", 개전으로 향한 것처럼 서술한 것이 많다.[172] 그러나 뤼순 함대가 출항했다는 움직임이 즈푸의 일본 무관에게 관찰되어, 그 보고가 도쿄의 해군성에 들어간 것은 3일 오후 7시였다.[173] 이때는 이미 4일의 어전회의 개최가 결정되어 있었던 것이다.[174] 물론 러시아 함대의 "행선지가 불분명하다"는 것이어서, 일본 해군이 아연 긴장한 것도 사실이다. 군령부는 4일 오후 8시, 연합함대는 사세보에 집결하고 사세보에 대한 불시 공격에 대비하라는 명령을 발했다. 그러나 해군성 쪽에서는 러시아가 전쟁을 시작하는 것은 불리하며 그 전례가 없다, 함대가 행동하기 전에 보다 확실한 정보를 입수해야 한다면서

냉정하게 반응했다.[175]

2월 4일 오전 10시 30분부터 각의가 개최되어 개전이 결정되었다. "러시아 정부는 말을 이리저리 바꾸면서 아직 아무런 회답도 보내지 않고 있을 뿐만 아니라", "표면상으로는 평화적인 태도를 가장하면서 몰래 만주에서 군사적 준비를 엄중히 하고" 있다. "러시아는 우리나라와 성심성의껏 타협할 의사가 없기 때문에" 회답을 지연하고 있다. 이대로 가면 "우리나라는 외교와 군사 모두 회복하기 어려운 불리한 상황에 빠질 것이 틀림없다." "사태가 이에 이르러서는 실로 어쩔 도리가 없고, 이 이상 담판을 계속해 봐도 타협에 이를 것이라는 희망을 품을 수 없기 때문에, 제국 정부는 이를 단절하고 자위를 위해 그리고 제국의 기득권 및 정당한 이익을 옹호하기 위해 필요하다고 생각하는 독립적인 행동을 취할 것이라고 러시아 정부에 통고함과 동시에 긴급히 군사행동에 나설 필요가 있다고 생각한다." 통고 시기는 군사계획과 관련이 있으므로 신중하게 검토하기로 했다.

이때 통고문도 결정되었다. 거기에는, 일본 정부는 "한국의 독립 및 영토보전이 자국의 강녕과 안전을 위해 긴요 불가결한 것이라고" 생각하고 있다. 따라서, "어떠한 행위든지 불문하고 만일 한국의 지위를 불안하게 하는 것이라면…… 간과할 수 없다"고 되어 있었다. 한국의 독립과 영토보전에 상처를 입히는 행동을 취하려 하고 있는 것은 다름 아닌 일본이었다. 그리고 "현재의 헛수고에 속하는 담판은 이를 단절하는 것 이외에 선택의 여지가 없다", "침박(侵迫)을 받는 그것[한국]의 지위를 공고히 하고 또한 이를 방위하기 위해서, 그리고 제국의 기득권 및 정당한 이익을 옹호하기 위해서 최선이라고 생각하는 독립적 행동을 채택할 권리를 보유한다"고 되어 있었다. 결정문 본문의 "독립적 행동을 취할 것"이라는 표현이, 통고문에서는 "독립적 행동을 채택할 권리를 보유한다"로 바뀌었다.[176] 이 표현이 러시아에 혼란을 초래하게 되는 것이다.

계속해서 이날 오후 2시 25분 어전회의가 열렸고, 내각의 상주 방침을 "오늘날의 상황과 정세의 면에서 달리 취할 수 있는 방도가 없다고 믿으며" 승인했다. 이렇게 해서 일본의 대러 개전이 결정되었다.[177] 대러 단교를 통고하고 군사행동을 개시하기로 결정한 것이다. 오후 4시 35분, 회의는 끝났다.

이 어전회의가 끝난 뒤 육군 제1군에 동원령이 내려졌다. 근위사단, 제2사단, 제12사단이다. 히로시마에 집결하라는 명령이었다. 제12사단에는 선견대로서의 임무가 부여되었다.[178]

메이지천황은 이날 오전 이토 히로부미를 불러 의견을 들었는데, 어전회의가 끝난 저녁, 시종에게 "이번 전쟁은 짐의 뜻이 아니다. 그렇지만 일이 이미 이렇게 되었다. 이를 어떻게 할 수도 없구나"라고 말했다. 또 "만에 하나 차질이라도 생긴다면, 짐이 어떻게 조종(祖宗)에 사죄해야 할 것이며, 신민에 대해서 뭐라고 하겠느냐는 말이다"라고 말하며 눈물을 흘렸다고 한다.[179] 러시아에 대해 먼저 전쟁을 시작한다는 것이 육해군의 통수권자에게는 엄청난 정신적인 압박이었던 것이다.

이날 페테르부르크에서는 아바자가 구리노 공사에게, 일본의 출동준비 소식을 접한 뤼순의 함선들은 "비상의 경우에 대비해야 하므로 지금은 항구 밖으로 나가 있다"고 말했다. 이것은 군사기밀을 일본에게 털어놓은 것이나 다름없었는데, 아바자로서는 여전히 개전회피를 원하고 있기 때문에 나온 말이었을 것이다. 아무튼 아바자의 이 말이 보고되어 도쿄에서 수신된 것은 2월 5일 오전 1시 50분이었다.[180]

러시아 외상 최후의 몸짓

이때 러시아에서 외상은 여전히 대일 회답을 취합, 정리하느라 부심하고 있었다. 외상에게서 문의를 받은 장관들이 회답을 보냈다. 해군상은 과연 위기가 목전이라고 생각해서, 람스도르프의 편지 위에 그냥 자신의 회답을 적어 넣었다. "대일 회답안에는 어떠한 코멘트도 할 게 없다는 점을 서둘러 알려드리오…… 이 안은 해군총재가 주재한 협의회의 결정 가운데 하나에 대응하고 있기 때문이오."[181] 이 답신은 다음 날인 2월 3일(1월 21일)에는 외상 앞에 도달했을 것이다.[182] 육군상 쿠로파트킨도 이날 "코멘트할 게 없다"며 외상에게 답신을 보냈다.[183] 외상은 두 사람의 회답을 황제에게 보냈다. 아바자에게는 아직 회답이 없다고 썼다.[184]

아바자의 회답은 늦게 도착했다. 아바자는, "중립지대안을 삭제하고 어떤 경계도 없이 전(全) 조선에서 일본의 우세를 허용하는 것"은 일본에 대한 극단적인 양보라고 주장했다. 그리고 일본은 이를 러시아의 허약함 표출로 보고, 조선반도의 전략적 이용을 금지하는 조항의 삭제를 더욱더 요구해 올지도 모른다. 그렇게 되면 러시아는 군사 행동의 길로 나아가지 않을 수 없다. 일본이 조문 상으로는 이를 받아들이면서도 실행을 하지 않을 경우에는 매일같이 분쟁이 일어날 것이다. "이 모든 것을 기초로 하면 전쟁을 회피하는 최선의 수단은, 일본의 원망(願望)에 동의해 5조의 전반부를 넣지 않고, 연안의 요새화는 하지 않는다는 의무를 지게 하는 데에 한정하는 것이라고 생각된다. 또한 일본이 39도선에도 중립지대에도 항의하니까, 일본의 정착은 경제적인 것으로서 인정한다는 새로운 조항을 넣고, 군사적으로는 분수령으로 획정되는 경계까지로 한다."[185]

아바자의 의견은 람스도르프안보다도 양보적이었다. 전략적 이용

규정을 거부하는 것이 일본이 가장 고집하는 것이었기 때문이다.

그러나 최후에 제 멋대로 말을 꺼낸 것은 황제였다. 니콜라이는 일단 람스도르프에게 중립지대 조항의 삭제를 허락했었는데, 2월 3일(1월 21일) 또 다시 생각이 바뀌어 람스도르프에게 다음과 같은 편지를 보냈다.

"오늘 아침 짐에게는 다음과 같은 생각이 떠올랐소. 우리는 중립지대를 포기할 수 없고 또 일본은 반드시 그것에 동의하지 않을 것이므로, 최후의 방법을 시도해야 하오. 즉 일본에게 중립지대에 관해서 같은 것을 제안하지만, 그러나 비밀조항 형태로 하는 것이오. 이 방법을 따르면 저들의 자존심과 나라에 대한 정부의 책임을 만족시켜 줄 것이고, 우리의 이익은 지켜질 것이오. 이 취지로 구리노와 교섭하고, 일본군이 조선 북부에 상륙하는 것에 대해서는 러시아가 매우 비우호적인 행위로 간주할 것이라고 덧붙이는 것이 좋겠소. 만일 무언가 의문이 있으면 오늘 오후 6시에 짐에게 들러주시오."[186]

이것은 황제의 무책임한 변덕이다. 중립지대 조항은 어디까지나 지켜야 하니까, 일본이 그것을 쉽게 수용할 수 있도록 비밀조항으로 해도 좋다고 하는 것뿐인 양보를 생각하고 있는 것이다. 대안이 될 수 없는 생각이다. 이 안을 일본이 거부하면 어떻게 할 것인가, 이 국면에서 그런 즉흥적인 생각으로 외교를 할 수는 없는 것이다. 대단한 람스도르프도 궁지에 몰리지 않을 수 없었다.

이날 오후 잠깐의 휴식을 마친 람스도르프는 황제를 배알했다. "일본과의 협정 건으로"라고 황제는 일기에 적었다. "둘이서 식사를 했다"는 것이다.[187]

외상은 종래의 전보 제1호와 제2호에 더해서 제3호의 초안을 작성해 이 자리에서 황제에게 보여주었을 것이다.

"황제 폐하께서는, 안에서 삭제된 중립지대에 관한 제6조 대신에 조선 북부에 마찬가지의 중립지대를 설정하는 특별비밀조항을 일본 정부가 서명하게끔 할 것을, 귀하가 로젠 남작에게 위임하라고 명하셨다. 이를 수행하면서 로젠 남작은, 이 제안이 양 제국 사이에 가장 우호적인 관계를 확립하고자 하는 바람에서 나왔다는 점을 고무라에게 이해시켜야 한다."[188]

람스도르프는 이전의 전보 두 통을 유지하면서, 그것과는 별개로 비밀조항으로서의 중립지대안이라는 황제의 의견을 축소하려고 생각했던 것이다. 고식지계였다. 황제는 그것을 승인했지만, 비밀조항안을 고집했다.

외무성으로 돌아온 람스도르프는 제1호부터 제3호까지의 전보를 알렉세예프에게 타전하도록 지시했다. 그리고 난 뒤 황제에게 편지를 썼다.

"폐하의 명령에 따라 저는 태수에게, 로젠 남작에게 보낼 훈령을 포함한 세 통의 전보를 쳤습니다. 그러나 이들 훈령에 언급되어 있는 문제는 극히 중대하므로, 만일 현지의 조건에 따라 알렉세예프 시종장군이 상기의 정보 내용에 무언가 의견을 개진할 필요가 있다고 생각되면 태수는 그러한 의견을 가능한 한 단시일 내에 연락하기 바란다고 폐하께서 명하심이 좋지 않겠습니까? 그와 함께 무언가 오해를 피하기 위해서 로젠 남작이, 도쿄 내각에 제6조의 포기를 통고하기 전에 미리(предварительно) 일본인이 중립지대에 관한 조건을 수용하도록 하는 것이 합목적적이라고 생각됩니다."[189]

요컨대, 중립지대에 관한 제6조를 포기한다고 회답하기 전에, 비밀조항으로 중립지대를 설정한다는 교섭을 하게 하라는 것이다. 람스도르프는 이렇게라도 말을 하지 않으면, 황제의 신뢰를 잃게 될 것이라고 생각했는지도 모른다. 그러나 이렇게 함으로써 그는 완전히 자기의 목을 조르게 되었다. 또 이 시기에 이르러서야 현장의 의견을 들으려고 한 것 역시 외무장관으로서 책임을 포기하는 짓이었다.

이날 밤 황제는 차이코프스키의 발레 '잠자는 숲속의 미녀'를 보러 갔다.[190] 자정이 지나 궁전으로 돌아온 황제는 2월 4일(1월 22일)이되어 람스도르프의 편지에 "완전히 동의한다"고 써서 돌려보냈다.[191] 람스도르프는 이를 기다렸다가, 네 번째 전보를 알렉세예프 태수에게 보냈다. 그 중심 내용은 다음과 같다.

"그것과 함께 폐하께서는, 현지의 조건에 따라 이 훈령에서 무언가를 변경해야 한다고 생각될 경우에는, 귀하가 그에 관해서 가능한 한 단시일 내에 연락하기를 바라고 계신다. 그리고 어떤 오해를 피하기 위해서, 귀하는 로젠 남작에게 훈령을 전달하면서 다음의 점들에 로젠이 주의를 기울이도록 하는 것이 극히 중요하다. 즉 도쿄 정부에게 이쪽이 제6조를 포기하는 것을 통고하기 전에 미리, 비밀조항의 형태일지라도 조선 북부에 중립지대를 설정하는 형식으로 타결하는 조건을 받아들이도록 어떤 수단으로든 설득하려고 노력해야 한다는 점이다."[192]

나중에 러시아 외무성의 백서 『일본과의 조선문제 교섭의 개관』(1906년)에는, 전보 제1호와 제2호가 2월 3일(1월 21일)에 도쿄와 뤼순으로 보내졌는데, 도쿄의 공사에게는 2월 7일(1월 25일)이나 되어서야 도착했다는 것만 기록되어 있다.[193] 전보 제3호 그리고 제4의 전보가 발송되었다는 사실은 지워질 운명이었던 것이다.

람스도르프는 일본 공사와 만날 준비를 했다. 프랑스어로 된 넌페이퍼(비공식적인 구두설명 자료)가 만들어졌고, 그것도 2월 4일(1월 22일)에 황제에게 보내져 승인을 받았다. 황제는 그 초안 위에 "잘 썼다. 이 메모를 일체 수정 없이 구리노에게 건네라"고 적어 넣었다.[194] 황제와 외상은 완전히 일심동체였다.

이날 밤 8시에 람스도르프는 구리노 공사를 호출했다. 처음에는 다음과 같이 말했다. 대일 회답안을 알렉세예프 태수에게 보냈다. 그것이 로젠 공사에게 전송될 것이다. 알렉세예프가 "현지의 상황에 맞춰 약간의 수정을 가할 수도 있지만, 아마도 그러한 변경은 없을 것이다." 그리고 람스도르프는 자신의 의견이라면서, 내용에 관해서 다음과 같이 말했다. 러시아는 조선의 독립과 보전을 바란다. 해협의 항행 자유를 바란다. 조선을 러시아에 대한 전략적인 목적으로 사용하는 것은 곤란하다. 양국의 활동지역 사이에 완충지대(buffer region)를 설치할 것을 희망한다.

람스도르프는 비밀조항으로라도 좋으니까 중립지대 조항을 남겨두고 싶다고 구리노에게 말하기를 꺼렸던 것이다. 그래서 새로이 '완충지대'라는 생각을 들고 나왔다. 이것은 분명히 속임수였다. 람스도르프는 회담 말미에 구리노에게 넌페이퍼를 건넸다. 거기에도 확실히 완충지대("une région servant pour ainsi dire de tampon")이라고 적혀 있었다.[195]

람스도르프는 중립지대 요구를 철회한다고는 말할 수 없었다. '중립지대'라는 용어 대신에 '완충지대'라는 용어를 사용해 변화의 뉘앙스를 나타내겠다는 생각이었을 것이다. 이래서야 러시아의 회답은 종래 그대로가 아닌가 하고 구리노가 받아들인 것도 당연했다. 게다가 중립지대 조항을 뺀다고 해도 전략적 이용금지 조항이 없어지지 않는다면 일본은 전쟁을 할 작정이었기 때문에, 이 둘 사이에서 타협점을 찾기 위해 노력해봤자 어차피 헛된 일에 지나지 않았던 것이다.

그러나 그 이상으로, 러시아의 이러한 노력은 정말로 때늦은 것이었다. 2월 4일의 람스도르프의 의견을 구리노가 도쿄로 보낸 것은 페테르부르크 시각으로 2월 5일 오전 5시 5분이었는데, 도쿄에서 수취된 것은 같은 날 오후 5시 15분이었다. 전날인 2월 4일의 각의에서 일본 정부는 이미 러일교섭을 단절하고, 자국의 이익을 옹호하기 위해서 독립행동을 하겠다는 결정을 내렸다. 5일 오후 2시에는 고무라 외상이 구리노 앞으로 이 결정을 러시아 정부에 전하기 위한 훈령전보 네 통을 보냈으며, 이것을 러시아 정부에 제출한 후 페테르부르크를 떠나라는 명령을 내리고 있었다. 즉 러시아의 제3차 회답도 그리고 람스도르프의 뉘앙스도 일본 정부에 그 어떤 영향도 미치지 못했던 것이다.

람스도르프는 대일 회답안을 2월 5일(1월 23일) 파리와 런던의 공사들에게 보냈다. 중립지대 조항을 빼겠다는 내용이었다. 비밀조항 교섭 지령은 전달하지 않았을 것이다. 그런데 시만스키는 자신의 저서에, 이것이 영국 외상에게 전해지자 란스다운은 러시아의 양보는 수용 가능하다면서 주영 공사 하야시 다다스에게 그 취지를 이야기했고 하야시는 이를 경계해 러시아의 회답이 도착하기 전에 얼른 결론을 내려야 한다고 도쿄에 타전했다는 이야기를 쓰고 있다.[196] 그 전거(典據)는 프랑스인 메빌의 책이다.[197] 이 이야기는 믿기 어렵다. 아마 메빌의 창작이 아닐까 생각된다. 5일과 6일의 란스다운 외상의 움직임을 보아도 있을 수 없는 일이다.[198]

시만스키는 본문에서는 두 공사에 대한 연락은 2월 3일(1월 21일)이라고 쓰고 있지만, 각주에서는 2월 5일(1월 23일)이라고 써 놓았다. 구리노에게 이야기한 것도 2월 4일 밤이기 때문에 두 공사에 대한 연락은 그 뒤에 있었다고 보는 것이 옳을 것이다.

낭패한 알렉세예프

람스도르프가 보낸 네 통의 전보는 2월 5일(1월 23일) 뤼순에 도달했다. 당시 알렉세예프는 패닉상태에 빠져 있었다. 그는 전쟁은 필지

(必至)의 사실이라고 말해왔고 전투준비 태세에 돌입할 것을 주장해왔지만 그 누구의 지지도 받지 못했다. 그는 어찌할 바를 모른 채 노이로제에 걸려 있었다. 전날 황제에게 면직을 소청하는 전보를 보내놓고 있었다.

"최근 당 지역 동방에서 사건의 전개는 육군력의 발전이라는 점에서 우리의 상태를 완전히 바꾸어 놓았습니다. 그와 함께 최고사령부와 군대의 지휘권 문제가 곤란해졌습니다. 제가 생각하기에는, 이러한 변화된 조건 하에서 장래에 있을 수 있는 군사행동의 성공을 위해서는 해군대장의 권위로는 충분하지 않습니다. 제게 끊임없이 보여주신 폐하의 높은 신뢰에 대해서 한없는 감사의 마음을 깊이 느끼면서도, 군사면에서 이처럼 중요하고 또 폐하에게 이처럼 책임 있는 의무의 이행을 완벽하게 할 수 있는 다른 인물과 저를 교대하도록 해주실 것을 폐하께 황송하게도 말씀드리지 않을 수 없습니다."[199]

전쟁이 바로 눈앞에 다가온 그 순간에, 현지의 최고사령관 직에 취임하기로 예정된 인간이 그 직을 사퇴하겠다고 청원한 것은, 그 인물이 군인으로서 지닌 무자각과 무책임 그리고 낭패한 모습을 잘 보여준다. 전보를 받은 황제는 당혹했다. 아바자는 필사적으로 황제를 수습하고, 2월 5일(1월 23일)에 알렉세예프에게 자제를 촉구하는 전보를 쳤다. "폐하께서는 이처럼 곤란한 순간에 귀하의 발걸음을, 귀하의 특징인 자기의 위대한 책임에 대한 깊은 책임의식에서 비롯하는 것으로 설명하고 계신다."[200] 황제는 알렉세예프의 전보를 묵살했다.

이와 같이 낭패감을 느끼고 있던 알렉세예프에게 람스도르프가 보낸 네 통의 전보가 도착한 것이다. 알렉세예프는 외교고문인 플란손과 의논했다. 플란손의 일기에는 다음과 같이 기록되어 있다.[201]

플란손은 이 안에 관해서 의견을 개진하는 것이 좋겠다고 알렉세예프에게 권고했다. 그러자 알렉세예프는 분연히 말했다. "내 의견은 말했다. 이 이상 되풀이할 생각은 없다. 놈들은 뭐든 지껄이며 자기들 식으로 한다. 협정안을 다시 만든다고 해도 여기를 고치면 저기가 안 된다는 식이다. 내가 왜 어릿광대처럼 여기저기 굽신거려야 한단 말인가. 나는 사흘 전에 폐하께 군사부문에 관해서 긴 전보를 보내 나의 의견을 말씀드렸다. 일본인들을 이성적으로 만들고 전쟁을 없애기 위해서도 우리는 전쟁 준비를 해야 한다고."

알렉세예프는 낭패감을 감추고 애써 강한 체 하려 했던 것일까? 플란손은 계속해서 "전보는 전부 로젠에게 전송되지만, 중립지대 조항은 남길 필요가 있다는 지시를 붙일 것이다. 외상은 아슬아슬하게 최후의 순간이 되면 버려도 좋다는 생각인 모양이지만"이라고 쓰고 있다. 이것은 네 통의 전보 내용과 합치하지 않는다. 불만은 있지만 중립지대 조항이 빠져 있는 협정안을 수용하고, 중립지대 설정을 비밀 조항으로 하고 싶다고 교섭하도록 추진하라는 것을, 이렇게 문학적으로 표현했을 것이다.

알렉세예프의 외교활동 보고에는, "1월 23일〈2월 5일〉, 나는 1월 21일자로 일련번호가 붙어 있는 네 통의 외상 전보를 받았다. ……23일에 극도로 중요한 이 지시를 받고, 그 내용에 관해서 아무런 이의도 없이, 더욱이 긴요한 것은 위기의 평화적 해결의 최후의 시도를 단 1분이라도 늦춰서는 안 된다고 생각했기 때문에, 나는 그날 중으로 네 통의 전보 전부를 도쿄의 로젠 남작에게 보냈고, 그 사실을 즉시 람스도르프 백작에게 통지했다"고 기록되어 있다. 알렉세예프는 아무런 코멘트도 붙이지 않았던 것이다.[202]

플란손은 알렉세예프가 이 회답안 때문에 몹시 어두운 기분이 되었다고 쓰고 있다. 이것은 거짓말이다. 이 회답안을 수령하기 이전에 이미 알렉세예프는 최고사령관직 사퇴서를 제출했던 것이다.

알렉세예프가 도쿄의 로젠에게 보낸 전보는 언제 타전되었을까?

2월 5일(1월 23일) 중에 보냈다고 해도, 일본에 의해서 배달이 늦어졌을 것이다.

알렉세예프는 2월 7일(1월 25일)에도 여전히 아바자에게 교체를 청하는 전보를 쳤다.[203] 아무리 보아도 정상적인 정신 상태는 아니었다.

일본의 단교 통보

개전을 결정한 일본 정부는 선전포고를 하는 대신 국교 단절을 통고하기로 했다. 2월 5일(1월 23일) 오후 2시, 고무라 외상은 구리노 공사에게 교섭 '단절', 국교 단절의 통고에 관한 전보 네 통을 보냈다. 제1통에서 제3통까지는 2월 4일 결정의 통고문을 셋으로 나눈 것인데, 교섭 중지를 통고하고 "독립적인 행동"의 권리 보유 주장을 내용으로 하는 결론은 제3통에 담겨 있었다.[204]

이날은 황제의 '이름의 날'로서 에르미타주 극장으로 외교관들을 초대해 콘서트를 열기로 되어 있었다. 구리노 공사는 고무라 외상의 전보 첫 두 통을 콘서트에 가기 직전에 받았는데, 그것을 읽지 않은 채 안주머니에 넣고 출발했다.[205]

로마노프가 일족이 오후 9시에 로마노프 미술관에 모여 '이름의 날' 축하행사를 하고나서 콘서트 장으로 갔기 때문에, 콘서트는 10시경에 시작되었을 것이다.[206]

이날 밤의 상연 작품은 보이토의 오페라 '메피스토펠레스'였는데, 샬랴핀, 메데아 피그네르, 소비노프 등 당대의 톱가수들이 출연했다. 구리노는 품속에 전보를 넣고 진득하게 앉아 있을 수가 없었다. 그것이 "러시아에 내던져야 할 최후통첩"이라는 것을 알고 있었기 때문이다. 러시아 고관들도 좌불안석하는 모습이었고, 청국 공사와 프랑스 공사도 "중대사건"이 발생했느냐고 물어 왔다. 구리노는 후일, 러시아가 호주머니 속 전보의 내용을 이미 해독한 것은 아닐까 극도로 불안에 떨었다고 술회한 바 있다. 그러나 그렇지는 않았다. 긴장한 나머지 그렇게 느꼈을 뿐이었다.

콘서트가 끝나고 각국 외교관들이 황제를 알현했다. 다른 나라의 경우는 5분 정도로 끝났는데, 황제는 구리노와 20분 정도 이야기에 열중했다. 전쟁을 피하고 싶다고 생각했기 때문이다. 12시가 지나서 구리노가 공사관으로 돌아오자, 제3의 전보와 제4의 전보가 도착해 관원들이 철야할 태세로 암호를 번역하고 있었다.[207] 제3의 전보는 통고문의 결론을 담은 것이었다. 제4의 전보는 고무라가 첨부한 것으로, 외교관계의 단절을 통지하는 것이었다.

일본군 전투행동을 개시하다

2월 4일(1월 22일) 밤, 일본의 육해군 수뇌부는 군사회의를 열었다. 여기서 개전의 군사전략이 결정되었다. 국교 단절을 하고 선전포고하기 전에 연합함대가 뤼순을 공격하기로 한 것이다. 다음 날 아침 야마모토 곤베에 해군대신, 이토 스케유키 군령부장, 이슈인 군령부 차장은 참내(參內)했다. 야마모토는 "개전의 호기, 오늘에 있다"고 상주하고, 명령안을 제출해 재가를 받았다.[208] 야마모토는 같은 날짜로 봉함명령을 발하고, 사자를 사세보로 보냈다.

1. 연합함대 사령관 및 제3함대 사령관은 동양에 있는 러시아 함대의 전멸을 도모할 것.
2. 연합함대 사령관은 신속하게 발진하고, 우선 황해 방면에 있는

러시아 함대를 격파할 것.

3. 제3함대 사령관은 신속하게 진해만을 점령하고, 우선 조선해협을 경계할 것.[209]

야마모토는 후일, 이 결정을 하면서 2월 3일에 러시아 함대가 뤼순으로 출동했다는 정보가 들어온 것과 관련해, "이 시기(時機)가 얼마나 우리 해군의 책동에 유리했고, 기선을 제압하는 데 편리했던가!"라고 썼다.[210] 분명히 러시아 함대는 4일 오후에는 뤼순으로 회항해 있었는데, 이 정보가 해군성에 전해진 것은 2월 5일 오후 3시 30분이었던 것이다.[211]

육군성에서는 이날 밤, 임시 한국파견대, 즉 제12사단 소속 제23여단 2,240명에 대한 승선 명령을 내렸다. 여단장 기고시 야스쓰나(木越安綱)에게는 인천에 상륙하고, "인천 상륙 후에는 신속하게 경성으로 진입해, 이 지역의 점령을 확실하게 유지할 것을 임무로 한다"는 봉함훈령이 보내졌다.[212] 서울 점령이 육군의 최초 목표였던 것이다.

사자들이 사세보에 도착한 2월 5일(1월 23일) 저녁 무렵, 봉함명령을 개봉하라는 명령이 내려져 봉함명령이 개봉되었고 실행에 옮겨졌다. 러시아의 해군 무관 루신은, 이날 "해군의 모든 전문가와 전열(戰列)예비역의 일부가 소집되었다. 모든 사단에서 예비역 일부를 소집했다"고 타전했는데,[213] 이미 전투행동 개시의 명령이 내려졌다는 사실은 알 리가 없었다.

"러시아는 전쟁을 원하지 않는다"

『노보에 브레미야』의 사주 겸 주필 수보린이 2월 5일(1월 23일)자

칼럼에서 쓴 문장은 러시아의 분위기를 잘 나타내고 있었다.

"우리나라에서는 모두가 러시아는 전쟁을 원하지 않는다고 백 번이나 되풀이해 말했다. 외국의 신문들이, 러시아는 할 수 있는 만큼의 양보를 했다, 그러니까 일본이 이것으로 만족하지 않는다면 일본은 전쟁을 위한 전쟁을 바라고 있는 것이라고 써준 것에 대해 우리는 기뻐하고 있다. 이 일본이라는 나라는 이상한 놈이다.

결국 러시아가 평화를 원한다고 아무리 열심히 말해도 헛수고라고 생각한다. ……러시아가 원하든 원하지 않든 상관없이 일단 전쟁이 시작되면, 전쟁은 싫다고 생각하면서, 적국도 싫은 놈이다라고 생각하면서 싸워야 한다. 뿐만 아니라 자기 목숨이든 적의 목숨이든 소중히 여기지 않고 싸워야 하는 것이다.

이것은 비극이다. 공포와 유혈로 가득 찬 특별한 힘의 고양과 특별한 열광으로 가득 찬 비극이다."

"적국으로서는 우리가 전쟁을 원하지 않는다는 말, 즉 전쟁을 두려워하고 있다는 말을 듣는 게 기쁜 것이다. 『타임스』지를 비롯한 영국의 모든 신문도 이를 듣는 게 기쁠 것이다. 영국의 신문들은 갖은 수단을 다해 일본에게 전쟁할 마음을 일으키려 하고 있다. 러시아는 약하다, 러시아는 내부의 동란으로 갈기갈기 찢겨져 있다, 러시아는 준비가 되어 있지 않다, 러시아는 야만국이다 운운하며 단언해 마지않는다. 전 세계 모든 신문 가운데서도 가장 경솔한 것이 일본 신문인데, 애국심을 부추기는 암시에 정말로 약하다는 점을 잊지 말아야 한다. 일본의 신문들은 온갖 터무니없는 이야기를 하고 있는데, 그들의 주머니는 더욱더 많은 터무니없는 이야기들로 꽉 차있기 때문에, 러시아가 양보하면 그 즉시 일본의 신문인들은 러시아보다 일본이 뛰어나다고 외칠 새로운 꼬투리를 잡게 될 것이다."

"우리는 저 땅, 즉 극동에서 무엇을 찾고 있는가, 우리의 목적은 무엇이며 그것은 우리에게 얼마나 사활적인 중요성을 띠고 있는가? 여기에 진지한 답을 내놓아야만 한다. 명예심이든 국민적 자랑거리든, 바보와 현자 할 것 없이 우리에게 퍼붓는 모욕이든, 곧 사라질 그리고 하찮은 것이 우리의 지침이 되어서는 안 된다. 냉정한 태도로 그리고 모든 것을 생각하고 헤아리는 이성과 투쟁할만한 목적 ― 다름 아닌 바로 이것이 전쟁과 평화의 문제를 결정해야 하는 것이다. 만일 목적이 위대하다면, 만일 싸울 가치가 있는 것이라면, 만일 적이 자신감과 우월감의 기둥에 이마를 부딪치고 있는 것이라면, 무엇을 해야 할 것인가?

그래도 비극은 역시 비극이다.”[214]

주 註

제8장 전야

1 Pavlov to Alekseev, 19 and 20 December 1903, RGAVMF, F. 32, Op. 1, D. 167, L. 128-133ob.

2 Pavlov to Alekseev, 19 December 1903, Ibid., L. 128ob, 129, 129ob.

3 Ibid., L. 131.

4 Ibid., L. 132-132ob.

5 Pavlov to Alekseev, 20 December 1903, Ibid., L. 134-137ob. 일본 공사의 보고에는, 사망한 것은 "전전(前前)황제 헌종의 배필"이라고 되어 있다. 林から小村へ, 1904年 1月 2日, 『日本外交文書』第37卷 第1册, p. 437.

6 Allen to Hay, 2 January 1904, *Korean-American Relations*, Vol. III, p. 107.

7 林から小村へ, 1904年 1月 4日, 『日本外交文書』第37卷 第1册, pp. 439-440.

8 Alekseev to Nikolai II, 24 December 1903, DKPIa, No. 17, pp. 33-35.

9 Nikolai II's Diary, 24 and 25 December 1903, GARF, F. 601, Op. 1, D. 246, pp. 188-189.

10 Nikolai II's Diary, 26 December 1903, Ibid., p. 190.

11 Nikolai II to Alekseev, 26 December 1903, DKPIa, No. 19, pp. 35-36.

12 VIK, *Russko-Iaponskaia voina*, Vol. I, pp. 268-269. 해군 군령부 전사에도 있다. IKMGSh, *Russko-Iaponskaia voina*, Vol. I, p. 139.

13 Alekseev to V. P. Cherevanskii, February 1906, RGAVMF, F. 32, Op. 1, D. 28, L. 1ob.-2.

14 Bruce W. Menning, Miscalculating One's Enemies: Russian Intelligence Prepares for War, RJWGP, Vol. II, Brill, Leiden, 2007, pp. 78-79. 사료는,

RGVIA, F. 400, Op. 4, D. 500, L. 239-240.

15 Kuropatkin to Alekseev, 30 December 1903, RGAVMF, F. 32, Op. 1, D. 28, L. 5. 또한, *Dnevnik A.N. Kuropatkina*, pp. 119-120. 니쉬(Nish)는 황제에게 통지하지 않고서는 어떠한 군사행동도 취해서는 안 된다는 명령을 알렉세예프가 1월 13일에 받았다고 쓰고 있는데(Nish, op. cit., p. 208), 그러한 명령은 존재하지 않는다.

16 Abaza to Alekseev, 30 December 1903, DKPIa, No. 21, pp. 36-37.

17 *Dnevnik A.N. Kuropatkina*, p. 120.

18 Ibid., p. 121.

19 Nikolai II's Diary, 31 December 1903, GARF, F. 601, Op. 1, D. 246, pp. 194-195.

20 *Dneviniki Imperatora Nikolaia II*, Moscow, 1991, p. 189.

21 栗野から小村へ, 1904年1月14日, 『日本外交文書』第37卷 第1冊, p. 43.

22 V.Iu. Gribovskii and V.R. Poznakhirev, *Vitse-admiral Z. R. Rozhestvenskii*, Sankt-Peterburg, 1999, p. 145.

23 栗野から小村へ, 1904年1月1日, 『日本外交文書』第37卷 第1冊, p. 1.

24 위의 책, pp. 1-2.

25 小村から栗野へ, 1904年1月2日, 위의 책, pp. 3-4.

26 栗野から小村へ, 1904年1月2日, 위의 책, p. 5.

27 栗野から小村へ, 1904年1月5日, 위의 책, p. 9.

28 井上から小村へ, 1903年10月15日, 『日本外交文書』第36卷 第1冊, pp. 797-798.

29 栗野から小村へ, 1903年12月25日, 위의 책, p. 803.

30 위의 책, p. 804.

31 栗野から小村へ, 1904年 1月 1日, 『駐韓日本公使館記録』22, 国史編纂委員会, 1997年, pp. 447-448. 이 전보는 1월 3일 도쿄에 도착했다. 고무라는 1월 6일에 영어 원문을 서울의 하야시에게 보냈다. 위의 책, 21, pp. 188-190. 이 전보는 『日本外交文書』第37卷에는 실려 있지 않다.

32 Scott to Lansdowne, 6 January 1904, *Correspondence respecting Corea and Manchuria*, Part III, Microfilm 405/146, p. 17.

33 林から小村へ, 1903年12月31日, 『日本外交文書』第36卷 第1冊, p. 49.

34 栗野から小村へ, 1904年1月1日, 『駐韓日本公使館記録』22, pp. 448-449. 이 전보는 『日本外交文書』第37卷에는 실려 있지 않다.

35 Scott to Lansdowne, 6 January 1904, *Correspondence respecting Corea and Manchuria*, Part III, Microfilm 405/147, pp. 17-18.

36 栗野から小村へ, 1904年1月2日, 『日本外交文書』第37卷, pp. 5-6.

37 栗野から小村へ, 1904年1月7日, 위의 책, p. 14.

38 栗野から小村へ, 1904年 1月 9日, 위의 책, p.24.

39 小村から栗野へ, 1904年 1月 9日, 위의 책, pp.24-25.

40 栗野から小村へ, 1904年 1月 10日, 위의 책, p.28.

41 Bezobrazov's memorandum, 28 December 1903, RGIA, F. 1282, Op. 1, D. 761, L. 208-214. 이것은 플레베에게 건네진 것이다. 이 외에도 황제에게 건네진 것이 있다. Bezobrazov's memorandum, 28 December 1903, GARF, F. 543, Op. 1, D. 183, L. 57-64ob.

42 일본에서 베조브라조프의 '일러관계 조정의 사안(私案)'을 소개한 것은, 千葉功「日露交渉 ─ 日露開戦原因の再検討」, 近代日本研究会編『年報近代日本研究 18』山川出版社, 1996年, p.308 뿐이다. 내가 2005년에 발표한 것은 2007년에 공식 출간되었다. Wada Haruki, Study Your Enemy, RJWGP, Vol. II, Brill, Leiden, 2007, p.31. 루코야노프는 심포지엄에서 나의 발표를 듣고 돌아가, 황제에게 건네진 텍스트를 발견하여 2006년의 논문에 소개했다. Lukoianov, Poslednie russko-iaponskie peregovory, p.28. 루코야노프는 베조브라조프가 이 안을 구리노에게 제안했다는 사실에 관해서는 언급하지 않고 있다.

43 Bezobrazov to Pleve, 27 December 1903, RGIA, F. 1282, Op. 1, D. 761, L. 207. 여기에 이그나체프에게도 알린다고 쓰여 있다.

44 栗野から小村へ, 1904年 1月 14日, 『日本外交文書』第37巻 第1冊, pp.39-40.

45 위의 책, pp.41-42.

46 栗野慎一郎「露国政治家ノ日本態度ニ関スル見当」, 1904年 1月 12日, 『駐韓日本公使館記録』22, pp.445-447. 이 문서도 『日本外交文書』第37巻에는 실려 있지 않다.

47 栗野から小村へ, 1904年 1月 14日, 『日本外交文書』第37巻 第1冊, p.42.

48 Memorandum respecting Interview between Mr. Kurino and M. de Witte, 12 January 1904, British Documents, Vol. II, pp.237-238.

49 Griscom to Hay, 21 January 1904, Payson J. Treat, Diplomatic Relations between the United States and Japan, 1895-1905, Stanford University Press, 1938, pp.193-194.

50 Scott to Lansdowne, 20 January 1904, British Documents, Vol. II, p.237.

51 B.A. Romanov, Ocherki diplomaticheskoi istorii Russko-iaponskoi voiny, Moscow-Leningrad, 1955, p.259. Lukoianov, op. cit., p.27.

52 Kurino to Komura, 15 January 1904, 『日本外交文書』第37巻 第1冊, pp.40-41.

53 Komura to Hayashi, 22 January 1904, 『駐韓日本公使館記録』21, p.226. 구리노가 보낸 전신(電信)을 전송(転送)한 것이다.

54 『明治天皇記』第10, 吉川弘文館, 1974年, pp.575-577.

55 『日本外交文書』第37巻 第1冊, pp.30-31.

56 위의 책, pp. 31-32.

57 V shtabe adm. E.I. Alekseeva, KA, 1930, kn. 4-5, p. 156.

58 Lamsdorf to Nikolai II, 2 January 1904, GARF; RGVIA, F. 165, Op. 1, D. 969, L. 50-52. 니쉬는 람스도르프의 이러한 입장을 "misinformation, misjudgement and wishful thinking[그릇된 정보, 판단 착오 그리고 희망적 관측]"이라고 적절하게 규정하고 있다. Nish, op. cit., p. 208.

59 Lamsdorf to Kuropatkin, 2 January 1904, Ibid., L. 49.

60 Rusin to Rozhestvenskii, 31 December/13 January 1903, RGAVMF, F. 417, Op. 1, D. 2486, L. 187-192ob.

61 『明治天皇記』第10, p. 582.

62 Rusin to Vitgeft, 3/16 and 6/19 January 1904, RGAVMF, F. 417, Op. 1, D. 2486, L. 197-197ob.

63 Rozen to Alekseev, 7 January 1904, RGAVMF, F. 32, Op. 1, D. 209, L. 10. 이즈음 로젠이 병들어 있었다는 것을 영국 외교문서를 근거로 주장한 것은 니쉬이다. 니쉬는 개전에 이르기까지 3, 4주일 동안 로젠이 복부 팽만으로 공사관에서 나오지 않았고, 사람들도 만나지 않았다고 썼다(Nish, op. cit., p. 209). 일본 신문에도 『도쿄아사히신문』 12월 15일자에 "경미한 귓병으로 작금 자리에 누워있는 중"이라고 보도한 것이 최초였고, 22일자에는 병으로 외출하지 않는다고도 보도되었다. 그러나 1월 6일자에는, 4일에 독일 공사와 면담했다는 등 일하고 있는 모습이 보도되었다. 사태를 타개할 수 없어서 생긴 초조함 때문에 몸에 이상이 생겼을 것이다. 로젠은 자신의 회고록에서 병에 관해서는 언급하지 않고, 외교관계가 결렬되기 2주일 전에 조선에 관한 전면적인 양보를 함으로써 전쟁 회피를 시도하도록 외상에게 써 보냈지만 회신이 없었다고 쓰고 있다(Rozen, op. cit., Vol. 1, pp. 230-231). 니쉬는 이 기술에 대해서 일정한 유보를 달고 있는데, 로젠이 주장하는 이러한 통신문은 지금까지 러시아의 문서관에서는 발견되지 않고 있다. 알렉세예프 문서의 209파일은 이 시기의 파블로프, 로젠 두 공사의 통신을 수록하고 있다. 1월 20일(7일) 이후로는 27일(14일), 29일(16일), 2월 1일(1월 19일)의 통신이 있지만, 일본의 전쟁준비에 관한 보고에 지나지 않는다. Rozen to Alekseev, 14, 16, 19 January 1904, RGAVMF, F. 32, Op. 1, D. 209, L. 20, 23-23ob, 25-25ob.

64 Alekseev to Nikolai II, 4 January 1904, Ibid., D. 170, L. 14-15. VIK, *Russko-Iaponskaia voina*, Vol. I, pp. 269-271.

65 *Dnevnik A.N. Kuropatkina*, p. 123.

66 VIK, *Russko-Iaponskaia voina*, Vol. I, p. 271.

67 Gribovskii, Poznakhirev, op. cit., pp. 145-148, 153.

68 加藤仁川領事から小村へ, 1904年 1月 11日, 『日本外交文書』第37卷 第1冊, p.

310.

69 Pavlov to Alekseev, 31 December 1903, RGAVMF, F. 32, Op. 1, D. 167, L. 161-162.

70 Ibid., L. 162.

71 Pak Chon Khio, op. cit., pp. 149-150. 박종효, 앞의 책, pp. 429-430에는 1월 14일(1일)자로 파블로프가 외상에게 보낸 전보가 소개되어 있다. 박종효가 이 날이 최초의 상담이라고 하고 있는 부분은 오류다.

72 Pavlov to Alekseev, 5 January 1904, RGAVMF, F. 32, Op. 1, D. 209, L. 6ob.-7.

73 海野福寿『韓国併合史の研究』岩波書店, 2000年, p. 104.

74 林から小村へ, 1904年 1月 11日,『日本外交文書』第37巻 第1冊, pp. 334-335.

75 林から小村へ, 1904年 1月 16日, 위의 책, p. 335.

76 Pavlov to Lamsdorf, 5 January 1904, RGAVMF, F. 32, Op. 1, D. 209, L. 4.

77 Pavlov to Alekseev, 5 January 1904, Ibid., L. 5-6.

78 Ibid., L. 6ob.

79 林から小村へ, 1904年 1月 19, 20日,『駐韓日本公使館記録』23, pp. 136-138. 영인본『駐韓日本公使館記録』19, pp. 462-463. 海野, 앞의 책, pp. 104-108.

80 『日本外交文書』第37巻 第1冊, p. 311.『日韓外交資料集成』第5巻, 巌南堂書店, 1967年, p. 28.

81 Alekseev to Nikolai II, 3 January 1904, DKPIa, No. 22, pp. 37-38. 같은 날 그는 외상에게도 같은 취지의 전보를 보냈다. Alekseev to Lamsdorf, 3 January 1904, GARF, F. 568, Op. 1, D. 180, L. 154. Lukoianov, op. cit., pp. 32-33.

82 Alekseev to Abaza, 4 January 1904, DKPIa, No. 23, p. 38.

83 Kuropatkin to Lamsdorf, 3 January 1904, GRVIA, F. 165, Op. 1, D. 969, L. 13-14.

84 Lamsdorf to Nelidov, 6 January 1904, Ibid., L. 10.

85 Lamsdorf to Kuropatkin, 7 January 1904, Ibid., L. 12.

86 Kuropatkin to Lamsdorf, [8 or 9] January 1904, Ibid., L. 11.

87 Avelan to Lamsdorf, 10 January 1904, RGAVMF, F. 417, Op. 1, D. 2823, L. 90ob.

88 Lamsdorf to Alekseev, 13 January 1904, DKPIa, No. 24, pp. 39-40. 제6항은 쿠로파트킨의 안이었다. *Dnevnik A.N. Kuropatkina*, p. 123.

89 Lamsdorf to Nikolai II, 13 January 1904, GARF, F. 568, Op. 1, D. 568, L. 168-169ob.

90 *Dnevnik A.N. Kuropatkina*, p. 123.

91 *Dnevniki Imperatora Nikolaia II*, p. 191.

92 Nikolai II to Alekseev, 14 January 1904, DKPIa, No. 25, p. 40.

93 Alekseev to Abaza, 15 January 1904, Ibid., No. 26, pp. 40-41.

94 小村から高平へ、1904年 1月 10日、『日本外交文書』第37巻 第1冊, p. 27.

95 高平から小村へ、1904年 1月 12日, 위의 책, p. 29.

96 Scott to Lansdowne, 15 January 1904, *Correspondence respecting Corea and Manchuria*, Part III, Microfilm 405/146, p. 51. 広野, 앞의 논문, p. 28.

97 Lansdowne to MacDonald, 17 January 1904, *British Documents*, Vol. II, p. 236.

98 小村から林へ、1904年 1月 19日、『日本外交文書』第37巻 第1冊, p. 60.

99 『日本外交文書』第37巻 第1冊, p. 37.

100 위의 책, p. 60.

101 Lansdowne to Scott, 19 January 1904, *British Documents*, Vol. II, p. 237.

102 『日本外交文書』第37巻 第1冊, pp. 61-62.

103 위의 책, p. 62.

104 Scott to Lansdowne, 21 January 1904, *British Documents*, Vol. II, pp. 238-239.

105 Lansdowne to MacDonald, 29 January 1904, Ibid., p. 241.

106 林から小村へ、1904年 1月 29日 (2通)、『日本外交文書』第37巻 第1冊, pp. 78-80.

107 玄普運から小村へ、1904年 1月 24日, 위의 책, p. 316.

108 小村から林へ、1904年 1月 21日, 위의 책, p. 312.

109 Pavlov to Lamsdorf, 12 January 1904, RGAVMF, F. 32, Op. 1, D. 209, L. 16-17.

110 林から小村へ、1904年 1月 25日、『日韓外交資料集成』第5巻, p. 29.

111 海野, 앞의 책, p. 108. 小村から林へ、1904年 1月 26日、『日本外交文書』第37巻 第1冊, p. 338.

112 林から小村へ、1904年 1月 28日、『駐韓日本公使館記録』22, p. 385.

113 Pavlov to Lamsdorf, 15 January 1904, RGAVMF, F. 32, Op. 1, D. 209, L. 21-21ob. 미국 공사 앨런은 1월 30일의 전보에서, "러시아 정부는 중립선언에 반대했다"고 썼다. Kim Ki-Jung, The War and US-Korean Relations, RJWGP, Vol. II, pp. 472-474. 사료는, Allen to Hay, 30 January 1904.

114 Ku Daeyeol, A Damocles Sword?: Korean Hopes Betrayed, Ibid., p. 446.

115 Kim Ki-Jung, op. cit., p. 473.

116 Lamsdorf to Pavlov, 16 January 1904, RGVIA, F. 165, Op. 1, D. 1070, L. 2.

117 森山茂徳『近代日韓関係史研究 ── 朝鮮植民地化と国際関係』東京大学出版会, 1987年, p. 144. 海野, 앞의 책, p. 108.

118 『高宗時代史』第6巻, pp. 9-12. 海野, 앞의 책, p. 109.

119 林から小村へ、1904年 1月 25日、『日韓外交資料集成』第5巻, p. 31. 木村幹『高宗

·閔妃』ミネルヴァ書房, 2007年, p. 321은 이 이야기를 진실이라고 받아들이
고 있다.

120 기록은 Zhurnal sostoiavshegosia po Vysochaishemu poveleniiu Osobogo
Soveshchaniia 15 ianvaria 1904 goda, RGAVMF, F. 417, Op. 1, D. 2823, L.
106-113ob.

121 Ibid., L. 106ob.-108.

122 Ibid., L. 107-107ob.

123 Ibid., L. 108-109ob.

124 Ibid., L. 109ob.-111.

125 Ibid., L. 111-111ob.

126 Ibid., L. 112-112ob.

127 Ibid., L. 103-103ob.

128 Ibid., L. 113-113ob.

129 Ibid., L. 104.

130 Ibid., L. 113ob.

131 Lukoianov, op. cit., p. 32.

132 『秘密日露戦史』第1巻, p. 102.

133 『東京朝日新聞』1904年 1月 25日号.

134 Rusin to Rozhestvenskii, 15 January 1904, RGAVMF, F. 417, Op. 1, D. 2486,
L. 197ob. 페트로프가 이 전보를 발표했는데(DMAIaR, p. 86), "총동원이 있
을 것으로 생각된다"는 한 구절이 누락되어 있다.

135 Lamsdorf to Avelan, 20 January 1904, and Rozen to Lamsdorf, 19 January
1904, RGAVMF, F. 417, Op. 1, D. 2823, L. 95-95ob., 96-96ob.

136 Ibid., L. 96ob.

137 Abaza to Alekseev, 16 January 1904, DKPIa, No. 28, pp. 42-43. 이것은 초안
이다.

138 Ibid., No. 29, p. 43. 주137)과 같다.

139 Nikolai II's note, 16 January 1904, Ibid., No. 30, p. 43.

140 Nikolai II's resolution on Alekseev's telegram, 16 January 1904, GARF, F.
568, Op. 1, D. 180, L. 190. Lukoianov, op. cit., p. 33.

141 참모본부의 전사에는 아바자의 제1안이 알렉세예프에게 발송되었다고 되어
있는데(VIK, *Russko-Iaponskaia voina*, Vol. I, p. 272), 그 출처는 내가 검토한 것
과 같고, 따라서 전보가 발송되었다고 할 수는 없다. 나중에 2월 7일(1월 25일)
에 아바자가 알렉세예프에게 보낸 전보안을 보면, 1월 27일(14일)의 전보 이
후에 황제로부터 전보가 타전되지 않았다는 점은 분명하다.

142 Alekseev to Lamsdorf, 15 January 1904, Alekseev, Vsepoddanneishii otchet

po diplomaticheskoi chasti, GARF, F. 543, Op. 1, D. 186, L. 21-21ob. Simanskii, op. cit., Vol. III, pp. 199-200.

143 Ibid., L. 22. Simanskii, op. cit., Vol. III, pp. 200-201.

144 Ibid., L. 22-22ob. Simanskii, op. cit., Vol. III, p. 201. コンスタンチン・サルキソフ(鈴木康雄訳)『もうひとつの日露戦争』朝日新聞出版, 2009年, p. 67에는 이 말이 대일 전쟁 필요론을 나타낸다고 해석되어 있는데, 찬성할 수 없다.

145 Rusin to Vitgeft, 16 January 1904 and 22 January 1904, RGAVMF, F. 417, Op. 1, D. 2486, L. 198, 198ob.

146 Abaza to Nikolai II, 18 January 1904, DKPIa, No. 31, p. 44.

147 *Dnevniki Imperatora Nikolaia II*, p. 192.

148 小村から栗野へ, 1904年1月30日, 『日本外交文書』第37巻 第1冊, pp. 81-82.

149 Kurino to Lamsdorf, 18/31 January 1904, *Obzor snoshenii s Iaponiei po Koreiskim delam s 1895 goda*, Sankt-Peterburg, 1906, p. 81. GARF, F. 568, Op. 1, D. 211. Simanskii, op. cit., Vol. III, p. 221.

150 Lamsdorf to Nikolai II, 18 January 1904, GARF, F. 568, Op. 1, D. 180, L. 194-197.

151 Ibid., L. 194ob.

152 Ibid., L. 195ob.

153 Ibid., L. 196.

154 Kurino to Komura, 1 February 1904(2 telegrams), 『日本外交文書』第37巻 第1冊, pp. 86-87.

155 *Dnevniki Imperatora Nikolaia II*, p. 191.

156 Kurino to Komura, 2 February 1904, 『日本外交文書』第37巻 第1冊, p. 87.

157 Lamsdorf to Nikolai II, 20 January 1904, GARF, F. 568, Op. 1, D. 180, L. 206.

158 외상의 2월 2일(1월 20일)자 서한에는 전보 문안이 붙어있지 않다. 이상의 전거는 외상이 해군상에게 보낸 것이다. RGAVMF, F. 417, Op. 1, D. 2823, L. 101-102.

159 Ibid., L. 105-105ob.

160 Ibid., L. 206.

161 Ibid., L. 94.

162 Rozen to Lamsdorf, 19 January 1904, RGAVMF, F. 417, Op. 1, D. 2823, L. 96-96ob.

163 *Dnevniki Imperatora Nikolaia II*, p. 192.

164 IKMGSh, Russko-Iaponskaia voina, Vol. 1, p. 161.

165 『東京朝日新聞』1904年1月27日号.

166 위의 신문, 1904年 1月 29日号.

167 『秘密日露戦史』第1巻, pp. 103-108. 마지막 말은 角田, 앞의 책, p. 229에서 인용하여 수정했다.

168 『明治天皇記』第10, p. 593. 『公爵桂太郎伝』坤巻, p. 199.

169 『日本外交文書』第37巻 第1冊, pp. 91-92.

170 IKMGSh, *Russko-Iaponskaia voina*, Vol. 1, pp. 162-163.

171 Lukoianov, op. cit., p. 35.

172 『秘密日露戦史』第1巻, p. 108. Nish, op. cit., p. 212. 이 훈련에 참가한 장교는 이 훈련이 "개전의 구실" 그 자체가 되리라고는 아무도 생각하지 못했다고 쓰고 있다. D. V. Nikitin(Fokagitov), Kak nachalas' voina s Iaponiei, *Port-Artur. Vospominaniia uchatnikov*, New York, 1955. Lukoianov, op. cit., p. 35는 이 문장을, 훈련이 "개전의 구실"이 된 것에 대한 논증으로 사용하고 있다.

173 『山本権兵衛と海軍』p. 202.

174 이에 관해서는 大江志乃夫『世界史としての日露戦争』立風書房, 2001年, pp. 389-390도 지적하고 있다.

175 相沢, 앞의 논문, p. 68. 전거는 『極秘明治三十七八年海戦史』이다.

176 『日本外交文書』第37巻 第1冊, pp. 92-93.

177 위의 책, p. 93.

178 谷, 앞의 책, p. 107.

179 『明治天皇記』第10, p. 598.

180 栗野から小村へ, 1904年 2月 4日, 『日本外交文書』第37巻 第1冊, pp. 94-95.

181 RGAVMF, F. 417, Op. 1, D. 2823, L. 94.

182 GARF, F. 568, Op. 1, D. 180, L. 209.

183 Ibid., L. 208. *Dnevnik A.N. Kuropatkina*, p. 128.

184 Lamsdorf to Nikolai II, [21] January 1904, GARF, F. 568, Op. 1, D. 180, L. 197.

185 Abaza to Lamsdorf, 21 January 1904, Ibid., L. 210-211.

186 Nikolai II to Lamsdorf, 21 January 1904, GARF, F. 568, Op. 1, D. 661, L. 76-77. 이 사료는 루코야노프가 발견했다. Lukoianov, op. cit., p. 85.

187 *Dnevniki Imperatora Nikolaia II*, p. 192.

188 Lamsdorf to Alekseev, 21 January 1904(No. 3), GARF, F. 568, Op. 1, D. 180, L. 215; RGVIA, F. 165, Op. 1, D. 969, L. 27. 이 전보를 포함하여 이날 알렉세예프에게 보내진 4통의 전보를 쿠로파트킨 문서에서 발견하여 번역 발표한 것은, 가노 다다시(加納格)의 공적이다. 加納格「ロシア帝国と日露戦争への道——1903年から開戦前夜を中心に」, 『法政大学文学部紀要』第53号, 2006年 10月, pp. 36, 43-44. 나는 가노에 이어서 람스도르프 문서에서 이 4통의 전

보를 찾아냈다.

189 Lamsdorf to Nikolai II, 21 January 1904, GARF, F. 568, Op. 1, D. 180, L. 213-213ob.

190 *Dnevniki Imperatora Nikolaia II*, p. 192.

191 GARF, F. 568, Op. 1, D. 180, L. 213.

192 Lamsdorf to Alekseev, 21 January 1904 (No. 4), Ibid., L. 216; RGVIA, F. 165, Op. 1, D. 969, L. 26. 가노 다다시의 번역문에는 "predvaritel'no"라는 단어가 바르게 번역되어 있지 않다.

193 Ministerstvo Inostrannykh Del, *Obzor snoshenii s Iaponiei po Koreiskim delam s 1895 goda*, pp. 32-33, 84-87.

194 Lamsdorf to Nikolai II, 22 January 1904, GARF, F. 568, Op. 1, D. 180, L. 217.

195 Lamsdorf to Kurino, 22 January 1904, Ibid., L. 218-220. 이 말이 나오는 곳은, L. 219. Kurino to Komura, 5 February 1904, 『日本外交文書』第37卷 第1册, p. 96.

196 Simanskii, op. cit., Vol. III, p. 222.

197 André Mévil, *De la paix de Francfort à la conférence d'Algésiras*, Paris, 1909, pp. 107-108. 이 책이 와세다대학교 도서관에 소장되어 있다는 사실을 가노 다다시가 가르쳐 주었다.

198 *British Documents*, Vol. II, pp. 243-246.

199 Alekseev to Nikolai II, 22 January 1904, RGAVMF, F. 32, D. 219, L. 3-3ob.

200 Remnev, *Rossiia Dal'nego Vostoka*, pp. 392-393.

201 V shtabe adm. E. I. Alekseeva, p. 161.

202 Alekseev, Vsepoddanneishii otchet po diplomaticheskoi chasti, GARF, F. 543, D. 183, L. 23, 25-25ob.

203 Remnev, op. cit., p. 393.

204 小村から栗野へ, 1904年 2月 5日, 『日本外交文書』第37卷 第1册, pp. 96-97. Kurino to Komura, 5 February 1904, 위의 책, pp. 97-101.

205 『子爵栗野慎一郎伝』興文社, 1942年, p. 319.

206 *Dnevniki Imperatora Nikolaia II*, p. 192.

207 『子爵栗野慎一郎伝』pp. 320-321.

208 相沢, 앞의 논문, p. 77.

209 『山本権兵衛と海軍』pp. 209-210.

210 위의 책, pp. 208-209.

211 相沢, 앞의 논문, p. 77.

212 『秘密日露戦史』第1卷, pp. 99-100.

213 Rusin to Vitgeft, 23 January 1904, RGAVMF, F. 417, Op. 1, D. 2486, L. 197–198ob.

214 A.S. Suvorin, *Russko-iaponskaia voina i russkaia revoliutsiia. Malen'kie pis'ma 1904-1908 gg.*, Moscow, 2005, pp. 33–35.

제9장 개전

이 장에서는 개전 과정을 날짜순으로 추적해나아가면서, 시간의 경과와 함께 재현한다. 그 과정을 서술함에 있어서는 일본 및 조선의 시간적 흐름을 기본으로 한다.

1904(메이지37)년 2월 6일(1월 24일) 토요일

도쿄

이날 각 신문들은 '외국전보 암호금지' 소식을 보도했다. 일본과 한국의 부산, 인천, 경성에서 암호전보를 타전하는 것을 금한다는 것이 주 내용이었다. 각 대신들이 잇달아 참내했고, 해군성과 참모본부에서 분주하게 회의가 열리고 있다는 사실도 보도되었다. 『도쿄아사히신문』은 '동양에 있는 각국 군함 소재지'를 보도하면서, 특히 러시아의 함선을 항구 별로 모두 뽑아 써 놓았다. 인천에는 '바랴그' '코레예츠'의 두 함선이 있다. 이 신문은 이미 전날의 논설에서, 2월 4일의 어전회의에 관해서 썼다. 우리가 "강도" 러시아에게 "강제적 간섭의 수단"을 취하라고 주장해왔는데도, 정부는 오랜 기간 "협상을 계속하고" 있었다. 그러나 드디어 "어제의 어전회의에서 마침내 위험에서 벗어날 다른 방법을 취하기로 결정했다고 한다." 이 사설은 벌써 개전 후의 주가 하락을 걱정하고 있었다.[1]

러시아의 해군 주재 무관 루신은 이날, 일본 정부가 전쟁을 시작하는 것에 관해, 러시아어 불과 세 단어로 된 전보를 재빨리 뤼순으로 타전했다.

"총 동원 루신"(Общая мобилизация Русин)[2]

이것이 러시아의 주일 무관이 타전한 마지막 전보였다.

쓰시마 다케시키 항(竹敷港)

호소야 다스쿠(細谷資) 소장이 이끄는 제3함대 제7전대(전함 '후소'扶桑, 포함 '헤이엔'平遠, 방호순양함 '사이엔'済遠, '조카이'鳥海, '헤키조'碧城, '가이몬'海門, '마야'摩耶)는 쓰시마의 다케시키 항과 오자키(尾崎)만에 있었다. 1월 19일에 도착해 2월 3일에는 제3함대 사령관 가타오카 시치로(片岡七郞) 중장에게서 거제도 점령 계획을 세우라는 명령을 받았다. 그리고 이날, 2월 6일 오전 4시에는 가타오카 사령관에게서 "신속하게 진해만을 점령하라"는 명령이 내려졌다. 이 명령에 이어 오전 5시 "러시아 선박이 있으면 포획 인치(引致)"하라는 특명을 받고 '사이엔'이 울산 방면으로 출발했고, 남아 있던 제7전대는 6시 30분 다케시키 항으로 출격했다. 둘로 나뉘어 진해만을 목표로 했던 것이다.[3]

사세보

오전 9시 도고 헤이하치로 사령관이 이끄는 연합함대의 제3전대가 사세보 항에서 출격했다. 오전 11시에는 제2전대가, 정오에는 제1전대가 뒤를 이었다. 연합함대 사령관에게 내려진 명령은, "신속하게 발진해 우선 황해 방면에 있는 러시아 함대를 격파하라"는 것이었다. 목표는 뤼순이었다. 마지막은 오후 2시에 출격한 우류 소토키치(瓜生 外吉) 소장이 이끄는 제4전대로, 인천을 목표로 했다. 육군 병사들을 태운 수송선 3척을 동반하고 있었다.[4] 이 함대들의 출격은 완전한 보도관제 하에서 수행되었다.

부산

이날 아침, 다케시키 항을 출발한 제3함대 제7전대의 두 함선 '후소'와 '헤이엔'은 12시 30분에 부산항 밖에 도착해, 부산에 정박하고 있던 포함 '쓰쿠시'(筑紫)와 합류했다. 항구 안에는 러시아 상선 '묵덴'호가 있었다. 호소야 사령관은 이 배의 나포를 명령했고, 오후 1시 30분 '헤이엔'이 실행했다. 밀감 100상자 등의 적재하물이 몰수되었고, '헤이엔'이 이 배를 끌고 다케시키로 돌아갔다. 그리고 사령관은 사관들을 뭍으로 보내서, 부산에 있던 한국 전신국 점령에 관해서 육군 부산 수비대와 의논하도록 했는데, 수비대가 이날 아침 벌써 점령했다는 것이 밝혀졌다. 4시 30분 '후소'는 '쓰쿠시'와 함께 진해만으로 향했다. 아직 울산 방면으로 향하고 있던 '사이엔'은 바다 위에서 러시아 상선 '예카테리노슬라프'호를 발견해 나포하고, 타케시키로 돌아갔다.[5]

'묵덴'호 나포 사실을 들은 부산 총영사는 즉각 서울의 일본 공사에게 연락했지만, 하야시 곤스케 공사는 이 통지를 일체 비밀에 부침과 동시에 일본인 서울우편전신국장에게 명령해, 공사관 이외의 전신 배달을 2, 3일간 정지시켰다.[6] 이 건에 관해서는 이틀 후 부산 주재 러시아 영사가 "중립국의 영해 내에 있는 선박은 적국 소속이라 해도 포획할 수 없다"는 이유로 항의했지만, 일본 영사는 "일·러 외교관

계가 단절된 오늘날…… 러시아 영사와 교섭할 지위에 있지 않다"면서 항의문을 돌려보냈다.[7]

도쿄

저녁 무렵인 오후 4시(페테르부르크 시각 오전 9시), 고무라 외상은 로젠 공사를 외무성으로 불러 외교관계 단절을 통고했다. 구리노 공사는 즉시 철수해야 하겠지만 귀하는 배편이 없으니 출발을 며칠 연기해도 좋다, 안전은 보증한다고 고무라는 말했다. 로젠은 교섭이 결실을 맺지 못하고 일본 정부가 개전을 결정한 것은 유감이라고 답했다. 로젠이 공사관으로 돌아오자 해군 무관 루신이 기다리고 있었다. 그는, 이날 아침 6시에 일본 함대가 출항했다, 한 함대는 보병 2개 사단을 태우고 조선의 서해안으로 떠난 것으로 보이며, 또 다른 함대는 러시아 해군을 공격하러 떠난 것으로 보인다고 보고했다. 일본이 전보의 송신을 허락하지 않아 뤼순으로 연락할 방법이 없었다.[8] 일본에 있는 공사와 무관은 이날 일본 정부가 통고한 의미를 오해하지는 않았다. 전쟁이 시작되었다는 것을 두 사람은 확실하게 인식하고 있었던 것이다.

진해만

진해만은 부산의 서쪽에 있는 만이다. 일본 해군은 오랫동안 여기에 눈독을 들이고 있었다. 해군의 작전계획 가운데, 제1계획에는 "제3함대로 하여금 조선해협을 장악하고 차단해 블라디보스토크 방면의 적에 대해서 해협을 경계 호위하도록 한다", "가(假) 근거지를 진해만에 설치한다"고 정해져 있었다. 단서에도 "진해만은 조선해협의 장악을 확실하게 하고, 일·한 양국 사이의 교통을 유지하는 데 필요하므로, 피아의 정황 여하에 관계없이 우선 이를 점령하도록 한다"고

되어 있었다.[9] 진해만 가장 깊숙한 곳에 마산항이 있고, 만의 입구에는 거제도가 있다. 해군의 근거지로서 넓은 만은 절호의 장소였다.

오후 4시 진해만에 정박해 경계임무를 수행하고 있던 제3함대 제7전대의 포함 '아타고'(愛石)는 마산항에 입항했다. '아타고'의 함장은 마산 주재 미우라[야고로, 三浦弥五郎] 영사와 협의하고 바로 한국 전신국을 점령했다. 오후 7시 20분 제7전대의 전함 '후소'가 포함 '쓰쿠시'을 동반해 진해만으로 들어갔다. 이미 '가이몬' '헤키조' '마야'가 도착해 있었다. 제7전대는 한국 진해만을 점령했다. 곧바로 모의수뢰 부설, 신호대 가설, 항로부표 설치 등의 작업을 수행했다.[10]

마산의 전신국 점령 사실은 다음 날 2월 7일 마산 영사가 고무라 외상에게 보고했다.[11] 러시아도 파블로프 공사가 이 사실을 거의 파악하고 있었다. 나중에 2월 8일 뤼순에 도달한 그의 전보는 다음과 같았다.

"1월 24일〈2월 6일〉 저녁 무렵, 마산포에 일본군 대군이 상륙해 조선의 전신국을 점거했다는 소식을 조선의 전신을 통해 받았다. 그 직후에 부산 및 마산과의 전신 연락이 두절되었다."[12]

이렇게 전쟁은 시작되었다. 또 다른 조선전쟁이 시작된 것이다. 진해만 점령과 부산 및 마산의 전신국 제압이 러일전쟁이라 불리는 전쟁에서 최초로 수행된 군사행동이었으며, 그것은 기본적으로 한국의 주권과 영토에 대한 침략행위였다. 이 사실은 지금까지의 전사에서는 거의 완전하게 무시되어 왔다.[13]

더구나 가타오카 사령관은 제3함대의 제5전대, 제6전대를 이끌고 이날 오후 4시, 쓰시마의 다케시키항에 입항해, 쓰시마와 마산, 진해만에서 조선해협을 협공하는 태세를 취하기에 이르렀다. 이 이후에 일본 해군은 쓰시마에서 거제도를 거쳐 마산포로 통하는 전신선을 부설하고, 진해만의 가설 근거지 및 한국 각지와 일본과의 통신 연락을 확립하는 일을 추진한다.

인천

인천에 정박 중인 순양함 '바랴그' 호의 함장 루드네프는 영국, 프랑스, 이탈리아의 군함 함장들에게서 러·일 외교관계 단절 소식을 들었다는 통지를 받았다. 루드네프는 서울의 파블로프 공사에게 전보를 보내 문의했다. 파블로프는 소문은 있다, 하지만 "믿기에 충분한 확증을 얻지 못하고 있다", 상의하자 라는 답신을 보내 왔다. 루드네프는 뤼순의 비트게프트에게도 전보를 보냈지만 답신은 오지 않았다.[14] 이웃에 정박하고 있는 우군 포함 '코레예츠'의 함장에게는 알렸을 것이다. 항구 안에는 일본 해군의 3등순양함 '지요다'(千代田) 1척이 있을 뿐이었다.

페테르부르크

페테르부르크 시각으로 오후 4시, 일본 시각으로는 오후 11시 구리노 공사는 람스도르프 외상을 방문해 일·러 교섭의 단절을 통지하고 독립행동의 권리를 주장하는 통고문 및 외교관계의 단절, 외교대표의 철수를 통지하는 통고문 등 2통을 수교했다.[15]

제1의 통고문은, "따라서 현하의 도로(徒勞)에 속하는 담판은 이를 단절하는 것 말고는 달리 선택할 길이 없다", "스스로 그 침박을 받은 지위를 공고히 하고 또 이를 방위하기 위해서, 그리고 제국의 기득권 및 정당한 이익을 옹호하기 위해서, 최선이라고 생각하는 독립행동을 취할 권리를 보유한다"고 되어 있었다.[16] 즉 교섭의 단절과 독립행동의 권리 보유를 통고한 것이다. 제2의 통고문은, "장래의 분규를 초래할 각종 원인을 제거하기 위해서 모든 화협(和協)의 수단을 다했지만, 그 효과가 없었으며", "극동에서 공고하고도 항구적인 평화를 위해서 했던 정당한 제언 그리고 온당하고도 공평한 제안도 마땅히 받아야 할 혜량을 받지 못했다. 따라서 러시아 정부와의 외교관계는 이제 그 가치를 지니지 못하게 되었으므로, 일본제국 정부는 그 외교관계를 단절하기로 결정했다"면서, 구리노 공사 이하 공사관 직원들의 페테르부르크 철수를 통고했다.[17] 요컨대 국교 단절의 통고였다.

교섭 단절에 그치지 않고 국교 단절을 통고했기 때문에, 일본의 지위를 "방위하기" 위해서, "제국의 기득권 및 정당한 이익을 옹호하기" 위해서 "최선이라고 생각되는 독립행동을 취할 권리를 보유한다"는 말은, 당연히 러시아에 대한 공격까지 의미하는 것으로 해석해야 했다. 그러나 두 개의 통고문으로 나눠, 교섭의 단절에 독립행동의 통고를 첨가한 것 이외에 국교의 단절을 통고함으로써 러시아를 혼란에 빠뜨렸다. 이것이 통고에서 공격개시까지의 시간을 벌겠다는 작의(作意)에 기초한 것인지 아닌지는 확정할 수 없지만, 그러한 효과를 거둔 것은 분명했다.

이때 이 2통이 동시에 건네진 것인지, 아니면 늦게 전달된 것인지는 불분명하다. 이날 밤 구리노 공사는 람스도르프 외상 앞으로 개인적인 편지를 보냈다. 그 전문은 다음과 같다.

"알고 계시는 상황으로 인해 페테르부르크를 출발하기에 앞서, 저는 귀국의 수도에 체재했던 전 기간 동안 각하와의 관계에서 각하께서 보여주신 진지한 우정과 친목적인 공감의 감정에 대해서 충심으로 감사의 말씀을 드립니다. 양 제국의 관계를 평화가 견고한 영속적인 기반 위에 두는 것을 목적으로 한 교섭이 행복한 결말에 이르지 못한 점, 현재와 같은 사태가 계속되는 상황에서 귀국을 떠나라는 명을 받았다는 점, 이러한 점들을 제가 얼마나 유감스럽게 생각하고 있는지 각하께서는 이해해주실 것입니다. 이 외교적 관계의 중단(interruption)이 가능한 한 단기간(là plus courte durée possible)으로 그치기를 굳게 기대하면서 백작 각하, 각하에 대한 저의 무엇보다 정중한 감정과 무엇보다 높은 경의를 새삼스럽게 확인한다는 점을, 모든 유감의 표현과 함께 받아주시기를 원하는 바입니다."[18]

구리노는 이러한 귀결을 마음 깊이 유감스럽게 생각하고 있었다. 그는 이러한 편지를 써서, 일본과 러시아가 싸우지만 전쟁이 끝나면 이번에는 진정한 평화가 왔으면 좋겠다고 염원하지 않을 수 없었던 것이다. 그러나 람스도르프는 이 사신(私信)을, 국교 단절이 단기간으로 끝날 가능성이 있다, 전쟁이 되지 않을 가능성이 있다고 말한 것으로 독해한 모양이었다.[19] 그것도 람스도르프가 정식 통고문 가운데 독립행동의 통고를 무시하게 된 하나의 계기였을지 모른다. 전쟁으로 향하는 기간에 러일동맹론자를 러시아에 공사로 둔 고무라의 작전은, 그런 의미에서는 대단한 성공을 거두었는지도 모른다.

구리노가 전한 외교관계 단절의 통고가 몇 시간 후에 황제에게 보고되었는지는 알 수 없다. 황제의 이날 일기에는, "저녁때 일본과의 교섭 중지와 공사의 퇴거가 있을 거라는 통지를 받았다"라고 적혀 있을 뿐이다.[20] 황제의 특별한 감상은 기록되어 있지 않다. 황제는 국교 단절이 통고되었다고는 생각하지 않았고, "독립행동을 취할 권리를 보유한다"는 말 자체가 황제에게 보고되지도 않았다.

람스도르프 외상은 일본의 통고를 즉각 재외 공사들에게 타전했다. 도쿄의 로젠에게도 뤼순의 알렉세예프에게도 전보가 송신되었다. 그 전보문에는, 일본 공사가 "더 이상의 교섭을 중단하고 공사와 모든 공사관직원들을 상트페테르부르크에서 소환한다는 일본의 결정"을 통고해왔다, 폐하께서는 도쿄의 러시아 공사와 공사관직원들에게 귀국을 명하셨다, 러시아의 회답을 기다리지 않고 그렇게 통고한 "일본은 양 제국 간 외교교섭의 중단(перерыв)으로 생길 수 있는 결과에 대한 모든 책임을 져야 할 것이다"라고 쓰여 있을 뿐이었다.[21]

람스도르프는 이 전보에서, 일본이 "독립행동을 취할 권리를 보유한다"고 통고해온 사실을 알리지 않았다. 람스도르프가 저지른 가장 큰 죄였다.

2월 7일(1월 25일) 일요일

도쿄

각 신문들은 고무라 외상이 러시아에 교섭 단절, 외교관계 단절을 통고한 데 대한 보도를 일절 하지 않았다. 『도쿄아사히신문』이 '협상의 단절'이라는 사설을 게재했지만, 이는 러시아가 만주의 행정을 러·청 합동으로 한다고 통지했다는 베이징 발 소식(이것은 가짜뉴스였다)을 인용해, 러시아는 일·러 교섭을 할 생각이 없다, "러시아 정부의 도전적인 태도는 바야흐로 불 보듯 분명해졌다"고 역선전하는 것이었다. '러시아 공사관 철수 준비'라며 러시아의 로젠 공사가 도쿄에서 철수할 준비를 하고 있다는 것만을 보도한 것도 동공이곡(同工異曲)이었다.

조선의 특파원 보도로서 '한정(韓廷)의 밀사'라는 제목으로 전 주러 한국공사관 참사관 곽고의가 밀서를 가지고 뤼순으로 떠났다는 사실을 보도한 것이 주목할 만하다.

이날 오전 7시, 2월 4일(1월 22일)자로 타전된 람스도르프 외상의 전보와 5일자로 알렉세예프 태수가 보낸 세 통의 전보가 동시에 로젠 공사 앞에 도착했다.

로젠은 이날(2월 7일) 프랑스 공사를 경유해 다음과 같이 본성으로 보고했다. "목요일〈2월 4일〉에 보내신 각하의 전보, 금요일〈2월 5일〉에 태수가 보낸 3통의 전보는 오늘 오전 아침 7시가 되어서야 도착했

습니다. 따라서 각하께서는 어제 그리고 저는 어제 오후 2시에 통고
를 받은 상황에서, 전보에 담긴 지시를 이행할 수 없었습니다."[22]

야마모토 해군대신은 러시아 상선 나포가 부적절했다고 생각해서
"교전행위가 실현될 때까지 러시아 상선을 포획해서는 안 된다는 점
에 주의하라"고 제3함대 사령관에게 전보를 보냈다. 또한 한국전신
국의 점령도 부적절했다고 생각한 해군대신은 '아타고' 함장에 대해
서 "내일 8일 오전 8시를 기해 마산, 부산의 한국전신국 점령을 해제
할 것. 또 외국인을 박해하거나, 멋대로 한국 상륙에 병력을 이용하는
것과 같은 행위를 하지 않도록 주의할 것. 이 취지를 사령관에게 전하
라"고 타전했다.[23]

뤼순

이날까지도 극동태수 알렉세예프는 사임을 원하고 있었다. 이날
아침 일찍 그는 아바자에게 전보를 쳐서, "필요한 준비를 갖추고 있
고 또 공적으로 뒷받침된 육군의 권위 있는" 인물에게 최고사령관인
태수의 직을 인계하고 싶다, 육군은 의화단사건 때 나의 지휘에 대해
서 불만이 있었다, 현재 육군과 관련한 조치를 취하고 있는데 불신과
반발이 감지된다, 라고 써 보냈다. 러시아의 역사가 렘뇨프가 지적한
것처럼, 알렉세예프는 "화약 냄새가 난다고 느끼고 패닉상태에서 헤
어 나오지 못했던 것이다."[24]

알렉세예프가 그러한 전보를 치고 난 직후에 중대한 전보가 도착
했다. 오전 9시, 외상 람스도르프에게서 도쿄의 로젠에게 뤼순으로
철수하라는 황제의 명령을 전하라는 전보가 알렉세예프에게 도착한
것이다. 이 내용만 가지고는 뭐가 뭔지 알 수가 없었다. 알렉세예프
의 긴장감은 더욱 고조되었다. 기다리기를 다섯 시간, 오후 2시가 되
어서야 일본과의 교섭 단절과 러·일 양국의 외교사절 철수의 명령

이 내려졌다는 외상의 두 번째 전보가 도착했다.[25] 알렉세예프에게도 "독립행동을 취할 권리를 보유한다"는 일본의 통고의 가장 중요한 부분은 알려지지 않았다. 알렉세예프는 즉시 전보의 내용을 도쿄로 타전했다. 그와 동시에 서울의 파블로프 공사에게도, 인천에 정박 중인 순양함 '바랴그'와 포함 '코레예츠'를 즉시 뤼순으로 회항시키라는 전보를 쳤다. 그러나 이 전보들은 결국 도착하지 않았다.[26]

알렉세예프의 외교고문 플란손의 일기에 따르면, 국교 단절의 통지를 받은 알렉세예프는 플란손을 불러, "축하해, 전쟁이야. 이게 당신의 외교, 호도(糊塗) 정책의 결과야. 자~알 됐어, 어떻게든 놈들의 코빼기를 박살냈으면 좋겠어. 밑도 끝도 없이 시시한 짓을 하니 차라리 이편이 나아!"라고 말했다고 한다.[27] 하지만 플란손의 일기는 아마 나중에 가서 일기 형식으로 쓴 회고록일 터이다. 이런 기술은 믿기가 어렵다. 알렉세예프 자신이 나중의 뤼순항복재판 예심위원회에서 다음과 같이 진술했다. 내게는 이 "교섭 중단(перерыв сношений) 사실을 선전포고로 간주하고 군사행동을 개시하는 것 같은 중대한 국사 결정을 그 자리에서 내릴 권리가 있다고는 생각하지 않았다." 전년도 10월 5일(9월 22일)의 전보에 표명된 황제의 전쟁 회피 의지에 이끌리고 있었기 때문에, 2월 7일(1월 25일)자 외상의 통지에 특히 신중한 태도를 취했던 것이다. 정부가 여전히 일본과의 평화적 해결을 위해서 노력하고 있는데, 내 쪽에서 충돌을 부르는 짓을 할 수는 없다. "나는 일본과의 전쟁 가능성을 항상 생각하고 있었지만, 맹세하건대, 전쟁이 불가피하다고는 생각하지 않았다."[28]

전쟁이 가까워졌다고 생각해서 패닉상태에 빠진 알렉세예프는 태수직 사임을 신청했으며, 이것이 거부되자, 이 교섭 단절 그리고 외교 사절의 철수 조치 속에서 오히려 전쟁 회피의 가능성을 찾았으며, 그것에 매달리는 기분이 되었던 것이다.

알렉세예프는 아침 식사 전에 서울에서 내부대신의 편지를 가지고 온 사자 곽고의를 만났다. 알렉세예프는 곽고의에게 다음과 같이 말했다. "우리는 한국의 중립을 준수하지만, 일본인들은 그리하지 않을 것이다. 한국 황제는 매우 난처해질 것이다. 그러나 어찌 되었든, 파블로프 공사와 상담하지 않고서는 아무것도 할 수 없다."[29] 아직 시간은 있다는 생각이었다.

알렉세예프는 플란손을 초대해 관둥주 군 참모총장 플루크와 태평양함대 군령부장 몰라스와 함께 아침 식사를 했다. 물론 이 두 사람에게는 외교 단절 사실을 이야기했을 것이다.

서울

'바랴그' 함장 루드네프는 아침 기차로 서울로 갔다. 공사관을 방문하자 파블로프 공사는, 벌써 일주일 째 전보를 받지 못했다, 일본이 방해하고 있는 것이다, 페테르부르크도 뤼순도 이 사태에 뭔가 손을 쓸 것 같은데 아무것도 하지 않는다, 라고 말했다. 파블로프는 '코레예츠'를 뤼순으로 보내 연락하면 어떻겠느냐고 제안했다.[30]

하야시 공사는 이날 부산, 마산, 인천, 원산 등 각 항구도시에 주재하는 영사들에게 훈령을 보내서, "우리 정부의 방침은 공정무편(公正無偏)이기 때문에, 한국 신민은 안심하고 자신들의 업무에 종사하라. 만일 일본 신민 때문에 신체와 재산에 손해를 입는다면 즉시 일본 관리에게 고소할 것"을 한국 신민에게 고시하도록 했다.[31] 이는 이미 점령자의 고시(告示)했다.

페테르부르크

이날 조간신문들은 아직 국교 단절의 통지를 보도하지 않고 있었다. 『노보에 브레미야』는 블라디보스토크의 일본인 주민들이 돌연 탈출을 시작한 것은 "일본 정부의 극비지령"에 따른 것이라 보도했다.[32] 동 신문의 사주이자 주필인 수보린은 이 날짜 칼럼을 이렇게 시작했다. "우리는 정말 전쟁 전야에 있든지, 아니면 계곡이 있으면 위험도 있겠지만 아무튼 그다지 매끄럽지 못한 평화의 길에 서 있든지, 그 어느 쪽일 것이다." "일본도 러시아를 모르고 러시아도 일본을 모른다. 두 개의 강고한 국민은 두 개의 미지수이며, 쌍방 모두 싸움을 시작하려 하고 있다." "혹시 닥쳐온 비극 때문에 일본과 러시아는 서로를 인식하고, 평가하여 유럽의 모든 기대를 배반할 지도 모른다."[33] 수보린은 여전히 전쟁 회피의 가능성을 보고 있었다.

이날 람스도르프 외상은 쿠로파트킨 육군상에게 다음과 같이 써 보냈다.

"일본 공사가 페테르부르크에서 소환된 것과 러시아 공사관 직원들이 도쿄에서 소환된 것이, 우리들 사이에 전쟁이 불가피하다는 것을 의미하지는 않는다. 그러나 정말로 일본이 조선과 만주에서 자신들의 이익을 옹호하기 위해서 무엇을 하려고 하고 있는지, 그리고 우리가 이미 예상하는 모든 것들이 완전히 실현되는 것은 언제일지 정확하게 예상하기는 어렵다." "폐하께서 러시아의 이익에 조금도 맞지 않는 전쟁을 선언하시는 일은 설마 없겠지만, 나는 우리 극동의 영웅들이…… 진짜 전쟁으로 쉽게 빠져들어 갈 수 있는 어떤 군사적사건에 돌연 열중하지는 않을지 심히 걱정하고 있다."[34]

외상은 전쟁이 시작되었다고는 생각도 하지 못했던 것이다. 쿠로파트킨 역시 외교관계 단절에 어떤 반응도 보이지 않았다. 2월 4일 (1월 22일)부터 이날까지 그의 일기는 완전히 백지다. 혹시 나중에 폐기되었는지도 모른다.

그러나 이날 낮에 『노보에 브레미야』는 호외를 발행해, 일본이 교섭 단절과 외교관 철수를 결정했다는 2월 6일(1월 24일)자 람스도르프 외상의 통지를 보도했다. 덧붙여진 해설은 일본을 맹렬하게 비난했다. "우리는 전쟁준비를 위해서 교섭을 지연시켰다고 비난받고 있다." 그러나 "이제 밝혀진 바와 같이 각서의 교환은 모두가 코미디였고, 전쟁을 준비할 필요가 있었던 나라는 러시아가 아니라 일본이었던 것이다. 이탈리아에서 서둘러 매입한 2척의 순양함이 청국 영해로 진입하기를 기다렸던 것은 러시아가 아니라 일본이다." '외교관계의 단절'은 아직 전쟁은 아니라는 유보를 달기는 했지만, 바야흐로 눈앞에 있는 선택지는 '전쟁'의 개시인가, 제3국에 의한 '조정'인가, '분쟁의 만성화'인가 하는 것인데, 조정은 일본이 받아들이지 않을 것이기 때문에 결국은 "국민 사이의, 국가 사이의 ultima ratio[최후의 수단]"가 될 것이라고 썼다.[35] 전쟁이 될 것이라는 직접적 표현을 사용하기가 꺼려졌을 것이다.

페테르부르크대학 교수 필렌코의 회고에 의하면, 이-호외에 게재된 원고를 쓴 것은 필렌코 자신이었다. 원고를 쓴 후에 그는 친척인 아벨란 해군상을 방문했다. 해군상은 몹시 흥분해서 이렇게 말했다.

"자네는 모른다는 말인가? 폐하께서는 전쟁을 원하지 않으신단 말이야. 싸우려면 상대가 있어야 해. 우리는 무슨 일이 있어도 완전한 결렬에 이르도록 하지는 않을 거야."

필렌코가 또 다시 자신의 분석을 피력하자, 아벨란은 한층 더 흥분해서는, 눈에 공포의 빛을 띠면서 소리쳤다.

"아니야, 자네는 지금 무슨 소리를 하고 있는지 모르고 있어. 일본과의 전쟁은 생각할 수도 없어, 생각할 수도 없단 말이야."

해군상은 머리를 감싸 쥐었다. 이때 손질이 잘 된 곱슬곱슬한 장군 수염이 필렌코의 눈에 강렬하게 들어박혔다. "큰일 났다."[36]

황제는 람스도르프, 쿠로파트킨 등에게 다음과 같은 편지를 보냈다.[37] 아마도 오후였을 것이다.

"내일 1월 26일[2월 8일] 11시 반부터 짐과 함께 우리가 무엇을 할 것인지에 관해서 협의하도록 합시다. 일본군의 조선 상륙에 대해서 계속해서 보고도 못 본 척 해야 할지, 아니면 힘으로 저들을 막을 것인지. 논의하러 와 주시기 바라오."

황제는 임박한 일본의 행동이 조선의 점령이라고 믿고 있었다. 황제가 이날 일기에 "극동에서 아무런 통지도 없었다"고 썼는데,[38] 이것은 일본군의 조선 상륙 소식을 기다리고 있었다는 뜻이다.

아바자의 생각은 달랐다. 그는 외교관계의 단절을 심각하게 받아들이고 있었다. 전쟁이 일어난다고 생각했던 것이다. 그렇다면 알렉세예프를 혼란스럽게 해서는 안 된다. 그는 1월 27일(14일)자 황제의 전보가 취소되었다는 연락을 알렉세예프가 받지 못했다는 사실을 황제에게 알리고, 필요하다면 일본군의 조선 상륙을 방해하는 행동에 나서도 좋다는 전보를 보내자고 제안했다.[39] 즉 조선 남부까지는 괜찮다고 하는 것이 아니라, 애초부터 조선의 어딘가에 상륙하면 공격에 나서도 좋다고 말해야 한다고 제안했다. 일본이 행동에 나서면 러시아도 행동으로 나서야 한다고 주장한 것이다. 보낼 전보의 초안도 첨부했다. 물론 황제가 어전회의 전에 알렉세예프에게 전보를 보내는 일은 있을 수 없었다.

쿠로파트킨은 어전회의에 대비해서 참모총장 사하로프에게 전반적인 상황을 판단하는 보고를 요구했다.

모스크바

신문 『모스콥스키에 베도모스찌』의 전 주필인 우익평론가 티호미로프는 이날 일기에 국교 단절을 전하는 신문기사의 스크랩을 붙였다. 그리고 "매우 중요한, 또는 역사적인 날이다"라고 썼다. 그는 차분한 상태였다.

"우리의 회답은 토요일에 로젠에게 보내졌는데, 같은 날 일본은 회답을 기다리지 않고 공사를 소환했던 것이다. 이것은 군사행동의 개시, 보다 정확히 말하면 조선 상륙으로 보인다. 그러나 다른 생각을 하고 있을 수도 있다. 혹시 중재자가 있을지도 모른다. 미국인가, 또 다른 사기꾼인가. 그리되면 우리는 또 바보게임을 하게 될지도 모른다. 전쟁에 관해서 말하면 우리는 의심할 것도 없이 준비가 되어 있지 않다. 군대도 탄약도 가고는 있지만, 도착은 아직이다…… 그러나 어느 정도 준비가 되어 있지 않더라도 중재보다는 전쟁이 낫다. 전쟁이라면 승리가 가능하고, 중재라면 패배가 불가피하다."[40]

티로미로프도 일본의 행동은 조선반도의 점령이 될 것이라고 내다보았다. 그리고 전쟁을 치른다면 최종적으로는 대국 러시아가 승리할 가능성이 있다고 보고 있었던 것이다.

뤼순

이날 알렉세예프는 러일교섭 단절과 외교사절의 철수를 뤼순의 극히 일부 최고위층 군 관계자에게만 알렸다. 육군의 요새 사령관 스테셀은 모르고 있었다.[41]

이날 밤, 최신예 전함 '쩨사레비치'의 함장 그리고로비치는 구축함 '보브르'의 함장 부브노프를 만났다. 그리고로비치는 자기 함의 전신사가 "선전포고가 내려졌다"는 전신을 캐치했다고 말했다. 부브노프는 "그렇다면 우리에게 알려주겠지"라고 말했다. 그러나 그리고로비치가 공사의 소환이 있었다고 들었다며 거듭 말했기 때문에, 부브노프는 사령관의 부관에게 무슨 급보가 있는지 물어보면 어떠냐고 말했다. 사령관 부관의 답은, "아무것도 없다. 내일은 오후 1시에 외부 정박지로 출발하라"는 것이었다.[42] 함장들에게는 아무것도 통보되지 않았던 것이다.

그래도 이날 알렉세예프는 지부티에 있을 증원함대의 사령관 비레니우스에게는, 전함 '오슬랴뱌'만이라도 최대한 빨리 뤼순으로 보내라는 명령을 보냈다. 그러나 비레니우스는 페테르부르크의 명령대로 수뢰정을 예항해 지부티를 출발했고, 홍해를 항해하면서 고초를 겪고 있었다.[43] 전진에 실패한 이 소함정이 지부티로 돌아간 것은 2월 13일(1월 31일)의 일이다.

다케시키

제3함대의 가타오카 사령관은 이날 통보함 '미야코'(宮古)의 함장 도치나이(栃内) 중좌의 보고를 받았다. 즉 "5일 밤 한국에서 러시아 령 및 만주로 통하는 육상통신선이 절단되었을 것이라는 점, 한국에서 본국으로 통하는 전선에 대해서는 우리 체신성의 조처가 있을 것이므로, 현재 우리의 움직임은 당분간 뤼순, 블라디보스토크 또는 구미 등지에 알려질 우려가 없을 것이라는 내용의 보고를 받았다"는 것이다.[44] 전신국의 점령은 군사적으로 불가결한 작전이었다는 것을 알 수 있다.

서울

하야시 공사는 오후 5시, 도쿄로 한국 궁정에 관해서 보고했다. "궁중은 우리 육해군이 행동을 시작했다는 것을 알…… 크게 동요했다." 황제 고종은 군무국 총장 민영철, 경위원(警衛院) 총감 이근택을 멀리하고, 이용익 및 길영수(吉泳洙)를 신뢰하고 있다. 정부 내에 일본파가 강력해서 황제는 저항하는 태세를 취할 수가 없다. 하야시 공사는 민영철, 이근택의 이야기를 듣고, 황제가 궁성 밖으로 파천하는 것은 아닐까 걱정하고 있다고 보고했다.[45]

이날 심야에 하야시 공사는 두 건의 통보를 받았다. 하나는 청안군이재순이 보낸 것인데, "궁중은 물정이 불온하고, 황제는 갑자기 프랑스 공사관으로 파천할 준비를 갖췄다. 이는 이용익, 현상건 등의 계획에서 나왔다"는 것이었다. 또 다른 하나는 이근택이 보낸 것으로, "오늘 일본 병사들이 마산과 부산 방면으로 상륙했다는 설이 전해졌는데, 궁중과 프랑스 공사관 사이에 왕래가 빈번하다. 사자는 현상건이다"라고 전해왔다.[46] 일본의 진해만, 마산, 부산 침공이 한국 정부에 알려지면서 심각한 긴장상태가 조성된 것이다.

인천

인천항에 정박해 있던 순양함 '지요다'는 야음을 틈타 항구 밖으로 탈출했다.

일본해[동해] 해상

도고 제독의 연합함대 주력은 뤼순을 향해서 전속력으로 항진하고 있었다.

2월 8일(1월 26일) 월요일

도쿄

이날의 각 신문들도 로젠 공사의 철수에 더해서 구리노 공사의 철수를 보도했지만, 일본이 외교관계 단절을 통고했다는 사실은 여전히 숨기고 있었다. 『도쿄아사히신문』은 러시아의 사정에 관해서 '부서진 평화의 가면'이라는 제목으로, 러시아의 회답이 오늘 도쿄에 도착할 텐데, 페테르부르크는 일본 정부가 "무조건" 이 회답에 동의할 것으로 기대하고 있다는 로이터 통신의 기사를 보도했다. 이어서 '러시아 조정의 어제와 오늘'이라는 기사를 실었다. 태수부를 중심으로 아바자, 베조브라조프, 알렉산드르 미하일로비치 대공 등에 의해서 주전론이 "고취"되었지만, 대공이 베조브라조프와 함께 국외 여행을 떠난 것을 보면 "주전당"(主戰黨) 내에 분열이 발생했는지도 모른다. 니콜라이 2세가 "절대로 주전당만을 신용하는 것이 아니며", 비테 일파는 타협론을 진언했기 때문에 황제가 "결단을 내리지 못하는 것도" 이유가 없는 것은 아니다. 그러나 "타협의 절충점을 찾아내려고" 노력한 로젠과 람스도르프의 "고심에는 이미 성공의 여지가 없어서", "러시아 황제도 주전론에 이르게 된 것이다." 알렉세예프가 로젠에게 회답을 건네라고 지시할지 어떨지는 "의문"이며, 회답이 뤼순에서 "깔아뭉개지는 일이 없을 것으로 믿는다"는 것이었다.

또 2면에 '러시아의 내막'이라는 기사를 실어 철학자 솔로비요프의 황화론, 즉 "황색의 우환"에 관해서 소개함과 동시에, 허무당의 활동에 관해서 언급했다. "러일전쟁이 종결될 즈음 틀림없이 러시아에 대혁명이 일어날 것이다. 예언자가 아니라서 미래를 통찰할 능력은 없지만, 혹시 전쟁 중에 일어날지도 모른다", "외환에 편승해 허무당은 비약을 시도할 것이라고 생각한다"고 썼다. 러시아를 두려워할 필요가 없다는 것이었다.

인천

이날 아침, 이틀 전에 사세보를 출발한 연합함대의 일부인 우류(瓜生) 전대(戰隊)가 인천항 밖에 도착해 있었다. 전대는 이등순양함 '나니와' '다카치호'(高千穂), 삼등순양함 '아카시' '니타카'(新高), 게다가 일등순양함 '아사마'(浅間)로 구성되어 있었다. 육군 상륙부대의 제12사단 선견대 2,200명을 태운 3척의 수송선이 동행하고 있었다. 밤 사이에 항구 안에서 탈출한 '지요다'에서 정보를 듣고, 모든 함선이 러시아 군함의 도착에 대비하고 있었다.

서울

하야시 공사는 밤중에 청안군이 보내온 고종의 프랑스 공사관 파천 정보가 약간 의심스러운 데가 있지만, "차제에 특히 폐하[고종]에게 강하게 경고할 필요"가 있다고 생각했다. 아침이 되자 곧바로 영·미 양국 공사에게 부탁해, 파천이 "한국의 독립과 경성의 안전"에 나쁜 결과를 초래할 것이라고 황제에게 내주(內奏)하겠다는 계획에 관해 미리 양해를 받아냈다. 두 공사는 부산과 마산에서 일본군이 했던 군사작전에 관해서 이미 알았기 때문에, 하야시는 추측을 전제로 "우리 정부가 곧 자유행동을 취하게 될 것"이라고 말했다.[47]

뤼순

태수 알렉세예프 앞으로는 2월 1일(1월 19일)의 파블로프 전보 이후 일주일 동안 아무런 전보도 없었다. 그런데 돌연 8일(1월 26일)자 파블로프 공사의 전보가 도착했다. 전신 연락이 순간적으로 회복되었을 것으로 생각된다.

"1월 24일〈2월 6일〉 저녁 무렵, 마산포에서 일본군 대군이 상륙해 조선의 전신국을 점거했다는 전보를 조선의 전신을 통해 받았다. 그 직후에 부산과 마산과의 전신 연락이 두절되었다. 밤에는 일본인들에 의해 조선 북부로 연결되는 두 개의 전신선이 절단되었다. 어제가 되어서야 조선이 의주와 통하는 전신을 몇 시간 동안만 회복하는 데 성공했다. 저녁에는 다른 지점에서 절단이 있었고, 오늘은 또 회복했지만 오래 가지는 않을 것이다. 외교관계가 단절되었고, 일본 공사가 페테르부르크를 출발했다든지, 일본 함대가 압록강 하구로 파견되었다든지, 1월 29일〈2월 11일〉에는 인천으로 일본군이 상륙할 것이라든지 하는 소문이 이어지고 있다. 어제 일본함 '지요다'가 야간등을 끄고 인천에서 밖으로 나갔다. 오늘 오후 2시에는 포함 '코레예츠'를 뤼순으로 출발시킨다."[48]

　일본군이 마산에 상륙했다는 정보는 일본 해군 제3함대가 진해만을 제압했다는 것을 반영하고 있는데, 러시아가 일본군의 작전행동 개시에 관해서 처음으로 입수한 정보였다. 일본 함대가 인천으로 다가가고 있는 이 시점에 '지요다'가 항구 밖으로 도주함으로써, 이제는 거꾸로 항구 안에 있는 러시아 함선 두 척이 독 안에 든 쥐 신세가 된 것이다. 이 전보는 알렉세예프로 하여금 일본군의 행동개시가 다가왔음을 실감케 했을 것이다.

　이날 뤼순함대 사령관 스타르크도 사태를 우려하는 보고를 알렉세예프에게 제출했다. 이 보고서는, 인천으로 향하는 일본 해군의 함선과 수송선을 감시하기 위해 2척의 순양함을 파견할 것, 뤼순을 향해 오는 일본 해군을 경계하기 위해서 1척의 순양함을 파견할 것을 진언하고 있었다. 또한 뤼순의 외부 정박지에 정박하는 모든 함선이 일본 해군의 야간 수뢰공격을 받지 않도록 하기 위한 지시를 요청했다. 방어 그물을 치면 긴급 시에 함선을 움직이기 어렵고 그물이 스크루에 걸릴 가능성이 있기 때문에 반대한다고 스타르크는 보고했다. 알렉세예프는 이에 대해서, 순양함 파견을 1척으로 제한한다면서 방어 그물의 설치가 필요하다는 지시를 내렸다. 기함 '페트로파블로프스크'로부터 수기(手旗) 신호로 그물 설치를 준비하라는 지시가 각 함에 전달되었지만, 이날 중에 그물 설치 지령은 결국 내려지지 않았다.[49] 스타르크는 후일 알렉세예프의 지시를 어기고 경계조치를 취하지 않던 이유에 관해서, 알렉세예프가 "교섭의 단절이 전쟁을 의미하는 것은 아니고, 전쟁이 일어나지 않을 것이라는 근거가 있다고 말했"기 때문이라고 변명했다.[50] 부브노프는, 어뢰공격에 대비하라는 명령은 내려져 있었지만, 알렉세예프가 몇몇 함의 방어 그물 해제를 명하면서 "불안감을 조성하지 말라"고 말했다는 이야기가 전해져서, 어뢰공격에 대비한다는 것을 훈련으로 이해했다고 썼다.[51]

한편 이날 아침에는 뤼순의 신문 『노브이 크라이』도 국교 단절과 일본 공사 출국 정보를 입수했다. 편집장 대리는 이를 인쇄해 호외로 발행하려다가, 생각을 고쳐먹고 태수의 허가를 얻기로 했다. 태수부에 연락해 본 결과, 이 정보는 호외로 하지 말고 다음 날인 9일자 본지에 해설기사와 함께 실었으면 좋겠다, 해설에는 외교관계의 단절은 선전포고가 아니고 아직 평화적 해결의 희망은 있다고 써 주면 좋겠다는 회답이 있었다. 편집부는 기사를 다시 써서 태수부로 보냈다. 그러나 알렉세예프가 승인해 돌려보낸 원고는 결국 신문에 실리지 못했다.[52]

한편 2월 6일부터 시작된 일본인의 뤼순 탈출은 이날 절정에 달했다. 일본 상점들은 모두 상품을 덤핑 판매하고 가게를 닫고 있었다. 『노브이 크라이』지의 기자가 이 사실을 태수부에 전화로 알렸지만, 이미 알고 있다는 회답밖에 들을 수 없었다. 아침나절에 즈푸의 일본 영사 미즈노 고키치(水野幸吉)가 와서, 뤼순의 일본인 전원의 퇴거를 준비하고 있었다. 러시아에서는 일본 영사가 온 것이, 국교 단절이 곧 전쟁은 아니라는 것을 보여주는 것이라는 생각을 더욱 강하게 하게 되었고, 알렉세예프는 부하에게 미즈노 영사에게 협력하라고 지시했다.[53] 오후 4시 경, 영사는 남아 있던 모든 일본인들을 데리고 뤼순에 관한 최신 정보와 함께 영국 배를 타고 떠났다.[54]

요새 사령관 스테셀은 그 후 3월에 글라조프 중장에게 보낸 편지에서, "26일〈2월 8일〉에도 여전히, 우리들 사이에는 곧 전쟁이 일어날 것이라는 이야기는 정말이지 전혀 없었다. 원래 모두가 전쟁이 일어날 것이라고 확신은 하고 있었지만"이라고 썼다.[55]

페테르부르크

각 신문들은 러일교섭 단절, 외교관 소환이라는 일본의 결정을 보도했다. 『노보에 브레미야』는 전날의 호외를 그대로 1면 톱으로 게재했다. 사설은 영국과 미국에서 전쟁을 회피하려는 분위기가 높아지고 있다고 지적하고, 페테르부르크에서는 "당연한 이야기지만, 배외주의라 할 만한 것은 아무것도 일어나지 않고 있다"고 썼다.[56]

참모총장 사하로프는 이날 아침 10시에 의견서를 육군상에게 제출했다. 사하로프는 일본이 조선을 점령하면 "우리에 대한 최초의 적대적 행동"이 되는 것이라고 생각해, 러시아는 그에 대응하는 군사행동에 나서야 한다고 주장했다. "그러한 조건 하에서 군사적 충돌을 회피하면, 우리가 약해서 그런 것이라고 해석해, 전쟁에 대한 일본인들의 혈기와 자신감이 한층 더 부추겨질까 우려된다." 사하로프는 러시아가 행동하면 일본의 행동을 지연시키게 될 것이고, 그것이 러시아에게 필요한 시간을 벌어줄 것이라고 주장했다. 나아가 일본의 러시아 함대 공격 가능성에 관해서 다음과 같이 피력했다.

"우리와의 전쟁을 집요하게 추구해온 일본은 자국의 군대를 조선으로 수송하기 시작했고, 동시에 이 작전의 안전을 확보하기 위해서 우리 함대를 현재의 소재지에서 공격하고, 현 순간에 결정적인 의의를 지니는 지점에서 우리의 해군력을 마비시키려고 할 가능성이 있다. 이러한 점들을 고려하더라도 일본의 당초 작전지역에서 우리 함대가 먼저 적극적인 행동을 개시해 행동으로 옮기는 것이 유리할 것이라 생각된다."[57]

그러나 황제와 마찬가지로 쿠로파트킨 육군상도 참모총장의 의견에 귀를 기울이지 않았다.

오전 중에 니콜라이 2세 주재 하에 협의회가 열렸다.[58] 출석한 사람은 알렉세이 대공과 아벨란 해군상, 쿠로파트킨 육군상, 람스도르프 외상이었고, 아바자는 기록담당이었다. "그[아바자]는 아무런 발언도 하지 않았다. 그에게는 폐하께서 알렉세예프 앞으로 보낼 전보를 〈회의의 심의에 기초해서〉 작성할 것이 위임되었다"고 쿠로파트킨은 자신의 일기에 썼다.[59]

니콜라이 2세는 우선 쿠로파트킨에게 의견을 제시해 보라고 요구했다는 것인데, 아마도 뒤에 기록되어 있는 황제의 질문이 먼저 있었다고 생각하는 것이 타당할 것이다.

즉 황제는 어떠한 행동양식을 견지할 것인지 솔직한 의견이 듣고 싶다고 말했다. 일본군의 조선 상륙을 힘으로 저지해야 하는가, 그렇게 한다면 어디서인가? 이전에 알렉세예프에게 지시했던 것처럼 인천 이남이라면 보고도 못 본 척해도 좋은가, 아니면 달리 대처할 것인가? 인천 이북에 상륙한다면 공격해야 하는가? 황제는 예상되는 일본군의 행동은 조선 점령이라고 믿어 의심치 않았다.

쿠로파트킨은, 일본이 선전포고를 생각하고 있는 경우에 해군과 육군이 취할 공동행동에 관한 현지 당국의 의견을 가능한 한 간결하게 보고했다. 지난 9월에 남만주에서 우리 군의 전략적 전개 계획을 작성할 때 알렉세예프는 우리 해군이 패배할 리가 없기 때문에 일본군이 인천보다 북쪽에 상륙하는 것은 불가능하다고 주장했었다. 그렇다면 일본군이 남만주에서 동청철도선에 접근하는 것은 개전 후 3개월째 접어든 다음이 될 것이다. 이 정도의 시간적 여유가 있다면, 러시아군이 현지에서 반격을 조직하는 데는 충분하다는 것이었다. 그러나 10월 3일(9월 10일)의 알렉세예프 전보에서는 인천, 진남포, 압록강 하구로의 상륙작전을 힘으로 저지할 것을 청원했다. 2월 3일(1월 21일)에도 알렉세예프는 해군의 결연한 행동을 허가해 줄 것을 거듭 요청했다. 지상군의 관점에서 보면 나 자신도 이론적으로는 이러한 행동이 매우 적절하다고 인정했다. 그렇게 하지 않으면 일본군은 매우 빨리 압록강으로 진출해, 우리가 태세를 갖추기 전에 만주로 진입해 버릴 것이기 때문이다.

쿠로파트킨은 이렇게 말하면서, 일본은 청일전쟁 시에도 청국 해군을 궤멸시키고 나서 압록강에 상륙작전을 전개하는 식으로 신중하게 행동했다고 지적하고, "이번에도 신중하게 할 것이다"라고 말했다. 일본에게는 두 개의 길이 있다. 조선만 점령하고 러시아와의 전쟁을 회피하는 길과, 러시아에 선전포고하고 전쟁을 만주까지 확산시키는 길이다. 첫 번째 경우에는 우리가 먼저 공격해도 실익이 없다. 두 번째 길을 선택하는 경우에는 우리의 해군력을 활용해 전력을 다할 필요가 있다. 원산에서는 상륙을 방해할 수 없다. 인천에서도 막을 수 있을지 어떨지 알 수 없다. 수비는 쉽고 공격은 어려운 곳이다. 그러나 인천 이북에 상륙하는 것은 어떻게 해서든지 막아야 한다.

그러나 쿠로파트킨은 또 다시 전쟁을 회피하기 위해 마지막까지 노력해야 할 필요성에 관해서도 진술했던 모양이다. 쿠로파트킨 다음에 발언한 람스도르프 외상이, 쿠로파트킨의 의견에 찬성이다, 전쟁을 회피할 수 있는 가능성이 조금이라도 있다면 그것을 이용해야 한다고 말했다고, 쿠로파트킨이 써 놓았기 때문이다. 람스도르프는 일본이 경솔하게 행동했다는 둥 구미에서는 일본에 비판적이라는 둥 여러 가지를 발언했지만, 요는 전쟁을 회피하자는 것이었다, 우리 쪽에서 먼저 공격해서는 안 된다고 주장했다.

해군총재 알렉세이 대공은, 쿠로파트킨과 같은 생각이다, 인천 이북에 상륙시켜서는 안 된다고 말했다. 일본은 조선뿐만 아니라 만주도 노리고 있다, 일본이 해전을 하는 것은 생각할 수도 없다고 했다. 쿠로파트킨은 이것이 자신의 의견에 대한 반론이었다고 쓰고 있지만, 논리적으로 앞뒤가 맞지 않는다.

람스도르프가 다시 전쟁을 회피하기 위한 노력의 필요에 관해서 주장하자, 황제는 "당연하다"고 반응했지만 외상이 열강의 중재를 요청할 것을 언급하자, 황제는 "이미 늦었다"라고 말했다. 해군상 아벨란은 일본이 조선 동부로 상륙하는 것은 막을 수 없다고 말했다. 아바자는 알렉세예프에게 완전한 행동의 자유를 부여하겠다는 전보를 치자고 제안했지만, 이것은 지지받지 못했다. 쿠로파트킨이 알렉세예프가 직접 함대를 지휘해야 한다고 말하자, 아바자는 알렉세예프는 쓰시마로 이동해 거기서 함대를 지휘하겠다는 생각을 하고 있다고 말했다. 쿠로파트킨의 기록 스타일을 보면 알렉세예프에 대한 의문이 내포되어 있는 것처럼 보인다. 즉 쿠로파트킨은 자기와 알렉세이 대공의 의견을 알렉세예프에게 전보로 지시하자고 제안했던 것이다. 황제가 그 의견을 받아들여 타전하기로 했다고 쿠로파트킨은 쓰고 있다. 쿠로파트킨의 일기는 다음과 같은 문장으로 맺고 있었다.

"폐하께서는 회의 끝 무렵에, 우리 함대가 일본 함대를 쳐부순다면 여기서 교훈을 얻어 아마도 전쟁 가능성은 사라질 것이라고 말씀하셨다. 그러면 상륙의 가능성이 사라지기 때문이라는 것이다."[60]

협의회가 끝난 후 알렉세예프에게 보내는 황제의 암호전보가 타전되었다.

"우리가 아니라 일본이 군사행동을 먼저 개시하는 것이 바람직하다. 그러므로 만일 저들이 우리나라에 대해서 행동을 시작한다면, 귀관은 저들이 조선 남부로 상륙하거나 동해안의 원산 선까지 상륙한다면 그것을 방해해서는 안 된다. 그러나 만일 조선의 서해안에서 저들의 함대가 상륙부대와 함께 하든 아니면 따로 행동하든 38도선을 넘어서 북상한다면 귀관은 일본이 먼저 첫 발을 발사할 때까지 기다리지 말고 공격해도 좋다. 귀관에게 기대한다. 신의 가호를."[61]

이것은 극도로 애매한 지령이었다.

쿠로파트킨의 일기에는 제안된 전보 초안으로 다른 문장이 적혀 있다. "일본이 함대와 상륙부대를 이용해 먼저 군사행동을 시작하지 않는다고 해도, 알렉세예프는 북위 38도선 이북의 조선 서해안으로 일본군이 상륙하도록 허락해서는 안 된다. 조선 남부와 인천으로의 상륙은 허락한다. 동해안으로도 허락한다. 일본군이 조선 북부로 진입하더라도, 이것을 군사행동의 개시라고 판단하지 말고, 그것을 허락한다."[62]

이것은 쿠로파트킨이 지니고 있던 의도를 노골적으로 전하는 것이었다. 이 전보는 38도선 이남이라면 서해안 점령도 용인한다는 것이었다. 러일교섭 초기 중립지대 설정을 제안했을 때에는 39도선으로 분단한다는 안을 내놓았지만, 지금은 일본군의 점령이 예상되기 때문에 보다 남쪽인 38도선에서 저지하겠다는 생각을 하게 되었을 것이다. 그 의도를 쿠로파트킨과 황제도 공유하고 있었다. 상황이 이러한 단계까지 왔는데도 결정은 애매모호했다. 황제 자신은 이날 일기에 이렇게 썼다.

"아침나절에 나의 주재로 일본 문제에 관한 회의가 있었다. 우리 쪽에서는 시작하지 않기로 결정했다…… 하루 종일 고조된 기분으로 보냈다."[63]

당연한 이야기지만 사태를 우려하고 있던 군인도 있었다. 크론슈타트 군항 사령관 마카로프 중장은 이날 해군장관 아벨란에게 건의서를 보냈다.

"최근 극동에서 돌아온 사람들의 이야기를 통해서, 함대를 뤼순의 내항이 아니라 외부 정박지에 두는 것이 고려되고 있다는 사실을 알게 되었습니다…… 외부 정박지에 함선을 두면 적에게 야간 공격의 가능성을 주게 됩니다…… 야간 공격을 받게 되면 우리는 지극히 심각한 결과를 맞게 될 것입니다. 왜냐하면 방어 그물은 뱃전 전체를 커버하는 것이 아니고, 더욱이 우리 쪽 함선의 많은 수는 전혀 그물을 갖추고 있지 않기 때문입니다…… 만일 일본 해군이 폐쇄 부두를 갖지 않고 또 우리가 외해의 연안에 모든 함선을 둘 수밖에 없다면, 우리는 단절 직후인 밤에 [일본]함대를 향해 가장 정력적인 야간 공격에 착수해야 합니다. 일본은 우리에 대한 타격을 가할 수 있는 절호의 기회를 놓치지 않을 것입니다…… 만일 우리가 지금 함대를 내항으로 들이지 않으면, ……최초의 야간 공격을 받게 될 것이고, 결국 잘못된 판단으로 값비싼 대가를 치른 뒤에야 그렇게 할 수밖에 없게 될 것입니다."[64]

마카로프는 1898년 지중해함대 사령관으로서 극동에 왔을 때 제출한 보고서에서, "일본인들은 영국인들의 제자인데, 영국인들은 그 전례가 보여주는 바와 같이 선전포고 전에 적대행위를 개시하는 것을 주저하지 않는다"고 경고한 적이 있었다.[65] 이번에는 거기까지는 말하지 않았지만, 보고의 주지에는 변한 것이 없었다. 그러나 해군장관도 군령부장도 이를 듣지 않았고, 경고 자체도 이미 한 발 늦은 것이었다.

인천

오후 3시 40분, 포함 '코레예츠'는 뤼순으로 가기 위해 닻을 올리고 인천항 밖으로 나갔다. 해상에는 일본 함대, 즉 우류의 함대가 기다리고 있었다. '코레예츠'는 진로를 저지당했다. 이때 일본은 '코레예츠'가 먼저 포격을 가했다고 주장하고 있지만,[66] '코레예츠'의 함장은 국교 단절의 사실 조차 정식으로는 통지받지 못한 상태였기 때문에 먼저 발포했을 리가 없다. 러시아의 전사에 의하면 일본의 구축함이 어뢰 세 발을 발사해왔기 때문에 '코레예츠'는 37밀리 포 두 발을 쏘고 다시 항구 안으로 도주해야만 했다. 시간은 거의 오후 5시가 다 되어 있었다.[67] 이것이 러·일 해군의 전투의 시작이었다.

'코레예츠'가 만 안으로 도주해오자, 그것을 쫓아오기나 하는 것처럼 오후 5시 지나서 '아카시' '다카치호' '지요다' 등 세 척의 순양함과 세 척의 수송선, 그리고 네 척의 수뢰정이 인천으로 입항했다. 오후 7시 20분부터 육군 병력의 조선 상륙이 공공연하게 개시되었다. 수뢰정들은 '바랴그'를 양쪽에서 에워싸고 감시하고 있었다. 함대가 위압적으로 버티고 있는 가운데 육군이 상륙한 것은 중립을 선언한 대한제국에 대한 침략행위였다. 이 상륙작전은 밤새 진행되었고, 다음 날 9일(1월 27일) 오전 4시에 완료되었다. 입항해 있던 일본의 함선들은 오전 9시 반까지는 모두 항구 밖으로 나갔다.[68]

서울

하야시 공사는 일본 병력의 상륙 개시 전후에 외부대신 서리 이지용과 군부대신 이용익을 불러 일본군의 인천상륙을 통고하고, 그 규모는 2,500명 정도이며 "우리 군대가 제실 및 기타에 대해 하등의 불온한 거동에 나서는 일은 결코 없을 것"이라고 설명했다. 이지용은 아무런 문제도 감지하지 못했을지도 모르지만, 중립파인 이용익은 일본군의 중립국 침범에 항의해야 했다. 그렇지만 항의하지 못했다. "일본 군대가 입성하더라도 아무런 위압적 수단을 취하지 않는 한, 폐하께서 다른 공관으로 파천하시는 일은 결코 없을 것"이라고 이 두 사람이 보증했다고 하야시는 도쿄로 보고했다.[69] 청일전쟁 시 서울 점령군이 8,000명이었던 데 비하면, 이 정도는 소규모라고 생각했을 것이다.

도쿄

오후 8시 고무라 외상은 대신 관저로 신문기자들을 불러, "드디어 제국이 그 존망을 걸고 대(大) 활동을 시도해야만 하는 시기를 맞이했다"고 알리고, '일·러 교섭 파열의 전말'을 발표했다. 고무라 외상은 이날 작성한 수상 이하 각 대신들에게 보낸 동명의 보고서[70]를 군데군데 골라서 읽었다. 러시아에 대한 통고서의 머리 부분을 반복해서 설명하고, 이어서 러시아는 "여전히 만주를 점령하고 있을 뿐만 아니라 한국의 국경지역에서 감히 침략적 행동을 하기에 이르렀다. 만일 만주를 러시아가 병탄하게 된다면, 한국의 독립은 지탱될 수가 없다", 이런 이유 때문에 교섭을 개시했던 것이라고 주장했다. 교섭의 대립점에 관해서는, 일본이 청국의 독립과 영토보전, 즉 만주의 보전을 요구했는데도 러시아가 그것을 거부했다는 점, 러시아가 한국에 관한 "일본의 자유 행동권에 각종 제한을 붙일" 것을 요구했지만 일본이 그것을 거부했다는 점을 설명했다. 일·러 교섭에서 어떠한 점들이 문제가 되었는가 하는 것에 대해서는, 지금까지 일절 공표되지 않았다는 점을 상기해야 한다. 결론은 이런 것이었다.

"요컨대 제국 정부는 시종일관 이를 온화하고 공평하게 정강으로 삼았으며, 러시아 정부에 대해서도 추호도 어려움을 탓하는 일 없이, 러시아 정부가 누차 그리고 임의로 밝힌 주의주장을 그저 승인하라고 요구하는 데 지나지 않았는데도 러시아 정부는 어디까지나 이를 준열하게 거절하였고, 더욱이 누차 부당하게 회답을 천연시키면서, 한편으로는 수륙의 군비를 충실히 하여 그 대병은 이미 한국의 국경을 압도했다. 제국 정부는 실로 충심으로 평화를 절실히 염원하기 때문에 은인자중하며 오늘에 이르렀지만, 러시아의 행동 때문에 결국 제국 정부는 타협의 희망을 잃고, 담판을 단절하지 않을 수 없게 되었다."[71]

타이밍도 그렇고 내용도 그렇고, 기발한 퍼포먼스였다.

서울

하야시 공사는 황제에게 알현을 요청했지만, 고종은 저녁 무렵 참정(參政)인 심상훈(沈相薰)을 통해서, 가능한 한 빨리 알현이 실현될 수 있도록 하겠다는 사실상의 거부 회답을 보내왔다. 초조해진 하야시는 문서를 작성, 날인해 심상훈에게 건넸다. 다음과 같은 내용의 문서였다.

"대일본 정부의 취의(趣意)는 대한국 대황제 폐하와 국토를 보호하고 그 독립을 영구히 유지하기 위해서 이번 의거에 나서는 것이므로, 만일 폐하로 하여금 잡다한 이야기를 무겁게 믿도록 해 다른 공관으로 파천케 하는 일이 있다면 종묘사직과 황실을 보전하기 어려울 것입니다. 외신(外臣)의 보장을 믿으시며 반드시 경솔하게 동요하시지 말고…… 일본 병사가 입성하더라도 인민에게 해를 끼치는 일 없이 궁궐을 모독하지 않을 것을 보장합니다."

하야시는 오후 11시 반, 사전에 허가를 얻지 않고 행한 이 통고를 허가해달라고 요청하는 전보를 도쿄로 보냈다.[72]

뤼순

도고 사령관이 이끄는 일본의 연합함대 주력은 2월 8일 오후 5시에 뤼순항 바깥 동쪽 44해리에 있는 위안다오(圓島) 부근에 도착했다. 거기서 곧바로 제1, 제2, 제3구축대의 구축함들이 뤼순을 향해 발진했다. 제4구축대는 다롄으로 향했다.

이때 뤼순항 밖의 외부 정박지에 뤼순항 소속 러시아의 전 함선이 정박해 있었다. 전함 7척, 순양함 6척이 4열로 줄지어 닻을 내리고 있었다. 거의 모두가 어뢰를 막는 그물을 치고 있지 않았다. 이날 밤 함대 사령관 스타르크의 부인 마리야의 '이름의 날' 축하 행사가 있었다. 장교들이 파티와 춤을 즐겼다는 이야기가 널리 퍼져 전해지고 있지만,[73] 사실은 그렇지 않다. 나중에 3월 초 뤼순으로 온 장교 코스첸 코가 관계자들에게 청취한 결과, '이름의 날' 축하연은 낮 시간에 오 찬으로 진행되었고, 4시에는 확실히 행사가 끝났다고 회고록에 쓰 고 있다.[74] 구축함 함장 부브노프는 오후 4시에 이 축하연 자리에서 플란손에게서 "공사들이 소환되었다"는 귀띔을 받았다고 쓰고 있 다.[75] 저녁에 거의 모든 장교들이 함선으로 복귀해 있었다. 함대 사령 관 스타르크는 오후 8시에 태수의 저택에서 기함으로 복귀했다. 참 모장 비트게프트가 와서 각 함의 함장들을 회의에 소집했고, 이 회의 에서 스타르크의 보고와 태수의 결정이 낭독되었다. 방어 그물을 치 기 위한 절차도 합의되었다. 오후 11시에 회의가 끝났고, 각 함장들은 각자의 함으로 돌아갔다. 헤어질 때 비트게프트는 "전쟁은 없을 것이 다"라고 말했다고 한다.[76]

이때 일본의 구축함 10척은 이미 뤼순항 바깥에 도착해 있었다. 밤 10시 반(러시아 현지시각으로는 9시 반)경에 도착했는데, 곧바로 공격 에 나서지 않고 2시간 정도 상황 파악을 하면서 보냈다. 그때 초계 임 무를 띤 러시아의 구축함 2척이 접근했기 때문에 일본의 구축함은 일 대 혼란상황에 빠졌다. 부브노프는 초계 행동에 나서는 구축함에 "발 포하지 말라. 수상한 그림자를 보면 돌려보내라"는 명령이 내려져 있 었기 때문에, 일본의 구축함을 발견하고 곧바로 돌려보냈다고 쓰고 있다.[77] 그러나 군령부의 전사에는 러시아의 구축함이 해상에 조명등 을 비춰 보았지만 아무것도 보이지 않았기 때문에 방향을 바꿔 돌아 가기 시작했다고 쓰여 있다.

마침내 2월 8일 오후 11시 30분(일본시각으로는 9일 0시 30분), 일본 측 구축함은 뤼순항 외부 정박지의 러시아 함선들에 대해서 어뢰공 격을 개시했다. 우선 전함 '레트비잔'의 함수 좌측에 어뢰가 명중해, 심각한 손상을 입었다. 항구 안으로 피하려다가 항구의 얕은 여울에 좌초했다. 이 함선의 사망자는 5명이었다. 거의 동시에 전함 '쩨사레비치'의 함미 좌측 포탑 뒤쪽에도 어뢰가 명중했다. 이 함선도 항구의 얕은 여울에 좌초했다. 사망자는 1명이었다. 순양함 '팔라다'에는 7발의 어뢰가 발사되었는데, 그 가운데 한 발이 함의 좌측에 명중했다. 이 함선은 서쪽 해안에서 좌초했다. 사망자는 7명이었다.[78]

일본 구축함이 제2파, 제3파 공격을 시도했지만, 러시아가 포격해 격퇴했다. 공격이 끝난 것은 오전 0시 10분이었다.

페테르부르크

페테르부르크와 뤼순의 시차는 7시간이어서,[79] 뤼순 공격이 시작된 것은 페테르부르크 시각으로 8일 오후 4시 30분이었다. 물론 그 순간에 뤼순에서 벌어진 일을 페테르부르크에서 아는 자는 한 사람도 없었다. 이날 밤 8시부터 황제는 다르고미슈스키의 오페라 '루살카'를 보았다. 이것은 샬랴핀이 가장 자신 있어 하는 레퍼토리였는데, 이날 밤에도 그가 노래했다. "아주 좋았다"며 만족한 황제가 겨울궁전으로 돌아온 것은 오후 11시 조금 전이었을 것이다. 뤼순의 알렉세예프로부터 긴급 전보가 와 있었다. 일본 해군의 공격으로 뤼순의 3척이 대파되었다는 것이었다. 황제는 찬 물을 뒤집어쓴 느낌이었다. "선전포고도 없이 이럴 수가. 주여, 우리를 도와주소서."[80] 일본군이 뤼순을 공격한지 이미 6시간 내지 6시간 반이 경과해 있었다. 황제는 전보의 내용에 너무나 큰 충격을 받아서, 스스로 그 전보를 베껴 쓴 뒤에 아무런 코멘트도 달지 않고 외상에게 보냈다.

"태수에게서 다음과 같은 전보를 받았다. 즉, '1월 26일〈2월 8일〉부터 27일〈2월 9일〉에 걸친 0시 전후에 일본의 구축함이 뤼순 요새 항 바깥 투묘지에 정박해 있던 함대에게 기습적인 수뢰 공격을 가했다. 이 공격으로 전함 '레트비잔'과 '쩨사레비치', 순양함 '팔라다'가 관통 타격을 입었다. 중대함의 정도는 아직 불명하다. 상세는 대공 전하에게도 전달하겠다. 알렉세예프.' 이 전보는 내일 인쇄하라. 니콜라이."[81]

오후 10시 30분 경 쿠로파트킨 육군상은 회계검사원 총재 로프코 장군의 거소에서 비테와 만났다. 그는 비테에게서 재무성의 현지 에이전트 보고에 의하면 일본 해군이 뤼순항의 러시아 함대에 기습공격을 가해 2척의 전함과 1척의 순양함을 침몰시켰다는 것을 알게 되었다. 당황한 육군상은 서둘러 해군장관에게로 달려갔다. 그러나 12시가 되어도 아벨란 해군상에게는 어떠한 정보도 전해지지 않았다.[82] 개전의 제1보는 황제와 재무성으로 전해졌지만, 육군성과 해군성으로는 오지 않았던 것이다. 이래서야 전쟁을 할 수 있을 리가 없다.

수도의 신문사들에도 밤 사이에 전보가 도착해 일본 해군의 뤼순 공격 뉴스가 전해졌다. 『노보에 브레미야』에 제1보가 들어왔을 때, 필렌코는 주필 수보린의 방에 있었다. 전보를 읽은 수보린은 이상한 비명을 지르며 숨이 막힌 듯이 넥타이를 풀었다. 얼굴은 새파래졌고, 손을 떨면서 바닥에 주저앉았다. 뇌빈혈을 일으킨 것이다. 의식을 되찾은 수보린은 외쳤다.

"러시아는 끝났다. 러시아는 끝장이다."[83]

2월 9일(1월 27일) 화요일

도쿄

일본에서는 아직 철저한 보도관제가 계속되었다. 이날 아침 각 신문들은 마침내 3일이나 늦게 일본의 '대러 절교 통고서'를 보도했다. 하루 이틀 내에 계엄령이 포고될 것이라는 점, 대본영 개시의 준비가 끝났다는 점도 보도했다. 그리고 전날에 있었던 고무라의 기자회견을 '일, 러 교섭 전말'이라는 제목으로 전문 수록했다.

『도쿄아사히신문』 1면 톱기사는 '조선 정부의 낭패'였다. "한정(韓廷)은 주일 대리공사에게서 일·러 교섭 단절의 전보를 받고 극심한 공황상태와 낭패감에 빠졌다. 각부 대신 및 원수 등이 궁정으로 몰려들었고, 야밤이 되어도 퇴근하지 않았다"고 썼다. 궁정 내에서 세력이 있는 인물은 길영수인데, 그는 원래 "보부상의 두령"으로 진위(鎭衛) 대대장(大隊長)을 겸하고 있다. 그가 황제에게 "모국(某國) 공사관"으로 당분간 피신하는 것이 득책이라고 권했지만, 황제도 결단을 내리지 못하고 있는 모양이라면서, 황제는 평양진(鎭) 위병들에게 의지하고 있다고도 썼다. 한국 황제와 한국 정부에 대한 노골적인 모멸의식이 나타나 있다.

그리고 이날 이른 시각에 조선 특전으로 인천 해전의 모습을 보도한 호외 '개전'이 발행되었다. "러시아 함대 출항 후 곧 팔미도 앞바다에서 포성이 들렸는데, 지금도 여전히 포성이 가시지 않고 그쪽의 거류지가 진동하고 있다"고 되어 있었는데, 검열 때문에 그 결과는 감추어졌다.

뤼순

공격을 당한 후 알렉세예프가 어떤 기분이었는지를 알 수 있는 확실한 자료는 거의 없다. 외교고문 플란손의 '일기'는 신뢰도가 낮지만, 그래도 이날 아침 플란손이 알렉세예프에게서 들었다는 다음 말에서는 어느 정도 리얼리티가 느껴진다.

"보는 그대로다. 어떤 오해가, 저쪽에 있었단 말인가? 적어도 지금은 폐하께서도 그동안 속고 계셨다는 사실을 깨달으셨을 것이다. 나는 끊임없이 말해왔다. 전쟁 가능성을 직시해야 하며, 평화적인 출구를 기대하며 안심하고 있어서는 안 된다고. 만일 이 점이 처음부터 확립되어 있었다면 전쟁도 없었을 것이다. 이 꼴이라니!"[84]

오전 8시 일본의 연합함대가 뤼순으로 접근했다. 러시아 함대는 여전히 외부 정박지에 닻을 내린 상태였다. 우선 제1전대의 순양함 4척이 동태를 살피러 나아갔다. 이를 발견한 러시아 순양함 '아스콜드'와 '바얀'이 공격에 나서자, 일본은 곧 물러섰다. 전투가 가까워지고 있는 것처럼 보였을 때, 태수 알렉세예프는 갑자기 상황 보고를 받고 싶다면서 함대사령관 스타르크를 지상으로 소환했다. 이는 너무나도 멍청한 짓이었다. 스타르크는 거의 1시간이 지난 뒤에야 일본군 포탄이 만든 물보라 속을 지나 기함으로 돌아왔다. 일본은 다음으로 제2전대의 순양함 5척을 투입했다. 러시아 함대는 닻을 올리고 전투태세에 돌입했다. 전날 대파된 전함 '레트비잔'과 '쩨사레비치'도 포격에 가담했고, 요새의 대포들도 11시 반부터 포격을 개시했다. 이어서 일본은 제3전대를 내보냈다. 러시아의 순양함도 과감하게 싸웠다. 폰-에센이 함장인 '노비크'가 흘수선 아래쪽에 포탄을 맞았고 1명이 사망했다. 비렌이 함장인 '바얀'은 10발의 포탄을 맞고 사망자 4명, 빈사의 중상자 2명, 부상 수병 35명이 발생했다. 그람마치코프가 함장인 '아스콜드'는 6발을 맞고 4명이 사망, 10명이 부상했다. 일본 쪽 기함 '미카사'도 포탄을 맞았고, 함대 전체의 사망자는 5명, 부상자는 28명이었다.[85]

인천

인천에 상륙한 일본군 부대는 2월 9일(1월 27일) 아침 인천역을 점거하고, 철도를 이용해 서울로 이동하기 시작했다. 우류 사령관은 이날 아침, 인천에 정박한 각국 함선의 함장들에게 일·러 사이의 적대 관계로 인해 항구 안에 있는 러시아 함선이 오늘 정오까지 출항하지 않으면 공격할 수밖에 없다, 전투에 말려들지 않도록 대피하라, 전투는 오늘 오후 4시까지는 시작하지 않을 것이다, 라는 통지문을 보냈다. 이 통지가 '바랴그'의 함장에게 전해졌다. 프랑스, 영국, 이탈리아 함장들은 '바랴그'호의 함장과 함께 영국 함선 '탈보트'호 위에서 오전 9시부터 협의를 시작했다. 일본의 통고가 부당하다는 데 의견이 일치했고, 공동 항의문을 내기로 결정했다. 9시 반에는 우류 사령관의 통고가 '바랴그' 함장에게 도달했다. 루드네프 함장은 귀함하자마자 사관들을 집합시켜, 항구 밖으로 나가서 돌파를 모색하자는 데 합의했다.

오전 11시 30분 순양함 '바랴그'와 포함 '코레예츠'는 마침내 닻을 올리고 항구 밖으로 나갔다. 우류 전대의 모든 함선과 기함 '나니와'를 비롯한 순양함 6척 등은 만반의 준비를 하고 기다리고 있었다. 우류 사령관이 항복을 요구하는 신호를 보냈지만, 러시아는 거절했다. 11시 45분 '아사마'가 포격을 개시하면서 전투상태가 되었다. 잇달아 포탄을 맞고 치명적인 손상을 입은 러시아의 두 함선은 항구 안으로 도주했고, 포격은 멎었다. 12시 45분이었다. '바랴그'의 손해는 사망 30명, 중상 85명, 경상 100명이었다. '코레예츠'에 인적 손상은 없었지만, 함선 자체가 손상되어 더 이상 전투를 수행할 수 없었다.

'바랴그'의 함장 루드네프, '코레예츠'의 함장 벨랴예프는 사관회의를 소집한 뒤, 자폭 퇴함키로 결정했다. 그러나 두 함선의 승조원을 수용해주기로 한 영국함 함장의 요청으로 '바랴그'는 자폭은 피할 수 있었고, 오후 6시 10분 마침내 침몰했다. '코레예츠'는 이보다 앞서 오후 4시에 자폭했다.[86]

서울

서울에는 일본군 부대가 속속 도착해 시내 각지를 제압하기 시작했다. 오전 중 인천에서 벌어진 해전의 포성이 서울까지 들렸다. 러시아 공사관 내의 성당에서는 대사제 흐리산프의 집전으로 기도회가 열렸다. 파블로프 공사를 비롯해 서울 거주 러시아인들이 모였다. 공사관 경비담당 수병들도 눈물을 흘리며 기도했다. 흐리산프는 말했다. "이리하여, 형제들이여, 전쟁의 주사위는 던져졌습니다. 여러분에게 포성의 굉음이 들릴 것입니다. 저 편에서는 우리의 형제들이 포격을 당하고 있습니다. 우리의 사랑하는 군주는 평화 유지에 전력을 다하셨습니다만, 우리의 적은 이를 원하지 않는 것이 분명하며, 야만스럽게도, 무도하게도 우리 함선을 공격했습니다. 우리의 신이신 주님께 기도합니다. 주께서…… 우리의 용감한 장병들을 지켜주시고, 승리를 내려주시고, 이 눈멀고 오만한 무리들을 우리의 강력하신 군주의 발 아래 굴복시켜 주시기를."[87]

이때 하야시 공사와 주재 무관 이지치 고스케(伊地知幸介) 소장은 고종을 배알하고 있었다. 두 사람은 "일·러 사이의 외교관계가 단절에 이르게 된 경과를 설명하고, 제국 정부는 러시아의 침박을 받는 한국의 지위를 우선적으로 회복하기 위해 어쩔 수 없이 한국에 출병했지만, 한국의 황실과 신민에 대해서 아무런 행동도 취하지 않을 것임을 되풀이해 아뢰"었다. 그리고 하야시는 태연하게 "풍설에는 폐하께서 타 공관으로 파천하실 의사가 있다는데 사실인가?" 물었다. 이 무례한 질문에 대해서 고종은, "제국 정부가 어쩔 수 없이 금일의 행동을 취하기에 이른 것을 충분히 이해하며, 또한 금일의 경우는 29년의 경우와 달리 타관으로 파천하는 등의 염려는 다시없을 것이라는 뜻"으로 답했다. 이에 하야시는 마지막으로 "일·한 동맹의 수정 체결"에 관해서 고종의 의향을 물었다. 고종은 "나 자신 역시 그런 희망을 품고 있지만, 목하의 상황에서는 더욱이 표면상 각국에 편파적이지 않은 교제를 할 필요가 있으므로, 동맹 체약의 건은 숙고해 보겠다"

고 답했다.

회견 뒤에 하야시는 동맹 체결의 가능성이 있다고 보고 낙관적인 보고서를 외무성으로 보냈지만,[88] 이지치는 고종의 말이 외교사령에 지나지 않는다고 보고, "한왕의 언어태도에 충심으로 일본을 신뢰하는 뜻이 없음을 알게 되었고, 완전히 왕을 폐하고 한국을 우리 영토로 삼든지, 적어도 군사, 외교, 재정의 세 분야를 장악해 보호의 열매를 거둘 준비가 필요하다"고 구신했다.[89]

고종의 심정에 대한 이해라는 점에서는 하야시보다 이지치 쪽이 정확했다. 고종은 말로는 하야시의 의견에 따를 것처럼 했지만, 마음은 일본에 대한 분노를 표하고 있었다. 이지치는 그것을 간취했던 것이다.

페테르부르크

뤼순항 밖에서 벌어진 일본 해군의 공격 뉴스는 제때 전해지지 않아서, 각 신문들은 이 소식을 일절 싣지 않았다. 『노보에 브레미야』의 외신 난은 뤼순 발 기사로 "수일 전 한국 정부는 러·일이 전쟁을 할 경우에는 엄정 중립을 지키겠다고 각국에 통고했다. 각국은 한국 정부의 조치를 시인했다. 일본이 이유 없이 중립을 깼기 때문에, 서울에 도착한 포 12문과 보병 수 개 중대를 소환하지 않으면 안 될 것으로 보인다"는 기사를 실었다. 논설에는 '조선의 독립'이라는 제목이 붙어 있었다. 조선의 독립이 잊어서는 안 될 기본 문제라는 것이었다. 일본인들은 "이 본질적으로 단순한 문제를 이리도 길게, 이리도 체계적으로 혼란시켜 왔다." 러시아는 일본에게 조선에서의 특권적 지위를 인정해왔지만, "모든 점에서 조선이 독립국가로서 유지된다는 것이 상정되어 있었다. 조선의 독립은 모든 교섭의 기본 전제로 상정되어 있었다." 경제적 종속이 정치적 독립에 영향을 주는 것은 당연하다. 그러나 상공업적인 정복에 더해서 반도의 연안 전 지역에 일본의 요새가 수도 없이 만들어진다면 '독립'은 있을 수 없다. "서울의 왕은 도움이 되지 않는 일본의 속주의 지사가 되어 버릴" 것이다.[90]

『관보』에는 러일교섭의 경과에 관한 '정부 발표'가 게재되었다. 그 내용은 다음과 같다. 작년 8월부터 시작된 러·일 간 교섭은 "우호적인 성격을 지니고 있었지만, 일본의 사회단체와 내외 언론기관들은 모든 수단을 동원해 일본인들 사이에 호전적인 흥분상태를 불러일으켰고, 러시아와 군사전투를 치르는 쪽으로 정부를 몰아 세웠다. 그러한 분위기의 영향을 받은 도쿄의 내각은 교섭에서 점차 욕심을 부리게 되었고, 동시에 나라를 전투태세에 두기 위해서 대대적인 방책을 강구했던 것이다."

러시아는 교섭에서, 조선반도에서 일본의 상공업상 우월적 지위를 인정하고, 소요 발생 시에는 일본이 군사력으로 그것을 지킬 권리가 있다고도 했다. 원래 조선의 독립과 영토보전은 기본 원칙이며, 러시아는 일본이 조선의 어떤 부분도 전략적 목적으로 사용하지 않을 것, 조선해협의 항행의 자유를 보장할 것을 요구했다. 그러나 일본은 이러한 내용의 러시아안을 거부하고, "조선의 독립을 보장한다는 조건을 수용하기를 거부했다." 뿐만 아니라 만주문제를 협정에 넣을 것을 요구했다. "그러한 요구는 허용할 수 없다." 만주문제는 청국의 문제이며, 모든 열강의 문제라서 조선문제에 관한 러·일 협정에 넣을 수 없다. 러시아는 만주를 점령했지만, 청조 정부의 "최고 권력"도 열강이 획득한 이권도 인정해 마지 않았다.

일본 정부는 러시아의 회답을 기다리지 않고 교섭 단절, 외교관계 단절을 결정했다. 책임은 일본 정부에 있다. "제국 정부는 사태의 전개를 기다렸다가 필요하다면 즉시 극동의 자국 권리와 이익을 지키기 위해서 무엇보다도 결연한 조치를 취할 것이다."[91]

이것은 고무라가 8일 저녁 기자들에게 발표한 것에 대한 반론이
었다.

오전 9시 뤼순에서의 전투 개시를 알리는 알렉세예프의 전보를 인
쇄한 호외가 발행되어 거리에 뿌려졌다.[92]

니콜라이 2세는 오전 중에 뤼순에서 들어오는 속보를 받았다. '폴
타바' '디아나' '아스콜드' '노비크'도 경미하지만 손상을 입었다고
쓰여 있었다.[93]

이렇게 된 바에야 어쩔 수 없다. 니콜라이 2세는 이날 2월 9일(1월
27일), 일본과의 전쟁을 결단했다. 쿠로파트킨의 일기에는 이렇게 기
록되어 있다.

"27일〈2월 9일〉 상주할 때, 폐하께서는 핼쑥했지만 안정되어 계셨
다. 사하로프도 동석했다. 서남 방면군(方面軍)에 관해서 상주했다. 나
의 제안은 모두 승인되었다. 사하로프가 물러간 뒤에 폐하께서는 수
취하신 정보의 상세를 내게 알려 주셨다. 일본의 행위에는 격분하셨
다."[94]

일본의 기습공격을 받은 그날, 전쟁을 결단하면서도 황제는 육해
군 장관, 참모총장, 군령부장 등과의 협의회를 소집하지도 않았다. 내
각이 존재하지 않았기 때문에 각의가 열릴 것도 없었다. 육군장관 쿠
로파트킨은 마치 아무 일도 없었던 것처럼 오스트리아 국경의 서남
방면군 문제에 관해서 상주했다. 이어서 쿠로파트킨은 만주군 사령
관 후보자로 리네비치를 비롯해 자기 자신도 포함된 11명의 장군 명
단을 제출했다. 선전의 조서에 관해서 쿠로파트킨과 논의하지도 않
았다. 선전포고는 외무장관 람스도르프와 협의하여, 그에게 준비하
도록 했다.

이날 오후 4시, 겨울궁전 안의 성당으로 황제가 행차해, 승전을 기
원하는 기도회가 열렸다. 성당을 나와 거실로 돌아가는 황제에게 "만

세"의 함성이 울려 퍼졌다. "전체적으로 어디서나 한마음으로 고양된 사기가 발현하고 있음에 감동했으며, 일본인의 야만성에 대해 격분하고 있음을 느꼈다." 황제는 이날의 일기에 그렇게 썼다.[95]

비테는 회고록에 "이날의 기도는 무언가 음습한 기운이 내리 누르고 있었다는 의미에서 상당히 비통한 것이었다"고 쓰고, 황제가 거실로 돌아가는 도중에 어떤 장군이 만세를 외쳤지만 이를 따라 외친 자는 몇 명에 불과했다고 썼는데,[96] 이는 분명 과장이었다.

외무성은 선전포고 조서의 초고를 작성했다. 이날 날짜로 외상이 이 안을 황제에게 보낸 편지가 알려져 있다. 황제는 "동의한다"고 한마디 적어 넣어 돌려보냈다.[97]

2월 10일(1월 28일) 수요일

도쿄

신문들은 또 다시 인천의 해전 기사밖에 보도하지 않았다. 『도쿄아사히신문』의 논설 제목은 '거국일치의 혁노(赫怒)'였다. 고무라 외상의 일·러 교섭 경과 발표를 수용하여 정부의 교섭을 지지하고, "평화적으로 우의(友誼)를 가지고, 문명적으로 성인(聖人)의 자세로 러시아와 타협한다는 희망은 이제 실로 사라졌다"는 것이었다. 논설의 내용은 거의 다 만주에 관한 것이었다.

'한국중립의 무효'라는 기사는 매우 노골적이었다. "도대체 중립을 지킬 만한 실력도 없으면서 중립을 선언해 봐야 아무런 효력도 없는 것"이 당연하다면서, "만일 전쟁 중인 국가들 중 어느 한쪽의 군대가 그 영토 안으로 들어와도 이것을 막을 수 없다면 그와 동시에 이미 그 나라의 중립은 무효가 된 것"이며, "한국은 현재 이러한 사정 하에 있는 것"이라고 선언했다. 하물며 한국은 "그 나라 자신이 일·러 쟁의의 목적물이 되어 있기" 때문에 한국이 택하는 것은 그것이 일본에 붙는 것이든 아니면 러시아에 붙는 것이든 어차피 "매한가지"이다. "금후의 방향은 대체로 일본과 동맹을 맺어 러시아에 대항하는 형세가 될 것이라 한다." 이것은 완전히 도둑질을 하다 들키자 강도로 돌변한 자의 논리다.

이날 낮에 '뤼순해전 대첩'의 호외가 나왔다. 이 호외를 보고 각 단체에서 50명씩, 100명과 해군성, 외무성을 방문해 축하의 뜻을 표했다. 해군성에서는 처음에는 야마모토 해군상이 인사했다. 긴자(銀座)의 상점들은 조명을 밝히고 축하 분위기 일색이었다. 저녁 무렵 게이오대학(慶應義塾)의 학생 2,000여 명이 횃불을 들고 행진했다. 음악대를 배치해 우에노공원에서부터 해군성 문앞을 지나 히비야공원으로 들어가는 행진이었다. 요코하마에서도 1,000명이 횃불행진을 했다. 현(縣)청사와 영국영사관 앞에서 만세의 함성이 드높았다. 요코스카(橫須賀)에서는 2,500명의 수병들이 해군군악대가 선도하는 가운데 군가를 부르며 시내로 행진했다.[98]

모두가 대러 전쟁의 승리에 열광하는 가운데, 몸을 둘 곳이 없다는 생각을 한 사람들은 러시아 공사관 직원들과 정교회 사람들이었다. 이날 주재 무관들, 즉 루신과 사모일로프는 니콜라이 주교에게 작별인사를 하러 왔다. 사모일로프가 우울한 표정으로, "나의 의견을 듣지 않았기 때문이오. 지금에 와서는 우리가 이길 수 있을지 어떨지 모르겠소"라고 말했다고 니콜라이 주교는 일기에 썼다. 공통 화제는 러시아의 주일 해군 무관을 도왔던 통역 다카하시 몬사쿠의 체포였다.[99] 그는 1월 22일에 체포되었다. 그리고리 다카하시[몬사쿠]가 스파이, 즉 러시아 밀정이라는 혐의로 체포된 것은, 일본의 정교회 전체에 불안감을 안겨주었다. 니콜라이 주교는 로젠 공사에게서 귀국하라는 강력한 권고를 받았지만, 일본의 정교도들을 위해서 일본에 남겠다고 했던 것이다. 그러나 러시아와의 전쟁으로 격앙된 일본의 여론 속에서 앞날은 밝지 않았다.

서울

일본군 2개 대대가 점령한 서울에서는 러시아 외교사절의 추방이 시작되었다. 일본 정부는 이미 8일에 공사 하야시 곤스케에게 일본군이 입경하면 러시아 공사와 호위병의 철수를 요구하라는 훈령을 보내놓았고,[100] 하야시 공사는 이 요구를 영국 공사를 통해서 전할 작정으로 그와 교섭하고 있었다. 그런데 10일이 되자 프랑스 공사가 파블로프 공사의 부탁으로 하야시 공사를 찾아왔다. 프랑스 공사는 파블로프가 내일이라도 퇴거해 프랑스 군함으로 즈푸로 갈 예정이라고 말했다.[101] 즉 일본의 요구가 전달되기도 전에 러시아 공사는 서울 철수를 생각하고 있었던 것이다. 10일 저녁, 프랑스 공사는 파블로프가 일본의 요구를 받아들여 한국을 떠나는 데 동의했다고 전해왔다.[102]

페테르부르크

『관보』는 선전의 조서를 1면 톱으로 크게 발표했다. 조서는 사안의 경과를 그대로 기술한 것이었다.

전(全) 러시아의 황제이자 독재군주인 짐 니콜라이 2세는 짐의 충량한 모든 신민에게 선언한다.

짐의 생각으로는 매우 소중한 그러한 평화를 유지하는 데 마음을 쓰면서, 짐은 극동의 평정을 강고하게 하기 위해 전력을 다했다. 이 평화애호의 목적을 위해서 짐은 일본 정부가 제안한 한국문제에 관해서 양 제국 사이에 존재하는 협정을 재검토하는 데 동의를 부여했다. 그러나 이 문제에 관해서 열린 교섭이 끝나지도 않았는데, 일본 정부는 짐의 정부의 마지막 회답 제안이 도착하는 것조차도 기다리지 않고, 교섭의 단절과 러시아와의 외교관계의 단절을 통고해왔다.

그와 같은 교섭의 중단이 군사행동의 개시를 의미한다고 예고하지도 않고, 일본 정부는 자국의 수뢰정에 대해서 뤼순 요새의 외부 정박지에 정박 중인 짐의 함대에 기습공격을 단행하라는 명령을 내렸다.

짐은 이에 관한 짐의 극동태수의 보고를 접하고 즉각 일본의 도전에 대해서 군사력으로 답하라고 명령했다. 짐의 그러한 결의를 선언함에 있어서 짐은 흔들림 없이 신의 조력을 확신하며, 짐의 충량한 신민 모두가 짐과 함께 일치해 조국의 방위를 위해 일어설 각오를 다질 것을 기대하면서, 짐의 용감한 육해군에 대한 신의 가호를 호소하는 바이다.

서기 1904년, 치세 10년 1월 27일

상트페테르부르크

니콜라이[103]

그러나 일반 신문에는 아직 선전포고가 실리지 않았다. 각 신문들은 알렉세예프의 전보를 1면 톱으로 싣고, 이어서 전날의 '정부 발표'를 실었다.[104]

『노보에 브레미야』는 수보린의 칼럼을 실었다. 수보린은 "얼마나 무서운 하루였던가! 내 인생에 이런 날을 경험한 적이 없다. 드디어 전쟁이다. 진짜 아시아인들과의, 이교도들과의 무자비한, 어두운, 피 흘리는 전쟁이다"로 칼럼을 시작했다. "저들에게는 다른 윤리, 다른 준칙, 다른 외교가 있는 것이다. 유럽의 역사가 만들어 낸 것들? 똥이나 처먹어라. 모든 고결함, 선전포고를 기다리는 것? 모두 똥이나 처먹으라는 것이다. 선전포고 전에 결정적인 일격을 가했다. ……모든 것이 준비되어 있었고, 진지를 차지하고, 페테르부르크에서 대표를 불러들이고, 어둠 속에서 단도로 찌르듯이 일격을 가한 것이다."[105]

낮 시간 동안에는 선전포고 조서가 곳곳에서 낭독되었다. 모스크바에서는 시회(市會)의 임시회의에서 낭독되었고, 뿐만 아니라 우스펜스키 성당의 기도회에서도 낭독되었다.[106]

일본이 "배신적인 공격"을 했다고 격분한 우익 평론가 티호미로프는 선전의 조서에 관해 쓴 일기에 "박력이 없고 생명의 숨결이 없으며, 감정이나 존엄의 불꽃도 없다"고 혹평했지만,[107] 그야말로 완전히 평정심을 유지한 조서였다.

쿠로파트킨은 시베리아군관구와 카잔군관구의 다섯 개 군(郡)에 동원령을 내릴 수 있어서, 이를 위해 황제의 서명을 받았다. 황제는 알렉세예프를 총사령관으로 한다는 칙령을 발표했다. 육군 사령관에는 잠정적으로 리네비치를 임명했다. "황제는 몹시 망설이고 계셨다. 류보비쯔키가 적절하지 않을까 하고 물으셨기에, 그는 비척비척하기 시작하고 있습니다, 라고 대답했다." 쿠로파트킨은 알렉세예프 대신 자기를 총사령관으로 임명하는 것이 좋겠다는 목소리가 이즈음부터 여러 곳에서 일고 있었다는 것을 일기에 적어 두고 있다.[108]

이날 일본 공사 구리노 신이치로와 공사관 직원들이 러시아에서 퇴거했다. 바르샤바 역에서 기차를 타고 베를린으로 떠난 것이다. 러시아 측에서는 아무도 환송하지 않았던 모양이다. 사람들은 일본공사관 직원들에게 무관심했다. 신문도 이 퇴거 소식을 보도하지 않았다.[109] 공사관원 중에는 주재 무관 아카시 모토지로(明石元二郎)가 있었다. 아카시는 분기탱천해 있었다. 개전에 즈음한 그의 심경은 다음의 한시(漢詩)에 나타나 있다.[110]

야심한 밤 성 안에서 닭의 울음소리를 듣고,

베개를 걷어차고 창가에서 달빛을 마주하다.

생각은 이어지네, 압록강 군영 안의 꿈으로.

분명 한 자루의 칼은 긴 고래를 베다.

뤼순

알렉세예프는 황제에게 조선 영토 내에 기병을 침입시킬 것에 대한 허가를 요청했다.

"연락이 두절되고 군사행동이 개시되었기 때문에, 그리고 조선에서의 정보가 완전히 결여되어 있기 때문에, 일본군이 조선에 상륙해 사실상 이 국가의 중립성을 침범했다는 것은 의심의 여지가 없는 것으로 보아야 한다는 것을 보고 드립니다. 따라서 정찰을 위해서 압록강 좌안〈조선 쪽〉에 가능한 한 깊숙이 기병부대를 전전시키고, 또 두만강 우안의 조선 북부에서 정찰을 실시하는 것이 전적으로 필요하다고 생각합니다."[111]

이러한 것까지도 황제의 승인을 요청해야 한다는 것은 치명적이다. 황제의 승인은 신속하게 떨어졌을 것이다. 이것은 정찰행동의 명령이었고, 작전행동을 위한 진출은 아니었다.

도쿄

이날 저녁, 일본 정부도 선전의 조칙을 공표했다. 이것은 심야에 『관보』의 호외로 시중에 배포되었다.

"짐은 여기에 러시아에 대하여 전쟁을 선포하노라. 짐의 육해군은 부디 전력을 다해 러시아와 교전에 종사해야 할 것이며, 짐의 모든 신료와 관리들은 각각 그 직무에 따라 그 권능에 잘 부응하여 국가의 목적을 달성하는 데 노력해야 할 것이다."

"제국이 한국의 보전에 중점을 두어온 것은 하루이틀의 이야기가 아니다. 이것은 양국의 여러 세대에 걸친 관계에서 비롯된 것일 뿐만 아니라, 한국의 존망은 실로 제국의 안위와 관련된 것이기도 하다. 그런데도 러시아는 청국과의 명백한 조약 및 여러 나라가 누차 선언했는데도 여전히 만주를 점거하고 있으며, 점점 그 지보(地步)를 공고히 해, 마침내 이를 병탄하려고 한다. 만일 만주가 러시아의 영유가 되어버린다면 한국을 보전할 수 없으며, 극동의 평화 역시 애초부터 바랄 수가 없다. 따라서 짐은 이러한 사태에 임하여 간절하게 타협함으로써 시국을 해결하고, 그렇게 함으로써 평화를 항구적으로 유지할 것을 기대하면서, 관리들로 하여금 러시아에 제안토록 하여 반년이라는 긴 시간에 걸쳐 누차 절충을 거듭해왔지만, 러시아는 조금도 양보하지 않았다. 오래 끌고 시간만 보내면서 쓸 데 없이 시국의 해결을 천연시키고, 양으로는 평화를 창도하면서 음으로는 해륙의 군비를 증대함으로써 우리를 굴종시키려고 했다. 무릇 러시아에 처음부터 평화를 애호하는 성의가 있었는지 추호도 인정할 이유가 없다. 러시아는 이미 제국의 제안을 거부하고, 한국의 안전은 이제 다시 위급하게 되었으며, 제국의 국익은 침박(侵迫) 당하려 하고 있다. 사태가 이미 이에 이르러 제국이 평화 교섭으로 추구하고자 했던 장래의 보장은 이제 싸움터에서 이를 구할 수밖에 없게 되었다. 짐은 그대들의 충성과 무용(武勇)에 의지해 신속하게 평화를 영원히 극복함으로써 제국의 광영을 보전할 것을 기대하노라."[112]

"한국의 보전" 또는 "안전"이라는 말이 세 차례 사용되었고, "한국의 존망"도 더해지면 네 차례가 된다. 일본은 한국을 위해서, 한국을 지키기 위해서 러시아와 전쟁한다고 강조하고 있었다. 그러나 이 조칙은 일본의 진의를 은폐하고 있었다. 시작된 전쟁은, 중립을 선언하고 러시아에 도움을 요청하는 황제를 가진 한국을 일본의 보호국으로 하겠다는 것을 러시아가 인정하게끔 하기 위한 전쟁, "제국의 국익"을 위해서 "한국의 보전", "한국의 존망"을 위협하고 마침내는 한국을 일본의 보호국으로 삼기 위한 전쟁이었다. 그런 의미에서 이 선전의 조칙은 일본의 전쟁 목적을 위장하는 문서였다.

일본은 이 조칙을 영어로 번역해 각국 정부에 송부했다. 청조 정부에게도 보냈다.[113] 한국 정부에 대해서는 선전포고를 보여줄 필요조차 없다고 생각했는지 보내지 않았다.[114]

2월 11일(1월 29일) 목요일

도쿄

각 신문들은 선전의 조칙을 보도했다. 그와 함께 전 지면이 '뤼순 대해전 실황' '뤼순 해전 공보(公報)' '러시아의 패전 공보' '인천 해전 공보' 등으로 가득 찼다. 『도쿄아사히신문』은 1면에도 그리고 2면에도 '기미가요'(君が代)의 가사를 실었다.

이날은 기원절(紀元節)이어서, 오전 11시 50분부터 황거(皇居)의 호메이전(豊明殿)에서 이토, 야마가타, 오야마 등의 원로들, 가쓰라와 고무라 등 대신들, 노즈(野津), 구로키(黑木), 오쿠(奧), 고다마(児玉), 노기(乃木) 등의 장군들, 황족, 화족, 각국 공사들 521명을 초대하여 연회를 베풀었다. 천황은 "불행하게도 바야흐로 한 이웃나라와 교제를 단절해야 하는 상황이 되어 깊이 유감스럽다"는 구절을 포함한 칙어를 낭독했다. 가쓰라 수상도 봉답(奉答)을 통해 같은 말을 되풀이했다.[115]

이날에는 로젠 공사 이하 러시아 공사관 직원들이 퇴거했다. 오전 중에 로젠의 친구가 그를 방문해 이토 히로부미의 편지를 전달했다. 거기에는 공인으로서 자신의 처지 때문에 작별인사를 위해 방문할 수 없음을 유감으로 생각한다, 내가 마지막 순간까지 평화를 위해 노력했다는 점을 알아 달라, 가까운 장래에 다시 우정이 되살아나기를 기대한다고 쓰여 있었다. 또 도쿄에 거주하는 에노모토 다케아키 전 러시아 공사가 작별인사를 위해 찾아왔다. 오후 9시가 되기 전에 로젠은 가족과 함께 가스미가세키(霞ヶ関)의 공사관을 출발, 신바시(新橋)역에서 기차를 타고 요코하마로 떠났다. 신바시역에는 각국 공사, 다나카 궁내상(宮內相) 부부, 진다(珍田) 외무차관, 이시모토(石本) 육군차관이 환송하러 나왔다. 일행은 요코하마에서 프랑스 기선으로 갈아타고 상하이로 떠났다.[116]

서울

『황성신문』은 1월 26일부터 재정상태 때문에 정간(停刊)하고 있었는데, 이날 다시 발행을 시작했다. 그동안의 뉴스로서, 2월 9일의 하야시 공사, 이지치 소장의 황제 알현을 보도했다. 그리고 인천의 전투 모습을 '일·러 전첩(戰捷)'이라는 제목으로 보도했다.

이날 농상공부 고문관 가토 마스오와 오미와 조베에가 각각 고종을 배알했다. 가토는 "오로지 일·러 개전에 이르게 된 전말"을 설명하고, "중립선언이 시국에 아무런 영향을 주지 못한 사정"에 관해서 말했다. 가토는 중립선언은 사태와 아무런 관계도 없다고 잘라 말했던 것이다. 오미와는 내정개혁에 관해서 이야기한 뒤에, '일·한 동맹 체결'이 필요하다면서 중립선언을 비판했던 모양이다. 이에 대해서 고종은 "각국에 중립의 통첩이라도 할 때에는 일·러 개전 시 양국의 병사들이 한국에 들어오는 것을 막을 수 있다고 깊이 믿었지만, 그 효과가 없었다"고 말했다. 동석해 있던 이용익이 부단히 중립론을 옹호하면서, 또 오미와도 수년 전에는 중립론을 제창했던 적이 있지 않느냐고 힐문하면서 오미와와 언쟁이 벌어졌다. 오미와는, 이용익이 "중립론의 주동자이고 또 옹호자로서" 고종을 그르친 존재라고 인식하게 되었다.[117]

하야시 공사는 선전의 조칙을 한국어로 번역할 테니, 일본어 전보로 보내라고 본성에 타전했다.[118]

페테르부르크

각 신문들은 선전의 조서를 보도했다. 『노보에 브레미야』는 사설에서 "뤼순의 외묘지(外錨地)에 있던 우리 함대에 대한 공격은 선전포고 없이 행해졌다. 따라서 국제적 예절의 관점에서 보면 완전히 적절했다고는 할 수 없다"고 썼다.[119] 나아가 '러시아 함선의 손상' '조선' 등의 기사가 이어졌다. 이날 황제는 알렉세예프를 극동육해군 최고사령관으로 임명했다.[120]

쓰가루해협

블라디보스토크 항을 본거지로 하는 러시아의 순양함 4척('바가티리' '류리크' '그로모보이' '러시아')이 쓰가루해협(津軽海峡) 방면으로 진출해, 오후 1시 사카타(酒田)에서 오타루(小樽)로 향하는 상선 젠쇼마루(全勝丸), 나고우라마루(奈古浦丸)를 아오모리(青森)현 헤나시자키(艫作崎) 앞바다에서 포착하고 포격을 가했다. 나고우라마루의 선원과 승조원은 러시아 함에 수용되었고, 선체는 침몰했다. 젠쇼마루도 포탄을 맞았지만, 이를 피해서 오후 8시 오시마노쿠니(渡島国) 후쿠시마(福島)에 입항했다.[121]

다롄만

다롄만에 기뢰를 부설하고 있던 기뢰수송함 '예니세이'가 스스로

부설한 기뢰에 부딪쳐 폭발, 침몰했다. 니콜라이 2세는 일기에 이렇게 썼다. "함장 스체파노프 중령, 3명의 사관, 수병 92명이 죽었다. 무서운 일이다."[122]

2월 12일(1월 30일) 금요일

서울

『황성신문』은 논설 '우리 한(韓)의 입장에서 러·일 관계를 논함'을 게재했다. 일·러는 "모두 우리의 우방"인데도, "무기를 들고 서로 대치하게" 된 것은 "두 나라의 불행"일 뿐만 아니라 "우방의 불행"이기도 하다. 그러나 교전의 이유는 우리나라와 관계되어 있다. 힘이 있으면 일본보다 먼저 우리나라가 러시아와 개전했어야 했다. "만한교환의 설을 제창한 것은 러시아다. 한국 분할론을 감히 꺼낸 것은 러시아다. 우리 대한은 당당한 독립 제국이다. 교환이라든지 분할이라든지 하는 설들은 얼마나 무례한 모욕인가?" 한국은 "일·청 양국과 연합 동맹하고, 힘을 모아 어깨를 나란히 하고 용기를 북돋아 전진하여, 시베리아철도를 부수고 우랄 저 너머까지 쫓아내야만 우리가 동양의 대국(大局)을 보전할 수 있는 것이다." 그런데도 러시아에 의지하려는 움직임이 있었는데, 그것은 "모기가 귀찮다고 범과 이리의 입 속으로 스스로 뛰어드는" 격이었다. 이제 일·러가 개전한 이상 여전히 "머뭇거리면서 관망하고, 어정거리면서 눈치만 봐서"는 안 된다. 일본에 붙어서 러시아와 싸워야 한다는 주장이었다.

일본에 대한 환상과 러시아에 대한 반감이 이 신문 기자들이 사태를 제대로 인식하는 것을 제약해왔다. 그건 그렇다 치더라도 아무튼 일본군에게 점령당한 상황에서 그들이 보여준 인식은 너무나도 혼란

스럽고 비극적인 것이었다.[123]

이날 파블로프 공사가 서울을 떠났다. 출발에 앞서 그는, 상황에 쫓겨 "일시 출국"한다, 러시아의 이익을 옹호하는 일은 프랑스 공사에게 위임할 것이다, 라고 한국 정부에 통고했다.[124] 파블로프는 오전 9시 25분, 공사관 직원들, 공사관을 경비하는 육전대원들과 함께 임시열차 편으로 서울을 출발했다. 이 당시 파블로프의 옆에 선 젊은 부인에 관해서 냉소적인 보고가 많았다. 그녀는 미국에서 결혼해 남편을 따라 막 서울에 왔던 사람이었고, 실은 파블로프의 청국 주재 시절의 상사였던 카시니의 조카였다. 한국 궁정에 힘을 지녔던 러시아 공사의 비참한 퇴장을 묘사하기 위해 젊은 처에 대한 비아냥거림이 장식물로 이용되었던 것이다. 이때 한국 정부의 요인들 가운데 누구 한 사람 환송식에 나갈 수가 없었다. 황제의 대리인도 오지 않았다. 파블로프는 일본 병사들의 엄중 감시 하에 떠났다. 환송하러 온 어떤 외국 공사는 영국의 기자 매켄지에게, "이건 뭐 완전히 장례식이구먼. 영구차만 없네 그려"라고 속삭였다.[125]

일행은 인천으로 가서, 거기서 인천주재 영사 폴랴노프스키 이하 관원들과 합류했다. 하야시 공사는 서울에서 배웅했지만, 공사관의 이지치 소장은 인천까지 동행했다. 일행은 이날 중으로 프랑스선 '파스칼'호로 한국을 떠났다. '파스칼'호는 사이공으로 직행했고, 파블로프는 거기서 청국으로 가서 페테르부르크의 지시를 기다렸다. 그후 2월 21일(8일), 람스도르프 외상은 주한 러시아 공사의 신분은 바뀌지 않는다며 상하이에 머무르라는 지시를 내렸다. 파블로프는 여기에 안착해, 러일전쟁 기간 중에 상하이기관을 만들어 일본과 조선의 정보수집활동을 하게 된다.[126]

2월 13일(1월 31일) 토요일

도쿄

『도쿄아사히신문』은 사설 '제국 해군의 성적'과 '적의 포학(暴虐)함'을 게재했다. 전자는, "뤼순해전의 공보가 도달한 것을 보면, 한 차례의 결전이 끝난 뒤 우리의 주력 함대는 털끝만큼도 그 전투력이 손상되지 않았다. 흡사 우리 일본도의 날카로운 칼 솜씨처럼, 조금도 우리의 믿음을 저버리지 않은 것 같다"고 서술했다. "일본해[동해] 전역에서 제해권을 장악할 날이 결코 멀지 않았다." 후자는 러시아의 순양함 4척이 일본 상선을 격침했다는 이야기였다. "일개 상선을 쫓아다니며 이를 격침하다니, 이건 도대체 무슨 짓인가? 문명 세계의 공법도 모른다는 것인가?", "그 죄는 침략 그 이상이다"라며 비난했다. "러시아인은 갓난아기를 요리해 삶아 먹는구나. 그야말로 식인종족이다"라는 선동적인 내용이었다. 기사로는 '적함의 후쿠야마(福山)노략질' 기사가 1면에 게재되었다. 문제의 순양함 "4척으로 구성된 적의 함대는 어제 오전 10시 경부터" "홋카이도의 일각 후쿠야마"를 "습격해 마침내 한 부대를 상륙시켜 민가에 불을 지르고, 그 특유의 난폭함을 자행한 모양"이라고 보도했다. 그러나 3면의 기사에서는 러시아 군함의 후쿠야마 공격에 관해서 공보가 나오지 않아 문의한 결과, 하코다테에서는 "후쿠야마 포격에 관해서는 들은 바 없다"면서 허위보도였다는 점을 시사했다.

또 이 신문은 '국교 단절 공문'을 게재했다. 2월 5일 구리노가 람스도르프에게 건넨 공문이었다. 아마도 일본이 최소한의 통고는 했다고 주장하기 위해서였을 것이다. 또한 '러시아 스파이 다카하시 몬사쿠(高橋門佐〈원문 그대로〉久)의 예심 결정'을 보도했다.

서울

이날 『황성신문』은 '일·러 교섭 전말 대요(大要)'로서 8일의 고무라 외상의 교섭 경과 설명을 보도했다. 코멘트는 없었다. 어떻게 생각해야 좋을지 몰랐을 것이다.

이날 외부대신 서리 이지용은 하야시 공사를 찾아와, "한국의 위아래가 이제는 전적으로 일본에 귀복(歸服)하고, 일·한 양국의 제휴에 이론을 제기하는 자가 없게 되었으므로, 차제에 전부터 교환을 연기했던 밀약을 교환하고 싶다고 자청"했다.[127] 일본의 뜻을 살피던 친일파가 재빨리 움직이기 시작했던 것이다.

이에 대해서 하야시 공사는 새로운 의정서안을 제시했다. 그 내용은 다음과 같았다.

제1조 일·한 양 제국 사이에 항구불역(恒久不易)의 친교를 보지(保持)하고 동양의 평화를 확립하기 위해서, 대한제국 정부는 대일본제국 정부를 전적으로 신뢰하고, 오로지 대일본제국 정부의 조언을 받아 내치와 외교의 개량을 도모할 것.

제2조 대일본제국 정부는 대한제국 황실의 안전과 강녕을 성실하게 보증할 것.

제3조 대일본제국 정부는 대한제국의 독립 및 영토보전을 확실하게 보증할 것.

제4조 제3국의 침해에 의해 또는 내란으로 인해 대한제국 황실의 안녕 또는 영토의 보전에 위험이 생길 경우에는, 대일본제국 정부는 신속하게 때에 따라 적절하고도 필요한 조치를 취할 것. 그리고 대한제국 정부는 위 대일본제국 정부의 행동을 용이하게 하는 데 충분한 편의를 제공할 것.

제5조 양국 정부는 앞으로 상호 승인을 거치지 않고서는 본 협력

의 취의에 위반할 만한 협약을 제3국과 체결하지 않을 것.

제6조 본 협약과 관련해 아직 상세히 정하지 않은 세부 조항은 대일본제국 대표자와 대한제국 외부대신과의 사이에 때에 따라 적절히 타협하여 정할 것.[128]

운노 후쿠주(海野福寿)는 개전 이전의 안에 비해서 "일본에 대한 한국의 종속적 위치를 명시하고 있다는 점에서" "레벨의 차이"가 있다고 보고 있는데, 결국 이 안은 한국을 일본의 보호국으로 하겠다는 것이었다.[129]

페테르부르크

오전 중, 전쟁을 지지하는 초등학생들의 행렬이 겨울궁전을 방문했다. 황제는 밤에 또 다시 비보를 들었다. 뤼순에서 다롄으로 항행 중인 경순양함 '바야린'이 기뢰에 부딪혀 침몰했다는 것이었다. 기관사 9명이 사망했다. 니콜라이는 일기에 "마음 아프다, 괴롭다"고 썼다.[130]

2월 14일(1일) 일요일

도쿄

『도쿄아사히신문』은 논설 '러시아의 선전 조칙'을 싣고, 두 가지를 비판했다. 첫 번째는 일·러 교섭이 "한국의 사태"에 관한 것이었다고 말하는 것은 이상하다. "양국 이해관계의 접촉점인 만·한 두 지역에서 상호 이익을 우호적으로 조리(調理)하기" 위한 교섭이었을 터이다. 두 번째는 외교관계의 단절을 통고한 것만으로 뤼순을 습격했다고 말하는 것은 이상하다. "이제 와서 아직도 이런 말을 하는 것은 비겁한 게 아니라면 미련한 것이다", 통고의 말미에 "독립행동을 취할 권리를 보유한다"고 명언해 두지 않았는가? "이치에 맞는지 아닌지 그 옳고 그름에 대해서는, 주위를 둘러싸고 바라보는 국가들이 이를 잘 알 것이다."

3면에는 조선에서 온 특전(特電)이 실려 있었다. 하야시 공사가 이지치 무관과 함께 어제 저녁 고종황제를 배알한 바, 다음과 같은 칙어가 있었다고 간접적으로 들었다는 기사였다.

"몇 해 전에 러시아 공관으로 옮긴 것은 내란 때문이었지만, 이번에 일본이 동양의 평화를 위해서 싸우는 것이라면, 안심하고 일본 군대를 신뢰해야 할 것이다. 결코 다른 곳으로 자리를 옮기는 일은 없을 것이다."

이 기사는 아마도 2월 9일의 배알을 가리키고 있는 것일 텐데, 고종의 칙어는 왜곡되어 있었다.

하야시 공사의 의정서안에 관한 보고에 대해서, 고무라 외상은 이날 지시를 내렸다. 제1조에 '조언' 뿐만 아니라 '조력'이라는 용어를 더하여 개입의 정도를 보다 강화하도록 수정할 것을 지시했고, 또한 제4조에 "군략 상 필요한 지점을 점유할 수 있다"는 문장을 보충하라고 지시했다.[131]

오후 2시, 경제계와 언론계의 호소로 의원, 정당의 유력자, 실업계, 신문계 인사들 250명이 제국호텔에 모였다. 시마다 사부로(島田三郎)가 다음과 같은 개회사를 발표했다. "원래 이번 일은 정부의 안위와 관련되어 있으며 국민의 영원한 안위에 관한 것이다. 그러므로 지금 정부가 단호한 태도로 나오는 것은 필경 우리가 정부를 재촉해 이에 이른 것이므로, 우리는 일본 국민으로서 중대한 책임이 있다고 말하지 않을 수 없다." 시마다는 출정 병사들에게 감사하고, 대국 러시아를 상대로 싸우는 이상, "저들을 충분히 굴복시키기 위해서는 오랜 세월을 요할 것이라는 각오"가 필요하다. 군사국채 모집에 응하자고 호소했다.

집회는 군사국채의 모집을 돕기로 결의하고, 도고 연합함대 사령관, 우류 제4함대 사령관에 대한 감사장을 보내기로 결정했다. 감사장 실행위원으로 이름을 올린 사람은 이케베 요시타로(池辺吉太郎[三山], 『도쿄아사히신문』), 도쿠토미 이이치로(德富猪一郎[蘇峰], 『고쿠민신문』), 구로이와 슈로쿠(黑岩周六[涙香], 『요로즈초호』), 구가 가쓰난(陸羯南, 『닛폰』), 시마다 사부로(『마이니치신문』), 다구치 우키치(田口卯吉) 등 14명이었다.[132]

고토쿠 슈스이 등의 주간지 『헤이민신문』은 이날 발행한 제14호에서 '전쟁 도래'라는 논설을 게재했다. 이 쪽은 완전히 고립된 목소리였다. "전쟁은 마침내 왔다. 평화는 교란되었다. 죄악은 횡행되었다"로 시작해서, 양국 정부는 상대 정부에게 책임이 있다고 주장하고 있지만, "평화 교란의 책임은 양국 정부, 또는 그 어느 한 국가의 정부가 이미 짊어지지 않을 수 없다. ……우리 평민들은 이와 함께할 수 없다"고 잘라 말했다. 국민 모두가 한 사람도 빠짐없이 전쟁을 바라고 또 지지하고 있는 것처럼 보이는 이때, 우리의 이러한 인식에는 어떤 약함이 있는 것이 아닐까 생각할 수도 있겠다. 그렇지만, "아아, 우리 평민들은 어디까지나 도저히 전쟁을 인정할 수 없다. ……우리에게 입이 있고 붓이 있으며 신문이 있는 한, 우리는 전쟁을 반대한다고 절규해야 한다. 그렇게 한다면 러시아에 있는 우리의 동포 평민들 역시 반드시 동일한 태도와 방법으로 나올 것이라 믿는다"고 썼다. 시대를 초월하는 목소리였다.

서울

고무라의 수정안을 다시 제시받은 한국의 각의는, 제1조의 "조력"을 거부하고 "충고를 받아들일 것"이라고 할 것, 제4조는 "군략 상 필요한 지점을 때에 따라 적절하게 사용할 수 있을 것"이라고 수정했다.[133] 아무리 친일파라 해도 독립국의 면목을 잃고 싶지는 않다는 기분의 표현이었다.

이날 하야시 공사는 한국 정부에 선전의 조칙 한국어 번역문을 전달했다.[134]

페테르부르크

황제는 이날(14일)에도 "어제의 일로 인한 슬픔에 짓눌려 있었다. 해군의 일, 해군에 관해서 러시아에서 논의되는 의견 때문에 화가 났고, 마음이 아팠다"고 일기에 썼다. 이날 고향에서 돌아온 샴의 차크라봉 왕자와 아침 식사를 함께 했다. 러일전쟁, 조선의 운명이 화제에 올랐을 것이다. 로제스트벤스키 해군 군령부장, 아바자 극동특별위원회 사무국장에게도 알현을 허락했다.[135]

2월 15일(2일) 월요일

페테르부르크

『노보에 브레미야』는 논설 '중립'을 게재했다. 여러 가지 중립이 있지만, "이해할 수 없는 중립"도 있다. 영·미의 신문들은 침묵하고 있어도, 러시아의 신문은 이에 대해 발언해야 한다고 주장했다. "이 중립은 존재한다. 러일전쟁이 법규범을 부정하며 야수가 되어가는 일본의 광기로 전화하지 않는다면 중립은 존재해야 한다. 우리가 염두에 두고 있는 것은 조선의 일이다." 영·미의 국제법 교사들에 대해서, "일본이 조선에서 하고 있는 행동이 국제법의 기본원칙을 위반하고 있다고 말할 용기가 있는가?"라고 물어야 한다. 논설의 필자는, 1894년에는 청국군을 서울에서 쫓아내는 문제가 제기되었고 8월 26일에는 일·한 "동맹" 조약도 체결되었지만, 지금은 전혀 이야기가 다르다. "러시아 병사는 조선 땅에 발을 들이밀지 않고 있다. 쫓아내려고 해도 쫓아낼 자가 없다. 일본 자신은 오로지 조선과 만주의 영토 보전과 독립을 걱정하고 있다고 각종 문서를 통해 주장하고 있다. 그렇다면 일본인들은 어째서 중립국을 자신들의 군사작전의 전쟁터로 만들어도 된다고 생각한다는 말인가?"[136]

뤼순

알렉세예프는 황제의 긍정적인 답신을 받고서, 미시첸코에게 정보 수집을 위해 제1치타·카자크 연대와 제1아르군·카자크 연대의 몇 개 중대를 조선으로 진입시키라고 명령했다. 이 나라는 현재 중립국이니까 그 주민에게는 온화하게 대하고 욕되게 해서는 안 된다고 지시했다.[137]

2월 16일(3일) 화요일

인천

일본 육군 제12사단 주력 1만 7,000명, 병참부대원 7,000명은 이날부터 인천 상륙을 개시했다. 점차 서울로 집결한다.[138]

페테르부르크

니콜라이 2세는 쿠로파트킨을 만나서, 만주군 총사령관 임명을 알렸다.[139]

2월 17일(4일) 수요일

도쿄

고무라 외상은 하야시 공사에게 전보를 보내서, 한국 정부의 수정안은 "대체로 좋지만", 제1조의 마지막 문장은 "대일본제국 정부의 충고 및 조력을 채용할 것"이라고 고치고, 제4조는 "군략 상 필요한 지점을 때에 따라 적절히 수용(收用)할 수 있을 것"으로 하고 싶다고 지시했다.[140] 이 안은 하야시가 한국 정부에 전달했다.

서울

일본 공사관이 서울에 진주할 제12사단 본대를 위해 궁성의 하나를 "빌려 쓰고" 싶다고 요청했었는데, 이날 한국 정부는 창덕궁의 사용이 "칙허"되었다고 회답했다.[141]

페테르부르크

니콜라이 2세는 오전 11시 겨울궁전의 안뜰에 도열한 제1동시베리아보병연대 제3대대를 열병했다. 황제는 대대를 성 세라핌의 아이콘으로 축복했다. 그 후 스타르크를 대신해 태평양함대 사령관으로 임명된 마카로프에 알현을 받았다.[142]

2월 18일(5일) 목요일

서울

일본군 제46연대 1개 중대의 평양 파견이 결정되어, 이날 이 중대는 인천항에서 배를 타고 평양으로 떠났다. 선견대였다. 인천에 남아 있던 임시 파견대 2개 대대도 이날 서울로 들어왔다.[143]

외부대신서리 이지용은 하야시 공사를 방문해, 제1조에 "조력"이라는 말을 넣는 것은 "국체 상의 결점이 된다는 논의가 정부 내에서 일었고 비관적인 관념에 휩싸여 있는 자들도 있어서, 도저히 정부를 통과하기 어려우므로", "조력"을 삭제하고 "충고를 채용할 것"으로 했으면 좋겠다, 제4조에서 "사용"(使用)을 "수용"(收用)으로 고치는 것에는 이의가 없다고 회답했다. 하야시는 이것을 받아들이든지, 아니면 "조력"을 고집할 경우 이지용 대신서리를 경질하든지, 둘 중의 하나를 선택해야 할 것이라고 도쿄에 타전했다.[144]

페테르부르크

『관보』에 '조선과 러·일 충돌'이라는 장대한 논문의 연재가 시작되었다. 진구(神功)황후의 최초의 정복, 게이타이(継体)천황의 임나(任那) 지원에서 시작해 몽골의 내침, 왜구를 설명하고, 히데요시(秀吉)의 조선 침략까지를 논했다.[145]

2월 19일(6일) 금요일

페테르부르크

니콜라이는 코코프쪼프를 재무대신 대행으로 임명했다.[146]

서울

제12사단장 이노우에 히카루(井上光) 중장이 서울로 들어왔다. 임시 파견대는 사라지고, 이제 대한제국의 수도는 일본군 제12사단의 점령 하에 놓였다. 이노우에 중장이 점령군 사령관이었다.[147]

이용익, 현상건 등은 고종과 협의해 최후의 저항을 시도했다. 러시아가 육상의 전투에서 일본에 승리할 가능성도 있었고, 지금 일본 편에 선다면 러시아가 승리하는 날에는 병합될 우려가 있다고 판단했으며, 또 평양 방면에서는 러시아군의 진출이 현저하다는 정보가 영향을 주기도 했다. 고종이 마지막으로 신경썼던 것은, 일본의 "충고를 채용할 것"이라는 표현이 싫어서 "충고를 용인할 것"이라는 표현으로 고치는 일이었다.[148]

2월 20일(7일) 토요일

페테르부르크

이날『관보』에 러일교섭에 관한 상세한 기사가 게재되었다. 일본의 전쟁 개시를 비판했다. 일본의 최종 제안은 1월 16일(3일)에 도착한 것으로, 러시아는 성실하게 회답을 준비하고 있었다. 그러나 일본은 그 회답을 기다리지 않고 외교관계를 단절했다. 더구나 2월 11일의 선전포고도 있기 전인 2월 8일 밤, 러시아의 군함을 공격했다. 이것은 "지극히 불법적인 공격"이며 "국제법의 원칙에 위반하는 행위"다.[149] 이러한 주장이었다.

쿠로파트킨은 황제를 배알했다. 황제는 칙령의 서식에 관해서 상담했다. 만주군 총사령관에 육군상의 칭호를 그대로 둔 채 임명할 것인지, 그렇게 하지 않을 것인지 하는 문제였다. 수개월 후에 육군대신을 임명하면 쿠로파트킨은 강등되는 꼴이 되기 때문이었다. 니콜라이는 예전에 쿠로파트킨의 소원을 생각해 냈다면서 "귀관이 영예롭게 전쟁에서 돌아오면 키예프군관구 사령관으로 임명하겠다"고 말했다. 전쟁 후의 쿠로파트킨의 포스트를 걱정하고 있었던 것이다. 니콜라이는 이때 육군상의 후임에는 로프코를 염두에 두고 있다면서, 사하로프 참모총장에 대해서는 "장관직에는 맞지 않는다"고 말했다. 이날 쿠로파트킨은 정식으로 만주군 총사령관에 임명되었다.[150]

서울

『황성신문』은 이날, 일본과 러시아의 선전 조칙을 나란히 게재했다. 신문은 일본의 조칙이 한국을 지키기 위해서 싸운다는 취지라고 해서 일본 쪽에 호감을 보이는 것처럼 보였다.

고종은 미국 공사 앨런을 만나, 일본의 제안에 관해서 "한국을 보호하는 대가로 일본이 정부의 정책을 컨트롤하겠다"는 것이라고 말했다. 앨런은 워싱턴으로 보고했다. "한국 정부의 원수는 합중국의 원조 확보를 절실히 바라고 있다. 나는 아무 약속도 하지 않고, 그를 달래면서 긴급피난(asylum)을 거절했다."[151]

제12사단 전원이 서울로 들어왔다.[152]

밤에 일본공사관에서 파티가 열렸는데, 한국 측 대신들 거의 전원이 참석했다. 하야시 공사는 "일·한 양국의 제휴에 관한 명확한 의정서를 조인할 필요"를 역설했다. 이용익만이 여전히 자구(字句) 수정의 의견을 제기했지만, 나머지 전원이 "모조리 동의"한다고 표명했다.[153]

2월 21일(8일) 일요일

도쿄

『도쿄아사히신문』은 하루 전에 열린 '러시아 스파이 다카하시 몬사쿠의 공판'을 보도했다. 다카하시에 관해서 "이 자는 피부색이 검푸르고, 외모는 천박 비열해 그 자체로 심성을 나타내고 있으며, 왼쪽 뺨에 종기 자국이 있다. 또 팔자(八字) 수염을 기르고, 몸에는 요네자와류큐 가스리[絣, 가스리는 잔무늬가 있는 천의 일종]를 두 장 겹친 고소데[小袖, 통소매의 평상복], 그리고 같은 식의 하오리[羽織, 짧은 일본식 겉옷]를 입고 있지만, 거동이 거만하고 말투도 명석하다"고 적개심을 담아 묘사했다.

서울

하야시 공사는 한일의정서 최종안을 도쿄에 보내 승인을 요청했다. 다음 날 고무라는 최종안을 승인하고 조인을 명한다.[154]

평양

평양 병참사령부 요원 23명이 오전 10시 평양으로 들어갔다.[155]

2월 22일(9일) 월요일

페테르부르크

람스도르프 외상은 개전 시 일본의 행동을 비판하는 통첩을 이날 각국 정부에 보냈다. 로이터통신이 이를 보도해 전 세계에 알렸다. 2월 25일에는 일본 정부에도 전해졌다.

러시아 정부는 이 통첩에서 우선 일본이 한국에 대해서 저지른 "폭력행위"(acts of violence)에 주의를 환기했다. 한국의 독립과 영토보전은 각국이 승인한 것이며, 시모노세키 조약, 영일동맹협약, 러불선언에서 확인된 것이다. 한국 황제는 1월에 중립선언을 발표하고 각국 정부 그리고 러시아 정부 모두 이를 승인했다. 그러나 "모든 사실을 무시하고 국제법의 기본적 룰을 위반하여", 일본 정부는 다음과 같은 행위를 했다. 1. 적대행위 개시 이전에 일본군은 중립을 선언한 한국에 상륙했다. 2. 선전포고 3일 전에 일본함대는 인천에서 러시아 군함 2척을 공격했다. 3. 적대행위 개시 직전에 한국의 항구에서 러시아의 상선 몇 척을 나포했다. 4. 저들은 일본의 서울주재 공사를 통해서 한국 황제에게, 한국은 이 다음에 일본의 행정 하에 놓일 것이라고 선언하고, 이에 따르지 않을 경우에는 일본 군대가 황거를 점령할 것이라고 경고했다. 5. 일본은 러시아 공사에게 한국에서 퇴거하라고 요구했다.[156]

제4항을 제외하면 적어도 러시아 정부의 주장은 사실 그대로였기 때문에, 일본 정부도 신경이 쓰였다. 일본 국내에서는 이를 보도하지 않았다.

서울

오후 4시, 외부대신서리 이지용은 하야시 공사에게 의정서 제1조의 "충고를 채용한다"는 말을 "충고를 용인한다"로 바꾸었으면 좋겠다고 요청했다. 하야시는, 이것을 받아들여도 문제는 없다, 서두를 것은 조인하는 일이라면서 이 취지로 고무라에게 타전했다.[157] 그런데 이것으로 끝나지 않았다. 고종이 이날로 예정되어 있던 의정서 조인을 연기하기를 바랐던 것이다. 하야시 공사는 고종이 러시아군의 평양, 정주(定州) 방면에서의 행동에 관한 정보를 받고 의정서 조인을 회피하려고 한다고 생각했다. 이용익은 "폐하의 명이라며 의정서의 불완전함을 주장하면서, 만일 위의 의정서를 조인하게 되면 대(大)죄인으로 처분될 것"이라고 이지용을 위협했다. 이지용은 뒤탈을 우려해 조인을 거부하고 시외로 도망가려 했다.[158]

이날 아침 『황성신문』은 논설 '헛된 풍설을 말함'을 싣고, "현재 들리기로는 우리 정부가 비밀리에 일본과 조약을 체결하려 하고 있다고 한다"고 썼다. 하야시는 일본 신문의 보도를 막도록 본국에 연락했다.[159]

조선 북부

러시아 기병대의 정찰대는 평양의 대(大) 가도를 남하해 정주, 박천(博川)을 거쳐 이날 숙천(肅川)에 도달했는데, 일본군과는 조우하지 않았고 주민들에게서도 정보를 얻지 못했다. 평양에는 아직 일본군이 들어와 있지 않았던 것이다.[160]

리네비치는 이날 정식 명령을 하달했다. 미시첸코에게 압록강을 건너 의주에 진을 치고 아르군연대의 부대가 합류하면 평양 방면의 정찰을 실시하라고 명했다. 그러다가 일본의 기병부대와 조우하더라도 섬멸해서는 안 된다고 지시했다. 일본군의 세력이 클 경우에는 후퇴해 압록강의 청국 쪽 연안으로 철수하라는 것이었다.[161]

러시아 병사들이 조선 북부에 나타남으로써 이 지역 주민들이 공포에 휩싸인 것은 분명했던 것 같다. 영국인 기자 매켄지는 나중에 평양에서 "러시아인들이 올 거야"라고 외치면서 의주에서 도망쳐 오는 피난민들을 만났다.[162] 그러나 러시아 기병의 수는 적었고, 민중이 입은 피해보다는 오히려 공포심이 컸기 때문에 발생한 현상으로 보아야 할 것이다.

2월 23일(10일) 화요일

평양

이노우에 제12사단장의 명령에 따라서 평양으로 파견될 1개 지대(支隊)가 편제되었다. 제12여단장 사사키 스나오(佐々木直) 소장이 지대장이 되고, 보병 제14연대 및 기병, 공병이 5개 제단(梯團)으로 나뉘어졌다. 제1, 제2 제단은 이날 23일 개성에서 평양으로 향했다. "당시 경성과 평양 사이의 도로가 진흙탕이라 몹시 질퍽거렸기 때문에, 보병이라 할지라도 1리를 행군하는 데 2시간을 요하는 상황이었을 뿐만 아니라, 각 부대는 도중에 휴일도 없이 계속 행군을 했기 때문에 피로가 누적되어 다수의 환자가 발생했다."[163]

서울

이날 아침, 하야시 공사는 이지용 외부대신서리의 집으로 공사관원을 파견해 "도주할 생각을 하지 못하도록 했고", 정오에 본인과 면회했다. 이지용은 하야시의 설득에 끝내 굴복해 오후에 하야시 공사와 함께 한일의정서에 조인했다.

한일의정서

전문(前文)〈생략〉

제1조 일·한 양 제국 사이에 항구불역의 친교를 보지하고, 동양의 평화를 확립하기 위해서 대한제국 정부는 대일본제국 정부를 확신하고, 시정의 개선에 관해서 그 충고를 용인할 것.
제2조 대일본제국 정부는 확실한 친의(親誼)로써 대한제국의 황실을 안전하고, 강녕하게 할 것.

제3조 대일본제국 정부는 대한제국의 독립 및 영토보전을 확실하게 보증할 것.

제4조 제3국의 침해로 인해 또는 내란으로 인해 대한제국 황실의 안녕 또는 영토의 보전에 위험이 있을 경우, 대일본제국 정부는 필요하고 적절한 조치를 신속하게 취할 것. 그리고 대한제국 정부는 위 대일본제국 정부의 행동이 용이하도록 충분한 편의를 제공할 것. 대일본제국 정부는 전항의 목적을 달성하기 위해서 적절하다고 생각하는 시기에 군략 상 필요한 지점을 수용(收用)할 수 있을 것.

제5조 양국 정부는 앞으로 상호 승인을 거치지 않고서는 본 협력의 취의에 위반할 만한 협약을 제3국과 체결하지 않을 것.

제6조 본 협약과 관련해 아직 상세히 정하지 않은 세부 조항은 대일본제국 대표자와 대한제국 외부대신과의 사이에 때에 따라 적절히 협정할 것.[164]

일본은 중립을 선언한 한국을 침입했고, 진해만과 서울·인천 지역, 나아가 평양을 점령했으며, 그 점령군의 압력으로 대한제국 정부를 굴복시켜 일본의 보호국으로 향해 가는 단서가 될 의정서에 조인하도록 했던 것이다. 군사력에 의한 강제에 기초한 체결이었다. 한국의 보호국화가 시작된 것이었다고 생각할 수 있다.

하야시 공사는 이날 오후 3시에 제12사단장 이노우에와 함께 고종을 알현했다. 하야시는 황제에게 이용익의 일본행을 요구했다. 고종은 동의할 수밖에 없었다. 점령자에게 완전히 굴복할 수밖에 없었던 고종의 심정은 이해하고도 남는다.

그날 중으로 내장원경 이용익은 현직과 겸직 모두 면직 당했고, 육군 참장(參將)의 자격으로 그리고 "일본 유람을 하명 받은" 형식으로 여권을 받았다.[165] 이용익은 인천으로 호송되었다. 하야시 공사는 그 날 밤 고무라에게 전보를 쳐서, 저항세력의 중심 이용익은 "무슨 일에서든 우리에게 이익이 되지 않는 방향으로 폐하의 마음을 움직일 우려가 있으며…… 금후 우리 손으로 한국의 내정을 개량할 때…… 심각한 방해의 토대가 될 것이므로" 일본으로 보낼 필요가 있다고 보고했다.[166]

미국 공사 앨런은 이날 국무장관에게, "어젯밤 일본이 한국 보호국제(protectorate)를 확립한다는 조항에 황제가 서명했다"고 타전했다.[167]

페테르부르크

니콜라이 2세는 육군장관으로 임명한 사하로프의 상주를 받았다. 쿠로파트킨도 출발 인사를 하러 왔다.[168]

2월 24일(11일) 수요일

뤼순항 바깥

13일 밤부터 제1차 뤼순항 폐색(閉塞) 작전이 결행되었다. 5척의 기선을 뤼순항구에 가라앉혀서 항구를 틀어막겠다는 작전이었다. 그 가운데 1척을 지휘한 사람이 전 러시아 주재 일본 공사관 무관 히로세 다케오(広瀬武夫)였다. 24일 오전 0시 반부터 4척의 수뢰정이 호위하는 5척의 기선이 뤼순항으로 접근했다. 뤼순의 탐조등이 이 5척의 기선을 비추는 가운데 포대로부터 포격이 시작되었다. 5척은 목적 지점까지 도달하지 못하고 모두 좌초하여 자폭했다. 작전은 실패로 끝났지만 승조원들은 거의 전원이 탈출했다.[169]

도쿄

『도쿄아사히신문』은 하루 전 내려진 '러시아 스파이 다카하시 몬사쿠의 판결' 전문을 게재했다. 경(輕)징역 8년의 판결이었다. 판결문에 따르면 다카하시는 요코스카 해군 공창의 제도사(製圖手) 하세가와 다다시(長谷川正)에게 요코스카 군항의 도면 및 그 밖의 군함의 신구 무장상태, 의장 개조 또는 수리 등등 군함의 동정, 해군 훈련의 결과 등의 보고, 도면의 제공을 부탁했다. 또한 마이즈루 진수부 군법회의 해군 경사(警査) 세노 다케오(瀨野武夫)에게 마이즈루 군항에 관한 동종의 보고, 도면의 제공을 요청했다. "이 두 명이 똑같이 제국의 이해관계에 비추어 그 비밀에 속하지 않는 사항에 관해서만 보고했기 때문에 군사상의 비밀에 속하는 사항의 수집은 할 수 없었던 것이다."

이는 결국 루신과 다카하시의 행동이 엄중한 감시를 받고 있어서 이들과 접촉한 자들도 즉시 취조를 받았고, 오히려 당국의 유도에 따라 당국이 제공하고자 한 정보와 도면을 루신과 다카하시에게 제공하고 있었다는 의미였다.

다카하시는 공판에서 "일본 경찰 관리와 연락하며 제국의 이익을 도모한 그런 사건이기 때문에 자신에게는 추호도 악의가 없었다는 뜻으로 변명했다"고 한다. 그렇지만 그가 러시아에 충실했다는 점은 분명했다. 따라서 루신과 다카하시를 엄중하게 감시하고 있던 일본이 역정보를 흘려서 조종하고 있었을 가능성이 있다.

다카하시는 형기를 마치고 출옥한 후인 1912년, 고베(神戸)의 러시아 영사관 통역으로 채용되었다.[170]

평양

일본군 선봉대 제46연대 제7중대는 이날 10시 20분, 대동강을 건너 대동문을 통해서 평양으로 입성했다. 거류민 300명이 국기를 내걸고 맞이했다.[171] 평양은 청일전쟁의 전투에서 주민이 탈출하고 시가지가 파괴되어, 인구가 6만 내지 7만이라 하던 것이 1만 5,000명으로 줄어든 상태에서 재건된 곳이었다. 미국인 목사 모페트의 노력으로 시내 네 군데의 프로테스탄트 교회가 신자를 모았기 때문에, 주민의 상당한 수가 기독교 신자가 되어 있었을 것으로 생각된다.[172] 이러한 도시를 일본군이 점령하려 하고 있었다.

서울

하야시 공사는 이날, 이용익에 이어 민영철을 베이징 공사로 보내기 위해 일본으로 떠나보낸다, 이근택에 대해서도 같은 절차를 밟겠다, 길영수, 이학균(李學均), 현상건 등 3명에 대해서는 "이노우에 사단장과 협의해 적절한 조치를 취하겠다", 이들 반일파를 제거해 버리면 "한국을 정리하는 문제에 관해서도 편하게 생각할 수 있을 것이다"라고 고무라에게 타전했다.[173]

런던

『타임스』지는 2월 22일자 러시아 정부의 일본 비판문을 코멘트 없이 게재했다.[174] 하야시 다다스 공사는 이날, 이 기사를 일본 정부에 보고하면서 『타임스』가 다음과 같은 코멘트를 덧붙였다고 써서 보냈다. 즉, 이전의 러시아의 주장과 마찬가지로 "일본에 대한 문죄의 증거 서술이 박약하며", "전쟁의 직접적이고도 주요한 원인이라 할 만주 철수 거부를 어디까지나 고집하는 러시아가, 일본이 한국의 독립 및 보전을 침해했다는 원성을 제 입으로 토로하는 것은 어딘지 이상하다고 하겠다", 이것을 람스도르프는 듣지 못하는 것인가 아니면 "만주가 청국의 일부이며 그리고 청국의 독립과 보전은 (러시아를 포함한) 각국이 충분히 승인한 바 있다는 사실"을 잊어버린 것인가? 하는 내용이었다. 이 코멘트에도 사실관계가 불명확한 점은 있었지만, 아무튼 하야시는 영국의 분위기를 전하고자 했을 것이다.[175]

2월 25일(12일) 목요일

조선 북부

미시첸코의 기병부대는 의주를 출발해 전진했다. 목표는 안주와 평양이었다. 포병도 대동하고 있어서, 일본군과 조우하면 타격을 가하겠다는 생각도 하고 있었다.[176]

인천

이용익은 가토 마스오가 따라붙은 가운데 이날 아침 일본 배로 도쿄로 보내졌다.[177]

런던

영국 외무차관 캠벨은 하야시 다다스 공사에게 러시아 정부의 일본 비판문에 관해서, 이를 발표한 러시아 정부의 목적을 이해할 수 없다, "전쟁은 조약을 일소하는 것이므로 적대행동 개시 후에는 아무런 구속력을 갖지 못한다"고 말했다.[178]

워싱턴

미 국무장관 헤이는 러시아 공사가 인천의 러시아 함선에 대한 공격은 국제법 위반이라고 제기한 것에 대해서, 다카히라 고고로 공사에게 다음과 같이 말했다. 러시아의 문제제기는 일본이 자국의 주장을 제시하는 것과 마찬가지로 "우호국의 도의적 감정에 호소하는 것에 지나지 않는 것으로 보인다", "미국 정부는 그러한 의견 표명을 알아들었다고 인정하는 것까지만 행동을 제한할 것이며, 그에 관해서 아무것도 하지 않을 것이다."[179]

2월 26일(13일) 금요일

뤼순

하루 전날, 쿠로파트킨은 전보를 보냈었다. "전진한 미시첸코 기병부대가 극도로 불안하다. 정찰이 끝나면, 적의 우세한 힘에 의해 철수해야 할 상황이 되기 전에 후퇴할 필요가 있다는 것이 나의 생각이다." 이 전보를 접수한 리네비치는 이날, 미시첸코에게 의주로 철수할 것을 명했다.[180] 쿠로파트킨은 이미 일본군을 두려워하고 있었다.

런던

『타임스』는 이날도 러시아의 일본정부비판에 대한 뉴욕 발 기사를 실었다. 어느 쪽에서 시작했든 최초의 "전투행위"는 "일본의 뤼순 공격 몇 시간 전에 발생한, 2월 6일 저녁 러시아 포함 '코레예츠'의 일본 수송선 및 그 호위함에 대한 포격"이었다는 점은 분명하다는 내용의 허위 변설로, 러시아의 주장에 반대하는 내용이었다.[181]

2월 27일(14일) 토요일

도쿄

한일의정서가 이 날짜 『관보』에 공표되었다.[182]

조선 북부

미시첸코의 카자크부대는 1개 중대가 평양 북쪽 12킬로미터 지점에, 2개 중대가 안주에, 그리고 주력인 제1제단이 정주에, 제2제단이 곽산(郭山)에 있었다. 주민의 태도는 불신과 무관심이 뒤섞인 것이었는데, 아무 말도 하지 않으려 했다고 알려졌다. 일본군에 관해서는 아무것도 모른다고 하거나 또 알고 있어도 말하고 싶어 하지 않는 것처럼 보였다. 현지 관헌들은 모두 도망치고 없었다.

이날 페르필리예프 대위의 중대가 평양으로 접근하여 정찰을 개시했다. 일본군 척후가 나타나 이를 사실로 확인한 뒤 성벽에서 발포가 시작되었다. 카자크중대는 철수했다.[183] 러 · 일 지상군의 최초의 접촉이었다.

이날 오후 6시 정주에 리네비치 장군의 철수 명령이 떨어졌다. 미시첸코는 전 부대는 29일까지 철수하라는 전보를 쳤다.[184]

2월 28일(15일) 일요일

조선 북부

일본 참모본부의 『메이지37, 8년 러일전사』(明治三十七八年日露戰史) 제1권에 의하면, 일본군과 러시아군의 접촉 교전은 28일에 시작되었다. 이날 새벽 기병대 척후병이 러시아 기병부대를 탐색하기 위해 감북원(坎北院)으로 파견되었는데, 병현(竝峴) 부근에서 러시아 기병 14, 15기를 발견했다. 러시아 기병은 기자릉(箕子陵) 북방 고지로 왔다가 칠성(七星) 초소에서 사격을 가하자 북방으로 퇴각했다.[185]

도쿄

『도쿄아사히신문』은 1면 최상단 중앙에 '한정(韓廷)의 국시 결정하다'라는 타이틀 기사로, "한정은 어전회의의 결과 국시의 방침을 다음과 같이 의결했다"면서 다음과 같은 내용을 보도했다.

1. 한국은 동양의 화평을 확립하기 위해서 일본과의 교제를 영원히 보지하며, 한결같이 일본에 의지해 내정개선을 도모할 것.
2. 한국의 황실은 신성하게 보지할 것.
3. 한국은 친밀한 우의(友誼)로써 일본에 의지하며, 독립 및 영토의 보전을 도모할 것.
4. (생략), 5. (생략)
6. 한국은 일본의 우의에 반하는 것 같은 협약을 타국과 체결하지 않을 것.

이것은 한일의정서를 기초로 한국이 국시로 정한 것이라는 허위 기사였다. 문제가 되는 조항은 생략함으로써 눈속임을 한 것이다. 한일의정서의 전문은 2면에 게재되었다. 그 앞에 사설 '일·한의 신 관계'를 배치했다. "일한의정서다. 신 관계라고는 해도 기실 구 관계의 결과일 뿐"이라고 시작하는 논설이었다. 이번 선전포고도 한국의 독립, 영토보전을 위한 것이며, 그것은 의정서 제3조에도 특필되어 있다. "다만 저 한국은 소약(小弱)하며, 독립의 명목은 있어도 그러나 그 알맹이는 없고", "야심 있는 강대국 때문에 독립과 영토를 침해당했으며", 또 "정치가 문란하여 질서는 폐퇴(廢頹)했다. 때때로 내란이 발발하였고……한국에서 우리나라의 이익을 위해(危害)하는 일이 누누이 있었다. 이러한 경우에 일본이 시기 적절하고 필요한 조치를 취하는 것은, 일면 한국 황실, 정부, 국민의 안녕과 독립을 옹호함과 동시에 우리나라의 이익 및 극동의 평화를 영원히 유지하기 위해서 정말로 어쩔 수 없이 나서는 것이다." 제1조를 비롯하여 "의정서의 각 조항은 한국의 독립과 영토보전을 위하여 절대적으로 필요한 조건"인 것이다. 러시아와의 교섭에서 요구한 것도 이러한 점이었고, 러시아가 받아들이지 않기 때문에 마침내 "어쩔 수 없이 개전에 이르게 된" 것이다. "만일 한국 정부가 이 당연한 우리의 요구들을 승인하는 것에 동의하지 않는다면, 우리나라는 실력으로 이를 강제할 수밖에 없을지도 모른다." 이번에 한국 정부가 "자발적으로 이 의정서에 조인했다. 우리는 충심으로 양국의 관계의 원숙함을 기뻐하지 않을 수 없다."

사설의 필자는 이 의정서가 열강에 의해서 받아들여졌다고 확신했다. 고무라 외상이 발표한 '일·러 교섭 전말'에 관해서도, 일본의 요구는 "공명정대"하고 "특히 조선에 관한 일본의 요구는 지극히 당연한 것"이라고 열강이 승인한 바 있다. "의정서의 내용이 대러 요구를 종합한 것에 지나지 않는 것이라 한다면, 이 역시 각 나라들이 양해한 것임이 분명하다." 이 필자는 개전 이래 일본의 주장을 비판해온 러시아가 뭐라고 말할지 "재미있는 일이 될 것"이라면서 완전히 안심하고 있었다. 그 주장은 충분히 예상할 수 있으며, "그 세계에서 받아들여지지 않을 것임 또한 거울을 들여다보는 것처럼" 명백하다는 것이었다.

『노보에 브레미야』는 외신 난에 '일본에 의한 한국 보호국화'라는 제목으로 몇 개의 외신을 실었다. 런던 발 기사에 다음과 같이 쓰고 있었다. "조선문제가 새로운 국면에 들어서면서 사람들의 관심을 끌고 있다. 뉴욕 경유 서울 발 소식에 의하면 한국 정부는 자국의 군대에게 일본군과 합류하라는 명을 내렸다. 즉 전쟁에 참가하라는 것이다. 황제가 가장 신뢰하는 고문관은 황제에 의해서 추방되었고, 정확하게는 일본으로 끌려갔다. 내각은 일본, 그리고 이제는 태연하게 일본과 행동을 같이 하고 있는 미국 추종자들로 구성되어 있다." 미국 정부가 중립에서 벗어나 일본에 붙었다는 것이 확인된다. 그러한 의견은 프랑스의 의견과는 정반대다. 프랑스는 "일본에 의한 한국의 보호국화를 인정하지 않고, 이 점에서 영일동맹조약의 위반 사실을 확인하고 있는 것이다." 도쿄 발 기사는 한일의정서를 정확하게 보도했다.[186]

『관보』에는 연재물 '조선과 러·일 충돌'의 최종회, 즉 제4회가 실렸다. 삼국간섭과 의화단사건에 관해서 언급한 뒤 일·러 교섭에 관해서 다루었다. 러시아는 조선에서 일본의 "상업적-경제적 지위"는 존중할 용의가 있다고 언명했다, 그러나 "조선의 독립과 영토보전을 고집했다. 이것이 일본 정부의 계획에 반했던 것이다"라고 지적했다.[187]

2월 29일(16일) 월요일

도쿄

『도쿄아사히신문』은 이날 '육상 제1차 충돌'이라는 제목으로 28일 오전 9시 평양 북방 7백 미터 지점에 "적의 기병"이 출현, "우리의 사격을 받아 퇴각했다"고 보도했다. 7면에는 '마카로프 중장의 전술론'을 게재했다. "[마카로프]씨는 정신가로서 기개가 있을 뿐만 아니라 조직적 두뇌도 있는 러시아의 드문 전술가라서, 패잔 수뢰정과 구축함을 어떻게 이용하는지 살펴볼 데가 있다. 우리 해군은 머지않아 호적수를 만나게 되었다고 기뻐하고 있다고 한다. [마카로프]씨가 저술한 해군전술론은 우리나라에서도 번역되었는데, 그 정신이 매우 일본적인 데가 있다." 러시아 태평양함대의 신임 사령관 마카로프의 전술론을 발췌한 것이 첨부되어 있었다.

서울

『황성신문』은 한일의정서 전문을 게재했다. 물론 그 내용은 뜻있는 한국인들에게 찬물을 끼얹는 것이었다. 불온한 분위기가 조성되었다.

제12사단의 주력은 이날부터 서울을 출발하기 시작해서 평양 점령을 목표로 진군했다. 참모본부의『메이지37, 8년 러일전사』제1권은 당시의 상황을 다음과 같이 기술했다.

"일·한 양국은 2월 24일 맹약을 맺었다…… 협정이라고 해도 당시 한국의 일부 관민은 이 동맹에 반대하는 자가 많았고, 경성의 정황이 매우 불온해 한국 내각은 동요를 피할 수 없었다. 만일 제12사단이 평양으로 전진해 경성의 수비가 박약해지면 한국 정부의 의지가 급변해 소요나 난동이 일어나지 않을 것이라 보장하기도 어려웠고……."[188]

그래서 한국 주둔군의 편제를 서두르게 되었다.

정주

미시첸코 부대의 주력은 명령이 있었는데도 곽산과 정주에 있었다. 미시첸코는 이날 리네비치에게, 압록강에 강력한 진지를 구축해 일본군의 도하를 가능한 한 지연시켜야 하지 않겠는가 하며 암암리에 퇴각 명령에 이의를 제기했다. 결국 3월 6일까지 의주에 머물게 되었다.[189]

평안북도 의주, 선천, 정주, 박천, 안주 등의 지역은 2주일 정도 러시아의 카자크부대에 의해 점령된 것이나 마찬가지였다. 일본군과 함께 조선 북부를 취재하러 온 영국 기자 매켄지는 자신의 르포르타주 『도쿄에서 티플리스까지』에 러시아군의 행동에 관해서 정주의 미국인 선교사들에게 들은 이야기를 이렇게 기록해 놓았다.

"단 한 가지 문제는, 러시아 부대가 자신들의 전열을 가로질러간 조선인 여성을 쏜 것입니다. 재수 없는 일이 생길 것이라고 우려했던 겁니다. 도착한 러시아 군인들은 아주 공손한 태도였습니다." "문제의 병사는 체포되어 8년 금고형을 선고받았습니다. 장교는 병사들 사이의 질서 위반을 엄격하게 단속하라는 명령을 받고 있기 때문에 그에 따르는 것이라고 말했습니다." "러시아의 장교들은 일본 장교들과 달리 자신들의 움직임과 목적에 관해서 아주 자유롭게 이야기했습니다. 러시아 군대는 훈련이 되어 있지 않았고, 사격에 서툽니다. 그러나 용감합니다. 그들은 충분히 먹지 못한 것 같은 인상을 주었습니다."[190]

페테르부르크

황제는 일기에 이렇게 썼다. "뤼순에서 새로운 일은 아무것도 일어나지 않았다."[191]

3월 1일(2월 17일) 화요일

도쿄

『도쿄아사히신문』은 '평양 방면의 정보'라면서 순안(順安) 부근으로 들어온 "적의 기병 80명"이 2월 29일 밤 안주 방면으로 퇴각했다고 보도했다.

서울

『황성신문』은 논설 '한일협상조약을 논함'을 게재했다. 제1조의 "시정의 개선에 관해서 그 충고를 용인할 것"에 관해서는 "이 무슨 실책이란 말인가"라며 "겉으로는 충고인 것처럼 말하지만, 내실은 무언가 간섭적 태도를 포함하고 있는 것이다"라고 비판했다. 제4조의 "내란 때문에…… 황실의 안녕 또는 영토의 보전에 위험이 있을 경우에는…… 시기에 맞춰 적절하고도 필요한 조치를 취할 것"이라는 부분에 관해서, "우리 강토 안에서 비도(匪徒)의 변이 일어난다고 해도 우리 병졸이 내란을 충분히 진압할 수 있다. 어째서 외병의 조치를 기다린다는 말인가"라고 비판했다. 토지를 "뜻대로 수용(收用)하는 것"에 관해서는, "이것은 이름은 독립이라고 해도 사실은 보호국이라는 것이다. 저 독립 보전의 본뜻은 어디에 있는가?"라며 강력 반발했다. 그리고 이 협정이 "무기한"의 것임을 들어 "일·러 휴전 후에도 영구히 준행(遵行)하겠다는 것과 같다"고 비판했다. 그렇다면 "우리 독립의 주권을 외국인의 손아귀에 양여하고, 결국 반환의 기일은 없는 것인가?" 필자는 다음과 같이 문장을 맺었다.

"이들 조약을 확연하게 성급(成給)하는 것은, 스스로를 칼로 베어 □경[□頸, 원문 그대로]하는 것과 무엇이 다르다는 말인가? 기자는 이에 실로 개한(慨恨)의 절(切)을 이기지 못하고, 여러 마디를 약술함으로써 분탄(憤歎)의 마음을 품는 것이다."[192]

드디어 한국의 지식인이 비로소 일본군의 한국 점령 의도를 완전히 깨닫는 순간이었다.

3월 2일(2월 18일) 수요일

히로시마

이날 구로키 다메모토(黑木爲楨) 사령관이 이끄는 제1군에게 진남포에 상륙하라는 명령이 내려졌다. 실제로 히로시마를 출발하는 것은 3월 8일이다.[193]

전쟁의 제1기, 즉 조선전쟁의 시기는 아직 끝나지 않았다. 봄이 오고 눈이 녹을 즈음 전쟁은 러·일 사이의 만주전쟁으로 전개되어간다.

주 註

제9장 개전

1 『東京朝日新聞』1904年 2月 5日 号.

2 Rusin to Vitgeft, 24 January/6 February 1904, RGAVMF, F. 417, Op. 1, D. 2486, L. 198.

3 海軍軍令部 『明治三十七八年海戦史』(極秘) [이하, 『極秘海戦史』로 약칭], 第1部 卷10, pp. 2, 5, 6, 23, 25-26. 外山三郎 『日露海戦史の研究』上, 教育出版センター, 1985年, p. 365는 부정확한 요약이다.

4 海軍軍令部編 『明治三十七八年海戦史』第1卷, 春陽堂, 1909年, pp. 50-51. 『山本 権兵衛と海軍』p. 209.

5 『極秘海戦史』第1部 卷10, pp. 22, 26. 『日本外交文書』第37・38卷別册 「日露戦争 I」, p. 290.

6 林権助 『わが七十年を語る』第一書房, 1936年, pp. 182-184.

7 釜山領事から小村へ, 1904年 2月 8日, 『日本外交文書』第37・38卷別册 「日露戦争 I」, p. 290.

8 Rozen, op. cit., Vol. 1, pp. 231-232. 『小村外交史』pp. 362-363.

9 명령은, 『極秘日露戦史』第1卷, pp. 115-116. 『山本権兵衛と海軍』pp. 209-210.

10 『極秘海戦史』第1部 卷10, p. 26.

11 三浦馬山領事から小村外相へ, 1904年 2月 7日, 『日韓外交資料集成』第5卷, p. 41.

12 Pavlov to Alekseev, 24 January 1904, RGAVMF, F. 32, Op. 1, D. 209, L. 28.

13 『明治三十七八年海戦史』는 제1권에서는 제3함대에 관해서 언급하지 않고, 제2 권 pp. 231-232에서 제3함대는 "2월 6일 다케시키 요항(要港)으로 진입"이라 고만 썼을 뿐 진해만 점령에 관해서는 전적으로 감추고 있다. 이에 관해서 처음

으로 언급한 것은 1966년에 출간된 『山本権兵衛と海軍』 p. 210에 수록된 「山本伯実歴談」 속에서 야마모토 해군상이 "우리 함대는…… 2월 5일 첫 번째 군령에 접했고, ……7일 제3함대의 일부는 진해만 점령을 완료했다"고 술회한 부분일 것이다. 한국에서는 부산공업고등전문학교 교수 김의환(金義煥)이 저서 『朝鮮을 둘러싼 近代露日關係研究』, 서울, 通文館, 1972년, p. 144에서, 일본 해군의 진해만 집결은 2월 6일이었다고 지적하고, p. 262의 연표에서도 6일에 "일본 군함이 부산과 마산포에 입항하고, 군대가 상륙했다"고 기술한 것이 선구적인데, 마산전신국의 접수는 2월 9일이었다고 쓰고 있다. 이것은 마산 주재 일본인 스와 시로(諏訪史郎)가 1926년에 출간한 『馬山港誌』 p. 68의 부정확한 기술에 의거한 것이다. 『極秘海戦史』를 사용하여, 2월 6일 처음으로 마산포에 입항했고 한국전신국을 점령했다는 점에 관해서 쓴 것은 도야마 사부로(外山三郎)이다. 그러나 그것은 "제3함대 조선해협의 감시에 임하다"는 구절 속에서 언급된 것에 불과하며, 『極秘海戦史』의 기술을 정확하게 전하고 있지 않다. 본서가 『極秘海戦史』의 기술에 기초하여 최초의 작전에 관해서 처음으로 밝힌다.

14 IKMGSh, *Russko-Iaponskaia voina*, Vol. 1, pp. 294-295.

15 『日本外交文書』第37卷 第1冊, p. 97.

16 Kurino's note to Lamsdorf, 24 January/6 February 1904, Obzor snoshenii

17 *Obzor snoshenii s Iaponiei po Koreiskim delam*, pp. 87-88. 텍스트는 프랑스어이다. 『日本外交文書』第37卷 第1冊, pp. 97-100.

18 Kurino's private letter to Lamsdorf, 24 January 1904, Ibid., p. 90. 이 편지는 일본 측에서는 공표되지 않았다. 처음으로 소개하는 것이다.

19 프랑스의 저술가 앙드레 메빌은 1909년의 책에서, 이때 구리노가 람스도르프 외상에게 개인적인 편지를 첨부하여 "여전히 전쟁이 회피될 것이라는 희망"을 표명했다고 썼다. Mévil, op. cit., p. 113. 시만스키는 이 이야기를 무비판적으로 채용했다. Simanskii, op. cit., Vol. III, p. 229. 구리노의 사신이 람스도르프에게 품게 했던 기대감이 그러한 이야기가 되어 유포되었을 것이다.

20 *Dnevniki Imperatora Nikolaia II*, p. 192.

21 Lamsdorf's circular to ambassadors, 24 January 1904, *Obzor snoshenii s Iaponiei po Koreiskim delam*, p. 91.

22 Simanskii, op. cit., Vol. III, p. 226. 오후 2시에 통고가 행해졌다는 것은 정확한 것이 아니다.

23 『極秘海戦史』第1部 巻10, pp. 22, 28.

24 Remnev, op. cit., p. 393. 전거는 Alekseev to Abaza, 25 January 1904, RGIA, F. 1337, Op. 1, D. 20, L. 15.

25 Alekseev, Vsepoddanneishii otchet po diplomaticheskoi chasti, L. 25ob. Chernovik pis'ma Alekseeva, 25 January 1904, RGAVMF, F. 32, Op. 1, D.

209, L. 27.

26 Alekseev, Vsepoddanneishii otchet po diplomaticheskoi chasti, L. 26.

27 V shtabe ad. E. I. Alekseeva, p. 162.

28 IKMGSh, *Russko-Iaponskaia voina*, Vol. 1, p. 173.

29 V shtabe ad. E. I. Alekseeva, p. 162.

30 IKMGSh, *Russko-Iaponskaia voina*, Vol. 1, pp. 294-295.

31 『日韓外交資料集成』第5卷, pp. 41-42, 50.

32 *Novoe vremia*, 25 January/7 February 1904, p. 2.

33 Suvorin, *Malen'kie pis'ma 1904-1908*, pp. 35-36.

34 Simanskii, op. cit., Vol. III, p. 230. 또한 IKMGSh, *Russko-Iaponskaia voina*, Vol. 1, p. 174.

35 *Novoe vremia*, Pribavlenie k, No. 10019, 25 January 1904.

36 A. Pilenko, Iz literaturnykh vospominanii, Hoover Institution, Boris Nikolaevskii collection, Box 642, F. 18, pp. 2-8. 이 자료는 Lukianov, Poslednie russko-iaponskie peregovory, p. 34에서 알게 되었다.

37 Nikolai II to Lamsdorf, 25 January 1904, GARF, F. 568, Op. 1, D. 661, L. 78. *Dnevnik A.N. Kuropatkina*, p. 128.

38 *Dnevniki Imperatora Nikolaia II*, p. 192.

39 Nikolai II to Alekseev (draft), DKPIa, No. 37, 38, pp. 49-50.

40 Iz dnevnikova L. Tikhomirova, 25 January 1904, KA, 1930, kn. 1, pp. 28-29.

41 IKMGSh, *Russko-Iaponskaia voina*, Vol. 1, p. 175.

42 M. Bubnov, *Port-Artur*, Sankt-Peterburg, 1907, p. 18.

43 Gribovskii, Poznakhirev, op. cit., p. 153. IKMGSh, *Russko-Iaponskaia voina*, Vol. 1, p. 148.

44 『極秘海戰史』第1部 卷10, pp. 29-30.

45 『日韓外交資料集成』第5卷, p. 41.

46 林から小村へ, 1904年 2月 8日 (第104号), 『日本外交文書』第37卷 第1册, p. 448.

47 林から小村へ, 1904年 2月 8日 (第105号), 위의 책, pp. 319-320.

48 Pavlov to Alekseev, 26 January 1904, RGAVMF, F. 32, Op. 1, D. 209, L. 27.

49 IKMGSh, *Russko-Iaponskaia voina*, Vol. 1, pp. 180-183.

50 Ibid., p. 184.

51 Bubnov, op. cit., p. 19.

52 IKMGSh, *Russko-Iaponskaia voina*, Vol. 1, pp. 187-188.

53 Ibid., p. 189.

54 GARF, F. 543, Op. 1, D. 186, L. 26.

55 Stessel' to Glazov, KA, 1926, kn. 3, p. 219.

56 *Novoe vremia*, 26 January/8 February 1904, p. 2.

57 VIK, *Russko-Iaponskaia voina*, pp. 273-274. IKMGSh, *Russko-Iaponskaia voina*, Vol. 1, p. 175. 참모본부의 전사는, 사하로프와 아바자의 의견이 "같은 사상"을 나타내고 있었다고 평가하고 있다. 이 두 가지의 기술에 처음으로 주목한 것은 미국의 군사 역사가 메닝이었다. Menning, op. cit., p. 79.

58 이 협의회의 기록은 육군상의 일기 *Dnevnik A.N. Kuropatkina*, p. 130-132에 있다.

59 Ibid., p. 129.

60 Ibid., p. 132.

61 이 전보는 알렉세예프 문서 중에 있다. RGAVMF, F. 32, Op. 1, D. 219, L. 4.

62 *Dnevnik A.N. Kuropatkina*, p. 132.

63 *Dnevniki Imperatora Nikolaia II*, pp. 192-193.

64 Simanskii, op. cit., Vol. III, p. 234.

65 Ibid., p. 233.

66 瓜生司令官の海軍大臣への報告, 1904年2月9日, 『日本外交文書』第37・38巻別冊「日露戦争 I」, p. 97.『日露交戦紀念録』上, 東江堂, 1905年, p. 50. 江藤淳『海は甦える』第2部, 文藝春秋, 1976年, p. 348. 시바(司馬)는 이 건에 관해서 언급하지 않고 있다.

67 IKMGSh, *Russko-Iaponskaia voina*, Vol. 1, pp. 295-297.

68 Ibid., pp. 297, 298-299. 参謀本部編『明治三十七八年日露戦史』第1巻, 偕行社, 1912年, p. 166에 의하면, 수송선은 오후 6시에 입항하여 8시에 양륙을 개시했고, 9일 오전 1시에 완료했다.

69 林から小村へ, 1904年2月8日, 『日本外交文書』第37巻 第1冊, pp. 448-449.

70 『日本外交文書』第37・38巻別冊「日露戦争 I」, pp. 8-17.

71 『東京朝日新聞』1904年2月9日号, p. 3.

72 林から小村へ, 1904年2月8日(第109号), 『日韓外交資料集成』第5巻, pp. 46-47.

73 司馬遼太郎『坂の上の雲』3, 1970年, 文藝春秋, p. 34. 文春文庫(新装版), 3, 1999年, p. 233. 江藤淳『海は甦る』第2部, pp. 356-357. 이 이야기는 최초에 1904년 2월 9일 미국의 신문이 꾸며 낸 이야기를 게재하면서 시작되었다고 한다. Nikitin, Kak nachalas' voina s Iaponiei, *Port-Artur. Vospominaniia uchastnikov*, New York, 1955, p. 43.

74 M.I. Kostenko, Osada i sdacha kreposti Port-Artur. *Moi vpechatleniia*, Kiev, 1906, pp. 31-32.

75 Bubnov, op. cit., p. 18.

76 IKMGSh, *Russko-Iaponskaia voina*, Vol. 1, pp. 191-192.

77 Bubnov, op. cit., p. 19.

78 IKMGSh, *Russko-Iaponskaia voina*, Vol. 1, pp. 200-213. Bubnov, op. cit., p. 20.

79 Suvorin, op. cit., p. 37.

80 *Dnevniki Imperatora Nikolaia II*, p. 193.

81 Nikolai II to Lamsdorf, 26 January 1904, GARF, F. 568, Op. 1, D. 661, L. 79.

82 *Dnevnik A.N. Kuropatkina*, p. 132.

83 Pilenko, op. cit., pp. 9-10.

84 V shtabe ad. E.I. Alekseeva, p. 165.

85 IKMGSh, *Russko-Iaponskaia voina*, Vol. 1, pp. 246-283.

86 Ibid., pp. 299-315.『明治三十七八年日露戦史』第1巻, p. 166

87 위의 책, p. 166. *Koreia glazami rossiian(1895-1945)*, Moscow, 2008, p. 175. 원저는 Episkop Khrisanf, *Iz pisem koreiskogo missionera*, Kazan', 1904, pp. 35-40.

88 林から小村へ, 1904年2月9日,『駐韓日本公使館記録』23, pp. 159-160. 影印版, pp. 19, 492-493. 海野, 앞의 책, p. 111.

89 谷, 앞의 책, p. 71.

90 *Novoe vremia*, 27 January/9 February 1904, p. 3.

91 *Pravitel'stvennyi vestnik*, 27 January/9 February 1904, p. 1.

92 Na ulitse, *Novoe vremia*, 28 January/10 February 1904, p. 4.

93 *Dnevniki Imperatora Nikolaia II*, p. 193.

94 *Dnevnik A.N. Kuropatkina*, p. 132.

95 *Dnevniki Imperatora Nikolaia II*, p. 193.

96 S.Iu. Vitte, *Vospominaniia*, Vol. 2, Moscow, 1960, pp. 290-291.

97 Lamsdorf to Nikolai II, 27 January 1904, Glushkov and Cherevko, op. cit., p. 152.

98 『東京朝日新聞』1904年2月11日号

99 *Dnevniki sviatogo Nikolaia Iaponskogo*, Hokkaido University Press, 1994, p. 371. 또한 Ibid., pp. 362-363. 中村健之介ほか編訳『宣教師ニコライの日記抄』北海道大学図書刊行会, 2000年, pp. 277-278도 참조할 것.

100 小村から林へ, 1904年2月8日,『日本外交文書』第37・38巻別冊「日露戦争I」, p. 25.

101 林から小村へ, 1904年2月9, 10日, 위의 책, pp. 27, 28.

102 Fontenay to Hayashi, 1 March 1904, 위의 책, pp. 72-73.

103 *Pravitel'stvennyi vestnik*, 28 January/10 February 1904, p. 1.

104 *Novoe vremia*, 28 January/10 February 1904, p. 1.

105 Suvorin, op. cit., pp. 36-37.

106) *Khronika moskovskoi zhizni*, 1901-1910, Moscow, 2001, p. 175.

107 Iz dnevnikov L. Tikhomirova, KA, 1930, kn 1, pp. 29, 30, 31.

108 *Dnevnik A.N. Kuropatkina*, p. 133.

109 『子爵栗野慎一郎伝』 p. 322. 『日本外交文書』 第37・38巻別冊 「日露戦争 I」, pp. 22-23.

110 小森徳治 『明石元二郎』 上, 原書房, 1968年, p. 150.

111 Alekseev to Nikolai II, 28 January 1904, VIK, *Russko-Iaponskaia voina*, Vol. II, p. 74.

112 조칙문은 『東京朝日新聞』 1904年 2月 11日号에 따랐다. 『日本外交文書』 第37・38巻別冊 「日露戦争 I」, p. 143에도 있다.

113 위의 책, p. 142.

114 林から小村へ, 1904年 2月 11日, 위의 책, p. 148.

115 『東京朝日新聞』 1904年 2月 12日 号外.

116 위의 신문. Rozen, op. cit., Vol. 1, pp. 232-234.

117 林から小村へ, 1904年 2月 12日 (131号), 『日本外交文書』 第37巻 第1冊, pp. 320-321.

118 林から小村へ, 1904年 2月 11日, 『駐韓日本公使館記録』 23, p. 162. 이 요청에 응하여 영문으로된 것을 보내오자, 13일에 다시 일문을 보내라는 전보를 쳤다. 위의 책, p. 167.

119 *Novoe vremia*, 29 January/11 February 1904, p. 3.

120 Ibid., 30 January/12 February 1904, p. 1.

121 『東京朝日新聞』 1904年 2月 13日号. ワディム・アガーポフ 「露日戦争における ウラジオ巡洋艦戦隊の作戦」, 『日露戦争(2)』, pp. 99-100.

122 *Port-Artur. Deistviia flota v 1904 godu*, Sankt-Peterburn, 2003, p. 18. *Dnevniki Imperatora Nikolaia II*, p. 193.

123 가지무라 히데키(梶村秀樹)는 이 논설에 관해서 "소개할 가치가 있는 유니크함을 갖추고 있다"고만 평했다. 梶村秀樹 「朝鮮からみた日露戦争」, 『梶村秀樹 著作集』 第2巻, 明石書店, 1993年, p. 264. 역시 일본에 대한 깊은 환상이 있음을 직시해야 한다. 이러한 점에서 조경달(趙景達)이 개전 초기 조선인의 일본관에는 일본에 대한 기대가 있었다고 지적한 것을 지지한다. 趙景達 「日露戦争と朝鮮」, 安田浩ほか編 『戦争の時代と社会』 青木書店, 2005年, pp. 97-99.

124 『旧韓国外交文書』 第19巻, p. 749.

125 『東京朝日新聞』 1904年 2月 13日 号外. F.A. McKenzie, *From Tokyo to Tiflis: Uncensored Letters from the War*, London, 1905, p. 58. 파블로프와 그의 부인의 이날 사진이 다음 자료에 있다. *A Photographic Record of the Russo-Japanese War*, edited and arranged by James H. Hare, New York, 1905, p. 37.

126 Pavlov, op. cit., pp. 285-288.

127 林から小村へ, 1904年 2月 13日, 『駐韓日本公使館記録』 23, pp. 167-168. 影印版,

19, pp. 493-494. 海野, 앞의 책, p. 111.

128 林から小村へ, 1904年 2月 13日, 『駐韓日本公使館記録』23, p. 168. 影印版, 19, p. 494.

129 海野, 앞의 책, p. 112.

130 *Dnevniki Imperatora Nikolaia II*, p. 193.

131 海野, 앞의 책, pp. 111-112.

132 『東京朝日新聞』1904年 2月 15日号.

133 海野, 앞의 책, pp. 112-113.

134 林から李址鎔へ, 1904年 2月 14日, 『駐韓日本公使館記録』24, p. 3.

135 *Dnevniki Imperatora Nikolaia II*, pp. 193-194.

136 Neitralitety, *Novoe vremia*, 2/15 February 1904, p. 3.

137 VIK, *Russko-Iaponskaia voina*, Vol. II, p. 74.

138 沼田多稼蔵『日露陸戦新史』岩波新書, 1940年, p. 25.

139 *Dnevniki Imperatora Nikolaia II*, p. 194.

140 影印版『駐韓日本公使館記録』19, p. 500.

141 林から小村へ, 1904年 2月 17日, 『駐韓日本公使館記録』23, p. 172. 影印版, 19, p. 500.

142 *Dnevniki Imperatora Nikolaia II*, p. 194.

143 『明治三十七八年日露戦史』第1巻, p. 168.

144 林から小村へ, 1904年 2月 18日, 『駐韓日本公使館記録』23, p. 174. 影印版, 19, pp. 500-501. 海野, 앞의 책, p. 113.

145 *Pravitel'stvennyi vestnik*, 5/18 February 1904, p. 2.

146 *Dnevniki Imperatora Nikolaia II*, p. 194.

147 『明治三十七八年日露戦史』第1巻, p. 168.

148 海野, 앞의 책, p. 113.

149 *Pravitel'stvennyi vestnik*, 7/20 February 1904, p. 1. 일본어로 된 요약은, 井上公使から小村へ, 1904年 2月 29日, 『日本外交文書』第37・38巻別冊, 「日露戦争 I」, pp. 56-57.

150 *Dnevnik A.N. Kuropatkina*, p. 134.

151 Allen to Hay, February 21, 1904, *Korean-American Relations*, Vol. III, p. 117.

152 VIK, *Russko-Iaponskaia voina*, Vol. II, p. 39.

153 林から小村へ, 1904年 2月 21日, 『駐韓日本公使館記録』23, p. 176.

154 위의 책, 23, pp. 176-177. 海野, 앞의 책, p. 113.

155 『明治三十七八年日露戦史』第1巻, p. 174.

156 영문은 『日本外交文書』第37巻 第1冊, pp. 460-462. 일본어 번역문은 『日本外交文書』第37・38巻別冊, 「日露戦争 I」, pp. 45-77. 러시아어 텍스트는 *Novoe*

vremia, 11/24 February 1904, p. 2.

157 林から小村へ, 1904年 2月 22日, 『駐韓日本公使館記録』 23, p. 179.

158 林から小村へ, 1904年 2月 23日, 『日本外交文書』 第37巻 第1冊, p. 339.

159 『日韓外交資料集成』 第5巻, p. 75.

160 VIK, *Russko-Iaponskaia voina*, Vol. II, p. 75.

161 Ibid., p. 76. 박종효는 같은 명령을 인용하면서, 일본의 기병과 조우하면 섬멸하라는 명령이었다고 쓰고 있는데(Pak Chong Khio, op. cit., p. 191), 완전한 창작이다.

162 McKenzie, op. cit., p. 97.

163 『明治三十七八年日露戦史』 第1巻, pp. 174, 177.

164 『日本外交文書』 第37巻 第1冊, pp. 345-346.

165 林から小村へ, 1904年 2月 24日, 『駐韓日本公使館記録』 23, p. 183.

166 『日本外交文書』 第37巻 第1冊, pp. 339, 341.

167 Allen to Secretary of State, 24 February 1904, *Korean-American Relations*, Vol. III, p. 125.

168 *Dnevniki Imperatora Nikolaia II*, p. 195.

169 『明治三十七八年日露戦史』 第1巻, pp. 111-130.

170 中村健之介・中村悦子『ニコライ堂の女性たち』教文館, 2003年, p. 431.

171 『明治三十七八年日露戦史』 第1巻, p. 174.

172 イザベラ・ビショップ (時岡敬子訳) 『朝鮮紀行』 図書出版社, 1995年, p. 367. 『朝鮮예수教長老会史記』, 上, 新門内教会堂, 1928年.

173 林から小村へ, 1904年 2月 24日, 『駐韓日本公使館記録』 23, p. 183.

174 Times, 24 February 1904.

175 林から小村へ, 1904年 2月 24日, 『日本外交文書』 第37・38巻別冊 「日露戦争 I」, p. 47.

176 VIK, *Russko-Iaponskaia voina*, Vol. II, p. 76.

177 海野, 앞의 책, p. 114.

178 林から小村へ, 『日本外交文書』 第37・38巻別冊 「日露戦争 I」, pp. 47-48.

179 高平から小村へ, 위의 책, p. 48.

180 VIK, *Russko-Iaponskaia voina*, Vol. II, p. 77.

181 *Times*, 26 February 1904.

182 『日本外交文書』 第37巻 第1冊, p. 345.

183 VIK, *Russko-Iaponskaia voina*, Vol. II, pp. 76-77.

184 Ibid., p. 78.

185 『明治三十七八年日露戦史』 第1巻, p. 175.

186 *Novoe vremia*, 15/28 February 1904, pp. 2-3.

187 *Pravitel'stvennyi vestnik*, 15/28 February 1904, p. 2.

188 『明治三十七八年日露戦史』第1卷, pp. 178–179, 183. "24일"은 원문 그대로.

189 VIK, *Russko-Iaponskaia voina*, Vol. II, p. 79.

190 Mckenzie, op. cit., pp. 121–123. 이것은 나중에 매켄지가 자신의 유명한 일본 비판서에서 다음과 같이 쓴 것과 어긋난다. "북부의 주민들은 러시아인에게 호의를 보이지 않았다. 러시아인에게는 규율과 자제가 결여되어 있었기 때문이다. 그들은 특히, 종종 발생하는 러시아군 병사와 한국 여성과의 충돌로 불화를 야기했다. 나는 전쟁 초기에 주로 북부 지방을 쭉 여행했는데, 그 최초 몇 주일 동안 나는 어디를 가서도 한국 국민에게서 일본군에 대한 우호적인 얘깃거리만을 들었다." マッケンジー─ (渡部学訳『朝鮮の悲劇』平凡社, 1972年, p. 107. 이런 점에서 趙景達, 앞의 논문, p. 100의 기술은 재검토가 필요하다고 생각한다.

191 *Dnevniki Imperatora Nikolaia II*, p. 195.

192 梶村, 앞의 논문, pp. 265–267의 번역문에 따른다. 가지무라(梶村)는 이 논설에 대해서 『황성신문』이 "전년도부터 계속해온 '자강(自强)'의 관점에서의 캠페인을, 이른바 집약한 것이라고 할 수 있다"고 평하고 있는데, 이는 옳지 않다.

193 『明治三十七八年日露戦史』第1卷, p. 187.

제10장 러일전쟁은 이렇게 일어났다

　러일전쟁은 조선전쟁으로 시작되었다. 일본군은 전시 중립을 선언한 대한제국의 영내에 침입해 진해만, 부산, 마산, 인천, 서울, 평양을 점령하고, 대한제국 황제에게 사실상의 보호국화를 강요하는 의정서에 조인하게 했다. 인천과 뤼순에서 러시아 함선에 대한 공격이 동시에 시작되었는데, 이 공격은 무엇보다도 대한제국 황제에게 러시아의 보호는 없을 것이라는 의미의 결정타를 날려 황제를 체념시키는 역할을 했다. 조선 장악이 끝나자 전쟁은 압록강을 넘어 만주에서 본격적인 러일전쟁으로 진화해 간다. 일본은 선전포고에서 "한국의 보호"를 위해서 러시아와 싸운다고 선언했지만, 사실은 일본이 조선을 자국의 지배하에 두고 보호국으로 삼고 나서, 러시아에게 그것을 인정하게 하는 것을 목적으로 하는 전쟁을 추진했던 것이다.

　러시아는 일본 해군의 기습공격을 받고 항의의 선전포고를 발한 모양새였으므로 완전히 수동적인 자세였다. 러시아가 전쟁을 원하지 않았던 것은 확실하다.

일본이 노린 것

이 전쟁의 뿌리에는 조선에 대한 일본의 야망이 있었다. 메이지유신을 성취한 일본인들은 문명개화, 부국강병에 앞서 영토의 확장을 꿈꿨다.

막말 변혁기의 활동가들에게 국가 개조의 모델은 러시아 표트르대제의 개혁이었다. 사쿠마 쇼잔(佐久間象山)은 다음과 같이 썼다.

"가까이는 러시아의 군주 페토루[표트르]가, 자기 나라에 큰 배가 부족하고 수군의 항해 훈련이 되어있지 않음을 한탄하여, 네덜란드에게서 여러 기술에 능한 자들 고용해 국민들에게 이를 습득하도록 하였던 바…… 이러한 기술은 얼마 후 개화해 마침내 유럽 대륙에서도 명예로운 나라가 되었다." "위로는 호걸 군주가 있어, 이를 이끎으로써 다른 나라보다 아래에 서지 않게 된 것이다."[1]

강력한 군주 권력 하에서 위로부터 근대화 혁명을 단행해, 오래된 폐단을 타파하고 사회를 개혁하며, 부국강병을 도모한다는 것이 표트르의 모델이라 여겼기 때문에, 표트르의 최종 업적인 새로운 영토의 획득도 자연스럽게 목표에 들어오는 것이다. 와타나베 가잔(渡辺崋山)은 다음과 같이 썼다.

"페토루라 하는 영명한 군주가 홀연 굴기(屈起)해 한 세대가 지나기 전에 서쪽으로는 스웨시아[스웨덴]의 일부, 동쪽으로는 우리 에조의 경계까지 그 방대한 땅 7천여 리를 일거에 잠식하고, 세계 제일의 대국이 되었다."[2]

부국강병을 달성하면, 영토를 확대하고 국위를 발양한다. 그것은 거의 의심의 여지 없는 국가의 작법(作法)이라는 생각이 이러한 사람들의 머릿속에 들어 있었던 것이다.

일본이 영토를 확장한다고 하면 그 대상으로는 일본의 주변 지역을 들 수 있을 것이다. 북쪽의 가라후토, 서쪽의 조선반도, 서남쪽의 류큐와 타이완 정도가 될 것이다. 이것은 분명 지리학의 문제다. 그러나 타국을 침략하는 것은 역시 이상한 일이며, 자연스럽게 국가와 국민의 목표가 될 수는 없다. 이들 지역 가운데 메이지 정부가 가장 빨리 군대를 보낸 것은 1874년 타이완이었다.[3] 1879년에는 류큐 왕권을 타도하고 류큐를 일본에 완전히 병합했다. 다른 한편 1875년 조선에서는 강화도 주변에서 군사행동을 일으켰고, 러시아와 조약을 체결해 가라후토를 포기한 후, 1876년에는 조선에 불평등조약을 강요해 개국시켰다.

이러한 과정을 통해서 조선을 일본이 획득해야 할 목표로 인식하게 되었다. 동시에 러시아와의 대항을 의식하면서, 러시아의 침략이 닥쳐왔기 때문에 일본이 적극적으로 조선에 개입해 조선을 지키고 일본 자신도 지켜야 하는 안전보장 상의 필요를 처음부터 강조했다. 러시아의 조선 침략이란 것이 현실적으로 가능하지 않았기 때문에 더더욱 그것을 반복해서 논의함으로써, 이웃나라를 지배하려는 야망을 지닌 일본에 정당화의 대의명분이 생길 것이라고 생각했을 것이다.

1880년대에 조선에서 발생한 임오군란과 갑신정변으로 일본은 처음에는 보수적인 조선인들의 공격을 받았지만, 그 다음에는 스스로 조선인 개혁파의 행동을 지지하며 움직였다. 그러는 가운데 조선의 종주국 청국의 힘을 알게 되었다. 그래서 청국에 대해서 자신들의 주장을 밀어붙이면서도 러시아의 침략 가능성을 거론했다. 일본과 청국 모두 참여하는 5개국 보장으로 조선의 중립화를 실현하고 러시아의 침략에서 조선을 지킨다는 그런 식의 제안이 생겨났다. 야마가타 계열의 이노우에 고와시의 제안이 대표적이었다.

조선과 러시아

일본이 힘으로 강제 굴복시켜서 개국하게 된 조선에서는 나라가 나아가야 할 길이 정해져 있지 않았다. 국왕 고종은 메이지천황과 동갑이었다. 친부 대원군이 연루된 보수파의 쿠데타와 친일개혁파의 쿠데타로 흔들린 고종은 외국인 고문 묄렌도르프의 조언을 받아, 오래 전부터 종주국이었던 청국도 거부하고, 새롭게 밀고 들어오는 일본도 거부했으며, 북쪽의 러시아 제국의 보호 하에 들어감으로써 자신의 통치를 확립하는 길을 모색하기에 이르렀다. 그 최초의 행동이 일본에 전해져, 외무경 이노우에 가오루를 격노케 했다. 이노우에가 1885년 6월 5일 청국 공사 수청쭈(徐承祖)에게 한 말은 한 번 더 인용할 가치가 있다.

"조선국왕, 군신 간 관계, 정치의 체(體) 등은 거의 어린아이와 같다." 고종은 대략 34, 5세로 "그 나이에 일처리를 이따위로 한다면, 가령 그보다 현량(賢良)한 인물을 보내 잘 타일러 권유한다 해도 진선거악(進善去惡)할 수 없음을 알게 될 것이오." 그러니까 청국과 일본이 협력해 "방조(防阻)의 방법을 도모하지 않는다면, 그 나라 외교의 졸렬함으로 인해 귀국과 아국 양국에 화를 초래할 것이 경각에 달려있다." "따라서 조선 왕의 임정(臨政)을 약간 구속하고, 외교상의 망동을 하지 않도록 해야 한다."4

이것이 조선국왕과 일본 국가의 관계가 비화해적인 것이 되는 단초였다. 이때부터 1910년의 병합까지 4반세기, 긴 투쟁이 시작되었다.

한편 러시아의 태도는 처음부터 소극적이었다. 러시아는 광대한 국토를 주체하지 못하고 있었다. 일본이 조선을 개국시켰을 때도 문제 삼지 않았고, 조선과 국교를 수립할 생각도 없었다. 조선에서 탈출한 대량의 농민을 받아들여 연해주에서 농업에 종사하도록 해서, 새로운 영토를 개발하는 촉진제가 되게 하는 것에 만족했고, 조선과 공식적으로 국교를 맺는 것은 회피하는 것이 좋다고 생각했던 것이다. 러시아가 조선과 국교를 맺은 것은 숙적 영국이 조선과 국교를 체결한 후인 1884년의 일이었다. 초대 공사 베베르는 조선 국왕에 대해 호감(sympathy)을 느끼고 있었지만, 러시아 본국이 원래 견지하고 있던 '대기(待機)정책'은 변하지 않았다. 러시아로서는 조선이나 일본이나 모두 먼 나라에 지나지 않았다.

러시아가 일본을 강하게 의식한 것은 1891년 황태자 니콜라이의 일본 방문과 오쓰사건 때문이었다. 황태자 자신은 어디까지나 이국적인 아름다움을 간직한 나라 일본에 매료되어 있었다. 그래서 정신이 이상한 순사에게 습격을 당했을 때 맹렬한 아픔과 분노는 느꼈지만, 일본에 관한 좋은 인상은 바뀌지 않았다. 그가 지녔던 일본에 대한 이미지의 근저에는 습격사건 직후 우왕좌왕하며 도망치다가, 그 자리로 다시 돌아와 무릎을 꿇고 합장하면서 유감의 뜻을 표한 온화한 일본인들의 자세가 남아 있었다. 사납고 공격적이며 사무라이적인 일본과 니콜라이 사이에는 아무런 연고도 없었던 것이다. 러시아 정부도 니콜라이를 덮친 경관을 처형하지 못한 일본 정부를 "약해빠진 나라"라고만 생각했다.

한편 일본의 전 국민에게 이 사건은 충격이었다. 대국 러시아의 분노에 대한 두려움 때문에, 위로는 메이지천황부터 아래로는 자결한 하타케야마 유코(畠山勇子)에 이르기까지, 일본인은 모두 눌려 찌부러질 것 같았던 것이다. 그러한 공포 분위기 속에서 시베리아철도 건설이 시작되었다는 뉴스는 더 큰 불안감을 불러일으켰다.

청일전쟁의 개시와 그 파문

1894년이 되자 일본 정부는 조선에서 전쟁을 시작했다. 계기는 조선에서 발생한 동학농민운동이었다. 청국이 조선의 요청으로 반란을 진압하기 위해 출병한다는 소식을 듣고, 일본은 요청을 받지도 않았지만 출병해야 한다는 생각에 사로잡혔던 것이다. 이를 추진한 것은 무쓰 무네미쓰 외상과 가와카미 소로쿠 참모차장이었다. 이토 내각은 출병 후에 조선을 청국의 종속관계에서 해방해 자신들의 보호국으로 삼는 것을 목표로 설정했다. 서울을 점령한 일본군은 마침내 7월 23일 왕궁을 점령하고 조선군을 무장해제했으며, 국왕과 왕비를 포로로 잡았다. 게다가 아산의 청국군을 물리쳐 달라는 요청을 받았다면서 청국군을 공격했다. 해상에서도 청국의 병력을 수송하는 배를 격침시켰다. 이 모든 것이 선전포고 이전에 벌어진 일이었다.

메이지유신이 만들어 낸 새로운 국가 일본의 육해군은 실로 강력했다. 러시아의 주재 무관 보가크는 찬탄을 금치 못했다. 일본 육군은 평양 전투에서 대승했다. 그리고 압록강을 건너 만주로 공격해 들어갔다. 조선전쟁은 전면적인 청일전쟁으로 전화(轉化)했고, 일본군은 청국군에게 승리했다. 그리고 그 승리의 열매로서 일본은 조선의 독립, 즉 일본에 대한 종속을 쟁취했을 뿐만 아니라, 배상금과 타이완의 할양에 더해서 랴오둥반도와 남만주의 할양까지도 요구했다. 제국주의의 기준으로 보아도 지나친 욕심이라 아니할 수 없는 요구였다.

이에 대해서 러시아가 반발했다. 일본의 만주 진출을 용서할 수 없다는, 자신들이 지닌 이익의 관점에서 나온 반발이었지만, 이것이 독일과 프랑스의 동조를 얻어 삼국간섭으로 발현되었기 때문에 일본은 굴복할 수밖에 없었다. 일본은 강요에 못 이겨 랴오둥을 반환했다. 이 좌절감은 일본이 행로를 바꾸는 계기가 될 수도 있었다. 그러나 일본의 국민적인 반응은 '와신상담'이었다.

침략의 피해자인 조선과 청국의 입장에서 보면, 제국주의 열강들 사이의 대립에 의해서 일본의 야망이 억눌려진 결과는 기쁜 것이었다. 청국에서도 그리고 조선에서도 러시아에 대한 기대감은 급속도로 높아졌다. 조선에서는 국왕 고종과 민비가 러시아의 힘에 의지해 일본의 간섭을 배척하는 방향으로 움직였다. 충격을 받은 일본의 대외강경파 활동가들과 군부는 어디까지나 전쟁에서 획득한 조선에 대한 지배권을 주장하려고 했다. 그것이 미우라 고로 공사가 주도한 민비살해라는 쿠데타로 나타났다. 이는 너무나도 용서할 수 없는 폭거였으며, 일본은 국제적 체면을 완전히 상실했다. 조선에서 이 폭거를 고발한 사람이 러시아 공사 베베르였다. 비를 살해하고, 더욱이 비를 비난하며 서민으로 격하한다는 조칙을 내도록 강요당한 국왕 고종은 분노했고, 러시아 공사관으로 도피해 역(逆)쿠데타에 나섰다. 사태를 수습하기 위해 조선으로 온 고무라 주타로가 말한 것처럼, "천자를 빼앗겨서 모든 게 끝장난"[5] 상태가 되었던 것이다.

일본으로서는 조선에서 힘을 강화한 러시아와 어떻게든 교섭해 조선에 대한 자신들의 영향력을 얼마간이라도 확보하는 것이 과제가 되었다. 그 최초의 시도가 고무라-베베르 각서였다. 그 위에 구상된 것이 이토 수상의 지지를 받는 야마가타 아리토모의 일·러 세력권분할안이었다. 야마가타는 이 안을 가지고 1896년 6월 니콜라이 2세의 대관식에 갔다.

그러나 대관식 외교의 주역은 리훙장이었다. 그는 6월 3일 비테와 러·청 비밀동맹조약을 체결했고, 러시아는 이 조약에 기초해 만주를 횡단하는 동청철도 건설의 이권을 얻었다. 그 무렵 야마가타는 조선을 남북으로 분할해 일·러 세력권으로 하는 자신의 구상을 로바노프-로스토프스키 외상에게 내밀었다. 협정안의 제5조는 "일·러 양국 정부가 협의해…… 이미 동 국가에 주둔하는 군대 이외에 다시 그 군대를 파견해 동 국가를 도와줘야 할 필요가 있다고 인정될 때에는, 일·러 양국은 양국 군대의 충돌을 피하기 위해 각각 군대 파견지를 분획하고, 한쪽은 동 국가의 남부의 땅에 파견하고 다른 한쪽은 북부의 땅에 파견한다. 또한 예방을 위해 양국 군대 사이에 상당한 거리를 두어야 한다"[6]라고 되어 있었다. 6월 6일 야마가타는 남북의 구분은 대동강 언저리, 즉 평양 부근으로 하는 것이라고 답했다. 조선의 독립을 전제로 조선을 남북으로 분할하고, 일본과 러시아가 영향력을 행사한다는 안이었다.

일본과 러시아가 공동으로 독립 조선에 대한 원조에 관여하는 것으로 협정을 체결하면, 조선의 독립은 당분간 위협받지 않게 된다. 조선에게는 국제적 보장에 의한 중립국이 될 가능성이 열렸던 것인지도 모른다. 물론 일본이 이것으로 만족하지 못하고 얼마 안 있어 조선 북부에서 러시아의 영향력을 축출하기 위해 전쟁으로 치달을 것도 예상할 수 없는 것은 아니다. 아무튼 7년 뒤인 1903년 보가크는 이 당시의 일을 되돌아보면서, 조선문제에서 일본과 본격적인 협정을 체결할 수 있는 드문 기회가 거기에 있었다고 지적했다.

그러나 야마가타의 제안을 들은 로바노프-로스토프스키 외상은 이 안에 대해 진지하게 대처하지 않았다. 결과적으로 6월 9일에 체결된 야마가타-로바노프 협정은 형식적인 것으로 끝나고 말았다. 1896년의 조선에서 러시아는 일본보다 분명 유리했다. 고종은 여전히 러시아 공사관의 손님이었으며, 러시아의 보호를 구하고 있었다. 야마가타 다음에는 조선 사절 민영환이 교섭을 요청했다. 그가 요구한 것은 러시아의 조선 보호였고 조러(朝露)동맹이었다. 물론 러시아에게는 조선 말고도 생각해야 할 것들이 있었던 것도 사실이다. 그러나 중요한 것은 러시아가 금후 조선과의 관계를 어떻게 할 것인가, 일본과의 관계는 어떻게 할 것인가에 관해서 면밀하게 고안된 방침을 지니고 있지 않았다는 점이다.

러시아 외상이 황제와 협의를 마치고 야마가타의 제안을 거부했을 때, 일본의 주러 공사 니시 도쿠지로는 중대한 분석을 했고, 판단을 내렸다. 1896년 7월 본성으로 보낸 보고에서 그는 러시아에게는 일본과 공동으로든 단독으로든 조선을 보호국으로 하려는 "의사가 없으며" "현재의 상태에서 일본과 함께 조선을 남북으로 분할할 의사도 없다"고 썼다. "러시아가 조선에서 현재 바라고 있는 소망은, 지금의 형태를 유지하는 것이다. 자동적으로 이를 손에 넣겠다든지, 이를 보호국으로 삼겠다든지 하는 등의 계산은 하지 않고 있다."[7] 일본이 힘으로 밀고 나아가면 충돌 없이 조선은 일본의 것이 될 것이라는 게 니시의 결론이었다.

러시아의 만주 진출

청일전쟁은 열강을 자극했다. 독일은 1897년 자오저우만 점령에 나섰다. 이것이 이번에는 러시아의 황제 니콜라이를 자극했다. 야심가인 신 외무장관 무라비요프도 황제의 뜻을 존중해, 러시아 해군이 원하지도 않는 부동항 뤼순·다롄의 획득이라는 모험을 적극 시도했다. 비테는 당초 강하게 반대했지만, 이것이 기정 방침이 되자 누구보다도 열심히 이를 이용했다. 동청철도의 남부지선을 끌어다가 다롄을 자신의 만주철도왕국의 종점으로 만들었던 것이다.

그리고 1898년에는 조선에서 러시아의 세력에 반대하는 독립협회의 강력한 운동이 일어나, 러시아는 군사교관과 재정고문 모두 철수하지 않으면 안 되게 되었다. 러시아가 조선에 대한 영향력을 상실한 상태에서 랴오둥반도에 조차지를 갖는 것은, 안전보장 상의 견지로 보면 매우 불안정한 태세였다. 뤼순·다롄은 러시아 본국과 철도 하나로 연결되어 있을 뿐이기 때문이다.

따라서 의화단사건과 그것이 초래한 러청전쟁에서 러시아군이 만주를 전면 점령한 후 철군을 주저하게 된 것은, 당연한 결과이기도 했다. 적어도 뤼순에 진을 친 관둥주 장관 알렉세예프의 입장에서는 만주 철군은 간단하게 처리되어서는 안 될 문제였다.

일본은 러시아의 랴오둥반도 조차(租借)에 대해서도 당초에는 신중한 태도였다. 이때 처음으로 니시(西) 외상이 러시아가 남만주를 취한다면 일본에게 조선을 전면적으로 양도하라는 만한교환론을 제시했지만, 러시아가 거절하자 그 제안을 깨끗하게 거둬들이고 조선에서 일본의 상공업 활동의 발달을 인정한다는 것만을 집어 넣은 니시-로젠 의정서를 체결하기로 했던 것이다. 그러나 그랬던 일본도 러시아의 만주 전면점령에 이르러서는 마침내 만한교환론을 정면으로 제기하게 되었다. 러시아가 만주를 장악한다면 한국은 일본의 것이라고 인정하라고 명확하게 주장해도 괜찮을 것이라고 생각하게 되었던 것이다. 한편 민간 여론은 일제히 러시아의 만주 진출을 비난하기 시작했다. 군부도 뒤를 이었다.

이때 한국 황제는 한국이 중립국이 되기를 희망하는 노선을 처음으로 내세우며, 일본 정부에 교섭하자고 요청했다. 1900년 8월 조병식(趙秉式)이 일본에 공사로 파견되었다. 이에 대해서 주일 러시아 공사 이즈볼스키가 강하게 지지했고, 그의 설득으로 러시아 외무성도 이를 지지하게 되었다. 서울의 파블로프 공사도 독자적인 판단으로 이에 동조했다. 1901년 1월 일본정부의 가토 외상은 주청 공사 고무라의 의견을 듣고, 이 제안을 단호하게 거절했다. 고무라의 의견은 이미 단순한 만한교환론이 아니었고, 한국의 확보가 러시아의 만주 지배를 견제하는 거점이 될 것이라며 변화를 보이기 시작했다. 이렇게 해서 조선을 둘러싼 러·일의 주장은 완전히 어긋나게 되었다. 이때부터 러·일 대립은 결정적이 되었다고 볼 수 있다.

가쓰라-고무라 내각의 성립

일본에 주재하고 있던 러시아의 역대 외교관들은 이토 히로부미에 대해서 크게 기대를 걸고 있었다. 확실히 이토는 러시아에 대해서 신중했다. 그러나 이토는 청일전쟁 당시의 총리대신이었고, 개전에 대해서도 책임을 지고 있었다. 시모노세키 강화에서 그토록 강경한 요구를 했던 전권이었으며, 또한 삼국간섭의 수용을 결정한 것도 그였다. 1900년부터 1901년에 걸쳐서 한국이 중립국의 지위를 추구하고, 러시아가 그것을 지지했을 때에도 그는 총리대신이었다. 러시아 공사는 이토에게 기대를 걸고 교섭을 진행하면서, 이토의 힘이 약해지면 일본과 러시아는 전쟁으로 다가갈 것이라고 우려하고 있었다. 그러나 수상의 자리에 있는 동안 이토는 러시아와의 관계개선을 위해서 아무것도 하지 않았다.

1901년 6월 이토는 마침내 수상의 자리를 가쓰라 타로에게 물려주었다. 가쓰라는 고무라 주타로를 외상의 자리에 앉혔다. 이 고무라 외상의 등장으로 일본은 러일전쟁을 향해나아가게 된다. 조선을 출발점으로 미국, 러시아, 청국과 이 지역의 모든 나라의 공사를 역임했던 그는 일본 외무성의 에이스였다. 그의 정치력, 전략적인 구상능력은 걸출했다. 이 비썩 마른 사나이가 갖춘 담력은 엄청났다. 조선을 완전히 일본의 것으로 하고, 더불어 남만주로의 진출을 어떻게 실현할까, 그 전략을 입안하고 실행하는 쪽으로 그의 사고는 향하고 있었다.

외무성 내에서 그에 대항하는 노선에 선 것은 구리노 신이치로 뿐이었다. 그의 러일동맹론, 제한적 만한교환론은 고무라 노선에 대한 대안(alternative)이었다. 구리노는 이토와 함께 러시아와의 전쟁을 회피하려고 했다. 그러나 그 자신의 구상을 고무라에게 설명하고, 그렇게 해도 좋으니까 해달라는 말을 듣고, 그 말을 믿으면서 러시아 공사직을 받아들인 시점에, 그의 외교관으로서 생명은 끝난 것이나 마찬가지였다.

구리노가 일본을 출발해서 러시아에 부임할 때까지 러시아를 가상적국으로 하는 영일동맹의 교섭이 일거에 진행되었다. 무시당한 것은 이토 전 수상도 마찬가지였다. 그도 영일동맹 교섭 사실에 관한 설명을 파리에서 들었다. 러일동맹 타진을 위해서 나라를 떠나와 있었는데 말이다.

러일교섭

고무라가 시작한 러일교섭은 전쟁을 위한 준비였다. 그것은 일본과 러시아가 교섭해 쟁점을 해결하고, 전쟁을 회피하기 위한 것이 아니었다. 1903년 6월에 일본 정부가 대러 교섭을 결정했을 때, 정부는 오야마 이와오의 의견서와 고무라 주타로의 의견서를 검토했다. 두 개의 의견서는 같은 판단을 하고 있었다. 즉 러시아가 만주 점령을 계속하면서 만주의 실권을 장악하고 있다, 이대로 가면 러시아는 조만간 조선을 그 세력권 안에 두게 된다, 그러니까 지금 외교교섭의 장에서 조선은 일본의 것이고 일본이 보호국으로 삼는 것을 인정하라고 러시아에게 요구한다, 러시아가 이를 거부하면 전쟁을 시작한다, 전쟁하는 데에는 시베리아철도가 완성되지 않은 지금이 찬스다, 이것이 교섭을 제안한 외상과 참모본부의 판단이었다. 러시아가 이미 표명하고 있는 입장에서 보면 러시아가 일본의 요구를 거부할 것이라는 점은 틀림없었다. 그렇다면, 전쟁을 해서 첫 번째 전투에서 승리를 거두어 강화회의로 가져가고, 강화조약에서 일본의 요구를 인정하게 하는 수밖에 없다. 개전의 조건을 만들기 위해서 교섭을 하겠다는 구상이었던 것이다. 처음부터 그것은 국내에서는 개전에 소극적인 사람들을 설득하기 위해서, 국제적으로는 동맹국 영국에게 교섭을 통해 충분히 노력했다고 인정받고 개전을 승인받을 수 있도록 하기 위한 것이기도 했다.

고종은 러일교섭이 시작되었다는 것은 개전이 가까워진 것이라고 생각해서, 1903년 8월 전시 중립을 인정받기 위한 움직임을 시작했다. 그 과정에 전쟁이 일어날 시 러시아를 지원한다는 결의를 표명한 밀서를 러시아에 보냈다. "초토작전"(淸野之策)에 관해서도 언급한 이 밀서는 확실히 헛된 약속에 지나지 않았지만, 고종의 심정을 잘 나타내고 있었다.

일반적으로 고종에 대한 여러 나라 외교관들의 평가는 극도로 나빴다. 아마도 그에게 인간적으로 공감(sympathy)한 것은 베베르 한 사람이었을 것이다. 그러나 1880년대 중반부터 1919년 사망할 때까지 고종은 자신의 나라에 대한 일본의 간섭, 지배, 침략에 일관되게 저항했다. 그 저항의 방법에 대해서는 여러 가지 비평이 있겠지만, 그 일관된 저항의 사실은 역사의 중요한 요소이며, 그것을 모르면 이 시대 동북아시아의 역사를 이해할 수 없다.

러시아의 새로운 노선

1903년 초, 일본과 러시아의 입장이 화해하기 어려운 것임이 확연해지면서 러·일 사이에 전쟁의 위기가 감돌았을 때, 러시아에게는 어떤 선택지가 있었을까? 일본의 요구를 수용하고 교섭을 타결로 이끌어 갈 수 있었을까? 러시아로서는 일본이 한국을 완전히 보호국화하는 것을 인정하는 조약이나 협정을 체결할 수 없었다. 대국으로서의 자존심 때문에라서도 한국 황제의 원조 요청에 대해서 전향적인 회답을 지속한 입장에서도 그것은 불가능했다. 한편 만주에서 철군하는 것도 대가나 보상 없이 선뜻 할 수 있는 것은 아니었다. 보상에 관해서 러·청 사이에 이야기를 정리하려고 하자 일본과 영국이 청국을 위협했고, 결국 협정은 물거품이 되고 말았다.

그렇다면 러시아로서는, 극동의 군비를 강화해 일본에게 경고한다, 공격하면 반격할 것이고 뼈아픈 타격을 가할 것이라고 위협한다, 그러기 위해서는 극동정책을 일원화하고 중앙과 직결된 체제를 만든다, 극동 병력을 증강한다, 그렇게 함으로써 전쟁을 회피한다. 이것이 유일한 길이었다. 물론 그것은 위험한 길이기도 했다. 러시아가 극동에서 군비를 강화하면 일본은 러시아가 침략을 준비하고 있다고 생각할 가능성이 있었던 것이다.

어쨌든 그러한 노선이 '신(新)노선'이라 불리는 것의 핵심이었다. 이것은 베조브라조프와 보가크의 만남에서 탄생했다. 청일전쟁 전야부터 청국에서 그리고 일본에 와서 장장 8년에 걸쳐서 주재 무관으로서 극동정세를 관찰한 보가크의 분석과 판단 그리고 제안을 베조브라조프가 받아들인 것이다. 베조브라조프는 그때까지 지니고 있던 투기꾼적인 사고방식을 버리고, 보가크가 주장한 현실적 옵션을 추진하기 시작했다. 러시아 전제정치의 비극은 국가에 필요한 정책이 베조브라조프 같은 일종의 이단아 내지 투기꾼 같은 인물에 의해서 수행될 수밖에 없었다는 데 있었다.

황제 니콜라이는 새로운 노선을 받아들인 것처럼 보였다. 극동태수가 임명되었다. 그러나 베조브라조프가 쿠로파트킨 육군상에게 도전하자 황제는 이를 허용하지 않고 쿠로파트킨 해임을 인정하지 않았다. 쿠로파트킨은 황제가 마음에 들어 하는 장관이었던 것이다. 결국 이 위기의 시기에 쿠로파트킨이 육군 책임자의 자리에 계속 앉아 있었고, 그 상태가 지속되는 한 베조브라조프의 신노선은 배척될 수밖에 없었다. 황제는 마지막까지 무책임했다.

육군상 쿠로파트킨은 별난 인물이었다. 글 쓰는 것을 좋아했는데, 그의 일기도 읽을거리로서는 실로 재미있다. 군인이라기보다는 작가라 할 수 있었다. 베조브라조프의 비판에 대해서 그가 육군상으로서, 극동 병력은 충분하다, 해군력도 충분하다고 단언한 것은 무책임의 극치였다. 다른 한편으로 남만주의 포기, 북만주의 병합이라는 안을 계속 제기했고, 전쟁이 코앞에 닥친 1903년 12월에 일본과의 최전선으로서 사수해야 할 요새인 뤼순을 포기하자는 즉흥적인 생각을 제안한 것 역시 그 죄가 작지 않다 할 것이다.

극동태수가 된 알렉세예프에 대해서는, 일본에서도 그리고 구미에서도 최악의 침략주의자, 전쟁파 등으로 평가되어 왔지만 이것은 『타임스』기자 등이 아는 체 하며 쓴 평가 기사의 영향 때문일 것이다.[8] 알렉세예프는 원래 극동태수를 하고 싶어 하지도 않은 나약한 사람이었다. 그가 만주에 병력을 남겨두는 데 집착한 것은 자신이 뤼순 지역의 책임자였기 때문이다.

극동태수인 그에게는 한국 황제의 호소문이 와 있었고, 황제가 재차 러시아 공사관으로의 '파천'을 요청하자 그는 그것도 인정하겠다고 회답했다. 그는 러일교섭을 일본이 군사행동을 은폐하기 위한 움직임이라고 생각해서, 일본과의 전쟁에 대비해야 한다고 주장했고, 또 행동할 것을 제안했다. 그러나 황제나 쿠로파트킨은 이를 끊임없이 거부했다. 그 결과 그는 일종의 노이로제 상태에 빠져, 개전 전야에 연일 페테르부르크로 사직원을 보내는 추태를 연출한 것이다.

베조브라조프의 신노선이 쿠로파트킨을 밀어내는 데 성공하지 못하고 어정쩡한 상태로 끝난 결과는 일본으로 하여금 개전을 앞당기게 한 것, 그것 말고는 아무것도 없었다.

최후의 순간

개전이 임박했을 때 람스도르프 외상은 러시아의 마지막 제안을 정리하는 데 힘을 기울이고 있었다. 러시아의 소장 연구자 루코야노프는 람스도르프가 러시아의 정치가들 가운데 "가장 이성적"이었다고 호의적으로 평가하고, 그의 양보안이 늦지 않게 일본에 전달되지 못한 것을 유감스럽게 생각하고 있다.[9] 그러나 이 외상의 지적 판단력은 치명적일 정도로 낮았고, 위기가 닥쳤을 때 정치적 결단을 내릴 수 있는 인간도 아니었다. 마지막 순간에 구리노가 건넨 일본 정부의 통고문에서 "독립적인 행동을 취할 권리를 보유한다"는 문장의 의미를 이해하지 못하고 모든 장관들과 알렉세예프로 하여금 오인하도록 만든 것은 치명적이었다. 중립지대 요구를 빼 버린 그의 최후의 회답안은, 비밀협정으로 이 조항을 획득하라는 황제의 자의적인 명령으로 그 의미가 사라져 버리고 말았다. 하지만 원래 람스도르프의 안대로 일본 정부에 전달되었다고 해도 일본 정부가 받아들일 리는 없었다. 회답이 최후의 순간에 도달했더라면 하는 탄식은, 그토록 치밀한 연구를 완성해낸 시만스키의 그것이기도 하지만, 아무튼 이것은 전혀 성립되지 않는다.

그보다는 베조브라조프가 구리노 공사에게 접근해 제시한 러일동맹안 쪽이 알맹이가 있었다고 보아야 한다. 개전 전야의 베조브라조프는 만주와 조선의 독립과 영토보전을 전제로, 러시아는 만주 그리고 일본은 조선의 경제개발을 협력 추진하는 동맹을 맺음으로써 전쟁을 회피하자고 제안했다. 그것을 메이지천황과 니콜라이 2세 사이의 직접 연락을 통해서 실현하자고 접근한 것이다. 구리노의 마음은 움직였다. 구리노가 베조브라조프는 일·러의 동맹을 모색하고 있다는 최초의 보고를 도쿄로 보낸 것이 1904년 1월 1일이었고, 완성된 의견서의 내용을 보낸 것이 1월 12일과 14일이었다. 일본 정부가 고무라의 제안으로 개전을 암시하는 최종회답을 결정한 것이 1월 12일의 어전회의였다. 구리노의 전보를 본 고무라는 참고용으로 서울의 하야시 공사에게 보냈다. 일본 정부의 개전 결정은 2월 4일에 내려진다. 고무라는 러시아 황제를 지배하고 있는 전쟁당의 중심인물이 전쟁 회피를 진지하게 바라고 있다는 정보를 받고서도 그것을 확인조차 하지 않았다. 그러니까 그가 전쟁을 회피하려고 생각했다면, 그만둘 수도 있는 충분한 여유가 있었던 것이다. 그러나 고무라에게 베조브라조프는 어디까지나 전쟁당이어야 했다.

국민의 정신은 전쟁에 동원되었다

일본에서는 민간 재야단체인 국민동맹회, 대러동지회의 활동이 적극적이었다. 대외강경파 활동가들 중에는 1895년에 민비 살해에 관여한 시바 시로와 구니토모 시게아키 등이 있었고, 이들은 1901년에도 그리고 1903년에도 활동했다. 시바가 도카이 산시라는 필명으로 쓴 미래전쟁소설 『러일전쟁 하네카와 로쿠로』는 그 솜씨가 대단히 돋보이는 작품이다. 우치다 고가 쓴 1901년의 『러시아 망국론』의 러시아 국내정세 분석도 예리하다. 두 사람 모두 전쟁이 일어나면 러시아에는 혁명이 일어난다, 두려워할 것 없다며 정확하게 내다보고 있었다.

1903년 중반, 일본 신문들은 예외 없이 대러 개전을 촉구했다. 개전에 이르는 기간 동안, 신문 지면에 가장 많이 등장했던 것은 조선에 관한 기사였고, 이어서 청국, 러시아 기사의 순이었다. 그러니까 조선에서 어떤 사건이 일어나고 있는지에 관한 정보를 파악하고 나서, 정부는 저자세다, 빨리 개전을 결단하라고 주장했던 것이다. 조선에 관한 기사는 많았지만 조선인의 모습도 마음도 보고 있지 않았다고 말할 수 있을 것이다. 그런 의미에서는 시바의 『언덕 위의 구름』에 고종이나 조선인 정치가 모두 전혀 등장하지 않는 것은, 이 작품이 러일전쟁 당시 일본인들의 머릿속과 동떨어져 있는 것이 아니었다는 점을 보여준다.

군인과 관리, 지식인들 모두가 정부의 결정을 기다리고 있었다. 국가가 결정하면 국민으로서 그 결정에 따라 전쟁터든 어디든 달려갈 준비가 단단히 되어 있었던 것이다. 마치 후진국의 신분을 졸업하기 위한 시험이나 열강의 대열에 합류하기 위한 입학시험을 기다리는 것 같은 기분이었던 것이다.

그렇다고 해서 일본인 모두가 숨을 죽이고 개전의 때를 기다리고 있었던 것은 아니다. 대다수의 국민은 교섭의 내용에 관해서는 아무것도 알지 못하고 그것과 관계없이 살고 있었으며, 전쟁이 시작되자 놀라움과 함께 그것을 받아들인 것이다. 이에 이르는 전 시기에 걸쳐서 주한 공사도 역임하고 대신도 해 본 최대 정당 세이유카이(政友黨)의 대 간부였던 하라 다카시가 개전 직전인 2월 5일 일기에 다음과 같이 썼다는 것은 유명한 이야기이다.

"시국의 경과에 관해서 정부의 비밀정략이 과도한 폐해가 있어 국민은 시국의 진상을 모르고, 또 정부도 최초에는 만주문제에 관해서 러시아에 요청하는 상태였던 것이 점차 바뀌어 이제는 조선에서 중립지대의 광협(廣狹)을 다투는 정도에 지나지 않는 것이 되어 버렸다. 이렇게 해서 개전이라도 하게 되면 국민은 물론 일치단결해야 하겠지만, 오늘날의 정황에서는 국민 다수가 마음속으로 평화를 희망하면서도 이를 입 밖에 내는 자가 없다. 원로라 할지라도 모두가 그러하니, 소수의 논자를 제외하면 내심 전쟁을 바라지 않는다. 그러나 실제로는 하루하루가 전쟁에 가까이 다가가는 것 같다. 오늘날까지 평화냐 전쟁이냐를 결정하지 않고 있는 러시아의 이익이 우리의 불이익이 되는 것은 분명하다."[10]

일반 시정의 백성이 아니다. 의원이자 유력한 정치가인 하라 다카시가 이 문장을 쓰기까지 지난 1년 동안 자신의 일기에 일·러 개전의 형세를 우려하는 말을 적어 놓은 것은 거의 없었다. 방일한 쿠로파트킨 육군상에게 일러협상 이야기를 꺼냈으면 좋겠다는 고무라의 부탁을 거절하라고 이토 히로부미에게 권유한 일(6월 12일), 가쓰라 수상 저택에서 열린 대러문제협의회에 관해서 빈정거린 일(10월 17일) 등 두 번뿐이었다. 12월 25일에는 "일·러의 관계가 매우 위험해지고 있다는 항설이 분분하다"고 썼으며, 1월이 되자 역시 적어놓은 것은 있었다. 그러나 그것도 1개월 동안 단 세 차례에 지나지 않았다.

하물며 보통 국민은 전쟁을 바라지 않고 있었던 것이 아니라, 전쟁으로 향하고 있는 것과 전혀 관계가 없었다. 신문들이 1년 동안 전쟁을 시작하라고 계속 설파했어도, 국민은 그런 것을 모른 채 자기 일에 쫓겨 살아가고 있었다는 것이다. 그리고 전쟁이 시작되고 전 국민이 거기에 말려들어 갔다. 한 가구에 한 사람 꼴로 이 전쟁에 참가해야 했다.

전쟁의 확대

러일전쟁이라 불리는 이 전쟁은 조선전쟁으로 시작되었다. 일본은 선전의 조칙에서 전쟁의 목적이 "한국의 보전", "안전", "존망"에 있다고 주장했다. 과연 한국의 독립이라고는 하지 않았다. 그리고 그 다음에는 일본의 한국 보호국화를 러시아가 인정하게 하기 위한 전쟁으로 나아갔다.

전쟁은 만주에서 치러졌다. 일본은 러시아군을 남만주에서 후퇴시켰다. 예정된 대로 전쟁 목적이 확대된 것은 당연했다. 1904년 7월 고무라 외상은 가쓰라 수상에게 의견서를 제출했다. 그 의견서에서 고무라는 다음과 같이 지적했다. "전쟁 이전에 제국은 한국을 우리 세력범위로 하고, 만주에서는 단순히 기득의 권리를 유지하는 데 만족했지만…… 마침내 전단(戰端)을 열기에 이르렀으므로 그 결과에 기초해 제국의 대 만주, 대 한국 정책은 전날에 비해서 그보다 한 걸음 더 나아가지 않을 수 없다."

한 번 전쟁이 시작된 이상, 목적이 조선에서 멈추지 않는 것은 당연했다. 이것은 예정된 코스였다. 고무라는 이렇게 썼다.

"즉 한국은 사실상 우리의 주권범위로 하고, 이미 정해진 방침과 계획에 기초해 보호의 실권(實權)을 확립하여, 더욱더 우리 권리의 발달을 도모해야 한다. 만주는 어느 정도까지는 우리의 이익범위로 하고, 우리 권리의 옹호와 신장을 기해야 할 것이다."[11]

전쟁이 끝난 뒤

일본은 이 전쟁에서 분명 몇 개의 전역(戰役)에서 승리했다. 뤼순의 함락, 펑톈의 승리 그리고 일본해[동해] 해전의 승리를 들 수 있다. 시바 시로나 우치다 고가 예언했던 것처럼 러시아 국내에서는 1905년 1월 '피의 일요일'을 계기로 혁명적 상황이 발생했다. 그래서 미국 대통령 시오도어 루스벨트의 알선으로 강화회의가 열리게 되었다.

포츠머스의 강화회의에 파견된 일본 측 전권은 고무라 주타로, 부전권은 주미 공사 다카히라 고고로, 수행원은 사토 아이마로(佐藤愛麿), 아다치 미네이치로(安達峰一郎), 오치아이 겐타로였다. 러시아 측 전권은 비테, 부전권은 주미 대사 로젠(주일 공사였던 그는 1905년 12월에 주미 대사가 되었다), 수행원은 플란손, 코로스토베쯔, 외무성의 나보코프였고, 거기에 국제법학자 마르첸스, 주청 공사 포코틸로프, 재무성의 시포프, 주영 무관 예르몰로프, 전 주일 무관 루신과 사모일로프가 추가되었다.[12]

일본은 6월 30일의 각의에서 결정한 훈령을 전권에게 지참하도록 했다. "절대적 필요조건"으로 들고 있는 것은 다음의 세 항목이었다.

1. 한국을 전적으로 우리의 자유처분에 맡길 것을 러시아에게 약속, 승낙시키도록 할 것.
2. 일정 기한 내에 러시아 군대를 만주에서 철퇴시킬 것…….
3. 랴오둥반도 조차권 및 하얼빈-뤼순 간 철도를 우리에게 양여시킬 것.[13]

러시아 측 훈령은 6월 28일에 작성된 것이었는데, "절대로 받아들일 수 없는" 요구와 "얼마간 합의에 달할 수 있는" 요구의 둘로 나뉘어져 있었다. "절대로 받아들일 수 없는" 요구는 (1) 러시아 영토의 양여, (2) 배상금의 지불, (3) 블라디보스토크의 무장해제, 태평양에 러시아 해군력을 유지하는 권리의 박탈, (4) 블라디보스토크로 통하는 철도선의 양여(讓與)였고, "얼마간 합의에 달할 수 있는" 요구는 (1) 뤼순과 다롄, (2) 만주에서의 양국의 상호관계 조정, (3) 조선, 이렇게 되어 있었다.[14] 조선에 관한 부분은 다음과 같았다.

"조선에 관한 조약상의 조건을 확정함에 즈음하여, 국제법의 모든 규정에 반하여 일본군이 제 멋대로 행한 조선 점령은 조선 국가의 독립과 불가침성을 동시에 심각하게 침해한다는 점을 무엇보다도 먼저 염두에 두어야 한다. 이 경우 일본의 대표가 도쿄 정부와 조선 정부 사이에 체결되었다고 하는 협정, 즉 일본에게 조선에서의 완전한 행동의 자유를 허여했다는 협정에 의거하는 것은 인정할 수 없다. 왜냐하면 일본인에 의한 조선의 권력 탈취는 조선 황제의 의사에 반하여 행해졌다는 부정할 수 없는 문서적 자료를 우리는 가지고 있기 때문이다.

아무튼 우리는 강화조약에, 일본이 조선의 완전한 독립을 인정한다는 조건을 포함시키는 것, 그리고 가능한 한 신속하게 이 나라에서 철수할 의무를 포함시키는 것이 필요하다고 생각한다.

러시아는 조선에서의 우월적 지위에 대한 일본의 권리를 인정할 용의가 있지만, 그렇게 하면서 분쟁의 모든 구실을 제거하기 위해서 일본은 우리 연해주와 인접하는 조선 북부의 여러 도에 자국군을 진주시키지 않으며, 요새를 만들지 않을 의무를 져야 한다. 마찬가지로 조약에는 조선해협의 항행의 자유를 유지하기 위해서 일본이 조선의 남쪽 해안에는 요새를 건설하지 않는다는 의무를 포함시키도록 노력해야 한다."[15]

러시아는 패배했다고 생각하지 않았고, 개전 전의 러일교섭 시의 주장을 되풀이할 작정이었다. 그러나 역시 그것은 통하지 않았다.

8월 9일부터 포츠머스에서 열린 강화회의의 서두에 고무라는 12개 항목의 강화조건을 선언했다. 그 제1항은 "러시아국은 일본국이 한국의 정사(政事)상, 군사상 및 경제상의 우월한 이익을 지니는 것을 승인하고, 일본국이 한국에서 필요하다고 인정하는 지도, 보호 및 감리의 조치를 취함에 있어서 이를 방해하거나 또는 이에 간섭하지 않겠다고 약속할 것"이었다.[16] 12일 비테는 각 항목에 관한 회답서를 제출했다. 그 제1항의 한국 처분의 자유에 관해서 "하등 이의가 없다"면서 일본이 한국에서 "우월한 이익"을 지니는 것을 인정하고, 일본이 취하는 "지도, 보호 및 감리의 조치를 방해하거나 또는 이에 간섭하지 않을 것을 약속할 각오다"라고 기술했다. 그러나 훈령에 따라서 "전술한 일본국의 조치 및 실행을 위해서 한국 황제의 주권을 침해해서는 안 된다는 점을 알아야 할 것"이라 주장했고, 또한 "한국에 인접하는 러시아국 영토의 안전을 침박할 만한 조치"를 취해서는 안 된다는 유보를 달았다.[17]

이에 대해서 오후에 격렬한 설전이 전개되었다. 고무라는, 러시아가 "일본이 한국에서 충분히 자유행동을 취할 수 있다는 것을 승인하는 것이 긴요하다"면서 "한국 황제의 주권 운운하는 자구(字句)는 삭제하는 데 동의해야 한다"고 주장했다. 비테가 말하는 것처럼 "한국의 주권을 전적으로 그대로 계속 보유하게 한다는 주지에는 단연코 동의할 수가 없다…… 도대체 한국의 주권이란 것은 이미 그리고 오늘날에도 완전한 것이 아니다. 일본은 이미 동 국가와 협약을 체결해 동 국가 주권의 일부는 일본에게 위임되었고, 한국은 외교상 일본의 승낙이 없이는 타국과 조약을 체결할 수 없는 지위에 있다"며 극히 노골적이었다.[18] 로젠이 "일본의 자유행동에 대해서 권리를 유보하도록 할 의사"는 없지만, "러시아가 다른 일국의 주권을 침해하는 것 같은 의미를 지니는 조약을 체결하는 것은 외관상 매우 바람직하지 않다"고 주장했지만, 고무라는 받아들이지 않았다. 결국 비테는 고무라의 주장에 밀려서, 일본의 입장은 "잘 이해했다. 이번 전쟁은 이 일로 인해 발생한 것이어서", "한국에서 일본의 행동에 관해서는 단지 일본에 일임해도" 관계 없을 것이라고 말하고, 최후의 의지가 될 수 있는 새로운 제안을 했다. 그것은 "금후의 처치에서 한국 주권에 영향을 미칠 만한 사항은 한국의 동의를 거쳐 행한다"는 취지를 넣자는 것이었다.[19] 고무라는 그 한 구절을 회의록에 기록해 두는 것을 제안했고, 조약 본문에 넣으라고 주장하는 비테와의 사이에 응수가 오고 갔지만, 결국 비테가 꺾이고 회의록에는 다음과 같은 문장이 들어가게 되었다.

"일본국 전권위원은 일본국이 장래 한국에서 취할 필요가 있다고 인정하는 조치에서 동 국가의 주권을 침해할 만한 것은 한국 정부와 합의한 뒤 이를 취해야 한다는 것을 여기에 성명한다."[20]

비테는 이것으로 조선의 독립을 지켰다고 생각했고, 귀국 후 10월 4일에 열린 외상, 재무상, 육군상의 세 장관 협의는, "조선의 독립은 조약에 의해서는 폐절되지 않고, 종래대로 제국 정부에 의해서 인정된다"는 결론을 내렸다.[21] 그러나 고무라의 입장에서는, 한국 정부와의 협정으로 그 주권을 빼앗아 온 이상 이러한 문장을 남긴다고 해도 전혀 해가 될 것이 없었다.

9월 5일 고무라 전권과 비테 전권은 강화조약에 조인했다.[22] 양국의 평화를 강조한 제1조에 이어 제2조에는 일본의 가장 중요한 전쟁 목적이 적시되었다.

제2조 러시아제국 정부는 일본국이 한국에서 정사상, 군사상 및 경

제상의 우월한 이익을 지니는 것을 승인하고, 일본제국 정부가 한국에서 필요하다고 인정하는 지도, 보호 및 감리의 조치를 위함에 있어 이를 방해하거나 또는 이에 간섭하지 않을 것을 약속한다.

결국 일본은 교섭에서는 러시아에게 받아들이도록 할 수 없었던 한국 보호국화 조항을, 전장에서 우세승함으로써 강화조약으로 받아들이게 했던 것이다.

제3조는 러·일의 만주 철군을 강조하고, 러시아가 만주에 어떤 "영토적 이익"등을 지니지 않는다는 점을 성명했다. 제5조에는 러시아가 "청국 정부의 승낙을 얻어" 뤼순·다롄의 조차권을 일본에게 이전 양도할 것, 제6조에는 러시아가 남만주철도의 일체의 권리를 "청국 정부의 승낙을 얻어" 일본에게 이전 양도할 것이 강조되었다. 제9조는 러시아에 의한 사할린섬 남부의 주권 양여를 규정했다.

일본은 즉시 이 결과에 기초해서 움직였다. 1905년 11월 17일 이토 히로부미는 서울로 들어가, 고종과 한국 정부 각료들을 위협해 제2차 한일협약, 즉 을사조약을 체결했다.

일본국 정부 및 한국 정부는 양 제국을 결합하는 이해 공통의 주의(主義)를 공고히 하고자 한국의 부강의 실(實)을 인정할 때에 이르기까지 이 목적을 위하여 다음의 조관을 약정한다.

제1조 일본국 정부는 도쿄의 외무성을 경유해 금후 한국의 외국에 대한 관계 및 사무를 감리, 지휘하며, 일본국의 외교대표자 및 영사는 외국에 있는 한국의 신민 및 이익을 보호한다.

제2조 일본국 정부는 한국과 타국과의 사이에 현존하는 조약의 실행을 완전히 할 임무에 임하며, 한국 정부는 금후 일본국 정부의 중개를 거치지 않고서 국제적 성질을 지닌 그 어떤 조약 또는 약속

을 하지 않을 것을 약속한다.

제3조 일본국 정부는 그 대표자로 하여금 한국 황제 폐하의 궐하에 1명의 통감(Resident General)을 둔다. 통감은 오로지 외교에 관한 사항을 관리하기 위해 경성에 주재하며, 친히 한국 황제 폐하를 내알(內謁)할 권리를 갖는다……

제4조 일본국과 한국과의 사이에 현존하는 조약 및 약속은 본 협약의 조관에 저촉되지 않는 한 모두 그 효력을 계속하는 것으로 한다.

제5조 일본국 정부는 한국 황실의 안녕과 존엄을 유지할 것을 보증한다.[23]

이렇게 해서 대한제국은 완전히 일본의 보호국이 되었다. 이토 히로부미는 초대 통감이 되었다. 그러나 한국 황제 고종은 저항을 멈추지 않았다. 이 협약의 무효를 여러 나라에 은밀하게 호소하는 밀사를 계속해서 파견했다. 그 최후의 노력이 1907년의 제2회 헤이그 만국평화회의에 3명의 특사를 파견한 것이었다. 그러나 회의의 주최자에 의해서 이 특사들의 회의 참가는 거절되었다. 이토 통감은 이 행동의 책임을 추궁해, 고종의 퇴위를 실현시켰다. 1907년 7월 19일 고종은 퇴위했고, 황태자가 순종(純宗)으로 즉위했다. 7월 24일에는 제3차 한일협약이 체결되어, 통감이 한국 정부 내정의 모든 것을 지도하게 되었다. 보호국화의 완성이었다. 그 시점부터 한국 병합까지 3년밖에 걸리지 않았다.

주 註

제10장 러일전쟁은 이렇게 일어났다

1 『渡辺崋山・高野長英・佐久間象山・横井小楠・橋本左内』(日本思想大系 55)』岩波書店, 1971年, p. 278.

2 위의 책, p. 46.

3 毛利敏彦『台湾出兵 —— 大日本帝国の開幕劇』中公新書, 1996年.

4 『日本外交文書』明治年間追補 第1冊, p. 354.

5 『小村外交史』p. 92.

6 『日本外交文書』第29卷, pp. 812-813.

7 위의 책, 第31卷 第1冊, pp. 114-115.

8 니쉬는 런던『타임스』지 기자 발렌틴 치롤의 다음과 같은 말을 인용하고 있다. "차르 자신이 알렉세예프에게 전적으로 지배당했고, 전쟁당의 머리이자 얼굴의 위치를 지속해왔으며, 오늘날에도 그렇다고 하는 점에 대해서는 의문의 여지가 없다고 나는 생각한다." Nish, op. cit., p. 247.

9 Lukoianov, Poslednie russko-iaponskie peregovory, p. 32.

10 『原敬日記』第2卷続, 幹元社, 1951年, p. 142.

11 『日本外交文書』第37・38卷別冊「日露戦争 V」, p. 60.

12 Pak Chon Khio, *Russko-iaponskaia voina 1904-1905 gg. i Koreia*, Moscow, 1997, p. 233.

13 『日本外交文書』第37・38卷別冊「日露戦争 V」, p. 106.

14 B.A. Romanov, *Ocherki diplomaticheskoi istorii Russko-Iaponskoi voiny 1895-1907*, Moscow-Leningrad, 1955, pp. 508-509.

15 Pak Chon Khio, op. cit., p. 234. AVPRI, F. 150, Op. 493, D. 623.

16 『日本外交文書』第37・38卷別冊「日露戰爭 V」, p. 400.

17 위의 책, pp. 404-405.

18 위의 책, pp. 410-411.

19 위의 책, pp. 411-412.

20 위의 책, pp. 412-413.

21 Boris D. Pak, *Rossiia i Koreia*, 2nd edition, Moscow, 2004, p. 377. 이것을 의미
가 없다고 보는 박종효와의 사이에 논쟁이 있다.

22 『日本外交文書』第37・38卷別冊「日露戰爭 V」, p. 535.

23 위의 책, 第38卷 第1冊, p. 507.

맺는말

이 책의 집필을 완료하고 나서 일본인 러시아사가로서 생애의 책임을 다했다는 기쁨을 느꼈다. 일본과 러시아의 운명에 그리고 그 사이에 선 조선의 운명에 결정적인 역할을 한 러일전쟁이 어떻게 해서 일어났는지에 대한 의문을, 할 수 있는 만큼의 노력을 다해 해명하는 작업을 일단 완수했다고 생각한다. 이 이후의 연구와 토론을 위한 토대가 만들어졌다고 생각할 수 있어 행복하다. 한국병합 100주년을 맞이해 이 책을 이 나라 사람들의 검토와 논의를 위해 바치고자 한다.

이 책을 완성하기까지 많은 사람의 도움을 받았다.

우선 러시아제국의 군인역사가 판텔레이몬 시만스키 소장의 위대한 연구에 찬사를 보내고 싶다. 이 책은 80여 년 동안 숨겨져 있던 시만스키의 3권으로 된 연구에 많이 빚지고 있다. 이 책의 제2권[제6장-제10장]은 개전 전 1년 동안, 즉 1903년의 역사 서술에 집중하고 있는데, 그것은 시만스키 연구의 제3권『최후의 1년』을 잇는 것이다.

현대 러시아의 고려인 역사가 보리스 박과 벨라 박 부녀는 러시아와 조선의 관계사에 관한 4권의 저서로 많은 것을 가르쳐주었다. 두

분의 업적에 의거하지 않았더라면 이 책을 완성할 수 없었을 것이다.

현대 러시아의 역사가 루코야노프는 그 정력적인 문서 발굴로 나에게 커다란 자극을 주었다. 이 젊고 유능한 동료와 경쟁하는 기분이 나를 지탱해주었다고 말할 수 있다. 그가 나의 질문에 언제나 적확한 답을 해준 것에 감사한다.

한국의 역사가 이태진 선생은 고종이 니콜라이 황제에게 보낸 서한의 원문을 제공해주셨다. 선생의 저서에서도 많은 것을 배웠다.

자료를 입수하는 과정에서 많은 사람에게 도움을 받았다. 러시아 국립해군문서관의 전 관장인 소보레프, 러시아 연방국립문서관 부관장 로고바야, 도쿄대학 사료편찬소 교수 호야 도루(保谷徹), 홋카이도대학 슬라브연구센터 특별연구원 아오시마 요코(靑島陽子) 등 많은 분에게 감사를 드리고 싶다.

암 선고를 받고 투병 중이었는데도 이 책을 위해서 인천 항구와 시내를 안내해준 나의 한국인 제자이자 상지대학교 교수 서동만 군을 생각한다. 서동만 군은 한국의 대표적인 북한사 연구자였는데, 내가 이 책을 완성하던 중인 2009년 6월, 53세로 사망했다. 그러한 슬픔 속에서 그의 아내인 연세대학교 김정연 교수는 자신이 발굴한 폴란드인 세로셰프스키의 조선 방문기 사본을 내게 제공해주었다. 이 부부에게 깊이 감사한다.

끝으로 이 책의 출간을 진행해준 이와나미서점의 바바 기미히코(馬場公彦), 편집을 담당해준 나라바야시 아이(奈良林愛) 두 분에게 감사한다.

2010년 1월
와다 하루키

옮긴이의 말

각종 문헌과 자료가 천장까지 빼곡하게 들어차 있어 방문자를 위한 접이식 의자 하나만을 겨우 펴놓고 앉을 수 있는 좁은 선생의 연구실이었다, 와다 선생을 처음 만난 것은. 도쿄대학의 상징인 은행잎이 노랗게 물들기 시작한 1991년 가을, 사회과학연구소에 있는 자료창고를 연상케 하는 바로 이 경이로운 방에서 선생은, 소련(러시아) 연구를 하겠다고 막 일본에 도착해 상담을 청한 나에게 그해 8월에 모스크바에서 발생한 사건에 대해 설명하기 시작했다. 공산주의 종주국에서 벌어진 전대미문의 쿠데타에 관해서.

난생처음 일본 땅을 밟은 유학생으로 지도교수와 상담하며 의당 긴장을 늦춘 것이 아니었는데도, 일본어로 표현되어 생소하기만 한 러시아 인명과 지명 그리고 사실들이 등장하는 선생의 설명이 계속되면서 나의 미숙한 일본어 청취능력에 빨간불이 켜졌다. 등줄기에 식은땀이 흐르는 가운데, 의견을 요구할 것이라는 불길한 생각이 머릿속에서 맴돌 무렵, 아니나 다를까 선생은 예상했던 질문으로 말을 맺었다. 이에 대해 어떻게 생각합니까?

"⋯⋯."

죄송합니다, 엊그제 일본에 도착했습니다, 일본어도 능숙하지 않아 설명하시는 도중에 맥락을 놓쳤습니다, 라고 정직하게 말하는 것 이외에 달리 최선의 방책은 없었다. 와다 선생은 영어와 러시아어 가운데 어느 쪽이 편하냐고 물었고, 아무래도 영어가 낫다고 대답했다. 선생은 이미 이야기한 내용을 더 오랜 시간에 걸쳐 영어로 다시 설명해주었고, 같은 질문에 대해서 쿠데타 이후 전개된 러시아 시민혁명의 밝은 미래를 전망한다는 다소 엉뚱한 대답을 영어로 그리고 매우 참담한 심정으로 했던 것으로 기억한다. 그러나 이 참담한 심정보다 더 오래 기억에 남은 것은 연구실을 꽉 채운 자료들이었다.

그 후 1년 반 동안의 연구생 시절을 보내고 1993년 박사학위과정에 들어가 소련의 아프가니스탄 침공을 주제로 학위논문을 쓰겠다고 상담을 청했을 때 선생의 첫 마디는, 자료는? 이었다. 찾아가면서 써나가겠다고 답하고 걷기 시작한 가시밭길의 끝이 보인다고 생각한 것은 1995년 가을이었는데, 여전히 '자료는 충분한가?' 하는 불안감은 가시지 않았다. 러시아 공문서와 연구 문헌들을 확보해가면서 논문은 얼추 완성되었지만, 이것저것 읽다 알게 된 '테헤란 문서'라는 이름의 새로운 자료의 존재 때문에 가위눌린 채로 몇 날 며칠을 보내야 했다. 그도 그럴 것이 그 문서는 페르시아어로 되어 있을 뿐만 아니라, 1979년 이란의 혁명 정부가 몇 부밖에 찍어내지 않아 그 소재도 분명치 않았다. 모르는 척하고 돌아가기에는 논문의 완성도가 걱정되었고, 넘자고 달려들자니 너무나도 높아 보이는 '산'이었다. 제한된 부수로 출간되었다는 그 '산'이 지구상의 어디에 있는지도 알 수 없었다.

그해 가을의 어느 날, 와다 선생의 '제미'(ゼミ, 대학원수업이라는 의미의 독일어 '제미나르'의 준말)에 들어갔을 때, 조금 이른 시간이었는지 동료 대학원생들이 아직 나타나지 않아 선생과 둘이 마주앉아 어색

한 침묵을 지키게 되었다. 얼음을 깬 것은 선생이었다. 논문은 어떻게 되어갑니까?

잠시 망설이다가 실토했다. 페르시아어로 된 문헌을 보아야 할 것 같기는 합니다만……. 역시 불길한 예감은 비켜가는 법이 없었다. 선생은 이따 귀가하는 길에 구내서점에 들러 『페르시아어 4주간』을 사 가지고 가서 공부를 시작하라고 했다.

"……."

우선 읽는 법이라도 익혀야 하지 않느냐는 뜻이었는데, 페르시아어까지요? 하고 저항하고 싶은 나의 입을 막은 것은 뒤이어 나온 선생의 한마디였다. 예전에 나도 『4주간』으로 이탈리아어를 공부했다……. 적지 않게 당황했던 당시에는 선생이 루마니아어라고 말했던 것 같았고, 그렇게 기억하고 있었는데 나중에 다이가쿠서림(大学書林)에서 출판한 『4주간』 시리즈를 확인한 결과 루마니아어 교본이 없었던 것으로 보아 아마도 이탈리아어였던 것 같다.

옮긴이의 고교시절인 1970년대 선친이 일본 출장길에 선물로 사다 준 동 출판사의 『중국어 4주간』, 『러시아어 4주간』 그리고 『러시아어 상용 6000어』 등으로 이들 언어를 공부하기 시작한 경험이 있어 이 『4주간』 시리즈를 듣는 순간 기쁘기는 했다. 하지만 그것도 잠시, 귀갓길에 구입한 『페르시아어 4주간』이 그렇게 무거울 수가 없었다. 아무튼 넘어야 할 산은 더 높아졌고 그만큼 논문도 다소 늦어졌다. 그러나 선생의 부드러운 '강요'로 논문의 완성도는 높아졌다.

선생에게 사사하면서 입은 학은(學恩)은 이루 헤아릴 수 없지만, 진지한 역사연구자라면 자료의 동원능력과 이를 해독할 수 있는 어학능력을 반드시 갖추어야 한다는 것은 나의 길지 않은 유학기간의 첫머리와 끝머리를 장식한 교훈이었다. 이 책을 번역하면서 이 교훈을 다시 되새기게 되었다. 유학 전에 그리고 유학기간 중에 한반도를 둘러싼 근대의 국제관계에 관한 기본적인 연구들을 읽어두겠다는 생각에서 조지 알렉산더 렌슨(George A. Lensen)의 『음모의 균형』(*Balance of Intrigue: International Rivalry in Korea and Manchuria 1884-99*) I, II권과 다보하시 기요시(田保橋潔)의 『근대 일선관계의 연구』(近代日鮮関係の研究) 상, 하권을 읽은 적이 있는데, 두 연구자가 동원한 질릴 정도로 막대한 양의 다국적 자료와 그들의 다국어 해독 능력은 가히 등줄기를 서늘하게 할 정도였다. 선생이 이 책에서 이 두 사람에 관해서는 '다대한 업적을 남긴' '본격적인' 연구자들로 평가하는 부분을 읽으면서 등줄기가 서늘해졌던 과거의 기억이 떠올랐다.

1996-97년 겨울에 들어설 무렵 완성된 논문을 제출하고 나서, 일본유학생이기 때문에 귀국 직후부터 부딪치게 될 상황을 예상하고 소설을 읽기 시작했다. 정보의 교류가 실시간으로 이루어지고 있는 요즘은 그렇지 않지만, 당시에 사람들은 대개의 경우 어느 나라에서 유학을 했다고 하면 전공이 무엇인가에 관계없이 그 나라에 대한 이해를 잘 하고 있을 것을 전제한 질문들을 던지곤 했다. 때문에 일본의 근대를 이해하기 위해서 시바 료타로(司馬遼太郎)를, 전후의 현대 일본을 알기 위해서 마쓰모토 세이초(松本清張)를 순서 없이 닥치는 대로 읽고 있었는데, 마침 그 즈음 선생의 '조선사 제미'에 출석하던 누군가가, 선생이 정년퇴임(1998년)하고 나면 '시바 료타로'를 다시 들여다보고 싶다고 하시네요, 하면서 의아하다는 표정을 지은 것을 기억한다.

2004-2005년 겨울 남산의 모 호텔 로비에서 뵌 선생에게서, 최근 러일전쟁을 연구하고 있다, 러일전쟁에 관한 진지하고 본격적인 연구는 전 세계에 시만스키와 루코야노프 등 두세 편밖에 없다, '시바 료타로'는 러시아와 조선에 대해서는 언급하지 않았다, 등등의 이야기를 듣고서야 비로소, 아하, 선생의 이 연구는 오래전부터 기획되

어온 것이구나 하는 생각이 들었다. 일곱 부밖에 인쇄되지 않았다는 시만스키의 조서를 언급한『떠오르는 태양에 맞서서』(*Toward the Rising Sun: Russian Ideologies of Empire and the Path to War with Japan*)의 저자 이름 (David Schimmelpenninck)을 떠올리느라 대화 도중 상당 시간을 고민 했기 때문인지, 이때의 대화 내용과 인상은 여전히 기억에 남아 있다. 아무튼 약 한 세기 전 일곱 부밖에 인쇄되지 않아 어디선가 잠들어 있 던 시만스키의 조서가 발굴되고, 한국 군대의 진중문고(陣中文庫)에 서 병사들의 읽을거리 역할을 충실히 하던 시바의『언덕 위의 구름』 이 역사서술의 재료가 되는 모습을 보는 것은 사회과학도에게 즐거 움과 교훈 그 자체였다.

선생의 역사서술은 때로, 이렇게 사소한 내용까지 다룰 필요가 있 을까, 하는 의문이 들게 할 정도로 상세하다. 때로는 이것이 전체적인 이야기의 전개에 어떤 의미를 지닌다는 말인가, 하는 의문을 자아내 기도 한다. 예를 들면 이 책을 읽는 독자들 가운데는 1903년 가을 러 시아 차르 니콜라이 2세가 스케르네비치에서 자고새, 굴토끼, 꿩 등 등 수백 마리의 짐승을 사냥한 것이 뭐가 그리 중요하냐고 반문하는 사람이 있을지도 모르겠다. 그러나 이 일화는 차르는 변덕스럽거나 무사태평한 성격이었다는 백 마디의 말보다 그의 성격을 묘사하는 데 효과적이다. 역사가는 사건을 기술할 때 등장하는 인물의 성격 묘 사에도 세밀한 주의를 기울여야 한다. 기존에 면밀하게 검토되지 않 았던 인물의 세밀한 묘사는 해석의 변화를 가져오기도 한다.

2014년 3월 한국러시아사학회가 주최하고 동북아역사재단이 후 원한 '러일전쟁, 110년을 말하다'라는 학술회의에 청중으로 참석한 적이 있는데, 발표를 마친 한국 학자들에게 선생이 던졌던 질문이 기 억난다. 일본이 러일전쟁에서 승리했다는 인상을 주는 이유는 대한 해협(쓰시마해협)의 해전에서 패배했기 때문일 것인데, 발표자들께서는 이에 대해 어떻게 생각하느냐 하는 것이었다. 발트함대 로제스트 벤스키 제독의 무능함에 관한 답변을 기대하는 질문이라고 생각했는데, 통역이 완벽하지 않았던 탓도 있어서인지, 발표자들의 답변은 질문의 맥락을 제대로 이해하지 못한 것이었다. 사실 이는 도고 헤이하치로(東鄕平八郞)의 유능함이 상대적으로 과장, 강조되어온 지금까지의 연구 현황을 일거에 뒤엎는 중요한 질문이 아니었을까? 나의 학위논문 작성을 위한 초기의 상담에서 선생이 던졌던 질문 가운데 하나는 이런 것이었다. 당시 소련의 외상 그로미코는 어떤 입장이었는가?

그로미코가 어떤 생각을 하고 있었는지 그에 관한 구체적인 자료를 도무지 찾아낼 수 없으면 어떻게 할까요? 곧바로 이런 답이 돌아왔다. 문장의 박력이다.

2009년 12월에 상권이 그리고 2010년 2월에 하권이 출판된 선생의 원저가 파주 북어워드를 수상한 것은 2013년의 일이었다. 수상 직후 한길사가 번역 출판의 뜻을 밝혔고 내가 선생에게서 번역 의뢰를 받은 것이 그즈음이었으니까, 번역 이야기가 나온 지 벌써 만 6년이 되어간다. 일주일에 6-7과목(20시간 이상)을 강의해야 하는 처지에서 선뜻 손을 대지 못하고 있다가, 2016년 가을에야 겨우 본격적인 번역에 돌입했고, 2017년 여름에 인물소개와 색인까지 모든 번역을 끝냈다. 그러나 그 후로도 이런저런 이유로 2년이라는 세월이 흘러갔다. 선생의 이 연구는 6년이라는 기간에 걸쳐 완성되었다는데, 번역 출판에만 같은 세월을 소요한 셈이니 어떤 변명도 부끄러움을 가릴 수는 없겠다.

일본 근대사가 전공이 아닌 내가 번역 과정에 직면했던 가장 큰 난관은 러시아어도, 영어도, 프랑스어도 아니었다. 원저의 곳곳에 등장하는 근대 공문서의 일본어였다. 즉 근대 이전부터 쇼와(昭和) 초기까지 일본의 공문서 등에서 사용된, 현대일본어와는 많이 다른 독특한

스타일의 문체(候文, 소로분)였다. 평소 이러한 문체가 등장하는 서적을 읽고 이해하는 데에는 문제가 없었던 터라 어렵지 않을 것이라 생각했는데, 정작 번역에 임하면서는 모든 문장을 적당한 선에서 이해하고 넘어가는 것으로 끝낼 수 없다는 점을 절실하게 깨닫게 되었다. 문의(文意)를 정확하게 파악하고 적절한 우리말로 옮기는 작업을 해야 했는데, 이것은 쉽지 않은 일이었다. 새로운 외국어를 하나 더 배운다는 자세로 관련 사전과 자료를 동원해 하나하나 공부하면서 번역하지 않을 수 없었다. 혹시라도 오역이 있다면, 전적으로 옮긴이의 무지 탓이다. 유학시절 선생의 '러시아사 제미'에서 읽어나가던 누군가의 러시아어의 일역 텍스트에서 오역이 발견되자 선생이, "번역에 오역은 피할 수 없으니까……."(翻訳に誤訳は付き物だから)라고 한 말이 떠오른다.

유학 초기 한 선배 유학생이 선생에 대해서 일본의 연구자들도 '벳카쿠'(別格, 격이 다른 사람이라는 뜻)라 칭한다고 말해준 적이 있다. 번역 작업 기간 내내, 25년 전으로 되돌아가 '벳카쿠'의 '제미'에 다시 출석해 공부하는 것 같은 즐거운 착각에 빠져 있었다. 노스탤지어에 젖어 있었다.

2019년 8월
이웅현

참고문헌

未公刊文書

러시아国立歷史文書館(상트페테르부르크)РГИА(RGIA)

大蔵省大臣官房아시아局文書 Ф. 560, Оп. 28, Д. 100, 213, 275, 282.

内務省大臣官房文書 Ф. 1282, Оп. 1, Д. 759, 761.

러시아海軍歷史文書館(상트페테르부르크)РГАВМФ(RGAVMF)

알렉세예프文書 Ф. 32, Оп. 1, Д. 1, 6, 8, 27, 28, 57, 123, 133, 134, 156, 167, 168,
170, 171, 172, 173, 176, 178, 179, 180, 181, 182, 183, 201, 204, 209,212,
219, 484, 485.

海軍軍人職務経歴書파일 Ф. 406, Оп. 9, Д. 3.

海軍軍令部文書 Ф. 417, Оп. 1, Д. 174, 2128, 2309, 2486,2823, 2831, 2865.

루신文書 Ф. 1335, Оп. 1, Д. 5, 7, 19, 39, 69.

러시아連邦国立文書館(모스크바) ГАРФ (GARF)

니콜라이2世文書 Ф. 601, Оп.1, Д. 225, 238, 243, 245, 246, 445, 529, 717, 718.

차르스코예 셀로―宮殿文書 Ф. 543, Оп. 1, Д. 183.

람스도르프文書 Ф. 568, Оп. 1, Д. 145, 174, 175, 176, 177, 179, 180, 211, 221,
661, 667.

러시아陸軍歷史文書館(모스크바)РГВИА (RGVIA)

쿠로파트킨文書　Ф. 165, Оп. 1, Д. 756, 872, 879, 900, 915, 920, 923, 926, 944,
957, 969, 1037, 1043, 1045, 1068, 1069, 1070, 1851, 1859, 1863, 1871,
5312.

陸軍参謀本部아시아局文書 Ф. 400, Оп. 4, Д. 481, 500.

陸軍軍人職務履歷書파일 Ф. 403, Д. 150-504; Ф. 409, Оп. 1, Д. 183718.

国立歷史博物館文書部(모스크바)ОПИ ГИМ (OPI GIM)

시만스키文書　Ф. 444, Д. 103, 104, 115.

러시아帝国外交文書館(모스크바) АВПРИ (AVPRI)

外務省官房駐日公使館通信文書 Ф. 133, Оп. 470, 1891 г., Д. 94; 1894 г., Д. 96;
1895 г., Д. 108; 1896 г., Д. 167; 1897 г., Д. 112; 1898 г., Д. 107; 1899 г., Д.
106; 1900 г., Д. 102.(北海道大学슬라브연구센터一蔵)

外務省日本課文書 Ф. 150, Оп. 493, Д. 906(1901 г.). (北海道大学슬라브연구
센터一蔵렌슨 컬렉션)

日本公使館文書 Ф. 195, Миссия в Токио, Оп. 529, 1891 г., Д. 42, 397. (東京大
学史料編纂所保田孝一資料)

日本外交史料館

「本邦人身分並に挙動取調雑件(軍事探偵嫌疑者ノ部)」, 5 · 10 · 11

「韓国宮内府侍従玄暎運来朝一件」, 6 · 4 · 4 · 24

未公刊手稿

Дневник Николая Второго, 1891　ГАРФ, Ф. 601, Оп. 1

Январь ―май 1891 г.　　　　　　　　Д. 225.

Май ―сентябрь 1891 г.　　　　　　　Д. 226.

Октябрь 1897 г. ― октябрь 1898 г.　Д. 238.

Май ―декабрь 1901 г.　　　　　　　Д. 243.

Декабрь 1902 г. ― декабрь 1903 г.　Д. 245.

Извлечение из донесения военного агента в Китае Генерального Штаба Полковника Вогака, ГАРФ, Ф. 601, Оп. 1, Д. 717.

Обзор сношений с Японией по корейским делам с 1895 по 1904 г. СПб., 1906. ГАРФ, Ф 568, Оп. 1, Д. 211.

Обзор сношений России с Китайским и Японским правительствами, предшествовавших вооруженному столкновению России с Японией. РГАВМФ, Ф. 32, Оп. 1, Д. 27.

А. М. Абаза. Русские предприятия в Корее в связи с нашей политикой на Дальнем Востоке 1898-1904. Декабрь 1905 ГАРФ, Ф. 601, Оп. 1, Д. 529. (145с.)

[Е. И. Алексеев] Всеподданнейший отчет Наместника ЕГО ИМПЕРАТОРСКОГО ВЕЛИЧЕСТВА на Дальнем Востоке по дипломатической части 1903-1904 гг. Апрель 1905.

ГАРФ, Ф. 543, Оп. 1, Д. 186. (142 с.)

А. Пиленко. Из литературных воспоминаний. Hoover Institution, Boris Nikolaevskii collection, Box 642, F. 18, pp. 2-8.

『明治二十七八年日清戦史第二冊決定草案』福島県立図書館佐藤文庫

参謀本部「千九百十年日露戦史第一巻」手稿本, 福島県立図書館佐藤文庫

海軍軍令部『明治三十七八年海戦史』(極秘) 防衛庁防衛研究所図書館

『稲佐ト露西亜人』長崎県立図書館蔵

公刊資料・資料集

『伊藤博文関係文書』第6巻, 塙書房, 1978年

『伊藤博文文書』第12巻, ゆまに書房, 2007年

『大津事件関係資料集』上下巻, 山梨学院大学社会科学研究所, 1995年

『大日本古文書』幕末外国関係文書, 第48巻

『日本外交文書』第3巻, 第7巻, 第8巻, 第18巻, 第23巻, 第24巻, 第27巻第1冊, 第2冊, 第28巻第1冊, 第2冊, 第29巻, 第30巻, 第31巻第1冊, 第33巻別巻2, 第34巻, 第35巻, 第36巻第1冊, 第37巻第1冊, 第37巻・第38巻別冊「日露戦争 I, V」.

『日本外交文書』明治年間追補第1冊, 1963年

『駐韓日本公使館記録』第5, 7, 12, 13, 14, 16, 21, 22, 23巻, 国史編纂委員会, 1990-
    1997年

影印版『駐韓日本公使館記録』19巻, 国史編纂委員会, 1991年

『旧韓国外交文書』第17, 18, 19巻, 俄案1, 2, 法案1, 高麗大学校亜細亜問題研究所,
    1969年

『日韓外交資料集成』第5巻, 第8巻, 巌南堂, 1967年, 1964年

『山縣有朋意見書』原書房, 1966年

『義和団档案史料』上巻, 北京, 中華書局, 1979年

Документы касающиеся переговоров с Японией в 1903-1904 годах и
    хранящиеся в канцелярии Особого Комитета Дальнего Востока.
    [СПб.], 1905

Извлечения из донесений Генерального Штаба Полковника Вогака. //
    Сборник географических, топографических и статистических
    материалов по Азии. Вып. LX, LXI, СПб., 1895

Из предыстории Русско-японской войны: Донесения морского агента в
    Японии А. И. Русина (1902—1904 гг.). Вводная статья, подготовка
    текста и комментарии В. А. Петрова. //Русское прошлое, 6, 1996

Источник 掲載資料

Путем секретной переписки... О царской дипломатии в начале XX века. //
    Источник, 1999, No. 2, стр. 28-41.

Красный архив (КА) 掲載資料

Боксерское восстание // КА, 1926, кн. 1, стрю 1-49.

Письмо ген. А. М. Стесселя ген. В. Г. Глазову о начале русско-японской
    войны // КА, 1926, кн. 3, стр. 218-220.

Безобразовский кружок летом 1904 г. //КА, 1926, кн. 4, стр. 70-80.

Царская дипломатия о задачах России на Востоке в 1900 г. //КА, 1926, кн. 5,
    стр. 3-29

Письма С. Ю. Витте к Д. С. Сипягину (19000—1901 г.г.) // КА, 1926, кн. 5,
    стр. 30-48.

Переписка С. Ю. Витте и А. Н. Куропаткина в 1904—1905 г.г. //КА, 1926, кн. 6, стр. 64-82.

В штабу адм. Е. И. Алексеева (Из дневника Е. А. Плансона) //КА, 1930, кн. 4-5, стр. 148-204.

Из эпохи японо-китайской войны 1894—1895 г.г. //КА, 1932, кн. 1-2, стр. 3-63.

К истории первой Гаагской конференции 1899 г. //КА, 1932, кн. 1-2, стр. 64-96.

Первые шаги русского империализма на Дальнем Востоке (1888—1903 гг.) // КА, 1932, кн. 3, стр. 34-124.

Новые материалы о Гаагской мирной конфенции 1899 г. //КА, 1932, кн. 5-6, стр. 49-79.

Накануне русско-японской войны (Декабрь 1900 г.—январь 1902 г.) //КА, 1934, кн. 2, стр. 3-54.

Маньчжурия и Корея. Английская синяя и японская белая книги. 1901-1904. Издание канцелярии Особого Комитета Дальнего Востока. СПб., 1904

Политика капиталистических держав и национально-освободительное движение в Юго-Восточной Азии (1871-1917), Документы и материалы. Часть II, М., 1967

Россия и Корея: Некоторые страницы историии (конец XIX века), М., 2004

Порт-Артур. Том 1, Сборник документов. М., 2008

Die Grosse Politik der europaeischen Kabinetten (hereafter GP), Band 14,

British Documents on the Origins of the War 1898-1914,, Vol. II, London, 1927.

Correspondence respecting the Russian Occupation of Manchuria and Newchwang. Presented to both Houses of Parliament by Command of His Majesty. February 1904. London, 1904.

FO. *Correspondence respecting Corea and Manchuria*, Part II, London, 1905. Microfilm 405-139

Correspondence respecting Corea and Manchuria, Part III, Microfilm 405/146,

Further Correspondence respecting the Affairs of Corea. January to June 1903. London, April 1904 Microfilm 405/137

Korean-American Relations: Documents Pertaining to the Far Eastern Diplomacy of the United States, Vol. III, University of Hawaii Press, 1989,

事典・目録・写真集

Мартиролог русской военно-морской эмиграции по изданиям 1920 — 2000 гг. Москва-Феодосия, 2001

Морской биографический словарь. СПб., 1995

Отечественная история с древнейших времен до 1917 года. Энциклопедия. Том 1, М., 1994

Российский императорский флот 1696-1917. Военно-исторический справочник. М., 1993

Советская историческая энциклопедия. Том 1-16, М., 1961-1976

В. И. Федорченко. Свита Российских Императоров. Том 1-2, Красноярск, 2005

Шилов Д. Н. Государственные деятели Российской Империи 1802-1917. Биобиблиографи- ческий справочник. СПб., 2001

Энциклопедический словарь 『Брокгауз и Эфрон』, Том 1-82, СПб., 1890-1904.

Lensen, George A. *Japanese Representatives in Russia*, Tokyo, Voyagers' Press, 1968

Lensen, George A. *Russian Representatives in East Asia*, Tokyo, Voyagers' Press, 1968

A Photograpic Record of the Russo-Japanese War, edited and arranged by James H. Hare, New York, P. F. Collier and Son, 1905

『佐藤文庫目録』福島県立図書館, 1965年

『ロシア外交史料館日本関連文書目録』(稲葉千晴編)|(1850 - 1917), ナウカ, 1997年

新聞

『皇城新聞』復刻版

『東京朝日新聞』復刻版

『萬朝報』復刻版

『週刊平民新聞』,『明治社会主義史料集』別冊(3), 明治文献, 1962年

Новое время, 1900, 1904

日記

Дневник Императора Николая II. Берлин, 1923. 2-е изд. Париж, 1980

Дневник Императора Николая II. М., 1991 (1894-96, 1904-07, 1913-18)

Дневник А. А. Половцева. КА, 1923, кн. 3, стр. 75-172.

Дневник государственного секретаря А. А. Половцова. Том 2, М., 1966

Дневник А. Н. Куропаткина. КА, 1922, кн. 1, стр. 3-117.

Дневник А. Н. Куропаткина. Б. м., 1923

Японские дневникиА. Н. Куропаткина. 『Российский архив』, VI, стр. 393-
    444.

Дневники святого Николая Японского. Hokkaido University Press, 1994,

Дневник Алексея Сергеевича Суворина. 2-е изд. М., 2000

Дневник В. Н. Ламсдорфа (1886-1890). М., 1926

Ламсдорф В. Н. Дневник 1891-1892. М.-Л., 1934

────── Дневник 1894 · 1896. М., 1991

25 лет назад. Из дневникова Л. Тихомирова. КА, 1930, кн. 1, стр. 20-69.

Гарин-Михайловский. По Корее, Маньчжурии и Лядунскому полуострову.
    Собрание сочинений. Том 5, М., 1958.

Смельский В. Н. Священная дружина (из дневника ее члена) //Голос
    минувшего, 1916, No. 1, стр. 222-256, No. 1, стр. 135-163, No. 3, стр.
    155-176, No. 4, стр. 95-105.

『文学者の日記3 池辺三山(三)』博文堂新社, 2003年

『近衛篤麿日記』第3巻, 第4巻, 第5巻, 近衛篤麿日記刊行会, 1968-69年

中村健之介ほか訳『宣教師ニコライの日記抄』北海道大学図書刊行会, 2000年

『日露戦争と井口省吾』原書房, 1994年

『原敬日記』第2巻正続, 乾元社, 1951年

『ベルツの日記』(菅沼竜太郎訳)上下, 岩波文庫, 1979年

回想

Великий князь Александр Михаилович. Книга воспоминании. 1933. Париж, Лев, 1980

Бубнов М. Порт-Артур. СПб., 1907

Витте С. Ю. Воспоминания. Том 1-3, М., 1960

—— Из архива С. Ю. Витте. Воспоминания. Том 1. Рассказы в стенографической записи. Часть 1-2, СПб., 2003; Том 2. Рукописные заметки. СПб., 2003

Вонлярлярский В. Мои воспоминания 1852-1939 гг. Берлин, [н. г.]

[Головнин В. М.], Записки флота капитана Головнина о приключениях его в плену и японцев в 1811, 1812 и 1813 гг. Часть 1-9, СПб., 1816. 日本語訳は井上満訳, 岩波文庫, 上中下, 1943年

Гончаров И. А. Фрегат Паллада. Очерки путешествий Ивана Горчарова. Том 1-2, СПб., 1858.

日本語訳は井上満訳, 『日本渡航記』岩波文庫, 1941年, 高野明, 島田陽訳, 雄松堂書店, 1969年.

Граф Г. К. На службе Императорскому Дому России. 1917-1941. Воспоминания. СПб., 2004

Гурко В. И. Черты и силуэты прошлого. Правительство и общественность в царствование Николая II в изображении современника. М., 2000

Гусев Борис. Мой дед Жансаран Бадмаев. Из семейного архива //Новый мир, 1989, No. 11, стр. 199-206.

Дейч Лев. 16 лет в Сибири. М., 1924

Игнатьев А. А. Пятьдесят лет в строю. Том I-II, Новосибирск, 1959.

Извольский А. П. Воспоминания. М., 1989(Петроград, 1924)

Коростовец И. Я. Россия на Дальнем Востоке. Пекин, 1922

Костенко М. И. Осада и сдача крепости П.-Артур. Мои впечатления. Киев, 1906

『Как я стал офицером』(Из воспоминаний генерала А. Н. Куропаткина 『70 лет моей жизни』// Отечественные архивы, 1996, №2, стр. 67-93.

Никитин (Фокагитов) Д. В. Как началась война с Японией //Порт-Артур. Воспоминания участников. Нью-Йорк, 1955

Поливанов А. А. Из дневников и воспоминаний по должности военного министра и его помощника 1907-1916 г. М., 1924

Редигер Александр. История моей жизни. Воспоминания военного министра. Том 2, М., 1999

Серошевский Вацлав, Корея. СПб., 1909 (ハングル訳, 金珍英ほか訳『コレヤ 1903年秋』ソウル, 2006年)

Симанский П. Дневник генерала Куропаткина (Из моих воспоминаний) // На чужой стороне, XI, Прага, 1925б стр. 61-99.

Соловьев Ю. Я. Воспоминания дипломата 1893-1922. М., 1959

Фон Нидермиллер Д. Г. От Севастополя до Цусимы. Воспоминания. Рига, 1930

Штенгер В. А. Подготовка II эскадры к плаванию //С эскадрой адмирала Рожественского. Сборник статей. СПб., 1994 (Прага, 1930)

Янчевский Д. 1900. Русские штумуют Пекин. М. 2008

Allen, Horace N. Things Korean. A Collection of Sketches and Anecdotes Missionary and Diplomatic, New York, 1908

Rosen, Roman. *Forty Years of Diplomacy*, Vol. 1, London, 1922

[Vonliarliarskii, V. M.] 『Why Russia Went to War With Japan: the Story of the Yalu Concessions』, *Fortnightly Review*, Vol. 87, No. DXXI, New series, May 2, 1910, pp. 816-831, 1030-1044.

『青木周蔵自伝』平凡社, 1970年

石井菊次郎『外交余録』岩波書店, 1930年

石光真清『曠野の花』龍星閣, 1958年

大杉栄『自叙伝・日本脱出記』岩波文庫, 1971年

久米邦武『米欧回覧実記』(4), 岩波文庫, 1980年

『児島惟謙 大津事件手記』関西大学出版部, 2003年

杉村濬『明治二十七八年在韓苦心録』1932年

田山花袋『東京の三十年』岩波文庫, 1981年

林権助『わが七十年を語る』第一書房, 1936年,

林董『後は昔の記他』平凡社, 1970年

福田英子『妾の半生涯』岩波文庫

二葉亭四迷「予が半生の懺悔」,『二葉亭四迷全集』第10巻, 岩波書店, 1953年

三浦梧楼『観樹将軍回顧録』政教社, 1925年

陸奥宗光『蹇蹇録』岩波文庫, 1941年

著書・論文

露文

Аблова Н. Е. КВЖД и российская эмиграция в Китае. Международные и политические аспекты истории (первая половина XX века). М., 2005.

Аварин В. Я. Империализм и Манчжурия. Том 1, М., 1931.

Авдеев В. А. 『Секреты』 Русско-японской войны (Организация изучения истории русско-японской войны 1904-1905 гг. Генеральным штабом России) // Военно-исторический журнал,, 1993, No. 9.

Айрапетов О. Р. Забытая карьера 『Русского Мольтке』: Николай Николаевич Обручев (1830-1904). СПб., 1998.

Айрапетов О. Р. (ред.). Русско-японская война 1904-1905. Взгляд через столетие. Международный исторический сборник. М., 2004.

Ананьич Б. В., Ганелин Р. Ш. Сергей Юльевич Витте и его время. СПб., 1999.

Аносов С. Корейцы в Уссурийском крае. Хабаровск, 1928.

Белякова Зоя. Великий князь Алексей Александрович. За и против. СПб.,

2004.

Бескровный Л. Г. Русская армия и флот в XIXX веке. Военно-экономический потенциал России. М., 1973.

Блиох И. Будущая война, ее экономические причины и последствия // Русский вестник, 1893, февраль, стр. 1-39, 186-217; март, стр. 208-291; апрель, стр. ; май, стр. 214-305; июня, стр. 223-314; август, стр. 241-343.

Блиох И. С. Будущая война в техническом, экономическом и политическом отношениях, Том 1-6, СПб., 1898.

Боханов А. Император Николай II. М., 1998.

Бородин А. В. Флот России на Тихом океане. Из истории российского Тихоокеанского военно-морского флота. Владивосток, 2006.

Будзиловский И. Японский флот. СПб., 1890.

Бурцев В. И. Царь и внешняя политика: виновники Русско-японской войны по тайным документам. Записки гр. Ламсдорфа и Малиновой книги. Берлин, 1910.

В. Благовещенская 『утопия』 //Вестник Европы, Том XLV, No. 7, июля 1910, стр. 231-241.

Венюков М. Очерк Японии. СПб., 1869.

Витте С. Ю. Собрание сочинений. Том 1, книга 2, часть 1, М., 2004.

—— Вынужденные разъяснинии графа Витте по поводу отчета ген.-адъют. Куропаткина о войне с Японией. СПб., 1909.

Военные флоты и морская справочная книжка на 1904 г. СПб., 1904.

Война на Дальнем Востоке. Очерк стратегических занятий 1900 г. на курсе Военно-морских наук //Известия по минному делу, Вып. 37, СПб., 1900.

Война России с Японией в 1905 году. Отчет о практических занятиях по стратегии в Николаевской Моркой Академии в продолжении зимы 1902-1903 года. СПб., 1904.

Волков Н. Е. Двор русских императоров в его прошлом и настоящем. М.,

2001.

Волохова А. А. Проблема нейтралитета Кореи: прошлое и настоящее //Восток- Россия- Запад. Исторические и культурологические исследования. К 70-летию академика Владимира Степановича Мясникова. М., 2001, стр. 529-536.

Глинский Б. Б. Пролог Русско-японской войны (Архиные материалы) // Исторический журнал, 1914, No. 1-12.

────── Пролог Русско-японской войны: Материалы из архива графа С. Ю. Витте с предисловием и под редакцией Б. Б. Глинского. Пгд., 1916.

Глушков В. В., Черевко К. Е. Русско-японская война 1904-1905 гг. в документах внешне- политического ведомства России. Факты и комментарии. М., 2006.

Грибовский В. Ю., Познахирев В. Р. Вице-адмирал З. Р. Рожественский. СПб., 1999.

Гуров С., Тюлькин В. Броненосцы Балтийского флота. Калининград. 2003.

Дацышен В. Г. Боксерская война. Военная кампания русской армии и флота в Китае в 1900-1901 гг. Красноярск, 2001.

Де-Воллан Г. В стране восходящего солнца. СПб., 1903.

Дело о сдаче крепости Порт-Артур японским войскам в 1904 г. Отчет. Составил под ред.

В. А. Апушкина. СПб., 1908.

Добычина Е. В. Русская агентурная разветка на Дальнем Востоке в 1895- 1897 годах. //Отечественная история, 2000, No. 4.

Доможилов (ред.). Сборник материалов по военно-морским вопросам. Том 1. Японско- китайская война. СПб., 1896.

За кулисами царизма (Архив тибетского врача Бадмаева). Ленинград, 1925.

Золотарев В. А., Козлов И. А. Русско-японская война 1904-1905 гг. Борьба на море. М., 1990.

Золотарев В. А. (ред.). Россия и Япония на заре XX столения. Аналитические материалы отечественной военной ориенталистики.

Арбизо, М., 1994.

Игнатьев А. В. С. Ю. Витте-дипломат. М., 1989.

Император Александр III и Императрица Мария Феодоровна. Переписка.
 М., 2001.

История внешней политики России (конец XV века — начало XX века). М.,
 1997.

Каширин В. Б. 『Русский Мольтке』 смотрит на восток //Русско-японская
 война 1904-1905. Взгляд через столетие. М., 2004, стр. 150-182.

Ким Ен-Су. Корейский посланник Ли Бом-Джин и Русско-Японская
 война // Русско-японская война 1904-1905. Взгляд через столетие. М.,
 2004, стр. 214-231.

Киняпина Н. С. Балканы и Проливы во внешней политике России в конце
 XIX века. М., 1994.

Кладо Н. Военные действия на море во время Японо-китайской войны.
 СПб., 1896.

Княжев Ю. Н. Военно-политическая деятельность Николая II в период
 1904-1914 гг. Курган, 2000.

Кондратенко Р. В. Российские морские агенты об усилении японского
 флота в конце XIX – начале XX века //Русско-японская война
 1904-1905. Взгляд через столетие. М., 2004, стр. 62-110.

Корея глазами россиян (1895-1945). М., 2008.

Корф Н. А., Звегинцев А. И. Военный обзор Северной Кореи. СПб., 1904.

Костенко М. И. Осада и сдача крепости Порт-Артур (Мои воспоминания).
 Киев, 1906.

Костылев В. Я. Очерк истории Японии. СПб., 1888.

Куропаткин А. Н. Пролог манчжурской трагедии // Русско-Японская
 война. Из дневников А. Н. Куропаткина и Н. П. Линевича.
 Ленинград, 1925, стр. 3-53. 日本語訳クロパトキン「満州悲劇の序
 曲」, 大竹博吉監輯『独帝と露帝の往復書翰』ロシア問題研究所, 1929年,
 287—390頁.

Куропаткин А. Н. Русско-японская война 1904-1905 гг. Итоги войны. СПб., 2002.

Лукоянов И. В. Безобразовцы: путь России к русско-японской войне 1904-1905 гг. Paper presented to the symposium 『Russia, East Asia, and Japan at the Dawn of 20th Century: The Russo-Japanese War Reexamined』, 29-31 January 2003.

—— 『Не отстать от держав...』: Россия на Дальнем Востоке в конце X1X-начале XX вв. СПб., 2008.

—— Последние русско-японские переговоры перед войной 1904-1905 гг. (взгляд из России). //Acta Slavica Iaponica, Tomus XXIII, 2006, pp. 1-36.

—— Сибирская железная дорога. С. Ю. Витте // Собрание сочинений. Том 1, кн. 2, часть 1, М., 2004.

Львов Ф. А. Лиходей бюрократического самовластья как непосредственные виновники Первой Русско-Японской войны. СПб., 1906.

Манфред А. З. Образование Русско-Французского союза. М., 1975.

Мартынов Е. И. Из печального опыта Русско-Японской войны. СПб., 1906.

Министерство Иностранных Дел. Записка по поводу изданного Особым Комитетом Дальнего Востока Сборника документов по переговорам с Японией 1903-1904 гг. СПб., 1905.

Мейлунас, Андрей и Мироненко, Сергей. Николай и Александра: Любовь и жизнь. М., Прогресс, 1998.

Мечников Л. Эра просвещения Японии (Мей-Дзи) //Дело, 1876, No. 1-2. 邦訳：メーチニコフ(渡辺雅司訳)『亡命ロシア人の見た明治維新』講談社学術文庫, 1982年.

Молодяков Василий. Образ Японии в Европе и России второй половины XIX—начала XX века. Москва-Токио, 1996.

Мороз И. Т. Из истории русско-китайских отношений в 1901-1902 гг. (по материалам российских архивов) //Восток- Россия- Запад. Исторические и культурологические исследования. К 70-летию академика Владимира Степановича Мясникова. М., 2001. .

Нарочницкий А. Л. Колониальная политика капиталистических держав на Дальнем Востоке 1860-1895. М., 1956.

Николай иеромонах. Япония с точки зрения христянских миссии //Русский вестник, 1869, No. 9. 邦訳：ニコライ(中村健之介訳)『ニコライの見た幕末日本』講談社学術文庫, 1979年

Обзор результатов перлюстрации писем по важнейшим событиям и явлениям государственной и общественной жизни России в 1903 году //Былое, 1918, No. 2, стр. 190-222.

Павлов Д. Русско-Японская война 1904-1905 гг. Секретные операции на суше и на море. М., 2004.

Пак Белла Б. Российская дипломатия и Корея. Кн. 1. 1860-1888. М., 1998. Кн. П. 1888-1897. М., 2004.

Пак Борис Д. Россия и Корея. М., 1979. 2-е дополненное изд. М., 2004.

Пак Чон Хе. Русско-японская война 1904-1905 гг. и Корея. М., 1997.

—— К. И. Вебер —первый посланник Российской дипломатической миссии в Корее. //Проблемы Дальнего Востока, 1993, No. 6.

Панеях В. М. Творчество и судьба историка: Борис Александрович Романов. СПб., 2000.

Пеликан А. Прогрессирующая Япония. СПб., 1895.

Переписка Вильгельма П с Николаем П 1894-1917. М., 2007.

Петров П. Н. История родов русского дворянства. Книга П, М., 1991.

Петров В. Русские военно-морские агенты в Японии (1858-1917) // Познакомьтесь —Япония, 19, 1998.

Порт-Артур. Действия флота в 1904 году. СПб., 2003.

Ремнев А. В. Россия Дальнего Востока: Имперская география власти XIX — начала XX веков. Омск, 2004.

Ржевуский И. Японско-китайская война 1894-1895 гг. СПб., 1896.

Романов Б. Витте и концессия на р. Ялу //Сборник статей по русской истории, посвященных С. Ф. Платонову. Петербург, 1922.

Романов Б. Витте накануне русско-японской войны //Россия и запад. Исторический сборник под ред. А. И. Зайончковского. 1. СПб., 1923.

—— Очерки дипломатической истории Русско-Японской войны. 1895-1907, М., - Л., 1955.

—— Россия в Маньчжурии (1892-1906), Ленинград, 1928. 日本語訳は、山下義雄訳『満州に於ける露国の利権外交史』鴨右堂書店, 1935年. 復刻, 原書房, 1973年

Российская дипломатия в портретах. М., 1992.

Россия: международное положение и военный потенциал в середине XIX века. М., 2003.

Ростунов И. И. (ред.) , История Русско-японской войны. 1904-1905 gg. М., 1977. 翻訳は及川朝雄訳『ソ連から見た日露戦争』原書房, 一九八〇年.

Русско-Японская война 1904-1905 ггю. Работа Исторической комиссии по описанию действии флота в войну 1904-1905 гг., при Морском генеральном Штабе. Том. 1-4, 6-7, СПб., 1912- 1917. 邦訳, 露国海軍軍令部編纂『千九百四, 五年露日海戦史』第1巻上下, 2—4, 6, 7巻, 海軍軍令部, 1915年. 復刻, 上下, 芙蓉書房, 2004年.

Русско-Японская война 1904-1905 гг. Работа Военно-исторической комиссии по описанию Русско-Японской войны Генерального Штаба. Том I-IX, СПб., 1910.

Рыбаченок И. С. Россия и Первая конференция мира 1899 года в Гааге. М., 2005.

Сибирские переселения. Вып. 2. Комитет Сибирской железной дороги как организатор переселений. Сборник документов. Новосибирск, 2006.

Свечин А. А. Предрассудки и боевая действительность. М., 2003.

—— Русско-Японская война 1904-1905 гг. По документным данным труда Военно-исторической комиссии и другим источникам. Ораниенбаум, 1910.

Симанский П. Война 1877-8 гг. Падение Плевны. СПб., 1903.

—— Дневник генерала Куропаткина (Из моих воспоминаний), 『На чужой стороне』, XI, Прага , 1925, стр. 61-99.

Симанский П. События на Дальнем Востоке, предшествовавшие Русско-Японской войне (1891-1903 г.г.) Том I. Борьба России с Японией в Корее. Том II. Борьба России с Японией в Китае. Том III. Последний год. СПб., 1910.

—— Суворов. Краткий очерк жизни и деятельности этого знаменитого вождя русских войск. Лекции. М., 1899.

—— (сост.) Японско-китайская война 1894-1895. Перевод с немецкого. Составил Симанский. СПб., 1896.

Соловьева А. М. Железнодорожный транспорт России во второй половине XIX в. М., 1975.

Субботин Ю. Ф. А. Н. Куропаткин и Дальневосточный конфликт. 『Дела на Дальнем Востоке могут привести нас к конфликту с Японией』 // Россия: международное положение и военный потенциал в середине XIX - начале XX века, стр. 123-168.

Суботич Д. И. Амурская железная дорога и наша политика на Дальнем Востоке. СПб., 1908.

Суворин Алексей. В ожидании века XX. Маленькие письма 1889-1903 гг. М., 2005.

—— Русско-японская война и русская революция. Маленькие письма 1904-1908 гг. М., 2005.

Успенский К. Н. Очерк царствования Николая II. Николай II. Материалы харастеристики личности и царствования. М., 1917.

Фон-Шварц А., Романовский Ю. Оборона Порт-Артура. Часть I, СПб., 1910.

Хроника московской жизни. 1901-1910. М., 2001.

Чагин И. И. Очерк развития японского флота //Морской сборник, 1898, No. 7

Чагодаев-Саконский А. П. На 『Алмазе』 (От Либавы через Цусиму —во Владивосток).СПб., 2004.

Черевкова А. А. Очески современной Японии. СПб., 1898.

Чой Доккю. Морское министерство и политика России на Дальнем Востоке (1895-1903). Английская набережная 4. Ежегодник РГИА. СПб., 1999, стр. 149-176.

—— Россия и Корея, 1893-1905. СПб., 1997.

Шацилло В. К. и Шацилло Л. А. Русско-японская война. 1904-1905. Факты. Документы. М., 2004.

Шепелев Л. Е. Чиновный мир России XVIII —начала XIX в. СПб., 1999.

Ю Хе Джон. Европейский город в Азии Владивосток //Россия и АТР, No. 1(27), март 2000, стр. 44-57.

Южаков С. Н. Доброволец Петербург дважды вокруг Азии. Путевые впечатления. СПб., 1894, стр. 123-148.

—— Мимоходом в Японии. Из путевых впечатлений //Русское богатство, 1893, No. 9, стр. 88-110.

—— Социологические этюды. Том 2, СПб., 1896.

—— 1894 год. Из современной хроники //Русское богатство, 1895, No.1, стр. 186-213.

英文

Fumoto Shinichi, Japan's East Asia Policies During the Early Meiji Era: Changes in Relations with Korea. a paper presented to the First Asian Conference for Slavic Eurasian Studies, February 5, 2009 at Hokkaido University.

Kennan, George F. The Decline of Bismarck's European Order: Franco-Russian Relations, 1875-1890, Princeton University Press, 1979.

Kim Ki-Jung, The War and US-Korean Relations, *The Russo-Japanese War in Global Perspective: World War Zero*, Vol. II, Brill, Leiden, 2007, pp. 467-490.

Kim Yun-hee. Direction of Public Opinion during the Taehan Empire and the People's Perception of Their Era during the Period of Russo-Japanese Conflict —with a Special Focus on the Hwagsong sinmun. *International Journal of Korean History*, Vol. 7, February 2005, pp. 53-84.

Ku Daeyeol, A Damocles Sword?: Korean Hopes Betrayed, *The Russo-Japanese War in Global Perspective: World War Zero*, Vol. II, Brill, Leiden, 2007, pp. 435-466.

Judge, Edward H. *Plehve: Repression and Reform in Imperial Russia 1902-1904*, Syracuse University Press, 1983.

Lensen, George A. *Balance of Intrigue: International Rivalry in Korea and Manchuria 1884-99*. 2 vols, Tallahassee, 1982.

—— *The Russo-Chinese War*, Tallahassee, 1967.

Leroy-Beaulieu, Anatole. *L'empire des tsars et les russes*, Tome I-III, Paris, 1897.

Lieven, Dominic. Nicholas II:*Emperor of all the Russias*. London, 1993 邦訳『ニコライⅡ世―帝政ロシア崩壊の真実』日本経済新聞社, 1893年

Lukoianov, I. V. The Bezobrazovtsy, John W. Steinberg and others (ed.), *The Russo-Japanese War in Global Perspective: World War Zero*, Leiden, 2005, pp. 65-86. 抄訳, ルコヤーノフ「ベゾブラーゾフ一派―ロシアの日露戦争への道」, 日露戦争研究会編『日露戦争研究の新視点』成文社, 2005年, 63-72頁.

—— The First Russo-Chinese Allied Treaty of 1896, *International Journal of Korean History*, Vol. 11, December 2007, pp. 151-178.

Malozemoff, Andrew. *Russian Far Eastern Policy, 1881-1904: With Special Emphasis on the Causes of the Russo-Japanese War*. Berkeley, 1958. Reprint New York, 1977.

McDonald, David MacLaren. *United Govenment and Foreign Policy in Russia 1900-1914*, Havard University Press, 1992.

McKenzie, F. A. *From Tiflis to Tokyo: Uncensored Letters from the War*, London, 1905.

Menning, Bruce W. Miscalculating One's Enemies: Russian Intelligence Prepares for War, *The Russo-Japanese War in Global Perspective: World War Zero*, Vol. II, pp. 45-80.

Mevil, Andre. *De la paix de Francfort a la conference d'Algesiras*, Paris, 1909.

Nish, Ian. *The Origins of the Russo-Japanese War*, London, 1985.

Paine, S.C. M. *Imperial Rivals: China, Russia, and Their Disputed Frontier*, M. E.

Sharpe, 1996.

Park Bella. Russia's Policy Towards Korea during the Russo-Japanese War, *International Journal of Korean History*, Vol. 7, February 2005, pp. 29-52.

The Russo-Japanese War in Global Perspective: World War Zero, Edited by John W. Steinberg, Bruce W. Menning, David Schimmelpenninck van der Oye, David Wolff and Yokote Shinji , Brill, Leiden and Boston, 2005.

The Russo-Japanese War in Global Perspective: World War Zero, Vol. II, Edited by David Wolff, Steven G. Marks, Bruce W. Menning, David Schimmelpenninck van der Oye, John W. Steinberg, and Yokote Shinji, Brill, Leiden and Boston, 2007.

Schimmelpenninck van der Oye, David. *Toward the Rising Sun: Russian Ideologies of Empire and the Path to War with Japan*, Northern Illinois University Press, 2001.

Seo Min-kyo, Korea and Japan During the Russo-Japanese War — With a Special Focus on the Japanese Occupation Forces in Korea, *International Journal of Korean History*, Vol. 7, February 2005, pp. 85-108.

Synn, S. K. *The Russo-Japanese Rivalry Over Korea, 1876-1904*, Seoul, 1981.

Treat, Payson J. *Diplomatic Relations between the United States and Japan 1895-1905*, Stanford Univ, Press, 1938.

Verner, Andrew M. *The Crisis of Russian Autocracy: Nicholas II and the 1905 Revolution*. Princeton University, 1990.

Von Laue, Theodore H. *Sergei Witte and the Industrialization of Russia*, Columbia University Press, 1963.(菅原崇光訳『セルゲイ・ウィッテとロシアの工業化』勁草書房, 1977年)

——— The Fate of Capitalism in Russia: Narodnik Version, *American Slavic and East European Review*, Vol. XII, No. 1 (February 1954).

Wada Haruki, Study Your Enemy: Russian Military and Naval Attaches in Japan, *The Russo-Japanese War in Global Perspective: World War Zero*, Vol. II, Brill, Leiden, 2007, pp. 13-43.

White, John Albert. *The Diplomacy of the Russo-Japanese War*, Princeton University

Press, 1964.

Wolff, David To the Kharbin Station: The Liberal Alternative in Russian Manchuria. 1898-1914, Stanford University Press, 1999.

Yokote Shinji, Between Two Japano-Russian Wars: Strategic Learning Re-appraised, *The Russo-Japanese War in Global Perspective: World War Zero*, Vol. II, Brill, Leiden, 2007, pp. 105-133.

한국어

『高宗時代史』第2, 3, 4, 6卷, 国史編纂委員会, 1970年

강성학편『용과 사무라이의 결투—중(청)일전쟁의 국제정치와 군사전략』리북, 2006年

姜昌一『근대 일본의 조선침략과 대아시아주의—우익 낭인의 행동과 시상울 중심으로』서울, 역사비평사, 2002年

金栄洙「러시아군사교관 단장 뿌짜따와 조선군대」『軍史』韓国国防部軍事編纂研究所, 61号(2006年12号), 91 - 120쪽.

金義煥『朝鮮을 둘러싼 近代露日関係研究』서울, 通文館, 1972年

김진영「조선 왕조 사절단의 1896년 러시아 여행과 옥시덴탈리즘」, 『東方學志』第131集, 延世大学校国学研究院, 2005年9月, 323 - 356쪽.

『馬山市史』馬山市史編纂委員会, 1985年

朴鍾孝편역『러시아国立文書保管所所蔵韓国関聯文書要約集』韓国国際交流財団, 2002年

바츨라프 세로세프스키(김진영외 옮김)『코레야 1930년 가을』개마고원, 서울, 2006年

李泰鎮『고종시대의 재조명』서울, 太学社, 2000年

『朝鮮에수教長老会史記』上, 서울, 新門内教会堂, 1928年

鄭昌烈「露日戦争에 대한 韓国人의 対応」, 歴史学会編『露日戦争前後 日本의 韓国侵略』서울, 一潮閣, 1986年, 206 - 240頁

崔徳圭『제정러시아의 한반도정책, 1891-1907』서울, 景仁文化社, 2008年

玄光浩『대한제국과 러시아 그리고 일본』서울, 선인, 2007年

日本

相沢淳「『奇襲断行』か『威力偵察』か？―旅順口奇襲作戦をめぐる対立」, 軍事史
　　学会編『日露戦争(二)』錦正社, 2005年

ワディム・アガーポフ「露日戦争におけるウラジオ巡洋艦戦隊の作戦」,『日露戦
　　争(二)』錦正社, 2005年

秋月俊幸『日露関係とサハリン島―幕末明治初年の領土問題』筑摩書房, 1994
　　年

井口和起『日露戦争の時代』吉川弘文館, 1998年

伊藤之雄『立憲国家と日露戦争』木鐸社, 2000年

『伊藤博文伝』下巻, 原書房, 1970年(原本1940年)

稲垣満次郎『西比利亜鉄道論 完』哲学書院, 1891年8月.『再版西比利亜鉄道論』
　　1891年12月

稲垣満次郎『東方策』第一篇, 哲学書院, 1891年

稲葉千晴『暴かれた開戦の真実―日露戦争』東洋書店, 2002年

ヴィン・シン(杉原志啓訳)『徳富蘇峰』岩波書店, 1994年

内田甲『露西亜論』黒龍会本部, 1901年

海野福寿『韓国併合史の研究』岩波書店, 2000年

江藤淳『海は甦る』第二部, 文藝春秋, 1976年

大江志乃夫『世界史としての日露戦争』立風書房, 2001年

同上『日露戦争の軍事史的研究』岩波書店, 1976年

岡本隆司『属国と自主のあいだ―近代清韓関係と東アジアの命運』名古屋大学
　　出版会, 2004年

同上『世界のなかの日清韓関係史―交隣と属国, 自主と独立』講談社選書メチ
　　エ, 2008年

徳富猪一郎『侯爵桂太郎伝』坤巻, 1917年

海軍軍令部編『明治三十七八海戦史』第一巻, 春陽堂, 1909年

外務省編『小村外交史』復刻, 原書房, 1966年

梶村秀樹「朝鮮からみた日露戦争」,『梶村秀樹著作集』第2巻, 明石書店, 1993年
　　(『史潮』新7－8号, 1980年に発表された)

加納格「ロシア帝国と日露戦争への道―1903年から開戦前夜を中心に」,『法政

　　　大学文学部紀要』第53号, 2006年10月

加茂儀一『榎本武揚』中央公論社, 1960年

姜在彦『近代朝鮮の思想』紀伊国屋新書, 1971年

康成銀『1905年韓国保護条約と植民地支配責任 ―歴史学と国際法学との対話』
　　　創史社, 2005年

木村幹『高宗・閔妃』ミネルヴァ書房, 2007年

金文子『朝鮮王妃殺害と日本人』高文研, 2009年

倉持俊一・田中陽児・和田春樹編『ロシア史2』山川出版社, 1994年

『子爵栗野慎一郎伝』興文社, 1942年

黒岩比佐子『日露戦争 ―勝利のあとの誤算』文春新書, 2005年

軍事史学会編『日露戦争(一)―国際的文脈』錦正社, 2004年

同上『日露戦争(二)―戦いの諸相と遺産』錦正社, 2005年

煙山専太郎『近世無政府主義』東京専門学校出版部, 1902年

黒龍倶楽部編『国士内田良平伝』原書房, 1967年

小森陽一・成田龍一編『日露戦争スタディーズ』紀伊国屋書店, 2004年

イリナ・ゴライノフ(ブジョフトフスキ訳)『サーロフの聖セラフィーム』あか
　　　し書房, 1985年

小森徳治『明石元二郎』上巻, 原書房, 1968年

斉藤聖二『北清事変と日本軍』芙蓉書房出版, 2006年

――「日露開戦直前の参謀本部と陸軍省」, 東アジア近代史学会編『日露戦争と
　　　東アジア世界』ゆまに書房, 2008年

佐藤公彦『義和団の起源とその運動 ―中国ナショナリズムの誕生』研文出版,
　　　1999年

佐々木照央「自由主義的ナロードニキの日本観 ―S. N. ユジャコーフの場合」,
　　　『埼玉大学紀要』(外国語学文学篇)第20巻, 1986年11月

佐々木揚「イギリス極東政策と日清開戦」,『佐賀大学教育学部研究論文集』29巻
　　　1号, 1981年

――「イギリス・ロシアからみた日清戦争」,『黒船と日清戦争』未来社, 1996年

――「一八八〇年代における露朝関係 ――八八五年の『第一次露朝密約』を中
　　　心として」,『韓』106号, 1987年

――「日清戦争前の朝鮮をめぐる露清関係――一八八六年の露清天津交渉を中心として」,『佐賀大学教育学部研究論文集』第28巻第1号, 1980年

――「ロシア極東政策と日清開戦」,『佐賀大学教育学部研究論文集』第30集1号, 1982年

コンスタンチン・サルキーソフ(鈴木康雄訳)『もうひとつの日露戦争――新発見・バルチック艦隊提督の手紙から』朝日新聞出版, 2009年

沢田和彦「志賀親朋略伝」,『共同研究 日本とロシア』第一集, 1987年

参謀本部編『明治三十七八年日露戦史』第1巻, 偕行社, 1912年

――『明治三十七・八年秘密日露戦史』巌南堂書店, 1977年

司馬遼太郎『坂の上の雲』1 - 6, 文藝春秋, 1969年4月-1972年; 文春文庫版1 - 9, 1999年

芝原拓自「対外観とナショナリズム」,『対外観(近代日本思想大系12)』岩波書店, 1988年

島田謹二『ロシアにおける広瀬武夫』朝日新聞社, 1970年

島田三郎『日本と露西亜』増補再版, 警醒社書店, 1900年

鈴木淳「『雲揚』艦長井上良馨の明治八年九月二九日付けの江華島事件報告書」,『史学雑誌』第111編12号(2002年12月)

諏訪史郎『馬山港誌』朝鮮史談会, 1926年

石和静「ロシアの韓国中立化政策――ウィッテの対満州政策との関連で」,『スラブ研究』46号, 1999年

外山三郎『日露海戦史の研究』上, 教育出版センター, 1985年

『対外観(日本近代思想大系12)』岩波書店, 1988年

高橋秀直『日清戦争への道』東京創元社, 1995年

高橋昌郎『島田三郎伝』まほろば書房, 1988年

『谷干城遺稿』下, 精献＠社, 1912年

谷寿夫『機密日露戦史』原書房, 1966年

田保橋潔『近代日鮮関係の研究』上下二巻, 朝鮮総督府, 1940年. 復刻, 上下, 原書房, 1963年

崔文衡『日露戦争の世界史』藤原書店, 2004年

同上(金成浩・斉藤勇夫訳)『閔妃は誰に殺されたのか――見えざる日露戦争の序

曲』彩流社, 2004年

同上(斉藤勇夫訳)『韓国をめぐる列強の角逐 ―19世紀末の国際関係』彩流社,
　　2008年

チェーホフ「サハリン島」,『チェーホフ全集』13, 中央公論社, 1977年

千葉功『旧外交の形成 ―日本外交一九〇〇 ― 一九一九』勁草書房, 2008年

千葉功「日露交渉 ―日露開戦原因の再検討」, 近代日本研究会編『年報近代日本
　　研究一八』山川出版社, 1996年

千葉功「満韓不可分論＝満韓交換論の形成と多角的同盟・協商網の模索」,『史学
　　雑誌』第105編第7号, 1996年7月

ゲ・デ・チャガイ編『朝鮮旅行記』平凡社, 1992年

趙景達『異端の民衆反乱 ―東学と甲午農民戦争』岩波書店, 1998年

趙景達「日露戦争と朝鮮」, 安田浩ら編『戦争の時代と社会』青木書店, 2005年

鄭在貞(三橋広夫訳)『帝国日本の植民地支配と韓国鉄道 1892 ― 1945』明石書房,
　　2008年(原著はソウル大学出版, 1999年)

『伯爵珍田捨巳伝』ゆまに書房, 2002年

月脚達彦『朝鮮開化思想とナショナリズム―近代朝鮮の形成』東京大学出版会,
　　2009年

角田順『満州問題と国防方針』原書房, 1967年

角田房子『閔妃暗殺』新潮文庫, 1988年

東海散士『日露戦争羽川六郎』有朋館, 1903年

『東南アジア史I』山川出版社, 1999年

等松春夫「日露戦争と『総力戦』概念 ―ブロッホ『未来の戦争』を手がかりに」,
　　『日露戦争(二)―戦いの諸相と遺産』錦正社, 2005年

戸水寛人『回顧録』非売品, 1904年

中塚明『現代日本の歴史認識』高文研, 2007年

――「『日清戦史』から消えた朝鮮王宮占領事件―参謀本部の『戦史草案』が
　　見つかる」,『みすず』399号, 1994年6月

――『日清戦争の研究』青木書店, 1968年

――『歴史の偽造をただす』高文研, 1997年

中村健之介, 中村悦子『ニコライ堂の女性たち』教文館, 2003年

中山裕史「『ムッシュー・フィリップ』と『パピュス』―20世紀初頭ロマノフ宮廷と2人のフランス人」,『桐朋学園大学短期大学部紀要』第15号, 1997年

長山靖生『日露戦争―もうひとつの「物語」』新潮新書, 2004年

『日清戦争実記』博文館, 第4編, 1895年

日本ロシア文学会編『日本人とロシア語』ナウカ, 2000年

『日露開戦論纂』旭商会, 1903年

『日露交戦紀念録』上下巻, 東江堂, 1905年

沼田多稼蔵『日露陸戦新史』岩波新書, 1940年

長谷川直子「壬午軍乱後の日本の朝鮮中立化構想」,『朝鮮史研究会論文集』32集, 1994年10月

波多野勝『井口省吾伝』現代史料出版, 2002年

葉山萬次郎『露西亜』富山房, 1903年

原剛「"ヤンジュールの意見書"」,『軍事史学』112号(第28巻第4号), 1993年3月

原暉之『ウラジオストク物語』三省堂, 1998年

原田敬一『日清戦争』吉川弘文館, 2008年

―――『日清・日露戦争』岩波新書, 2007年

坂野潤治『明治・思想の実像』創文社, 1977年

東アジア近代史学会編『日露戦争と東アジア世界』ゆまに書房, 2008年

イザベラ・ビショップ(時岡敬子訳)『朝鮮紀行』図書出版社, 1995年

檜山幸夫「七・二三京城事件と日韓外交」,『韓』第115号, 1990年6月

平井友義「ロシア極東政策とベゾブラーゾフ: 1903年―鴨緑江森林利権を中心に」,『広島市立大学国際学部 広島国際研究』第1巻, 2002年7月

広瀬貞三「李容翔の政治活動(1904-07年)―その外交活動を中心に」,『朝鮮史研究会論文集』25集, 1988年3月

広野好彦「日露交渉(1903-1904)再考」,『大阪学院大学国際学論集』第3第2号, 1992年12月

『福沢諭吉選集』第7巻, 岩波書店, 1981年

藤村道生『日清戦争―東アジア近代史の転換点』岩波新書, 1973年

「官報局時代の仕事」,『二葉亭四迷全集』第一〇巻, 岩波書店, 1953年

藤原浩『シベリア鉄道』東洋書店, 2008年

麓慎一「ポサドニック号事件について」,『東京大学史料編纂所研究紀要』第15号, 2005年3月

朴羊信『陸羯南 ― 政治認識と対外論』岩波書店, 229頁

マッケンジー(渡部学訳)『朝鮮の悲劇』平凡社, 1972年

真鍋重忠『日露関係史 1697 ‐ 1875』吉川弘文館, 1978年

宮地正人「明治維新の変革性」, 第7回韓・日歴史家会議報告書, 2007年

『明治天皇紀』第十, 吉川弘文館, 1974年

メーチニコフ(渡辺雅司訳)『亡命ロシア人の見た明治維新』講談社学術文庫, 1982年

森山茂徳『近代日韓関係史研究 ― 朝鮮植民地化と国際関係』東京大学出版会, 1987年

同上『日韓併合』吉川弘文館, 1992年

保田孝一「大津事件と被害者ニコライ」,『危機としての大津事件』関西大学法学研究所, 1992年

同上『最後のロシア皇帝ニコライ二世の日記』増補, 朝日新聞社, 1990年, 講談社文庫, 2009年

保田孝一編著『文久元年の対露外交とシーボルト』岡山大学, 1995年

安田浩・趙景達編『戦争の時代と社会』青木書店, 2005年

柳田泉「『佳人之奇遇』と東海散士」,『政治小説研究』上, 春秋社, 1967年

徳富猪一郎『公爵山縣有朋伝』下巻, 1933年

山室信一『日露戦争の世紀 ― 連鎖視点から見る日本と世界』岩波新書, 2005年

『山本権兵衛と海軍』原書房, 1966年

『伯爵山本権兵衛伝』上, 原書房, 1968年

山本利喜雄『露西亜史』博文館, 1901年

ユ・ヒョジョン「利用と排除の構図 ― 一九世紀末, 極東ロシアにおける『黄色人種問題』の展開」, 原田勝正編『「国民」形成における統合と隔離』日本経済評論社, 2002年

横手慎二『日露戦争史』中公新書, 2005年

吉野誠『明治維新と征韓論 ― 吉田松陰から西郷隆盛へ』明石書店, 2002年

吉村昭『ポーツマスの旗 ― 外相・小村寿太郎』新潮社, 1979年

吉村道男「仮想の日露戦争と現実の日露戦争―『佳人之奇遇』と『日露戦争羽川六郎』との間」, 東アジア近代史学会編『日露戦争と東アジア世界』ゆまに書房, 2008年

李泰鎮(鳥海豊訳)『東大生に語った韓国史』明石書店, 2006年

アナトール・レルア・ボリュー(林毅陸訳)『露西亜帝国』博文館, 1901年

露国海軍軍令部編纂『千九百四, 五年露日海戦史』第1巻上下, 2―4, 6, 7巻, 海軍軍令部, 1915年. 復刻, 上下, 芙蓉書房, 2004年.

和田春樹「エス・ユ・ヴィッテ」, 『歴史学研究』253号, 1961年5月

――『開国―日露国境交渉』日本放送出版協会, 1991年,

――「自由民権運動とナロードニキ」, 『歴史公論』1976年1月号

――『テロルと改革―アレクサンドル二世暗殺前後』山川出版社, 2005年

――『ニコライ・ラッセル―国境を越えるナロードニキ』上下, 中央公論社, 1973年

――「日露戦争―開戦にいたるロシアの動き」, 『ロシア史研究』78号, 2006年

――「日本人のロシア観―先生・敵・ともに苦しむ者」, 藤原彰編『ロシアと日本』彩流社, 1985年

――「日本人は日露戦争をどう見たか」, 『山梨学院創立六〇周年記念誌 日露戦争とポーツマス講和』山梨学院大学, 2006年

――『北方領土問題―歴史と未来』朝日新聞社, 1999年

――「ロシアにとっての満州」, 『満州とは何だったのか』藤原書店, 2004年

――「ロシア領極東の朝鮮人 1863‐1937」, 『社会科学研究』40巻6号, 1989年3月

약칭일람

기관 이름

AVPRI   Arkhiv vneshnei politiki Rossiiskoi imperii 러시아제국외교문서관 (모스크바)

AVPR, MID   Arkhiv vneshnei politiki Rossii, Ministerstvo inostrannykh del SSSR 소련외무성 러시아외교문서관(모스크바)

GARF   Gosudarstvennyi arkhiv Rossiiskoi Federatsii 러시아연방국립문서관(모스크바)

IKMGSh   Istoricheskaia komissiia po opisaniiu deistvii flota v voinu 1904-1905 gg. pri Morskom General'nom Shtabe 해군군령부 1904-1905년 전쟁 해군행동서술 역사위원회

OPIGIM   Otdel pis'mennykh istochnikov Gosudarstvennogo istoricheskogo muzeia 국립역사박물관 문서부(모스크바)

RGAVMF   Rossiiskii gosudarstvennyi arkhiv voenno-morskogo flota 러시아국립해군문서관(상트페테르부르크)

RGVIA   Rossiiskii gosudarstvennyi voenno-istoricheskii arkhiv 러시아국립육군역사문서관(모스크바)

RGIA   Rossiiskii gosudarstvennyi istoricheskii arkhiv 러시아국립역사문서관(상트페테르부르크)

TsGIAM   Tsentral'nyi gosudarstvennyi istoricheskii arkhiv Moskvy 국립중앙모스크바역사문서관

VIK   Voenno-istoricheskaia komissiia po opisaniiu Russko-Iaponskoi voiny General'nogo Shtaba 참모본부 러일전쟁서술전사위원회

책 이름

DKPIa   *Dokumenty kasaiushchiesia peregovorov s Iaponiei v 1903-1904 godakh, khraniashchiesia v kantseliarii Osobogo Komiteta Dal'nego Vostoka*, [Sankt-Peterburg], 1905.

DMAIaR   Doneseniia morskogo agenta v Iaponii A.I. Rusina (1902-1904 gg.), *Russkoe proshloe*, 6, 1996.

KA   *Krasnyi arkhiv.*

RIaV   *Russko-Iaponskaia voina. Iz dnevnikov A.N. Kuropatkina i N.P. Linevicha*, Leningrad, 1925.

RJWGP   *The Russo-Japanese War in Global Perspective: World War Zero.*

SGTSMA   *Sbornik geograficheskikh, topograficheskikh i statisticheskikh materialov po Azii.*

SMVMV   Domozhilov (ed.), *Sbornik materialov po voenno-morskim voprosam*, Vol. I. *Iaponsko-kitaiskaia voina*, Sankt-Peterburg, 1896.

찾아보기

니콜라이 미하일로비치 대공(Николай Михайлович, вел. кн., 1859-1919) 928

니콜라이 주교(Николай, 1836-1912) 1137

ㄷ

듀카트(Ducat) 904

드리젠코(Дриженко) 705

드미트리예프-마모노프(Дмитриев-Мамонов, А. И.) 720, 729

ㄹ

란스다운(Lansdowne, Henry Charles Keith Petty-Fitzmaurice, 1845-1927) 775, 820, 908, 910, 967, 1011, 1013, 1044~1046, 1076

람스도르프(Ламсдорф, Владимир Николаевич, 1844-1907) 715, 716, 728, 730, 735, 747, 761, 765, 768~770, 773, 777, 840, 855~858, 863, 867, 870~873, 877, 889~901, 904, 929, 930, 932~934, 949, 950, 958, 960, 964, 977~979, 982, 1009, 1011, 1013, 1014, 1020~1022, 1024, 1030, 1031, 1035, 1039~1041, 1044, 1049~ 1051, 1054, 1055, 1057, 1059~1062, 1064, 1065, 1071~1078, 1087, 1092, 1100~1104, 1107, 1108, 1113, 1117, 1119, 1135, 1147, 1159, 1166, 1178, 1202

레사르(Лессар, Павел Михайлович, 1851-1905) 718, 747, 774, 775, 801, 808, 809, 811, 816, 842, 863, 869

레자노프(Резанов, Николай Петрович, 1764-1807) 940, 941

레지게르(Редигер, Александр Федорович, 1853-1920) 826

렌슨, 알렉산더(Lensen, George Alexander, 1923-79) 1219

렘뇨프(Ремнев, Анатолий Викторович, 1955-) 830, 1104

로리스-멜리코프(Лорис-Меликов, Михаил Тариелович, 1825-88) 702, 703, 840

로마노프(Романов, Борис Александрович, 1889-1957) 721, 843, 844, 846, 990, 1026, 1079

로바노프-로스토프스키(Лобанов-Ростовский, Алексей Борисович, 1824-96) 1194

로스포포프(Роспопов, Николай Александрович) 746, 804

로제스트벤스키(Рожественский, Зиновий Петрович, 1848-1909) 705, 711~713, 715, 899, 903, 916, 953, 976, 1005, 1008, 1032, 1034, 1056, 1065, 1153, 1221

로젠(Розен, Роман Романович, 1847-1922) 715, 717, 734, 747, 769, 770, 792,

ㅇ

알렉세이 대공(Алексей Александрович, вел. кн., 1850-1908) 735, 736, 762, 801, 866, 903, 959, 960, 1009, 1050, 1051, 1053, 1054, 1060, 1117, 1119

앨런(Allen, Horace Newton, 1858-1932) 1001, 1089, 1158, 1164

야마가타 아리토모(山県有朋, 1838-1922) 790, 1193

야마모토 곤베에(山本権兵衛, 1852-1933) 714, 794, 907, 936, 951, 1028, 1080

야마시타 겐타로(山下源太郎, 1863-1931) 751

야마자 엔지로(山座円次郎, 1866-1914) 751

야시로 로쿠로(八代六郎, 1860-1930) 751, 940, 941, 943, 944, 1204

야쿠셰프(Якушев) 914

야키모비치(Якимович, А. А.) 705

에노모토 다케아키(榎本武揚, 1836-1908) 1144

에토 준(江藤淳, 1932-99) 1180

엔도 요시오(遠藤善夫) 939

엘리자베타(Елизавета Федоровна, 1864-1918) 927

예르몰로프(Ермолов, Николай Сергеевич, 1853-?) 1027

오노 가메사부로(大野亀三郎, 1861-1914) 823

오노즈카 기헤이지(小野塚喜平次, 1870-1944) 786

오미와 조베에(大三輪長兵衛, 1835-1908) 968, 1048, 1144

오볼렌스키-넬레진스키-멜레쯔키(Оболенский-Нелединский-Мелецкий, Валериан Сергеевич, 1848-1907) 715, 884, 903

오사와 가이유(大沢界雄, 1859-1929) 785

오시마 겐이치(大島健一, 1858-1947) 785

오야마 스테마쓰(大山捨松, 1860-1919) 1066

오야마 이와오(大山巌, 1842-1916) 749, 782, 790, 794, 1066, 1198

오카 이쿠조(大岡育造, 1856-1928) 936

오우라 가네타케(大浦兼武, 1850-1918) 1028

오치아이 겐타로(落合謙太郎, 1870-1926) 751, 1207

오치아이 도요사부로(落合豊三郎, 1861-1934) 785

오쿠 야스카타(奥保鞏, 1847-1930) 1143

오쿠마 시게노부(大隈重信, 1838-1922) 938

오타케 간이치(大竹貫一, 1860-1944) 825

추흐닌(Чухнин, Григорий Павлович, 1848-1906) 705

치롤(Chirol, Valentin) 1213

치차고프(Чичагов, Николай Михайлович) 815

칭친왕(慶親王, 1836-1916) 742, 744, 747, 774, 775, 808

ㅋ

카시니(Кассини, Артур Павлович, 1835-1919) 1147

카프니스트(Капнист, А. П., 1871-1918) 1007, 1008

캠벨(Campbell, F. A.) 1167

코로스토베쯔(Коростовец, Иван Яковлевич, 1862-1932) 1207

코르프(Корф, Н. А.) 831

코스첸코(Костенко, М. И.) 1126

코코프쪼프(Коковцов, Владимир Николаевич, 1853-1943) 1156

콘스탄틴 콘스탄티노비치 대공(Константин Константинович, вел. кн., 1858-
    1915) 928

쿠로파트킨(Куропаткин, Алексей Николаевич, 1848-1925) 703, 715, 717,
    718, 722, 723, 727~732, 736, 752, 753, 759, 761, 766, 767, 771, 772, 777, 778,
    780, 781, 789~794, 802~804, 806, 807, 809, 811~814, 816, 819, 826, 828,
    830~839, 842, 844, 855, 864~869, 878, 902, 905, 917, 918, 934, 941, 956~961,
    963, 974, 975, 984, 990, 994, 995, 1004, 1005, 1010, 1012, 1013, 1019, 1022,
    1033, 1034, 1039, 1040, 1042, 1043, 1050, 1052, 1053, 1071, 1088, 1092,
    1107~1109, 1117~1121, 1128, 1135, 1140, 1155, 1157, 1158, 1164, 1168,
    1201, 1202

크베쬔스키(Квецинский, Михаил Федорович, 1866-?) 914, 921

크세니야(Ксения Александровна, 1875-1960) 1006

클라도(Кладо, Николай Лаврентьевич, 1862-1919) 705

ㅌ

티르토프(Тыртов, Павел Петрович, 1836-1903) 704, 711, 717, 762

티호미로프(Тихомиров, Лев Александрович, 1852-1923) 1140

지은이 와다 하루키(和田春樹)

와다 하루키는 1938년 일본 오사카(大阪)에서 태어났다.
도쿄대학 문학부를 졸업한 후 1998년까지 도쿄대학 사회과학연구소
교수 및 소장을 역임했으며, 현재 도쿄대학 명예교수,
도호쿠대학(東北大学) 동북아시아연구센터 펠로우(객원교수)다.
러시아사 · 소련사, 조선사 · 현대북한 등 동북아국제관계사를
주요 연구 분야로 삼고 있다.
1974년부터 1987년까지 한국민주화운동일본연대회의(韓國民主化運動
日本連帶會議)와 연대위원회(連帶委員會) 사무국장을 역임했으며,
1995년부터 2007년까지 아시아여성기금 발기인,
운영심의회위원, 이사, 전무이사, 사무국장을 역임했다.
2016년부터는 일조국교촉진국민협회(日朝國交促進国民協會) 이사 및
사무국장으로 활동 중이다.
주요저서로는 『니콜라이 러셀: 국경을 초월한 나로드니키』(1973),
『김일성과 만주항일전쟁』(1992), 『역사로서의 사회주의』(1994),
『한국전쟁』(1999), 『북조선』(2002), 『동북아시아 공동의 집』(2004),
『한일 100년사』(2015), 『동북아시아 영토문제, 어떻게 해결할 것인가』(2013),
『북한 현대사』(2014), 『'평화국가'의 탄생: 전후 일본의 원점과 변용』,
『스탈린 비판 1953-1956년』, 『일본군 위안부 문제의 해결을 위하여』(2016),
『러시아혁명, 페트로그라드 1917년 2월』(2018),
『아베 수상은 납치문제를 해결할 수 없다』(2018) 등이 있다.

이웅현(李雄賢)

고려대학교와 동 대학원을 졸업했다.

도쿄대학에서 러시아(소련)외교정책으로 박사학위를 받았다.

고려대학교 연구교수를 역임했으며, 현재 한국지정학연구원 원장이다.

저서로는『소련의 아프간 전쟁』(2001),『중앙아시아의 문명과 반문명』(편저, 2007),

『동아시아 철도네트워크의 역사와 정치경제학 Ⅱ』(편저, 2008),

『새로운 동북아 질서와 한반도의 미래』(공저, 2019)가 있으며,

옮긴 책으로는『일본인은 왜 사과를 잘 하는가?』(1991),『평화와 전쟁』(1999),

『새로운 중세: 21세기의 세계시스템』(2000),

『러시아의 자본주의혁명』(공역, 2010)이 있다.

그 밖에「아프가니스탄 반군의 계보」(2013),

「일본 문부과학성 교과서조사관의 계보」(2014),

「파키스탄의 격동과 파란: 동맹의 패러독스」(2015),

「1950년대 일본의 교과서 국정화 시도」(2016),

「전후 일본 보수인맥의 태동: '역코스'기를 중심으로」(2017) 등의 논문이 있다.

러일전쟁 2
기원과 개전

지은이 와다 하루키
옮긴이 이웅현
펴낸이 김언호

펴낸곳 (주)도서출판 한길사
등록 1976년 12월 24일 제74호
주소 10881 경기도 파주시 광인사길 37
홈페이지 www.hangilsa.co.kr
전자우편 hangilsa@hangilsa.co.kr
전화 031-955-2000~3 **팩스** 031-955-2005

부사장 박관순 **총괄이사** 김서영 **관리이사** 곽명호
영업이사 이경호 **경영이사** 김관영
편집 김대일 백은숙 노유연 김지연 김지수 김영길
관리 이주환 김선희 문주상 이희문 원선아 **마케팅** 서승아
디자인 창포 031-955-9933
CTP출력 및 인쇄 예림 **제본** 광성문화사

제1판 제1쇄 2019년 9월 23일

값 35,000원

ISBN 978-89-356-6481-8 94080
ISBN 978-89-356-6427-6 (세트)

● 잘못 만들어진 책은 구입하신 서점에서 바꿔드립니다.
● 이 도서의 국립중앙도서관 출판시도서목록(CIP)은 서지정보유통지원시스템 홈페이지(seoji.nl.go.kr)와
국가자료공동목록시스템(www.nl.go.kr/kolisnet)에서 이용하실 수 있습니다.
(CIP제어번호: CIP2019034339)

한길그레이트북스 인류의 위대한 지적 유산을 집대성한다

● 한길그레이트북스는 계속 간행됩니다.